丝
路
百
城
传

特立，不独行

"丝路百城传"丛书编委会和编辑部

编委会

主　任：杜占元

常务副主任：陆彩荣

副主任：刘传铭

委　员：（按姓氏笔画排序）

丁　方　万俊人　马汝军　王卫民　王子今

王邦维　王守常　吕章申　邬书林　刘文飞

齐东方　李敬泽　连　辑　邱运华　辛　峰

张　帆　张　炜　陈德海　胡开敏　徐天进

徐贵祥　诺罗夫（乌）　黄　卫　龚鹏程

阎晓宏　彭明哲　葛剑雄　谢　刚

编辑部

主　任：马汝军　胡开敏

副主任：邹懿男　文　芳

委　员：简以宁　蔡莉莉　陈丝纶

出版说明

2013年，中国国家主席习近平向世界提出共建"一带一路"的倡议。自提出以来，"一带一路"倡议深刻影响世界，逐渐从理念转化为行动，从愿景转变为现实，建设成果丰硕，得到国际社会热烈响应。

古丝绸之路打开了各国各民族交往的窗口，书写了人类文明进步的历史篇章。新时代共建"一带一路"的实践，为沿线国家和地区相向而行、互学互鉴提供了平台，促进了不同国家和地区、不同民族、不同文化、不同文明的深入交流。

城市是人类文明的结晶。"一带一路"沿线的城市中，蕴藏着人类千年的历史、多元的文化和无尽的动人故事。我们希望通过出版"丝路百城传"，展现每座城市独一无二的历史和性格，汇聚出丰富多彩、生动可感的"一带一路"大格局，增进文化交流和文明互鉴。

这是一次前所未有的出版探索，我们虽竭尽全力，也深知有诸多不足。期待这套丛书能够得到读者的喜欢，也期待更多的读者、作者、专家、学者等各界朋友对我们的出版工作给予指正。

"丝路百城传"丛书编辑部

敦煌 中共敦煌市委宣传部提供 杜雨林摄

莫高窟第249窟 西魏 狩猎图 盛巽海摄

莫高窟第290窟 北周 佛传故事画 画面也是当时社会面貌的反映

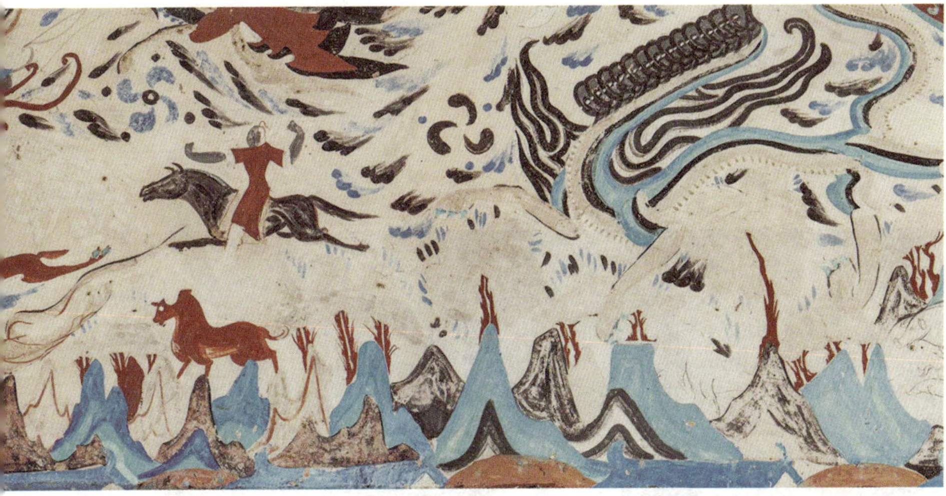

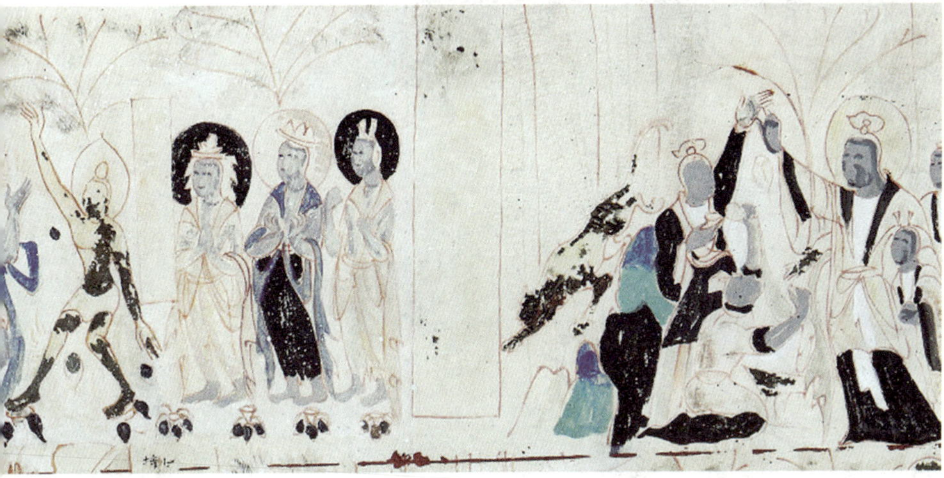

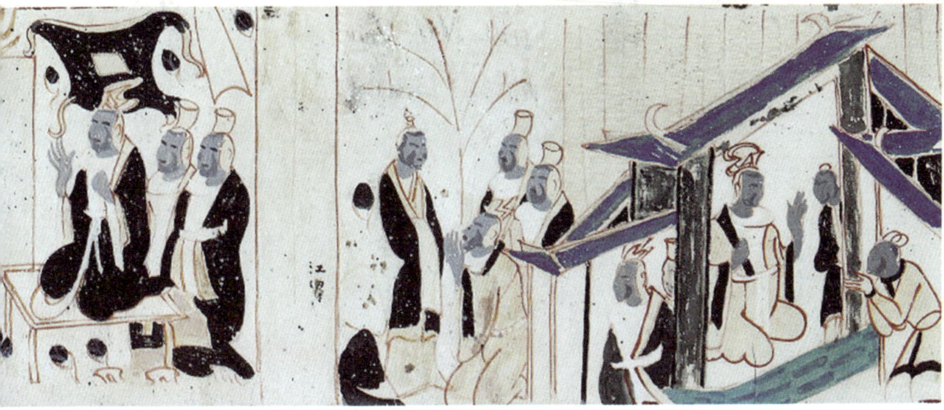

1942年张大千在莫高窟临摹壁画

华尔纳盗走的莫高窟 323 窟 初唐 迎佛图 美国哈佛大学福格博物馆藏

敦煌南山

敦煌三危山 刘生平摄

汉代敦煌河仓城 汉代至魏晋时期的重要军需仓库

敦煌鸣沙山月牙泉 杜雨林摄

DUNHUANG
THE BIOGRAPHY

四大文明汇流之地

敦煌传

杜永卫 —— 著

IPG 中国国际出版集团　新星出版社　NEW STAR PRESS

图书在版编目（CIP）数据

敦煌传：四大文明汇流之地 / 杜永卫著 . —— 北京：新星出版社 , 2023.8
（丝路百城传）
ISBN 978-7-5133-5287-1

Ⅰ . ①敦… Ⅱ . ①杜… Ⅲ . ①文化史 – 研究 – 敦煌 Ⅳ . ① K294.24

中国国家版本馆 CIP 数据核字 (2023) 第 135532 号

出版指导	陆彩荣
出版策划	马汝军　简以宁

敦煌传：四大文明汇流之地
杜永卫 著

责任编辑	简以宁	责任校对	刘　义
责任印制	李珊珊	装帧设计	冷暖儿
内文排版	魏　丹	封面雕像	杜永卫
封底油画	高　山		

出 版 人	马汝军
出版发行	新星出版社
	（北京市西城区车公庄大街丙 3 号楼 8001　100044）
网　　址	www.newstarpress.com
法律顾问	北京市岳成律师事务所
印　　刷	天津图文方嘉印刷有限公司
开　　本	660mm×970mm　1/16
印　　张	33
字　　数	500 千字
版　　次	2023 年 8 月第 1 版　2023 年 8 月第 1 次印刷
书　　号	ISBN 978-7-5133-5287-1
定　　价	89.00 元

版权专有，侵权必究。如有印装错误，请与出版社联系。
总机：010-88310888　　传真：010-65270449　　销售中心：010-88310811

总　序

如果说丝绸之路研究让我们洞见了一部全新的世界史，一定会有人表示惊讶与质疑；

如果说城市的创造是迄今为止人类文明进程中最伟大的事情，则一定会得到人们普遍的支持与认同。

"丝路百城传"丛书的策划正是发轫于这样一个历史观的文化叙述：

丝绸之路是一条无路之路；

丝绸之路是一条既古老又年轻，"不知其始为始，不知其终为终"的漫漫长路；

丝绸之路是一条历史时空里时隐时现，变动不居，连点成线，连线成网的超级公路；

丝绸之路是点实线虚，点变线变，点之兴衰即线之存亡的交通形态，那些关山阻隔，望洋兴叹的城市，便如一颗颗璀璨的明珠镶嵌在路；

丝绸之路是一个文化概念，叠加其上的影像曾被不同国家不同民族的人们呼作：铜铁之路、纸张之路、皮毛之路、黄金之路、朝贡之路、宗教之路；

丝绸之路是中西文明交流与传播、邦国拓展、民族融合之路，也是西

方探秘中国、解码东方之路,更是我们反躬自问"我是谁?我从哪里来?我向何处去?"的寻根之路、回家之路;

丝绸之路是今日中国走向世界的新起点、新思路,是"一带一路"中国倡议走向人类命运共同体的未来之路……

无可否认,一个世纪以来,丝路研究之话语为李希霍芬、斯文·赫定、斯坦因、伯希和、大谷光瑞、于格、橘瑞超、芮乐伟·韩森、彼得·弗兰科潘等东西方人所主导。然而半个世纪以来的大国崛起,正在使"夫唯不争"之中国快速走向文化振兴。我们要将《大唐西域记》《真腊风土记》的传统正经补史、继绝往圣、启迪民智、传播正信,同时也将丝绸之路城市传文学以实为说、以城为据、芳菲想象、拒绝平庸的创作视为新使命、新挑战,让"城市传"这样一个文学体裁开出新时代的鲜花。

凭谁问:昆仑巍峨、河源滔滔、玉山储秀、戍堡寂寞;

凭谁问:旌节刻恨、驼铃悠远、琵琶起舞、古调胡旋;

凭谁问:秦汉何在、唐宋可甄、东西接引、前路正新;

凭谁问:八剌沙衮今何在?罗马的钟声谁敲响;

凭谁问:撒马尔罕的金桃今何在,帕米尔上的通天塔何时建成、何时倾倒;

凭谁问:伊斯兰世界的科学造诣何时传到了巴黎和伦敦;

凭谁问:鉴真大师眼中奈良和京都的樱花几谢几开;

凭谁问:乌拉尔河上何时传来了伏尔加河的纤夫号子;

凭谁问:杭州湾的帆樯何时穿越马六甲风云……

诗人说:这条路是唐诗和宋词的吟唱,是太阳和月亮的战争;

军人说:这条路是旌旗卷翻的沙漠,是铁骑踏破的血原;

商人说:这条路是关涉洞开的集市,是金盏银樽的盛宴;

僧侣说：这条路是信仰鲜花盛开的祭坛，是生命涅槃的乡路……

一个个城市的前世今生，一个个城市的天际线风景，一个个城市的盛衰之变，一个个城市的躁动与激情，一个个城市的风物淳美与人文精彩，一个个城市的悲欢离合，一个个城市的内动力发掘与外开拓展望，一个个城市的往事与沉思，一个个城市的魅惑和绝世风华……

从长安到罗马（大陆卷）和从杭州湾到地中海（海洋卷）是卷帙浩繁的"丝路百城传"系列丛书的框架结构，也是所有参与写作的中外作家和编辑共同绘制的新丝路蓝图。《尚书·舜典》有"濬咨文明"之句，孔疏曰："经纬天地曰文，照临四方曰明。"《论语·雍也》曰："质胜文则野，文胜质则史，文质彬彬，然后君子。"又《易经·贲卦·象辞》曰："刚柔交错，天文也；文明以止，人文也。观乎天文，以察时变；观乎人文，以化成天下。"故文化乃"人文化成"而以文教化"圣人之教也"。"周虽旧邦，其命维新"，丛书编纂与出版岂非正当其事、正当其时也！

读者朋友们，没有踏上丝路，你的家就是世界；踏上丝路，世界才是你的世界、你的家园……唯祈丛书阅读能助君踏上这样一段段奇妙无比的旅程。

丝绸之路从远古走向未来，我们的努力也将永无休止。

刘传铭

戊戌谷雨前五日于松江放思楼

序 一 / 高 平 / 1

序 二 / 王立奇 / 3

前 言 / 5

概　述　敦煌独特而厚重的历史文化

地理位置及自然环境 / 9

远古时期的历史面貌 / 10

丝绸之路上最重要的枢纽性节点 / 12

东西方文明以及多种文化碰撞、融合的交汇之点 / 13

中亚和东亚众多民族轮番上演的历史舞台 / 18

敦煌灿烂文化的产生有其独特的历史渊源 / 21

第一章　上古先民　游牧敦煌

敦煌萌史五千年　上古蛮荒有渊源 / 29

三苗远来三危山　玉石之路现倪端 / 31

夏商遗存火烧沟　羌戎耕牧故瓜州 / 40

乌孙月氏与匈奴　恩怨情仇写鸿书 / 47

第二章　两汉开边　设关置郡

强匈崛起控西域　张骞出使联月氏 / 59

汉武开疆广拓境　千里河西马踏平 / 69

两关四郡列岩疆　　一路向西筑边墙 / 74
烽燧亭障报警讯　　驿站确保大道通 / 84
军民西进大开发　　屯垦实边固国家 / 89
诸国臣服丝路兴　　华戎交汇边贸盛 / 97
丝路百年三绝通　　儒士兴学人文隆 / 104

第三章　魏晋纷乱　佛窟兴建

士族崛起兴文教　　乱世纷争学术高 / 117
曹魏平乱敦煌安　　太守政绩青史传 / 120
剪灭群雄晋统一　　多元文化聚河西 / 127
儒士西行避乱世　　高僧东来传佛经 / 134
苻坚图治迁鄂豫　　吕光征西请罗什 / 142
西凉李暠兴边郡　　养士重文纳贤英 / 148
北凉佞佛却屠城　　华夷贵贱拜戎神 / 155
北朝敦煌升军镇　　柔然屡攻不得逞 / 162

第四章　隋唐鼎盛　丝路华都

开皇大统兴边州　　裴矩抚西定咽喉 / 175
大业举行万博会　　番使纷至仰大隋 / 179
两代皇帝佞佛盛　　古窟盛行南北风 / 184
经略西域建四镇　　贞观拓疆强国本 / 187
女皇边地留业绩　　抗蕃重兵固安西 / 192
天下富庶常通使　　商都聚来各民族 / 195
盛世荣昌出大像　　多元文化共辉煌 / 204
天宝乱离西北丧　　阎朝镇守沙州降 / 210
蕃化未息唐人恨　　易服难消故国心 / 215

　　　　　佛事昌隆称中心　石窟艺术幸传存 / 223
　　　　　议潮起事收河西　统辖六蕃建归义 / 228
　　　　　持节河西理五州　南破西戎北扫胡 / 234
　　　　　淮深东西战回鹘　族内政乱争权力 / 240

第五章　宋元更替　偏处西陲

　　　　　白衣天子金山国　欲复疆土战回鹘 / 249
　　　　　曹氏执政先维稳　姻亲缔结广联盟 / 256
　　　　　刀兵罢散邻和睦　立德建功开大窟 / 263
　　　　　敦煌四面六番围　奉国保塞丰功伟 / 266
　　　　　西结于阗河西稳　东来粟特渊源深 / 274
　　　　　西北崛起党项族　大夏建国征河西 / 281
　　　　　沙州多年回鹘期　难解几宗旷世谜 / 285
　　　　　农牧昌隆民富庶　百业不殊中原地 / 292
　　　　　蒙元崛起灭西夏　弹尽粮绝失瓜沙 / 298
　　　　　元军开垦屯边疆　丝路文化现回光 / 301

第六章　明清沉寂　宝藏再现

　　　　　明初无力控关西　卫所羁縻行招抚 / 311
　　　　　退守闭锁嘉峪关　旷无建置两百年 / 317
　　　　　平叛征伐准噶尔　关外故土失复得 / 323
　　　　　雍乾立县大移民　重建边城兴农耕 / 329
　　　　　坚城强堡复新疆　乱世古窟遭火殃 / 340
　　　　　道士发现藏经洞　国宝散失被瓜分 / 350
　　　　　敦煌文献极价值　百科全书载历史 / 366
　　　　　七朝陋制积民愤　十五义侠享祭祠 / 377

第七章　人类遗产　文化圣地

古窟横遭白俄祸　乡绅筹建九层阁 / 387

华氏剥画搬彩塑　民众觉醒阻阴谋 / 395

临壁探史学人愁　呼吁古窟归国有 / 401

书鸿建所守石窟　文杰担纲立学术 / 417

解放河西开新世　和平起义留青史 / 433

守将临危明大义　边城破晓换新天 / 439

莫高孤悬匪患紧　军地关怀守窟人 / 448

国家建设虽艰辛　石窟保护未放松 / 460

祁连雪山育人文　党河水库流泽恩 / 472

改革开放四十秋　成就非凡喜回眸 / 478

结　语 / 490

敦煌研究院大事记 / 493

敦煌大事记 / 498

后　记 / 505

序 一

作为已负盛名的"丝路百城传"丛书之一的《敦煌传》，就其分量而言，是一部大传，正如敦煌二字原本的含义：盛大而辉煌。但是我也只能为它写一篇小序，因为不论对它的内容介绍得多么详细，评论得多么精到，也不能改变读者求知的角度、审美的习惯，也许还会干扰他们个性化的阅读。

敦煌，自古至今，大名鼎鼎。称她为重镇、咽喉、宝库、明珠都当之无愧，她之所以在丝绸之路上具有特殊地位，名字格外响亮，是因为除在历史、政治、军事、文化、宗教、地理、生态等方面产生了大量的闪光人物和精彩故事以外，更以莫高窟、榆林窟的艺术遗产为代表，为古今中外铸就、展示、提供了一种特有的开明、开放、开创、开拓的"四开精神"——"敦煌艺术精神"。

为一城立传比之为一人立传要复杂困难得多，其时空的容量无法相比。为敦煌立传的艰巨使命，圆满完成在杜永卫先生的手上，我并不感到意外。杜永卫先生在敦煌生活、工作了四十多年，是敦煌雕塑艺术的大师，更是敦煌艺术的传承者与创新者，敦煌艺术精神的领悟者与传播者，是把自己的身心全部融入了敦煌的专家学者。

杜永卫先生的《敦煌传》，对于敦煌有史以来的重要人物、重大事件几无疏漏。他知识丰富，笔墨缜密，构思严谨，记述翔实。我特别注意了他对于近代藏经洞的发现及其遭遇的叙述，真实而详尽；对于百多年来一直被许多人骂为"强盗"的外国专家斯坦因、伯希和以及被骂为"汉奸"的王圆箓道士,都能尊重事实,承认效果,公允评价,不随波逐流地被狭隘民族主义情绪所左右,体现了真诚史学家的品格。我还注意到,杜永卫先生对书中的每一章节,都加了章回体小说式的上下两句标题,使读者一看即知其内文的重点与含义,便于查询和理解。其中如"翦灭群雄晋统一　多元文化聚河西""古窟横遭白俄祸　乡绅筹建九层阁"等都颇有文采。这既是对经变体创作者初衷的借鉴,也是实践古为今用思想的范例。

希望去过敦煌的人们,准备前去敦煌的人们,有兴趣了解敦煌的人们,都能看一看《敦煌传》,"开"这种"卷"确实是"有益"的。

高　平
2023 年 3 月 16 日于兰州

（高平,中国作家协会全委会原委员、名誉委员,甘肃省作家协会原主席、名誉主席。时年 91 岁）

序 二

文明因互鉴而丰富，城市因文化而灵动。敦煌，作为丝绸之路上的重要节点，自张骞"凿空"西域，就成为中国历史上率先对外开放的城市，几千年来以其博大精深的历史文化禀赋，承载了中原与西域、中国与欧亚经济、文化交流互鉴的重要使命。这里的"东方艺术明珠"莫高窟和"沙漠第一泉"鸣沙山月牙泉闪耀千年，这里孕育了常书鸿、段文杰、樊锦诗等前辈坚守大漠、甘于奉献、勇于担当、开拓进取的"莫高精神"。可以说，敦煌打开了世界认识中国的万千途径，敦煌"开放、进取、自信、包容"的文化气质，是其有别于世界上任何一处历史文化名城的显著标志。

习近平主席提出共建"一带一路"倡议，为敦煌在新时代焕发生机活力提供了重大机遇。近年来，随着丝绸之路（敦煌）国际文化博览会的成功举办，敦煌与丝绸之路沿线国家和地区的交流互鉴日益广泛深入，世界比以往任何时候更需要了解敦煌，敦煌也比以往任何时候更需要融入世界。历朝历代书写大漠秋风、金戈铁马的诗篇繁若星辰，描画敦煌壁画、雕塑艺术的书籍浩如烟海，但杜永卫先生如此全面系统地为敦煌这座城市立传，尚属首次。杜先生四十余年择一事而为，可谓宣传、推广、传承敦煌文化的先行者和探路者，当之无愧的"领军人才"和"飞天工匠"，他以雕塑家和文学家的双重视角给我们留下了城市的记忆。《敦煌传》的历史故事通俗易懂、引人入胜，以时间为经，以事件为纬，以客观真实的笔触全面记述了敦煌的历史演变，充分展现了新中国成立后敦煌文物保护研究取得的巨大成就，既有历史缩影，又有专家学者和历史名人的旁证佐引，是一本了解敦煌乃至酒泉历史的重要著作，是一张世界级的文化名片，为中外人士认识、研究敦煌开启了崭新窗口。《敦煌传》的出版，将为敦煌全面融入世界，世界深度了解敦煌，提供全新的视角。

习近平总书记在视察甘肃时强调，要充分发挥敦煌文化在促进中西文化交融，展示中华文明、文化自信，服务"一带一路"建设中的重要作用，把莫高窟保护好，把敦煌文化研究好、传承好。敦煌文化要在新时代焕发更加绚丽的光彩，敦煌要在推动区域发展中发挥更加重要的作用，需要做的工作很多。

我们要全面贯彻落实习近平总书记重要指示，坚定文化自信，守好文化根脉，全力建设世界文化遗产保护典范和敦煌学研究高地，努力把敦煌打造成文化之城、艺术之城、文创之都和会展之都。希望更多有识之士以此书为窗口，全面了解敦煌城市文明的演进历程，深切感受敦煌独具魅力的文化精髓，与我们一道挖掘、保护、传承敦煌文化，牢牢掌握敦煌文化研究的话语权，在推进文化自信自强，铸就社会主义文化新辉煌的伟大征程中谱写更加灿烂的时代篇章。

是为序。

王立奇

2023 年 3 月 24 日于酒泉

（王立奇，中共甘肃省酒泉市委书记）

前　言

　　敦煌，有着源远流长的古代文明，它的文明，是中华文明的重要组成部分。数千年以来，敦煌一直就是东西方贸易的中转站，也是宗教、文化的交汇处，在中国乃至世界历史舞台的中心扮演过极为重要的角色，具有重要的经济地位与战略地位。在漫长的中西文化交流的历史中，这里曾经是中西多元文化荟萃之地，世界四大古文化都曾在这里集结、播撒。彼此之间的相互交流，创造了世界瞩目的"敦煌文化"，为人类留下了众多的文化瑰宝。它是中华文明史上不可或缺的重要篇章。

　　敦煌的历史文化源远流长，博大精深。丝绸之路如一首雄浑壮美的长诗，在第一部分"从长安到敦煌"的末尾，谱写了最为壮丽的篇章。它是全诗的精华所在，也是全诗的最高潮之处。

　　在人类历史的发展进程中，逐步形成了东方文明和西方文明两大文明体系，而中华文化是东方文明中最具代表性的思想和哲学体系。自古以来，这两大文明就各自形成了显著的特色，而这两种不同特色的文明都是在不断地冲撞、融合中向前发展和推进的。

　　敦煌文化在中原传统文化主导下，一开始就呈现出一种多元开放的文化形态，在漫长的历史发展当中，它除了融入不少来自中亚、西亚的文化，同时也兼容了青藏、蒙古高原等地的民族文化成分，呈现出开放性、多元性、包容性的特色。丝绸之路是东方通往西方的最重要的交通大道,可以说,敦煌自西汉至宋代一直是丝绸之路上的一颗璀璨明珠,都是得益于它特殊的地理位置和枢纽作用。

敦煌是中国西北和中亚诸多古老民族轮番上演的历史舞台,一幕幕壮观的悲喜剧,谱写了敦煌灿烂辉煌、厚重丰富的历史文化,它不仅是中华民族相互交融、谋求强盛、奋发图强的历史发展缩影;也是历史上中国这个大一统、多民族国家形成发展、盛衰兴亡的真实写照;同时,也是丝绸之路开创、巩固、发展,以及中原王朝对外开放、中西方文化相互交流、彼此影响,推动社会发展和历史进步的交通史和友好往来史。

苍茫的敦煌大地美丽富饶,曾经生息繁衍过许多民族的祖先,也蕴藏着无穷的宝藏,更有星罗棋布的文物古迹。而这些历史遗迹中,除了在中国历史上具有代表性的长城烽燧、关隘城堡,最富有历史文化价值的无疑是持续了一千多年艺术创造的敦煌石窟。它让人类一千多年的纷繁历史、兴衰浮沉、风云变幻无不呈现于佛像画壁之上。它如同一座历史的丰碑,象征着我国各民族发展、融合的过去,也铭刻着人类社会演变、进化的漫长里程。它灿烂悠久的文化,在浩如烟海的中华史册上占有光辉的篇章。

敦煌当地学者任子宜1945年撰联曰:

　　四郡列岩疆,从汉武拓荒以来,都护驻兵,凉王开国,节度建衙,金山称帝,赫曜声名昭史册;
　　两关扼要地,自月氏迁徙而后,渥洼天马,佛窟壁画,石室写经,流沙坠简,辉煌文物震全球。

DUNHUANG
THE BIOGRAPHY

敦煌传

敦煌独特而厚重的历史文化

概述

丝绸之路上的敦煌 杜永思编制

地理位置及自然环境

敦煌市地处河西走廊最西端，位于甘肃、青海、新疆三省（区）交界处，隶属酒泉市。南枕终年积雪的祁连山，与阿尔金山相连；西连浩瀚无际的塔克拉玛干大沙漠，与南疆、北疆接壤；北经大戈壁与天山余脉相连。在古代，敦煌的大部分时期都在这个范围，它包括党河流域和疏勒河流域的广大地区，总面积大约16.8万平方千米。

如今的敦煌市总面积2.67万平方千米，其中绿洲面积1400平方千米，故有"戈壁绿洲"之称。敦煌绿洲由发源于祁连山的党河滋补，全长390千米，流域面积1.68万平方千米，是敦煌重要的水利命脉。除党河外，地面水还有西水沟、东水沟、南湖泉水。

党河冲积扇带和疏勒河冲积平原，构成了敦煌内陆平原，沙漠、戈壁、绿洲，形成了这里独特的自然风貌。由于地处内陆，气候干燥，降雨量少，蒸发量大，昼夜温差大，日照时间长。年平均降水量42.2毫米，蒸发量2505毫米，年均日照时数为3258小时。这里四季分明，春季温暖多风，夏季酷暑炎热，秋季凉爽，冬季寒冷。年平均气温为9.9℃，最高气温为41.7℃，最低气温为−30.5℃，年平均无霜期166天，属典型的大陆性气候。

敦煌平均海拔1139米。地形呈南北高，中间低，自西南向东北倾斜，由于敦煌绿洲四围，东有祁连山余脉三危山，南有巴丹吉林沙漠和塔克拉玛干沙漠过渡地带形成的鸣沙山，北有马鬃山山系的北塞山，中部形成了一个天然盆地。在这个天然盆地之上，有一条发源于祁连山的雪融清流，它是疏勒河的一级支流，敦煌的母亲河、生命线。这条名叫党河的河流，是我国唯一一条由南向北的内陆河流。它宛如一条漫长的飞天飘带，缓缓地从敦煌绿洲上拂过，养育着敦煌人民，滋润着戈壁绿洲。而这片绿洲上自古以来的人口和农业耕种，都分布在党河流域。不要轻看这条并不浩瀚的河流，它不仅孕育了当地的历史，也让往来于丝绸之路的使者、客商、僧侣、军团在这里获得了栖息和续航的给养。它成就了曾经的中西贸易、文化交流的重要都会，也使敦煌成为古代中西交通的"咽喉锁钥"——丝绸之路上的一颗璀璨的明珠。

敦煌地区有着特殊的地理位置和地理环境，这一特殊的自然生态面貌及其演变，使它在中国历史和世界文化艺术发展史中拥有别具一格的重要地位。归纳起来体现在这几个方面：敦煌是中国历史特别是中国古代历史发展中最重要的军事战略要地，敦煌是中国古代历史发展过程中中西交通最重要的枢纽之地，敦煌是中华民族发展史上东西方文明最重要的碰撞、交融、汇合之地，敦煌是中亚和东亚众多民族重要的民族融合、民族交往发展之地，敦煌是中国古代及当时世界文化的集散之地，敦煌是中国乃至世界著名的佛教文化艺术中心之地。它无论对中国，还是对世界，都曾有过十分特殊的历史意义和更广大的意义。

远古时期的历史面貌

现有的地质、考古资料证明，敦煌地区远古时期的历史面貌可以上溯到旧石器时代晚期。从今天敦煌及其周边地区发现的大量旧石器时代、新石器时代、青铜时代的原始文化遗迹遗存中，可以推测出这一地区人类活动的基本历史面貌。

有着数千年历史的敦煌地区，其历史概念和历史地域概念，与今天的敦煌有着很大的不同。敦煌，现今地域面积虽仅 2.67 万平方千米，但无论从它的历史演变、建置沿革的流变，或从中华民族的形成发展过程中民族融合、民族交流的历史，还是从历史地理、历史地域的诸多方面科研认识上看，"敦煌"，都是一个范围极其广大的历史概念。古代的敦煌地区，无论从远古蛮荒时期到"三危"和"流沙"之地，或是从"禹贡雍州之域"到"古戎地"，再到后来的辖敦煌、晋昌、高昌三郡和西域的"沙州"等，基本上都是以现今的

敦煌三危山 油画 杜永卫作

敦煌市为中心,与不同时期的政治、经济、文化、艺术紧密关联,形成深远而广袤的规模,向东辐射于河西走廊甚至陇右,向西辐射于新疆广大地区,向南、北辐射于青藏高原和蒙古高原。自然地,在中国古代历史的大部分时期,敦煌地区的概念与中华历史不同时期的地域范围密不可分,随着疆域的扩大缩小而不断变化发展。

从敦煌周边地区不断出土的史前文物来看,当进入原始社会末期,这一带的人类活动已经比较频繁。生产工具的不断改进升级、生产力水平的不断发展变化,也推动着这一带地区人类历史的阶段性发展。据考古资料和历史记载反映,就敦煌地区原始社会末期的真实情况来说,古籍中追述的"三危""流沙"、古"雍州",其地域范围非常之广袤,远不限于今天的敦煌市区。古老的"三危"之地,既是一个地域概念,又是一个历史文化文明发展的概念。从河西走廊中部延伸至敦煌及其周边的四坝文化,便是很好的印证。从四坝文化的考古挖掘资料中可以看出，在原始社会末期和奴隶社会初期，敦煌地区及其周边的人类活动已相当广泛，其文化、经济发展水平已与中原地区相近，可以说是起点相同的社会阶段。此外，我国众多史籍也很早就开始记载并证明了，远古敦煌地区与中原地区的文明发展基本处于同一个阶段，且相互之间已经有了联系，并不断加强和密切着这种联系。

丝绸之路上最重要的枢纽性节点

敦煌的地势呈南北高、中间低，自西南向东北倾斜。北面的戈壁与天山余脉相接，南面则是与祁连山相连的阿尔金山。河西走廊位于丝绸之路东段，一路向西延伸。千里祁连山脉绵延了它的身躯，它既是沟通东西方的交通要道，是中原河西之地与青藏高原的分水岭，也是与蒙古高原的分界线。它的南北是广阔无垠的牧区，而中间这条通道，则是片片绿洲串联的犹如一串明珠镶嵌的农耕地区。这串明珠，在东西向走廊通道地形上向西延伸了近一千千米，在塔克拉玛干大沙漠的阻隔之下，最终止步于敦煌。因此，敦煌成为丝绸之路河西段的最后一站，成为中原通往西域的重要口岸，以及汉民族聚居地的前沿阵地——胡汉交界，国门关防，也自然形成了通往汉地、柴达木和南北两疆的东西南北四个方向的天然枢纽。

如果人们从太空俯瞰，敦煌恰在中原、西域及青藏、蒙古两大高原"十字路口"。即便在今天，它仍然是中国大西北陆路交通的一个北上南下、东来西往的枢纽性节点，而在遥远的古代它更是通往西方的枢纽与门户，中西方大道上罕见的政治、经济、文化中心城市。它不仅是胡汉商品贸易交接转运之集散之地，也是各民族精神文化交汇之集散之地。正如季羡林先生曾经说的："世界上历史悠久、地域广阔、自成体系、影响深远的文化体系只有四个：中国、印度、希腊、伊斯兰，再没有第五个；而这四个文化体系汇流的地方只有一个，就是中国的敦煌和新疆地区，再没有第二个。"诚如其所言，敦煌是东西交通的喉襟和具有国际意义的经贸文化汇流之地。也正因为其在地理位置上的枢纽性和重要性，敦煌不仅对稳定西陲、经营西域起着决定性和战略性的控制作用,也为中华民族走向世界、使世界与整个中国建立沟通架设起一座桥梁。

早在西汉于河西"列四郡,据两关"之时,从敦煌往西域开辟有南北两道,敦煌成为汉王朝向西发展的根据地。汉代丝绸之路自长安出发,经过河西走廊到达敦煌,继而出玉门关沿昆仑山北麓,或出阳关沿天山南麓,分为南北两条大道。南道从敦煌出发,经过楼兰,越过葱岭而到安息,西至大秦(古罗马);北线由敦煌经高昌、龟兹,越葱岭而至大宛。汉唐之际,又沿天山北麓开辟一条新路,由敦煌经哈密、巴里坤湖,越伊犁河,而至拂林国(东罗马帝国)。丝绸之路的开拓,使敦煌成为中国历史上率先对外开放的地区,成为中原与西方经济文化交流的吐纳口。沿着丝绸之路,中原的丝织品及先进的生产技术源源不断地向西传播到中亚、西亚甚至欧洲。而来自西域广大地区的物产也络绎不绝地向东传播至敦煌,再传播到中原大地。丝绸之路上,各国使臣、僧侣、商贾、军旅川流不息,而据丝绸之路之要冲,作为"咽喉锁钥"的敦煌,一千多年中一直扮演着中西方贸易中心的角色。西域的胡商、中原汉族的商客,以及南北高原的番客在此云集,从事着东来的丝绸和瓷器、西来的美玉和珍宝,以及南北高原赶来的驼马与当地粮食的交易。

东西方文明以及多种文化碰撞、融合的交汇之点

汉武帝建元二年(前139),张骞自长安出发,经敦煌出使西域,开通丝绸之路,使东西文明更加紧密地联系起来。在此后漫长的几个世纪之中,丝绸之路作为连接东西方文明的一条纽带,不断加强着东西方物质与文化的交流。

汉武帝元鼎六年(前111),西汉王朝正式设立敦煌郡。为了防御北方匈奴的侵犯骚扰,汉朝廷从令居(今永登)经河西走廊至敦煌,直到盐泽(今罗布泊)修筑了一千多千米的长城以及沿线的烽燧,并设置了阳关、玉门关,至此敦煌成为中原通往西域的门户和边防军事重镇。西汉朝廷对敦煌的战略地位高度重视,汉武帝时期数次迁移内地居民于敦煌,带来了中原先进的生产技术和文化,使原本以畜牧业为主的敦煌地区,逐渐发展成为繁荣的农业区和产粮

基地。由于长城和烽燧的一路修筑，使敦煌与酒泉、张掖、武威连成了一个整体的战线，其对内护守着陇右以及中原地区的安全，对外强有力地支持了汉王朝讨伐匈奴，经营西域的一系列军事行动，并逐渐发展成为中原王朝统辖西域的军政中心。至三国北朝魏文帝曹丕即位，剪灭河西的诸侯割据势力，继续施行西汉以来的屯垦戍边政策，保护过往商队，逐渐使敦煌地区成为丝绸之路上具有一定规模的大型粮食生产基地和重要的商贸城市。这样的城市，不仅确保了往来于东西大道上的商队军旅能够获得前进的足够给养，也给过往的文化使者铺垫了东西方文明互相传播的康庄大道。此时的敦煌，当时被称为中西交通的"咽喉锁钥"和"华戎所交一大都会"。

东西两晋，中原向外移民最为鼎盛，世家豪族除了大举南迁外，也有一些向西过黄河迁至河西走廊，其中一部分就来到了敦煌。这些从中原而来的大族豪强，给敦煌带来了大量的中原儒家文化与时尚风气。另一方面，一些来自西域的商贾、僧侣，在此长期定居活动，也为敦煌烙上了西域文化的印记。敦煌因为远离中原政治中心，多次战祸未能波及，因此在当地豪族政权的治理下，生产扩大，人口增长，自东汉以来基本保持了稳定局面。与此同时，敦煌作为佛教传入东方的第一站，很快生根发芽的西来的佛教文化与东来的中原的儒家文化在此碰撞、交汇。西域月氏国高僧竺法护及其弟子于西晋时期在敦煌翻译佛经、传播教义，时称敦煌菩萨。东晋时代出生或成长于敦煌的著名高僧昙猷，将竺法护所译禅学经典理论付诸实践，奠定了中国大乘佛教的千年基业。其后不久，乐僔和尚在前秦时期又来到这里开窟造像，布道弘法，成为莫高窟石窟艺术的开山鼻祖。

历史上的中西文化交流，汉文化向周边地区的传播与区域性的开辟扩充，都在这里表现得非常鲜明而集中。正因为受到各种文明的交替影响，敦煌的文化并非单纯的汉民族文化，而是很多与当时的国际接轨的，与汉民族传统文化具有差异的丰厚博大的多元文化。敦煌的历史文化是灿烂辉煌的祖国历史文化不可分割的部分，在两千多年的发展历程中，呈现出一种鲜明的地域特色。这种特色不是移植、照搬，也非简单地乔装打扮，而是一种独特的创造，这种创造是在本民族传统文化的基础上，与西来的文化通过撞击、交融后熔于一炉。

莫高窟217窟 盛唐 军队训练图

这一切，仅在风格多样、丰富多彩的浩如烟海的敦煌艺术中，就已被呈现得淋漓尽致，至今仍向全世界释放着耀眼的光芒，展现着强大的生命力和旺盛非凡的创造精神。

敦煌是东方文明与西方文明初次相互拥抱的地方，是中华最早向西方开通开放的口岸。它不仅仅是中原王朝对外经济贸易往来的举足轻重的边城商埠，还是包括政治、外交、文化、技术等方面往来的至关重要的港口。因此她一开始就呈现出一种不仅仅表现在地理环境上的开放性，而更表现出一种民族心理上的海纳百川的开放和包容。

安史之乱爆发后，来自青藏高原的吐蕃占据河西走廊，把神秘的藏文化带来敦煌，敦煌莫高窟在唐以后，相当一部分洞窟受到藏传佛教的影响。藏传佛教分为前弘期和后弘期两个阶段。因此藏传佛教对敦煌石窟的影响也鲜明地分为三个阶段，即吐蕃时期、西夏统治时期、蒙元时期。吐蕃对敦煌的统治持续六十多年（786—848），不仅使敦煌佛教得到了迅猛发展，也给敦煌带来了大量吐蕃艺术和典籍。吐蕃是一个有着悠久文化传统的民族，除了在藏区保存

莫高窟远眺 吕爱摄

莫高窟第112窟 唐《反弹琵琶》高山临

莫高窟第217窟 盛唐《化城喻品》亦表现了丝绸之路行旅的景象 赵俊荣临

有大量的古代文化遗物，敦煌也保存了一些吐蕃早期的古藏文经典、文书以及壁画和绢画。敦煌吐蕃时期的壁画还出现了一些别具特色的密宗图像和藏式佛教图像，甚至还有多个赞普的形象留在了壁画之中。

晚唐时期（848—907），世族张议潮使敦煌重新回归大唐版图，敦煌的豪门大族主导着从人间到"佛国"的一切，财力雄厚的世族竞相开窟，其艺术风格融汇了中原绘画、吐蕃遗风和敦煌地方色彩。画面中除了密宗、显宗图像并存，在《河西节度使张议潮统军出行图》和《宋国河内郡夫人宋氏出行图》等世俗题材的壁画中，还出现了汉族和吐蕃的舞蹈、乐器以及服饰等并存的景象。

1038年至1227年，党项族在中国西北部建立了一个政权——西夏。西夏统一河西后建立大夏国，敦煌处于西夏统治之下。由于地域和族群的关系，党项和吐蕃在历史、文化方面有着很多共同之处。西夏佛教与藏传佛教有着源远流长的关系，吐蕃佛教文化对党项人产生了比较大的影响。西夏建国以后，主动将汉地佛教和藏传佛教兼收并蓄，融为一体，特别侧重于藏汉佛教中有关实践的内容。尤其是到了西夏晚期，由于密宗广为流行，西夏王室更加重视藏传佛教，因此藏传佛教艺术一时流传甚广，这些文化的相互借鉴、融合，无疑在敦煌石窟艺术中有着鲜明的表现。今现存于莫高窟、榆林窟的西夏佛教艺术，不仅数量可观，而且显示了这些文化的相互交融和影响。

西夏宝义元年（1227），蒙古大军灭西夏，攻克沙州等地，河西地区归元朝所有。敦煌是较早受到蒙古统治的一个州郡，蒙元统治者笃信佛教，敦煌莫高窟作为佛教要地受到重视，石窟建造在这一时期仍在继续。因此敦煌地区的藏密在元代时期进一步发展，莫高窟不仅出现了纯粹的藏密洞窟，且蒙古人的形象、服饰及其文化也在敦煌莫高窟得以彰显。

历史上统治敦煌地区的政权，无论汉族还是少数民族，都以敦煌为重要基地，在敦煌这个平台上去努力经营并发挥他们的聪明才智，不仅重视发展农商业，也开发了很多惊艳的文化标志，充分展示本民族自身的价值。历代中原汉族王朝在强盛之时总会把敦煌作为扼守西出通道的大门，由于地处各种文明交互影响的范围之内，敦煌文化在清代以前一直不是单纯的汉文化，而是兼收并蓄、精彩纷呈的多元文化。敦煌作为东西方文化交汇的中转站，不仅为多种文化的汇集提供了储存空间，更为各种文化的交流互动、碰撞交错提供了发展平台。敦煌的存在，使中原政权将汉民族文化不断向西拓展延伸，也承接着外来的佛教文化以及西亚、中亚文化向内陆腹地传播发展。中西文化在敦煌得以汇聚、碰撞、交融，使得敦煌成为丝绸之路上著名且影响深远的大都会，这里曾经人文荟萃、文化璀璨，这些繁荣的景象在敦煌壁画中都有着生动的记录和丰富的展示。

中亚和东亚众多民族轮番上演的历史舞台

敦煌自远古以来就是诸多民族聚居之地，先后生活过除汉族以外的大月氏、乌孙、匈奴、鲜卑、粟特、吐蕃、回鹘、党项、蒙古等多个民族，不同的民族在这里或游牧，或农耕，或农牧兼顾，共同创造了灿烂辉煌的古代敦煌文明。20世纪初在敦煌莫高窟发现的藏经洞，为我们打开了一座蕴藏浩瀚的图书馆，它犹如"中国中古时代的百科全书""古代学术之海洋"，数以万卷内涵丰富的文献不仅包含以汉文居多的政治、经济、历史、地理、文学、语言、宗教、科技、艺术等方面的重要资料，同时也保存有数量可观的古代民族语言文字、宗教文化等方面的文献，几乎涵盖中国中古时期历史文化的各个方面。这些文献作为当时社会文化的原始记录，是研究敦煌古代社会的第一手资料。其中的民族文献以敦煌及河西地区为主，内容反映了这一地区各族人民杂居共处、繁衍生息的真实情况。众多少数民族政权的更迭和多民族的繁衍更替，铸就了中西文化的交流发展史，也促使敦煌成为历史上各民族经济、文化交融的大都会。这些民族对敦煌文化的贡献，以及在敦煌历史上活跃的时间、文化遗产保留的情况等，在敦煌石窟艺术和莫高窟藏经洞出土的文献中，都有着生动而具体的记录。

在中国历史上，王朝强则丝路通，王朝弱则丝路断，因此历代强盛的王朝，总要把敦煌作为扼守中西通道的最后一道大门。是丝绸之路造就了敦煌的盛大辉煌，而敦煌也为丝绸之路的畅通和东西方之间的国际交流发挥了积极的作用，同时为统一的多民族封建国家的形成、发展、巩固作出了卓越的贡献。这其实也是深邃独特、沧桑厚重、气势磅礴、光辉四射的敦煌历史文化形成的重要原因。

那些在大敦煌历史上过往的诸多民族，无论在历史文献中，还是在敦煌壁画中，抑或在大漠戈壁上的古遗址中，在那些散失在四处的零零散散的文物中，都留下了自己深深的痕迹。如今，他们或已消失，或已演变，或已融入五十六个民族的大家庭之中。但他们在历史舞台上留下的鲜活面容和灿烂风采，依然时常浮现在我们眼前。在漫长的历史演变和不断的民族融合之中，今天的大敦煌圈的敦煌人，虽然很多已经不能直接对应古代的敦煌人，不能直接对应那些曾经叱咤风云的、早已消失的古老民族。但因历史的原因，他们的很多后代，基本还是在大西北的这块土地上来来去去，在丝绸之路的中段和东段路线上去而复来。

例如元末明初，今嘉峪关以西包括敦煌在内的自汉晋以来祖祖辈辈繁衍生息而积淀下来的各族居民，陆续东迁到河西走廊中东部的酒泉、张掖一带。但在两百多年后的康雍年间，大清王朝又重新收复了嘉峪关以外的广大疆域，那些嘉峪关以东地区的居民，又重新被移民回到了故地。特别是敦煌，集河西走廊甚至甘肃五十六州县（包括今天的青海、宁夏一些市县）移民为一县，在清代曾经被中原居民传称为"小甘肃"。谁能说他们当中的一些人的远祖不是关外的大敦煌人呢？

例如肃北自治县的蒙古族，他们的祖先早在13世纪下半叶，随着成吉思汗的蒙古大军南下，攻河西，灭西夏，进入了敦煌的肃北地区，他们在这里休养生息了很长一段时间后又大部分西迁，明末清初他们在其首领固始汗的带领下又从西域再度返回这个地区游牧生活。

例如阿克塞自治县的哈萨克族，他们是一个多民族的融合体，如今的这部分哈萨克人虽然迁徙至敦煌不到百年，但他们的祖先早在西汉占领敦煌之前的几个世纪，就曾经游牧于河西走廊至敦煌一带。他们这个古老民族的族源，排列在最前面的允戎、塞种、乌孙、月氏、匈奴都曾是大敦煌的主宰。他们今天的族称"哈萨克"虽然形成较晚，于15世纪才建立了自己的哈萨克汗国（王朝），但他们的祖先却早已在丝绸之路上多次建邦立国。他们似乎从来没有离开过丝绸之路，他们的祖先塞种人，在丝绸之路和敦煌的史册上声名"显赫"。历史上塞种人被称作"戴尖顶帽子的人"，而近代哈萨克族亦自称为"尖帽哈萨克"。我们再回看那些从长安到敦煌沿途各地出土的唐三彩的"胡人牵驼""胡人牵马"的艺术形象，那些敦煌壁画中的"胡商"，他们很多都戴着一顶"尖尖帽"，他们是塞种人，也有人说他们是粟特人，这两个民族都曾是我

19

们历史上所说的"胡人",其实他们同属一个语族,在族源上本身就有一定的渊源。

例如粟特族,隋唐时期的敦煌壁画和彩塑中就反映了他们生活在敦煌的历史。在敦煌藏经洞文物中也有不少粟特文文献和粟特人的绘画,为我们揭开了中古时期生活在中国的粟特人的神秘面纱。粟特人是古代中亚白种人少数民族,隋唐时期他们被称为"昭武九姓"。有一种说法"昭武九姓"与张掖临泽的昭武城有关。也有史籍认为他们的祖先是月氏人,"始居祁连北昭武城"。粟特人善于经商而散居到世界各地,早在魏晋南北朝时期,他们就通过丝绸之路来到中国,到了隋唐时期,定居在从长安到敦煌的粟特人遍布黄河东西。甚至有观点认为诗仙李白也是粟特人,五代、宋时期敦煌的归义军统治者曹氏家族也是粟特人。当时沙州敦煌县的从化乡有三个里,都是以粟特人为主体居民。这些粟特人后来融入汉族,逐渐失去他们的语言和外貌特征。谁又能说我们有些汉族人的祖先不是曾经的粟特人呢?

例如吐蕃族,他们是青藏高原最活跃的民族,他们与西羌、鲜卑、吐谷浑、党项等都有着千丝万缕的关系。安史之乱后,吐蕃趁机占领了陇右、河西大片地区,控制这里近一个世纪。敦煌在此期间也被吐蕃统治近70年之久,他们在敦煌石窟中留下了鲜明而灿烂的艺术。9世纪中叶,敦煌汉人张议潮发动起义,夺取大唐十州失地,河西、陇右复归唐朝。吐蕃是藏族的祖先,在青藏高原边缘地带的河西走廊,自古以来一直活跃着他们这个以游牧为主兼事农耕的民族。千百年来他们在大敦煌圈以及周边来来去去,留下了他们很多的历史身影。

例如裕固族,他们源出唐代游牧在鄂尔浑河流域的回鹘。9世纪中叶,他们的一支迁至河西走廊,一度成为扼制丝绸之路河西孔道的霸主。在敦煌,他们作为统治沙州的回鹘在莫高窟、榆林窟壁画中留下了生动的形象。明朝初年他们的后代畏兀儿人东迁嘉峪关内,逐渐定居在张掖、酒泉一带,最终形成了今天的裕固族。畏兀儿东迁入关是裕固族历史上的重大事件,因此直到今天,裕固族民间传说中还保留着他们东迁的悲壮故事:据说很久以前,裕固族的故乡遭受了一场特大的风灾,狂风卷走了牲畜,沙山吞没了帐房,连黄金筑成的佛堂也被沙山淹没。又说他们遇到了异教徒的压迫,在故乡不能立足,于是他们开始了东迁。"走过了千佛洞(莫高窟),穿过了万佛峡(榆林窟),酒泉城下扎营帐。沿着山梁走上那高高的祁连山,望见了八字墩辽阔的牧场。草绿花香的八字墩草原,变成了裕固族可爱的家乡。"这首历史民歌大致反映了裕固族的先祖畏兀儿的迁徙路线和经过。畏兀儿,亦作"畏吾尔",其族源与维吾尔的族源相同,最早都是从蒙古草原迁徙来的游牧民族回鹘。由于地理位置、宗教信仰以及年代更替的原因,同一个民族有了不同的称谓。

今天的河西走廊西部的大敦煌文化圈是一个以汉族为主的多民族聚居地区。境内除汉族外,还有蒙古、回、裕固、藏、维吾尔、东乡、哈萨克、朝鲜、土家、满10个少数民族。这些少数民族除满、维吾尔、东乡、朝鲜、土家等族人数较少,分布在城乡各地,其余各族都有相对独立的聚居地,他们以游牧为生,也有少量务农。

敦煌灿烂文化的产生有其独特的历史渊源

胡汉交融之源。在西汉于河西走廊"列四郡,据两关"前的漫长历史长河中,这一带并不是汉族活动的地域。据史料记载,尧、舜、禹时期征伐长江以南的三苗部落,将被俘的部分族群放逐于敦煌的三危山之地,史称"舜窜三苗于三危"。从此,"三苗"这个见于记载最早的民族,便在敦煌一带繁衍生息。夏、商、周时期,又有被称为"允戎""羌人"的民族在敦煌一带狩猎放牧。先秦时期,河西一带为月氏、乌孙、匈奴所控,呈三足鼎立之势。后来月氏崛起称雄河西,将邻邦乌孙驱逐至西域伊犁河流域。大约在西汉初年,匈奴入侵河西,挫败月氏,迫使其迁徙至西域两河流域。强大的匈奴破月氏后独占河西,并时常掠扰汉朝边地。至汉武帝时期,中国历史上第一次大国崛起,汉朝大军出师北伐,大败匈奴。随着河西大捷,西汉帝国于河西走廊兴建长城关隘,开垦牧区,广置农田,建郡立县,将中原大量汉族军民迁徙至敦煌戍边屯垦,敦煌从此成为以汉族为主体兼有匈奴、鲜卑、氐、羌、羯等少数民族的聚居地。这也使得敦煌历史文化从此实现了胡、汉文化的交流融合,从而推动了敦煌历史文化的发展进程。胡、汉文化的碰撞、融合，形成了一个极富地域特色的重要现象，即著名的"西凉乐"的诞生。这个对后世影响深远的西凉古乐，就是秦汉音乐与河西胡乐以及西域龟兹乐互相渗透交融的结晶。与此同时，这一时期还衍生出了具有地方特色的"不减安陵调"的"敦煌乐"，这种胡汉交融的文化现象，在史料中有着鲜活的记载。

移民实边政策下的大移民之源。自汉武帝开始，为巩固北方边疆，加强丝绸之路的安全，保障中西大道的畅通，历代王朝曾多次从内地征调大批人口迁移至敦煌，以充实边境，其中汉武帝时，就曾一次移民70余万人充实河西诸郡，实行兵农结合的屯田戍边。治理天下需要发挥世家士大夫阶层的教化作用，故朝廷也把一些世家大族同时迁至敦煌。这些世家大族累世为官，饱读经史，随身带来的古章典籍，将中原文化传播到此，为敦煌文化的发展奠定了良好的基础。移民实边、屯田戍边等政策的实施，使敦煌一带从西汉开始，就具有了中原文化和西部开发区文化的交流互动，这对形成独特的敦煌历史文化创造了重要的条件。西汉屯田戍边大移民，是一次对河西走廊的全面开发，它使得包括敦煌的广大河西地区，在短短数十年之内，就完成了从狩猎、畜牧的游牧文明到农耕文明的历史性飞跃，实现了社会生产力的跨越式发展。同时实现了整个河西走廊上一连串数十个县城的壮观局面，它像一串戴在大地母亲身上、闪烁着奇异光彩的金玉项链，标志着华夏文明的进步发展。

屯垦戍边，移民实边，是增强国力、昌盛国运的必然之举，也是古丝绸之路通畅的重要保证。可以说，中国西北的历史就是屯垦戍边历史，西北的文化就是屯垦戍边文化。这种具有浓厚风土人情和地域特色的屯垦戍边文化，以其时间延续之长、影响范围之远、内涵包容之广、历史沉积之厚、现实意义之大，在中国文化的圣殿中占有着显著的一席之地。它不仅是古道边关的敦煌具有代表性的特色文化，也是华夏文明重要的组成部分。无论丝路文化，或是敦煌文化，都与屯垦戍边文化息息相关。

东西大道、两大高原总绾之源。敦煌地处中西交通枢纽，它不仅是汉地连接西域的门户，也是连接南北两大高原的绾毂要口；它不仅是经济贸易的集散地，也是四个方向文化往来的交流枢纽。它是多种文化的交汇点，也是最早对外开放的辐射四方的平台。敦煌历史文化的包容性和开放性，不仅体现在地理环境上的开阔和交融，更体现了汉民族心理上的强大与自信。今天的敦煌被誉为"艺术之都""东方艺术博物馆"，正是它开放包容、绚丽多彩、博大精深这一特点的充分体现。

敦煌与众不同的两条大河的文化之源。在中国的版图上，几乎所有的江河，不是大江东去，便是大河东流，然而在敦煌，却有两条异乎寻常的河流，一条是反其道而行的"大河西流"的疏勒河，一条是独辟蹊径的"党水北流"的党河，这两条与众不同的大河，都是敦煌的命脉。在这两条大河的两岸，伫立着闻名遐迩的莫高窟、榆林窟、玉门关、阳关、汉长城等历史遗迹，其博大精深的历史内涵，让丝绸之路上过往的大军、僧团、商队的形象变得更加具体而真切。在这两条大河的两岸，也有已经埋藏于地下的轰动世界的悬泉置以及诸多关隘烽燧周边积淀的文化层，其"流沙坠简"的历史封存，让张骞、班超等各国往来使团的形象变得清晰而鲜活。大河两岸谱写的，那些隐藏在敦煌壁画中的历代敦煌人的市井生活、田园耕作，以及文人骚客诗卷中的那种金戈铁马、大漠秋风的荒芜萧索的边塞景象，都矗立于时间的长河中，见证着两千多年的丝路兴衰。

这两条大河，似乎是敦煌的万物之源，孕育着敦煌壮丽的历史，流淌着如诗如歌的灿烂文化。水是人类活动的前提，也是文化的命脉，丝绸之路沿水而行，长城障堡傍水而建，关隘烽燧据水而守，石窟佛洞依河道而开……在敦煌，几乎最初所有人为的工程都是因水而建，因水而兴，当然很多历史遗迹最终也因水而废。敦煌的自然条件养育了丝路文化，养育了长城文化，养育了两关文化、驿站文化，养育了中华母体文化。这些文化的集合，成就了独具特色的敦煌历史文化。

由此可见，敦煌历史文化是中国进入封建社会以来，在向西北方向开疆拓土，打通丝绸之路战略谋求的开发、开放、交流中，将中原文化与西部文化、胡汉文化、西域文化相交融而形成的，其具有鲜明的开放、包容与创新的特点。敦煌历史文化的独特性，体现在丝绸之路的沟通、形成与发展之中，体现在历代王朝对中西大道的高度重视与维护之中，当然也体现在古代中国这个多数时期大一统、多民族的、中央集权制的封建国家的巩固、发展之中。

丝绸之路缘于中西方文明的相互吸引，而敦煌无疑是这个引力的交点。敦煌并不只是东西大道上的一条固定的商路的节点，也是连通青藏、蒙古两大高原的节点，它是各路商品的集散地，同时也是多种文化的集散地。正是在多方往来的商品、技术以及文化、宗教在敦煌经过摩擦和磨合的交融中，不同文化之间才实现了互通有无，并学会以对话消除隔阂，最终达成"和而不同"的共识，塑造出东西方文明的交流史，形成了"丝绸之路"这个概念。因此，敦煌在欧亚大陆技术、艺术、思想交流的丝绸之路上扮演的重要角色不言而喻。

敦煌自前111年西汉武帝建郡置县至中华民国，共经历了2060年的历史。在这两千多年盛大而辉煌的历史文化形成及发展中，敦煌曾经历过22个王朝或割据政权［西汉、东汉、三国曹魏、西晋、前凉、前秦、后凉、西凉、北凉、北魏、西魏、北周、隋、唐、五代、西汉金山国（敦煌国）、沙州回鹘、西夏、蒙元、明、清、民国］的兴亡更替。我们将这漫长的发展历程加以概括，梳理出敦煌各个历史时期的发展轨迹，从中就可发现一些历史的必然联系。历代占据敦煌的中原政权以及各少数民族政权，都把敦煌作为重要的基地经营，不仅发展农耕畜牧业和工商业，而且在文化艺术方面也不断产生出很多惊世美艳的创造，展现了敦煌文化艺术、天文地理、经学史学灿烂辉煌的成就和深厚积累。

敦煌，已经走过了近五千年的漫长里程，她同神州大地一样，具有光辉而悠久的历史，她不仅繁衍哺育过多民族的祖先，也是历代统治者轮番表演的历史舞台，她与祖国的命运休戚与共，是中华历史不可分割的部分。自西汉设敦煌郡以来，她不仅开辟疆域、捍卫祖国的前沿阵地，也是东西方国际要道上的总绾和中枢，她是连接世界四大文明古国灿烂文化的纽带，更凝结着世界各族人民深厚的友谊。尽管我们早已听不到三危山下先民们悠扬的牧歌，也看不见阳关大道上过往频繁的使节、商贾、僧侣，看不见那旌旗如潮剑戈林立开创祖国基业的浩荡大军，更看不到那数十个国家数以千计的庞大使团奔赴交易盛会的壮观场面，然而，频现于文人骚客诗句卷宗中的阳关、玉门关，矗立于时间的风蚀之中，见证了两千多年的丝路兴衰。那埋藏于地下的悬泉置，其"流沙坠简"的历史封存，让解忧公主等各国来往使团的形象变得清晰而生动。那满山遍野的文物遗迹，卷帙浩繁的典籍文献，以及丰硕而辉煌的石窟寺庙，都生动地、真实地、形象地记述和再现了那早已音尘渺茫去而不返的艰苦岁月和辉煌年代。

DUNHUANG
THE BIOGRAPHY

敦煌传

第一章 上古先民 游牧敦煌

三危圣境 敦煌研究院 刘生平摄

敦煌萌史五千年　上古蛮荒有渊源

　　位于黄河中上游的甘肃，是中华文明的重要发祥地之一，其历史悠久，文化源远流长；地形南北扁平，东西狭长，版图辽阔。考古资料证明，甘肃，自远古开始，中华民族的祖先就劳动、生息、繁衍在这块广袤的土地上，创造了灿烂辉煌的陇右文化。在黄河甘肃段以西，有一条狭长的通道，它是古代丝绸之路的必经之道，这就是河西走廊。河西走廊地接四境，控扼三边，东连陇中黄土高原，南通河湟谷地和青藏高原，西接塔里木盆地和哈密盆地，北达蒙古高原和巴丹吉林大漠。这里的地貌和气候异质多样，雪山、草原、平川、河谷、戈壁、沙漠、湿地、绿洲共同构成了河西走廊奇异的风光。它的民族成分多元，农耕文明和游牧文明在这里冲突与交融，各种类型的文化在这里生成衍变、碰撞融合。特殊的地理环境直接影响了物质生产的构成，继而影响了文化的创造。河西的异质元素，不仅丰富着中原文化的生长，而且形成了独特的文化形态。河西走廊被誉为"天下要冲、国家藩卫"，历代中央王朝都将其视为国家的西北门户，其"安危关乎天下之治乱"，既是战略上的要冲之地，又是经济、文化交流的最早也是最重要的孔道。然而河西走廊最初不只是作为交通要冲、孔道和文化传播的载体存在，而是作为孕育中华文明曙光的文化母体而存在的地区之一。河西走廊不断地吸附东迁中原农耕文化和南下山戎的游牧文化，进而融合成一种新的文化——以农耕文化为主，同时带有游牧色彩的文化，创造了河西走廊文化的初始形态。

　　本篇所说的敦煌上古文化，是指汉王朝控制河西以前活动于敦煌地区的各种民族创造的历史文化。敦煌自西汉建郡立县，距今已有两千余年，然而它历史的童年却更加遥远。早在四千年前的新石器时代，这里就留下了人类的雪泥鸿爪。虽然河西走廊在西汉武帝时期，才正式纳入中原王朝的控制和管辖，但早在先秦乃至史前时期，这里便已经成为东西方文化发生摩擦、融汇与交流的重要区域。河西走廊自古就是一个人类角逐频繁、多民族交汇之处，其居民经常处于流徙移动的状态。地处走廊西端的敦煌地区，其上古居民就具有了这种流徙移动的特点。特殊的地理位置和独特的地形地貌特征促使河西走廊较早就进入了新石器时代、青铜时代和早期铁器时代，产生了比较兴盛发达的彩陶文化和农牧业文明。就目前的考古发掘情况来看，河西走廊的史前文化遗址绝大多数属于新石器时代晚期和青铜时代，也有少部分属于铁器时代。涉及的考古学文化（类型）包括马家窑文化（马家窑类型、半山类型、马厂类型）、"过渡类型"遗存文化、齐家文化、四坝文化、董家台类型遗存文化、沙井文化、骟马文化等。

每当提到敦煌的历史，人们就会想起《尚书》记载的"舜窜三苗于三危"。很多学者认为《尚书》中的"三危"，即今天与敦煌莫高窟隔沟相望的三危山，这说明早在尧、舜、禹时期，中原地区就与敦煌地区有了联系，并迁徙来了一批三苗族群。据文献记载，汉王朝控制河西并建郡立县以前，敦煌的上古居民，主要有三苗、氐、羌、允姓之奸（瓜州之戎）、乌孙、月氏和匈奴等族群。而敦煌的史前诸文化，也是由他们经过长期的创造、传承、相互吸收并加以改进而得以发展变化的。

从总体上说，除三苗族是从中原迁来的南方族群外，我国古文献对古代西部地区的居民有一种传统的称谓，即氐羌、羌戎和西戎。例如，《诗·商颂·殷武》说"昔有成汤，自彼氐羌，莫不敢来享，莫不敢来王"；《郑笺》说"氐羌，夷狄国在西方者也"；《孔疏》说"氐羌之种，汉世仍存其居在秦陇之西，故知在西方者也"；《说文解字》说"羌、西戎牧羊人也，从人从羊，羊亦声"；《风俗通》说"羌本西戎卑贱者也，主牧羊，故羌字从羊、人，因以为号"。从以上记载可知，地处西部地区的敦煌，其上古时代世居本地原始居民，应属于氐羌或羌戎、西戎这个大族群。而外来的三苗必然很快就融入其中。

敦煌地区的人类活动，可以追溯到上古时期。它的史前文化包括新石器时代文化、过渡类型、四坝文化、骟马文化等。敦煌地区史前时期的生业经济较为复杂,既有相对稳定的农业,也有灵活且适应环境的畜牧业;四坝文化之前时期以农业为主,生产方式较为粗放;骟马文化时期以畜牧业为主,农业比重降低。敦煌位于河西走廊西端,从这里向东通过河西走廊与中原沟通;向西可以与新疆以及中亚、西亚、南亚直至欧洲地区联系起来。很久以来,这一地区就是东西方文明的交汇和缓冲地带,也是农业文明与牧业文明不断碰撞的地区。

三苗远来三危山　玉石之路现倪端

甘肃位于中国西部大陆的第二级台地上,从地图上看,它环抱青藏高原,横贯古丝绸之路,同时也覆盖了大约距今4300年以前就已开通的玉石之路。甘肃的西端,是西域和田美玉进入中国腹地的必经之地和门户,至今这里还有不同时期的多处"玉门关"遗址和以"玉门"命名的市区。甘肃省的东南方,连接着古都长安,可以说甘肃是连接中原和西域的一条纽带。而在这个纽带之上有一段在中国历史上至关重要的狭长地带,那就是河西走廊。而河西走廊的西端有一个尽人皆知的地方,那就是敦煌,因为它承载了丝绸之路几千年的文化历史。然而在更早的时候,敦煌还有一个古老的名字叫"三危",它是史书记载中最早的敦煌地名。在我国古代文献中,保存着很多远古时代的历史传说,而这些传说中曾多次提到"三危"二字,"三危"是因为敦煌有一座"三峰耸立,如危欲堕"的"三危山"而得名,它开启了敦煌悠久灿烂的远古文明,不过那时候"三危之地"所指很广。

"舜窜三苗于三危"与敦煌

尧、舜、禹时期,家天下的王朝国家尚未建立,但是随着生产力的发展,华夏各部族之间相互掠夺资源和人口的现象时有发生。为适应这种社会形势的需要,各地域有一定族源关系或相近的部落,必然结成部落联盟。尧、舜、禹即是中原最强大的部落联盟的领袖,他们都对周边弱小的部族发动了征服之战,迫使其屈服,而被臣服的部族作乱反抗也时有发生。这一时期三苗族与中原不断发生冲突,其中最大的一次冲突即与敦煌密切相关的"舜窜三苗于三危"这一次重大历史事件。据《尚书·舜典》的记载和史学家研究所得，帝尧（约前2188—前2067）晚年时，将国政托付于舜（约前2128—约前2025），而舜雄才大略，在他掌权之后，东征西讨，四面出击，完成了一系列惊天伟业，比如：驱逐了三苗（东夷族）势力；打击了共工、驩兜、鲧这些华夏族的老牌贵族，史称"除四凶"。所谓"四凶"，先前都是臣服于尧的周边部族首领，因为他们发生叛乱造成天下动荡，而被舜一一剿灭。为了避免"四凶"在中原作乱，舜采取了"放驩兜于崇山""殛鲧于羽山""流共工于幽州""迁三苗于三危"（见《史记卷一·五帝本纪第一》）的一系列政策。其中"窜三苗于三危"，就是指舜曾将一大批东夷三苗部落的贱民或者战俘，发配到中国西北的苦寒之地"三危"。三苗，姜姓，黄帝至尧、舜、禹时代的古部落名，又叫"苗民""有苗"，也称"三蛮""三毛"。其最初领地在江淮流域，后迁徙至长江中游、江汉平原一带。三苗因在"丹水之战"中被尧、舜打败受到惩罚，其部分族人被强行西迁。他们从荆州出发，经襄阳、南阳、洛阳，然后向西迁移，溯渭河过天水，到达河西走廊西端，最后在敦煌的三危山一带落脚。三苗来到敦煌以后，都有些什么作为，留下了什么遗迹，史书没有详细记载，而从《后汉书·西羌传》中的"西羌之本出自三苗，羌姓之别也。其国近南岳。及舜流四凶，徙之三危，河关之西羌地是也"这一史料中，基本可以还原当时的历史情景和来龙去脉。

不过"三危"到底在哪里，因传说时代去今久远，而相关的历史记载又过于简略，三危地望没有说明，这使得后世从多种角度做了很多推测，千百年来史学家争议不断，众说不一。但认为"三危"即敦煌城东南三十千米处的三危山者，从古到今占有多数。而三苗确被流放到敦煌的观点，在当代学术界也长期占据主导地位。不过学术界认为，古三危之地，是一个所指比较广阔的地域，它不局限于今天敦煌一隅，而是以三危山得名的不局限于后来所称州、郡区划范围的一个广义的地名。其范围以敦煌三危山为中心，当包括今新疆罗布泊以东、甘肃疏勒河以西一带都同属"三危"之地。因而近年提出了一个"大三危""大敦煌"的概念，其不局限于后世的敦煌郡，更非指今敦煌市区。

三苗与玉石之路

华夏祖先之崇玉，在人类历史上绝无仅有，这种对玉的崇尚在良渚时期达到了高峰，而三苗是良渚文明的创造者之一，那么从南方而来的敦煌先民三苗跟玉石之路就很可能存在关系。良渚文化用玉、爱玉、尊玉的风气传播久远，具有广泛的文化辐射力和对其他文化的影响力。三危一带曾盛产玉石，且又是玉石之路必经之地，那么他们是不是因"玉"而被发配到这里呢？敦煌学者李聚宝在《"舜窜三苗于三危"之"三危"在敦煌》一文中论证："尧、舜时代的三苗文化和齐家文化与中原龙山文化关系密切，有一定齐家文化因素的火烧沟文化是江淮一带的三苗化居民来到河西走廊西部以后，受当地地理环境、气候条件及西北固有戎羌部落影响，而独立发展起来的一支高度发达的地方文化。"龙山文化和齐家文化是原始社会末期至文明初时的文化遗存，其中发现大量玉器。这种在墓葬中一次性埋葬大量玉璧的现象始见于良渚，其包含有颇多的良渚文化因素。齐家文化分布十分广阔，在河西走廊的黑河和敦煌的疏勒河等流域也有分布。齐家文化玉器使用的玉材，主要来自齐家文化圈内的甘肃东部至西部以及青海一带东西近千千米范围内的大山里，也有相当一部分质量更好的软玉（真玉），可能是途经敦煌从新疆和田输送而来，也可能是从河西走廊西部包括敦煌一带开采的。近年，在敦煌的三危山发现了不少古玉矿，而且出土了一种白玉实物，其材质不输于和田玉、昆仑玉。据鉴定，齐家文化玉器中使用这一类材料的占了30%。齐家文化玉器中的工具类如斧、锛、凿等主要选用本地的质地一般的普通玉。而礼器类的琮、璧、环、璜、钺、刀、璋等则选择玉质滋润、色泽纯美的上等玉，这些玉无论来自敦煌还是和田，都说明齐家贵族从河西走廊西部和新疆获取玉资源的历史非常悠久。敦煌地区的玉门火烧沟遗址所出土的玉斧，形制与众多的各类史前文化的玉斧大为不同，有斜切边的特征，具有很强的装饰性质，极罕见，是绝大多数玉斧所不具有的，具有史前玉礼器的特征。从昆仑山下的和田到楼兰，再从楼兰转向东南，至三危敦煌再到玉门火烧沟，这区间出土的玉标本揭示了"玉石之路"河西道的最初的痕迹。

由于考古实例的欠缺，我们并不知道和田玉是如何被当地居民选择出来，成为代表当地的特色物产，又是通过何种途径进入中原地区。但出土文物向我们证实一点：早在史前很长一段时期，和田玉逐步从今天的新疆地区扩散到河西走廊，再进入关中平原，进而推进到中原腹地。我们也尚不完全清楚先民们通过何种方式直接或间接地获得了数量可观的和田玉石，但可以肯定的是，敦煌在比后世的"丝绸之路"早一千多年的时代，就已经是中西物资流通的孔道，经济文化交流的纽带，或者说最晚形成于殷商时代的"玉石之路"其实是"丝绸之路"的滥觞。

是谁将那遥远地方的和田玉带到中原？显然，被舜流放到三危的三苗人可能性最大。关于舜的生平，《史记·五帝本纪》描述："舜年二十以孝闻，年三十尧举之，年五十摄行天子事，年五十八尧崩，年六十一代尧践帝位……"那么舜逐三苗于三危的时间，距今不到4100年。而这一时期从内地通往新疆，"三危"是必经之地，然后沿昆仑山北麓一路西去便到达和田之地。远古时，在三危地区，三苗人很容易与从西而来的西域戎族不期而遇，也很容易发现那些游牧民族（或者鬼方人）跟他们一样热爱美玉，然而不同的是，那些西域牧人并不把美质无瑕的白玉用来制作礼器，而是用来制作工具。在敦煌西边的罗布泊发现的史前玉斧都是简朴无华的实用器，大多留有砍剁的使用痕迹。三苗人是否也青睐这种坚硬的玉斧作为生产工具？是否追随牧人西去且末、和田采寻美玉不得而知，但作为中原与西域中介地带的、自古以来就崇拜玉器的三苗族人，他们一定会用自己的物产从游牧民族手里通过贸易交换，将和田玉换来或者转卖到中原。再或者他们很可能就是新近发现的敦煌三危山古老玉矿的开掘者。无论因贸易的交换，或者就地开发，玉石在这一时期成为人们重要需求，它使得东西方的人们都感到了巨大的好处，因而这条路流动了起来，这可能就是玉石之路的一个起因。贯穿东西的"玉石之路"，是早期沟通中西交易和文化交流的重要通道。它以盛产玉石的昆仑山为中心，向东西两翼运出和田玉，沿河西走廊或北部大草原向东渐进到达中原地区。"玉石之路"的历史，现有证据证实早于"丝绸之路"三千年。

"玉石之路"给中原带去了和田玉等物产，也带去了西域以及西方世界的一个侧面。可以说，在中国数千年的玉文化中，和田玉一直占据着绝对的地位。丰富的考古资料支持并证明了这条"玉石之路"的存在。在羌戎所创造的火烧沟文化中已有玉文化的存在,可以见得三苗的后代早在商周时期就已融入当地羌戎。玉文化的影响面之广印证了三苗人的活动范围之大。

商代甲骨文中曾多处提到商王为了索取玉器或玉石征伐"鬼方"和"羌方",同时这也是一些学者认为齐家文化一直延续到了商代的依据。不过商时代,齐家文化地区的人群可能早已更迭变化了,只是古老的地名被保留延续了下来而已。但先前的虞夏之际的齐家人又是什么人呢?他们又是什么族属呢?

齐家文化遗址分布于黄河上游的甘肃临夏地区。它同众多古代文化遗址一起,共同孕育了辉煌的黄河文明。齐家文化中的玉器,以其特有的雄浑拙朴、磅礴大气、多姿多彩,向人们传递着四千多年前史前人类的历史信息。齐家文化出现玉器,不论从时间还是从文化特征上看,都可能与虞夏时期"窜三苗于三危"这一历史事件有关,而玉琮的出现,又将三苗人与良渚联系起来了。

从"玉出昆冈"到"玉出三危"

2017年,由中国文学人类学研究会策划的玉帛之路考察活动,在敦煌以东约60千米的祁连山余脉三危山的一个名叫旱峡的山谷内,发现一片面积广大的古代玉矿。据初步确认,这个沉睡数千载的大地宝藏——旱峡玉矿,可能开发于距今3500年至4000年前后。如此看来,从敦煌向中原方向输送玉料的情况,很可能早在史前期就开始出现了。

打开中国西北地形图,可以看到祁连山、阿尔金山、昆仑山由东向西横向排列,与青藏高原的北侧边缘相接,是青藏地区与西北地区的分界线。这一线山脉的北麓正是古代"玉石之路"和"丝绸之路"的必经通道。汉代,沿祁连山过河西走廊,出玉门关一路西行抵达阿尔金山下(隶属东昆仑山北支),继续往西走,就能到达被誉为"玉山"的今昆仑山一带的古"于阗国"(今和田地区)。从古至今这一区域就盛产美玉,玉文化在此生根发芽,同时这里也是中国古代神话的发源地。

神话传说中的昆仑山也称"昆仑丘"或"昆仑虚",是华夏以及很多民族心中的神山、仙山,被称为万山之祖,很多神话故事、传说都与它有关。早在春秋战国时期的《山海经》《禹贡》等地理著作中，就对昆仑及其地理位置做过不少描述和记载。但当时所说的昆仑究竟在何处至今仍争论不休。但自汉武帝征服河西以及新疆以后，昆仑这个山名才得以实定。因为汉朝之前的地理认知是，黄河源出昆仑山，而这个地理认识是从远古祖先的神话传说中流传下来的，具体地点在哪里并不清楚，于是汉武帝根据张骞的见闻，就把和田河的源头山脉命名昆仑山。在《史记·大宛列传》中有记载："汉使穷河源，河源出于寘，其山多玉石，采来，天子案古图书，名河所出山曰昆仑云。"然而，今天地图上标注的"昆仑山脉"，并非古代所指的那座"昆仑仙山"。昆仑山脉一词，最早出现于民国之初。山脉这一概念也当源自西方现代地理学知识，它是指沿一定方向延伸，包括若干条山岭和山谷组成的山体。当代中国人说起昆仑，无不依据中国现今版图上的位于新疆的昆仑山脉，殊不知这个昆仑山脉为德国博物学家、地质学家洪博德（Avon Humboladt，1769—1859）根据中国旧说敷衍而成。洪博德分亚洲山脉为四大山系：阿尔泰山系、天山系、昆仑山系和喜马拉雅山系。20世纪30年代那林（E.Norin）在对位于新疆境内的昆仑山进行考察之后，昆仑山脉的名字才逐渐为国际和我国地理学界所熟悉。那么今天的昆仑山脉和阿尔金山脉流传的有关穆天子西巡至昆仑山拜见西王母的神话传说等可能就是自这以后附会的。

敦煌境内的三危山是祁连山余脉，属于古昆仑之地，在这里发现古玉矿之前，没有人知道它居然隐藏着一座玉山，而且出土了实实在在的优质透闪石的实物证据，它表明汉武帝命名于阗南山为昆仑之前，《穆天子传》中的"昆仑之丘"，很可能就包括敦煌的三危山在内，这也就可以间接证明祁连山即昆仑的古代观点并非空穴来风。

北宋司马光提出《穆天子传》中的周穆王所到的昆仑就是瓜州（安西）的"昆仑塞[1]"。《后汉书·明帝纪》载："冬十一月，遣奉车都尉窦固、驸马都尉耿秉、骑都尉刘张出敦煌昆仑塞，击破白山虏于蒲类海上，遂入车师。"《后汉书·明帝纪》并没有明确记载昆仑塞的具体位置，但毫无疑问，这里的"出

---

1 昆仑塞，古障塞名。一名昆仑障。西汉置。在今甘肃安西县南。为宜禾都尉治所。

敦煌昆仑塞"，即指汉敦煌郡所属的今瓜州的昆仑塞。这就更进一步说明，敦煌三危山就是古昆仑的一部分，同为神话中的西王母所在地的"玉山"。

三危山是中国早期文化史上的西部名山，它的名字最早出现在《尚书》的《尧典》和《禹贡》里，在《山海经》中就已经初露锋芒。可以说三危这座名山，是上古时代的中原人对"西地""西极""西域"幻想、认知的一个标配的内容之一：流沙，黑水，弱水，三危。如《禹贡》篇所记："黑水西河惟雍州，弱水既西……至于猪野。三危既宅，三苗丕叙。厥土惟黄壤，厥田惟上上，厥赋中下。厥贡惟球琳琅玕。"《禹贡》里的这个记载，让后世对雍州最西端的三危山有了认识和了解，同时也对当地的特产——真玉充满了羡慕和向往。何谓"球琳琅玕"？《辞海》上是这样解释的：球、琳，皆美玉名；琅玕，似珠玉的美石。球琳琅玕就是指这里盛产的美玉的名称。又如《尔雅·释地》云："西北之美者，有昆仑虚之球琳琅玕焉。"郭璞据《说文解字》为词句注解说："球琳，美玉名。""琅玕，状似珠也。"这更加说明三危山一带就是古代的昆仑虚所在之地，当地盛产两种美玉：美玉原料和珠状的玉石。三危山旱峡山谷中发现的优质透闪石证明，《禹贡》篇中的历史记载并非虚构，这让我们更加相信：早在张骞通西域和西汉王朝"列四郡，据两关"之前的远古时代，中原华夏人已经对敦煌三危山一带的山川地貌和风物特产了然于胸了，不然如此记录就不可能同时出现于《尚书》和《山海经》中了。

面对从敦煌三危山旱峡玉矿中采集来的透闪石和蛇纹石玉料标本，《尚书·禹贡》所记河西地区三危山一带盛产的特殊产物"球琳琅玕"，或将得到有史以来第一次的实证。而以往的玉文化研究者大都以为"球琳琅玕"是指新疆的和田玉石。

三危山旱峡玉矿发现透闪石玉料，使中原渴望得到的河西走廊西端的最重要的资源物产的古老传闻由虚变实，也使非信史的缥缈的昆仑神话显露真容。三危山旱峡玉矿分布在一个相当大的山地之间，既有向下挖掘的深井遗迹，也有沿山体开采的遗迹，遗迹旁散落着遍地的碎玉石。这两种开采的迹象都十分明晰，毫无疑问是古人采玉留下的现场。对石器时代的考古学研究经验表明，"对石料最初的研究集中于采石场和矿井这两种遗址，因为这两类遗址

石镰、石球、石斧、石锛、夹砂陶片 新石器时代 敦煌地区出土 摄于敦煌博物馆

石磨盘 新石器时代 1987年敦煌南湖西土沟出土 摄于敦煌博物馆

玉器（前1950—前1550） 甘肃玉门火烧沟出土 摄于甘肃省博物馆

最为直观"。考察团还在现场很容易地采集到古人加工玉矿石所用的石质工具，如石斧、石球等。

特别是在旱峡玉矿现场发现史前文化陶片，其中既有粗颗粒的红色夹砂陶，也有较为光滑的红陶，诸多专家认为，这些陶片显然是齐家文化陶片或近似齐家文化的陶片，其说明三危山旱峡玉矿的开启当于距今3500年至4000

年，而这期间正是齐家文化玉礼器生产的活跃时期。敦煌古玉矿的发现，解决了一个困扰国人多年的历史遗留难题，这个难题是：为什么自汉代以来在河西走廊的西段不断出现以玉为名的地名，如玉酒泉、玉门、玉门县、玉石障、玉门关、玉门军……与此相关的问题还有：为什么玉门县在敦煌以东而玉门关却在敦煌以西，两个玉门相去300千米？过去的学界对这两个一东一西都以玉门为地名的情况不甚明晰，现在终于真相大白。原来，敦煌以西的玉门关是新疆和田玉向中原输入的门户，而敦煌以东的玉门县、玉石障等是要迎接敦煌本地产玉的向东运输线路，也就是说敦煌以东的玉门是马鬃山玉矿和敦煌三危山玉矿所产的玉料东输的第一站。这个结论是以文学人类学派通过践行其特有的新方——四重法（第四重，专指文献记录之外的实据），更新传统知识和观念的所做出的一份努力，也是以艰苦踏实的科研调查实践所取得的一个重要学术成果。

另据学人分析，敦煌玉矿的开启时间，应该是在马鬃山玉矿和新疆若羌、于阗的和田玉矿之前。三千多年前，河西走廊西段的250千米通道地区，曾是西部玉矿资源向中原输送的枢纽。敦煌古代玉矿的发现，揭示了"玉出三危"的古老历史真相。同时进一步说明，"西玉东输"促使敦煌成为东西文化交汇的枢纽，这远早于张骞出使西域的年代。

根据先秦文献记载，在距今4100多年以前的原始社会末期，西戎族在古三危一带居牧。西戎，先秦时期对西方各部落的泛指。西戎的称谓最早来自周代（夏朝时称西方人为昆仑、析支、渠搜等，商代称"羌人"），古代居住于广义中原地区的人群自称华夏，把四方的各部落，称为东夷、西戎、南蛮、北狄。古代华夏部落对西方与自己敌对的诸部落统称为西戎，即以戎作为对西方所有非华夏部落的泛称。"五帝时代"的舜时期"迁三苗于三危，以变西戎"，即指自长江、淮河流域一带流放到三危之地的"三苗族"，被融入"西戎"。之后，这一部分被变成西戎的三苗族，在三危之地与原有的当地各民族逐渐融合，并因地而异分别成为西戎、畎戎、氐、羌、犬戎等民族。《后汉书·西羌传》载："西羌之本，出自三苗，姜姓之别也。其国近南岳，及舜流四凶，徙之三危……"这一段叙述明确表示迁到三危的三苗融入当地土著，成为西羌。

据学者研究,"畎戎"在敦煌一带驻牧的时间,大约在距今 3600—4100 年的夏朝时期。而氐、羌民族居牧的时间大约在距今 3000—3600 年以前的商朝时期。《诗经·商颂》曰:"自彼(指当时中国的西部地方)氐羌,莫敢不来享,莫敢不来王。"这里当指西部地区的氐羌族都向商王朝进贡和祭祀商王的祖先。在距今约 2500—3000 年的周朝时期,河西走廊及敦煌地区是被称为"犬戎"族的居住游牧地,传说西周穆王发兵征伐过这里的犬戎族。在这期间,中原和三危之地各民族之间频繁往来,曾有过经久不息的大规模交流,也有过断断续续的争斗。

其实,不论西戎、畎戎、氐、羌、犬戎,都是古代的西羌族在不同的历史阶段的不同称呼,有的则是对西羌族的一种歧视的称谓。西羌族是逐水草而迁徙的游牧民族,据史书记载,敦煌在尧、舜、禹时期属雍州之地,生活在这里的主要是羌族人。《说文·羊部》云:"羌,西戎牧羊人也,从人从羊,羊亦声。"我们把"羌"字拆解解读,上面一个"羊"字,下面一个"人"字,所以古代也称羌族为"西方的牧羊人"。羌,属西戎之他称,即当时中原部落对西部(陕西、甘肃、宁夏、新疆、青海、西藏、四川)游牧民族的泛称。甲骨文中有一个也是唯一一个关于民族(或氏族、部落)称号的文字,即"羌",是中国人类族号最早的记载。而这个"羌",与敦煌地区发现的"火烧沟文化"密切相关。火烧沟出土的羊首权杖和大量的祭祀羊头,说明火烧沟人的羊崇拜文化特征。4000 多年前,一部分三苗人被流放到了西北的三危,就再也没有下文了。如今人们只记得南方的苗,而不知道西北的苗。但这也难怪,因为三苗人去了西北,就不再是苗了,他们再也没有苗(稻谷)可以种,改种小麦或者青稞了。很有可能,这些三苗人与同样使用玉琮的有虞氏,为了区别他们的族源,于是被称作"羌",这也是三苗融入羌的一个过程。

夏商遗存火烧沟　羌戎耕牧故瓜州

夏、商时期,被称为"允戎""羌人"的民族在广大的西北地区游牧驻留,并与中原往来频繁。此阶段敦煌及其附近地区的羌戎,与尧、舜时代流放而来的"三苗"族融合为一，在共同的生活和共同的劳动中，不仅进一步推动了原有的耕种和畜牧事业的发展，而且人们在劳动实践中发明和改进劳动工具及生产技术，大大提高了劳动生产效率，创造了更好的物质生活，从而促进了人类早期文明的形成。

火烧沟文化，因发现于甘肃省玉门市清泉乡火烧沟而得名。因该地河沟两侧土质发红，似火烧过一般，故名火烧沟。火烧沟墓葬遗址，是远古的一个较大的村镇的公墓区。它区别于皇陵王寝，更具社会代表性和普遍性，更能反映古代社会的面貌，可以说，火烧沟墓葬是反映当时河西走廊西部敦煌地区社会面貌的一个标本。火烧沟类型文化的分布，除玉门、敦煌平原外，向东到达了民乐、山丹一带，但没有越过河西走廊峰腰地带的甘凉交界处的大黄山。从考古学人类划分来看，在夏代及其以前，大黄山以西（包括敦煌地区）的居民是火烧沟人，而大黄山以东的武威、永昌平原则是齐家人。截至目前，在敦煌地区所发现的最早的文化遗存为火烧沟类型文化，而火烧沟人也是目前考古资料佐证的敦煌地区最早的上古居民。

1976年，甘肃省文物工作队在该遗址的第一次正式发掘，对一批时代为前1600年前后的墓葬进行了碳14测定，其文化绝对年代为前1950—前1430年，相当于夏代中后期和商代前期。这次清理墓葬312座，出土了大量的石器、陶器、铜器和金银器。其中铜器200余件，种类有斧、镢、镰、凿、刀、匕首、矛、镞、锥、针、剑、管、锤、镜等，农具、手工工具、武器、装饰物、仪仗器等一应俱全，表明当时已经有了较为先进的冶铜技术及对各种矿产的开采、冶炼和制造及使用的较高水平；陶器近千件，半数以上为彩陶，黑彩居多，红彩偏少，色彩浓重，有凸起感，既有烧窑前绘制的，又有出窑后绘制的，所以部分彩陶的色彩已脱落。纹饰有三角纹、折线纹、条带纹、蜥蜴纹、回纹和圆点纹等。此外还发现有精制加工的金、银耳环以及玉器等。遗址中有早、中、晚期发展的地层关系，表明其经历了长时期的不断发展过程，使其原有文化的进一步向前推进。从考古发掘出来的遗物制作水平看，火烧沟人已经开始兼营农业、手工业。例如，出土的石锄、石磨盘和铜镢、铜铲，以及麻、酒器和陶罐中贮存的粟粒，说明他们当时已经有了分工较细的手工业和具有一定规模的农业。

火烧沟人成熟的金属制造业。人类文明的发展和社会的进步同金属材料关系十分密切。继石器时代之后出现的铜器时代、铁器时代，均以金属材料的应用为其时代的显著标志。火烧沟的金属制造业，是敦煌远古文明的重要组成因素。据考古调查所知，火烧沟所在的周边山中和敦煌的南、北山脉，存在有几十处铜、金和铅锌矿，这些都是火烧沟文化的金属制造业发达的有利条件和坚实的物质基础。从山中发现的历代采矿的方坑，说明这里矿产丰富，采矿历史悠久。火烧沟人除了掌握冶炼青铜技术，还能冶炼其他合金，说明他们的金属制造业已达到较高的水平。火烧沟墓地出土的铜器数量多、质量高，仅1976年发掘就出土了二百多件，这个数字远远超过了当时全国各夏代遗址中出土铜器的总和。该批出土的铜器大部分由青铜铸造而成，其中一件四羊铜权杖的杖杆与杖首为分铸，杖饰是迄今所知我国发现年代最早的分铸技术的青铜镶嵌铸品。火烧沟遗址发现的铜箭镞石范，也是迄今为止我国年代最早的铸箭镞石范。这些发现都证明了敦煌火烧沟时期的青铜制造手工业，采矿、冶炼、制造和铸造成型等生产工艺，在当时都处于比较领先的水平，已经进入早期青铜时代。青铜是划分时代的基础，青铜器的出现是划时代的重要事件，青铜铸造技术的发明大大地提高了人们的生产力，从而促进了人类文明的形成和发展。火烧沟遗址丰富的青铜器证明了火烧沟文化在我国夏代时期的先进性。

火烧沟人的社会生活。火烧沟墓葬中普遍有动物殉葬，发现的有马、牛、羊、猪、狗等大型动物的骨骼，尤其是"羊骨多而普遍"，"随葬的成对的羊角，分为大羊、中羊、小羊"，这说明火烧沟人的社会生活以牧羊业为主，畜牧业生产比较繁荣。

火烧沟遗址的墓葬中还普遍出现绿松石珠、玛瑙珠、白玉、海贝和蚌等，这些物品都不是当地所出产，很可能都是从西域辗转而来，说明此时期敦煌一带不仅有了原始的商品交换并出现了财富积累，而且与外地特别是与西域的交往频繁。另外从河西走廊中部民乐县东灰山遗址的东灰山文化层中，发现采集到的我国境内最早的完整饱满的小麦标本，也证明此时期与西亚的联系。小麦起源于西亚，东灰山的考古发现表明，至少在青铜时代河西走廊一带已开始种植小麦，这说明这一带地区自古以来就是东西方文明汇流互动的缓冲地带。

中国上古时代的中原地区并不是封闭的，而是与西域以及西南地区有着比较密切的联系。日益丰富的考古资料证明，远在汉朝经营西南以及张骞"凿空"西域以前的一两千年，西域以及西南地区，同中原之间就已经在经济文化方面有着种种交流的通道。这条通道从中原到关中，从关中到西域、西南地区，时间跨度从史前时代到商周，可以说是后世丝绸之路的先导。火烧沟文化遗存也表明，在距今3700年左右的、约与夏代同时的新石器时代后期，位于中原通往西域的河西走廊整个西北部，向东有与关中、中原地区在文化上的关联，向西有与西域甚至更遥远地区文化的联系，同时这里有着发达的原始文化，与中原华夏文化相比并不逊色。从考古所获的遗物来看，火烧沟人的社会生活并不比中原地区的华夏族落后，而且还与外界有了交换关系。在社会发展阶段，"火烧沟墓葬贫富和等级差别，非常明显"。因此火烧沟人和华夏族同时或稍后即"已进入了早期的奴隶社会"。

火烧沟人的族属。从火烧沟等遗址发掘出的大批距今3700年前后的墓葬中，可以看到不少的随葬羊头，甚至个别墓随葬羊头多达40个。火烧沟类型文化的这一特征，与文献中记载的羌"主牧羊""西戎牧羊人"是一致的。说明这些墓葬即是原始社会晚期到奴隶社会的夏、商、周至春秋时期，居牧在包括敦煌在内的河西地区的西羌族的遗存。出土实物表明：西羌族是以牧羊经济为主的民族。火烧沟文化是羌文化，与羊的渊源深厚。如前文所引《说文解字》说："羌，西方牧羊人也。"在夏朝西陲的雍州之地的敦煌地区，火烧沟墓葬遗址中出土的四羊头铜权杖饰、羊头柄彩陶方杯，特别是大批量成规格的殉葬羊骸骨，都充分体现了它的羊文化典型特点。在夏代也包括商代早期，这样典型的羊文化特点只存在于河西走廊西部的火烧沟文化中，而在火烧沟文化以东的齐家文化的诸多遗址中，甚至附近四坝文化的典型遗址东灰山中出土的兽骨，均多以猪骨为主而极少羊骨遗存，其不具备火烧沟那种典型的羊文化特点。因此火烧沟所在的河西走廊西部包括敦煌地区，应是早期羌人生息繁衍之地，或者说早期羌人的范围只局限在河西走廊的西部。而河西走廊中部与东部的居民，他们只是西戎族或戎人。西戎不是具体民族的称呼，而是对先秦时期

权杖头（前1950—前1550）青铜 玉门火烧沟遗址出土

人形彩陶罐 新石器时代（前2000—前1600）1988年出土于玉门火烧沟遗址

北方族群的统称，后演变成西戎。战国以后，西戎成为古代中原王朝对西方各少数民族的泛称。西戎族是一个较大范围的概念，在西戎各族中，只有牧羊人才是羌人。其证据就是"西羌之本，出自三苗"（《汉书·西羌传》）和"舜逐三苗于三危""迁三苗于三危，以变西戎"（《史记·五帝本纪》）等。这里的羌人是三苗"变"西戎而来的产物，并点明了早期羌人的生活范围在河西走廊西部的敦煌一带。也说明火烧沟人的先人，就是舜从南方流放到三危一带的三苗和原当地土著西戎融合而成的。而火烧沟文化，即是由早期羌人创造的，对羊的重视和崇拜的游牧民族文化。敦煌和火烧沟在地理上同属疏勒河流域，同在玉门、敦煌平原。因此，三苗及之后的羌的范围应在此地无疑。专家对火烧沟遗址出土的人骨鉴定也发现，火烧沟人骨的确具有蒙古人种的东亚类型和南亚类型的特征。这一发现也与羌人是本地的西戎和从南方迁到三危一带的三苗相融合的文献记载相互印证。并且火烧沟遗址在时间、地域上与夏朝最为吻合，这为研究夏史开启了一扇大门。

关于火烧沟人的流向，学者通过对火烧沟文化的研究和对其遗址的碳14

测定，得出其年代"最晚为前1600多年"。这说明大约于夏末商初之际，火烧沟人从他们曾经创造了灿烂文明的这块地方神秘消失，迁离而去。他们究竟因何种原因离开敦煌，退出河西走廊西部的历史舞台？他们究竟去了何方，又落脚在哪里？学者们查遍史书均无任何记载，而零星的考古发掘也只能让人对比猜测却无从释疑，至今没有定论。但一些学者从考古资料和有关文献记载，对火烧沟人的去向和离开的原因做了一些推断研究，似乎也找寻到一点蛛丝马迹，基本形成东去说和西去说两种观点。

东去说。据潘其风、朱泓在《先秦时期我国居民种族类型的地理分布》一文中介绍："陕西周原早期周人人骨具有东亚类型和南亚类型的特征，与火烧沟墓葬中的人骨非常相似。"另据考古专家考证得出：火烧沟墓葬的长方形竖井带台侧穴墓（或称偏洞墓）葬式，与陕西周原早期周人墓葬的葬式相同，都是长方形竖井侧穴墓，且都有单侧的生土二层台。这些考古资料与史书记载也能找到诸多对应之处。据周人自己的祖先神话中，始祖后稷的母亲即是姬姜联姻的产物，周部族其远源就是羌戎。而"姜"字又源于"羌"，古代姜羌本为一字，盖姜姓人即为羌人也。此一说的结论是火烧沟人随周族人东迁至陇原，以后又逐渐到了陕西。而上承三苗，下启周族，曾经创造了先进而灿烂文化的火烧沟人，也融入内地中原。而此时的敦煌历史舞台上，又出现另外的几个民族陆续登台上演。

西去说。羌人起源很早，早在旧石器时代就已经有羌人在黄河中下游活动。而作为新石器时代后期的人类文化遗址火烧沟，则被认为是先羌文化的代表。羌族有"子孙分立"的传统，这种传统使其民族枝繁叶茂，也许因为先羌族群的发展扩大而逐渐分立。一部分逐水草而居继续以游牧为业；而另一部分先羌则沿河谷而下半耕半牧，定居下来，成为以农耕为主牧猎为辅的羌人。火烧沟遗址考古资料显示，火烧沟文化自开始到结束一共存续了五百年之久，说明夏商时期在敦煌及河西走廊西部的这支羌人，属于从游牧转为定居生活的半耕半牧社会形态。然而作为已定居五百年的火烧沟羌人，突然于夏末商初在河西西部销声匿迹，这种大规模的迁徙一定是由某种突然的事变而引起的，而这个突然事变必然是受某种外力所迫。这种外力是气候的变迁、自然灾害还是战争的影响，学术界有不同的声音。一种认为：甲骨文多有商人祈雨的记载，说明夏末商初、商末、西周末年以及春秋战国之交，气候干旱严重，这是游牧羌人可能被迫迁徙寻找新牧地去了。另一种认为：火烧沟人从事的灌溉农业，依靠的是祁连山丰富的雪水，不可能因为干旱而轻易毁灭，那么火烧沟人的迁离肯定不是天灾的自然原因的突变。那么火烧沟人为什么轻易放弃了生息繁衍五百年的故土而出走他乡？有分析认为可能是某种毁灭性的疫情突然降临，致使火烧沟的羌人或牲畜大量死亡，从而迫使人们举族逃离此地。然而这个猜测也不能成立，因为在火烧沟遗址及其周边并没有发现因瘟疫致死的大量的人畜尸骸。那么究竟是什么原因，使得火烧沟人突然离开敦煌地区的呢？这里只剩下一个解答，那就是战争。在人类历史上，游牧民族大规模远程迁徙或突然消失都必然与战争相关。羌人民风彪悍，崇尚"以力争雄"，不仅与外族战争频繁，族内亦攻伐不断，因此有"羌族的历史就是一部战争史"的说法。也许火烧沟人就是在与外族的一场重大战争中失利，抵抗不了外族的强大攻势而举族逃离，迁徙他乡。此外，关于羌人，有文字可考的历史可追溯至殷商时期，甲骨文中记载了古羌人与商的战争、对商称臣纳贡、商人用被俘的羌人为奴或进行祭祖。以后的商秦两汉也是如此，中原政权与羌人战事不断，而战争多以羌人失败告终，不少羌人被中原王朝强制内迁，也有羌人被迫西迁、南移，远徙故地。因此火烧沟人的迁离系战争原因的可能性非常之大。

  关于火烧沟人究竟去了何方何地，还有学者在新疆地区的考古资料中，发现了晚于火烧沟人的火烧沟文化，从而推理出了火烧沟人迁离去向的行踪。例如，从哈密五堡水库、乌鲁木齐南山矿区鱼儿沟、阿拉沟等处少数民族墓葬中出土的文物显示，这里的文化已处于金石并用阶段。而鱼儿沟甚至出现了小件铁器。经学者研究，这是原始社会晚期阶段的一种文化，从墓葬中的彩陶图案分析，其明显受到河西走廊一些地方同时期文化的影响。特别是一些陶器的形制与图案，同火烧沟遗址中出土的器形具有不少的共同点，甚至成为这里的主要图案类型。而时间上显示了火烧沟遗址的绝对年代，比新疆这批墓葬遗址的年代更早（见《新疆考古三十年》穆舜英、王炳华，王明哲之《建国三十年新疆考古的主要收获》等文）。依据这些材料和推理，学者认为火烧沟人很可能在商代之初，迫于从东而来的一股强大的军事压力而举族西迁新疆地区。火烧沟人很可能因此出敦煌，经哈密、吐鲁番盆地，几度辗转，最后逐渐发展进入到天山深处，定居于今乌鲁木齐附近。

河西西部地区，继火烧沟文化消失之后，便沦为游牧民族相互角逐的场所，他们的文化显然落后于先进的火烧沟文化。有学者在此畅想，如果火烧沟人不是因为战争而离开河西西部，如果火烧沟人在他们创造的灿烂而先进的文化之下继续繁衍生息、正常发展，那么在汉武帝居两关列四郡之前，河西西部或许就不会出现乌孙、月氏以及匈奴等游牧民族野蛮的奴隶制社会历史阶段。那么敦煌及河西西部一带，就很有可能与中原地区同时进入封建制社会，或者稍后，或者最晚也会在战国时期实现这一人类社会进步发展的历史进程。

火烧沟人或东迁或西迁之后，其故地的敦煌和河西走廊西部，成为月氏人和乌孙人住牧之地，直到战国末期；后又为匈奴人占据；直到汉武帝打败匈奴后，才又归属汉朝，此乃后话。

乌孙月氏与匈奴　恩怨情仇写鸿书

在甘肃省西部，横贯武威、张掖、酒泉、敦煌，全长近一千千米的河西走廊，两侧山脉连绵，层峦叠嶂。走廊南山的祁连山与走廊北山的马鬃山（黑山）、合黎山、龙首山南北对峙，雄伟壮阔。古丝绸之路就是沿着这条山间大道通向西域、中亚以及欧洲。这条通道的沿线地区，因为终年积雪的祁连山，水量充沛，绿洲成片，土地肥沃，自古以来就是人类宜居之地。早在新石器时代中、晚期，这里已出现马家窑、马厂、四坝、沙井、骟马等文化。春秋战国之际，羌戎、塞种、月氏、乌孙、匈奴等民族聚居在这里，他们牧猎耕耘，繁衍生息，创造了灿烂辉煌的古代民族文化。这些山脉的千沟万壑中，隐藏着数以千计的岩画艺术，便是他们留下的不朽之作。岩画是远古人类所特有的一种石刻文化现象，他们以石器作为工具，用粗犷、拙朴的艺术形象，和原始、自然的观察方法，来刻绘、记录他们的生产方式和生活内容，这是人类社会的早期文化现象，是先民们留给我们的珍贵文化遗产。

北魏地理学家郦道元在《水经注》中对岩画进行了详细记载，所记载岩画分布点 20 多处，范围横跨大半个中国，是有史以来对岩画记载最多、地域最广的著作。特别值得一提的是，郦道元在其著作中对敦煌晋昌郡（今瓜州县）岩画也进行了详细记述。这些先民刻绘的狩猎、游牧、祭祀、舞蹈、战争等，将我们带到了远古时代的河西敦煌，全面反映了远古西戎、羌族、乌孙、月氏、匈奴等游牧民族的生活，它们不仅为我们展示了一幅西北游牧民族生息繁衍的生动画卷，也由于它们所独具的沧桑感及所蕴含的丰富原始文化内涵，成为现代的人们考察、探究的新目标。今天的人们大都知道灿烂的敦煌石窟壁画，但很少人知道在古代的敦煌郡区域内，还遗存有大量史前时期的岩画资料，例如，肃北的大黑沟岩画、布都胡鲁斯台岩画、老道呼都格岩画、阿尔格力台岩画、格格乌苏岩画、霍勒扎德盖岩画、仓库沟岩画、山德尔岩画、七个驴岩画、同古图岩画、月牙湖岩画、扎子沟岩画、柳沟岩画、旱峡岩画、大井泉岩画、红柳峡北山岩画、后灰湾子岩画、深沟岩画、灰湾子岩画、青崖子沟岩画等，以及马鬃山岩画、三危山岩画等。这些岩画多属早期岩画，专家多认为它们是春秋、战国至西汉期间生活于这一地区古代游牧民族的文化遗存。这些珍贵的文化遗存对研究这期间居于河西走廊的乌孙、月氏、匈奴等古代西域民族提供了重要的形象资料。

月氏、乌孙、匈奴这三个与敦煌地区息息相关的民族，在古代史书里被称为"行国"。《资治通鉴·汉武帝元狩元年》："乌孙、康居、奄蔡、大月氏，皆行国，随畜牧，与匈奴同俗。"胡三省注："随畜牧逐水草而居，无城郭常处，故曰行国。""行国"即游牧的国家，具有流动性大，活动范围广，无固定城郭、庐舍的特点。

关于敦煌历史的确凿而可靠的文字记载，最早只能追溯到春秋战国时期。而敦煌这一地名，始见于《史记·大宛列传》张骞给汉武帝的报告中："始月氏居敦煌、祁连间。"关于"敦煌"一名的含义众说纷纭。《汉书·地理志》中解释说："敦，大也。煌，盛也。"认为敦煌是一个繁华城市。《元和郡县图志》中注释"敦煌"二字的意义为"敦，大也，以其广开西域，故以盛名"，认为此地对于广开西域有重要作用，所以名为敦煌。然而近年来，学术界很多学者

肃北县大黑沟岩画 春秋战国时期

认为,"敦煌"地名的词源为汉朝以前的当地少数民族语言之汉译,并非古人的"敦,大也。煌,盛也"之说。"敦煌"一词应是当地游牧民族所呼地名的音译。其中有这么一个广为认同的观点：敦煌应当与《山海经》中的"敦薨"为同名异译,而"敦薨"又是"吐火罗"的音译,也正是"敦煌"一词的另一种汉语写法。敦煌在此期为"吐火罗人"游牧居住的故地。"吐火罗"是希腊语对大月氏的称谓,是原始印欧人的一支,发源于乌拉尔山和南西伯利亚,南下进入塔里木盆地,游牧于阿尔泰山至巴里坤草原之间,最东到达河西走廊。除此之外,还有匈奴语音译、羌语的音译、氐人命名等多种说法。但到底是哪一个少数民族对地名的称呼,学术界也莫衷一是,但大部分学者认同"敦煌"一词的是少数民族语词的音译。这与从春秋战国至汉武帝之前,在大西北河西走廊一带叱咤风云的几个少数民族不无关联。这一时期的敦煌,基本上是乌孙、月氏、匈奴相互争霸,轮番上演。最先是乌孙崛起；后来月氏逐渐强大击败了乌孙；再后来匈奴强大征服了月氏,并称强整个河西地区,其势力直达中原边地,对汉朝构成严重威胁。直到武帝时期,汉朝终于反击匈奴,夺取河西,将匈奴驱出远徙漠北。

前770年的西周末期，由于周幽王废嫡立庶，申侯与缯国引西北犬戎人攻打周幽王，结果周幽王被野蛮强悍的犬戎族攻杀，曾经强盛一时的西周王朝覆灭。周平王无奈而迁都洛邑。中国历史进入了春秋时期。而敦煌有可靠文字记载的历史也始于这一时期。据史书记载，月氏与乌孙同居河西。如《史记·大宛列传》说："始月氏居敦煌、祁连间，及为匈奴所破，乃远去。"《汉书·西域传》所载略同，唯将"始月氏居敦煌、祁连间"改为"月氏本居敦煌、祁连间""乌孙与大月氏共在敦煌间"。《汉书·张骞传》载："乌孙王号昆莫，昆莫父难兜靡，本与大月氏俱在祁连、敦煌间，小国也。"《后汉书·西羌传》又称："湟中月氏胡，其先大月氏之别也，旧在张掖酒泉地。"从这些记载可知，当时同为游牧部落的乌孙人和月氏人的活动地区在"敦煌、祁连间"，并且至少自春秋战国初期至秦汉匈奴占领河西以前，敦煌及河西走廊中西部地区是乌孙和月氏长期活动并居住游牧之地。同时也说明乌孙、月氏西迁中亚之前，他们曾一度是这一带的霸主，其控制了河西走廊地区全境或大部分地区。

又据史料记载："瓜州戎为月氏所逐。"（《十三州志》）"塞种本允姓之奸，世居敦煌，为月氏所迫，遂往葱岭南奔。"（《广弘明集》卷27荀济《论佛教表》）"乌孙，战国时居瓜州……乌孙本塞种。"（张守节《史记正义》）《史记·匈奴列传》称匈奴"右方王将居西方，直上郡以西，接月氏、氐、羌"。明言匈奴与月氏是地域相连的。秦汉时代，上郡位处月氏的东方，其西部与月氏相连。上述史料正说明，最先月氏居地在河西走廊东部，而乌孙居于河西走廊西部。从考古研究上看，分布于河西走廊东西部的沙井文化和骟马文化就是月氏和乌孙活动的遗存。月氏与乌孙都属于草原文化，他们在河西地区的活动时间，住牧的区域与活动范围，以及其文化属性，都与北方草原文化色彩浓厚的骟马文化、沙井文化相吻合。在骟马和沙井文化遗址中，出土了大量反映春秋战国时期特征的遗迹遗物，其中有很多动物骨骼（包括羊、马、牛、犬、驴、驼等）、青铜工具、装饰品、毛纺织品、皮革制品等，这些遗迹遗物说明，月氏、乌孙人主要以畜牧业生产为主，并兼营少量农业，基本过着蓄养家畜、衣皮食肉的生活。

月氏民族由西域逐渐向东南迁徙到河西走廊，并吞瓜州之戎而占据其地，

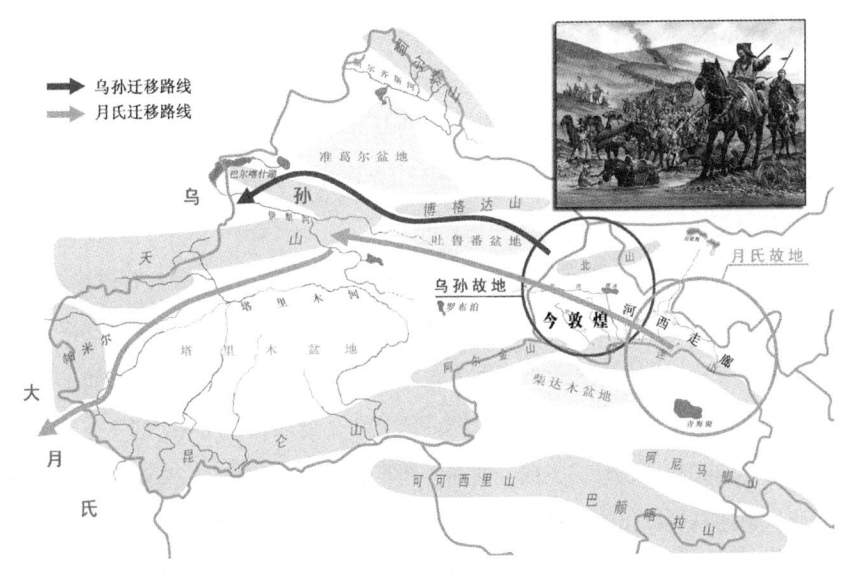

乌孙月氏西迁图　杜永思编制

游牧于敦煌与祁连山之间，成为河西走廊的主体民族。祁连山，在今天是指位于青海东北部至甘肃西部的祁连山脉，而在还没有山脉意识的古代，它仅指张掖一带的祁连山，故又称张掖南山。"祁连"一词源自匈奴语，也有说源自吐火罗语，均意为"天之山"。《史记·大宛列传》记载的"始月氏居敦煌、祁连间"，当指敦煌到张掖一带。根据学界推测，大约在秦朝建立之时，月氏崛起，发展成为西北乃至整个北方最为强大的少数民族。月氏的游牧区域以敦煌和祁连山为中心，东达河西走廊东部及陇右地区，西入塔里木盆地东部和天山东部地区。即使实力强盛的匈奴也对月氏避让三分。

早在月氏占据敦煌之前，乌孙已在敦煌一带牧马放羊，繁衍生息。关于乌孙的来源，史学界有学者认为，乌孙是中亚塞种人东来中土建立的小国。例如，《左传·昭公九年》中记载"允姓之戎，居于瓜州"，敦煌属古瓜州之地，而这个"允姓之戎"即塞种，亦称塞人、塞克。另外，荀济《论佛教表》说："塞种本允姓之戎，世居敦煌。"其实允戎居敦煌，早在春秋鲁僖公二十二年（约前637）就已见倪端，这一年"秋，秦晋迁陆浑之戎于伊川"，陆浑之戎即允姓，可见允戎塞种早在前七八世纪时就已东抵我国西北地区甚至更远。也因

51

此有人认为塞种是生长于中国的古族名。也有学者认为允戎与三苗当在同时期，且在以后相当一段时期游牧于敦煌和整个河西走廊西部以及新疆地区。秦始皇二十六年（前221）统一六国，至西楚初年（前206）秦朝灭亡，河西月氏、乌孙、匈奴呈三足鼎立之势。祁连山以西为月氏占据，以东为乌孙所居，马鬃山为匈奴控制。

月氏在秦时进入奴隶社会阶段，逐渐成为一个势力较强大的边地民族。大约在秦朝末年，月氏的势力日益强盛，他们以"控弦十万"的强大部落称雄河西，并开始扰掠与其邻近的乌孙人。敦煌及河西走廊西部各地，开始了民族间相互攻伐战乱的不安宁的历史时期。到了乌孙王难兜靡统治时期，在一次月氏与乌孙的大战中，月氏击败了同在河西走廊游牧的乌孙人。乌孙首领难兜靡战死，迫使乌孙撤出河西走廊西部远迁西域，其族人迁到了今新疆天山以北地区。与此同时，敦煌及河西走廊逐渐被月氏所独占。此时的月氏极为强大，甚至于以强悍著称的匈奴人也不得不把首领的儿子冒顿入质月氏。

秦始皇二十六年（前221），秦王嬴政一统天下，结束了战国以来长期的封建诸侯割据的混战局面。其时疆域辽阔，向西北已至甘青高原。此时的匈奴也已壮大成为强悍的北方民族，其对中原王朝构成了巨大的威胁。秦统一六国后，为了抵御匈奴，秦始皇派蒙恬率领30万大军北伐匈奴，逐匈奴于河套以外，打击了经常南侵中原的蒙古高原上的匈奴势力，并于前215年"收河套以南地，以为三十四县，因河为塞"（今内蒙古河套南鄂尔多斯市一带），因山筑城，于各要害之地，屯驻大军戍守边防，以阻匈奴南下，迫使匈奴向北、西北稍作退守，有十多年不敢南下。秦朝还率军修复了战国时燕、赵、秦三国长城和九州直道，不仅保护了北方和西北方农业地区免遭匈奴的侵袭掠夺，而且克服了国内交通闭塞的困境。与此同时，秦始皇还采取移民屯田、开拓边疆等措施，迁徙民众几万家于河套，积极地开垦边地，加强边防，有力地制止了匈奴的抢掠，又大大促进了北方各族人民经济、文化的交流和融合。然而随着匈奴武装力量的不断壮大和其政权的逐渐强势，加上秦王朝统治阶级内部斗争和矛盾的不断发展，匈奴贵族不断地扩边掠地，不断地把自己的势力向秦统治的中心延伸。秦始皇作为统一中国的帝王，对边地的统治十分重视，前220年，他曾"巡陇西、北地,出鸡头山,过回中焉",自此开始了其政治生涯中频繁出行的历程。从这次也是唯一一次陇西、北地之行,可以看出秦始皇西抚西土的政治远见。同时,此次出巡后秦始皇宣布"治驰道",因而开启了全国交通建设的宏大工程。这一决策应当与出巡中的交通体验有关。后来的汉武帝视察陇西、北地,若干路段或与秦始皇"巡陇西、北地"重叠,在某种意义上可以看作对秦始皇西巡行辙的重蹈。史籍中还反映了前214年,曾使蒙恬"西北斥逐匈奴",从而最终奠定了"秦地西有金城、武威、张掖、酒泉、敦煌"(《前汉书·地理志》)等地。这不仅反映了秦王朝政治军事力量最为强盛时期的状况,也表明秦王朝正确的西部战略发挥的重要作用。

秦王朝统治期间河西走廊地区一直没有间断和匈奴的争夺战争。直至秦朝末年,蒙恬被秦二世胡亥毒杀,秦边防大军失去统帅。与此同时,中原爆发农民起义,秦王朝又随即撤回边防驻军予以镇压,因而秦朝北边大门顿开,匈奴乘机挥师南下至长城脚下。据《史记·匈奴列传》记载:"十余年而蒙恬死,诸侯畔秦,中国扰乱,诸秦所徙适戍边者皆复去,于是匈奴得宽,复稍度河南,与中国界于故塞。"秦朝覆灭后,匈奴趁楚汉相争,无暇北顾之机再度崛起。在其骁勇善战的领袖冒顿单于统率下,匈奴四面出击,重新控制了中国西北部、北部和东北部的广大地区。《史记·匈奴列传》对此描述道:"是时汉兵与项羽相距,中国罢于兵革,以故冒顿得自强。"随着秦王朝的衰落,最终这些地区还是被匈奴控制。

楚汉争霸之际,匈奴在冒顿单于的率领下日益强大,成为北方最强悍的民族,他们驰骋于北方广大地区,东征西讨,震撼世界。匈奴先是打败东胡(中国北方游牧民族),又趁中原战乱之机夺取了河套以南的鄂尔多斯地区。大约在西汉初年(前203—前176),匈奴入侵河西。其时河西走廊西部的张掖至敦煌一带均为月氏控制,月氏在诸羌中势力最强盛,已占领祁连山北麓广大地域,自乌鞘岭以西的凉州经张掖、酒泉直到敦煌,均属月氏势力范围。而且月氏拥有庞大的畜群和"控弦十万"的骑射部队,是当时西北地区的一个强大势力。然而匈奴随着崛起和强盛,开始与月氏发生正面冲突。汉文帝前元二年到三年间(前178—前177),匈奴冒顿单于派遣右贤王进兵河西走廊地区大败月氏；接着在前174年，匈奴老上单于再一次进攻月氏并大获全胜，使月氏和匈奴在河西走廊与敦煌地区的角逐彻底失利，这一次以月氏大败而告终，月氏元气大损。到了汉文帝前元四年（前176），匈奴派右贤王彻底击败宿敌月氏，斩杀月氏王，并且将月氏王的颅骨作为酒杯，威慑整个西域。西汉文帝后元六年（前158），匈奴独占河西。月氏至此被迫退出河西。月氏败于匈奴被迫西迁，他们出敦煌，沿着天山北麓一路西行，继而落脚到车师（姑师）以西的伊犁河流域及伊塞克湖附近。月氏在途经伊犁河流域时，驱逐了原地居民塞种人（希腊人的一支），并夺其牧场，掠其部分牧民及牛羊，据为己有。然而不久，他们即遭遇到先前被月氏从敦煌驱逐到伊犁河流域的宿仇乌孙昆莫大军的打击。此时的乌孙已由弱变强，他们趁月氏立足未稳，大举进攻月氏，一雪前仇。月氏不堪乌孙与匈奴大军的联合打击，于武帝建元二年至元光六年（前139—前129）再次向西南迁徙，进而西逾葱岭（帕米尔高原），经过大宛，徙西域两河流域（今乌浒河、阿姆河）来到妫水之畔。西迁途中，月氏攻打大夏获胜，迫使大夏臣服于月氏，并分其地为五，各置总督，即所谓"五翕侯"。随后月氏于妫水之北建都，作为王庭，这便是我国史籍所称的"大月氏国"，亦即中亚著名国家"贵霜王朝"。月氏人从河西走廊西迁时，留下一小部分残众退避到了祁连山中，他们与祁连山间的羌族混合，史称"小月氏"。而大部分西迁之月氏从此被称为"大月氏"。

　　匈奴击溃月氏后，杰出的军事家冒顿单于一统匈奴各部，他南并白羊王、楼烦王，北服浑庚（又作窳）、屈射、丁零、鬲昆、薪犁等部族，使"诸引弓之民，并为一家"（《史记》），将北方草原众多部落统而为一。其统治区域东起朝鲜边界，横跨蒙古高原，西接氐羌之地，南延伸到河套以至于晋北、陕北一带。其领地空前扩大，一时间蒙古高原、河套地区及河西走廊地区，包括当时的敦煌尽在其控制之中。冒顿单于将这片广大地区分中、左、右三部，使其各领一定的战骑和分地。此外，他还建立了一套上至左右贤王、左右谷蠡王，下至二十四长的完整的政治军事管理体系，在一系列征伐战争和强有力的改革措施之后，匈奴实际上已是一个庞大的游牧王朝。其时，匈奴军事力量空前强大，不可一世。就在北方诸夷完全服从于匈奴单于的统治之后，早已对中原虎视眈眈的匈奴，开始南下与中原汉朝为敌。匈奴以其30万骑射部队的实力推动了它的进一步扩张，不断袭掠西汉北部边郡。此后的河西走廊西部由匈奴浑邪王统治，东部则由匈奴休屠王驻守。一直到汉武帝元狩二年（前121）以前，河西始终处于匈奴控制下。匈奴占据河西走廊和西域之后，除了在占领区征收赋税之外，还与生活在西北地区的羌人相联合，严重破坏和阻碍着中西交通，直接威胁到汉朝的西北边防安全。

匈奴在我国北方活跃了几百年，他们以游牧为主，逐水草迁徙，但在某些地方也建有一些城堡，并有少量的农业生产。特别是南匈奴与中原互通关市，具有一定的经济文化的交流。此时的匈奴社会从总体看已处于奴隶制阶段，同中原王朝连年争战，对中国历史产生过重要影响。1世纪后，匈奴分为南北两支，南匈奴人居内地，后来逐渐和汉民族融合。北匈奴在汉武帝大规模进击之下，兵败西遁，但他们究竟逃往何处，是个长期不为人知的谜题。

DUNHUANG
THE BIOGRAPHY

敦煌 传

两汉开边　设关置郡　第二章

莫高窟第323窟 盛唐 张骞出使西域图 盛龚海摄

强匈崛起控西域　张骞出使联月氏

秦末天下揭竿而起,农民战争推翻了秦王朝的统治,前206年秦朝灭亡。再经过楚汉之争,刘邦击败项羽,于前202年建立了西汉王朝,定都长安。西汉王朝的最初阶段,强盛的匈奴,以"控弦之士三十余万"的威势,对朝廷构成了严重威胁,并且经常骚扰掠夺,阻塞了关中和西域早已存在的通道和联系。与此同时,因为久经战乱而社会经济极端破败,人口锐减,百姓贫困,国库空虚,军力衰弱。加上异姓诸王的心腹隐患,朝廷内斗也较尖锐,无力抗击匈奴侵扰,急需一个巩固政权、发展经济、富国强兵的时间,所以只能借和亲、赠送丝絮缯帛的外交策略缓解和维系与匈奴短暂和平的双边关系。然而西汉王朝的"和戎"政策并不能完全解决匈奴时常南下掠扰汉朝边地的问题。据《盐铁论》载:"汉兴以来,修好,结和亲,所聘遗单于者甚厚;然不纪重质厚赂之故改节,而暴害滋甚。""匈奴数和亲,而常犯约……反复无信,百约百叛。"但经过汉初至汉武帝即位的七十多年的励精图治,其间的文、景二帝仁慈恭俭,笃信黄老,以清静不扰民为政策,海内富庶,国力强盛,使汉王朝逐渐富裕强大,走向强盛,将我国封建社会的发展推向了第一个高潮。当时社会经济迅速恢复,农业、手工业及商业空前繁荣,实现了华夏迈入帝国时代后的第一个盛世——文景之治。由于社会财富有了巨大的增长,为后来汉武帝时期的政治、经济发展以及军事力量的强大奠定了坚实的物质基础,同时也为征伐匈奴,夺取河西走廊以敦煌作为经营西域的前沿阵地做了准备,为汉武帝的文治武功铺设了一条顺利的通途。

至汉武帝即位(前140)后,国家仓廪充实,兵力强大,而且经过平同姓王"七国之乱"、除"异姓诸王"背叛之后,朝廷中央集权大大加强,汉王朝走向强盛,已具备反击匈奴的条件。此时的西汉王朝,采取武力防御和主动进攻两者兼施的战略,于建元三年(前138)首次派遣大中大夫张骞出使西域,联络月氏以求对匈奴腹背夹击。

张骞从敦煌出使西域

"西域"一词,最早见于《汉书·西域传》。西汉时期,狭义的西域是指玉门关、阳关(今甘肃敦煌西)以西,葱岭(帕米尔高原)以东,昆仑山以北,巴尔喀什湖以南,即汉代西域都护府的辖地,亦即今天的新疆地区。广义的西域还包括葱岭以西的中亚细亚、西亚、印度、高加索、黑海沿岸等地,包括今阿富汗、伊朗、乌兹别克斯坦至地中海沿岸,甚至达东欧、南欧。西域以天山为界分为南北两个部分,百姓大都居住在塔里木盆地周围。西汉初年,有"三十六国":南缘有楼兰(鄯善,在罗布泊附近)、婼羌、且末、于阗(今和田)、莎车等,习称"南道诸国";北缘有姑师(后分前、后车师,在今吐鲁番)、尉犁、焉耆、龟兹(今库车)、温宿、姑墨(今阿克苏)、疏勒(今喀什)等,习称"北道诸国"。前2世纪,张骞出使西域以前,匈奴势力伸展到西域,在焉耆等国设有幢仆(意为奴隶)都尉,向各国征收繁重的赋税,"赋税诸国,取富给焉"(《汉书·西域传》),对这些小国进行奴役和剥削。

张骞出使西域,是我国历史上一个重大事件,是指汉武帝时期希望联合月氏夹击匈奴,派遣张骞出使西域各国的历史事件。张骞通西域是中西交通史上的里程碑,司马迁在《史记·大宛列传》中用"凿空"以示张骞开拓之功,此后"西北国始通于汉矣"。而张骞也彻底打开了从汉武帝开始,持续诸多王朝的外交往来,这条通道被后世称为丝绸之路。历史上,在横贯欧亚大陆的丝绸之路上,诸多士人留下了身影。作为"开拓者"的张骞,在士人固有的思想品格的影响下,克服重重困难,完成这一历史重任,被后人所铭记。张骞出使西域后汉夷文化交往频繁,中原文明通过"丝绸之路"迅速向四周传播,因而这一历史事件便具有了特殊的历史意义。张骞对开辟从中国通往西域的丝绸之路有卓越贡献,至今举世称道。通往西域的道路的开辟,加强了汉朝与西域各国的联系。

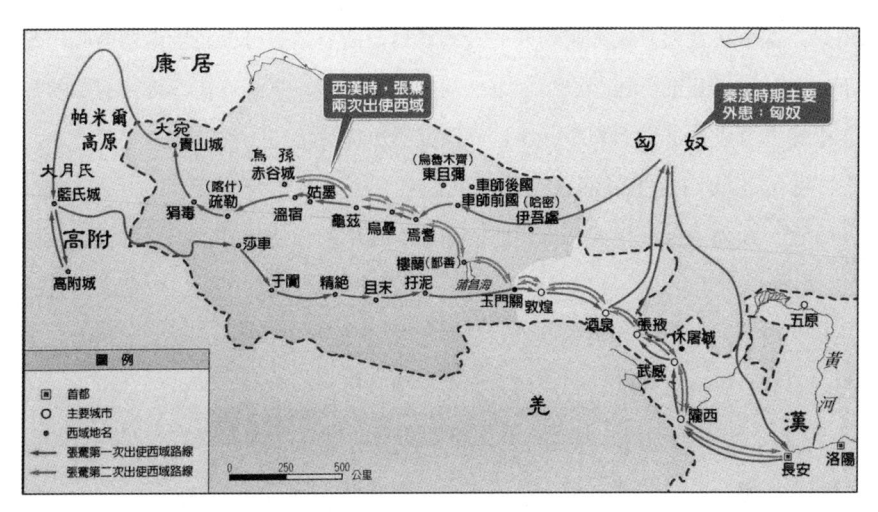

张骞出使西域路线图 摄于敦煌博物馆

汉武帝登基之前，汉初几代皇帝对匈奴一直采取和亲加防御的战略，而把更多的时间与精力放在了民生与经济的复苏上。对内部则奉行轻徭薄赋和"与民休息"的政策。特别是"文景之治"使政治的统一和中央集权得到进一步巩固和加强，获得了对匈奴进行战略反击的准备时间。据史书记载，当时官府"都鄙廪庾皆满，而府库余货财"，民间"非遇水旱之灾，则民人给家足"。汉武帝正是凭借这种雄厚的财力物力，积极地开始反击匈奴，从根本上解除来自北方的威胁。也正是在这种历史条件下，一代帝王豪杰将这一伟大的历史任务提上了自己的日程，也使得张骞、霍去病这样的旷世英才得以建功立业，大展宏图。

汉朝日趋强盛后，汉武帝刘彻积极谋划消除匈奴对北方的威胁。他从投降而来的匈奴军官口中获知：在河西走廊的敦煌与祁连一带，曾经驻扎着一个叫月氏的强大游牧民族，这个民族即中国古书上的"禺氏"。秦末汉初之际，势力强大的月氏多次被匈奴冒顿单于打败，国力衰败，举族落难被迫西迁。匈奴老上单于甚至砍下月氏王的头颅制成酒器，使月氏人蒙受奇耻大辱。虽然他们在西域重新建邦立国，但他们怀念河西故土，期望有朝一日夺回失地，一雪前耻。汉武帝根据这一情报，当即决定遣使大月氏，与之东西呼应，共同夹击

61

匈奴。这个联合大月氏夹击匈奴的宏大计划，需要选拔勇谋之士出使西域，遂下达诏令，公开征募能担当出使重任的人才。此时，满腔热血、胸怀抱负的青年张骞挺身应募，毅然担负起了这件国家和民族的重任，勇敢地踏上了征途。

张骞，陕西汉中城固（今陕西城固县）人，中国历史上著名的探险家、史学家、地理学家。汉武帝即位时，他已在朝中担任侍从官。据史书记载，他"为人强力，宽大信人"，有勇有谋，具有心胸豁达、坚韧不拔、以信义待人的品格，而且对匈奴和西域情况有一定的了解。汉武帝建元元年（前140），张骞以郎官身份应召被选，奉武帝之命拟出使月氏国。时应召西行的"勇士"还有99人，其中有匈奴人甘父，其人勇敢善射，耿直笃诚，成为张骞西行的得力助手。至此，张骞便开始了长达十三年的西域之行。

西汉建元二年（前139），张骞率领的百人使团浩浩荡荡自长安出发，由甘父做向导，开始了漫长的探险活动，所负使命系寻找大月氏共击匈奴。此时西行，尚处在匈奴休屠王和浑邪王控制之下的河西走廊是必经道路，而天山北路也被匈奴右部右贤王和右将军控制，沿途凶险重重。张骞是一个善于冒险的人物，他们经过甘肃南部的陇西郡（今甘肃临洮），渡过黄河进入河西。为避开匈奴耳目，他们昼伏夜行，备尝艰辛。但不幸行至南山北麓河西走廊西部的沙漠地带不久，因迷失方向，遭遇匈奴大队骑兵截获，从此被扣留罚做奴隶，开始了他长达十年之久的屈辱的牧羊生活。其间匈奴单于百般诱惑，希望张骞屈服投降，甚至还为他娶妻成家，然张骞始终意志坚定，"持汉节不失"，时刻等待时机准备逃脱。在熬过了整整十年的奴隶生活后的某一天，张骞一行乘匈奴防备疏松，盗得马匹伺机逃出匈奴监控，策马扬鞭向西而去。十年的监禁和屈辱，没有使张骞灰心和丧失意志，他和属下不忘初心、牢记使命，跨越沙漠，继续西行。他们历经饥寒交迫、艰难险阻，沿天山西北渡伊犁河，翻越葱岭，经数月时间长途跋涉后，终于抵达大宛（即今中亚乌兹别克斯坦费尔干纳盆地）。大宛是以农牧业为主的一个富庶王国，盛产稻米、芝麻、大蒜和胡萝卜，还有著名的大宛汗血宝马和苜蓿、葡萄等。大宛国王从中西古道往来商旅口中，对富庶的东方汉朝早有耳闻，故很想和汉王朝结交友好，只是路途遥远，阻塞重重，不能如愿。此时张骞的到来，令大宛国王颇为欣喜，增强了他与汉王朝交往的信心。当他获悉张骞此行的目的是要联络大月氏共同抗击匈奴时，欣然派翻译和向导一路护送张骞一行经康居（今中亚阿姆河与锡尔河之间），一直到达大月氏。然而，此时的大月氏国早已更立新王，并越过阿姆河并吞大夏故地，已然安居乐业，加上从河西走廊迁出太久且远离故土，无意东归故地，亦不想再招惹匈奴。张骞百般劝说不成，夹攻之事只好作罢。张骞在大月氏住了一年多，不得已而回程东返。张骞出使西域本为贯彻汉武帝联合大月氏抗击匈奴之战略意图，然而月氏因西迁西域已久，且当地水草丰美，对故地河西已无重返之意，故谢绝了西汉之邀。此次出使虽未达到目的，但为汉王朝日后攻打匈奴以及经营西域搜集了很多重要的情报。

张骞回程为避匈奴拦截，改从南道东返，依傍昆仑山北麓沿塔里木盆地南缘进入柴达木盆地，然后绕道青海回返汉朝。然而在返程途中，张骞不幸又被匈奴捕获，所幸被囚一年后，匈奴因单于去世而发生内乱，他趁乱夺马，才得以逃脱。汉武帝元朔三年（前126），张骞经过千辛万苦，终于和甘父回到长安。张骞第一次出使西域，历经整整13年。回到中原后，张骞向汉武帝详细报告了此次西行的坎坷经历和任务情况以及在西域的所见所闻，并将他所经过的西域诸国的各种情况，由司马迁详细而确实地写成了《史记·大宛列传》。司马迁根据张骞的报告，对大宛（在今乌兹别克斯坦）、乌孙（在伊犁河、楚河、巴尔喀什湖、伊塞克湖一带）、康居（约在巴尔喀什湖和咸海之间）、奄蔡（在咸海、里海北面）、大月氏（在阿姆河以南兴都库什山以北）、安息（今伊朗高原）、条支（今伊朗西南部布什尔港一带）、大夏、身毒（今印度）等国的地理情况作了描述，内容包括各国的人口、兵力、风俗、物产、贸易、文字和各国之间的距离等。比如大宛，"其俗土著，耕田，田稻麦。有蒲陶酒。多善马，马汗血，其先天马子也。有城郭屋室。其属邑大小七十余城，众可数十万。其兵弓矛骑射。其北则康居，西则大月氏，西南则大夏，东北则乌孙，东则扜罙、于寘"。大月氏，"在大宛西可二三千里，居妫水北。其南则大夏，西则安息，北则康居。行国也，随畜移徙，与匈奴同俗。控弦者可一二十万"。安息，"在大月氏西可数千里。其俗土著，耕田，田稻麦，蒲陶酒。城邑如大宛。其属小大数百城，地方数千里，最为大国。临妫水，有市，民商贾用车及船,行旁国或数千里。以银为钱,钱如其王面,王死辄更钱,效王面焉。画革旁行以为书记。其西则条枝,北有奄蔡、黎轩"。在我国,这样简明扼要而又真实地介绍西域各国地理情况的著作,《史记·大宛列传》是最早的,其成为以后两千年来我国研究西域历史和地理的重要著述。司马迁高度赞扬张骞是"凿空西域"的人。汉武帝授张骞以太中大夫。因张骞在西域有威信,后来汉朝所遣使者,多称博望侯以取信于诸国。

言及汉代的中西交通和中西交流,当首言在汉武帝"勤远略"思想指导下,派张骞出使西域这一伟大的历史事件,正是这个事件,开启了中国和中亚、西亚一些国家的交通往来和物质文化交流,从而扩大了中国人民的视野,丰富了地理知识,而且开辟了东西交通的丝绸之路,这在世界历史上都具有重大的意义。张骞第一次去西域时,在大夏看到经西南通道从印度运来的四川竹杖和布,因此他设想开通一条从我国西南去印度的道路。这个设想,后来得到汉武帝的支持,曾派人从四川宜宾出发,探索去印度的途径。虽未通达,却增加了对西南地区的了解。与此同时,这个事件,也更增强了汉王朝迅速战胜匈奴,及早开通西域、中亚商路的决心和信心,使西汉王朝开始了更加积极的对匈奴的打击。

张骞第二次出使西域

汉元狩四年(前119),张骞第二次奉旨出使西域。此时,河西走廊已被汉朝全线控制。汉武帝准备对匈奴进行一次空前规模的战役。自张骞首次出使西域以来,汉武帝已从张骞的报告中掌握了大夏等诸国情况,特别是了解到乌孙与匈奴发生了矛盾。在张骞的建议下,武帝决定"断匈奴右臂",招乌孙东返河西故里,与汉共同抗击匈奴。张骞同时建议,与西域各族加强往来,以孤立匈奴。汉武帝欣然采纳,遂派张骞率300人使团,每人备两匹马,带牛羊万头,金帛货物价值"数千巨万",浩浩荡荡再度出使西域。

但张骞这次出使仍然没有达到预期的目的,当他们到达乌孙(伊犁河、楚河流域)时,正值乌孙因王位之争而政局不稳,且"乌孙远汉,未知其大小,又近匈奴,服属日久,其大臣皆不欲徙。昆莫年老国分,不能专制,乃发使送骞,因献马数十匹报谢"(《汉书·西域传》)。因乌孙国贵族惧怕匈奴而反对,故西汉王朝欲劝乌孙东归故地(敦煌到祁连山之间),并同乌孙结盟攻打匈奴的政治目的再次落空。张骞第二次出使西域,他本人只到达了乌孙,但在乌孙期间,老乌孙王昆莫还是热情地派翻译和向导,帮助张骞分别派遣副使到中亚、西亚和南亚的大宛、康居、大月氏、大夏、安息、条支、奄蔡、身毒、于阗、扜弥、犛靬(附属大秦的埃及亚历山大城)诸国,广泛联络,以建立汉王朝同这些国家之间更广泛的友好联系。当汉朝使者到了安息,受到两万人的盛大欢迎。之后安息等国的使者也不断前来长安访问和贸易,汉朝与西域诸国的关系和东西交通建立了起来。

元鼎二年(前115),张骞同乌孙使者数十人返回长安。张骞使团等所到过的西域各国也先后派使者携带各种礼物,相随张骞副使一起来到长安,与西汉王朝建立了友好的关系。西域诸国使者见到汉朝人众富厚,回去报告后,汉朝在西域的威望大为提高。此外,因张骞第一次出使时,了解到中亚当地无漆、丝,当他第二次出使西域时携带了大量的丝绸以作厚礼。这也是丝绸之路上有史可稽的第一批传往西方的中国丝绸。张骞因出使有功,被汉武帝拜为大行令(负责接待宾客和处理少数民族事务的高级官员,以后改为大鸿胪),不料第二年便去世了。

张骞之后,汉朝同西域的关系得到进一步发展。元封六年(前105),乌孙王以良马千匹为聘礼以求和亲,武帝以宗室江都(今扬州)王刘建之女刘细君为公主与乌孙王和亲。以"分匈奴西方之援国",细君公主是丝绸之路上第一个远嫁西域的公主。她死后,汉又以宗室楚王戊孙女解忧为公主与乌孙王和亲。解忧的侍者冯嫽精通诗文,深知事理,常作为公主使者持汉节行于各地,赏赐诸国,深受诸国上下的尊敬和信任,时被称为冯夫人。细君与解忧、冯嫽先后在乌孙多年的政治活动,巩固和发展了汉朝与乌孙的关系,使乌孙成为钳制匈奴的重要力量。敦煌的地位也在此基础上得以提升,成为中原通往西域及东欧各国的重要补给站和枢纽。

汉神爵三年(前59),匈奴内部分裂,日逐王先贤掸率部降汉,匈奴对西域的控制瓦解。汉宣帝委任卫司马郑吉为西域都护,驻守在乌垒城(今新疆轮台东），这是汉朝在葱岭以东、今巴尔喀什湖以南的广大地区正式设置行政机构的开端。由于匈奴对西域各族的残酷剥削和压迫，西汉的封建制度先进于匈奴的奴隶制度，因此西域诸国都希望摆脱匈奴压迫，接受西汉的统治。西汉王朝一方面在西域设置常驻官员，一方面派士卒开展屯田，并设校尉统领保护屯田，使汉朝同西域诸国的友好关系更加牢固。

敦煌壁画中的张骞出使西域图

在丝绸之路最为昌盛的唐代，博望侯张骞的事迹并没有被岁月的尘埃掩没，反而被敦煌壁画所记录。佛教信众徒们借张骞凿空的壮举，附会了佛教的新含义。这幅著名的《张骞出使西域图》，位于莫高窟第323窟初唐洞窟，共由三个画面组成。

第一幅画面：汉武帝拜金人。

表现了在一座挂着"甘泉宫"匾额的宫殿内，立着两尊佛像，一位帝王正带着群臣礼拜。帝王下方的榜题上写着："汉武帝将其部众讨匈奴，并获得二金长丈余，列之于甘泉宫。帝为大神，常行拜谒时。"元狩二年（前121），汉武帝的大将霍去病在击破匈奴休屠王时确实缴获了一个祭天金人。但金人的数量和形状最终归于何处，《史记》《汉书》均未见记载。

壁画榜题的出处在哪里？《魏书·释老志》云："案汉武元狩中，遣霍去病讨匈奴，至皋兰，过居延，斩首大获。昆邪王杀休屠王，将其众五万来降。获其金人，帝以为大神，列于甘泉宫。金人率长丈余，不祭祀，但烧香礼拜而已。此则佛道流通之渐也。"撰写《魏书》的魏收生活在佛教兴盛的北齐，显然接受了佛教信众改编后的说法。

第二幅画面：张骞拜别皇帝。

居于下方的第二幅画面是故事的主体，表现了一位帝王骑着高头大马，身后伴驾几位侍从僚属。帝王面前，跪持笏板者即是张骞。该画面榜题写着："前汉中宗既获金人莫知名号，乃使博望侯张骞往西域大夏国问名号时。"如果说缴获金人后派张骞赴西域，图中所绘当是张骞第二次出使西域。

《魏书·释老志》称"及开西域，遣张骞使大夏还，传其旁有身毒国，一名天竺，始闻有浮屠之教"。这段文字符合史实，但榜题中的"前汉中宗"是指汉宣帝，说明当时的佛教徒没有搞清历史。

第三幅画面：张骞赴西域大夏国。

表现了一位使者带着两位持旄节的侍从经行山间，向一座城池进发。城中有一座佛塔，城门口站着两名僧人迎接，该图榜题写着"□大夏时"。说明张骞最后抵达大夏国，得知金人即佛像。

绘制张骞出使西域图的初唐时期，正是道居佛先、佛道之争不息的时代。佛教信众借张骞把佛教传入中国的时间提前两百多年，以此与道教的老子化胡说抗衡。这幅图是莫高窟第323窟的八幅佛教史迹画之一，其他七幅也多有史实可考。当时的敦煌人正是通过这样一种虚实结合的方法，绘出一部佛教史绘本，用图像记录佛教文化在中国传播的历史。同时也说明敦煌当地一直流传着张骞出使西域的故事。

西汉，河西走廊及敦煌的匈奴

西汉王朝在加强中央集权，巩固刚刚建立的统治地位上，所采取的"和亲"与"开关市"的策略，对稳定边疆地区的安定还是比较有利的。虽然，当时强大的匈奴贵族势力反复背信，绝和亲，盗汉边，劫掠侵扰仍然不断，但汉王朝这一系列政策，毕竟为汉匈关系减少了相互摩擦，为汉王朝组织内地"休养生息"，发展生产，增强国力争取了时间，也使边疆各地暂时避免了战争之害。最重要的是为以后反击匈奴，夺取河西走廊，建立以敦煌为基地的中西大通道——丝绸之路起到了积极的作用并奠定了物质基础。

汉武帝以前，中原王朝的势力还没有到达敦煌这样的偏远地区。这期间的敦煌战事不断，民族流动频繁，你方唱罢我登场。作为战场与迁徙地，在频繁的战争和迁移过程中，一方面，民族间的战争冲突给民众的生命财产带来破坏；另一方面，民族之间的相互交往和战争间歇出现的政治、经济、文化的发展，促进了各民族间的相互融合。自匈奴驱逐月氏独霸河西以后的一个时期，敦煌及河西走廊一带，处于一种暂时的相对和平与安定的状态。虽然当时的敦煌在匈奴奴隶主集团的铁蹄控制之下，但自很早便遗留下来的与中原地区互相联系的遗风还有着一定的延续。尤其是千百年来繁衍生息在这里的许多民族，他们都有着相似或相同的民族发展经历以及生活、生产方式。在相对和平的环境中，他们彼此之间交融的脚步也加快了。

匈奴统霸河西之地后，匈奴单于命浑邪王统治河西的西部，大约当今甘肃酒泉地区，敦煌在其势力范围内；命休屠王管辖河西东部，大约当今甘肃武威地区。这两个匈奴王据河西走廊，西控西域各国，南制西羌诸部，对西汉王朝的西部边境也构成了十分严重的威胁。"汉家青史上，计拙是和亲"，西汉的妥协之策并没有使匈奴奴隶主贵族的贪欲得到满足，他们仍旧肆意扩张其势力范围，不断侵扰汉朝边地。尤其是乌孙和月氏相继退出河西，西迁西域，匈奴成了整个河西地区的霸主，其对汉朝西北边地的直接威胁更为严重。河西走廊水草丰美，自然环境适宜放牧，是一片美好的天然牧场。因其又处西北之要冲，匈奴据此，南可与羌人结盟，西可遏制西域，而且把控内地通往西域的交通要道，切断了汉朝和西域的联系。因而匈奴占据河西后，更加有恃无恐、肆无忌惮。其不仅在西域设置机构广征赋税，而且扩充军备，加强军力。到汉武帝登基时，匈奴已对西汉王朝的西北边地呈环围之势，构成汉朝严重的边患。而河西与西域正是其对西汉进击的一只强有力的右臂。

汉文帝前元十四年（前166）匈奴骑兵南下，甚至深入甘泉，一度游骑逼近长安，严重威胁着西汉王朝的安全。为了抵御匈奴侵略，汉文帝采纳晁错的建议，招募百姓迁往边塞定居，屯田筑城，加强边防，以充实塞下。与此同时，在匈奴对西北边疆的严重威胁的时刻，晁错还不得已倡导"今募天下入粟县官，得以拜爵，得以除罪"的一系列办法，鼓励臣民对西北边疆的开垦和建设。此时的西汉王朝虽无力对匈奴的侵扰进行反击，但所采取的屯田戍边、移民实边的政策，已经是一种比较积极的向匈奴边地和境内逐渐推移的策略。这一系列策略的实施，使内地较为先进的生产技术和文化思想开始向北、向西北大量输入。

前140年，汉武帝刘彻继位，即武帝建元元年。这一年汉武帝刚满16岁，他任命了一系列官吏，开始推行他的新政。刘彻是中国历史上一位具有雄才大略的政治家，他一方面"不改文景之恭俭以济斯民"，另一方面谋划巩固边疆，开拓疆域，为日后反击匈奴势力做前期准备。为了断"匈奴右臂"，阻止和切断匈奴与西羌的联合，打开西汉通往西域的道路，汉武帝决定遣使打通西域，联合大月氏共同抗击匈奴势力。

汉武开疆广拓境　千里河西马踏平

汉武帝反击匈奴。西汉王朝建立后，匈奴一直是汉民族和平生活的重大威胁。据《汉书·晁错传》记载，"汉兴以来，胡虏数入边地，小入则小利，大入则大利""攻城屠邑，殴略畜产""杀吏卒，大寇盗"，给西汉北方边地的民众带来无穷的祸患，严重危害着西汉北部边境的安宁。而汉朝方面，自高祖刘邦白登山之围事件发生后，由于国力不济，加上诸多内政事务繁扰亟待解决，故而只能对匈奴采取"和亲"、送礼并与其约为兄弟等绥靖政策，以缓解匈奴的袭扰之压力。在军事上采取消极防御的策略，以尽量避免与匈奴决战。

然而绥靖政策并不能遏制匈奴的侵掠袭扰，汉朝的边患依旧相当严峻。当然，"和亲"政策为西汉王朝整顿内政、恢复经济、发展生产、增强实力，提供了必要的缓冲时间和解决条件。特别是文、景二朝，奉行黄老"无为而治"的统治政策，使衰弱凋敝的社会经济获得了较快发展，整个汉朝呈现出一片丰足富庶之景象。据《史记·平准书》记载："汉兴七十余年之间，国家无事，非遇水旱之灾，民则人给家足，都鄙廪庾皆满，而府库余货财。京师之钱累巨万，贯朽而不可校。太仓之粟陈陈相因，充溢露积于外，至腐败不可食。众庶街巷有马，阡陌之间成群。"如此雄厚的物质基础，为汉武帝日后的战争动员和实施创造了有利的条件。事实上文、景两帝在位期间，就已经开始厉兵秣马，事前做好军队征战的准备工作，尤其是骑兵的建设，至汉武帝登基之时，其军事力量就有所增强了。

汉武帝的军事措施。就在这样的有利条件和形势下，汉武帝刘彻登基当了皇帝。他凭借几代先皇创造的物质基础，修筑军事要道，积极筹划反击匈奴的战争准备。他在军事上健全军制，强化骑兵，选拔贤才，特别是发现和善用指挥骑兵作战的年青将领。此外他还采取了一系列政治措施：在政治上加强中

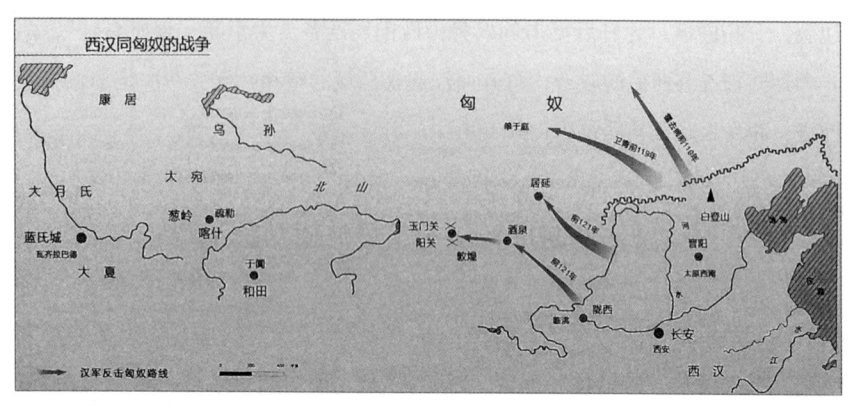

西汉同匈奴的战争 摄于敦煌博物馆

央集权,具体措施有贬抑相权,"举贤良文学"以扩大地主阶级统治基础,举行封禅典礼以提高皇帝威望,实行"推恩法"以削弱地方势力,任用酷吏以保证专制措施畅行全国,等等。在经济上征收商人车船税,实行盐铁官营政策,以增加战争物资储备,等等。经过苦心经营,全面造就了战略反击匈奴的军事、经济、政治条件。于是汉武帝以其巨人的手臂拉开了中国历史上著名汉匈战争的帷幕。汉武帝对外采取软硬兼施的手段,一方面自前133年马邑之战起,结束西汉王朝屈辱的"和亲"政策;一方面转向对匈奴的战争攻势,派卫青、霍去病出征讨伐,解除匈奴威胁,保障了北方经济文化的发展。

天山南麓广大地区,因北有天山,南有昆仑,气候异常干燥,仅少数草地绿洲适宜耕种,罕有牧场。汉初形成的西域三十六国,多事农业兼营畜牧。因王城有城郭庐舍,故也称"城郭诸国"。从地理分布上来看,由敦煌出玉门、阳关南行,沿昆仑山北麓向西,经且末(今且末县)、于阗(今于田县),至莎车(今莎车县),为南道诸国。出玉门、阳关后傍天山南麓北行,由姑师(今吐鲁番)沿天山南麓向西,经焉耆(今焉耆县)、轮台(今轮台县)、龟兹(今库车县),至疏勒,为北道诸国。南北道之间,围绕着浩瀚无际的塔克拉玛干沙漠。这些城邦诸国包括氐、羌、突厥、匈奴、塞种人等各种民族,西汉时他们的人口总计三十余万。张骞出使西域前,天山南道诸国已在匈奴控制之中,并设"僮仆都尉"(匈奴官名,僮仆即奴隶之义,盖视西域诸国为匈奴之僮仆），常驻焉耆，向往来诸国征收粮食、羊马。南道诸国实际已是匈奴扩张势力的一个重要补给线，西域诸国数十万各族人民在匈奴贵族的铁蹄之下倍受压迫和剥削。而葱岭以西的大宛、乌孙、大月氏、康居、大夏诸国，由于距离匈奴较远，尚未直接臣属于匈奴。但在张骞通使之前，西方的罗马和东方的汉朝，都还对它们没有产生什么影响，故匈奴成了唯一强大的力量，而这些国家多少受到匈奴的影响或间接地受制于匈奴。从整个中原与西域的形势上来看，联合大月氏、沟通西域，在葱岭东西打破匈奴控制局面，配合军事手段树立起汉朝的威望和影响力，将成为孤立、削弱并最终战胜匈奴的一个具有战略意义的重大举措。然而，实施夹击匈奴的计划颇费周折，首先是北部战场压力太大，令汉军无暇他顾；其次则是大月氏人无意东归故地，使汉军孤掌难鸣。因此，直至汉匈漠南会战之时，河西地区仍在匈奴人的牢固控制中。

河南、漠南之战。 汉武帝元朔二年至六年（前127—前123），汉军在今内蒙古河套地区对匈奴进行了大规模反击战。

汉文帝时，匈奴背信攻占河南地（今内蒙古鄂尔多斯一带），一度对长安造成威胁（今西安）。汉武帝即位后，随着国力的增强，采取以军事实力打击匈奴为主的政策，大力建设骑兵，加强沙漠草原地带的作战准备。元光二年（前133），汉武帝命马邑人聂翁壹出塞，引诱匈奴进占马邑（今山西朔县）。汉军以30万重兵埋伏在马邑附近，企图诱敌深入，一举击败匈奴骑兵主力。此时单于引匈奴骑兵10万人进塞，但中途识破汉军的诱兵计划而及时退归。汉军计划落空未能成功。此后，匈奴屡次大规模进犯汉朝边郡，而汉军也屡次发动反击进攻之战。由于全面反击匈奴的准备工作还没有完全就绪，此时汉武帝的主要进攻目标还是汉王朝北部的匈奴势力，因为一旦北部匈奴的侵扰问题得以解除，那就意味着基本解决了匈奴对汉王朝的直接威胁，其他地区的问题也就迎刃而解了。

前127年，汉朝采取胡骑东进、汉骑西击的方略，遣车骑将军卫青、将军李息率师千军出山西云中（今内蒙古托克托东北），掐断匈奴右贤王与其所辖河套以南地区的联系，后折向南迂回至陇西，对游牧于河套以南的匈奴楼烦王、白羊王两部实施迂回包围，首战告捷，俘获匈奴数千，牛羊百余万，迫使两匈奴王败走。汉朝夺回河套以南地区，随即设置朔方郡，并重新修缮秦时所筑边塞，解除了匈奴对长安的直接威胁。同年，汉王朝募民10万徙于朔方。这时，匈奴对西汉王朝的直接威胁基本解除，汉武帝一方面全力经营已取得的北方各地，发展生产，巩固成果，另一方面积极准备在更大范围内取得对匈奴战争的全面胜利。他已筹划了待张骞回归后，联络大月氏对匈奴进行全面进攻，扩充西北各地的战略。匈奴不甘失败，右贤王频繁攻打朔方，企图夺回河南地。前136年春，卫青率军出朔方，反击右贤王。李息率军出右北平（今内蒙古宁城西南），以牵制单于及左贤王，策应卫青。卫青自率3万骑兵出高阙塞外六七百里，趁夜突然包围右贤王庭。右贤王无备，仓皇率数百骑兵突围北逃。汉军俘匈奴1.5万人而还。元光六年（前129）二月，卫青率六将军及十余万骑兵出定襄（今内蒙古和林格尔西北）反击匈奴，歼敌3000人。是年四月复出定襄，又歼万余人。河南、漠南之战，给匈奴袭扰势力以沉重打击，匈奴损失大量人、畜，撤出河南、漠南地区，从此退居漠北。随着河南之战、漠北之战的先后告捷，收复了"河南地"，解除了百年来匈奴对西汉腹地的威胁。漠南之战，以汉军歼灭右贤王，击败伊稚斜单于主力、迫其远遁漠北而胜利告终，使西汉王朝稳固了朔方郡的防卫，根除了匈奴对长安的直接威胁，同时为下一步战略计划的实施创造了良好的条件。经过这一战，汉军基本上夺得了战争的主动权。漠南之战结束后，匈奴单于把主力远撤至大漠以北，大漠以南的广大地区，仅剩下匈奴左贤王和河西的浑邪、休屠二王。

张骞通使西域后，更加加强了汉武帝欲将"威德遍于四海"的雄心。此时他急于同西域各国联络交往，并决心开辟河西走廊这条中西交通的重要通道。随即，汉武帝进行了充分的谋划筹备后，选中了年仅20岁的骠骑将军霍去病，率骑兵万余人准备西进河西。

河西之战。 汉元狩二年（前121），汉王朝决定断敌右臂，进发河西走廊。汉武帝命霍去病将兵远征，去完成自己多年来的梦想。此年春季，骠骑将军霍去病统军率一万骑兵出征匈奴。这就是在河西走廊拉开的第一次汉匈战争——河西之战。没有任何旧习框缚的霍去病，早就意识到了匈奴的致命弱点：疆域广阔，居落分散，兵力不足。因此，霍去病认为对付匈奴最好的战法，是出其不意、攻其不备，孤军深入（轻辎重），速战速决，避实就虚，以骑兵长途奔袭至匈奴的后方，袭敌不备，以匈奴袭掠汉之边塞之道，还治匈奴之身。有了这种闪击战和大纵深作战的理念，霍去病率部队马不停蹄。出陇西郡（郡治狄道，今甘肃临洮）后，慎重选择西行路线越乌戾山，渡黄河，伐遬濮部，斩遬濮王，涉狐奴水，六天转战千余里，踏收匈奴五小王国，势如摧枯拉朽，将盘踞河西各地的匈奴诸小王部落纷纷击溃，轻而易举就迫其投降。这些部落原本是匈奴在河西走廊的"外围组织"和"威胁分子"，故在霍去病快速穿插、分割包围后，拒者诛杀之，归者抚之，并不抢掠他们的辎重财产和子民。这样既减轻负担轻装上阵，在接下来的战斗中高速推进，也让匈奴正规部队始终不能做出有组织有计划的反击，从而使西汉在经济及军事上确立了对匈奴的绝对优势。

以骑兵快速突进大迂回深入纵深，不断打击匈奴防卫薄弱的软肋，同时抢夺其物资储备，这本是游牧民族对农耕民族的惯用手段，霍去病无疑采取了"以其人之道，还治其人之身"的战术。接着，霍去病纵横河西两千里，在河西走廊峰腰地带甘凉交界处的焉支山（今张掖市山丹县大黄山）南北杀了一个来回，终于在皋兰山（今临夏县东南）与集结起来的匈奴大部队短兵相接。此一战，斩杀匈奴折兰王、卢侯王；浑邪王之子及其相国、都尉，全体被擒；并且歼灭匈奴全部精锐，斩首8960级，并擒获了大量俘虏与辎重，而汉军这边损失基本可忽略不计。此外缴获休屠王部的圣物"祭天金人"，这是汉匈之战著名的一件战利品。

同年夏季，汉武帝命令霍去病第二次率军出击河西地区，并派合骑侯公孙敖随同出征，发起第二次河西之战。为了牵制匈奴左贤王的兵力，避免其向河西方向增援，保证河西战役的胜利，汉武帝还派博望侯张骞、郎中令李广率万余骑兵出右北平，进击左贤王部，策应霍去病军。霍去病与公孙敖各领数万骑兵，分别由北地、陇西出塞，向西进击。这次，霍去病采取迂回包抄式进攻，先由今宁夏灵武渡黄河，越贺兰山，涉巴丹吉林沙漠，绕道居延海，经小月氏（遗留于酒泉一带未西徙的月氏人），深入匈奴领地2000余里，在祁连山与合黎山之间的弱水上游地区，从浑邪王、休屠王军侧背发起猛攻，匈奴军仓促应战惨败于汉军。这次战役汉军取得了决定性的胜利，围歼匈奴3万余人，迫降单桓王、酋涂王及相国、都尉等2500人，俘虏5王及5王母、单于阏氏、王子59人，相国、将军、当户、都尉63人。汉军仅伤亡3000余人。一年之内，河西匈奴连遭汉军两次重创，丢失河西广大领地。是年秋天，驻守敦煌和张掖的匈奴浑邪王、休屠王，见无路可走，又惧怕单于问责诛杀，无奈之下谋商降汉。他们派密使赴汉以乞投降。此时二王手中仍有余部4万众兵，对外号称10万。武帝担心其诈降，遂遣霍去病领1万骑兵前往受降。果不其然，休屠王突然反悔，拒绝降汉。而一心降汉的浑邪王反攻杀休屠王，并收编其部众4万余人缴械降汉，列阵迎候汉军。此时一些匈奴裨王见汉军阵容严整，心存疑惧，企图散逃。眼看局势失控，霍去病当机立断，"斩其欲亡者八千人"，迫使匈奴军稳定下来。随后，自引匈奴降兵渡黄河东进汉地。浑邪王被护送至长安，受到汉武帝的隆重接待，并封浑邪王及亲信数人为侯，将匈奴部众分别安置于原陇西（临洮）、北地（庆阳）、上郡（陕西榆林）、朔方（内蒙古）、云中（内蒙古托克托）等"五郡故塞"，史称"五属国"，并派汉人都尉分别监护。后又迁徙关东贫民72万余口，充实陇西、北地、西河、上郡之地。

河西之战是汉武帝继河南、漠南作战胜利后对匈奴所采取的又一次重大战略行动，也是汉武帝时期对匈奴最重大的三次战役之一。这次战役的胜利，使西汉王朝完全占据了河西走廊地区，不但切断了匈奴与羌人的联系，而且打开了通往西域的道路，沟通了中原与西域的直接交流，同时为日后向漠北的匈奴单于主力发动进攻创造了良好的条件。

两关四郡列岩疆　一路向西筑边墙

《史记·匈奴传》记叙了这样一件事：河西之战的胜利，使匈奴失去了水草丰美、宜于牧畜的祁连山和焉支山，他们在败走漠北，远徙西域时，留下了唯一一首匈奴诗歌："亡我祁连山，使我六畜不蕃息；失我焉支山，使我妇女无颜色。"全诗表达了匈奴民族对失去家园的愤懑、悲怆和怀恋的感情。

河西走廊从武威以东的乌鞘岭开始，沿祁连山北麓一路向西北方向延伸，至敦煌以西的玉门关结束，全长约1000千米，宽数千米至近二百千米，自古以来就是富庶之地，兵家极其重视的地方，因位于黄河以西，且为两山夹峙形似走廊而得名。河西走廊属于祁连山地槽边缘拗陷带。喜马拉雅山脉运动时，祁连山大幅度隆升，走廊接受了大量新生代以来的洪积、冲积物。自南而北，依次出现南山北麓坡积带、洪积带、洪积冲积带、冲积带和北山南麓坡积带。走廊地势平坦，平均海拔1400米左右。沿河冲积平原形成武威、张掖、酒泉、敦煌等大片绿洲。西汉建立的"河西四郡"基本上就在这四块大绿洲之上。在河西走廊山地的周围，由山区河流搬运下来的物质堆积于山前，形成相互毗连的山前倾斜平原。在较大的河流下游，还分布着冲积平原。这些地区地势平坦、土质肥沃、引水灌溉条件好，便于开发利用，是河西走廊绿洲主要的分布地区。

汉武帝稳定河西后，再次遣张骞出使西域，从此"凿空"了通往西域的"蹟路"（丝绸之路）。为了切断匈奴与羌人的联系，对河西施行有效统治，于元狩二年（前121）最先于匈奴浑邪王故地置酒泉郡，休屠王故地置武威郡。与此同时，在敦煌地区设立了"酒泉玉门都尉"，隶属酒泉郡管辖。为了断绝匈奴与羌人通路，捍卫边关和丝路的安全，汉武帝采用设防、屯垦、移民等措施，不断充实、建设河西。汉元鼎六年（前111），随着中西交通的发展，敦煌的重要性日益突出，又分武威、酒泉两郡之地，设张掖、敦煌二郡，并在此时将长城从酒泉修筑到敦煌以西，于敦煌郡城的西面和西北面，分别建立玉门关和阳关，为向西进入西域、向东进入汉地的门户，史称"列四郡，据两关"。河西地区从此正式归入汉朝版图，完备了西汉在河西走廊的军政机构，也为日后中原与西域互通往来进行经济文化交流奠定了基础。之后，河西一带匈奴民族接受汉文化影响，逐渐开始融于汉族。

敦煌郡的建立是中国历史上的一件大事，它不仅是"西极"敦煌正式划归汉帝国版图的开始，对中原王朝来说，也构成了沟通西域各地最为重要的桥梁和纽带，同时也成为汉王朝进一步扩展势力的军事基地，其地位非常重要。当汉武帝已经牢固地建立了对敦煌及河西走廊地区的统治地位后，为有效地控制西域地区，便开始对河西走廊地区的大开发。开发河西，巩固边防，是西汉时期的一项非常重要的国策。特别是在汉武帝统治时期，为了抗击匈奴的入侵，采用战争手段，打败匈奴，河西归汉，成为汉的西北边疆，并通过列亭障、建郡县和屯田、移民，来开发河西，巩固和加强西汉在河西的统治。此时的敦煌也迎来了历史上空前的大发展。随着从内地大量移民到敦煌，中原地区先进的农业生产技术、手工技艺、文化思想也源源不断来到这里；与此同时，西域各地及中亚欧洲诸国的物品、文化，特别是原始的宗教思想，也随着商业的发展开始和古老的中国传统思想接触，相互推动、向前发展。

敦煌郡的设立

西汉王朝在河西走廊设置武威、张掖、酒泉、敦煌四郡，其行政范围大致包括今甘肃省西部的武威市、金昌市、张掖市、酒泉市、嘉峪关市和内蒙古自治区西部的阿拉善盟一带。

西汉时所设敦煌郡，管辖的范围大致是东及渊泉（今瓜州县双塔堡一带）、疏勒河以西，西到龙勒阳关、玉门关，北至伊吾（今新疆哈密），南接西羌（今青海柴达木），囊括了今敦煌市、玉门市西部、瓜州县和阿克塞哈萨克族自治县、肃北蒙古族自治县的部分地区。其地域辽阔，也因此当时将"敦煌"二字释为"盛大辉煌"。

敦煌从酒泉郡脱出而独立成一郡，是因其重要的地理位置，它既便于为汉王朝扩大农耕灌溉区，又可在军事上进一步控制西域。敦煌最初的状态相比河西其他三郡，不过是一个很小的地盘。然而随着汉王朝大移民、大开发战略的实施，敦煌郡很快就扩充到了六个县，无论耕地面积或人口数量都得到了迅速的扩张和发展。根据《汉书·地理志》的记载，西汉时期的敦煌郡下辖六县，即敦煌、冥安、效谷、渊泉、广至、龙勒。郡治敦煌，其具体情况大致是：

敦煌县，为郡治所在，其郡治位于今敦煌城西南，濒临党河西岸（今敦煌市肃州镇南），该县主要分布在党河东西两岸的绿洲之上。

冥安县，得名于冥水，冥水即今疏勒河。汉冥安县主要分布于冥水支流的下游绿洲，其四境为：东至冥水，南至大雪山，北至乱山子，西接广至县境。大致相当于今安西县布隆吉一带。

效谷县，其县治的确切位置，目前尚有争议。一种说法认为，今敦煌市郭家堡乡墩湾村北的墩墩湾故城即是汉效谷县城；也有学者考证，其位置应在今敦煌城东北20千米的黄渠乡戴家墩城堡遗址。效谷县本是渔泽，该县因汉武帝元封六年（前105），济南人崔不意在此教民力耕，因"勤效得谷"而名之为效谷。

渊泉县，因其地多泉水而得名，东汉时改名为拼泉。县治约在今瓜州县的东四道沟一带。汉渊泉县主要分布于冥泽以西诸泉之间的绿洲上。

广至县，位于今瓜州县南踏实乡西北的破城子就是汉广至县城。县区主要分布于榆林河（又名踏实河）下游绿洲，四境为：东接冥安县，西毗效谷县，北至汉塞墙，南抵大雪山。

龙勒县，因县南180里有龙勒山而得名，县治在今敦煌市阳关镇一带。该县主要分布于南湖绿洲，包括今敦煌市西部、阿克塞哈萨克族自治县北部部分地区。阳关、玉门关均在龙勒县境内。

西汉武帝时，敦煌郡下辖六县的情况大致如上。至王莽统治时期，敦煌郡辖境一仍其旧，但一度曾将郡名"敦煌"改变两次。今学者吴礽骧、余尧等依据汉简考证：始建国元年（9）王莽建新朝建立之初，曾改"敦煌"为"文德"，随后再改"文德"为"敦德"，敦煌县亦改名"敦德亭"，同时将广至县改名广桓县。

按照汉制规定，县下还有乡、亭、里三级设置，百家为一里，10里为一亭，10亭为一乡。但敦煌地区地广人稀，如敦煌县，人多时2000多户，少时则只有1000余户，所以一县至多只能置二三亭，尚不足设一乡，因而在出土的大批汉简中始终未发现有敦煌设乡的记载，只见到一些里名，如敦煌县的疆利里、大会里、南关里、寿陵里，龙勒县的万年里，效谷县的宜禾里，广至县的安庆里等。据上述情况推测，西汉末敦煌县的更名为亭或许也与县小户少，只相当于一二亭有关。

河西走廊及敦煌的人口构成。据《汉书·地理志》的记载，西汉时河西四郡辖35县，计有7万多户28万多人口，其中绝大多数为汉族移民。前107

77

年，西汉将反叛的羌人武都氏"分徙酒泉"，前102年"赦囚徒，发恶少年及边骑，岁余而出敦煌者六万人""益发戍甲卒十八万于酒泉、张掖北，置居延、休后，屯兵以卫酒泉"。根据《汉书·地理志》，河西四郡的户口数如下表：

地名	户数	人口数	辖县数	所属平原	所属流域
敦煌	11200	38355	6	敦煌平原	疏勒河
酒泉	18137	76726	9	酒泉平原	黑河
武威	17581	76419	10	凉州平原	石羊河
张掖	24352	88731	10	张掖平原	黑河
总计	71270	280231	35		

在7万多户、28万多人中，主要为汉族移民。据汉平帝元始二年（2）统计，敦煌当时有11200户，38335人。至此，敦煌作为中国古代中原封建王朝的一个正式的行政区划单位，开始发挥自己应有的作用了。敦煌开始成为中原封建王朝巩固边疆、控制经营西域、发展中西交通的重要据点，同时也是民族融合、商品交易和文化交流的枢纽地带。

汉武帝时期对敦煌地区的经营

为了河西地区的安全，保障丝路畅通，西汉王朝还在河西建立了一整套军事防御体系。据《资治通鉴》记载："汉边郡烽火候望精明，匈奴为边寇者少利，希复犯塞。"元狩二年（前121）后筑令居至酒泉段长城，元封五年（前106）筑酒泉至玉门段长城，天汉年间筑敦煌至盐泽段长城，并于长城沿线置烽燧亭障。除此之外，于今敦煌市与瓜州县之间的三危余脉火焰山之侧置悬泉置，设立了马递为主的邮驿机构。为了加强敦煌军事要地，汉王朝采取戍边屯田之策，一边征发大批兵士到此戍守，一边迁移内地贫民、囚犯来此定居。关于河西移民的成分，《汉书·地理志》有明确记载："其民或以关东下贫，或以报怨过当，或以背逆亡道，家属徙焉。"当时的移民主要包括无产业的贫困农民、对朝廷不满者、谋逆叛乱者等罪犯以及担心谋反而强迁来的少数民族。还有一些自愿支边者、戍边服役期满自愿留者和一些志士豪杰的迁入。

这些移民迁入河西地区，不仅改变了这一带的民族结构，也使中原地区先进的生产技术传入，促进了河西地区的农业发展。为了解决驻军和移民的生存问题，汉朝廷于河西推行且守且耕、亦农亦兵的屯田戍边政策，战时打仗闲时务农的军事活动与农业生产相结合的战略措施。

戍边是汉代统治者强制百姓承担的义务，是农民必须履行的一种徭役。因此汉王朝以守疆戍边之名义，大量征发农民到新占领的河西地区实施一边生产一边戍守的屯垦戍边之国策。西汉河西四郡均设立有专门的管理机构和组织系统，屯垦规模空前庞大，屯田收获十分显著，不仅成功解决了戍守边防的给养，还能有余粮供应市场，为往来于丝绸之路的商贾、差使提供保障。时中原灾害频发，河西的屯田积谷还能用以调拨赈灾，使这一带的生产方式得以推行发展，达到了很好的预期效果。充实的边郡仓廪加强了戍边的力量，遏制了匈奴对汉地的侵扰掠夺，也为汉王朝经营西域打下了坚实的基础。

当时的敦煌，军民齐心协力填沙拓荒，引党河、疏勒河水灌溉农田，粮食连年丰收，农业技术发展迅速，几十年间就实现了从游牧文明到农耕文明的历史性跨越。与此同时，敦煌还成为屏蔽河西、守护中原王朝安危的战略要地，以及抵御西域匈奴势力的前沿阵地和后勤保障基地。如太初元年（前104），贰师将军李广利征伐"大宛"获天马，赵破奴击败"姑师国"俘获楼兰王，都是以敦煌为粮草基地而一举获胜的。当时的敦煌郡不仅是以汉族为主、多民族聚居的边关重镇，更是可以安排六万兵士、十万头牛、三万匹马奔赴前线的重要军事基地。敦煌，成了中原通向西方外部世界的大门，成为西汉对外开放的主要窗口，相互吸引的东西方文明在这里第一次拥抱，逐步奠定了其"东西方交通枢纽"的地位和"华戎所交大都会"的国际影响力。

西汉末年中原战乱，许多世家大族，为避战祸而西迁到相对稳定的河西一带。1世纪初，三辅地区（京兆府、左冯翊、右扶风）的人们纷纷迁往河西。如《后汉书·孔奋列传》记载：孔奋因天下扰乱，欲寻一处安定富庶之地侍奉老母，遂选中河西；又如《后汉书·窦融列传》则记录：窦融认为河西殷富，兵精粮足，地势险要，是乱世"自守""遗种"之地。窦融任"张掖属国都尉"之后，从政治、经济、军事上考虑，借其祖弟为河西累世任官的声望，广交官吏，联络羌胡，使"河西翕然归之"。而后，金城太守厍钧、张掖都尉史苞、酒泉太守梁统以及酒泉都尉竺曾、敦煌都尉辛彤等人共推窦融为"行河西五郡大将军事"。在窦融的统治之下，河西"上下相亲，晏然富殖。修兵马，习战射，明烽燧之警……稀复侵寇，而保塞羌胡皆震服亲附，安定、北地、上郡流人避凶饥者，归之不绝"。随着大族的到来，河西不仅拥有了先进的生产力和生产技术，尤为重要的是，中原的文化随之而来。

西汉敦煌地区的军事防御设施

虽然匈奴势力退出了河西，但来自匈奴的压力并未完全解除，潜在的威胁依然存在，西汉王朝除了在行政上建郡立县外，还在敦煌地区建立了一系列军事防御设施。最著名的当属阳关和玉门关，史称"两关"，均在汉敦煌郡龙勒县境内（两关遗址至今属于敦煌市境地）。阳关和玉门关，南北相距80余千米，成掎角之势，互制互动，分别是汉丝绸之路南北两道的必经关口、中原王朝联通西域的重要门户，它们迎送了无数西来东往的使团、商队、僧众和浩荡大军，也进出口了无数丝绸、珍宝和丰富的物产。同时，两关也是界限夷夏，防止游牧民族入侵的战略要隘，它们如同一对坚实的铁锁，扼踞汉王朝通往西域的门户，牢牢锁住千里河西走廊的西出口。它们也像一对历史的双眼，阅历了中国西北数千年历史的沧桑变迁。而今的两关虽然只剩下夯土堆筑的遗迹，然登高望远，点点烽燧远近错落，遥相呼应；断断续续的汉代长城蜿蜒逶迤于平沙莽野之上，犹如龙游瀚海；俯仰关外，大地苍茫，人迹罕至，苍凉而又壮观，不免使人顿生古道肃穆悲壮之感。遥想古代戍边将士，于关城之下，一边屯田垦殖，一边守望边关，维护着中西交通的畅通，保卫着中原大地的安宁，不免心生敬意，豪情顿生。与此同时，也不禁想起唐代大诗人王之涣的那首《凉州词》：黄河远上白云间，一片孤城万仞山。羌笛何须怨杨柳，春风不度玉门关。

玉门关，为西汉玉门都尉治所。始置于汉武帝开通西域道路、设置河西四郡之时。相传古代西域于阗（今新疆和田）的美玉就是经由这里传入内地的，所以人们将这一关口称为玉门关。汉时为丝绸之路通往西域北道各地的咽

玉门关 斯坦因摄于1907年

喉要隘。故址在敦煌西北90千米处戈壁滩中，今关城墙垣保存基本完好，城堡平面呈正方形，黄土夯筑，高约10米，上宽3米、下宽5米的城墙保存完好，东西长24米，南北宽26.4米，总面积633平方米，西、北各开一门。城北坡下有东西走向一条车道，是古代中原和西域各国及中亚、欧洲往来过程的邮驿之通道。其西11千米处的马圈湾附近则为玉门候官所在的城址。玉门关因附近有仓城曰大方盘，故又称小方盘城。关于玉门关建设年代，一说建于前111年左右；一说元鼎或元封中（前116—前105）修筑酒泉至玉门间的长城，玉门关当随之建立。

据《汉书·地理志》，玉门关与另一重要关隘阳关，均位于敦煌郡龙勒县境，皆为都尉治所，为重要的屯兵之地。当时中原与西域交通莫不取道两关，这两关同时也是汉王朝防御西北游牧民族入侵的重要关隘。

阳关，西汉时为阳关都尉治所。始建于汉武帝元鼎年间。是中国古代通西域和连欧亚的重要门户和交通咽喉之地，也是丝绸之路南路必经的关隘、主要军事重地和途经驿站。位于今敦煌市区西南70千米的南湖乡境内，按中国古代"山南水北为阳"的传统方位法则，因在龙头山（今墩墩山）之南，故名阳关。当地的古董滩原为汉阳关都尉治所，古董滩以西沙漠中存留的大片建筑

81

遗址约为古阳关遗址。其凭水为隘，据川当险，与玉门关南北呼应，是古代兵家必争的战略要地。阳关，今关城已湮没无存，全失当时的雄踞豪壮之势，仅存墩墩山被称为"阳关耳目"的一座烽墩。

河西走廊及敦煌一带的汉长城，都是随着西汉王朝势力的发展，以及为适应汉匈战争形势的需要，在汉武帝元狩至天汉年间而逐步修建而成的。所修筑的长城，作用是加强对北方各少数民族的统治以及防御匈奴的袭击。

据《汉书·西域传》记载："骠骑将军击破匈奴右地，降浑邪、休屠王，遂空其地，始筑令居以西，初置酒泉郡。"汉武帝元狩二年（前121），盘踞河西走廊的匈奴浑邪王部、休屠王部归附于汉朝，西汉王朝随即在河西设立了郡县，同时"筑令居"，开始在秦长城以西第一次修筑了东起甘肃永登、西至酒泉的汉长城。

汉武帝得敦煌等河西地后，遣张骞第二次出使乌孙等地，与西域城邦诸国建立了联系，东西大道正式开通。随即，丝绸之路上出现了"使者相望于道，商旅不绝于途"的盛况。敦煌及河西走廊成为东西交通的战略要地。然而匈奴贵族却对河西觊觎不断，时而袭扰进犯，胁迫车师、楼兰，经常阻断通道，使丝绸之路受到严重的威胁。于是，汉王朝于元封三年（前108）出兵击破控制的车师和楼兰的匈奴，扫除了此地匈奴势力，继而从"酒泉列亭障至于玉门"，进一步延伸了河西长城。汉太初三年（前102）汉武帝又命强弩将军路博德屯军于额济纳河下游居延海，在此一带筑起了南至酒泉的长城。

汉长城又称外长城，在中国历代修建的长城中，汉代长城最长。汉敦煌郡辖区的今瓜州县境内现存汉长城150千米，烽燧70座，城障3处。其东起玉门蘑菇滩，沿甘新公路南侧，疏勒河北岸，蜿蜒向西，与敦煌境内的西碱墩相连。然后再向西蜿蜒于戈壁与沙漠，一直到罗布泊并直达库鲁克塔格山麓（今新疆东部）。这些汉长城及沿线的城障、堡垒和烽燧，是汉代河西完整的军事防御体系的重要组成部分，也是西汉王朝构建河西乃至整个北方防御工程的历史缩影。这些历史遗迹，虽经千百年来的风雨剥蚀，仍巍然屹立在戈壁荒漠中，堪称中国保存最为完好的汉长城之一。

敦煌汉长城遗址，主要保存的有：敦煌境内北端现存除碱墩子至马迷土

汉长城 瓜州县文物局摄

的汉长城干线外，还有玉门关至阳关、阳关至党河口、马迷土至湾腰墩的汉长城支线。随着两千多年岁月的流逝和风雨流沙的破坏，部分长城被夷为平地，多半长城保存下来。其中玉门关西面党谷隧一带的长城保存较好，地基宽3米，残高3米，顶宽1米，为我国目前汉代长城保留最完整的一段。

敦煌汉长城的结构并无砖石，而是因地制宜、就地取材建造。敦煌北湖、西湖一带，生长着大片红柳、芦苇、罗布麻、胡杨树等植物，修建长城时，就用这些植物的枝条为地基，上铺土、砂砾石再夹芦苇层层夯筑而成，分段修筑相连为墙。长城内则低洼地铺盖细沙，称为"天田"，以观察脚印之用，是一种防御措施。

在敦煌以西的汉长城的众多遗址中，曾有多次震动史学界的重大发现。大量的古代遗物中以汉代木简出土为最多。木简上除了太始三年（前94）的年号，还有太始元年（前96）、地节二年（前68）、元康三年（前63）、神爵三年（前59）等年号。木简记录了关于汉代在敦煌地区屯田、建亭障的诏谕，以及当时军队的组织、部队的番号和其他报告、命令等。此外在敦煌的长城遗址中，还发现有汉朝的度量衡、盛放箭镞的盒子，另有一件刻有"显明燧药函"字样的药箱盖。这些考古发现说明，当时每一亭障都有名号，其军事设备及医药设备都配备齐全。同时也说明汉代敦煌及其河西走廊一带有一套完整的塞防制度。

烽燧亭障报警讯　驿站确保大道通

汉代敦煌郡的烽燧、亭障

西汉时期，敦煌郡内的长城沿线，还修筑了很多城障烽燧，并且相应地建立了一整套完备严密的候望（用以候望的军中哨所）、通信系统。

所谓烽燧，又称烽火台，俗称烽堠、烟墩、墩台。古时用于点燃烟火传递重要消息的高台，是古代重要的军事防御设施，主要是为防止敌人入侵而建的。汉代施放烽燧，传警报信时，一般是"昼举烽，夜燔燧"，即遇有敌情，白天施烟，夜晚举火。所谓"烽"，就是在亭障碉堡上设一桔槔，桔槔头吊一兜，内置柴草，白天有警，即将兜内柴草点燃吊起，柴草冒烟报警通信。所谓"燧"，即将平时堆积于高地上的木柴堆点燃，晚上时火光冲天，直达下一亭障碉堡。烽燧数百里台台相连，报警传信，所燃烟火远在三十里外都能看到。这是最古老但行之有效的战情消息传递方式。通常每隔约十里筑有烽隧一座，即古籍所载"十里一大墩，五里一小墩"。每座烽隧都有戍卒把守，敦煌境内现存烽隧八十多座，玉门关西湖一带保存得最为完整。敦煌汉代烽隧多呈底宽上窄的方柱形，主要建在长城内侧。筑造结构主要有三种：一是用黄胶土夯筑而成；二是用天然板土、石块夹红柳、胡杨枝垒筑而成；三是用土坯夹芦苇砌筑而成。烽隧大都建在较高的地方，一般都高达 7 米以上，有的残高 10 米左右。烽隧顶部，四边筑有不高的女墙，形成一间小屋。有的顶部现在还可以见到屋顶塌陷的遗迹和残木柱等。

所谓亭障，亦作"亭鄣"，古代边塞要地设置的堡垒。敦煌长城沿线的城障、烽燧，即《汉书》上所载的亭障，也是为瞭望敌情和传达信号所建。

据汉简记载：敦煌西汉沿长城以西所筑的堡垒、烽燧布列甚密，大约五里一燧、十里一墩、三十里一堡、百里一城塞的格局。亭障也称作障或坞，《说文》曰："坞，小障也。"故知"障"有大小之别，小障即坞，指烽台望楼下面或旁边有戍卒居住的小城。坞的建筑形制因时因地有异，在坞墙上及其周围，既有射击、观察装置，也有安全、守卫设施。一般呈方形，边长都在10米以上，障、坞墙都较厚，一般在2米至4米，高至7米左右。障、坞的四周埋有称为"虎落"的小木桩，用以作为边塞分界的标志。一些大的障、坞内还有羊马圈、仓库、武器库等建筑。通常，凡"有亭燧之处，必定有坞"。坞是边塞的基层单位，在建置上坞与烽燧密切相连，其作用主要是瞭望敌情，传递信息；屯驻吏卒，抵御边寇；防备盗贼，打击不法等，在军事上具有重要意义。汉武帝在"开地拓境"，大规模用兵匈奴，而驻军又较多的情况下，在西北边塞建燧筑坞，是出自战事的需要，也是当时历史条件下的产物。

在今敦煌市西北戈壁上，东起瓜州县东碱墩，沿疏勒河南岸崎岖北上，蜿蜒向西，经东泉、大方盘、哈拉淖尔、玉门关、后坑子、吐火罗、天桥墩、湾腰墩……朝正西直入盐泽（罗布泊），绵延百余里，都有汉长城遗迹和烽燧遗址。其中，保存在马圈湾的一段长城较为完整。敦煌一带发现了多处"举烽"（火光）报警的柴火堆，亦称积薪。在当谷燧附近地区，遥远年代戍卒们备用的"积薪"仍然整齐有序地堆放着，俨然警戒守卫的状态，只是戍卒们早已不知去向。这种"积薪"，即把芦柴红柳捆成束，再将它们十字交叉，一层柴柳一层沙土层层叠落成堆，可能是为了不让大风刮走，也可能是点燃后即可以烟冲九天，又不至于很快燃尽，从而使烽火连通，相望不绝。另外还发现许多已烧成灰烬的燧堆，显然是传警报信后的遗物。更有意思的是，个别烽燧遗址，当年戍卒们攀登烽顶的绳索仍高悬于烽燧旁边，令人仿佛穿越到了两千年前的烽火台下。当年的敦煌一带，是汉王朝疆域的遥远边地，竟有如此多的宏伟的边防建筑，可见当时敦煌地理位置的重要及经济文化的发展已到了相当的水平，同时也反映了古代敦煌地区劳动人民的勤劳和智慧。

汉制，在西北边防要地一般每隔5里建一个堡子和燃烟报警的烽台或烽墩，名曰亭、燧，并派驻屯戍士卒守护，由候长或燧长监管。隔若干亭和燧，就建一座较大的城堡（障），戍卒由候官统领，各候官则隶属于都尉。当时敦煌郡共设有4个都尉，即"玉门都尉""阳关都尉""宜禾都尉""中部都尉"。

西汉王朝对亭障烽燧有一套严格的管理和使用规定。在额济纳出土的居延汉简中对此有详尽载录。如：戍卒们未经准许，不得擅离职守，时刻都须认真巡察。遇敌情时，昼用烽烟，夜以苣（炬）火示警。在当时，这些通信设施较为先进，可通过烟火示警的接力形式迅速将敌情传至远方，甚至数千里外的帝都长安。

敦煌郡建立后，汉朝还修筑了郡城外围的塞城、天田。塞城又称外城，是环卫郡城的重要屏障，塞城沿线也建有亭燧，称塞亭。天田，隋唐时又称土河，是军事防御体系中的侦察设施，为挖于山口等必经道口上的深沟道，平日用细沙散土填平，使人过留迹，戍卒每日检视足迹就可以知道过往兵马行人的情况。

敦煌郡设立的所有这些防御设施都具有积极意义，它们共同保障了丝绸之路的畅通，同时也为敦煌地区的和平发展创造了条件。

西汉的驿站建设及悬泉置驿站遗址

考古工作者在敦煌及其河西汉代长城沿线，还发现了大量的驿站、粮仓等遗址。在敦煌玉门关以西40余千米的地方，至今尚保存着一个古老的地名叫"都护泉"（又名榆树泉），这是当时汉代所设的众多驿站之一。早在西汉，自敦煌而西出玉门关，进入荒芜浩瀚的盐泽（罗布泊），继而来到古楼兰。沿途驿站均匀布列，为西行的使者、商旅提供了落脚休息的地方。根据这一带的考古发现，汉代守边戍卒遗落的铜镞、铁匕首、铁勒及建筑物上的木雕和器具，足见汉代从敦煌到楼兰，一路都有延续相望的堡垒和驿站，并且驻屯着守卫中西通道的戍兵。楼兰也是一个枢纽和中转站，西行的使者、商旅每到这里，就要根据自己所前往的地方，选择西进的南线或北线。当离开楼兰沿南线而西，途经且末、小宛、精绝、戎卢、抒弥、于阗、莎车到达疏勒。在当时，疏勒（今新疆喀什）也是一个枢纽和中转站，更是一个五方杂厝、风俗不纯的繁华国际都市，东西使者、商旅沿沙漠两边的南北两道会合于此，休息整顿后再可

敦煌悬泉置遗址整理图

继续前行。由此可见，西汉王朝为了强化塞防、保障丝绸之路上的设施完善，在人力、物力上花费巨大，为确保东西方的交通交流作出了不可磨灭的贡献。

汉代，从长安到敦煌沿线设有80多个驿站。这些驿站分三个等级，即置、骑、亭，其中置属最高级别，享用的人员也需要具有一定地位。在目前的考古发掘中，敦煌悬泉置无疑是一个十分重大的发现。悬泉置是当年丝绸之路上最高等级的驿站之一，其遗址位于安敦公路甜水井道班南侧1.5千米处的戈壁荒漠中、敦煌市与瓜州县交界处。这里南依三危余脉火焰山，北临西沙窝，东去瓜州56千米，西去敦煌64千米。悬泉置紧靠山口，顺山沟溯上至山间尽头，有泉水出，水质清澈，可供饮食之用。因水从山体高台流下，悬空入潭，号悬泉。清代又称"贰师庙""吊吊水"。《西凉异物志》云："汉贰师将军李广利西伐大宛，回至此山，兵士渴乏，广乃以掌拓山，仰天悲誓，以佩剑刺山，飞泉涌出，以济三军，人多皆足，人少不盈，侧出悬崖，故曰悬泉。"据出土简文记载：悬泉置初称"悬泉亭"，昭帝时期改称"悬泉置"，东汉后期又改称"悬泉邮"。又据研究：魏晋时废弃，时间长达近 400 年之久。唐以后复称"悬泉驿"，宋以后废置。

悬泉置为汉唐丝绸之路上往来使臣、官员、商贾和邮件的一大接待、中转驿站。遗址总面积约 2.25 万平方米，海拔 1700 米，文化层厚 0.5—2.5 米。地面暴露有灰层、大量绳纹灰陶片、草渣和汉简。

由于是驿站，故而悬泉置具有一定的接待和军事防御功能，从考古勘探的结果来看，悬泉置遗址主体建筑由坞堡和坞外附属建筑仓、厩构成。门朝东，四周为高大的院墙，边长 50 米，西南角设突出坞体的角楼。坞墙系用长、宽、厚约 40 厘米、20 厘米、11 厘米的土坯垒砌而成。坞内依西壁、北壁建有不同时期的土坯墙体平房 3 组 12 间（内含一个套间），为住宿区；东、北侧为办公区房舍；西南角、北部有马厩 3 间；坞外西南部建有一组长约 50 米，呈南北向的马厩 3 间。坞外西部为废物堆积区。

悬泉置遗址现已发掘出土的各类遗物达 3 万多件，其中内涵丰富的简牍即达 2.3 万余枚，形制有简、牍、觚、封检、削衣等。纪年简最早是武帝太始三年（前 94），最晚为东汉永初元年（107）。其中以宣帝、元帝、成帝简最多。内容有诏书、律令、科品、檄记、簿籍、爰书、劾状、符、传、历谱、术数书、字书、医方、相马经等。出土有较多的书于墙壁墨书题记，内容涉及诏书和药方等，特别是西汉平帝元始五年（5）的"使者和中所督察诏书四时月令五十条"，直行隶书，字体工整，保存较好，是研究汉代历律、农技和医药水平的最新资料。

其他各类遗物 6000 余件以及各类陶器残片 3 万余件。如以质地计，有铜、铁、漆、木、革、陶、麻、丝绸、纸张、兽骨、皮毛和粮食等 16 大类。如以用途计，则有货币、兵器、家具、工具、猎具、文具、服饰以及日用杂品等。像钢箭镞、五铢钱、铁木工具、农具、带钩、陶罐、陶碗、漆木耳杯、石砚、画板、草、苇、竹席、梳篦、皮鞋、麻鞋、玩具以及大麦、小麦、青稞、谷子、糜子、豌豆、扁豆、黑豆、大蒜、杏核、苜蓿、桃核、马骨和大量毛色鲜艳保存完整的马头、马腿等。

从现已揭露出来的遗址看，遗迹结构之完整，出土遗物之丰富，遗存保存之完好，文化内涵之广泛，实属我国考古学界的重大收获之一。其中，有明确层位和准确纪年简牍共存关系的西汉宣帝—哀帝时期（前73—前1）书写墨迹的麻质字纸的出土；对传统的东汉蔡伦造纸说，是毋庸置疑的突破。同时也证明了早在西汉时期纸已作为书写工具在西北边郡地区广泛使用。据现有资料可以认定悬泉置遗址时代上限应始于汉武帝元鼎六年（前111），历经西汉、东汉，下限可至魏晋时期，前后延续近400年之久。

悬泉置遗址是继居延遗址之后简牍出土数量最多、内容最为丰富的遗址，该遗址的科学发掘，对研究汉晋驿站的结构、形制和布局提供了极为重要的实物资料，与之相联系的大量简牍及其他各类遗物，也为我们了解汉代邮驿制度及西北边郡地区的政治、经济、军事及文化生活等方面提供了新的实物资料，具有极高的历史、科学和文化价值。

悬泉置出土的简牍文书中，记录了大量有关汉朝和西域各国使者途经悬泉置，并受到当地官府周到接待的真实情况。例如西汉三朝重臣长罗侯常惠、远嫁乌孙的解忧公主和冯嫽，以及楼兰、乌孙、于阗、莎车、疏勒、龟兹和车师等20多个国家的使团，甚至于阗国王、康居国王都曾下榻悬泉置。根据悬泉简记载："今使者王君将于阗王以下千七十四人，五月丙戌发禄福，度用庚寅到渊泉。"可见这是一个包括于阗国王在内共1074位的庞大使团。敦煌作为连接中原王朝与西域诸国的桥梁，它境内的号称"大汉国宾馆"的悬泉置，见证了丝绸之路这条"对话之路""友谊之路"上各民族缔结的深厚友谊。

军民西进大开发　屯垦实边固国家

西汉王朝对敦煌地区的经营和汉代敦煌的建设与发展

汉武帝在位的五十多年（前140—前87），是西汉王朝的鼎盛时期，也是封建制度下中华民族蓬勃发展的一个时期。在经济繁荣、仓廪充实的基础上，汉武帝为巩固统治，在政治、经济、文化交往，特别是军事方面采取了一系列有效措施，改革了一些制度，以适应统一国家的需要。

建元三年（前138），汉武帝设期门军；元鼎六年（前111），汉武帝创建屯骑、步兵、越骑、长水、射声、虎贲、胡骑七校尉；太初元年（前104），设羽林军。为大规模的边境作战准备了军事条件。自西汉以来，各民族之间在政治、经济、文化等方面发生了比以往更为密切的交往，也发生过一系列的战争。尤其汉武帝战胜匈奴以后，改变了北方和西北地区的局面。大量的移民和戍卒，在荒凉的原野上开辟耕地，种植谷物。同时亭燧等防御设施也得到加强，边郡与内地之间，邮亭驿置相望于道，联系大为增强。中原的生产工具、耕作技术、水利技术，通过屯田垦殖的民兵，在西北郡迅速传播开来。

自从浑邪王率河西匈奴诸部降汉，汉武帝将其迁居到原匈奴故土的"五属国"之后，河西地区尽归汉民开垦。此时，敦煌因人口稀少，西汉王朝决定积极采取措施，一方面加派屯田戍边之卒，一方面从中原大量移民实边，以开发敦煌这一地区。

敦煌地区最早移民是在酒泉郡建立之初就开始了，当时部分移民率先被迁徙到了这里，即开始了开荒种地，发展生产。敦煌郡建立之后，西汉王朝沿用秦朝和汉初在新设立的郡县屯田戍守、移民垦殖的办法，并于建郡当年及其后多次大批量徙民到此。移民大部分来自中原地区的无业游民和没有田产的佃户，以及一些犯了罪的带有家属的囚徒，他们的到来使敦煌地区的人口逐渐增多。据《汉书·地理志》记载，在西汉时人口最盛的汉平帝元始二年（2）敦煌郡已有11200户、38335人，占西汉全国103个郡国总人口的1/1500。这个数字对于发达的内地来说算不了什么，但对于建郡不久的敦煌而言却已是人口稠密、人丁兴旺，进步发展不小。经过如此大规模移民，敦煌地区已从少数民族聚居地发展成了以汉民族为主体的中原文化为主流的地区，经济生活也从以游牧为主过渡到以农耕为主，生产力水平得到了空前的提高。

汉代敦煌的军屯民屯

屯垦，即驻扎下来开垦田地，古时称屯田，现在叫军垦和农垦。屯垦的本意是指军队在屯营的地方垦种农田，从广义上说，是指在国家的国有土地或无主荒地上按编制组织人力进行的具有一定规模的垦殖。戍边，即守卫边境。

屯垦戍边，历史悠久，在人类社会发展中具有十分重要的地位。我国古代对西北的开发与历代在西北的军事活动息息相关，为解决粮食补给，历代中原王朝都在西北屯田，就地解决军队的粮食补给，最大可能地减轻朝廷的军费压力和内地民众的转输之劳。尽管历朝历代所处的历史背景不尽相同，但屯垦的历史意义却是共通的，即"屯垦戍边，移民实边"，它作为巩固国防、富民养兵、发展经济的基本国策相沿实施，至今盛行不衰。

西北的屯田制起源于汉代，沿袭于各个朝代，就甘肃省的现有农业区，基本都是在历代屯田制中逐渐形成的。历代屯垦分军屯、民屯、遣屯、商屯等多种形式。在汉代的西北边陲，一开始主要以军屯为主，以后陆续兴办民屯。军屯，是"寓兵于农"，即驻兵开荒。古人说"勒兵而守曰屯……兵耕曰屯田"。可见屯田最初的意义就是为了戍边，其目的在于耕战一体，应对战争，守疆固边，加强国防，这与新中国成立后，在新疆、甘肃发展起来的军垦、农垦一脉相承。

汉统治者认为"移民垦殖，可以因田效谷，因地为粮，因民为兵，因屯为守"（《汉书·地理志》）。所以就有了"初置张掖、酒泉郡，而上郡、朔方、西河、河西开田官，斥塞卒六十万戍田之"（《史记·平准书》）。这种民兵结合、亦民亦兵、亦兵亦民的军屯、民屯相结合的屯垦方式，对汉代巩固和发展边疆事业作出了巨大的贡献。

在河西走廊西段的疏勒河流域一带的玉门、瓜州、敦煌三个绿洲，数千年来具有相同的历史背景，作为我国古代西北边疆汉民族聚居地的前沿阵地，汉武帝自移民10万于内蒙古河套地区施行大规模民屯后，在"列四郡，据两关"之初，就创立了军屯，把这一带作为兵屯农耕之重地加以高度重视。其中规模最大的一次是前111年命令60万出击匈奴的将士屯垦于河西走廊及敦煌一带。朝廷于此开官田，遣大批军民拓荒垦殖，掀起了中国历史上第一次由内地向西北边陲，大规模军事移民的大潮。当时，朝廷把屯田戍卒按不同职责分为田卒、守谷卒、河渠卒等。屯军部队居则为民，出则为兵，亦兵亦农，兼而得之。著名的酒泉魏晋墓出土的画像砖《屯田图》中，荷戈的士兵与扶犁的耕者出现于同一画面，表现的正是这一带的军垦繁荣景象。

西汉屯垦戍边建设的大量的城堡和烽燧，都是北方和西北边境的政治、军事据点，也是先进的中原经济、文化的传播点。它们对于防御匈奴、促进与相邻的各游牧民族和谐发展起着积极的推动作用。这个时期，汉王朝的军士遍布敦煌境内，他们守护着边关的安宁和当地的繁荣稳定，一边发展农业生产，一边还要迎战外侵之敌。河西走廊及敦煌一带的长城沿线，有许多村庄多以城、堡、营、寨、墩、号命名，这些反映屯垦戍边的地名在今天的绿洲上星罗棋布。尤其叫"墩"（烽燧）的村庄数不胜数，"玉门山嶂几千重，山南山北总是烽"，在古代，烽燧附近驻兵屯田，一个烽墩就是一个垦点，几个垦点就是一个垦区，垦区演变成一个个县，这些地名印证着当地屯垦戍边的辉煌业绩，也是当地自西汉起就是中原王朝经营西域的前进之地、戎马疆场的历史见证。就敦煌地区而言，很多史料显示了这里的屯垦戍边历史的深厚。神爵元年（前61），屯田名将赵充国抵达西部都尉府（治所在今玉门市西的玉门镇），督兵西陲，挫败羌人进犯。随后向朝廷上书提出了"以兵屯田"的主张，对后世历代影响深远。尤其《汉书·食货志》还记载，西汉时大兴军垦，驻玉门关的军队一部分开到今赤金堡一带屯田，开始叫玉门军，后废军化县，设置了玉门县；又据东晋《十三州志》记载："汉罢玉门关屯，徙其人于此，故曰玉门县。"

此外西汉也发配一些罪臣至敦煌，例如，前102年，"赦囚徒，发恶少年及边骑，岁余而出敦煌者六万人"（《史记·大宛列传》）。前91年，因"戾太子事件"受牵连的官吏和士卒，"其随卫太子发兵……吏士者皆徙敦煌郡"；前48—前44年，汉宣帝又以"佞邪不忠，妄为巧诈"之罪，将征召西域15国军队出征康居国斩杀了匈奴郅支单于的西域副校尉陈汤、将作大匠解万年贬为贫民"皆徙敦煌郡"；汉哀帝建平二年（前5），把"反道惑众"的司隶校尉解光、骑都尉李寻等徙于敦煌郡。另有敦煌大姓张氏、索氏家族的祖先，也都是西汉时期因获罪而迁入敦煌的。这些被朝廷发配而来的罪臣，其中不乏文武之才，而大量的各民族移民、田卒及刑徒迁入敦煌，不仅增加了敦煌的人口和劳动力，而且带来了中原地区先进的生产技术和文化，对敦煌古代的早期开发作出了重要的贡献。

西汉时期，敦煌的军屯制和民屯制两种屯田组织很严密。军屯的主要劳动力是戍卒和士兵，戍卒一边戍守边疆，一边开展生产；士兵有战则战，无战耕田种地，出征将士征战杀敌，还要自己解决军粮、草料，不仅省去了从遥远的内地转运军粮的沉重负担，还对开发建设河西地区作出了积极的贡献。从事军屯者，戍卒耕种的是国家的公田，生产工具等由国家发放，垦田的劳动收获全部上缴官仓，其制度与今天的农垦建设兵团一脉相承。从事民屯者，主要是移民和囚犯，则由西汉官府贷给种子、耕牛及农具，在官府组织下统一生产，交租服役，所上交粮食约为收获的40%—50%。西汉的屯田管理制度十分严格，新开屯垦的郡县通常都设有专司农业生产的"农都尉"或"田官"。

水利设施

西汉时水利事业的发展也对西北影响很大。汉文帝时，蜀郡守文翁在蜀郡穿湔江以灌溉繁县土地，稍后，朔方、西河、河西、酒泉等地都引黄河以及川谷中的水灌溉农田。至于凿井灌溉，北方西北地区到处都有，甚至居延边地也凿井开渠，进行屯垦。

根据专家研究，汉代的敦煌地区，就相对雨水稀少，气候较为干燥，农作物生长必须要借助引水灌溉。西汉王朝在实行屯垦政策的同时，也十分注重水利事业的发展。为了有效地发展农业生产，西汉王朝在水利建设方面，组成大批劳力利用疏勒河和党河两条大河，开渠引流，灌溉农田，并根据不同的地理条件，采取掘堰、筑堤、凿井等方式开发水源和调节水量。敦煌地区有着大量辽阔肥沃的可耕土地，有融冰化雪汇集而成的氐置水（党河）和籍端水（疏勒河），有发展农业生产的极好条件，加之，当时敦煌自然生态较之今天要好一些，更有利于粮食作物的种植。汉武帝元鼎六年（前111）修建的马圈口堰就是敦煌最早的水利枢纽工程，这在有关汉代水利事业的文献里常见。据敦煌莫高窟出土的唐代写本《沙州图经》记载："马圈口堰，右在州西南二十五里，汉元鼎六年依马圈山造，因山名焉。""百姓造大堰，号为马圈口，其极南一百五十步，阔廿步，高二丈，总开五门分水以溉田。"可见当时敦煌的水利事业已经有了相当的规模，足知西汉王朝对建设河西作出了巨大的努力。西汉在敦煌的水利建设，为提高农业生产水平创造了有利条件。随着屯垦戍边的守卒和徙边移民的不断壮大，中原地区先进的农业生产工具和技术也传到了敦煌，并被普及推广。水利的发展，为农业生产水平的提高创造了良好条件，为保证丝绸之路的畅通提供了必要的物资后备供给。前101年，贰师将军李广利西征大宛，兵至敦煌，往来二岁，"岁余出敦煌者六万人"，正是敦煌地区当时农业经济发展的最好证明（《史记·大宛列传》）。

耕作方法

汉武帝之前，经过西汉初至文、景时期的60多年的励精图治，社会经济逐渐由萧条衰落走向恢复和发展，出现了富足繁荣的景象。西汉初年，铁制农具已从中原推广到许多边疆地区，至汉武帝时尤其传播迅速。今西北及河西走廊广大地区都有西汉的铲、镢、锄、镰、铧等铁制农具出土。武帝以后，随着大规模移民实边，牛耕技术也传到了西北地区，改变了先前人力耕种的落后局面。考古工作者曾在敦煌境内的甜水井和玉门关附近的卷槽、马圈湾等地，多次发现汉代屯田遗址，其沟渠、田埂至今清晰可见，同时出土了大量汉代时期的铁铲、铁锸、铜犁等农业生产工具。1979年10月，在敦煌马圈湾汉代烽燧遗址，出土了汉代的小麦、糜谷、大麦等粮食作物，至今粟色如新依然饱满。还出土了关于农业生产、粮食收入的由守边戍卒记录的汉简，如"右入糜二百五十三石九斗二升""右凡出矿麦（大麦）十一斛三斗士吏姜夕从玉门所禀"等记载。敦煌一带出土的汉代的生产工具等实物以及汉简记载，反映了敦煌当时的农业生产状况，同时说明，西汉的敦煌已经是一个生产多种粮食作物的重要的粮食生产基地。

耕作方式也由搜粟都尉赵过创造的较先进"代田法"，取代了过去较落后的"缦田法"（即不分行列漫播撒种，地力用尽后休耕一二）。这种代田法使畎垄相间，来年互调位置轮番耕作以调节地力，既使苗根扎得深，增强了农作物的抗风抗旱能力，又保持了土壤肥力，使耕地无须轮休，收到用力少而得谷多的效果。同时发明了以牛力和人力相结合的犁耕方法"耦犁"，代替了过去普遍的以人力牵拉的耕地方式。汉武帝在徙民屯垦时皆配给耕牛、耧犁，促使中原先进的生产技术和农具迅速传到边疆地区，对边地农业的发展、社会的进步起到了极大的推动作用。

敦煌地区通过西汉王朝的多年的经营，迅速发展成了颇具实力的产粮农业基地。生产的粮食不仅满足敦煌当地居民和戍卒将士的需要，还有一定的存余。太初三年（前102），李广利二次西征大宛时，敦煌一地就集结了兵士6万、牛10万头、马3万匹，及驴、骡、驼等数以万计奔赴前线，充分显示了当时敦煌地区农业、畜牧业的兴旺发达。此外，农业、畜牧业的发展也带动了手工业的进步，丝绸之路的畅通更促进了敦煌商业的发展。

千古之策，屯垦戍边

楚汉相争之际匈奴统一，冒顿单于乘机夺回失地，并攻占辽宁西南部、乌兰察布、绥德、银川一带以北地区，不断侵扰汉族边地。汉文帝时，匈奴骑兵曾深入内地，几近长安，对西汉政权造成威胁。其时，汉朝历经楚汉之战，国力不支，无力反攻。因此，汉初名臣晁错上书汉文帝，即《守边劝农疏》和《募民实塞疏》，建议施行屯垦边疆、巩固国防、积极防御的策略，在《守边劝农疏》中，晁错分析了秦王朝戍边政策的失误，分析了匈奴活动的特点，提出了徙民实边的主张。他认为：匈奴扰犯西北边疆，如从内地派兵驻守，道路艰险而遥远，运输困难，军役劳苦，民不堪其苦，容易引起百姓不满和武装暴动；匈奴逐水草游牧，往往趁我守备薄弱而扰犯，援兵少则不足以抗御，大量调集则远途赶到，匈奴已经远去；边防兵士按法度一年一换，不熟悉匈奴和边疆地势，因此不如募民往边疆垦地务农，在居住和垦种的地方筑墙挖沟，建立城邑，并采取各种防御措施以御匈奴。凡愿去者，给予解决衣食住行。晁错的建议被汉文帝所采纳。此外，为了使募民徙边的工作做得更好，晁错在《募民实塞疏》中又提出了两条建议：其一，对安置移民生活提出了具体的措施；其二，要学习古代的方法，将移民按军事建制严格地组织起来。同时，晁错又在《论贵粟疏》中建议，全国百姓向边塞输纳粮食，以换取一定爵位或用以赎罪，这叫纳粟授爵。这些由晁错主张或更定的措施，为汉初的经济发展和"文景之治"奠定了重要的物质基础。对晁错提出的移民实边、寓兵于农的政策，文帝随即付诸实施。这个政策不仅在当时起到防御匈奴的作用，而且开了历代屯田政策的先河，对后世影响很大。汉武帝时赵充国实行军屯，三国时曹操的屯田政策，都是晁错移民实边政策的继承和发展。

屯田论最初形成于西汉文帝时期，其倡导者为晁错，但大力推行却始于汉武帝时代。晁错主张"徙民实边"（《汉书·晁错传》）。"屯田"二字，则始见于西汉桑弘羊关于轮台屯田的奏议中，最初专指军屯，后来随着屯垦方式的丰富，这一概念便包括了民屯、营田、商屯、矿屯等形式。最早提出大规模军屯方案的是桑弘羊和赵充国（前137—前52）等人。赵充国根据国防经济与一般理财原则，详细分析了屯田的十二利。他指出，屯田"内有亡费之利，外有守御之备"（《赵充国传》），认为屯田能够增加边疆居民与兵力，就地利用资源增加粮食生产，保证军粮，节约军费，取得军事优势。桑弘羊也认为，屯垦"散中国肥饶之余，以调边境"（《盐铁论·地广》），是使边疆与内地经济水平接近的手段。西汉王朝确立对河西走廊地区及敦煌地区的政治统治后，为进一步扩展自己的势力，巩固已有成果，开始了大量的移民屯垦等方面的经营活动。桑弘羊执掌中央财政以后，实边屯田即向玉门关以西扩展。东汉末年，曹操创立民屯，使民屯服务于恢复经济和安定社会秩序，并开始注重经济收益问题，民屯采用分成租制，这便成为以后民屯的基本地租制度，也为后期军屯所采用。

屯垦戍边，是丝绸之路文化的重要组成部分，是中华民族寻求和平稳定、维护国计民生的政治智慧。驻守边境，就地开垦，戍边保疆，作为中国两千多年的基本国策，发轫于西汉，蓬勃于魏晋，兴盛于隋唐，繁荣于康雍乾，复兴于新中国。在中国历史上，屯垦兴则王朝强、丝路通，屯垦衰则王朝弱、丝路断。屯垦戍边是增强国力、昌盛国运的必然之举，也是古丝绸之路通畅的重要保证。可以说，中国西北的历史就是屯垦戍边历史，西北的文化就是屯垦戍边文化。这种具有浓厚风土人情和地域特色的屯垦戍边文化，以其时间延续之长、影响范围之远、内涵包容之广、历史沉积之厚、现实意义之大，在中国文化的圣殿中占有着显著的一席之地。它不仅是古道边关具有代表性的特色文化，也是华夏文明重要的组成部分。无论丝路文化，或是敦煌文化，都与屯垦戍边文化息息相关。

敦煌一带汉长城沿线、疏勒河流域一带，是中国古代的屯垦戍边非常集中的区域。这一带，自古以来就是宜牧宜耕之地，这里既是汉民族聚居之地，也是很多游牧民族轮番上演的历史舞台。这些民族中的大部分，如今或已消失，或已演变，或已融入五十六个民族之中。但我们在历史文献、敦煌壁画等史料与文物中，依然可追溯探究到这些民族的历史痕迹与文化印记。历史上敦煌的盛衰，始终与丝路的顺畅与否及中原王朝对西域的经营状况密切相关。

诸国臣服丝路兴　华戎交汇边贸盛

张骞出使西域，为中原王朝丰富了地理知识，扩大了地理视野，而且直接促进了我国和西方物质文化的沟通交流。张骞出使西域目的本来是联合西域各国共同抗击匈奴，增进双方了解，探明路线，增进汉王朝同西域的联系，客观上却开拓了后世闻名的"丝绸之路"，促进了汉与西域各族之间的第一次文化交融，起到了打开长期被匈奴阻塞的东西陆路交通的作用，促进了中国与西域之间的政治、经济、军事和文化的交流，建立起了中原与西北边疆各地区的友好联系，同时也丰富了汉族人民自身的文化生活，加速人类文明的发展，对促进人类文明的发展贡献甚大。张骞出使西域标志着中国与西方各国直接交流的新纪元，也标志着中西方交流史上一个新时代的开始，并对后来东西方文明的发展有着深远意义。

从这时起，以丝绸为媒介进行中西交往交流的西北陆上交通线——丝绸之路，正式开通了。西汉王朝与西域及中亚、西亚、南亚地区的友好往来发展迅速，交往更为频繁，从而揭开了中西官方使团和商队大规模政治、经济、文化的交流互动的序幕。当时，汉朝各地赴西域、中亚的使团、商队"相望于道"。使团规模"大者数百，少者百余人"，一年之中使团"多者十余，少者五六辈"，所访之地遥远，出访一次所需时间从数年到十数年不等，距离近的国家"数岁而返"。东来的商胡贩客也是"日款于塞下"（《后汉书·西域传》）。频繁的互通交流，既加深了汉族和西域各族人民之间的了解，增进了彼此间的友谊,促进了我国统一的多民族封建国家的形成与发展,同时也使位于丝路必经之地的敦煌变成了连接东西的交通枢纽。一时间往来于丝绸之路的使者、商队,频繁地出入于阳关大道、玉门关前,那时的敦煌,车水马龙、商旅频繁,一派欣欣向荣之繁华景象,因而敦煌史称"华戎所交一大都会"。

西汉是敦煌历史上非常重要的时期。正是在这一时期,发生了张骞出使西域、霍去病征战匈奴、建郡立县设立两关、屯垦戍边徙民实边,继而以敦煌为前沿阵地用兵西域,开拓丝绸之路等一系列具有划时代意义的历史事件;正是在汉代,河西走廊从地理的走廊发展成了历史的走廊,敦煌从荒凉偏僻的西部边地发展成了"敦大煌盛"经济文化繁荣的名城重镇。西汉王朝对敦煌地区实行进一步的开发经营,为敦煌以后的繁荣兴盛创造了条件。可以说张骞两次出使西域对于敦煌的开发有着重要的意义和深远的影响。西汉王朝是敦煌地区的开拓者和奠基者。敦煌在中华文明史上的重要地位在此时确立,敦煌有确切纪年的历史也是从这个时间开始的。

西汉时期的中西交通和交流

汉代以来,西域为玉门关、阳关以西地区的总称。敦煌是中原与西域交界处的一大都市,由此向西出阳关、玉门关,便进入广大的西域境界。据《汉书·西域传》载:"自玉门、阳关出西域有两道,从鄯善傍南山北波河西行至莎车为南道……自车师前王庭随北山波河西行至疏勒为北道。"《汉书·西域传》载:"自敦煌西出玉门、阳关,涉鄯善,北通伊吾千余里……此其西域之门户也。"可见汉代时敦煌在中西交通及中外经济文化交流中的重要地位。在丝绸之路影响下,西域特指汉、唐两代所管辖的今中国新疆大部分及中亚部分地区,位于欧亚大陆中心,是丝绸之路的重要组成部分,是沟通中西的走廊。西域从汉武帝刘彻时起属于汉朝,最初有三十六国。这些古国有着谜一样传奇的历史:曾经兴盛的楼兰文明,又谜一样地悄然消逝;汉朝、匈奴和西域诸国的世代恩仇,惊心动魄;张骞、班超经营西域的丰功伟绩,令人景仰。

西汉时期,西域小国林立,这些国家分布在丝绸之路上,大多以城郭为中心,都是小城邦国。比较著名的有乌孙、龟兹、焉耆、若羌、楼兰、莎车、疏勒、车师、大宛、安息、大月氏等国。由于自然条件的限制和其他原因，西域人口稀少，人口最多的龟兹国只有八万人，一般国的人口也只有千把人到两三万人，而最小的单桓国才194人。西域诸国，兼营农牧业，少数国家逐水草而居。诸国都建立于大大小小的绿洲之上，领土以王城为中心，以绿洲为边界，国土面积狭小。这些国家，根据形势依附于汉朝，或者听命于匈奴。尽管西域都是小国，但语言不一，互不统属，人种异常复杂。塔里木盆地南缘、西缘属于雅利安人，白种人。塔里木盆地东部和北部诸国属于吐火罗人，是另一起源的白种人。匈奴属于古华北人种和古北亚人种，黄种人。来自中原的汉人进入以后，西域的人种民族更加复杂。

汉武帝时期开始对匈奴作战，为了孤立匈奴，汉王朝开始重视西域。前138年，张骞奉汉武帝命出使西域，张骞在西域地区，竟然经过了30多个国家，回来汇报以后，汉朝称为西域三十六国。天山以北的准噶尔盆地，是一个广阔的游牧区域。盆地东部的天山缺口由车师（姑师）所控，是西域一个重要的军事重地。车师以西的伊犁河流域，最早是塞种人的地盘；西汉文帝时，月氏人被匈奴从祁连山、敦煌一带逼赶到这里后，他们赶走塞种人企图定居在此，但遭遇了先前在敦煌就结下世仇的乌孙人。乌孙没有等月氏站稳脚跟便发起猛攻，使月氏被迫远徙葱岭以西。乌孙在这块土地上建立的乌孙国，有人口12万户，63万口，"不田作，随畜逐水草，与匈奴同俗"（《汉书·西域传》）。

这一时期，西汉王朝更加强化了对敦煌的管理，因为敦煌作为"河西四郡"最西端的地区，既是中原进军西域的前沿阵地，又是丝绸之路中西交流过程中各国使团、商旅必经的一个重要的补给基地。其对西汉王朝巩固国家政权和与西域建立并维护外交关系都是十分有利的，同时也为保护中西交通交流要道——丝绸之路的畅通创造了条件。

西域都护府的建立对敦煌地区的影响

西汉统治者曾多次用兵西域，与匈奴争夺对西域的控制权，并取得了一系列的军事胜利。汉宣帝神爵二年（前60），匈奴在受到汉王朝的多次打击下实力锐减。之后，曾经归属匈奴的东方的乌桓、北方的丁零、西方的乌孙，不仅摆脱了匈奴的控制，而且纷纷反戈攻击匈奴，导致匈奴帝国的属国体系完全瓦解。在面临巨大外患的同时，匈奴帝国内部也出现矛盾，争权夺势的斗争时有发生。前60年，匈奴右地日逐王因与单于不和，率其众数万降汉，至此匈奴在西域的"僮仆都尉由此罢"（《汉书·西域传》），继而西汉王朝于西域轮台东北的乌垒城正式设立军政机构——西域都护府，全面掌控和管辖西域诸国。这是中原王朝在西域建立起的第一个直属中央的行政机构，它使整个西域，也包括今北疆及巴尔喀什湖以东以南的广大地区都正式划入了汉王朝的版图。十余年后，西汉又于元帝初元元年（前48）在高昌壁（今吐鲁番东南）增置了戊己校尉。西汉在西域的这些建制使"汉之号令班西域"，新疆成为祖国不可分割的组成部分，其历史的发展进入了一个新阶段。西汉王朝从此开通了昆仑山北麓和天山南麓的通道，使中原与西域诸国以及中亚诸国的交通交流变得畅通无阻。河西走廊水源充沛，耕地广袤，此时的河西四郡也已成为西汉王朝在西北地区的重要产粮大区，足以为屯戍军队提供给养和保障。尤其敦煌在此期间日趋繁荣，不仅是汉朝往来西域、中亚的吏卒的补给站，也是国际贸易的商贾行旅的安顿之地。

西汉经营西域的这些举措，使得敦煌逐渐从防御匈奴的西部基地和远征西域的前哨阵地发展成了经营西域的根据地，为西汉争取和维护其对河西、西域地区的统治权作出了直接贡献，而西域的稳定和丝路的通达又反过来推动了敦煌的繁荣昌盛。自宣帝以后，匈奴力量衰弱，汉朝边患缓解，东西交通日益发达，河西及敦煌地区进入了和平发展时期，呈现出了太平繁华的景象，这种局面一直持续到了西汉末期。

西汉时期的敦煌，无论在政治、军事还是经济方面都是西北的一个非常重要的地区。在当时，敦煌不仅驻屯着雄厚的戍边部队，囤积着丰厚的粮草军需，而且有着坚固的城防和边防军事设施，以及大将军的行营、太守和田官的官署，各种商贸机构、商埠一应俱全，为朝廷过往大军休整备战提供了一个雄厚的根据地。李广利两次远征大宛，都是以敦煌为根据地往返的。当由西而来的西域及中亚使者、商旅，经过漫长的艰苦跋涉，度过浩瀚的盐泽（罗布泊）沙漠抵达敦煌两关时，就算跨进了汉朝的国门，他们在这里办理入境手续和前往中原的各种通关文牒，继而在繁华的敦煌郡城调养休整、交流和贸易。当由东而来的汉朝的使者和商旅，经过浩瀚戈壁到达敦煌以后，也必须在敦煌办理出境和前往西域诸国的各种手续，并且要为西出西域、横渡大漠的漫漫路程做好各种缜密的准备工作，如租赁骆驼、雇用向导、购备粮草给养等。实际上在商业贸易方面，更多的时候是，无论东来还是西来的商人，他们直接就在敦煌以物易物做了交易，然后各自返回家乡。这样，敦煌又形成了一个国际商贸区，成为汉朝边关要塞上必不可少的城市。当时的敦煌城内郊外，到处可见军队、田卒、使者、商旅和各种办事机构，连绵不断的驼队和马帮，在这片大地上川流不息。

自北线西行的使者商旅，出楼兰过沙漠到达尉犁，在驻守西域的汉王朝的戍兵、田官、田卒的保护下，北上焉耆，再进乌垒，经龟兹、姑墨、温宿、尉头，向西南到达疏勒，然后再向西翻越帕米尔高原抵达大宛及中亚诸国。此外，从敦煌到大宛，还有一条通道可循，这便是取道天山以北的准噶尔高原的一条险道。具体线路是：出敦煌西行，经楼兰东北荒旷的盐泽，穿越到今吐鲁番盆地，这一段共500千米的路途，便是开通和使用始于汉代的大海道，它是古代敦煌—哈密—吐鲁番之间最近的一条道路；从吐鲁番再西行至库鲁克塔格山麓，便进到《汉书·西域传》所记述的山国（今新疆东部博斯腾湖东），在山国都城的墨山城稍作休整，然后经焉耆北向车师，沿着天山北坡进入乌孙地界，再向西南，到达大宛，然后分抵安息、奄蔡、犛靬、条支、身毒等国。愿意继续西行者，可从此去往里海之北，波斯、阿拉伯与印度等地。

西域都护府的设置，首先是使西域诸国摆脱了匈奴的残酷统治，保证了丝绸之路的畅通，对发展和加强中原汉族与西域各族及中亚各国的政治、经济与文化的联系起了很大的作用。先前控制西域的匈奴，施行的是残酷的奴隶制，他们在西域设置"僮仆都尉"，目的是向各国勒索奴婢和财物，"备其逋租，高其价值，严以期会"（《后汉书·班勇传》），以最大限度地剥削各族人民。汉开西域后情况迥然不同，诸国不需向汉贡赋纳税，汉派驻在西域的戍卒和官员，其给养供奉完全取之于屯田和内地朝廷，不要各国负担。同时，西汉王朝在西域实行屯田，把汉族地区先进的农业生产工具、农业生产技术及穿井术、农业灌溉技术和冶炼工业等传播到西域，促进了西域地区农业生产以及手工业技术的发展，促进了当地生产力的提高。汉朝的统一有效的治理，使西域有了一个比较安定的生活环境，这也符合各族人民的愿望。因此，西域各国"不乐匈奴"而"慕汉"。每当汉不在西域设置都护，匈奴势力卷土重来的时候，西域诸国无不"区区东望扣关者数矣"（《后汉书·西域传》），热切地向往着内地，希望能重开玉门关、阳关，恢复汉朝的管辖。

随着西域都护府的设立，屯田戍边事业的不断向西推进发展，中原先进的农业技术也通过敦煌向整个西域传播开来。西汉时敦煌人索劢，字彦义，有才略，"将酒泉、敦煌兵千人，至楼兰屯田"，并"召鄯善、焉耆、龟兹三国兵各千，横断注滨河"（《水经注·河水注》）。掘渠分水，改进灌溉条件，使许多贫瘠的土地变为良田，农作物连年丰收，三年内积粟百万石，使当地人惊服和感谢。故北魏郦道元在《水经注·河水注》记载：行贰师将军索劢屯田楼兰主持截流注滨河水利工程时，因"水奋势激，波陵冒堤"，以"列阵被杖，鼓噪讙叫，且刺且射"方式压服水势的故事。"灌浸沃衍，胡人称神。大田三年积粟百万，威服外国。"汉宣帝时，破羌将军辛武贤讨昆弥至敦煌，"遣使者按行悉穿大井"，把汉族先进的掘井技术由敦煌传至西域，对西域的农业生产发展有很大的促进作用。

随着农业技术的不断进步，手工业也得到快速发展，同时带动了商业的繁荣。西域都护府的建立，使被匈奴切断了的"丝绸之路"得以恢复发展，畅通无阻。西汉时，最重要的手工业当属丝织业，当时已出现的提花织机能织出形形色色的花绫，西汉精美的丝织品或通过互市或进行贩卖或经人馈赠，大批输往边陲各地，甚至运至中亚各国和大秦（罗马帝国），同时也使各国人民在这条"丝绸之路"上撒下了友谊的种子。通过敦煌地区，中原同西域乃至更远地区之间的经济、文化联系日益密切，西域的葡萄、石榴、苜蓿、胡豆（蚕豆、豌豆等）、胡麻（芝麻）、胡瓜（黄瓜）、胡蒜、胡葱（大葱）、胡萝卜、胡桃等植物，经敦煌源源不断向汉朝地区移植；西域优良的骡马、骆驼、各种奇禽异兽以及名贵的毛织品，也经由敦煌地区大量传入中原。这种频繁的经济、文化交流，促进了西域社会的进步，也丰富了中原汉族人民的物质生活和精神生活。

汉西域都护府这种管辖方式，也为中国后世王朝开创了先例。十六国后凉吕光在统一西域后，曾仿效汉代，设置西域大都护，行使主权。唐代，在边区各族先后统辖在一个政府下之后，也分别设置了都护府。唐东北有"安东都护府"，北边有"安北""单于"等都护府，西北有"安西""北庭"等都护府，西南有"保宁""支南"都护府。这都借鉴于汉代制度，适应了中国统一的多民族国家进一步形成和巩固的需要，有着积极的历史作用。

西汉与西域的和亲

随着汉王朝政治统治地位的不断加强，特别是随着中原地区经济文化的进一步发展，汉王朝的战略思想也开始转变，逐步地由武力征服转移到了发展生产、加强经营上来了。匈奴人向西迁徙之后，部落贵族发生分裂，出现了五单于并立的局面。汉宣帝甘露元年（前53），匈奴呼韩邪单于被他哥哥郅支单于打败，向汉朝称臣归附，曾三次进长安朝觐，并向汉元帝自请为婿。呼韩邪单于归汉，引众南徙于阴山附近，而且在西汉的支持下控制了匈奴全境。竟宁元年（前33），汉元帝以宫人王嫱（昭君）嫁给呼韩邪单于，王嫱被封为"宁胡阏氏"（意为王后），象征她将给匈奴带来和平、安宁和兴旺。汉匈恢复和亲，结束了百余年来汉匈之间的战争对峙局面。此时的和亲已非汉初所采取的权宜之计的和亲，而是一种为维护民族团结、争取长治久安式的和亲，同时也表明当时各民族间是可以通婚联姻的。婚姻的纽带作用，既以官方的形式维系了汉匈和好，又以民间的形式促进了相互的融合，不仅汉族和匈奴间如此，而且在当时西域诸国之间、汉族和其他少数民族之间都存在这种特定历史时代的婚姻关系。

西汉的和亲关系除了匈奴以外，还有乌孙。而与乌孙的和亲可以说是汉王朝处理友好国家间关系的一种政策。乌孙地处西域，距汉地遥远，在今甘肃河西走廊的祁连山、敦煌一带，汉文帝时，才来到巴尔喀什湖东南、伊犁河流域一带从事游牧。起初乌孙曾依附于匈奴，后来逐渐强盛，乃远离匈奴，保持中立。匈奴击之，不胜。而乌孙与匈奴的矛盾，便成为西汉与乌孙和好的基础。在西域诸国中，有的充当匈奴耳目，攻击或刁难汉使，终于导致兵戎相见，而唯独乌孙没有与汉政权发生类似冲突。况且，乌孙乃西域大国，地广人众，兵力强大，国内物产丰富。西汉若与乌孙缔结友好，一则可以彻底制服匈奴，二则有利于西汉势力的向西发展。因此，汉武帝采纳张骞"遣公主为夫人，结昆弟"的建议，联络乌孙以断匈奴右臂。后来乌孙主动提出与汉王朝结亲，又以千匹马作聘礼以迎汉女。元封六年（前105），汉遣宗室女细君妻于乌孙昆莫猎骄靡。她入乌孙时，汉王朝"赐乘舆服御物，为备官属宦官侍御数百人，赠送甚盛"。后来猎骄靡年老，细君从乌孙俗，改嫁其孙军须靡。不久细君死，汉武帝又遣公主解忧续配军须靡。军须靡死后，解忧又作其堂兄弟翁归靡之妻。翁归靡死后，她又作前夫军须靡与匈奴妻所生的儿子泥靡之妻。

西汉与乌孙的和亲，使乌孙由惧匈奴而疏汉逐渐变成叛匈奴而亲汉。当匈奴进攻乌孙时，西汉则对匈奴用兵，这就使西汉与乌孙由亲戚关系发展成为事实上的军事联盟。汉宣帝本始三年（前71），西汉与乌孙联合对匈奴作战，汉发15万骑，五将军分道并出，由东而击匈奴。乌孙王翁归靡亲率翕侯下5万骑由西方直捣匈奴右谷蠡王庭，俘获匈奴单于叔父、嫂、公主以及各王、千长、骑将以下4万人，各种牲畜70余万头。匈奴在两面夹击下死伤甚重，从此走上衰亡的道路。和亲政策为西汉与乌孙的友好关系奠定了牢固的基础。它既相当成功地实现了断匈奴右臂的目的，同时，嫁于乌孙的汉公主所生子女后来多成为乌孙国家的重要军政人物，在维护和促进与汉朝友好的事业中起着推动作用，而且还把友好的种子撒向西域其他地区。汉王朝先进的经济、文化在促进乌孙与西域一带的经济发展中，起到了重要的作用。

丝路百年三绝通　儒士兴学人文隆

东汉建立以后，敦煌政治地位较西汉进一步上升。光武帝刘秀对据有"河西完富，地接陇蜀"的窦融颇为器重，不仅"赐融玺书"，还"授融为凉州牧"。1世纪初，河西西部的敦煌一带相对平安，而东部一带则经常被羌人侵扰。与此同时，北匈奴逐渐强大，日益崛起，而东汉王朝却如日薄西山，渐渐衰落。强悍的北匈奴征服了曾是西汉统治的大部分西域地区,重新开启对西域的控制。汉明帝永平十五年(72),丝绸之路又被切断。东汉出兵四路进击北匈奴,大将窦固入祁连山大败匈奴,并收复伊吾等失地。同时,遣假司马班超出使西域,班超到了鄯善,杀了北匈奴使者,迫使鄯善王归附朝廷。后来,班超作为军司马再度出使西域联络,使断绝65年的丝绸之路重新畅通,于阗、疏勒等大部分西域地区与东汉交相和好,又开始了频繁的贸易往来和文化交流,形成了"华戎所交一大都会"的地位。

安帝元初七年(120),东汉朝廷设"护西域副校尉"以代替王莽时期撤除的西域都护。护西域副校尉长驻敦煌,主管西域事务。此时西域的管理者由敦煌郡守兼领,其职责为"制御西域、总护南北道",代替西域都护主管西域事务,敦煌太守成为汉朝在西域地区采取军事行动的实际负责人。当时西域各国作为政治人质的王子,均在敦煌居留。敦煌作为西部最重要的战略重镇,一时成为东汉王朝控制西域、掌控全局的政治军事中心,担当起经略西域、沟通中西交通的重任,并发展成为西部重要的商业都市和粮食产地,如"弃敦煌,则河西不保,中原不宁",地位空前显赫。

东汉丝绸之路的"三绝三通"

自西汉武帝建元元年(前140)张骞出使西域,打通了丝绸之路后,匈奴虽然退出了河西走廊和漠南一带,但他们仍然统治着蒙古西北及天山以北广大地区,并且掌控着塔里木盆地东北和西域的一些小国家。他们的骑兵小队还经常南入天山缺口,对汉朝派遣到西域的使节、官员、商队进行洗劫。塔里木一带的西域小国的国王子民,迫于匈奴的强悍,长期以来臣服于匈奴并以匈奴为靠山,经常拒绝给汉朝使节供应给养,甚至伙同匈奴趁火打劫掠夺汉朝商人。为了巩固汉朝对西域的控制权威,防御匈奴的骚扰和破坏,保证西域交通的畅通,西汉王朝除了于河西之地建郡立县,设关隘,修长城并建大量的堡垒、烽燧,同时驻屯戍兵外,还于葱岭以东的归入汉朝管辖的地区设立西域都护府。在西汉王朝的直接管理之下,丝绸之路出现了空前的畅通并繁荣的局面。然而好景不长,这种和平安定的繁荣景象持续了不到一个世纪,至东汉之初,丝绸之路便烽烟四起，开始了它几经变故几经磨难的"三绝三通"的百年历程。"三绝三通"是指东汉王朝（25—220）三次从西域撤退，又三次统一西域的曲折经历，反映了统一局面的来之不易，说明了东汉王朝对西域的经营并不是有始有终的，而是时断时续的。据《后汉书·西域传》称："自建武（25—57）至于延光（122—125），西域三绝三通。"关于"三绝三通"的来龙去脉《后汉书·班超传》作了详细记载。其基本脉络是这样的：

第一次由绝到通：东汉初年至 75 年

西汉末年，王莽篡汉自立，建立新朝（8—23 年在位）。由于王莽采取了错误的民族政策，使西汉对西域的统治毁于一旦。西域诸国多与新莽政权断绝关系，西域又被匈奴控制，中原与西域的联系由此断绝。此谓"三绝三通"中的"一绝"。

刘秀攻杀王莽，光复汉室建立东汉，其在位时期，西域诸国屡派使节请求内属，并请恢复西域都护设置。但因东汉政权草创之初，百废待兴，西域诸国的请求未被东汉王朝应允。汉光武帝建武十七年（41），莎车（今莎车、叶城一带）王贤再次遣使请求东汉恢复西域都护府建置，以使西域各国在政治上有所依靠。光武帝权衡得失后，欲采纳大司徒安丰侯窦融的建议，"赐西域都护印绶"于莎车王贤，委任其代行西域都护之权。但敦煌太守裴遵极力反对，他认为"夷狄不可假以大权，又令诸国失望"（《后汉书·西域传》）。于是光武帝改弦更张，重新赐封莎车王贤为汉大将军，并令裴遵强迫莎车王使者交回西域都护印绶。朝廷政策朝令夕改，令莎车王严重不满，并由此起心脱离东汉而图谋称霸西域，从而加剧了西域的动荡。汉光武帝建武二十二年（46），西域诸国派遣王子到东汉为人质，再次恳请东汉朝廷于西域复建都护府给予庇护，但被光武帝婉拒。光武帝从无视西域诸国"内属"，到企图委托莎车王代为管理西域，再到任由"东西南北自在也"的变化，说明东汉王朝在建立初期还没有形成明确而稳定的西域政策。汉明帝永平十五年（72）北匈奴不时南侵，态势紧张，东汉王朝紧急磋商抗匈良策。驸马都尉耿秉建议明帝："唯有西域俄服内属，其势易乘也……先击白山，得伊吾，破车师，通使乌孙诸国以断其右臂……然匈奴可击也。"孝明帝采纳其建议，以西域为突破口，彻底解决匈奴之患。

永平十六年（73），东汉西征大军耿秉、窦固等部分兵四路，出击匈奴呼衍王于天山，并向西挺进抵达蒲类海（今巴里坤湖），攻取了伊吾（今新疆哈密市西北）之地。初战取得胜利后，东汉王朝在伊吾设置宜禾都尉，留驻将士屯垦戍守，重新控制了新疆东部地区。在这次战役中，中国历史上又一位卓越的外交人才班超脱颖而出。他机敏善辩，智慧超人，深得窦固赏识。在攻占伊吾的同时，窦固采取刚柔并济的策略，派遣班超率使团出使天山以南诸国，争取各国脱离匈奴，归附汉朝。此后班超一直在西域活动了30多年，以自己足智多谋的智慧和超人的坚韧不拔的勇气，在基本没有借助强大武力的情况下，很快就恢复了与西域断绝已久的外交关系，使西域50余国陆续回归了东汉。

汉明帝永平十七年（74），窦固率部击破车师（今新疆吐鲁番），东汉王朝在西域重新恢复了西域都护和戊己校尉的建置，东汉与西域重新建立联系，初步完成了对西域统一的重任，史称"西域自绝六十载，乃复通焉"。丝绸之路至此复通，此谓"一通"。

然而，汉明帝永平十八年（75）明帝死后，在北匈奴的支持下，西域焉耆（今新疆焉耆县）、龟兹（今新疆库车县）等国反叛，围攻西域都护府，"攻没都护陈睦"，与此同时，北匈奴和车师后王又联合围攻西域戊校尉耿恭和己校尉关宠。此围虽经耿恭率部苦守两年始解，但东汉王朝在西域的统治却从此陷入了困境。

第二次由绝到通：75年至107年

东汉王朝第二次从西域撤退是在汉明帝永平十八年（75），这一年汉明帝刘庄驾崩，汉章帝刘炟继位。就如何应对西域困境，东汉朝廷面临两难之决：兵伐匈奴平定西域叛乱，还是撤军内返放弃西域？汉章帝按照校书郎杨终的建议而采纳了后一种意见，决定召回驻西域戊己校尉，并撤回西域戍守驻军，不再派遣都护。当驻守天山南部的班超奉诏回国之际，从汉西域诸国大为震动，尤其疏勒（今新疆喀什市）、于阗（今新疆和田地区）王侯及臣民极尽苦心挽留班超。此时已在撤退途中的班超经再三思考，决定调转部队重返驻地，继续坚守西域。班超此举为东汉王朝第二次收复西域埋下了一个伏笔。班超驻守疏

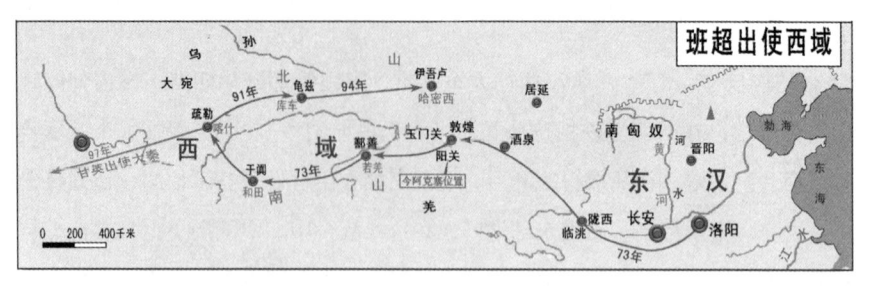

班超出使西域图 杜永思编制

勒时，西域形势愈发严峻：北匈奴不仅控制了北道诸国，而且扼守疏勒、鄯善（今新疆若羌一带）两地，基本封死了中原与西域往来交通的咽喉。面对如此残酷而严峻的局面，班超以疏勒为根据地，一边联合周边诸国抵抗匈奴，一边奏请章帝曰："臣窃见先帝欲开西域，故北击匈奴，西使外国。鄯善、于阗即时向化……前世议者皆曰取三十六国，号为断匈奴右臂，今西域诸国，自日之所入，莫不向化，大小欣欣，贡奉不绝，唯焉耆、龟兹独未服从……"（《后汉书·班超传》）希望朝廷有信心重新经营西域。班超提出"与诸国连兵，岁月之间，龟兹可擒。以夷狄攻夷狄，计之善者也"，并认为"兵可不出中国而粮食自足"。章帝对班超的良策欣然采纳，即于汉章帝元和元年（84）派遣徐干、和恭领兵挺进西域增援班超。班超在东汉援军支持下，大败莎车、龟兹、焉耆，向东越过葱岭的大月氏，"五十余国悉纳质内属。其条支、安息诸国至于海濒，四万里外，皆重译贡献"（《后汉书·西域传》）。汉和帝永元三年（91），龟兹、姑墨（今新疆阿克苏）、温宿（今新疆乌什县）等国迫于班超大军压力皆遣使称臣。至此，西域诸国除焉耆、危须（今新疆和硕县）、尉犁（今新疆尉犁县）等国因擅杀前任都护陈睦而拒不投降外，其余诸国皆重新向东汉纳贡称臣。是年，班超因卓越的功绩，东汉王朝封他为西域都护，封徐干为西域长史，恢复了对西域的军政管辖。汉和帝永元六年（94），班超率领西域诸国兵7万余，攻破焉耆王及尉犁王等，西域诸国"皆纳质内属"，东汉王朝再次统一西域。

永元九年（97），班超派遣副使甘英等出使大秦（罗马帝国）。甘英率队经安息、条支，直达波斯湾边，"距玉门、阳关者四万余里""临西海以望大秦"。然而安息国因一直倒卖东汉丝织品到罗马，不愿让东汉与大秦直通商道，故借航海困难阻止了甘英，甘英无奈而返。这是中原使者首次抵达遥远的波斯湾。《后汉书·西域传》称："甘英穷临西海而还，皆前世所不至，《山经》所未详，莫不备其风土，传其珍怪焉。于是远国蒙奇、兜勒皆来归服，遣使贡献。"至此，丝绸之路再复畅通。此谓之"二通"。

第三次由绝到通：107年至东汉灭亡

班超在西域经营30年，71岁病逝。汉和帝于105年驾崩，殇帝刘隆即位，但半年余夭折，东汉内部动荡，接班超而任西域都护的任尚不能掌控西域，安帝刘祜即位后难以西顾，下诏罢都护，"遂弃西域"。此谓之"三绝"。直至18年后的安帝延光二年（123），东汉朝廷才派遣班超之子班勇出任西域长史。班勇"将弛刑士五百人西屯柳中"，"遂破平车师"；延光五年（126），又大破北匈奴。顺帝刘保永建二年（127），班勇、张朗（敦煌太守）讨伐焉耆、尉犁、危须三国，三国臣服，"并遣子奉献"。至此，班勇重新打通并保护了边塞与丝绸之路的畅通。此谓之"三通"。班勇撰写的《西域记》一书，是范晔撰写《后汉书·西域传》的重要依据。

汉和帝永元十年（98），东汉将领任尚接替班超继任西域都护，由于他施政严苛，未能延续班超治理西域的政策，终于酿成民族矛盾，致使西域诸国再次反叛。汉殇帝延平元年（106），西域诸国于疏勒围攻任尚，任尚出兵迎击，虽然一举平息了这次叛乱，但从此埋下隐患。段禧继任西域都护后，西域的动荡局面仍不能得到稳定。随着龟兹、温宿、姑墨等国的先后反叛，东汉王朝对西域的统治再一次陷入了困境。

由于西域诸国的叛乱，局势难稳，东汉王朝再次以"其险远，难相应赴"而"诏罢都护"。汉安帝永初元年（107），汉安帝遣骑都尉王弘率关中军西进，迎回西域都护段禧及伊吾、柳中（今新疆鄯善西南的鲁克沁）等地屯田吏士，东汉三"绝"西域。

汉安帝元初六年（119），北匈奴与西域诸国"共为边寇"，敦煌太守曹宗派长史索班，领兵千余人屯于伊吾以为屏障。第二年，北匈奴攻杀索班，控了丝绸之路北道。在此不利情势下,平阳侯曹宗上奏汉安帝,提出"出兵五千击匈奴,以报索班之耻,因复取西域"。而班超之子班勇认为,此时应发兵收复西域。他建议:"旧敦煌有营兵三百人,今宜复之。复置西域副校尉居于敦煌,如永元故事。又宜遣西域长史将五百人屯楼兰(今若羌境内罗布泊一带),西当焉耆、龟兹经路,南强鄯善、于阗心胆,北捍匈奴,东近敦煌。"经过反复考虑,汉安帝采纳班勇之计策,置副校尉于敦煌,再次启动了经营西域的军事政治活动。

汉安帝延光二年(123),班勇身为西域长史率领五百骑屯戍柳中。在镇守西域期间,班勇先后纳降楼兰、龟兹、姑墨、温宿,击败匈奴劲旅,征服并占据了前、后车师(今新疆吐鲁番、吉木萨尔)。汉顺帝永建元年(126),班勇攻破且弥(今新疆乌鲁木齐市),车师等六国纷纷降汉。是年秋,班勇亲率西域诸国兵勇大举进攻匈奴,打败匈奴呼衍王。127年,班勇领兵出击焉耆,焉耆王元猛遣使乞降。这场战争使得"龟兹、疏勒、于阗、莎车等十七国皆来服从,而乌孙、葱岭以西遂绝"(《后汉书·西域传》)。东汉王朝终于又恢复了对西域的控制,西域诸国又重回汉朝怀抱。

东汉时敦煌地区的政治状况

东汉时期的敦煌,仍然是东汉王朝的重要边郡,而且它始终是东汉王朝抗击匈奴,经营西域的前沿阵地,是加强中西交通的重要基地。东汉时期(25—220)丝绸之路经历了"三绝三通",东汉在对西域的统治上不断失利,反而凸显了敦煌在政治、军事上的重要性。自汉安帝(106—125年在位)起,东汉对西域实施的很多重要军事行动,都离不开敦煌太守的主持和参与,敦煌太守甚至逐渐代行起护西域副校尉西抚诸国、总护丝路南北道路的职责。而敦煌之地也成为集结大军、筹措军需、备马迎敌的边关重地。送迎西征将士出塞还朝也成了敦煌百姓生活中的常态。这种状况持续到了东汉晚期,西域一直处在敦煌郡的羁制之下。汉桓帝、汉灵帝时期,节度西域的大权收归凉州,但敦煌因地接西域,很多权力仍需要通过敦煌来行使,敦煌和西域始终保持着特殊关系。自2世纪初护西域副校尉常驻敦煌以后,敦煌俨然已是辖统西域的军政中心，其地位受到东汉朝廷和西域诸国的认可，此时，西域许多小国的质子都曾留住敦煌。

东汉时敦煌地区的经济社会状况

新莽时期，敦煌一度改称敦德，到了东汉光武帝刘秀时期，将王莽时所改的郡县名称复原如旧，又将渊泉县更名拼泉县。此时的敦煌辖境与西汉时相等，仍辖六县之地。但在汉献帝（189—220年在位）时，敦煌曾一度隶属于新设的雍州。

东汉初期，敦煌经济相对殷富，但自明帝以后逐渐衰落。东汉前期的河西走廊以及敦煌地区，继续实行招民实边、屯田戍守的政策。永平十六年（73）东汉王朝通令各郡国地方官，将部分囚犯发配到朔方和敦煌屯田，并允许这些囚徒携家眷一同前往发配之地。这样，不仅增加了敦煌的人口，还为敦煌带来了一部分劳动力。然而，东汉时期我国北方边郡人口锐减，敦煌郡虽相对减员不大，但与西汉时期相比已大不如前。此外，由于东汉初年朝廷与匈奴不断冲突，曾将部分敦煌居民迁入内地。继而与羌人连年战争，使得朝廷多次动议放弃凉州，造成敦煌人户减少得更加迅速，因此从内地发配罪犯于敦煌显然于事无补。至顺帝永和年间（136—141），敦煌郡人口已萎缩至仅有7048户29170人。

随着敦煌人口的减少，敦煌的经济也无复往日。东汉末年，皇权旁落，军阀割据，中原大乱。朝廷无暇西顾，对边郡地区的控制愈加衰弱，也不再任命敦煌太守。敦煌的情势和全国一样，"豪人之室，连栋数百，膏田满野，奴婢千群，徒附万计"（《后汉书·仲长统传》）。一时河西及敦煌地区世家豪强崛起，农业生产出现严重的土地兼并现象，直接导致贫富悬殊，农民生活无着。混乱中农业水利设施大量毁弃，使生产遭受重大破坏，粮食收成下降迅速。和帝永元年间（89—105），敦煌与河西走廊中部地区，因缺粮而需内地赈济。此时的敦煌经济，唯一可称道的是商业贸易。东汉时期丝绸之路虽三绝三通，历经曲折，但东西大道上的经济、文化交流却并未中断。自东汉中后期开始，往来西域的交通道路渐由原来的南、北两道，增辟为南、中、新三道，而无论哪一条道路都必经敦煌之地,因而敦煌的地位就更加凸显,商业贸易也就相应发展壮大。早在班超任西域都护,丝绸之路第二次畅通之时,敦煌就已是商人云集、贸易繁荣的一个西北边地著名的商业城市,故被史书盛赞为"华戎所交一都会也"。

东汉时敦煌地区的文化发展

敦煌文化发展的一个重要阶段便是东汉时期。两汉之际,新莽篡汉,中原大乱,社会动荡,而河西特别是敦煌却相对富庶安定,呈现出繁荣的景象。社会的稳定吸引了大批中原士人前来避难,随着这些知识分子的蜂拥而至,中原而来的优秀文化传统,迅速提升了敦煌的文明程度和社会发展水平,甚至还涌现出一些硕儒大家,受到当时中原内地以及后世所推崇。当时的敦煌文化名人首推张奂、张芝父子。

张奂(104—181),字然明。敦煌郡渊泉县(今甘肃瓜州县东)人。东汉时期名将、学者,"凉州三明"之一。张奂出生于儒林世家,不仅是有名的清官,更是著名的学者。早年师从太尉朱宠,研习《欧阳尚书》,又自行删减《牟氏章句》。后外出任安定属国都尉、武威太守、度辽将军及护匈奴中郎将等职,并升为大司农。他在东汉的对外战争中功勋卓著,多次以恩信安抚、招降外族,使得北方宁静一时。汉灵帝即位时入朝,为宦官所利用,率军进击大将军窦武,迫其自杀。事后自责不已,拒受封侯,又上疏为窦

张芝像 何鄂雕塑

武等人申冤。不久迁为太常，因得罪宦官被诬陷罢官。张奂辍官后，授课著书，不再出仕。晚年归居敦煌故里，闭门讲学，授徒千人，对儒学在敦煌的普及作出了很大贡献。光和四年（181），张奂去世，年七十八，遗令素服薄葬。

张芝（？—约192），"凉州三明"之一大司农张奂的长子，出身于官宦家庭。生年不详，约卒于汉献帝初平三年（192），字伯英，汉族，敦煌郡渊泉县人。东汉著名儒士，好学善书，尤精草书，擅长草书中的章草。其书体精劲绝伦，被后人称为"一笔飞白"，并被尊为"草圣""草书之祖"。张芝习学名家崔瑗、杜操的草书，创制了今草和游丝草，将古代当时字字区别、笔画分离的草法，改为上下牵连富于变化的新写法，富有独创性，在当时影响很大。晋代大书法家王羲之对他的书迹赞羡不已。北京大学教授、引碑入草开创者的李志敏评价："张芝创造了草书问世以来的第一座高峰，精熟神妙，兼善章今。"书迹今无墨迹传世，仅北宋《淳化阁帖》中收有他的《八月帖》等刻帖。张芝与钟繇、王羲之和王献之并称"书中四贤"。

东汉时的学术多为家学传承，非世家大族不能为。张氏一门名人迭出，张芝弟弟张昶的书法也十分精妙，为后世称道。此外东汉末年敦煌还出了一位博士侯瑾。侯瑾，生卒年不详，约献帝间前后在世。东汉著名文学家，字子瑜，敦煌人，自幼孤贫，依族人居。苦学成才。少时在别人家当用人，经常在夜间点燃柴火读书。朝廷屡次招他去做事，但他每次都以病推辞。后徙居山中，专心论著。曾作《矫世论》，讥讽时弊，鞭笞丑恶。又著《汉皇德传》30篇，记叙当朝汉光武帝至冲帝100多年间的史事。河西一带敬慕侯瑾的德才，尊称他为"侯君"。

DUNHUANG
THE BIOGRAPHY

敦煌传

魏晋纷乱　佛窟兴建

第三章

鸠摩罗什雕像 位于新疆克孜尔石窟 闫玉敏、闫玉昆、杜永卫创作

士族崛起兴文教　乱世纷争学术高

东汉末年爆发黄巾起义。在镇压起义的过程中，各地官僚军阀趁机扩张武装，势力大涨。他们与坞堡组织相结合，形成图王称霸之势。由于当时北方各民族的社会、经济、政治、文化等各方面发展不平衡，民族关系错综复杂，民族矛盾异常尖锐，已是乱象丛生。这些地方势力趁乱盘踞一方并不断扩张，加上对地区经济的控制与发展，亦使他们具备了争霸的物质基础。因此，当中央政权的经济、政治能力难以掌控国家局面时，分裂割据的社会形态便应时而生。这便是中国历史上四大"乱世"之一的魏晋南北朝（220—589），又称三国两晋南北朝。

这一时期除了西晋短期的大一统外，大部分时间都是迅速地朝代更迭和多国并立。整个中国自三国魏曹丕称帝（220）到隋文帝杨坚统一天下（589），陷落于长达369年的分裂割据局面。

魏晋南北朝历史主要分为曹魏、西晋、东晋和南北朝时期。其中，西晋之后的一百三十多年中，我国北方、西南、西北还前前后后建立过二十多个国家，以少数民族政权居多，史称"十六国"。南北朝时期的北朝有五个少数民族政权，以北魏最早，后来北魏分裂为东魏和西魏，东魏之后是北齐，西魏之后是北周。北周灭北齐，统一了北方。南朝则有宋、齐、梁、陈四个汉人政权，依次更替，最后的陈朝被北周权臣杨坚所灭。杨坚统一南北朝建立隋朝，大分裂时期到此结束。在这一段漫长的分裂割据动荡历史中，敦煌一带虽政权多变，更迭频繁，较之中原却算是相对平稳。

魏晋南北朝是一个天下分裂、战乱纷繁的时代。但这时期的文化与科技发展却翻开了新的一页。一方面，长期分裂割据所形成的竞争格局，造就了文化与科技的多元化发展，也造就了思想学术的活跃与纷繁，进而推动了社会文明的进步；另一方面，由于士族阶级的兴起和宗教的兴盛，士族庄园经济和寺院经济成为有活力的占主导地位的新经济形态，贵族文化与宗教文化迅速崛起，与儒家、道家等之前的主流文化分庭抗礼并相互交融，对这一时期中国文化科技的发展产生了特别大的影响。其显著的表现就是玄学的渐起、佛教的传入和道教的兴起，以及波斯、希腊文化的掺入。从魏至隋的三百多年间，在数十个大小王朝兴灭更替的过程中，上述诸多新的文化因素互相影响，交相渗透，使这一时期中国哲学思想与文化科技呈现出一种开放形态，较之两汉时期具有更大的包容性。

自东汉末年至曹魏初期，原本较为安定的河西走廊，成为各种势力角逐之战场。先有东汉镇压羌人的战争，后有河西割据势力在走廊东部的相互攻伐，敦煌也一度卷入战争。魏文帝曹丕（187年冬生—226年6月29日卒）即位以后，河西东部的割据势力阻断了敦煌与朝廷的联系。此时敦煌太守去世，在没有朝廷派员接替的情况下，敦煌人推举当地贤达为敦煌长史，暂时掌管地方政务。之后敦煌军队消灭了河西的割据势力，迎曹丕新委派的敦煌太守到任，至此河西尽归曹魏。新任敦煌太守继续推行西汉以来的屯田戍守政策，保护来往商人，较快地恢复了经济，使敦煌成为胡汉交往的商业城市。

河西走廊归曹魏统辖后，敦煌相对安宁，经济和文化都发展不错。曹魏之后，西晋统一中国，但不久发生了"八王之乱"和"永嘉之乱"，使得中原大地血流成河。为避战乱，人们纷纷向南北边地逃亡。移民潮急剧向东南沿海和西北边陲扩散，其中大量的中原世家大族避居河西。他们的到来进一步促进了河陇地区的经济和文化的发展，使河西一度成为中国北方的文化中心。与此同时，西域文化也源源不断地向东传播，而敦煌又是西来文化的必经之路。一时间，敦煌出现了空前的繁荣。

魏晋时期统治者为了充实关中，屏蔽中原，常常强迁甘、青及周边的氐、羌和其他少数民族于关中。陇右、河西的割据者，也常常引氐、羌为援。由羌人、鲜卑、乌桓及匈奴组成的军队时常出现在北方及中原战场。这也使得北方少数民族在西晋后逐步走向农耕生活，从而迈向生活方式的汉化与政治体制的

莫高窟第275窟 北凉 现存最早的敦煌石窟

封建化道路。西部、西北部各地少数民族的大量内迁，更加快了各少数民族的融合与汉化进程。当然，不同地区的政治、经济、文化、军事发展不均衡，势必引起民族间相互的不适应和不和谐，各民族之间从摩擦到战争也是很自然的事情。而地处河西走廊西端的敦煌，在这较长的纷乱时期有一个突出特点，就是乱中有稳。因为国家权力争夺的中心地区在中原，敦煌虽有统属权的不断变更，甚至还有自立的小政权存在，但斗争相对平缓，过渡也比较平稳。

魏晋南北朝时期，敦煌先后经历了曹魏、西晋、前凉张氏、前秦苻氏、后凉吕氏、西凉李氏、北凉沮渠氏以及北魏、西魏、北周十个封建王朝或割据政权的统辖。这369年，是中国历史上分裂割据、民族冲突最严重的战乱年代，中原大地悉为战区，唯凉州、敦煌尚称安定。西晋虽经历了短期的统一，但八王之乱（291—306）、永嘉之乱（307），很快就将西晋推入了灭亡边缘。北方军阀混战，人民流离失所，处于水深火热之中。但此时的河西却维持着相对稳定的局面。因此战乱地区的居民纷纷背井离乡逃往河西避难，当时任凉州刺史的张轨，接纳了大批的流亡移民，并新辟郡县安置于党、疏流域。关中逃亡者的迁入，也带来了异乡的文化和生产方式，从而丰富了本土的汉晋文化，同时促进了农业生产的发展。这一历史时期是敦煌的黄金时代，各方面都获得了持续性发展。学术文化空前繁荣，人才辈出，群星灿烂，无论经史、文学、史学、哲学、艺术、宗教、科技、天文、地理等领域都取得了很多突破性或开创性的成就，尤其文化教育在全国属先进地区。其间敦煌的辖境多有变化，历史上以"敦煌"命名的州郡、军镇等行政区划中，首推北魏时期敦煌军镇所辖的范围最大。这一阶段的历史形势复杂多变，政权更迭频繁。其中敦煌太守李暠还建立西凉政权，疆域广及西域，使敦煌在历史上第一次成为国都。由于李暠的励精图治，敦煌在此时期经济与文化发展迅速，名满天下的莫高窟就开创于西凉统治时期，成为敦煌石窟艺术的起源。

曹魏平乱敦煌安　太守政绩青史传

汉末战乱频繁，各方豪强云集，拥兵自立，形成了群雄割据局面。经过相当一段时间混战，东汉王朝已名存实亡，最终形成了魏、蜀、吴三国鼎立局面。208年，曹操折戟赤壁后，为了巩固后方，彻底统一北方，决定西征陕甘地区，夺取整个关陇。建安十六年（211），曹操命钟繇率大将夏侯渊等由洛阳向关中、陇右进发，并亲临前线指挥。曹军与韩遂、马超对峙于渭水，曹操使用离间计分裂韩、马关系，一举将其击溃，顺利剪灭了西北地区的劲敌。夏侯渊又攻杀枹罕（今甘肃临夏）的"河首平汉王"宋健，使陇右一带尽归曹操势力范围。

建安二十五年（220），曹操病逝，曹丕继魏王。同年十二月，汉献帝禅让退位，曹丕称帝，国号魏（年号黄初）。曹丕追尊曹操为武皇帝，曹魏政权名实俱备，河西四郡陆续纳入曹魏王朝的统治。

然而，曹魏王朝对河西的实际控制并非轻而易举。一方面，要弹压少数民族的叛乱，特别是凉州的羌人和卢水胡。在汉末三国混战之际，羌、胡不仅是割据者挟之以攻战的工具，而且自身势力也不断壮大，经常发生叛乱。曹魏为了夺取和稳固河西，与羌、胡联军先后两次作战。一次发生于延康元年（220）五月，一次发生于黄初二年（221）十一月。曹魏大军通过两次征西，使羌、胡的势力严重削弱。另一方面，曹魏时期的河西，还有武威颜俊、张掖张进、酒泉黄华三个地方割据势力，互相攻杀，不服曹魏管辖。史书记载，"河右扰乱，隔绝不通"[1]，"并举郡反，自号将军，更相攻击"[2]。此期间，唯有敦煌忠于魏室，信守魏地，保得一方安宁。当时，敦煌太守马艾死了，因黄华、张进对河西走廊东部通道的控制，阻隔了敦煌与朝廷的联系，敦煌一时没有新太守继任。在无法得到曹魏朝廷任命的情况下，敦煌郡的功曹张恭被郡人推举为临时敦煌长史，以统领并管理地方军政。张恭为敦煌世族，"素有学行，恩信甚著"[3]，为人练达持重，受人尊敬。他掌管敦煌郡事后，积极联系曹魏朝廷，派儿子张就前往洛阳觐见魏主曹丕，请求派太守到敦煌来。张就向东行至酒泉，被割据酒泉的黄华抓捕并强迫其投降。张就抗拒不从，并暗地里给父亲张恭捎去密信一封，叮嘱父亲不要顾及儿子安危，要以大局为重，即刻发兵酒泉，讨伐黄华叛逆。张恭按其子之意，一边派兄弟张华领兵攻取酒泉的沙头、乾齐（今玉门市境内地）二县，一边亲率劲旅随后而来，与先锋张华形成首尾相援之势。与此同时，又选派良将率二百精骑，沿汉长城悄然绕过酒泉北塞，由间道出山进入张掖，对割据张掖的张进发起了突然猛攻。张进措手不及，无力招架，慌忙请求酒泉黄华给予增援。然而此时的黄华也已被张恭、张华兄弟左右夹击打得精疲力竭，穷于应战。若救张进，又惧张恭抄其后路，腹背受敌。在败局已定、进退两难情势下，张进、黄华不得不东奔金城（兰州）乞降于曹魏。

至此，河西走廊一带才真正得以平定，曹魏势力进而威震西域，重新获

---

1 《三国志·魏书·阎温传》："河右扰乱，隔绝不通，敦煌太守马艾卒官，府又无丞。"
2 《三国志·魏书·刘司马梁张温贾传》："是时，武威颜俊、张掖和鸾、酒泉黄华、西平麹演等并举郡反，自号将军，更相攻击。"
3 《三国志·魏书·阎温传》："功曹张恭素有学行，郡人推行长史事，恩信甚著，乃遣子就东诣太祖，请太守。"

得了对西域的控制权。曹魏在统一北方之初，对河西无暇顾及，至魏文帝曹丕时，于河西实行西汉以来的屯戍边政策，并派遣尹奉到敦煌任太守，维持这一地区的统治。尹奉到任后，积极推行屯戍政策，保护丝绸之路过往商人，使敦煌郡一时成为胡汉交往的商业城市，农业生产也较前期有了进一步的发展。河西走廊地区和敦煌以及西域的道路也由此畅通了。这一段历史在《甘肃历代先贤考》[1]中有过详细描述："文帝践祚，敦煌太守马艾卒，黄华、张进等反，文帝迁奉为敦煌太守。张恭别遣铁骑二百，迎史官属，东缘酒泉北塞，径出张掖北河，逢迎奉。又灭华、进。奉到任，屯田戍守政策，护商贾。"由于张恭护境平乱有功，黄初二年（221），曹丕特颁发诏书表彰张恭护境平乱之功绩，赐爵关内侯，拜西域戊己校尉进驻西域。张恭之子张就也因立功随后被提升为金城太守。敦煌张氏父子为曹魏时期边地的保境安民以及丝绸之路的通畅作出了贡献，一直为后人所传颂。

在曹操当政时，河西至西域隶属于雍州，仍然沿续东汉旧制。至曹丕代汉称帝后，决定从雍州分出一部分区划复置凉州，敦煌郡归凉州统领。曹魏时期的敦煌郡地理面积虽未增加，但在此前所辖六县基础上，将广至县一分为二，另增立了一个宜禾县，县治在今瓜州县西北。故当时的敦煌郡领七县，分别为：敦煌、效谷、广至、渊泉、龙勒、冥安、宜禾。河西及敦煌自东汉镇压羌人的连年战争就已人户萧条，至曹魏建立前后，各割据集团相互征战，这一时期敦煌郡的人口处在一个持续下降的趋势。具体情况因史书缺载无法估量，从同时期甘肃中部金城郡人口锐减至东汉时的三分之一来看，估计与其同属凉州辖区的敦煌郡情况也大概如此。

河西走廊的早期开发，功在汉武帝为断匈奴右臂而采取的列四郡据两关，与之相应的是大力开展军垦民屯、徙民实边。全盛时河西四郡有户六万一千余，人口十八万余，加上屯田士卒，整个河西约有四十余万人[2]，一度达到了相

---

[1] 清光绪年间举人、甘肃西和人赵元鹤著。
[2] 《汉书·地理志》："武威郡……户万七千五百八十一，口七万六千四百一十九……张掖郡……户二万四千三百五十二，口八万八千七百三十一……酒泉郡……户万八千一百三十七，口七万六千七百二十六……敦煌郡……户万一千二百，口三万八千三百三十五。"

当的繁荣富庶。然而到新莽时期马援在这里"以牧养发迹"[1]，实行农牧参半政策，让大量羌人内徙，为后来的"羌祸"埋下祸根。东汉中期，从汉安帝到汉桓帝，河西及陇右的羌人发动了三次大规模起义，而且持续了六十余年。河西备受戕害，人户下降到西汉鼎盛时期的三分之二。汉末战乱，河西又惨遭破坏，极目凄凉，乃至敦煌二十余年不见太守。河西走廊的再度崛起，并且转向以农业为主体，当是曹魏之功。这与曹魏时期先进农耕技术的传入和人口的增加密切相关，更有仓慈、徐邈、苏则、皇甫隆等历史人物的功绩。

汉魏之际，群雄纷争，百姓饥寒交迫，所谓"白骨露于野，千里无鸡鸣"[2]，便是当时社会的真实写照。一边是成片的田地被废弃，荒地更无人开垦；另一边是大批食不果腹的流民四处逃散。劳动力的奇缺和无组织化，导致了农业生产的衰败。曹魏初领河西时，敦煌已是满目疮痍。而曹操的建安屯田[3]实施后，则把劳动力安置在国有土地上从事生产，使既有生产资源得到了充分利用。屯田制还解决了军粮供应问题。军阀混战，归根结底打的是粮草。曹操军团积极在交通便利的地区实行屯田制度，不但粮草供应有了保障，而且大大减轻了农民运粮的沉重徭役负担。曹丕执政后，在治理国家方面，延续了他父亲曹操的屯田制，这条利民之策一定程度上稳定了曹魏政权，减少了百姓的流离失所。在河西走廊，曹魏先是平定各种反叛与割据势力，为生产的恢复与经济的发展提供了和平环境；继而又积极经营西域，设置戊己校尉，加强统治，从而促进了敦煌商业的发展，并部分恢复了敦煌的战略地位。20世纪初以来在今新疆地区发现了大量与敦煌有关的魏晋文书，说明那时的敦煌确实与广大西域地区保持着密切关系。

曹魏王朝十分重视敦煌的战略地位，因而格外重视对当地官员的任命。此时期敦煌出现了两位很有名的太守。

一位是太和年间（227—232），魏明帝任命的敦煌太守仓慈。

仓慈，字孝仁，三国时淮南（今安徽寿县）人。东汉建安年间，曹操在

---

[1] 贾思勰《齐民要术》："马媛以牧养发迹。"
[2] 《蒿里行》曹操。
[3] 《三国志·魏书》："是岁（建安元），用枣祗、韩浩等议，始兴屯田。"

淮南屯田,仓慈任绥集都尉。魏文帝曹丕黄初年间(220—226)曾出任长安令,因其政绩斐然,且"清约有方,吏民畏而爱之"(《三国志·魏志·仓慈传》),故曹魏委派仓慈继任敦煌太守。

敦煌郡地处西陲,远离中原,东汉末年以来,敦煌豪族的势力迅速扩大,土地已高度集中于豪门大族之手,社会阶级矛盾空前尖锐和严重。早在前任太守尹奉出任之前,就因河西中部割据丧乱而使敦煌与中原朝廷隔绝,竟然二十多年没有朝廷派来的太守任职。当时的敦煌因远离战火,处于相对安定的社会环境,而这种安定局面客观上保护了敦煌的豪族,导致"大姓雄张",豪门势力强大专横,"旧大族田地有余,而小民无立锥之土"(《三国志·魏志·仓慈传》)。他们兼并土地,垄断地方经济,压榨农民,勒索敲诈西域商户,甚至把持地方事务,左右地方政治。这种积习,直接影响着敦煌历史的发展,以致太守尹奉在任时也不得不遵循这种潜规则,没能将其改正过来。

仓慈到任后,针对敦煌地方大族势力越来越膨胀的现象,采取抑挫豪右、抚恤贫弱百姓的措施,与当时的凉州刺史徐邈联手,解除豪强武装,制止土地兼并,有效扼制并打击了豪强大族的嚣张气焰。为缓解"旧大族田地有余,而小民无立锥之土"(《三国志·魏志·仓慈传》)的社会矛盾,他在敦煌境内大力推行依据人口数量来征收赋税的办法,有效地减轻了普通民众的负担,缩小了过分悬殊的贫富差距。此外,敦煌各县遗留的陈年旧案颇杂,很多狱讼悬而未决。仓慈亲阅卷宗,提审案犯,斟酌罪责轻重,除了重罪、死罪案犯外,对大部分犯人只是用鞭刑、棍刑责罚后就释放了。这样一来,一年中处决的囚犯竟然不到十人。敦煌地处中西通道关口,也是中西商贸集散地。西域杂胡前往中原贡献、经商或就地交易,都必在敦煌休整落脚。一些敦煌豪族对过往商客敲诈勒索,引起西域各地不满,导致胡汉之间关系日趋紧张。仓慈一方面尽量为西域杂胡提供各种方便,一方面给前往中原的商人发放由地方官府提供的"过所"(通行证)。对那些在敦煌就地交易的胡商,则由官府储存的商品与其公平交易,并委派当地吏民沿途护送回归本国的商客。仓慈在任时彻底解决了长期存在的地方豪强勒索西域杂胡的问题,不仅创建了"胡商交市",还定订了有关商贾从敦煌过境的各种规定,为商人们提供了安全的关口通道和公平公正的交易平台。仓慈推行的一系列施政策略，不仅为过往商贾提供了交通和贸易上的便利和保障，也使得敦煌地区农商兴旺，社会安定，经济发展迅速，有力地推进了敦煌地区的商业发展和社会繁荣，从而加速了人口的恢复，使敦煌变成了丝绸之路上一处重要的商品贸易中心、一个胡汉交往的都会。仓慈本人也因抚恤贫下、鼓励异族通婚、沟通西域的卓著政绩，深得当地百姓和西域各国的爱戴。仓慈最终卒于敦煌太守任上。他去世后，敦煌民众极其悲痛，为他画像以作追思和祭奠。西域商民更是如丧考妣，聚集到西域戊己校尉的驻所沉痛哀悼，并为其立祠祭祀，甚至有人用刀子割伤自己的脸庞以示血诚。巧合的是，这种西域风俗，在中唐时期的莫高窟158窟《各国王子举哀图》壁画中有所体现。

另一位敦煌太守是魏齐王曹芳统治时期在任的皇甫隆。

仓慈之后，先后由天水人王迁和金城人赵基继任敦煌太守，然而他们都政绩平庸，没有多少作为。直到魏齐王曹芳嘉平元年（249），安定人皇甫隆取代赵基出任敦煌太守。皇甫隆任敦煌太守期间，非常注重农业生产技术的提高，他在敦煌改进和推广中原先进的耕作技术和生产工具，使敦煌的农业生产得到长足发展。此前，敦煌地区的灌溉和耕作方式比较落后，"不甚晓田，常灌溉滀水，使极濡洽，然后乃耕，又不晓作耧犁，用水，及种，人牛功力既费，而收谷更少"（《三国志魏书·苏则传》）。是说当地人不太懂种地的窍门，经常用大水漫灌，造成土地板结后再耕地，又不会使用耧犁，所以从灌溉到播种，耗用了很大的人力畜力，最后收成却很差。因而皇甫隆在敦煌推广"耧耕法"，改进耕作技术；同时推行严整土地、以分畦灌溉的"衍溉法"，取代以往的大水漫灌。经过黄甫隆的一系列革新改造，明显改善了敦煌地区的生产条件，不仅节省了水资源和劳动力，而且增加了50%的粮食产量，收到了事半功倍的效果。此外，皇甫隆还注重兴利除弊，改进当地人的服饰，大大节省了服装用料。皇甫隆在敦煌地区实施的各项举措，使敦煌的农业生产不仅得到了恢复，还进而发展成为农耕技术比较先进的地区，这对敦煌后世的农业开发都产生了深远的影响并起了重要的作用。人们认为皇甫隆的勤政爱民、造福一方足以与仓慈相媲美，其政绩在史书上亦留下了浓重的笔墨。如《三国志·魏书·苏则传》载:"隆到,教作楼犁,又教衍灌,岁终率计,其所省庸力过半,得谷加五。又敦煌俗妇人作裙,挛缩如羊肠,用布一匹,隆又禁改之,所省复不訾。故敦煌人以为隆刚断严毅不及于慈,至于勤恪爱惠,为下兴利,可以亚之。"

在仓慈、皇甫隆等勤政廉明的地方官吏治理下,敦煌的政治经济很快步上了正常发展的道路,社会环境安定,人口逐渐增加,这种情况大约一直延续到曹魏末年。

曹魏时期的屯田

河西走廊是历代兵家必争地。两汉、曹魏时期,威胁河西安全的主要是以匈奴和羌人为主的少数民族。为了实现对河西的控制,无论是中央政府还是地方割据政权,都在这里兴修水利,发展农业,积极推行屯田之策。屯垦的范围日益扩大,从最初的河西地区,逐渐发展到了青海、西域一带。特别是曹魏时期,朝廷对河西屯田的重视程度不亚于汉初。军队就地开垦,自耕自收,以充粮饷,此为军屯。除了军屯,官府还招募游民徙往边地,并设置屯田官,实行民屯。军屯与民屯政策,不仅促进了河西及敦煌地区社会经济发展,而且有效地防范了边地少数民族内侵,稳固了边防,对维护中原王朝的统治具有深远意义。

东汉至曹魏时期,由于匈奴、羌人的侵扰,河西一带总体的屯田规模虽然稍逊于前汉,但屯田事业却一直没有间断。曹魏时期尤为重视对河西地区的经营。为巩固后方,朝廷选拔贤能官吏派往各郡治理河西,他们抑制豪右,消弭叛乱,招抚流亡,安抚羌、胡,使河西得以恢复生机。早在建安元年(196),曹操击败一批黄巾军,夺得一大批耕牛、农具和劳动力后,便任命屯田都尉全权负责屯田事宜,并下令各郡国设置田官,招募流亡百姓,同时集结部分军队进行屯田,使屯田制得到广泛推行。曹魏政权统一北方后,立即着手恢复和发展统治地区的社会经济。他们在河西走廊开垦土地,修建水利、实行屯田垦殖,以解决粮食问题。太和二年(228),魏明帝曹叡派遣徐邈为凉州刺史,徐邈"上修武威、酒泉盐池以收虏谷,又广开水田,募贫民佃之",出现了"家家丰足,仓库盈溢。乃支度州界军用之余,以市金帛犬马,通供中国之费"的局面(《三国志·魏书·徐胡二王传》)。徐邈经营河西,在武威和酒泉修建盐池,用食盐换取少数部族谷物,又广泛开辟水田,招募贫民来租佃,使河西地区户户丰衣足食,官府的储备粮仓也满满的,在供给本地区军事费用之外,还用多余的经费购买金帛和马匹供应中原地区。徐邈任凉州刺史期间所推行的屯田政策,不仅使当地的生产得以恢复和发展,而且有余力向中原朝廷供给物资。此外,曹魏政权还在河西地区推广了先进的耕作与灌溉技术。如上述敦煌太守皇甫隆,他在任期间教当地百姓使用耧车耕种并改进灌溉方法,取得了事半功倍的效果,有效地提高了农业产量。敦煌在曹魏时期出现的安定繁荣局面,与曹魏政权在河西大力发展屯田经济有着直接的关系。

剪灭群雄晋统一　多元文化聚河西

　　自西汉设郡到西晋末的数百年间,丝路虽几通几绝,但敦煌日渐呈现出繁荣昌盛的景象,也逐步发展成为西北军政中心和文化、商业重地,正如史书所记载那样的"华戎所交一大都会"。自汉武帝大移民时期来到敦煌的世家大族,已在敦煌积累发展三百多年,这些世家大族在政治、经济、文化上已建立了相当雄厚的实力。政治上,他们操持权柄,左右形势;经济上,他们广置田产,掌握着当地民生命脉。但他们对敦煌的文化发展有着卓越的贡献。当时敦煌名士济济,人才辈出,他们当中才兼文武,名人荟萃:为将者出师征伐,保境安民,为士大夫者博古通今,兴教昌文,讲学著书,引领文化潮流。在佛教未及播散之前,这里早已盛行本土的阴阳谶纬和传统的神仙思想,古老而深厚的汉晋文化,为佛教的滋生扩散铺设了基石。

　　晋朝(265—420)上承三国下启南北朝,分为西晋和东晋两个时期。西晋为中国历史上九个"大一统"王朝之一,东晋是"五胡乱华"时偏居江东的汉人政权。265年,司马炎篡曹魏,建国号晋,定都洛阳,史称西晋。280年,晋灭吴完成统一。290年,爆发"八王之乱",晋室逐渐衰微。316年,西晋灭亡。西晋的衰亡,使中国再次陷入大分裂状态。匈奴、羯、氐、羌、鲜卑等少数民族包括汉族，在中国北方及西南、西北建立了二十几个国家，其中实力较强的有十六个，史称"五胡十六国"。317 年，西晋宗室司马睿在建邺（今南京）重建晋廷，史称东晋。383 年，东晋与前秦淝水之战后得到暂时巩固。420 年，刘裕废东晋恭帝，代晋自立，国号宋，史称刘宋，此为南北朝时期的南朝开端。两晋总历时 156 年，其间少数民族迁至中原，加强了民族融合，而西晋末期北人南迁，则开发了江南地区。

曹魏后期，朝政大权旁落司马氏之手。司马懿掌握了曹魏实权后先灭蜀汉，继而司马炎称帝后又灭掉了孙吴，至此"三国总归司马氏"，分裂局面复归一统。然而司马政权气数太短，自曹魏咸熙二年（265）司马炎代魏称帝建立晋朝，经西晋太康元年（280）灭吴统一中国，至西晋建兴四年（316）愍帝被杀，西晋立国仅 51 年，其完全统一时期在我国历史上如昙花一现。

西晋时期进一步发展的敦煌经济与文化

西晋王朝领有河西敦煌后，继续沿用曹魏以来的各项政策，使这一地区延续了曹魏时的繁荣局面。西晋在河西走廊地区设置凉州刺史部，敦煌属凉州刺史所管。据《晋书·地理志》记载，西晋时期敦煌郡统 12 县，6300 户，郡治在敦煌。所辖 12 县分别为：昌蒲（今肃北蒙古族自治县一带）、敦煌、龙勒、阳关、效谷、广至、宜禾、冥安、深泉（即汉时渊泉）、伊吾、新乡、乾齐。但同书又载，元康五年（295）晋惠帝以敦煌郡之宜禾、伊吾、冥安、深泉、广至 5 县，再加上酒泉郡沙头县及新设的会稽、新乡 2 县，共以 8 县之地新置晋昌郡。这里就出现一个问题，既然新乡县在立县之初即被划归晋昌郡，那么该县不应列入敦煌郡。以此推论，在元康五年之前，敦煌郡应领县 11 县，而非 12 县。11 县中，昌蒲县的具体位置不明。乾齐县为西汉所置，原属酒泉郡，临近敦煌郡，其县治应位于今玉门镇的绿洲地带，今玉门镇东南两千米中渠村的古城，抑或就是汉乾齐县城址。因而元康五年之前敦煌郡的大致范围应包括今哈密市及敦煌市、瓜州县，此外还包括今肃北蒙古族自治县的北部及玉门市的西部一带。但在元康五年之后，原为敦煌郡所领的宜禾、伊吾、宜安、深泉、广至 5 县被划归新置的晋昌郡，敦煌郡所领属县只剩下昌蒲、敦煌、龙勒、阳关、效谷、乾齐6县（参见《敦煌历史地理》）。从地域范围来说，西晋时期的敦煌郡，是北方少数民族纷争融合的主要地区之一，亦是佛教自西向东传入中国的主要通道；从时间跨度来说，西晋乃是延续汉魏时期佛教与我国原有各种宗教交汇认同的重要时期。时空交叠所形成的历史机遇，注定了西晋时敦煌郡在当时民族融合与文化发展历程中所扮演的重要角色，及其所具有的特殊地位。

随着西晋经营西域活动的展开，敦煌的重要性必然受到朝廷重视。西晋初年，金城（今兰州）太守吾彦被调任为敦煌太守。吾彦原为东吴将领，吴灭后降晋，他虽出身寒微，却相貌堂堂、文武皆备，且果敢公正、才干卓著，很受晋武帝司马炎器重。吾彦在任敦煌太守期间，曾"躬耕力行，劝民生产"，身先士卒带领当地百姓从事劳动，使得敦煌一带的农业生产与社会经济延续了曹魏嘉平中的繁荣，出现了"家给人足，晏然富庶"的安定局面。吾彦为官清正，治理敦煌颇有政绩，《晋书》称其"镇抚数年，恩威并著"。老百姓对他也是敬重有加，格外拥戴。

我国古代社会，人口增长是评价社会经济发展状况的重要指标。从汉末到西晋，在历经近百年分裂重新走向统一后，雄心勃勃的皇帝为了帝国的长治久安，随即展开了宏大的财政改革。其主要目的是：摸清全国的人口数量，并根据人口重新分配耕地，在让百姓安居乐业的同时，为政府提供可靠的财政收入。经过清查，晋朝的人口为1600余万人，比三国时期的总人口数量整整翻了一倍。之所以会出现这么大的变化，除了太平时期的人口自然增长之外，还由于政策的吸引使流民重新回归家乡，被纳入户籍之中。晋武帝实施的土地改革纲要中规定：每一个男丁可以占田七十亩，女丁可以占田三十亩，一个家庭（一夫一妻）正常的土地是一百亩，而且土地税比任何时期都优惠。从当时敦煌的情况看，随着大量流民纷纷回归故土，西晋时敦煌的人户已达6300户，人口约35000人。此数字虽不及汉朝鼎盛时期，但却远胜汉末魏初。人口的增多必然带来劳动力的充实，因此促成了粮食的大幅度增产。晋武帝咸宁元年(275)，敦煌郡自西汉就修筑的储存军粮的大型仓城——河仓城已是仓满廪实。河仓城是汉代至魏晋时期玉门关一带乃至西部边防线上储备粮秣的重要军需仓库、玉门关、阳关一带的出守军均从这里领取给养。晋武帝的改革计划，可谓把握住了要领而且能够高瞻远瞩。如果他的政策顺利推行下去，那么晋朝将成为一个持续数百年的强大王朝。然而晋的安定局面只维持了十余年，随后就进入了"八王之乱"时期。"八王之乱"造成的社会解体给各地的少数民族以机会，随着少数民族政权的崛起，中国进入了"五胡乱华"的时代。而晋武帝设想的财政改革也没有得到有效的推行，随后的两百多年反而成为中国历史上少有的财政混乱时期。

西晋"八王之乱"发生于晋元康九年到光熙元年（299—306），是一场因皇族争夺中央政权而引发的内乱，是中国历史上最为严重的皇族内乱之一。当时社会经济遭到了严重破坏，百姓陷入水深火热之中，这是导致西晋亡国的祸端，而且使中国迅速进入五胡十六国大分裂时期，酿成近三百年的动乱。

"八王之乱"的大规模战祸，不仅大伤了西晋王朝的元气，也引发了各少数民族的反抗与叛乱。趁着天下大乱，内迁的胡人开始兴风作浪，中原的汉人政权却再也没有实力戡乱了。早在曹操统一北方后，便把降服的南匈奴分左、右、南、北、中五部，分别散居于现在的陕西、山西、河北一带，以各部头领为帅，并以汉人任司马以监督之。司马炎称帝后，塞外匈奴又有两万余众归附西晋，入居于河西走廊等地，逐渐与汉族人杂居融合。东汉末，鲜卑族出了一个首领叫檀石槐，此人天纵奇才，他向南劫掠沿边各郡，向北抗击丁零，向东打败夫余，向西进攻乌孙，并且尽收匈奴故地，东西达一万四千余里，南北达七千余里，拥有二十余城。他将占有的地盘分为三部，其中上谷以西至敦煌地区，西接乌孙为西部。鲜卑人很多与汉族人杂居于秦、凉一带，民族之间互有影响，融合显著。晋武帝泰始六年（270），"凉州鲜卑"首领秃发树机能，曾起兵造反十余年，后被晋武帝器重的武威太守马隆于咸宁五年（279）冬斩毙，平定凉州。鲜卑和匈奴少数民族的首领，在与西晋统治阶级的抗争中，逐渐转化为争夺政权的野心，他们掠夺汉民，破坏生产，四处攻伐，使中国北方和西北广大地区逐步陷入纷扰割据中。当时的敦煌地区，虽也不可避免地卷入大时代战乱的洪流之中而受到影响，但由于其地处西陲，远离战祸中心，因此有一个相对安宁的时期。

八王之乱后，西晋政权衰弱，经济败坏，民族矛盾尖锐，内迁各族趁机起兵反晋。永兴元年（304），南匈奴贵族刘渊在左国城（今山西离石）起兵，建立汉政权，史称前赵或汉赵。永嘉三年（309），汉赵政权两次进攻洛阳，被西晋击退。永嘉五年（311），刘渊之子刘聪遣石勒（羯人）、王弥、刘曜（匈奴）等率匈奴大军攻晋，在宁平城之战中歼灭晋军主力，杀晋太尉王衍及诸王公，随即第三次进攻洛阳并将之攻破，俘获晋怀帝，杀王公士民三万余人。此次战乱，使三国后短暂的统一再次走向分裂，成为中国历史上一个重大事件，史称"永嘉之乱"。永嘉七年（313），晋军在长安拥立愍帝，改年号为"建兴"。建兴四年（316），匈奴刘曜又攻入长安，愍帝出降，西晋灭亡。西晋被灭的过程中，胡人除了滥杀汉民，还大肆破坏汉人祖宗之墓，汉人被迫大规模南迁，尤其是晋朝的官员和士族。晋人的这次大逃亡，史称"衣冠南渡"。晋人南迁后在江东（今长江下游江、浙、皖、赣一带）恢复晋室，定都建康（今南京），建立了东晋，中国北方地区则由此进入五胡十六国的大分裂时期。

永嘉之后被迫南迁的汉人，曾立志收复中原。当时有一位极受人民爱戴的将领叫祖逖，祖逖北伐曾一度收复黄河以南大片土地，但后因朝廷内乱，祖逖受东晋皇帝司马睿猜疑，忧愤而死。祖逖死后，收复的失地又相继失去。至后来，十六国时期冉魏政权建立者冉闵下"杀胡令"，北方同仇敌忾，奋起抗击，才逐步平复了胡人之乱。然而，经历"五胡乱华"后，汉族人口跌落谷底，从西晋时期的一千多万只剩下三四百万了。

西晋的敦煌文化

晋朝是汉末以来中国文化的中衰时期，但在哲学、文学、艺术、史学、科技等方面却有着新的发展。两晋的文化走向多元发展，是一个文化开创、冲突又融合的时代。其时天下混乱，士族文人多不以道义为重，儒学中衰。旷达之士，目击衰乱，不甘隐避，则托为放逸，遂开清谈之风。晋室之兴，世乱未已，向秀之徒，益尚玄风。玄学与印度东传之佛教交汇，中国文化逐渐转变为儒释道融合之状况。由于儒教独尊的地位被打破，哲学、文学、艺术、史学及科技纷纷出现革新，有些成为独立的学问。当时儒学之外有影响力的思潮大致有两大类，一类是由本土发展的玄学、道教，另一类是由印度东传的佛教，士大夫竞相效仿，盛行清逸淡泊。汉代以前，政治主权完全掌握在华夏族，汉代以后，政治主权不全在华夏族，边疆民族带来的草原游牧文化也融于中原文化。胡人内迁、作乱、占据中原，草原文化、中原文化、江南文化碰撞、交流。虽战乱频繁，民族融合和文化交流却大幅度前进。所以，晋朝虽统一时间少，分裂时间长，却是中国历史上文化最灿烂的朝代之一。

永嘉之乱后，中原烽火连天。在"衣冠南渡"和东晋政权建立过程中，中原汉人惶恐不安，纷纷举族逃亡。然而五胡迅速占据中原，导致相当数量的西晋臣民被困于中原无法南迁。好在天无绝人之路，一直掌控河西走廊的凉州刺史张轨向来心系晋室。他对落难的中原汉族臣民给予同情，不愿置之不理，故而先后两次派兵奔赴洛阳和长安保卫晋怀帝与晋愍帝。洛阳和长安沦陷后，张轨又积极接纳和安置落难的西晋臣民。出于对西晋的感情，他在安置西晋臣民的地方设置了晋兴郡，以希望晋室再度复兴。

此时中原早已战火熊熊，哀鸿遍野。内迁的五胡攻伐不断，战乱频仍。在短暂的时间里，北方地区前后出现了十六个割据政权。而在夹缝之中生存的中原汉民，流离失所，四处逃难，水深火热。

或许是一种天意，群雄割据的战乱纷争，使得争霸天下的任何一方都无暇顾及由张轨控制的凉州。加上张轨和张重华父子所采取的正确的政治措施，凉州势力迅速走强，一时进入极盛。他们先后击败后汉匈奴与后赵羯族的进犯，一直将整个河西走廊的繁荣安定持续到前秦苻坚统一北方。

两晋之际一直到前凉后期，落难河西的中原汉族臣民安家立业、休养生息，并且在儒士郭荷（秦安人）、郭瑀（敦煌人）师徒的勤勉宣传之下，儒学在这里得以兴盛。此时的河西走廊俨然成为北方儒学的中心、中原汉族及儒家文化的世外桃源。这种形式几乎一直持续到隋朝结束分裂再次一统天下。

西晋的敦煌，商业比较发达，从事商业活动的以粟特人为主。粟特是中国古书中记载的西域古国之一，亦为民族名称。这个民族一直穿梭在中西通道上的各文明之间经商贸易，对丝绸之路的繁荣起到了重要作用。他们或行商，或坐贾，把敦煌作为转口贸易基地，向中原和西域两地进行长途贸易。有关他们的活动,在考古发现和历史研究中频频出现。如写于西晋末年的"粟特文古信札",就记载了粟特商人在敦煌、酒泉、金城、洛阳等地的活动情况,尤其反映出当时居住在敦煌的粟特自由民就有百家之多,说明西晋敦煌商业繁荣,已逐渐恢复到了两汉时期的商业都会的地位。

经济的繁荣是文化繁荣的基础。自汉晋以来,随着中原儒士的大量涌入河西,西晋时期的敦煌已积淀了相当厚实的文化基础,涌现出了不少世家大族聚集起来的文人。在儒学造诣上最负盛名的索靖、氾衷、张甝、索紾、索永,被当时誉为"敦煌五龙"。其中尤以索靖更为后世所推崇。

索靖(239—303),字幼安。敦煌郡龙勒县(今甘肃敦煌)人。西晋将领、著名书法家,敦煌五龙之一。出身世宦家族,历任州别驾、驸马都尉、尚书郎、雁门太守等职。晋惠帝时封关内侯,以荡寇将军之职平定西羌叛乱。赵王司马伦篡位时,索靖响应三王举义有功,累官后将军。河间王司马颙进攻洛阳时,索靖率雍、秦、凉义兵大破其军,却因战斗致伤而逝世,年六十五。累赠司空、安乐亭侯,谥号"庄"。索靖善章草,传东汉张芝之法,其书险峻坚劲。其章草书自名"银钩虿尾"。时人称"瓘得伯英之筋,靖得伯英之肉"(《晋书·本传》)。索靖章草自成一家,张怀瓘评道:"幼安善章草,书出于韦诞,峻险过之,有若山形中裂,水势悬流,云岭孤松,冰河危石,其坚劲则古今不逮。"著有《草书状》等。索靖曾在晋朝任高官司空,著有《索子》《晋诗》各20卷。他又善草书,撰写了论述草书形体结构的专著《草书状》,是中国书法史上著名的大书法家。

除儒学之外,晋时的敦煌也比较流行道教。据载汉代就有一位名叫议(蚁)君的道士被贬到了敦煌,但因时间久远其活动情形已难确考。不过在敦煌三危山中有一座老君堂,其东边的山顶耸立着一间青砖古屋,名曰"浑元古洞",据说是道家祖师打坐练功、朝拜天地的地方。附近还有几座泥塔,与饱经沧桑的老君堂相依为伴。在老君堂附近曾出土过几块用于寺观墙裙的天马砖、龙凤砖等珍贵文物(现存敦煌市博物馆和莫高窟陈列中心),据专家鉴定系汉代文物。这说明老君堂被开辟为宗教场所历史悠久,同时说明早在汉代道教就可能已经传入敦煌。到了西晋时期,敦煌道教更加盛行,现存的这一时期的史料较多。20世纪初在敦煌附近的一处遗址中就曾发现过晋代早期天师道的符箓；在敦煌文书中也发现了六朝人所写的《老子想尔注》残卷（《道经》部分的注本）。而在敦煌以及周边地区出土的规模宏大的魏晋墓葬群中，道教的内容就更加丰富多彩。甚至在敦煌莫高窟早期的佛教壁画中，也夹杂着一些中国古老的道家神仙崇拜、羽化飞升思想的内容。

儒士西行避乱世　　高僧东来传佛经

西晋时期的敦煌，在对传统文化的继承和发扬的基础上，最早接纳了外来的佛教文化。敦煌地处丝绸之路交通枢纽，是印度佛教最初传入中土的必经之地。印度与西域高僧东行传法，进入中国的第一站就是敦煌。他们需要在这里学习汉语，布道宣教，翻译佛经，再把佛教弘传到内地。东汉明帝派大臣蔡音、秦景等十余人出使西域，拜求佛经、佛法，在大月氏国（今阿富汗境至中亚一带）遇到印度高僧摄摩腾、竺法兰，并恳请二位高僧东赴中国弘法布教；随即二位高僧用白马驮载佛经、佛像东赴汉朝，于洛阳建白马寺，当时的敦煌就应该对佛教有所接触。但或许那时的敦煌尚不具备广泛传播佛教的文化基础，故而没有使佛教发展起来。巴黎藏敦煌遗书（沙州都督府阁经）有记佛龛之文曰："右在县东（寿昌县）六十里，香旧图云，汉佛龛百姓更营造。"由此推测文中所记位置当指敦煌西千佛洞，而"汉佛龛"是否说明东汉时期的敦煌就已经有人在这里开窟造像了？敦煌到了魏晋时期，文化积淀已相当深厚。商人、僧侣在两地来往已相当频繁，甚至日益增多的西域胡商索性常年定居在敦煌（如粟特人）。信仰佛教的人越来越多，信仰的具体内容也有了较多表现。到了曹魏末年，敦煌地区便出现了最早的我国佛教史上著名的传教佛僧。据《高僧传》记载，3世纪中叶的高僧竺高座，就曾在敦煌活动，并收竺法护为徒，竺法护是西晋时期我国著名的高僧之一。

竺法护（231—308），称昙摩罗刹，佛教译经家，月氏国人，世居敦煌，八岁出家，礼印度高僧为师，随师姓"竺"，"法护"是中土人对他的称呼。具有过目不忘的能力，读经能日诵万言。当时中原地区虽然礼拜寺庙、佛像，然而大乘经典未备，法护立志西行，不辞辛劳，万里寻师，不但精通六经，且涉猎百家之说，遍通西域三十六国语言。晋武帝泰始元年（265），携带大批经典返回东土，居于长安、洛阳，专事译经，精勤行道，广布德化，时称"月支菩萨""敦煌菩萨"。鸠摩罗什尚未来到中国以前，中国佛教初期最伟大的译经家就是竺法护。大乘佛教最重要的经典《法华经》，即竺法护以《正法华经》为题译出，而流布于世。罗什以前，到中国的译经师虽然很多，但以译经部数来看，竺法护

竺法护画像（历代高僧画传）

的成绩最为可观。他一生致力于西行取经、译经，共译出佛教经典100余部，其中《修行道地经》和《不退转法轮经》等就是太康五年（284）以后在敦煌译出的，当时敦煌已有许多胡汉僧徒参与协助译经，形成了一个颇具规模的译经团体，法护就是这个团体的中心和领袖，被人们尊称为"敦煌菩萨"。

协助竺法护译经的主要弟子是法乘，他曾追随并师事法护，游历西域、中原诸国，往来于敦煌与长安之间，后来因避难西来，定居敦煌，并积极建立寺院，教授僧徒，开设讲筵，育人不止，诲人不倦，为弘扬佛法忘身为道，最终圆寂于敦煌，也是敦煌佛教传播史上的关键人物之一。

竺法护、法乘等高僧的涌现，显示出西晋时的敦煌佛教日益盛行。当时敦煌佛教的特点是专重译经、诲人知礼，虽尚处于初期阶段，却已为几十年后敦煌成为佛教圣地，创建莫高窟打下了基础。

前凉张氏在河西敦煌的统治

西晋统一的局面没有维持多久，便发生了"八王之乱"，继而是"永嘉之乱"。北中国迅速沦为大分裂的十六国时期。随着晋室南迁，北方少数民族入主中原，大批中原人士西迁。此时河西战火烽起。十六国中的前凉、前秦、后凉、西凉、北凉都建立并发展于西北地区，河西敦煌也渐次成为它们的辖

地。最先占有河西的是前凉张氏，其奠基者张轨是一位具有远见卓识的统治者。在前凉张氏七十多年的统治下，河西虽局部战乱，但高昌至凉州一路尚平安。

张轨（255—314），字士彦，安定郡乌氏县（今甘肃平凉）人。自称西汉常山王张耳后代。晋惠帝时，在京城洛阳做散骑常侍。赵王伦当国，张轨亲身体会到朝政混乱，并看到晋室多难，于是想以窦融为仿效对象，到距离洛阳较远的河西走廊一带，保据一方，并作安身立命之地，所以向朝廷请求愿赴凉州。惠帝永宁年间（301—302），被晋室大臣称赞为有"御远"之才的张轨，被朝廷委派到河西走廊，如愿以偿地担任了凉州刺史和护羌校尉。那时的西晋已因战乱而国力衰弱，自身难保，根本无力过问边地的政事，所以张氏虽然奉晋室正朔多年，但在河西的统治实际上却是非常独立的，张轨此次上任也就是张氏在河西长达76年统治的开始。当时，金城（今兰州）、武威、张掖、西郡、酒泉、敦煌、西海以及在元康五年设置的晋昌郡共九郡均属凉州管辖。张轨担任凉州刺史以后，"上表请合秦、雍流移人于姑臧西北（今武威），置武兴郡"，把因战乱和连年灾荒流落到河西的秦、雍六郡流民，于凉州治所姑臧西北处，新置武兴郡予以安置。随后张轨"又分西平界置晋兴郡"，从而使凉州共领十一郡之地。西晋覆灭，晋室南迁建立东晋之后，河西虽然相对独立，与东晋朝廷处于隔绝状态，但张轨及其继任者多奉东晋王朝之正朔。

4世纪初，鲜卑贵族曾在西北猖獗一时，人民受其骚扰，苦不堪言。西晋时河西走廊一带分布着较多的鲜卑人，在张轨治理时期，悉予妥善安排，但有凶悍狡猾、侵扰地方而难以控制者，张轨则毫不留情予以讨伐镇压。与此同时，他还延用当地有才干的封建贤达协同治理凉州，很快就"威著西州"。晋武帝咸宁四年（278），鲜卑首领秃发树机能的部将若罗拔能起兵伐凉，拥众十余万自漠北向河西进攻，斩杀西晋凉州刺史杨欣于武威。晋惠帝永兴二年（305），若罗拔能再度侵袭凉州，凉州刺史张轨派司马宋配领兵阻击，最终斩杀若罗拔能，俘虏鲜卑十余万口，安置于河西走廊各地。张轨调兵遣将，很快将作乱的鲜卑贵族镇压下去，得到了河西人民的拥戴，从此张轨威名大震，为张氏政权以后的统治铺平了道路。站稳脚跟后，张轨制定了一系列政策，为张氏政权经营河西打下了基础。在政治上，张轨极力拥戴司马氏政权，维护晋室的政策，从而赢得了河西汉族人民的信任与支持，使河西走廊内部得以长期保持安定局面。对外积极抗御少数民族贵族的袭击，并博得关陇地区汉族人民的赞赏，邻地的百姓纷纷投奔凉州。

张轨家世以儒学知名，他聪明好学，文雅端庄，深通儒术，深得中书监张华赏识，因被品定"为二品精"。他到任凉州后"课农桑，拔贤才，置崇文祭酒，征九郡胄子五百人，立学校以教之"（《前凉录之十六国春秋别本》）。并且团结各族，努力发展河西经济，还下令铸造五铢钱，"立制准布用钱，钱遂大行"，促进了商品经济的发展。当时凉州一带在张轨的辛勤治理下，社会安定，史称"中州虽乱，此郡安全"。由于河西走廊成为西晋动乱后较为安全的地带，因而关中和中原大量流民纷纷西奔而来，逃生避难者络绎不绝，这一地区成为中原人士一个较为理想的避难地之一。史载洛阳沦陷后"中州避难来者日月相继"（《晋书·张轨传》）。其中不乏当时的文儒名士、多才贤能，他们在河西一带传授儒学，保存了中原失传的一些经籍和学说。后来，前凉通过敦煌控制了西域，不仅加强了西域同内地的联系，而且有利于当时中国与中亚的经济文化交流。故史有所称"张凉州一时名士，威著西州"（《晋书·卷八十六·列传第五十六》）。西晋永嘉年间（307—312），怀帝被刘聪、王弥、石勒围困在洛阳城内，"所在使命莫有至者，（张）轨遣使贡献，岁时不替"。

张轨一生尚学，忠于晋室，淡泊名利。《晋书·卷八十六》载，张轨临终时嘱托文武将佐要"弘尽忠规，务安百姓，上思报国，下以家宁"。对自己的后事更是要求"素棺薄葬，无藏金玉"。建兴二年（314）张轨病逝，终年六十岁，追封凉州牧、侍中、太尉，至张轨曾孙张祚称凉王后，追谥张轨为武穆王，葬于建陵。张轨在凉州执政13年，始终以维护西晋的统一为己任，以西晋忠臣自居自律。张轨死后其子张寔继立。

张寔（271—320），字安逊，学问高深明察，敬贤爱士，以秀才任郎中。晋怀帝永嘉初年（307），张寔坚决辞去骁骑将军的职务，请求回归凉州，朝廷准许，改任他为议郎。到凉州姑臧之后，因征讨曹祛之功，封为建武亭侯。不久迁任西中郎将，晋爵为福禄县侯。建兴元年（313），授任西中郎将，领护羌校尉。

建兴二年（314），长史张玺等人表奏张寔代理张轨之职务，继任凉州刺史。同年晋愍帝下诏，授任张寔为持节、都督凉州诸军事、西中郎将、凉州刺史、领护羌校尉、西平公。建兴四年（316）西晋灭亡之际，张寔曾派兵赴长安救援晋愍帝，其弟张茂也曾抗击刘曜的进攻，又曾攻取陇右南安（甘肃陇西境）之地，以置秦州。此时凉州至敦煌一带是北方较安定的地区。《晋书·张寔传》记载当时的歌谣说："秦川中，血没腕，惟有凉州倚柱观。"这是一首在西晋怀帝永嘉年间长安城里广为流布的歌谣，《晋书》《资治通鉴》等史籍均有记载。它预言了此数年后，关中百姓惨遭屠杀，血流成河，而偏隅西北的凉州包括敦煌一带却成了当时北中国唯一安全地区的史实。

西晋灭亡后张寔曾拥戴晋王司马睿即位。后张寔又收容了西晋宗室南阳王司马保残部分散投奔凉州的一万余人。建兴五年（317），张寔自称凉王，建立前凉政权，自恃险远，颇自骄恣。318年，司马睿在建邺即皇帝位，改年号为大兴，而张寔率部继续据守凉州，但不用司马睿的大兴年号，还称西晋建兴六年，此时的张寔虽仍向东晋俯首称臣，但事实上前凉已经是一个地方割据政权。建兴八年（320），张寔为其帐下阎沙、赵卯等所刺杀，终年五十岁，葬于宁陵，孙子张祚称帝后，追谥昭王，谥号昭公。

由于张寔之子张骏时年只有14岁，难以理政，故张寔部众推举其弟张茂继位。张寔胞弟张茂诛阎沙等，自称凉州牧。325年张茂病逝，传位于张寔之子张骏，称凉州牧、西平公。

张氏政权改变拥戴晋室的方针始于张骏末年。张骏太元二十二年（345）岁末，张骏自称大都督、大将军、假凉王，置官僚府寺拟于王者，并定都姑臧，以所在地凉州为国号"凉"，史称"前凉"。史学界多将这一年算作前凉割据政权的起始。张骏在位期间，极度扩张版图，使前凉国力发展日盛。成帝咸康元年（335），张骏发起伐西域之役，遣大将杨宣率军出敦煌，越流沙，讨伐龟兹（今新疆库车）、鄯善（今若羌）。龟兹、鄯善降于前凉，于是焉耆、于阗等西域诸国皆向前凉遣使纳贡。前凉设西域长史统辖之。史载"骏有计略，于是厉操改节，勤修庶政，总御文武，咸得用，远近嘉咏，号曰积贤君。自轨据凉州,属天下之乱,所在征伐,军无宁岁。至骏,境内渐平。又使其将杨宣,率众越流沙,伐龟兹、鄯善,于是西域并降","骏尽有陇西之地,士马强盛"(《晋书·张轨传》)。其间,敦煌归前凉所辖,1981年和1992年,在敦煌市城东安敦公路南侧的戈壁上的佛爷庙—新店台墓地,多次出土前凉时期墓葬,在一座为"前凉家族墓"中出土有"建兴二十五年"(337)、"升平十三年"(369)等分属西晋、东晋纪年的器物,足以证张氏虽建元改制,但仍拥戴晋王朝为其正宗统治者。张骏时期,是前凉最兴盛的时期。

建兴三十四年(346)五月,张骏病逝,其第二子张重华继位为假凉王,时年16岁。至349年,张重华自称丞相、凉王、雍秦凉三州牧,公开脱离了晋室的羁縻。张重华在位期间,继续秉持其父张骏的国政,"轻赋敛,除关税,省园囿,以恤贫穷",内修外拓,使前凉达到极盛。张重华,字泰临(一作字太林),性情宽和,善美端重,沉毅少语。自称持节、大都督、太尉、护羌校尉、凉州牧、西平公、假凉王,大赦境内。尊嫡母严氏为太王太后,住在永训宫;生母马氏为王太后,住在永寿宫。353年,时年二十七岁的张重华去世,其子张灵曜继位。

张灵曜继位时,年仅10岁,在位仅一月有余,便被辅佐大臣张祚(张骏庶长子)发动政变而夺取君位。东晋永和十年(354),张祚派人杀害侄子张灵曜,随即废灵曜而自立,自称"凉王"。张祚掌权后更僭帝位,立皇后,封太子,改年号为"和平"。这对前凉的统治产生了极其消极的影响。此后张氏宗室内乱不绝,凉国大姓也起兵反抗。355年,时任前凉骠骑大将军、尚书令的敦煌人宋混和其弟宋澄与张瓘等里应外合进入都城姑臧,杀死张祚。张瓘又拥立张灵曜弟张玄靓(张重华之子)即位。此时张玄靓因年仅7岁,实际上由张瓘把持朝政。359年,宋混、宋澄兄弟起兵灭掉张瓘,朝政又为宋氏兄弟所把持。随后,张瓘之弟张邕又率军灭掉宋氏家族,与张骏少子张天锡一起主持朝政。361年,张天锡起兵尽灭张邕家族,自此前凉政权落入张天锡手上。363年,张天锡起兵逼宫,杀死侄子张玄靓,自立为帝。至此,前凉统治者族内自相残杀,争权夺位,使王权日薄西山,气数几尽。

而此时,东晋十六国之一的氐族政权——前秦王朝正走向强盛。376年,前秦苻坚调集步骑13万攻伐前凉，张天锡先后征调10万军队进行抗击，两军激战几个回合后，张天锡以大败告终，被迫率部出降，前凉灭亡。河西走廊及敦煌地区至此进入前秦王朝统治时期。

前凉前后历经76年，虽然是自立为王的一方封建地方割据势力，但其间的张氏统治，使得河西走廊及敦煌地区的各民族的农牧业生产能够正常发展，基本免遭战乱破坏；使得流亡到河西地带的大量秦地、中原难民能够得以安置和安定，并使得许多优秀的中原文化和优秀成果可以在河西走廊得以发展和延续，不能不说是凉州张氏治理和造福一方的丰功伟绩。河西及敦煌地区成为当时汉族先进文化发展传播的重要基地，这一历史任务是张氏前凉所完成的。

张氏政权在政治上取得成功的另一个策略是，联合河西大族，借助河西大族的力量稳固统治。自汉武帝开发西部，经营河西，数百年的发展使魏晋时的河西敦煌，出现了一批具有实力并足以左右当地形势的名门望族。张轨本身出身于世族家庭，对此认识自然十分深刻。早在他赴任之初，就选敦煌世族宋配、阴充、汜瑷等为股肱谋士，用豪族子弟参与地方政务，这些豪门世族是张氏政权在河西创立基业的根本保障。张轨的后继者们也一贯奉行沿用这项既定方针，如张茂当政时就曾以望门显贵阴澹为敦煌太守。

张氏政权在军事和外交政策上，也是灵活多变，不墨守成规，根据具体形势随时调整应敌政策，且战且和，刚柔并济。这种机动灵活的政策和准确的判断与运用，使得前凉统治地区多安少难，发展平稳。敦煌地区在张氏统治的70多年间，不仅没有受到如匈奴、鲜卑等少数民族势力的侵扰与劫掠，凉州政权的势力范围还有所扩展，此时是张氏政权的版图最大时，东起陇西、河南，西至高昌，领有今甘、青、新三大省区的大部分土地，是除石勒所建后赵以外，中国北方辖地最大的政权。特别是，张氏政权还以敦煌为基地经营西域，使西域诸国向前凉政权通使纳贡。1909年日本人橘瑞超在新疆罗布泊楼兰遗址曾挖掘出一件具有重要价值的文书——《李柏尺牍稿》，为前凉西域长史李柏当时写给焉耆国王等的信函。信稿写于346年前后，正是张重华统治时期，这说明直至4世纪中叶，张氏政权对今新疆中部吐鲁番以西的广大地区仍然实行着有力控制。距离凉州政权中心不甚远的敦煌地区自然也非常安定。

张氏初领敦煌时，敦煌为凉州的属郡。敦煌郡原辖6县，即敦煌、昌蒲、龙勒、效谷、乌泽和凉兴，其境域相当于今敦煌市、瓜州县西部，及肃北蒙古族自治县的北部，比西晋前期的辖境要小许多。后来前凉更将乌泽、凉兴2县分出，与晋昌郡的宜禾等3县合立为凉兴郡，这样敦煌郡内仅余4县，面积更小了。至张骏统治时期，前凉把敦煌、晋昌、高昌三郡及西域都护、戊己校尉、玉门大护军三营合并为"沙州"，以武威等11郡为凉州，以兴晋等8郡为河州（《魏书·张骏传》）。张骏通过这次对行政区域划分的重新调整，开始以大都督、大将军、假凉王的身份统摄三州之地。其中，沙州的治所仍在敦煌。张骏之所以置沙州，"盖因鸣沙山为名"（《元和郡县志》）。沙州设置后，前凉政权曾以西胡校尉杨宣出任刺史。但沙州的设置只持续了短短的三年时间后就又被改回敦煌郡。至张轨曾孙张祚统治时期，前凉又将敦煌郡改回为沙州。

沙州刺史杨宣在任内政绩斐然，在任期间，组织民众兴修水利，建五石斗门，堰水溉田，筑成十五里的"阳开渠"。阳开渠位于州南，长15里，规模宏大；北府渠位于州东，长45里。此外，杨宣还曾出粟万斛，购买石料，重修了沙州城东党河水上的中河斗门。唐代所作《沙州都督府图经》所记："北府渠，长卅五里。右源在州东三里甘泉上中河斗门，为其渠北地下，每年破坏，前凉时刺史杨宣以家粟万斛，买石修理，于今不坏。其斗门垒石作，长卅步，阔三丈，高三丈。昔敦煌置南府、北府，因府以为渠名。"前凉时所修造的这条长渠和斗门，修造质量很高，以至于几百年后的盛唐时还能使用。除杨宣外，张茂时的敦煌太守阴澹，也曾于任内在城西南修建七里长渠，引州城西南之水到西北之渠，灌溉了郡内大片土地，使敦煌百姓安居乐业，受益良多，故此渠被称作"阴安渠"。敦煌历任地方官注重水渠的营造和维修，表明当时敦煌的农业经济又有了新发展。前凉统治中心在武威，但敦煌仍是经略西域、屏蔽河西的战略要地。张轨依靠敦煌人士如宋配、阴充、阴澹、氾瑗等人为其运筹辅佐，使得河西一度繁荣，人口增加，农商发展，让张轨一时"威著西州，化行河右"，政绩斐然。

此外作为儒学世家的张氏政权的统治者们，都很重视儒学的发展。尤其张轨、张骏两代还注意吸引中原战区的儒士学者迁居凉州，鼓励他们兴学授徒，传播学术。前凉末主张天锡还以文人自居，使下属官吏拜师求学，争相仿效，一时蔚然成风，这使得中原传统文化特别是儒家思想大行于河西与敦煌。前凉时期，佛教信仰由西域传入敦煌，继而流播到河西及各地。佛事活动中又以禅业发展最快。4世纪中叶，苦行禅修之僧人纷纷前往敦煌，如单道开、竺昙猷等高僧都曾在敦煌修习禅法。由于禅修需要在深山僻静之处静坐苦修，摈除杂念，一心向佛，以求解脱，于是禅僧们便在三危山对岸的崖壁上开凿了石窟禅室。起先是他们独自禅修，一心向佛。后来百姓也来朝山敬佛，巡礼观像，于是便掀起了全民开窟造佛运动。当时敦煌云集了相当数量的西域僧人，他们在带来修禅方法的同时，也传播了印度的石窟艺术，敦煌石窟就是在这一时期应运而生的。

苻坚图治迁鄂豫　吕光征西请罗什

前秦（350—394）是东晋十六国时期的政权之一。350年氐族人苻洪占据关中，称三秦王，共历六主，享国四十四年。氐族将领苻洪在石虎去世后投降东晋，在后赵内讧时意图夺下关中，但遭人毒死。352年苻健称帝，定都长安（今西安汉长安城遗址），与东晋断绝。苻伯父坚随苻健入关时封为龙骧将军。之后东晋屡次派褚裒、殷浩、桓温等率军伐之，苻健皆成功抵御，国势渐固。之后苻生继立，淫杀无度。升平元年（357）苻坚杀苻生取而代之，继立帝位，称大秦天王，改元永兴。

苻坚（338—385），字永固，氐族，略阳临渭（今甘肃秦安）人，前秦世祖宣昭皇帝，357—385年在位。苻坚雄才大略，素有"统一四海"之宏图大愿。369年慕容垂投奔前秦；370年苻坚令王猛、慕容垂率军成功灭前燕，取得关东地区；371年灭仇池氐杨氏；373年，西南夷邛、筰、夜郎皆归附于秦；376年灭前凉；同年，进兵灭代。苻坚以军事力量消灭北方多个独立政权后成功统一北方，并攻占了东晋领有的蜀地，与东晋南北对峙。383年苻坚发兵南下意图消灭东晋，史称"淝水之战"。但最终前秦大败给东晋谢安、谢玄领导的北府兵，国家亦陷入混乱，各民族纷纷叛变独立，苻坚最终亦遭羌人姚苌杀害，终年48岁，谥号宣昭帝，庙号世祖。

前秦苻氏经营敦煌西域的重大举措

苻坚其人崇尚儒学，在位前期励精图治，奖励文教，重用汉臣，在王猛等人辅佐下，劝课农桑，鼓励生产，推行一系列抚民政策，与民休息，令经济提升，国势大盛，史称"关陇清晏，百姓丰乐，自长安至诸州，皆夹路树槐柳，二十里一亭、四十里一驿，旅行者取给于途，工商贸贩于道"。苻坚虽为氐族人，但"生而聪明""博学多才艺"，曾实行禁奢侈、惩豪强、抑权贵、与民休息、广兴学校等多项政策。在攻灭前凉并统一了北方大部分地区后，为强化统治，苻坚将归降的前凉国主张天锡以及前凉豪族望姓7000余户强迁于长安、关中之地，使其断了复兴的念头和基础。另外分化前凉旧臣，将一些被驯服且有才干的前凉故吏授予官职为前秦所用，如原敦煌太守张然被委任为尚书郎。同时选派大量前秦官吏担任河西的州县长官，如时任敦煌太守的姚静就是羌族贵族。通过这一系列措施，苻坚很快建立起了在河西走廊的统治秩序。在前秦统治的10年里，敦煌地区基本社会安定，生产、文化、商业都在前凉的基础上继续发展。

苻坚是一个文武双全的英明君主，他除了重视儒学，兴文重教，也和十六国的统治者们一样，极为笃信佛教。他组织外国僧人僧伽提婆、昙摩难提、僧伽跋澄诸人，译出经典百万余言。他还亲自审定译经的音韵文字，详细考核修辞意旨，孜孜不倦为诸经做注。在他的推动下，所辖地区佛事兴旺，高僧辈出，莫高窟也正是在前秦初年开创的。十六国时期，中原战乱地区"流尸满河，白骨蔽野"（《晋书·食货志》），而佛教"救苦救难，普度众生"的观念，正好为这些饱受战争之苦、渴望安定的民众带来了想象中的"避难所"。人们仿佛看到了"人间苦海的圣光"，纷纷拜倒在"佛"的脚下，以求困惑的心灵得到解脱，企望来世的幸福和安定。至此，佛教应运而生，盛行敦煌，流布河西、中原。作为印度佛教进入中土的第一站，敦煌的佛教文化盛况空前，成为佛教东传路上的写经、译经中心。这时期一些中原豪族大举迁至敦煌，同时为当地带来了大量儒家文化的影响。这些从中原而来的移民实边的世家大族，"上续汉魏西晋之学风，下开魏齐隋唐之制度"（陈寅恪《隋唐制度渊源略论稿》），为敦煌文化的兴盛起了承前启后的作用。另一方面，也有来自西域的商贾，不断定居在此，为敦煌烙上了西域的印记。这是敦煌历史文化最宝贵的蕴蓄积累期，其表现得异彩纷呈，新颖独特，光照华夏历史。它为后世一千多年的敦煌石窟艺术的兴盛积累了必要条件，奠定了厚重的基础。

自苻坚讨张天锡灭前凉，前秦建元十二年（376），包括敦煌在内的河西地区均归入前秦治下。建元十八年（382），苻坚派骁骑将军吕光率军攻打西域龟兹（今新疆库车），吕光的远征获胜，为其日后建立后凉政权奠定了基础。苻坚是一位具有远见卓识的封建皇帝，他占领河西、敦煌不久，便把目光投向了更加广阔的西域。为了有效经营西域，他首先开始了对敦煌的经营，使偏远的敦煌再次受到中原统治者的高度重视。建元二十一年（385），为巩固经营西域的军政基地，苻坚首先采取充实敦煌人户的策略，他于建元末年，迁江汉一万户、中州七千余户到敦煌屯田开垦，实行了继汉武帝之后在敦煌地区的人数最多的一次大移民。大批量的中原士族和百姓的到来，再一次促进了敦煌地区的开发。这次大移民不仅使敦煌人口在短期内暴增，而且为充实边关、建设敦煌、开发西域，以及加强与周边各族和西域各国的关系奠定了坚实的基础。这次大移民也是一次宣示国威，在中国西北的历史上非常著名。

在充实敦煌，打造经营西域基地的同时，苻坚又派遣凉州刺史梁熙出使西域，一边进行实地勘察与外交上的准备，一边宣扬前秦之威德，同时梁熙还以彩缯分赐西域各地方政权以结好各国，很快招致西域诸国遣使朝秦。与此同时，"朝献者十有余国"。梁熙带回来一批西域异物珍宝，令前秦朝堂眼界大开。有关高僧鸠摩罗什的神异传说更使得笃信佛教的苻坚大为仰慕，他急切地想迎请罗什高僧来朝。而此时西域诸国也急于与强大的前秦缔结国交关系，太元六年（381），"大宛献汉血马，肃慎贡楛矢，天竺国献火浣布，羌抑摩献羊，六角二口，四角八口"。与此同时，还有车师前部王弥寘、鄯善王休密驮经敦煌赴长安觐见苻坚于西堂。寘等建议："大宛诸国虽通贡献，然诚节未纯，请乞依汉都护故事。若王师出关，请为向导。"鄯善王、车师前部王奏请永置西域都护，并表示愿为出关王师做向导。于是苻坚"以骁骑吕光为持节都督西讨诸军事，与凌江将军姜飞、轻骑将军彭晃等，配兵七万，以讨定西域"（《晋书·苻坚载记》）。

吕光智勇兼备，深得苻坚宠信。前秦建元十八年（382），吕光统领前秦精兵、铁骑共7万余人，浩浩荡荡出征西域。吕光征西的主要目标是焉耆和龟兹，该两国地处丝绸之路的中道和新道要冲，恃险不服，阻碍道路，且控制和影响着西域的一些小国，对西域地区至关重要。能否拿下此二国是西征成败之关键。吕光出征前苻坚送吕光出兵于建章宫，曾对吕光说："西戎荒俗，非礼义之邦，羁縻之道，服而教之，以示中国之威，导以王化之法，勿极武穷兵，过深残掠。"（《晋书·苻坚载记》）前秦建元十九年（383），吕光大军出长安，经河西，至敦煌，出玉门关，西渡流沙，远涉戈壁，勇猛善战，很快就攻取了焉耆、龟兹两个西域大国，一举讨平西域三十六国，此时吕光"耀武西域、恩威甚著"，西域诸国争相献贡，吕光征用骆驼两万余匹，满载西域各国的贡品"珍宝及奇伎异戏，殊禽怪兽"数千，还迎请龟兹著名高僧鸠摩罗什一同东返回朝。之后，苻坚封吕光为使持节散骑常侍、都督玉门以西诸军事、安西将军、西域校尉，进封顺乡侯。此时，吕光为敦煌及西域的最高地方官。苻坚巩固和加强了以敦煌为基地的对西域的有效统治。

吕光西征是继东汉之后中原王朝为经营西域，打通中西通道所采取的军事行动中规模最大的一次。这次行动的胜利，本该是前秦在西域建立行政统治、展望大好未来的绝佳时机。然而苻秦王朝穷兵黩武，在政局并没有完全稳定的情况下盲目地东征西讨，尤其是为伐晋做准备，苻坚向全国征集调遣人力、物资，激化了民族矛盾和阶级矛盾，苻秦王朝摇摇欲坠。383年，苻坚因兵力调配不当、指挥失误、人心失和，致使淝水一战惨败，苻坚也被姚苌杀死，庞大的前秦帝国顷刻土崩瓦解了。这真是："南国山河不易力，凤鞭欲使断江流。骄兵百万填淝水，狼狈归来国已休！"（《宋·金朋说诗》）

吕光西征的成果非但没能为前秦所用，反倒为后凉的建立，以及从前秦手中夺取河西敦煌提供了契机。

后凉吕氏对河西敦煌的统治

后凉（386—403）是十六国时期贵族吕光建立的政权。其国号以地处凉州为名。东晋太元八年（383）苻坚淝水兵败后前秦瓦解，吕光据有姑臧（今甘肃武威）于386年称大将军、凉州牧。389年吕光称三河王，后改称天王，建立大凉，史称"后凉"。统治范围包括甘肃西部和宁夏、青海、新疆一部分。

吕光（338—399），字世明，略阳临渭（今甘陕交界处）人，氐族，十六国时期后凉建立者，前秦开国重臣吕婆楼太尉之子。麟嘉八年（396）六月，吕光即天王位，国号大凉，定都姑臧。青年吕光为人持重老成、喜怒不形于色。苻坚的谋士王猛感到吕光是个人才，必成大器，便把他推荐给苻坚，出任美阳（今陕西武功）县令。吕光不负王猛和苻坚的厚望，他追随苻坚南征北战，在战争中大显身手，屡建奇勋，赢得了前秦朝堂的交口称赞，后逐步被提拔为鹰扬将军。370年灭前燕因功被封为都亭侯。380年，吕光因参与平定苻洛叛乱，被拜为骁骑将军。其最为称道的功绩是曾率军征服西域。后前秦因淝水之战战败而国乱，吕光回军灭凉州刺史梁熙，入主凉州，遂在姑臧建立政权。当他得到苻坚死讯后，便驻兵割据，自称使持节、侍中、中外大都督、督陇右河西诸军事、大将军、凉州牧、酒泉公，改元太安。389年称三河王，改元麟嘉。399年病逝，年63岁，庙号太祖，谥号懿武皇帝，葬于高陵。吕光创立了后凉，是中国历史上第一个真正意义上的"太上皇"，年仅22岁就一战成名，在中国历史上赫赫有名。

385年，吕光迎请高僧鸠摩罗什，一同从西域班师东返。他不仅携带了大量西域诸国贡献的珍宝、名马等，还招引来了西域的商队。当吕光趾高气扬进入玉门关，过敦煌，行至凉州时，却获悉中原大乱和前秦王朝败亡于淝水的消息。吕光悲恸欲绝，进退维谷。前秦因淝水之战的失利而土崩瓦解，国乱无主，于是吕光决定就地割据。此时，吕光刚刚击破西域，兵力强大，锐气正盛，其所统率的前秦军队和西征带回的大量财宝，正好成为他称霸河西的军力和物质基础。后凉统治河西18年，这期间，敦煌历史的总体状况是：战乱不止，民不聊生。

吕光建立后凉后，占据酒泉的王穆不服，也自称大将军、凉州牧，和吕光分庭抗礼。

王穆为了巩固其在酒泉一带的地位，在酒泉之西增加军事补给基地。曾亲自带兵攻打敦煌，以扩充自己的地盘和势力范围，但遭到当时敦煌太守索嘏率领的敦煌军民的奋力抗御，当双方僵持于凉兴（今瓜州县）难决胜负之时，吕光闻讯召集臣下说："二虎相攻，此成擒也。"（《晋书·吕光载记》）于是乘机率步骑二万余众，出其不意袭取酒泉，进而攻占凉兴，剿灭王穆势力，敦煌遂为吕光所并。

389年，吕光又称三河王，改元麟嘉，并置官建号。麟嘉七年（395），后凉内乱，西奔敦煌一带的武威、张掖以东百姓有数千户之多，敦煌再一次输入了大量人口。此外，后凉敦煌太守孟敏曾在州城西南修建长20里水渠，引甘泉之水灌溉耕地，史称"孟授渠"。1981年在今敦煌城东南戈壁佛爷庙墓群出土的一件有"麟嘉八年"纪年的五谷瓶，确证了敦煌当时被后凉政权所统治。而此时，敦煌的农业生产虽较乏力，但还在基本维持着发展。

吕光在拥有氐人为骨干的七万五千兵力的强大势力下，称雄于河西走廊与敦煌地区。但毕竟这里不是氐人的地盘，吕光缺乏统治一方的群众基础，他想扩充势力，加强军事力量，却受到多方面的限制。另外，后凉好战，经常与其周围的部落贵族发生争战，难免损兵折将消耗实力，因此军事力量逐渐走向衰弱。加上吕光刑法峻重，好听信谗言，与之难以共谋，久之必生叛离之心。故时人评说："吕氏政衰，权臣擅命，刑罚失中，人不堪役。一州之地，叛者连城。"《晋书·吕光载记》沮渠蒙逊、段业原来都是吕光的部下，后来都叛吕光而自立。

后凉历时18年，经历四位皇帝，个个好战斗勇，尤其是吕光，不仅以武力一统河西，还将后凉版图扩展至青海东部的湟水中游一带。然而他的军事统治很不稳固，至吕光末年时，河西走廊就已出现了北凉、南凉与后凉分别割据独立的局面，其根本原因是后凉统治者在政治、经济、文化上执政乏术，缺乏行之有效的治国之策和统治经验。

399年吕光病死，太子吕绍继立，但仅仅五天就被吕光庶出长子吕纂带军攻进皇宫。吕纂逼吕绍自杀，夺取皇位。再后来吕纂被其堂兄弟吕隆、吕超等人杀害，吕隆即位。吕光子侄争位，互相残杀，政事败坏，自己削弱了自己的力量，也使生产受损，连年灾祸。吕光时谷价曾贵到一斗五百文钱，吕隆被沮渠蒙逊围攻时，"谷价踊贵，斗值钱五千文，人相食，饥死者十余万口，城门尽闭，樵采路绝"（《晋书·吕隆载记》），给河西走廊一带造成了巨大的灾难，加速了后凉政权的灭亡。神鼎元年（401），复兴的后秦对后凉发动进攻，迫使吕隆出城降秦，后秦任吕隆为凉州刺史、建康公，并令其留居姑臧，以借助吕氏势力抵御河西群雄。吕隆在姑臧仅坚持了两年，就迫于南凉和北凉的连番攻击，派遣吕超带着珍宝请求后秦派军接应东迁于长安居住。神鼎三年（403）后凉彻底灭亡，而敦煌在此前数年已易手他人。

西凉李暠兴边郡　养士重文纳贤英

李暠（351—417），字玄盛。自称西汉名将李广之十六世孙，一说陇西狄道（甘肃临洮）人；一说敦煌人，自李广带兵屯戍敦煌便定居于此，并世代为官，为当地豪门大族，声望极高。唐朝开国皇帝李渊是李暠七世孙，唐玄宗李隆基天宝二年（743）追尊其为兴圣皇帝。

李暠少年好学，性情宽厚谦和，沉静聪慧，气度优雅，通读经史，特别擅长文辞。年长后，精通武艺，研读《孙子兵法》。初为官后就显示出过人的才干，擅长理政用人，深得吏民爱戴。397年，后凉建康太守段业在沮渠蒙逊的拥立下建立北凉。段业继称凉王后，其部下索嗣拟夺取敦煌太守位，被李暠挫败。李暠被段业封为敦煌郡效谷县令（今甘肃敦煌市北）。在任期间，他勤政爱民，深受郡民爱戴。400年，北凉敦煌太守孟敏因病去世，敦煌当地豪族大姓护军郭谦、沙州治中索仙等认为，李暠性情温和坚毅，能够施行仁政，故马上推举李暠为宁朔

李暠像（图像出自1917年修《安徽黟县鹤山李氏宗谱》）

将军、敦煌太守。此时,北凉国主段业本已另任他人,但迫于敦煌郡民的意愿,无奈只好接受现实,正式任命李暠为安西将军、敦煌太守,兼任护西胡校尉。这使李暠得以在敦煌名正言顺地积蓄力量,发展壮大。

此时的北凉政权内部已经矛盾尖锐,起先拥戴段业立国的沮渠蒙逊开始有了野心,他早已不满足于张掖太守、临池侯的官位,最终工于心计、擅长权谋的沮渠蒙逊,设计除掉了段业,并于401年改元称王,北凉转为沮渠氏所有。在北凉最高统治层钩心斗角忙于夺权的过程中,李暠的羽翼日渐丰满,拟乘机反叛北凉,拥兵自立。东晋隆安四年(400),北凉晋昌郡太守唐瑶,联合敦煌、酒泉、凉兴、建康、祁连和晋昌六郡,公推李暠为大都督、冠军大将军、沙州刺史、敦煌太守、护羌校尉、秦凉二州牧、凉公之后,李暠随即趁北凉政局不稳,河西地区一片混乱,于400年拥兵自立,正式脱离北凉,改元庚子,建立西凉政权,史称"西凉"。建制以敦煌为都城,疆域广及西域。有史以来,敦煌第一次成为一国之都。当时的敦煌"郡大众殷,制御西域,管辖万里","一时于阗致玉,鄯善前部王遣使贡其方物"(《晋书·凉武昭王李玄盛传》)。敦煌俨然有西域都城气派。李暠分封官吏,攻取了玉门关以西诸地,并广田积谷,以为东进之资。敦煌成为河西走廊西部割据政权的政治中心之一。

西凉政权作为一个汉族人建立的政权,其中原文化影响极大。李暠本身出生于文化水平很高的汉人家庭,这样的文化素养决定了他当政后必然很重视文教事业的发展。且李暠本人就是一个擅长文学的政治家,其赋在五凉文学中占有一定的地位,因此他有敬贤纳士、知才善用、兴办教育、重视文化的政德。早在立国之初,李暠就曾在敦煌积极创办学校,设立大学机构,"立泮宫,增高门学生五百人"(《晋书·凉武昭王李玄盛传》),培养儒学人才,这是敦煌地区兴办官学的最早记录,对整个敦煌地区文化水平的提高作出了巨大贡献。他还设史官,以专司记载国家要政大事、民间饥寒与撰修国史、地方史志,使传统文化遗产在西北一隅得到了保存和发扬。李暠建国,是在敦煌以及河西地方势力的支持下完成的,所以对地方上的士人格外重视,西凉政权的大小官职基本都被这些精英社会群体所包揽。李暠还极其尊重儒士,一方面提携他们参政议政为西凉政权所服务,另一方面为他们招徒授学、著书立说创造条件,造就了许多著名学者。一时间河西群儒云集,西凉和敦煌成了传播儒学、发展教育的文化中心,其功德在河西五凉文学史中影响深远。在李暠统治的近20年中,敦煌地区政治安定,经济发达,文化繁荣,深受周边国家敬重。

在立国之初对儒学的重视程度

敦煌成为西凉政权的发源地和建国初期的国都,李暠特别重视这里的各方面建设,如敦煌城及其辅助设施的建设项目中,李暠在敦煌城南门外修筑了先王庙,其中有"靖恭堂""谦德堂""嘉纳堂",并仿照中原的"明堂",于这些建筑中,塑绘人物图像,以"图赞自古圣帝明王、忠臣孝子、烈士贞女,玄盛亲为序颂,以明鉴戒之义"(《晋书·列传》),鼓励臣民忠孝贞烈。这一类建筑都是弘扬儒家传统的礼制建筑,是古代帝王宣明政教之场所,凡祭祀、庙会、庆赏、选士等大礼典均在此举行。他常聚群臣于靖恭堂"议朝政,阅武事"(《北史·列传》);也常宴邀文士僚佐于曲水之上赋诗论文,以为西凉文治武功和繁荣昌盛歌功颂德。这段记载对于追溯研究敦煌艺术非常有价值。

西凉建国之初,仅领有玉门以西地区,以敦煌为国都完全可以实施有效统治。但自从庚子二年(401)以后,因北凉易主,政局大乱,原属北凉的酒泉、凉宁二郡归降投靠了李暠的西凉政权,于是西凉的国土一下子向东扩展到了张掖弱水一带。因此仍以敦煌为国都,就显得位置太过偏西,对于管理东部领地和继续向东扩展有所不利。东晋义熙元年(405),李暠为了抗御北凉王沮渠蒙逊的不断骚扰,采纳部僚意见,迁都酒泉,并上书东晋王朝。西凉之地多以绿洲为郡县,一面临山,其他多与沙漠、戈壁相连,自然条件不是很好。除敦煌地区相对人口密集以外,其他地方多百姓稀少,土地荒芜。为了充实河西东部,李暠在这次迁都的同时,又将前秦苻坚时从江汉、中州移入敦煌的移民,以及后凉时自武威、张掖西奔到敦煌的移民强行东迁到了新都酒泉。并分南人5000户置会稽郡,分中州人5000户置广夏郡,余13000户分置武威、武兴、张掖三郡。可见当时敦煌的人口数量,是敦煌历史上少有的高峰时期之一。但随着这次迁都,敦煌两万三千户迁于酒泉境内,不仅使敦煌的实力大为削弱，也使西凉注意力东转，从而使敦煌失去了经营西域的基地作用。李暠迁都酒泉，改元建初，并遣使奉表东晋，开始了与北凉的长期争战。

李暠迁都酒泉后，任命他的同母弟宋繇为敦煌护军，辅佐他的三儿子李让（时任敦煌太守）镇守敦煌，继续保卫、经营这一地区。李暠临行酒泉时劝诫李让："此郡世笃忠厚，人物敦雅，天下全盛时，海内犹称之，况复今日。实是名郡……吾临莅五年，兵难骚动，未得休众息役，惠康士庶……"（《晋书·凉武昭王李玄盛传》），要求李让以"惠"来弥补自己给敦煌百姓带来的征战和徭役。

西凉政权迁都酒泉后，积极整军修武，励精图治。由于敦煌是西凉建国之基，战略地位十分重要。李暠在此时仍然十分重视敦煌的城防建设。建初二年（406），西凉"筑城于敦煌南子亭以威南虏"（《晋书·凉武昭王李玄盛传》）。建初九年（413），"修敦煌旧塞东西二围，以防北虏之患，筑敦煌旧塞西南二围，以威南虏"。即在敦煌城外还修补了汉代以来的敦煌旧塞东西二围，以防北虏，同时为了防止当时建都张掖的北凉沮渠蒙逊的骚扰和进攻，还修筑了西南二围，从而使北凉虽数次用兵，企图消灭西凉，均未得逞，双方只得于西凉建初六年（410），订立盟约，宣布停战罢兵。此外李暠还修建土河，又于敦煌南边的子（紫）亭山上筑城建堡，以抵御周边少数民族的侵袭。这一系列政治、军事等建设措施，为敦煌的和平发展、繁荣稳定提供了有力的保障，也极大地改善了敦煌的城市面貌，使百姓得到了休养生息。此期间，李暠还将符坚建元末年从内地流亡河西的大批居民安置在敦煌一带，并在党河中下游置郡县，兴水利，辟田畴，鼓励生产，使敦煌地区出现了五谷丰登、百姓安居乐业的繁荣景象。西凉国势日益强盛，出现了升平盛世的景象。

西凉政权建立后，李暠立刻进行扩大疆域的行动，他在原敦煌郡的基础上，逐渐占领了东自建康、西至高昌（今新疆吐鲁番一带）地区。所辖郡11个：西海（今内蒙古额济纳旗居延地）、建康（今甘肃高台县）、凉宁（今甘肃金塔县）、祁连（今甘肃临泽县）、酒泉、会稽（今甘肃玉门市境内）、晋昌

(今甘肃玉门镇西)、凉兴（今甘肃金塔县）、广夏（今甘肃瓜州踏实）、敦煌、高昌等；共约有28个县，设县、乡、里三级行政管理机构，实行严密的编户制度。另又置武威、武兴、张掖三个侨置郡（均在今甘肃肃北蒙古族自治县境）。疆域最大的时候，西至高昌郡，东到酒泉郡，北达西海郡，南抵祁连山，相当于今天甘肃省的酒泉、玉门、安西、敦煌数县市及新疆东部的一块狭长地带。但当时李暠长时期实际所控制的郡县不过从敦煌到酒泉沿线诸地，正如史书所言"地狭民少"。

西凉时期，附近并存着两个强国，一个是北凉雄踞于河西中部，另一个是南凉称霸于河西走廊东南，这两个政权都拥有强大的军事力量，对西凉构成严重的威胁。在这种严峻的形势下，西凉政权能够休养生息，始终保持先进水平稳妥发展20年，实属不易。主要原因是：一方面国家的执政者是地方世族的李氏汉人，其颇具群众基础和号召力；另一方面与李暠的雄才大略、文治武功、英明领导和所采取的一系列正确措施有关。李暠所建西凉政权毕竟是一个汉族政权，他也十分了解汉民族尊奉晋室的心理，所以他在晋安帝义熙元年（405）就曾先后两次派人赴建康（今江苏江宁县南），向偏安江左的东晋王朝奉表称臣：一次是派舍人黄始、梁兴等人去东都建康，带着他的表章上奏晋朝皇帝，他用窦融、张轨治理河西，威镇关西的故事，表达了他对晋王朝的忠诚，并请求晋朝对他所建西凉政权的承认，敦促晋王朝北伐西征；由于没有获得朝廷的明确回复，李暠又于次年派遣法全和尚为使者，再次东赴建康奉表以求，以"忘寝与食、思济黎庶、以崇国宪、全制一方"（《晋书·列传》），进一步表达他的忠诚与心愿。他的这种多次表达愿为恢复晋室统一大业作贡献的决心，更加博取了河西及周边汉人的崇拜、信任和支持。在处理与附近邻国的外交关系上，李暠仿效前凉张氏应付强邻的办法，采用远交近攻的政治韬略，交好南凉，而对强大的北凉则和战相济、软硬兼施，为西凉境内的安定与发展赢得了良好的外部环境。

李暠知人善任，虚衿下士，广招英俊。他建国最重要的谋臣、同母弟宋繇也博通经史，雅好儒学，"虽在兵难之间，讲诵不废，每闻儒士在门，常倒屣出迎，停寝政事，引谈经籍。尤明断决，时事亦无滞也"（《魏书·卷五二·宋繇传》）。当时"为群雄所奉，遂启霸图，兵无血刃，定千里"（《晋书·凉武昭王李玄盛列传》），在治理国家方面，不愧为一个胸怀大志的政治家。李暠重用贤才，按照汉魏选拔官吏的制度，实行察举制，这种积极有效的措施，使大量的清官良吏为其所用，保障了李暠治国方略的顺利贯彻。河西走廊及敦煌地区数经战乱、地广人稀，急需补充人力资源，以恢复生产，安定民心。西凉的各级官员遵照李暠发出的号令，动员流民归田，行事农桑。他们领导组织发展辖区内的农业生产，鼓励百姓耕植，使后凉留下的千疮百孔的局面很快得以改观。身为一国之主的李暠，也亲自深入田间村社，劝导农民种好庄稼，使"百姓蒙赖"。由于该项利民之策的贯彻实施，一时间吸引了战乱时从敦煌出逃到甘、凉等地的流民7000余户重返故里。同时李暠还组织了在玉门关、阳关附近地区的戍边将士实行屯田，采取"寓兵于农"的发展生产的措施，积极为统一河西走廊"广田积谷，为东伐之资"（《晋书·列传》）做筹备工作。

西凉建初十三年（417），李暠病卒，享年65岁。死后为"凉武昭王"。李暠临终前，将军国事宜托付于宋繇，称"世子犹卿子也，善相辅导"，"军国之宜，委之于卿"。由此可见李暠对股肱儒臣宋繇的重视。与此同时，他还谆谆告诫子孙，要为政宽简，重视敦煌。同年，其次子李歆继位，东晋王朝封李歆为"持节都七郡诸军事、镇西大将军、护羌校尉、酒泉公"。至此，李歆为十六国时期西凉第二任君主，417—420年在位。

李歆继位之初尚能恪守父训，将敦煌和西凉的繁荣又维持延续了一段时间，并在一次与北凉的战争中赢得了胜利。然而不久李歆就自高自大，骄纵跋扈起来。他"繁刑峻法，宫室是务，人力残，百姓愁悴"（《晋书·凉武昭王李玄盛传附李士业传》），即用刑过于严厉，且大造宫殿，铺张挥霍，不听大臣劝谏，因而丧失民心，致使国力匮乏。他还盲目地与北凉争霸，在嘉兴四年（420）中计败北，被北凉国主沮渠蒙逊所杀，断送了自己的性命。

李暠初起之时，认为像前凉张氏政权那样完成统一凉州地区的大业可以

"指期而成"，河西十郡可以"岁月而一"，没想到南凉秃发傉檀入据姑臧，北凉沮渠蒙逊也日渐强盛，李暠虽有大志，但步骑兵合计仅有三万人，军事力量较弱，不但不能如愿，且时常为北凉所攻逼。因而李暠在位时是以防御为主，并不主动去进攻北凉。到李歆时西凉近邻北凉兵力很强，西凉已远非其敌手。加之沮渠蒙逊的不断进攻，西凉疲于应战而日益衰败。420年，晋朝的刘裕篡夺了皇位，做了皇帝。晋朝灭亡，宋国兴立。这便是中国南北朝时期南朝的开始。这一时期，中国北部有北魏由拓跋珪的孙子拓跋焘做皇帝，国力强大。也有一些据地为王的较小国家存在着，在西北凉州大地上，有西凉和北凉两个割据政权。这一年初秋，河西走廊天高气爽，李歆听说沮渠蒙逊亲率大军攻打西秦，认为北凉国内必然空虚，正可乘虚而入，一举扫平北凉。一些大臣和皇宫眷属都反对他这样贸然出兵，然而李歆听不进去。他打算先夺取沮渠蒙逊的根据地张掖，再取北凉国都姑臧（今甘肃武威）。于是李歆带领三万步骑大军，从酒泉出发，东征北凉。

沮渠蒙逊于此时确实大举兴兵，并且亲领大军向东去讨伐西秦。出兵前大肆张扬，使远近百姓尽人皆知。然而奇怪的是，他领军东进到西秦后却并不攻城，而是掉转马头迅速向西，从祁连山山地迂回到河西走廊，再过武威、张掖，在祁连山山脚下的川岩安营扎寨。此时的沮渠蒙逊已过知天命之年，但他年轻时饱读史书和兵书，因而在二十多年的征战生涯中，智勇兼备，克敌制胜。其实这次"东征西秦"，又是他的一个计谋。北凉的领土，限于河西走廊东部，沮渠蒙逊久有吞并西凉，把领土扩大到敦煌以西的野心。如果围城攻坚，往往旷日持久，劳而无功，于是他就想到了这样一个"诱敌出境"、调虎离山的妙计。沮渠蒙逊有意布下疑阵，把军队埋伏在李歆进军的道路上，以便进行一场伏击战。李歆领步骑兵三万东行，不料于怀城（川岩以东），中伏大败。然而李歆孤注一掷，非要与沮渠蒙逊决一死战，结果李歆全军覆没于蓼泉（今甘肃高台县西）。李歆被俘后被沮渠蒙逊杀害，沮渠蒙逊随即攻陷酒泉，西凉国都陷落。

酒泉失守后，李歆弟李翻（酒泉太守）弃酒泉城西逃，退守到其父起家之地。敦煌便成了西凉政权的最后一个据点。当沮渠蒙逊迅速掌控住酒泉的局势以后，便雄心勃勃发兵西进攻打敦煌。李翻与其弟（敦煌太守）李恂等又被迫撤出敦煌，逃往北山，置西凉子民于北凉铁蹄之下。沮渠蒙逊任命索嗣的儿子索元绪代理敦煌太守。然而索元绪到任后残暴好杀，敦煌民众十分怀念西凉李氏，郡人望族大姓"宋承义、张弘以恂在郡有惠政，密遣招恂"（《敦煌地理文书汇辑校注·卷二》）。当年冬天，（李）"恂帅数十骑入敦煌，元绪东奔凉兴。承等推恂为冠军将军、凉州刺史，改元永建"（《资治通鉴·宋纪一》），至此据守城池牢固设防。沮渠蒙逊闻讯后，不久便派军再次攻打敦煌，李恂闭门不战，西凉李暠时建筑的敦煌城垣十分坚固，北凉士兵望城兴叹，而一连数月不能拿下。北凉玄始十年（421）二月，沮渠蒙逊不得不亲自统率两万兵士前来攻打敦煌城。沮渠蒙逊阴险歹毒，以水为攻，利用敦煌郡城西南上游的党河水发起进攻，而西凉王李恂遣壮士千余，出城掘堤未成，均被擒获。据载：沮渠蒙逊于敦煌城周围令兵士"三面起堤，引水灌城"，致使城池塌毁。危急时刻，西凉的武卫将军张弘、敦煌长史宋承义等打开城门投降北凉，李恂无奈引颈自刎。沮渠蒙逊纵兵屠城，一片血海，敦煌丁壮遭灭顶之灾，一代都城几朝重镇，于此时衰落不堪，空留下赫赫威名。在失去酒泉之后，西凉仅靠敦煌一座孤城，缺乏战略纵深，终究抵挡不住北凉的围攻，走向亡国。西凉残部李歆之子李重耳南奔刘宋；李翻之子李宝被北凉士兵押送到姑臧，但不久李宝就伺机逃回晋昌，并再向西奔到新疆东部的伊吾，先依附于柔然，后投降北魏。此时的西凉政权彻底烟消云散，敦煌已是城圮人亡，满目疮痍。

北凉佞佛却屠城　华夷贵贱拜戎神

隆安元年（397），后凉统治末期发生了一件大事，即吕光部下沮渠蒙逊因其伯父被吕光诛杀怒而反叛，这件事促成了北凉的崛起。事情的经过是这样的：后凉国主吕光，命沮渠蒙逊的伯父罗仇、麹粥，前往征讨鲜卑人乞伏乾归，吕光之弟吕延在此役中战死，前军大败。吕光归罪于罗仇、麹粥，并处死了他俩。沮渠蒙逊是罗仇侄儿，他当时在姑臧"自领营人，配厢直"（《宋书·氐胡传》），担任宿卫工作。罗仇和麹粥被杀后归葬临松（今民乐县南古城），卢水胡诸部前来送葬者有一万余众。沮渠蒙逊遂乘机与诸部结盟起兵，先攻下临松郡，屯据金山（今甘肃山丹县西南）。此时沮渠蒙逊的堂兄沮渠男成也已聚集数千骑兵准备反凉攻打后凉。他们共推后凉建康太守段业为凉州牧、建康公、大都督、龙骧大将军。建元神玺，以沮渠蒙逊为镇耳将军、张掖太守、沮渠男成为辅国将军、酒泉太守，委以军国大政。时任晋昌郡（今瓜州）太守王德、敦煌郡太守孟敏也都先后投靠了段业和沮渠蒙逊的新政权，使河西走廊的西部、北部尽归北凉占据。

北凉（约397—460），十六国之一。一说是由匈奴支系卢水胡族的首领沮渠蒙逊所建立，另一说是由后凉建康太守段业建立，但学术界多采纳前一种说法。399年，段业自称凉王，改元天玺。401年沮渠蒙逊诬沮渠男成谋反，段业斩沮渠男成，沮渠蒙逊以段业妄杀无辜为借口，集众一万人攻破张掖，杀死段业，仍称凉州牧、使持节、大都、大将军、凉州牧、张掖公，改元永安，因此亦有学人以为北凉立国之时，是正式的北凉政权的成立。北凉都城先为张掖，沮渠蒙逊自称张掖公，其间屡败西凉李氏。411年，沮渠蒙逊终于据有姑臧城。412年迁都武威，改称河西王、凉州牧，改元玄始，置百官，建筑宫殿，史称"北凉"。420年，沮渠蒙逊灭西凉，取酒泉、敦煌，河西走廊完全为沮渠蒙逊所占领。北凉全盛时，拥有武威、张掖、酒泉、敦煌、西海（郡治居延，今内蒙古自治区额济纳旗东南）、金城、西平、乐都等郡地。并且交通西域诸城邦，鄯善（今新疆维吾尔自治区罗布泊西南）王比龙经敦煌等地亲自到姑臧访问，其他很多城邦同北凉有友好往来，西域三十六国，都向沮渠蒙逊称臣。时孟敏担任敦煌太守，李暠为效谷县令。不久孟敏去世，敦煌护军郭谦、沙州治中索仙等人，认为李暠"温毅有惠政"，公推为敦煌太守，于是李暠正式称藩于北凉政权。

沮渠蒙逊虽为张掖卢水胡人，却"雄杰有英略"，汉语程度很高。他治理北凉期间，采取了一系列强国富民的政治、经济、军事政策，鼓励人民努力耕作，发展农业生产，厉兵秣马，继续向各地进军，消除后凉的威胁。这对稳定北凉统治，巩固北凉政权起了积极的作用。他约束部下执法甚严，其伯父中田护军纵容亲信临松太守孔笃骄奢淫逸，侵害百姓，称霸一方，他闻知后遂责令伯父和孔笃自杀，并称："乱吾国者，二伯父也。"（《晋书》）其法不亲的所为，深得人心。421年灭西凉。433年沮渠蒙逊去世，其子沮渠牧犍继位。439年北魏大军围攻姑臧，沮渠牧犍出降。之后沮渠牧犍弟沮渠无讳西行至高昌重新建国，444年沮渠无讳病故，弟弟沮渠安周继任。460年柔然攻破高昌，沮渠安周被杀，北凉遂亡。

卢水即今天的黑河，沮渠是匈奴的官名，据说沮渠蒙逊的祖先做过匈奴左沮渠这个官，所以以官名为氏。沮渠蒙逊祖上世居于卢水，是这里部落的酋帅，沮渠蒙逊的祖父沮渠祁复延封狄地王，蒙逊的父亲法弘被苻秦任为中田护军。"蒙逊代父领部曲……为诸胡所推服。"（《宋书·列传·卷九十八》）卢水胡很早就驻牧于河西走廊的黑河流域，世代为游牧的生活，到了十六国时期仍然维持其部落组织，沮渠氏即该部落组织的酋长。沮渠氏有自己部落的语言，沮渠蒙逊不仅通晓汉文，而且"博涉群史"。卢水胡沮渠部落的社会发展阶段及其经济文化生活和汉化程度，应该仅次于氐苻氏、姚氏，而要远远高出于鲜卑乞伏氏、秃发氏。卢水胡因以游牧为业，分布区域很广，甘肃东、西部甚至陕西等地都有他们的足迹，但河西走廊的张掖郡一带，是他们集中居住的地方。为了部落的生存发展，这一支游牧民族，在与周边各民族的摩擦、斗争中，逐渐形成为一支武装力量，这支力量最终实行割据，走上了十六国时期北中国的历史舞台。

北凉时期的敦煌横遭蹂躏，破败不堪，田园荒芜，居民流离，没有特别的事迹。北魏太延五年（439），拓跋焘攻占姑臧，蒙逊之子沮渠牧犍开城投降，北凉政权实际已被北魏灭亡，仅北凉王诸弟仍在河西西部一隅垂死抵抗，其中沮渠无讳据守敦煌。442年沮渠无讳弃敦煌西渡大漠，率王族部属万余西进鄯善，后入据高昌，继续称"河西王"。北凉王的西退，再一次大量削减了敦煌户口，其中很多是因北魏从东向西进攻而聚集于敦煌的河西精英。在北凉灭亡西凉和北魏灭亡北凉统一河西的两次兵燹之祸中，敦煌遭到了空前的破坏。

北凉沮渠氏时期的敦煌儒学与佛教

沮渠蒙逊灭西凉夺取敦煌城后,他怨恨当地人心系西凉拒守不服,于是大肆屠城残杀百姓,这在敦煌历史上是极为罕见的惨烈一幕,但也许沮渠蒙逊自少年时期便通晓汉语,广泛涉猎史书,本身才智出众,惺惺相惜,而保留下了之前几代王国的,尤其是前凉和西凉为敦煌文化繁荣作出卓越贡献的如刘昞、索敞、索袭、索紞、索绥、张穆、张斌、张湛、宋繇、宋纤、氾腾、阚骃等一大批著名儒学之士。由于沮渠蒙逊毁灭性地屠城,敦煌人口锐减。义和三年(433)四月,沮渠蒙逊病死,其子沮渠牧犍(时任北凉敦煌太守)继承河西王位,改元永和。沮渠牧犍(?—447),字茂虔,北凉武宣王沮渠蒙逊第三子,十六国分裂时期的最后一位君主(433—439年在位)。此人虽聪颖好学,和雅有度,但谋略远不如其父沮渠蒙逊,且常荒于政事,当政不久就引起了境内官民的不满。即位后同时交好北魏和刘宋,均拜凉州刺史。当时,北魏兴起,拓跋氏建立的北魏政权一统北方逐渐强大,势不可当。永和七年(439),拓跋焘攻破姑臧后,沮渠牧犍出降北魏,拜征西大将军,封河西王。而沮渠牧犍之弟沮渠无讳仍占据酒泉自保,他虽接受北魏册封为酒泉王,但一直心存不服,这于北魏而言无疑是一个潜在的祸患。果然不久北魏以其终为边患,派兵征讨,沮渠无讳粮绝,无力抵抗,率部向西投靠敦煌太守沮渠唐儿,敦煌又成了北凉政权在河西走廊的最后一个据点。440年沮渠无讳率兵东进反攻魏军夺回酒泉,但在进攻张掖时被北魏打败,后因粮草短缺,进退两难,不得已向北魏投降。不久,沮渠唐儿率万人叛魏,虽被沮渠无讳发兵平息,但仍然影响了北魏统治者对沮渠氏的信任。441年沮渠无讳只得率军又向西撤回敦煌,北魏遣将追击,迫使沮渠无讳于次年与其弟沮渠安周率领北凉遗民万余家弃敦煌而西渡沙漠,占领西域鄯善、高昌之地,建立高昌北凉政权,高昌北凉建立后,沮渠无讳马上向南朝宋称臣,受封河西王,以图共同抗衡北魏。之后在西域又有所发展,444年,沮渠无讳病死,其弟沮渠安周继任,直到460年才被柔然彻底消灭。由于沮渠无讳携万余敦煌民众西奔西域,使得敦煌人户雪上加霜,所余人口已不及前凉、前秦时的十分之一,社会经济也早已不见昔日的繁荣局面。也许正因为宗教是弱势群体心灵的避难所,战乱中的人民确实更容易信仰宗教，以致北凉沮渠氏政权占领敦煌的短短20年间，虽然造成了经济衰落，但在这一时期敦煌的儒学和佛教的发展却非常显眼。

沮渠蒙逊赦免的那一大批著名学者，后来成为河西儒学的领袖和基础。可以说，在河西走廊的文人儒士中，敦煌学人不仅在数量上占有绝对优势，而且所取得的学术成就也最为突出。在魏晋南北朝时期，河西地区所具有的典型性、代表性和重大影响的文人多出自敦煌。当时敦煌学者著书立说，把很多经典的著作传出了河西，进入了中原。其文学水平可与中原内地甚至东晋南朝所媲美，正是他们对中原而来的儒学的保存和传承，对日后的魏周乃至隋唐文化的大发展都有一定影响。

敦煌最负盛名的学者非刘昞莫属。刘昞，字延明，号玄处先生，以儒学称，是西晋名儒郭瑀的弟子。刘昞十四岁，就给郭瑀当博士（古代学官名），后来自己也有弟子五百余人。著有《敦煌实录》《略记》《凉书》《方言》等书。刘昞在西凉时已赫赫有名，进入北凉后沮渠氏统治者仍然对他比较重视。

北凉沮渠氏佞佛尤甚，在他们的提倡下，北凉时期已具有相当规模的敦煌佛教发展更加炽盛，进入了第一个高潮。十六国时期是中国历史上最为汹涌惨烈的时代，群雄争霸，天下大乱，战争频繁，社会动荡，黎民不安，政权兴灭无常。来自西、北的匈奴、鲜卑、羯、氐、羌等少数民族纷纷逐鹿中原，趁机割据。然而，那些胡族小国的统治者们只要一旦立国建政，就要首先高举佛法，广建寺院，大肆推行佛教。佛作为胡教，被各胡族统治者定立为国教，以"助王政之禁律，益仁智之善性"（《魏书·释老志》）。他们一方面是因对自己初创的新政权的不自信，对政权更迭的反复无常而内心不安，需要伟大的神灵保佑其政权长久，而作为北方民族尤其大多数是游牧民族的统治者，他们或许对中原以往的道教和儒教需求不高，而更需要寻找一个西来的"戎神"为精神支柱。所以十六国政权几乎都奉佛教为护国法宝，如后赵羯族皇帝石勒、石虎，他们是胡族中最先提倡佛教的，尊奉西域高僧佛图澄为国师，参咨国政，且广建伽蓝寺宇说法授徒。石虎曾公然宣称：朕生自边壤，君临诸夏；佛是戎神，正所应奉。其夷、赵百姓，有舍其淫祀，乐事佛者，悉听为道。"于是中州胡、晋略皆奉佛"（《高僧传·竺佛图澄》）。另一方面他们也需要一个统治老百姓的工具，于是，在统治者的倡导下，带动老百姓也纷纷拜佛，这也迎合了那些颠沛流离、苦难深重的华夷百姓寄情于神佛保佑和精神依托的需要。佛教从此流播中土，迎来了第一次短暂的高潮，佛陀救世思想深入人心，佛教信仰成为中国社会不可逆转的时代潮流。还有一方面，西来的佛教一开始在汉地并没有生存土壤，立志东传佛法的西域高僧及其信徒们生存堪忧，更需要得到国家政权的支持与庇护，这也正好与统治者的心愿相合。如前秦氏族皇帝苻坚、后秦羌族皇帝姚兴相继崇佛，他们尊奉西域高僧为国师，参与朝政，并给予很高的待遇。一时间释道安、鸠摩罗什、佛驮跋陀罗等大师辈出，译经讲论，立戒修禅，长安、凉州成为佛法东传的中心。与此同时，西秦乞伏氏政权与河西沮渠氏北凉政权，也将陇右、河西佛法推向高峰。《魏书》中有记载，沮渠蒙逊和著名的印度高僧昙无谶的一段故事："沮渠蒙逊在凉州，亦好佛法，与罽宾沙门昙无谶，习诸经论于姑臧，与沙门智嵩等，译《涅槃》诸经十余部。又晓术数、禁咒，历言他国安危，多所中验。蒙逊每以国事咨之。神中，帝命蒙逊送谶诣京师，惜而不遣。既而，惧魏威责，遂使人杀谶。谶死之。"从沮渠蒙逊习诸经论并大量翻译佛经上看，他对佛教是格外尊崇的；但从沮渠蒙逊宁可杀昙无谶，也不肯使其为拓跋政权服务，则证明他信佛之目的不纯，完全是一种佛教实用主义心态，是为了国家政权服务的需要。

北凉佛教的盛况，从高僧译经方面可见一斑。佛教的传播基本有两种形式，一种是用艺术传播，比如寺庙、石窟；另一种是用文字传播，即佛经。佛经是佛陀语录的汇编，经是佛教教义的基本依据。北凉在敦煌时期，集中了一批自印度、西域而来的著名高僧、大翻译家在此译经，其中昙无谶最有代表性。昙无谶（385—433），中印度人，他由罽宾（今克什米尔）经龟兹、鄯善来到了敦煌，大约在沮渠蒙逊水攻敦煌城得手后，就被迎接到姑臧，在此旅居数年，学会了汉文，便开始潜心译经。当时沙门慧嵩和道朗都是河西的杰出人物，对昙无谶非常推崇，并协助翻译而由慧嵩笔受。昙无谶共译佛经11部，其中最重要的就是36卷《大般涅槃经》。这部佛经宣扬的大乘佛教思想，认为一切众生皆有佛性，涅槃是化城，众生因为有先验的佛性，所以毕竟能成佛。这种思想对当时佛教的广泛流布起到了推波助澜的作用，因而刚刚译出，就被大量抄写复制，有力地推动了敦煌与河西佛教的蓬勃发展。北凉时期的佛教流行禅修，讲求静坐参禅。禅修，梵文之意是"心灵的培育"，就是把心灵中的良好状态培育出来。其实践方法就是以"八正道"的修学为主，辅以四梵住的慈悲喜舍；七觉支的念、择法、精进、定等，通俗的说法就是一边打坐一边冥想，使其达到一种入定的最高境界。这样就需要一个远离人群的安静环境，于是莫高窟便被禅修的僧人选中了。莫高窟开创于前秦建元二年（366），但现存的最早的三座北凉洞窟都应该是 400 年以后的，其内部两侧都有供僧人打坐修禅的"禅室"，另外在当地发现的三个北凉石塔，也都是供当时的禅僧苦修观像用的。可以说，北凉之前的敦煌石窟都是与禅业相关的禅窟。莫高窟的开凿势必受到当时僧俗信徒的特别重视，于是纷纷效仿，造作相仿。昙无谶说：《大般涅槃经》的梵本有三万五千颂，译成汉文大约百万言；现在所译的只有一万多颂，经本品数不全。他回国一年多访求经本（当时他母亲病故）。后来在于阗得到，回到姑臧继续翻译，足成三十六卷。（当时有智猛法师也曾去印度取得《大般涅槃经》梵本，回国在凉州译出二十卷。后人常常将他的梵本、译本和昙无谶的混为一谈；实际上智猛回中国远在昙无谶译经几年之后，他们之间并无关系。）

　　北魏太延五年（439），北魏统一北部中国，北朝开始。而蒙古高原仍然活动着契丹、库莫奚、乌洛侯、室韦、柔然及突厥等多个游牧民族。这一年北魏攻破北凉都城张掖，北凉灭。驻守酒泉的北凉太守沮渠无讳迫于北魏的强势，只能西撤敦煌，继续与北魏对抗。太平真君三年（442），太武帝拓跋焘向敦煌的北凉残余沮渠无讳发兵清剿，惊慌失措的沮渠"无讳自率万余家，弃敦煌，西就安周"（《魏书·李宝传》），逃往鄯善，投靠了吐谷浑，使敦煌空虚。此时前西凉李暠之孙李宝，在伊吾得知北魏已控制河西各地，酒泉城中"粮尽兵疲，饿死万余口"，而敦煌自北凉沮渠无讳退出后也几乎沦为空城，破败难支，李宝于是趁沮渠无讳西退西域之机，率其族人遗民两千余迁还故里敦煌。面对一片狼藉、千疮百孔的故国敦煌，李宝一边安置居民，一边组织兵民缮修城府，重整家园，敦煌一时得以修复，恢复了一点生机。与此同时，李宝派遣使者前往北魏，奉表归降于拓跋氏政权。北魏封李宝为镇西大将军、开府仪同

161

三司、领护西域校尉、沙州牧、敦煌公,暂理敦煌。其弟李怀达被封为敦煌太守,兄弟二人共镇敦煌。三年后,李宝奉命入朝,从此被留在京师平城,后终老于官中。李宝,字怀素,系曾任西凉祁连、酒泉、晋昌三郡太守的李翻之子。《魏书》记载,"宝沉稳儒雅有度量,骁勇善抚(慰)接(纳)",在敦煌历史上口碑不错。

北朝敦煌升军镇　柔然屡攻不得逞

北魏(386—534)是鲜卑族拓跋珪建立的政权,也是南北朝时期北朝第一个王朝。386年拓跋珪趁前秦四分五裂之际在牛川自称代王,重建代国,定都盛乐(今内蒙古呼和浩特市和林格尔县)。同年四月,改称"魏王"。北魏天兴元年(398),拓跋部的杰出人物拓跋珪称帝(道武帝),正式定国号为"魏",史称"北魏"。同年七月,道武帝拓跋珪迁都平城(今山西大同市),正式称帝。439年,拓跋珪之孙太武帝拓跋焘开始了统一北方的战争。493年孝文帝拓跋宏迁都洛阳,大举改革。北魏正平二年(452),拓跋焘被中常侍宗爱所弑,时年45岁,谥号"太武皇帝",庙号"世祖"。永熙三年(534),北魏分裂为东魏与西魏。东魏武定八年(550),高洋废孝静帝,代东魏自立,北齐建立。西魏恭帝三年(556)禅位于宇文觉,北周建立,北魏历史宣告结束。从386年拓跋珪重建代国至534年分裂为止,共历20帝(列入正史本纪者12位),享国148年。北魏在政治、文化、社会习俗等诸多方面,主动汉化,不仅推动了鲜卑族本身的进步和发展,而且对缓和社会矛盾和阶级矛盾、促进鲜卑族及其他民族与汉族融合,推动整个北方地区的社会进步都是意义深远的。北魏时期,佛教也得到了空前发展,迁都洛阳和移风易俗促进了北魏的中央集权与民族融合。

关于柔然人的来源,由于史籍记载歧异、简略,有东胡、鲜卑、匈奴、塞外杂胡诸说,其统治者为郁久闾氏。柔然"无城郭,逐水草畜牧,以毡帐为居,随所迁徙"(《宋书·索虏传》),亦"无文字,将帅以羊屎粗计兵数,后颇知刻木为记"(《北史·卷九十八·蠕蠕传》)。北魏建立之前,柔然还没有显著的阶级分化，这与其独特的生活方式有关。柔然被北魏视为奴隶，这是因为柔然的先祖木骨闾当年是北魏贵族的奴隶，后来因为长大成人才被免去奴隶的身份，成为北魏的一员骑兵，再后来因木骨闾行军误期，怕遭处罚，索性率部下出逃独立发展，之后他的子孙慢慢建立起来自己的部落。在北魏鲜卑贵族看来，柔然人就像是虫子那样低贱，所以给他们取名"蠕蠕"。北魏道武帝拓跋珪时，拓跋部南下扩张，柔然则趁机发展势力，据《魏书》记载，"'西则西域之地'……其常听会庭，则敦煌、张掖之北。小国皆苦其寇抄，羁縻附之"，可见柔然兴起迅猛。此时的柔然已进入阶级社会，并建立了自己的国家，军事力量也大大加强，从而也使北魏与柔然的较量由此拉开了序幕。5世纪下半叶，北魏和柔然一南一北对峙，其间演绎了两族之间的恩怨情仇。此时，佛教已经从敦煌传入柔然，僧侣、商贾也常往来于此。北魏正光元年（520），柔然内乱，其部属先后投靠北魏分裂出来的西魏、东魏和北齐。这时，北方突厥崛起，突厥是历史上活跃于蒙古高原和中亚地区的民族集团统称，也是中国西北与北方草原地区继匈奴、鲜卑、柔然以来又一个重要的游牧民族，540年，突厥这个词始见于中国史册。柔然面对强大的突厥屡战屡败，而又屡次反抗，最终弱势的柔然逐渐退出蒙古高原，西迁而去。这个在中国历史上迅速起落的柔然民族，对促进西北与内地交往，中国与中亚、西域交流曾作出过杰出的贡献。西魏恭帝二年（555）突厥大举进攻西部柔然，柔然末主邓叔子领余众数千投奔西魏，反被西魏杀死在长安青门外，至此柔然除先前已融入北方各民族者外，残部大部分迁往中亚和欧洲去了。而雄极一时的草原霸主北魏政权，也渐渐失去了对草原的控制，为了争夺更为富裕的中原地区，不断地汉化而融入内地。

魏武帝拓跋焘灭沮渠氏残余以后，便积极筹措再通西域。444年，敦煌公李宝应召入平城之际，北魏接管了敦煌，并且很快废敦煌郡置敦煌军镇，为控制西域和抗击漠北柔然重启敦煌战略要地的作用。敦煌军镇所辖晋昌戍、酒泉军、乐涫戍、张掖军等。军镇是十六国末在北方地区建立的军事管制式的地方行政管理方式。当时，北方各政权将军事要冲驻军及其家属和所管人口与一般平民分开，称为"镇民"，辖区称"军镇"，长官称"镇将"。镇将负责军镇内的军事和民政，实行军事化管理。北魏时期，南北边界均设军镇，同一级行政区，大约与州的行政级别相当。将敦煌的地位提升为军镇，是北魏王朝平定西域，挫败柔然，一统北方之后，经营西域、控制柔然南侵、加强边防安全的一个较大的举措。敦煌镇管控的地域相当于西汉时期敦煌、酒泉二郡的范围。从敦煌以往的历史来看，在敦煌所置州、郡、军镇等，要数北魏时敦煌镇的辖地最广阔，而此时北魏的敦煌镇的地方官员的品级也最高。这次设军镇对敦煌的影响很大，势力范围的增大尚在其次，最主要的是将河西走廊西端的政治中心又从酒泉移回了敦煌。可见当时北魏王朝对敦煌及河西的重视程度之高，敦煌在西北部地区所处的地理位置以及战略地位之重要。

北魏之所以如此重视敦煌，关键是它所处的位置，恰在北魏西击柔然、进军西域，并守护河西的咽喉位置，北魏拿下北凉的首都张掖，标志着中国北方的统一，如果没有敦煌作为第一防线，整个河西都将变得十分脆弱，以致影响北魏这个新兴王朝的安全。同时，敦煌是北魏经营西域、向西发展的重要据点，其政治地位更加突出。太平真君六年（445），北魏太武帝遣成国公万度归，率凉州以西兵员，出敦煌玉门关，西击鄯善，继而破焉耆和龟兹两国。此一战使西域广大地域为北魏所控，西域商人通过再度打通的丝绸之路，纷纷前来贸易，促进了中原和该地区的政治联系和经济、文化交流。然而好景不长，此时漠北柔然崛起，直接控制了与敦煌最为接近的吐鲁番盆地以西的广大西域地区。而西南又面临强大的吐谷浑，敦煌介于两雄之间腹背受敌。北魏太平真君九年（448），魏成周公万度归再次率兵第二次攻伐柔然，控制了西域大部分地区，打通了被柔然阻断多年的丝绸之路，并设镇管辖，这些辉煌战果都是以敦煌为重要基地开展的。自405年西凉李暠从敦煌迁都酒泉后，朝廷无力制御西域的形势至此有了极大改观。早在东汉、三国之际，鲜卑族就开始经常与汉人接触，其族人多据匈奴故地，从辽东到河西、陇西广大地域，都时见鲜卑族各部的牧场住地。其中河慕容氏、秃发氏以及乞伏氏，在十六国时都还在中原、陇西、河西分别建立过政权。据《通典·边防典》说，拓跋氏这支鲜卑部落是"别部鲜卑"，原游猎于"幽都之北，广漠之野，畜牧迁徙，射猎为业"。到拓跋氏太祖神元皇帝拓跋力微（174—277）的父亲圣武皇帝拓跋诘汾时，经历了"山谷高深，九难八阻"，"始居匈奴故地"（《魏书》）。在拓跋力微之前，拓跋氏的历史还属于史前、传说时期、处在原始社会末期的部落联盟阶段。从拓跋力微到开国皇帝拓跋珪时，为原始社会解体到进入阶级社会和形成国家的过渡时期。拓跋鲜卑是一个进步很快的民族，由于受汉族社会的巨大影响，从原始部落社会一跃而进入阶级社会，当然其内部多少还残留着"父权奴隶制"。登国元年（386），拓跋珪即位为代王，随即改称魏王，这便是中国历史上的北魏。拓跋珪先行统一大漠诸部，东破库莫奚，西破高车，又灭匈奴别部刘卫辰，获得名马30余万匹，牛羊400余万头。皇始二年（397）前后，拓跋珪尽取黄河以北与东晋相持。天兴元年（398），拓跋珪迁都平城，进称魏，即北魏太祖道武帝。拓跋珪死后，其子太宗明元帝拓跋嗣继立。嗣死，子世祖太武帝拓跋焘立（423—452年在位）。

拓跋焘（408—452），字佛狸伐，代郡平城（今山西大同市）人。鲜卑族，北魏第三位皇帝，太宗明元帝拓跋嗣长子，母为明元密皇后杜氏。南北朝时期著名的军事家、政治家。拓跋焘自幼就表现得聪明大度、应付裕如。北魏泰常八年（423）登基，改元始光。拓跋焘继位后，心怀"廓定四表，混一戎华"（《魏书·卷四·世祖纪下》）之志，因此，亲自率军征战，周旋于险境。拓跋焘善于使用骑兵，常常轻骑奔袭，经过连年攻战，先后攻灭胡夏、北燕、北凉，征伐山胡，降伏鄯善、粟特等西域诸国，西逐吐谷浑，攻取刘宋的河南重镇，统一了中国北方及西北广大地区。讨伐柔然使得柔然族人仓皇逃窜。反攻刘宋，实现"饮马长江"之志。拓跋焘的骛勇骁强，得到了对手的敬畏。刘宋王朝评价他为"英图武略，事驾前古"（《宋书》），骁勇程度超过了冒顿、檀石槐。休战时，拓跋焘常常抚恤孤儿、老人，体察民间疾苦，并劝课农桑，减轻人民赋税，制定了休养生息、偃武修文的政策。拓跋焘广泛征召汉族士人，重用汉族大臣崔浩、高允等人，改革官制，整肃吏治，抑退奸吏，提拔忠良，显著促进了北魏官吏和庶民之间的和睦相处。他又宣传礼义，崇尚儒学，推动了北魏的汉化发展。拓跋焘恪守节俭，但奖赏将士则非常慷慨。每逢作战，不畏艰险。料敌于先，知人善任，赏罚分明。拓跋焘重视法制建设，并常说:"法者,朕与天下共之,何敢轻也。"但是,在他执政末期,诛戮过多,诛戮之后又常常后悔。

然而,北魏虽然是游牧民族出身,但也同样遭受其他游牧民族偷袭的苦恼。当时在北魏的西北边地,活跃着一股势力强大的游牧民族,即柔然。这是一个在蒙古草原上继匈奴、鲜卑等之后崛起的部落制汗国。柔然原是鲜卑的奴隶,后来扩展了地盘,就独立了。4世纪末,柔然首领社仑可汗时,柔然地域东到朝鲜,西包括焉耆以北地区,而以敦煌、张掖以北地区为中心,地域已非常广大。此时柔然距离敦煌非常近,他们一边向西域扩张,一边向河西挺进。太武帝拓跋焘统治晚期,北魏于西部地区一直强于柔然的军力优势已不再。到了拓跋焘之孙文成帝拓跋濬(452—465年在位)之初,遂调任以骁勇刚烈闻名的熟悉柔然事务的尉眷为敦煌镇将以镇守敦煌。到5世纪60年代,柔然贵族对西域开始大规模进攻,同时他们也多次跨越长城,以数万之骑威逼敦煌。至献文帝拓跋弘(465—471年在位)时,柔然越加强盛,他们先后控制了葱岭以东、敦煌以西的西域广大地区,势力范围空前辽阔。北魏孝文帝时,柔然称霸于西域各地,他们逐渐剪灭了北魏在西域的兵力,也多次对敦煌发动进攻。最大的一次是,北魏拓跋宏时期的孝文帝延兴二年(472),柔然以3万骑兵围攻了敦煌,此时的敦煌镇将是尉多侯,他身先士卒与镇兵顽强作战,才击退柔然骑兵,使敦煌免遭了一次劫难。然而时隔不久,柔然卷土重来,尉多侯再次迎敌奋战,保全了敦煌。至延兴三至四年(473—474)时,敦煌仍旧不断受到柔然的骚扰和围困,虽然每次进犯都被先后驻守敦煌的镇将尉眷、尉多侯、乐洛生相继击退,但战争也给敦煌及附近地区带来了严重的灾难和沉重的负担。在柔然咄咄逼近的严峻形势之下,北魏上层对是否继续固守敦煌产生了分歧,上书给皇帝建议:敦煌地处偏远,而且夹于吐谷浑和柔然国之中间,终究难以自保,为此主张把敦煌郡民迁徙凉州,放弃敦煌,此主张得到了北魏朝廷官员多数认同,只有韩秀等人极力反对。韩秀认为:"敦煌之立,其来已久……一旦废罢,则关右荒忧,烽警不息,边役繁兴,艰难方甚。"如弃敦煌,则凉州不保,且关中亦无宁日。孝文帝拓跋宏采纳韩秀的建议,升敦煌镇将为都大将,以加强敦煌守备力量。这使西域门户敦煌得以保全。恰在此期间,敦煌镇将尉多侯与南羌、柔然数次角逐胜利,特别是柔然多次以兵至三万骑的力量进犯敦煌,而敦煌军民在镇将尉多侯、乐洛生的率领下固守了敦煌,多次挫败柔然大军。这不仅给敦煌带来暂时安宁,也给北魏统治者以一定的信心。

太和九年（485）,北魏孝文帝经过一系列的改革,决定加强敦煌的守备,将敦煌镇升格置都大将,将敦煌镇守上升了一级。与此同时特调派长乐王秦州刺史穆亮为敦煌镇都大将。并于同年以敦煌为军事、粮草后备基地,积极配合西域高车部对柔然的进攻。

如此一改,敦煌有了更加安全的保证。值得一提的是镇都大将穆亮,此人是最早见于文献的一个敦煌镇都大将,为文成帝婿、长乐王秦州刺史。他在敦煌任职期间,励精图治,为政宽简,赈恤穷乏,使敦煌经济文化得到了一定恢复,对加强敦煌实力起了很大作用,深受百姓的爱戴；而且他和后来任瓜州刺史的元荣、于义等几位来自中原的敦煌地方长官,都特别敬奉佛教。在他们的大力倡导下,敦煌佛事空前兴盛。今莫高窟北魏洞窟占有相当的比重,而且技艺精湛,内容丰富,从不同角度反映了当时的社会生活和政治局面。而且,笃信佛教的东阳王元荣与建平公于义先后出任瓜州（当时的敦煌）刺史,还亲自出资在莫高窟开窟造像,致使"合州黎庶,造作相仍",掀起一次在莫高窟大兴土木、开窟造佛的运动。而敦煌石窟正是在这一时期渐趋兴盛,逐渐发展成为佛教徒传授教义、举行佛事活动的重要场所。在元荣时期开凿的洞窟中,融入了他从中原带来的文化艺术；北周时期,建平公于义再次带来了中原的文化艺术。此时的敦煌石窟艺术已突破西域佛教艺术的规范,开始形成具有敦煌特色的中国式佛教艺术体系。

早在北魏在敦煌设置军镇并派驻镇都大将的同时,5世纪下半叶,柔然的劲敌高车逐渐崛起,他们与北魏联手夹击柔然,使柔然衰败。488年,柔然伊吾戍主高羔子以城降魏。490年,高车杀柔然高昌王阚首归,另立敦煌人张孟明为高昌王,并遣使入魏。492年,北魏出兵十万击败柔然,自前凉后一直战事不断的敦煌地区,至此获得了暂时的喘息,使敦煌社会稳定安宁,生产亦有所发展和进步,这对于当时以及后来的中西交通及敦煌政治、经济,特别是文化的发展具有重要的意义，尤其是使敦煌地区佛教文化得到迅速发展，使莫高窟出现了很多大型的洞窟。但多年战事频发，人口流失严重，使这一地区呈现"空虚尤甚"之局面，一时难以恢复往昔之繁荣局面。

进入6世纪以后，敦煌终于从战乱中安定了下来。孝明帝孝昌年间（525—527），北魏罢敦煌镇置瓜州，时瓜州下属郡县有敦煌、酒泉、玉门、长乐、会稽、效谷、寿昌7郡，敦煌、鸣沙、平康、东乡、阳关、效谷、寿昌、冥安、新乡、伊吾、常乐、宜禾、广至、凉兴14县。敦煌郡隶属瓜州，仅领敦煌、平康、东乡、效谷、龙勒（正光年间更名为寿昌）、阳关、鸣沙共7县，面积缩小很多，仅相当于今敦煌市的范围。到了北魏末西魏初时，效谷、寿昌两县又改立为郡，敦煌至多只辖有5县，其范围变得更小了。就在取消军镇之际，北魏在敦煌的统治出现不稳，于是北魏改派大员、北魏宗室明元帝四世孙元荣从洛阳赶来亲自出任瓜州刺史。

北魏末年，各地反叛，动摇了北魏王朝的统治基础，北魏大权旁落入镇压起义的尔朱荣手中。经过几年的权力争夺战，永熙三年（534），北魏最后一任皇帝元修与丈人高欢决裂。不胜高欢的独断凌逼，元修率部分兵众入关中投奔妹夫宇文泰。高欢以元修弃国逃跑为由，遥废其帝号，另立清河王元之子元善见为帝，这就是孝静帝。宇文泰以元修乱伦有伤风化为由，杀了元修改立元宝炬为帝。北魏从此正式分裂成东西魏。此时，敦煌及河西地区归属西魏。

北魏迁都洛阳后，在孝明帝末年，政治腐化，权贵奢侈，守宰暴敛，赋役、兵役繁重，百姓纷纷逃亡或依附豪强。而长期戍守北边的沃野等六镇的将卒（多为拓跋部贵族及其成员或中原强宗子弟）因待遇骤降开始不满，最后发起反汉化的大起事。北魏正光五年（524），因矛盾激化爆发了北方六镇戍卒和少数民族发起的动乱，史称"六镇之乱"。当时派往镇压各地起义的高欢、宇文泰两大军事集团也发生分裂，造成东、西魏和以后北齐、北周政权的分立。是年八月，孝明帝下诏改镇为州，敦煌因自古盛产美瓜而名曰"瓜州"（一度易名为"义州"）。瓜州镇辖敦煌、酒泉、玉门、常乐、会稽五郡，治所敦煌。六镇起义的影响也波及了河西，为加强河西的统治，孝昌元年（525），明元帝四世孙元荣出任瓜州刺史。永安二年（529），元荣受封为东阳王。由于敦煌地处西北一隅，未受到北魏末年战乱的太大影响，经济相对稳定。即使在东、西魏分治的时期，元荣仍作为西魏的瓜州刺史，其统治直到大统十年（544）。在元荣统治敦煌的20年，他团结敦煌豪右，保境安民，使敦煌迅速安定，社会经济逐渐得以恢复并有所发展。西魏取代北魏之初，东阳王元荣以宗室王身份继续留任瓜州刺史，掌领敦煌军政。混乱不定的政治局面令元荣更加迷信佛教，他在敦煌地区大兴佛事，开窟造佛，掀起了继北凉之后莫高窟第二个建窟热潮。推动了宗教事业的发展。永安至永熙（528—534）年间，元荣出资写经十余部数百卷，还在莫高窟开凿了一座大型石窟（今第285窟）。此时敦煌的经济文化得到了一定的恢复和发展。元荣去世后，其子元康继任刺史之位，但元荣女婿邓彦杀康自立，西魏不得已而承认。大统十一年（545），西魏河西大使申徽至敦煌，在当地大族令狐整等人的协助下，捉拿邓彦，并将其送至京师治罪。546年，申徽任瓜州刺史，为政勤勉，人民得以安居乐业。

宇文泰（507—556），鲜卑宇文部后裔，汉化鲜卑人，西魏杰出的军事家、改革家，西魏的实际掌权者，亦是北周政权的奠基者，史称"周文帝"。宇文泰死后，557年其子宇文觉（北周闵帝）"受禅"，废魏自立，建立北周，敦煌又转辖于北周。

宇文觉立北周取代西魏之后，敦煌继续为瓜州设置，据《周书》记载，韦真、李贤曾为瓜州刺史。从565年到576年前后任瓜州刺史的建平公于义，继承了元荣开窟造像的活动，如莫高窟《圣历碑》记云"建平、东阳弘其迹"。建德三年（574）北周武帝灭佛，但从敦煌石窟的开窟造像情况看，瓜州一带的佛教似乎没有受到多大影响，只是表现了一时短暂的停歇。值得一提的是，河西地区特别是敦煌，自汉以来已是文人学士辈出，文化极其繁盛之地。自前凉张轨出任凉州起，就注重保境安民，兴办文教，提携人才，为河西的封建地主阶级创造了其家族和家学的存续与发展的有利条件，从而不断吸引中州人士流向河西。河西的文人学士，多出自五凉兴亡更替的与各个政权休戚与共的地方世族集团，即所谓"西州大姓"。西州大姓，如安定张氏、陇西李氏、略阳郭氏、西平田氏、金城宗氏以及敦煌宋、阴、索、氾等都是儒学大家族。河西的敦煌儒士不仅数量最多，学术成就也在各地之上。这些世家大姓，不断兴办学堂，聚徒授业，传承和发扬汉晋传统文化。这在当时中原动荡、京洛公学沦废、学术水平下降的时代背景下，为保存延续中国的传统文化作出了重要贡献。

北周的统一北方和后来的隋朝统一南北，都是在民族大融合的条件下进行的。从当时的敦煌户籍残卷中反映出的安游璟、白树合、卑二郎、索思礼、令狐仙尚等人名看，显然汉化而来的少数民族，他们在均田制下已与汉人融为一体。另有大量的如乌丸、丁零、卢水胡、屠各、羯、匈奴等民族，至隋唐时已不见他们活动的记载，显然已经完全融合到汉族之中了。由于史无前例的民族大融合，使汉民族融入了新鲜的血液，也增添了新的活力。而此时的敦煌地区因多民族聚居，恰处在民族融合的前沿，尤其是对当时的文化融合与发展，有着不可替代的重要地位。

虽然宇文觉废魏自立，建立北周，敦煌就已归北周统属，但由于北周内部的权力斗争，朝廷尚没有精力过多地重视边地敦煌的经营与发展。此时，北周对敦煌地区的建置又做了两次调整。周武帝保定四年（564），北周实行合郡并县的举措，将北魏正光六年（525）设立的瓜州所属的常乐、会稽、玉门3郡并为常乐郡；并会稽、新乡、延兴为会稽县；广至、凉兴、渊泉、冥安为凉兴县；废阳关县，复效谷、寿昌2郡为县，并入敦煌郡。又并敦煌、鸣沙、平康、效谷、东乡、龙勒6县为鸣沙县。常乐郡辖会稽、凉兴2县，敦煌郡辖鸣沙县。建德二年（573）又将敦煌、鸣沙、平康、效谷、东乡、龙勒（原寿昌郡）合并为鸣沙县，使北周后期的敦煌郡仅辖有鸣沙1县，辖境基本与北魏中后期的敦煌郡相当，与今敦煌市区相当。西魏、北周时，在苏绰的谋划下，宇文泰父子为了政权的稳定和边疆的巩固施行了一系列重大改革，涉及政治、军事、经济、文化各个领域，为北周统一北方和民族融合奠定了基础。尤其是宇文泰在西魏握有实权时就制定实行的尽地利、鼓励耕垦、发展农副业生产的均田制和赋役制，对西魏、北周的强大产生了积极的作用。到了周武帝宇文邕时，他减轻徭役时间，改8丁兵为12丁兵，依月轮换，每个人1年服役1次，每次1个月。近代在敦煌发现《邓延天富等户户籍记账残卷》计账，这一文件的发现是北周实行均田制，发展农业生产的极好佐证，当时敦煌地区的农业生产状况也可见一斑。同时，北周在宇文氏政权下通过职官和选举的改革以求得贤才；通过府兵制的建立以加强武装力量；周武帝建德三年（574）宇文邕还下诏废佛，不仅把几百年来僧侣地主的寺宇、土地、铜像、资产全部没收，充作以后伐齐的军事费用，而且通过毁佛运动来抑制寺院经济势力，保证均田制和府兵制的推行。同时，还下令把适龄的壮丁编为军队，扩大了府兵的队伍，把近百万僧侣和僧祈户、佛图户编为均田户，为统一北方创造了充分的条件。通过改革，巩固了北周统治，加强了北周的中央集权。建德六年（577），北周攻占了邺城，灭了北齐，结束了将近半个世纪的东西分裂局面，北方复归统一，奠定了其身后关陇政权一统天下及隋唐王朝强盛的基础。

宇文王朝视敦煌为西部重镇，在并立鸣沙县之前，北周便派建平公于义出任瓜州刺史。于义虔诚信佛，也是莫高窟兴建史上的重要人物，现在敦煌学家认为莫高窟早期最大的第428窟就是于义所建。周武帝灭佛之风也吹到了敦煌一带，瓜州大乘寺的几座佛塔便毁于这一事件中。而敦煌佛窟兴建活动却并未受到多大影响，莫高窟和西千佛洞中保存了不少北周洞窟，其中壁画、塑像依然精美。这可能是因为短暂的灭佛之风还没有吹到敦煌便变换了政策，也或许是像于义这样的地方官员笃信佛教暗中保护的原因。

西魏末到北周初，柔然一直是中原与西域交通上的一大障碍。西域突厥部落与魏呼应，铲除柔然，这条通道才得以复通，中原地区和西域各国的交往也恢复发展。鄯善、于阗、龟兹等国先后遣使与北周王朝通好，并献名马和方物。高车部科罗可汗，在魏废帝元钦元年（552）一次就向周太祖宇文泰献西域良马五万匹。这对宇文泰镇压关陇起义、控制长安局势起了重要作用。北周创立后，丝绸之路恢复畅通，中原与西域诸国通过敦煌与河西走廊其他地区一直保持良好的关系。北周静帝大象元年（579），突厥沙钵略可汗复请和亲，北周静帝宇文阐将赵王宇文招的女儿封为千金公主，嫁给突厥沙钵略可汗为妻，千金公主担负起了维护两国友好关系的重任。以和亲优礼笼络，使西域诸国相互制约，以求西部的稳定。敦煌是西域与中原交通的重镇，在历史上，只要中原与西域交好，必给敦煌带来繁荣和发展。时任敦煌郡守令狐休，有文武才，在敦煌十余年颇有政绩。他在魏大统中曾协助其兄令狐整平息了城民张保，被授都督，在当地颇有影响力。令狐休清操节俭，奖励耕植，为建设敦煌作出了卓越贡献，整个北周时期，敦煌的各项事业都呈上升发展的趋势。随着大时代的民族大融合、各少数民族完成了封建化的大进步，民族矛盾和阶级关系有了新的变化，为后来隋唐时期的大发展提供了较好的民族关系和政治环境。

DUNHUANG
THE BIOGRAPHY

敦煌 传

隋唐鼎盛　丝路华都

第四章

莫高窟第194窟 盛唐 各族王子图 1974年段文杰临

开皇大统兴边州　裴矩抚西定咽喉

581年2月,北周静帝禅让于皇戚杨坚,北周覆亡。杨坚代周而建立隋朝,定都大兴城(今西安)。杨坚称帝后,于开皇七年(587)灭后梁,一年后下诏伐陈。开皇九年(589)灭南陈,统一了中国,结束了西晋末年以来近三百年的分裂局面。隋文帝结束了中国长期混乱的局面,使中国又回到了和平年代。隋朝建立以后,隋文帝精心治理,使隋朝迅速强大繁荣起来。他不仅完成了统一中国的大业,还使隋朝政权稳固,社会安定,户口锐长,垦田速增,积蓄充盈,文化发展,成为"统一寰宇,甲兵强盛,风行万里,威动殊俗"(《旧唐书·魏征传》)的强盛国家,史称"开皇之治"。

开皇初年,隋文帝杨坚在政治、经济等制度方面进行了一系列的改革。他先在中央实行三省六部制,然后按照"存要去闲,并小为大"的改置原则"罢天下诸郡",对前朝"官多民少,卜羊九牧"(《隋书·杨尚希传》),州县林立,机构繁多,管理混乱的局面,进行了一番大刀阔斧的重新构建,将以往州、郡、县三级制改为州、县两级制。地方官吏概由中央任免,巩固了中央集权,加强了中央政权对地方的有效管理。

当时的敦煌也贯彻了朝廷的政策。开皇二年(582),敦煌郡一度改郡为县,仍隶属于瓜州,并为瓜州治所。但到大业三年(607),隋王朝又将天下各州原改称为郡,敦煌郡也随之复立,下辖敦煌、常乐、玉门三县,相当于今嘉峪关以西的玉门、瓜州、敦煌、肃北、阿克塞五县(市)的广大地域,范围之大仅次于北魏前期的敦煌镇。郡内人口也相应增多,据隋志记载多达7779户,计三四万人口,较北朝时期人口增长不小。当时县置以下设保、里、党。五家一保,设保长;五保为里,设里正;四里为党,设党长。

隋朝统一中国之初，即开始重视河西，在开发西域时，相继平息了以突厥、吐谷浑为主的反隋势力。大一统的中国、强大的中央集权和信奉佛教的统治上层，为敦煌走向兴盛奠定了基础。在隋朝统治的前20年间，敦煌处于物阜民殷、兵强而粮足的经济繁荣时期。隋文帝杨坚原是北周的隋王，废周静帝后登基，实质上是篡夺北周政权而自立为皇帝，因此唯恐人心不服。自汉代以来，符瑞被说成是皇帝特别是开国皇帝受命于天的征兆，即所谓"天之所与，必先赐之于符瑞"。为了给自己篡周的合法性制造舆论，隋文帝即"雅好符瑞，暗于大道"，"深信佛道鬼神"（《资治通鉴》）。特别是尊奉佛教为国教，大大促进了敦煌的文化事业以及其他各项事业的发展。尤其随着隋朝的强盛，万国来朝，丝绸之路的辉煌发展，使地处要冲的敦煌占尽了地利之光。

隋文帝统一中国，对河西地区的民族贸易给予了大力推动。自东汉末年以来的数百年间，由于天下纷争、政权林立、民族矛盾尖锐等原因，丝绸之路时断时续，河西地区正常的民族贸易受到严重挫折。隋初，西北地区边患严重，有两股势力同时威胁着隋王朝的统治。一个是西突厥，他们既占据漠北时常南下犯隋，又把控西域，阻绝丝路贸易；一个是青海一带的吐谷浑，他们除了常与西突厥勾结，对丝绸之路构成南北夹峙之害，还时常同党项联手，对隋朝的西部地区进行频繁犯扰，致使河陇地区长期动荡，难有安宁之日。隋初西域被突厥势力占据，吐谷浑骑兵时常进犯河西走廊，隋王朝与西域的交往受到阻断，隋王朝对敦煌和西域的经营受到干扰，河西走廊的建设和发展也被阻碍。随着突厥的分裂和衰落，丝绸之路上已无强敌控制，隋王朝通过敦煌与西域诸国的关系逐渐恢复，结束了分裂祸乱的局面，使丝绸之路畅通无阻，也确保了河西地区民族贸易的正常运行。

自汉武帝将河西走廊纳入中国范围以来，河西走廊已经成为西部非常重要的商业贸易区。然而，战争中断了中原和西部地区这几百年来的大规模商业和贸易往来，河西走廊受到战争的影响走向衰落，最后只能沦为西部商人的中转站。604年，35岁的杨广即位，成为隋王朝的第二任皇帝。隋炀帝是一个有野心有理想有抱负的君主。从登基之日起，杨广的治国理念就在他强大集权统治下迅速得到贯彻。打败吐谷浑后向西开疆拓土并重新打通丝绸之路贸易，正是他梦寐以求的千古奇功。此时，中原大地已在多年的战乱之后经历了其父杨坚的开皇之治，正处于百废待兴后的蓬勃发展阶段。而河西走廊也因复兴屯垦取得了显著成效，使这一地区的经济得到了很大改善。随着隋王朝对河西地区战略地位的认识提高，不仅促进了当地各方面的发展，也促进了各民族之间贸易的进一步展开。而中原商人也迫切希望重新打通自汉代以后就日渐衰亡的丝绸之路贸易。

此时的敦煌历史上出现了一个人物，他叫裴矩。裴矩是河东望族裴氏的后代，学识渊博，多才多计，在隋初平定岭南叛乱和抵御突厥侵扰等活动中崭露头角，他对西域史地颇有研究，且为以后大隋经略西域建功卓著。杨广希望利用裴矩的外交能力和对西北各族情况的了解帮助自己完成对西部疆域的经略开拓，于是他召见裴矩就西部疆域的经略问题进行咨询，裴矩建议通过疏通河西走廊打开丝绸之路贸易的新局面，并乘机加强和西域的政治文化交流，而这也正是杨广所想。

605年，已58岁的裴矩赴任河西重镇张掖，他的才干在张掖和敦煌一带得到了充分的发挥。初到河西后，他放下朝廷大臣的架子，主动拜访商人，尤其是西域商人。通过深入细致地调研，裴矩对这些来自西域诸国的商人的想法有了准确的认识。事实上，这些西域商人都有去长安、洛阳的市场进行贸易的强烈愿望，这一愿望丝毫不比中原商人希望重新打通丝绸之路贸易的意愿弱。但河西走廊进行的各种贸易，几乎都是自发的民间交易，朝廷从来没有健全的机制来促进和管理贸易活动。此外，在经历了魏晋南北朝三百多年的战乱破坏后，丝绸之路贸易遭到了巨大的破坏。河西走廊上，汉代以前留下的各个驿站早已年久失修，不能再为过往客商提供饮食、住宿等服务。因此，来自西域的商人越来越少，原本应该繁华如织的丝路贸易，也变得阻塞不前。于是裴矩开始频繁奔波于河西走廊的武威、张掖、敦煌等地，在商路上设置新的驿站，以方便商旅往来。同时裴矩下令降低关税，甚至免税，以鼓励西域商人前往长安、洛阳直接与朝廷进行各种贸易。朝廷还为在河西走廊上的西域商队提供的食宿和保护，而所有费用均由朝廷承担。裴矩用优厚的条件和利益吸引西域商人经敦煌到河西中部贸易，使西域商人往来相继，大大增加了交易活动的范围和内容。促进了中原同西域和西北边地人民的相互交往、交流，促进了相互间的发展。裴矩推行的这一系列贸易政策，使得河西走廊重新恢复了兴盛与辉煌。

西域的商人都通过敦煌至张掖交市，敦煌作为西域进入河西走廊的第一站，显得格外重要。裴矩在驻张掖时，特意到敦煌等地实地考察调研，利用敦煌与胡商接近的便利条件，广泛和中西商人就丝绸之路贸易和西域的具体情况进行了探询，对西域各国的山川险阻、风俗人情、服章物产等有了一定了解。由此撰著了三卷《西域图记》奏献朝廷，使隋王朝对西域的情况有了比较全面而真实的认识，为今后经营西域提供了重要凭据。裴矩还在其《西域图记·序》里，认真分析了西域的形势，明确提出了"以夷制夷"治理西域的措施，由于其切合实际、颇有见地，一经提出就博得隋炀帝的大加赞赏。此外裴矩在其《西域图记·序》中曾详尽地介绍了西域44个国家的情况，并描述了当时通往中亚、西亚、欧洲等地的几条道路的情况。依照裴矩的描述，当时丝绸之路从敦煌出发，直通西海（地中海）的通道共有三条。而这三条通道"总凑敦煌，是其咽喉之地"。以裴矩为代表的隋王朝的决策者将敦煌形象地比喻为丝绸之路的"咽喉"，是隋王朝对河西地区战略地位认识的一次飞跃。同时说明在当时相当长时期里，敦煌是作为重要的中西交通的补给中继站和枢纽地的。裴矩所录三道是北道（又称新北道）、中道（即汉代的北道）和南道。这是我国史地书籍中丝绸之路走向通道的最早、最系统、最完整的记录。

其实，隋代以前，中西交通的丝绸之路只有南北两道。隋时，不仅使以前的道路更加畅通，而且新增了一条通往西域的道路，即新北道。

这三条经敦煌的通道走向是：

新北道：出敦煌至伊吾（今哈密），经蒲类（今巴里坤）、铁勒部（今斯克湖到乌鲁木齐一带），渡北流河水（今楚河、锡尔河）而达西海，最终到拂林国（今叙利亚）。

中道（汉代的北道）：出敦煌至高昌（今吐鲁番）、焉耆、龟兹（今库车）、疏勒（今喀什），越葱岭，再经费尔干纳、乌拉提尤别等地，最终至波斯（今伊朗）。

南道（汉代的南道）：出敦煌，经鄯善（今若羌）、于阗、朱俱波（今叶城南）等，过葱岭，再经阿富汗、巴基斯坦，最终至印度各地。

由此再结合从长安到敦煌的路线，整个丝绸之路沿线的地图第一次如此清晰地呈现在中国人面前，要知道在此之前尽管张骞开辟这条通道已有近千年，然而中国人的活动范围大体还是在西域、中亚一带。只有甘英成功到达了地中海，遗憾的是他未能为后世留下自己出使路线的地图，而裴矩做到了。

大业举行万博会　番使纷至仰大隋

隋文帝杨坚立国之初，内忧外患、战事频繁，他虽然也很重视对河西、西域的经营，但客观上不可能取得更大的成就。隋炀帝杨广即位以后，形势发生了很大的变化，他将征服吐谷浑、西突厥，重开西域交通，经营丝绸之路发展民族、国际贸易作为他的治国理念之一。大业初年，隋炀帝遣尚书左丞裴矩视察敦煌，了解和调查丝绸之路及中西通商贸易情况，并利诱西域各国的胡商大贾在敦煌和张掖两地举行"诸胡交市"，隋朝对西域的经营活动便正式开始了。隋炀帝为了拓通丝绸之路，经营西域商贸"互市"，保证长治久安，决定西巡。隋大业五年（609），在河西走廊的山丹，发生了一件永载史册、举世闻名的重要历史事件——"万国博览会"。

此年六月，隋炀帝亲率40万大军御驾西巡，他的行程是自关中出发，沿渭河，越陇山，绕过宝鸡，经青海乐都，入扁都口，穿越祁连山到达河西重镇张掖。沿途中皇家马队车马辚辚，战旗猎猎，极尽炫耀大隋帝国之威盛。西域诸国国王闻听大隋天子要亲自到张掖，大为震惊，也为隋炀帝的气概所威压折服。于是西域二十七国君主纷纷带着金银财宝、商旅使臣赶来朝见大隋天子隋炀帝，以表对大隋的臣服。

这年六月八日，在途经祁连山斗拨谷时，山路险峻，夜降暴雪，士卒和随员被冻死者甚众，甚至包括杨广的姐姐杨丽华和一位妃子也未幸免。六月十一日，隋炀帝亲临张掖，举行为期一周的盛大交易会，这是中国封建社会历史上唯一一次中原王朝帝王西巡至山丹境内的重大活动，史称"万国博览会"。隋炀帝效防周穆王、秦始皇、汉武帝参禅名山,先登上山丹焉支山顶峰参禅天地,后宣布盛会隆重召开。六月十七日,隋炀帝接见高昌王鞠伯牙、伊吾吐屯二十七国使臣,隋炀帝两次大宴各国宾客,并在道左(古丝路道,峡口西侧)"佩金玉,穿锦履",焚香奏乐,歌舞噪喧,武威、张掖十几万士女着盛装夹道欢迎,"衣服车马不鲜者,郡县督课之,骑乘嗔咽,周亘数十里"(《资治通鉴》),迎接隋炀帝。西域二十七国王臣贡献千里之地,炀帝"大悦"。六月二十一日在"观风行殿"盛陈文物布展,让西域诸王及使者观看,以示文明,并宴请二十七国使臣,奏《隋制九部乐》,演出"鱼龙漫延"舞蹈(《资治通鉴》),使得西域诸国在大为臣服的同时,也被中原的文化艺术和经济盛况所深深吸引,使西域各国使臣更加迫切地希望与中原王朝交好,这对消除西部边患,促进中西正常交往具有积极作用。六月二十三日,"大赦天下"。隋炀帝巡视张掖接受西域二十七国君主朝见这件事,意义重大,影响深远,在中国古代经济、文化和对外交流发展史上是一件空前绝后的盛事。而杨广也是中国历史上唯一曾亲自造访丝绸之路之河西走廊的皇帝。此外规模之大,规格之高,参加国家和人数之多,耗资之巨,也是史无前例的。这次活动,也充分显示了隋王朝的强盛和河西走廊的繁荣。敦煌作为丝绸之路重镇,西域二十七国使者的前应接待站,此间更加显示出其地理位置的重要性,为这次盛会作出了贡献。在当时的敦煌,人们佩兰玉,被锦厨,焚香奏乐,尽情歌舞,为各国使者迎来送往。这次史无前例的盛大的交易会使隋王朝威仪四海,开拓疆域,扩大中原与西域的经济、文化往来,敦煌起了巨大的桥梁作用。

隋炀帝为了进一步加强中原和西域的联系,下旨沿途郡县促进通商,保护边民商贸往来。这一系列举措,都是保证丝绸之路畅通、发展河西民族贸易的有效措施。至此,从西域而来的胡商驼队络绎不绝,丝绸之路自东汉末年断绝后,再次出现"胡商往来,车马不息"生意兴隆的繁华景象。据《资治通鉴》记载:"西域诸胡多至张掖交市。"隋代张掖由民间互市发展到官府组织的"交市"在中外交往中占有十分重要的地位,这是隋朝基于政治、经济、军事、文化、外交等各方面综合考虑扩大影响的一种策略。南北朝至隋的近百年中,中西交通的丝绸之路经常在吐谷浑的控制之中,成为隋王朝经营丝路、发展东西贸易策略中的一个极大障碍。隋炀帝时,随着对吐谷浑、突厥等北方民族的军事征服,隋朝疆域扩展很快,各地驻军数量非常可观。另外隋炀帝于河西筑长城,兴军屯,解决了戍边将士的军用粮草的供给问题。与此同时,依托河西水草充足,土地肥沃,大力发展畜牧业,并重视马政,不仅为农业发展提供了畜力,也为战时之需培育了良马,促进国力走向强盛,为隋炀帝御驾西巡、平定河西奠定了良好基础。使隋代河西地区的民族贸易臻于极盛,成为历史上的黄金时代。

杨广开通丝路之后,朝廷对河西地区全力以赴苦心经营,也非常重视对敦煌地区的经营,他承继汉策,遣将西驻,开展屯田,大兴农耕畜牧业,并积极开展民族贸易,敦煌在朝廷的重视下,一时间万商云集、市场兴旺,再现了西汉大开发的繁荣局面,出现了空前的和平安定的局面。此外,隋文帝在稳定北方的初期,先后平定了南朝割据政权,在实行"怀柔"政策的同时,将大批南朝贵族连同其部族远徙敦煌学习。这样,南方的文化、习俗便渗透河西,使原有的汉文化增添了养分,也使地方文化更加旗帜鲜、明富有特色。今莫高窟隋代洞窟,就同时并存着南北截然不同的艺术风格,而且规模宏大。正是这种形势的发展,使敦煌地区摆脱了北朝以来断断续续的战争之害,为经济、文化走向大繁荣创造了良好的条件。当时的敦煌地区是中西交汇处的边贸中心,也是中西经济、文化交流的窗口,商品市场经济的活力和成就,为敦煌地区政治、经济、文化的全面发展带来了新趋势,也为敦煌地区日后发展的黄金时代——唐代开发发展奠定了基础。隋朝有国仅仅38年,但在中国历史上却是一个较为重要的朝代。对敦煌而言,隋朝在西北地区所做的努力具有承前启后的意义,隋朝是敦煌走向全盛的起点站。

突厥是历史上活跃于蒙古高原和中亚地区的民族集团统称,也是中国西北与北方草原地区继匈奴、鲜卑、柔然以来又一个重要的游牧民族。540年,突厥这个词始见于中国史册。隋文帝初年,突厥势力横跨蒙古高原,其马蹄所征服的范围,东起河北涿郡,西到河西走廊,而敦煌就在突厥眼皮子底下。在他们完全占领了西域后,便开始进犯隋王朝,于是拉开了隋朝与突厥的长期之战。隋文帝杨坚得知突厥诸汗之间素有不和,便采取"远交近攻,离强合弱"

的策略，一边分化离间突厥各部，一边主动出重兵打击突厥，促进了突厥内部的迅速分裂，形成了西突厥集团和东突厥集团这两个对立的势力。在突厥两大势力相互内斗的同时，西突厥时常对敦煌及河西走廊地区进行侵扰。为此，隋王朝几次大量征集百姓在边地险要之处，整修长城，筑城建塞。583年，隋文帝趁突厥内部矛盾加剧与灾荒严重之机，遣大军兵分八路反击突厥，使突厥惨败，从此突厥对大隋产生了畏惧。

从开皇十九年（599）开始，随着突厥诸部相互攻伐，混战加剧，东突厥启民可汗被迫带领部众南下降隋。从581年到607年东突厥臣服为止，这场战争共经历了26年的时间。随着东西突厥的分裂，隋朝北部的边患威胁基本解除，突厥也失去了往日的嚣张气焰，开始主动向隋朝纳贡称臣，甚至寻求和亲。隋炀帝大业年间，隋朝廷扶植东突厥启民可汗，并妻以公主，使其忠于隋室。

隋王朝与突厥的战争，获得了很大的优势，使隋朝军心大振。在解决了突厥的外患以及并吞西梁后，隋文帝杨坚命令晋王杨广统率水陆大军50余万南下渡江，一举攻灭江南陈朝，完成了统一大业，成功结束纷乱近400年的魏晋南北朝时期。隋朝的一系列战争取得胜利，有力地促进了中原地区的经济与文化发展，也使隋朝的势力扩展到蒙古高原。由于隋王朝善待突厥，使突厥的牧区在短时间里就呈现出了祥和的景象。隋朝时期，中原与突厥贸易的方式除了官方之间的朝贡贸易，就是边境互市。互市，是历史上不同民族或不同地方割据政权之间的一种特殊经济交往与沟通形式，其实际内容远远超出了经济贸易的范畴，除了经济贸易主体外，还包括政治、文化等诸多方面。双方之间的贸易往来，不仅使中原与突厥在政治、经济、文化等方面联系非常密切，也促进了民族间的交往，促进了北部和西北边疆的安定、繁荣和发展。

隋初，铁勒诸部反抗西突厥暴政，共推薛延陀首领乙失钵为野咥可汗。大业初年（605），铁勒部联合薛延陀部，对不可一世称霸西域的西突厥汗国发动进攻，一举占领了从吐鲁番到敦煌的广大地区，并遣使入隋，表示愿意归附，接受隋王朝统治，这恰好迎合了隋王朝远定西域，复通丝绸之路的思想。大业三年（607），裴矩调令居住在今哈密、巴里坤一带的铁勒攻打吐谷浑，大获全胜，隋军又乘机出战，斩、虏数千人，迫使伏允可汗南奔雪山。与此同时隋炀帝派侍御史韦节、司隶从事杜行满，出敦煌，度流沙，出使西域诸国，主动协调朝廷与西域各国的关系。而裴矩也于张掖主持处理西域各民族和西方各国间的联系、贸易及交通事宜。大业四年（608），隋炀帝以右翊卫将军薛世雄为玉门道行军大将，与突厥启民可汗连兵击伊吾。薛世雄兵至玉门（今敦煌西北），启民可汗违约，兵不至，薛世雄率孤军度过沙碛。伊吾以为隋军不可能来，故不设防，当得知薛世雄兵已过沙碛，非常害怕乃请降。薛世雄于旧伊吾城东筑一新城，号新伊吾，留银青光禄大夫王威及兵士千余人戍守。同年高昌王麴伯雅遣使到隋朝，次年他又亲自来隋，娶隋宗女华容公主为妻，至此隋王朝与高昌建立了密切的关系。大业五年（609）三月，隋炀帝亲自率大队人马御驾亲征，部署兵力，再度以重兵打击吐谷浑。文治武功的隋炀帝一路陈兵讲武，演习军事，为战争做好充分准备工作，至五月下旬便组织了覆袁川（今青海俄博河）战役。隋军以数十万兵力对吐谷浑四面合围，迫使吐谷浑部众10万余人缴械投降。惨败的吐谷浑可汗慕容伏允，在别人冒名顶替的掩护下勉强逃出包围圈，南逃远遁，进入党项属地，一直到大业末年都无力再为边患。隋朝征伐吐谷浑之战一举成功，获得了彻底胜利。为了巩固这一战果，隋王朝随后即以吐谷浑故地设立军镇，并置西海（今青海都兰东）、河源（今青海东南部）、鄯善、且末四郡，将今青海的大部分地区纳入中原王朝郡县制度的直接管理之下，四郡中的且末、鄯善更远在今南疆东部。于青海建郡立县，并发配罪犯为戍卒镇守，大开屯田，戍边保境，以保护经敦煌通往西域和中亚各国的丝路商道。

剿灭吐谷浑后，隋王朝又集中全力解决西突厥。隋炀帝采取裴矩的计策，利用西突厥内部矛盾使其部领射匮首先内附隋朝，转而攻打处罗可汗，迫使处罗也于大业七年（611）朝拜隋炀帝。至此，西突厥完全归顺，西域安定，丝绸之路畅通无阻。隋朝打败吐谷浑和西突厥，为敦煌的发展提供了稳定的外部环境，丝绸之路的畅通无阻也使敦煌作为交通枢纽的地位更加凸显。然而，隋王朝在取得这一系列胜利之后，并没有有效地捍卫其成果。大业七年后，隋朝接连攻打高丽，致使国力虚弱，民怨沸腾，隋炀帝再也无暇西顾，原已臣服的西突厥射匮可汗趁机叛隋，重占西突厥之地，统一了西域，这股强悍的势力，后来又成为唐朝的一大边患。

两代皇帝佞佛盛　古窟盛行南北风

从隋文帝开皇元年（581）到隋恭帝义宁二年（618），短短的几十年间，隋代佛教却有了创造性的发展，形成了极具特色的中国化佛教的新阶段，奠定了佛教在唐朝进一步辉煌的基础。这一切，当然与隋朝两代皇帝极度佞佛密切相关。在统治者的倡导下，隋王朝仅仅经过了短短的 38 个年头，就在莫高窟开凿洞窟 90 多个，而且规模较之前历代都要宏大，壁画和彩塑技艺精湛，同时并存着南北两种截然不同的艺术风格。

隋代，是佛教全面复兴的时代，两代君主都为佛教的发展推波助澜。隋文帝杨坚出生于一个信仰浓厚的佛化家庭，而他本人在尼寺中生活多年，由比丘尼智仙抚养成人。当杨坚七岁时，智仙曾对他说："儿当大贵，从东国来。佛法当灭，由儿兴之。"（《集古今佛道论衡》卷乙《隋两帝重佛宗法俱受归戒》）。家庭的熏陶和幼时的佛化教育，使杨坚从小崇信佛教。杨坚称帝后能够把佛教迅速推向高潮，既有杨坚个人信仰的作用，也有一定的社会历史原因。早在 574 年北周武帝宇文邕下诏禁佛，令全国僧尼还俗，佛教毁灭殆尽。但在静帝宇文阐 7 岁即位之后，时任相国而大权在握的杨坚，就迫不及待地恢复了佛教。他令已还俗的僧尼重操旧业，放任民间出家，并由朝廷拨款甚至向各地按人口征钱集资，以修复寺庙，广建石窟，使佛教再度风靡全国。此外，北周统治者灭佛毁经、用行政手段强行压制宗教信仰的行为，必然招致广大信众的不满，而且这种做法往往会引发广大信众更加强烈的宗教感情。在这种情势下，隋文帝登基后尊佛教为国教，广诏天下，任听出家，鼓励并支持佛教的复兴之举，必然深得民心，同时对于缓和民族矛盾，召唤流民归土耕垦，拥护隋王朝统治、巩固新政权也是非常有利的。

杨坚晚年更加信奉佛教，他颁诏天下：凡破坏庙宇及神像者一律处死。他还命高僧、朝官前往各州分送舍利（佛骨）督造佛塔，设道场诵经，并命朝官上下停止公务为僧侣服务。一时间各地佛塔耸起，道场不断，一场佞佛运动风靡全国。由于隋代丝绸之路的畅通和经济文化的繁荣，河西走廊和敦煌一带的佛教得到了空前的发展。隋炀帝杨广佞佛尤盛，其即位之前就从天台大师智𫖮受菩萨戒，得"总持菩萨"的法号。隋朝两代皇帝的弘法活动对敦煌佛教影响非常大。比如仁寿元年（601），隋文帝令天下各州起塔供养舍利，使边陲之地的敦煌也没有被忽略，甚至朝廷亲自下派中使以督令建立讲堂，并且于崇教寺（莫高窟）建造舍利塔，安存从朝廷送来的释迦舍利（释迦牟尼遗体火化后遗存的粒状骨珠）。敦煌壁画也对隋帝的崇佛盛况有所反映。隋代的和尚地位很高，经常出席国家的重大庆典。隋文帝曾亲自率领王公大臣迎接昙延法师入朝，敬请昙延法师登大兴殿御座，面向南坐传授佛法，隋文帝和群臣，五品以上的文武百官一起席地朝北而坐，听授八戒，这在敦煌莫高窟唐代第323窟南壁就留下了生动的画面：隋文帝恭迎昙延法师入宫讲经祈雨的情景。这也说明隋文帝敬僧的故事到了唐代，仍然在西北地区广为盛传。外来的佛教为适应中国社会与文化的需要，在帝王的倡导下，不断在社会上掀起狂热的崇佛浪潮，而敦煌这个早在十六国就久负盛名的佛教圣地，在此期的开窟造像活动可谓盛况空前。隋朝短短的三十多年中，在莫高窟建造了多少洞窟我们已无处可知，但仅保存至今的就有九十多座，是年平均修窟数最多的朝代。此时，敦煌的发展，因魏晋南北朝时期的衰落，虽经东阳、建平时期一度修复，但较之河西诸州的发展速度仍有所缓慢，因为当时隋代经营西域的战略基地位于河西中部的张掖。然而从隋代在莫高窟大规模开凿的石窟，以及敦煌出土的一些隋皇室成员的写经，可以看出隋王朝对敦煌的重视程度还是很高的。

在我国历史上，南北方文化相互交融，开始于魏晋南北朝之后，至盛唐达到一种融合。东晋南北朝时期，由于不同的自然环境、经济等各方面的差异，特别是南北政治军事上的对峙，形成了两地文化对立的被割裂为南北两派的局面。此时，南方和北方的经学、史学和艺术在治学方法和风格上形成了一定的差异。但这种暂时的差异，随着南北双方"遣使聘问"和"互市"的开展，也随着世族文人的南渡西渐的流动逐渐开启了交流。南北文化的互相兼容并包，促使这种差异走向弱化。由于此时正处于中国历史上民族大融合时期，而中西文化也处在相互渗透的时期，因而南北经学、史学和艺术的交流出现了一个高潮期。随着隋朝大一统时代的到来，南北途中战乱消失，为南方文人北上提供了较为安全的通行道路。这不仅对南北文化融合产生了重要作用，也为外来的佛教文化和以儒道为代表的中国传统文化更加交融提供了条件。

敦煌艺术的隋代壁画中，出现了风格迥异的两种造型风格：一种是描绘细腻，注意色彩晕染和装饰性的"细密派"风格；另一种是注重用笔，色彩较少，甚至不加晕染的"简淡派"风格。这种变化正是隋朝南北统一的大时代带来的结果。莫高窟艺术起始于十六国时期，早期受南北分裂的局限，具有鲜明的外来特征和地域色彩。隋统一后大力推行佛教，也促进了佛教艺术走向民族化的进程。莫高窟隋代艺术以新的壁画内容和新的表现形式，并与中原、南方而来的艺术风格有机结合，构成了隋朝明显的时代风格和特色。这在敦煌艺术的发展史上具有不可小觑的地位。隋代艺术家们集东西南北之大成，具有细密精致和概括豪放两派风格，在短暂的时间里，包前孕后，承上启下，取得了高度的艺术成就。

隋朝末年，隋炀帝在大隋盛世的光环之下，开始荒淫无道、凶残暴虐，他连年大兴土木，对外不断用兵，繁重的徭役、兵役，使得田地荒芜，民不聊生，自然引发天下人的不满。炀帝远征高丽失败后，国内战乱再起，农民起义风起云涌，各地豪右纷纷称王割据，各霸一方，社会处于急剧动荡之中。大业十三年（617），金城校尉薛举称帝于兰州，改元秦兴。同年，时任凉州鹰扬府司马的李轨不服，拥兵自立，在武威举兵反隋，称河西大凉王。他在部下曹珍、安修仁等的策谋下起兵一举占领张掖、敦煌、西平、枹罕等地，一度控制了整个河西走廊，并于618年称"大凉皇帝"，攻占河西各地，改元"安乐"，此时敦煌也辖属李轨统治。这一年，在波澜壮阔的农民起义军的沉重打击下，隋王朝的禁军将领宇文化及等，利用关中士兵思归的情绪，杀掉隋炀帝。隋太原留守李渊趁机起事，在长安废杨侑称帝，建国号唐，改元武德，是为武德元年。但此时亡隋旧将李轨仍称霸河西，而敦煌偏处西隅，虽没有遭受战火的破坏，但也政局不稳，在隋末及唐朝立国初期曾几度易主。619年，李唐在长安立足之后，即遭吐谷浑可汗伏允出击李轨。同年五月，利用凉州粟特安氏的势力，从内部推翻李轨政权，李轨败绩被执，河西平复。李轨自聚众起兵至兵败被杀，割据河西占有敦煌仅仅3年。

经略西域建四镇　　贞观拓疆强国本

李渊称帝之际，天下豪杰并起，唐朝的领土也只是关中和陇西这块地方。李唐王朝在关中初定后，即以关陇为根据地，逐步镇压各地的农民起义军，并开始陆续消灭遍布全国的地方武装割据势力。李唐王朝经过多年的统一战争，使全国的局势逐渐得到稳定，尤其是西北边地变化很大，社会安定，百业昌盛，随着唐王朝在全国较有力的政治统治，也为河西走廊及敦煌地区的进一步繁荣与发展奠定了基础。

唐初的敦煌地区时有不稳，内有割据势力之忧，外有异族侵扰之患。唐朝灭河西李轨并取得敦煌郡之后，依全国改郡为州的通例，仍沿袭旧制称敦煌为瓜州。任命鲜卑人贺拔行威为瓜州刺史，执掌原敦煌郡地。当时大唐初创，政局不稳，各地叛乱时有发生，东突厥也趁火打劫不断犯唐，当唐王朝忙于扫荡各地割据势力，并对付东突厥汗国的侵扰而无暇西顾时，武德三年（620）十二月，瓜州刺史贺拔行威举兵反唐，自称"敦煌王"，他趁机抓捕唐朝设在瓜州的骠骑将军达奚暠，独霸河西走廊西部之地。当时的唐朝因国事多难，兵力不足，只能听凭贺拔行威胡作非为，这样敦煌就成了贺拔行威反叛唐朝实行割据的据点。在贺拔行威割据敦煌不到两年的时间里，其强征苛捐杂税，残酷压榨百姓，穷奢极欲，激起了敦煌及周边地区极大的民愤。贺拔行威还到处征召能工巧匠于敦煌，不惜耗费巨资，大兴土木，为他营造豪华王宫——贺拔堂。贺拔行威横征暴敛、穷奢极欲的行为，被当时的敦煌文人在《敦煌廿咏》生动地描述了出来："英雄传贺拔，割据王敦煌。五郡征般匠，千金造寝堂。绮檐安兽瓦，粉壁架鸿梁。峻宇称无德，何曾有不亡？"果不其然，在武德五年（622）五月，敦煌土豪王幹联合当地各族民众，斩贺拔行威，一举铲除了贺拔的割据势力，使敦煌历史上上演的这场短暂的闹剧到此收场，敦煌复归于唐王朝统辖。

唐王朝将瓜州分为瓜州和西沙州两州，新的瓜州治所设在晋昌县，统晋昌、常乐两县，西沙州的治所则设在敦煌县，领敦煌、寿昌两县，范围大大缩小了，仅仅相当于现今敦煌市地。620年6月，敦煌新的行政区划确立不久，西沙州人张护、李通又效仿贺拔行威在沙州举兵反唐。沙州总管贺拔怀广带领州吏亲随数百人拼命抵抗，誓保州城。凉州总管杨恭仁得知敦煌叛乱，也速派兵前来救援，但均被张护、李通击溃。叛匪张护、李通斩杀贺拔怀广，完全控制了沙州。叛军继而东进攻打瓜州，瓜州长史赵寿伦率亲兵民众顽强守城，张护、李通久攻不下，退守沙州。叛匪张护为惑乱民心，拥立汝州别驾窦伏明为城主，决议东进先取瓜州，再谋河西，地方势力雄强一时。然而张护、李通叛乱终因倒行逆施不得人心，后经唐瓜州刺史赵孝伦平叛，张、李在孤军无援的情况下，于武德六年（623）九月溃逃，窦伏明献城降唐，敦煌内部的动乱至此平息。这场叛乱建立的政权仅历时3个月便灰飞烟灭。至此，沙州才算安定下来。随着唐王朝在中原地区统治地位进一步加强与巩固，对敦煌的经营也逐步加强了。

唐代自武德元年（618）改郡为州，地方行政区划实行州、县两级管理。州官叫刺史，县官叫县令，下又分设若干属吏。同时在边缘要冲地区设立都督府，官长称都督，兼管所辖区域各项军民行政。自唐大历元年（766）河西节度使由凉州徙镇沙州，至建中二年（781），敦煌一直是都督府所在地。敦煌市博物馆现藏有一块石碑——《大唐都督杨公纪德颂》，其对研究唐代中期西域、河西地区的民族关系、敦煌地区的行政设置、郡守官员的任命等问题具有重要史料价值。该碑文确证了唐王朝为了加强与西域的联系而在敦煌设立都督府的事实。此外，石碑更进一步记载了当时敦煌因各种周边及唐王朝势力盛衰而使州郡之名常有变化的情况。唐武德二年（619），唐高祖李渊设瓜州（治所敦煌）；武德五年（622），设肃州，并将原瓜州分离为两州，即瓜州和西沙州。西沙州治所在敦煌，下辖敦煌、寿昌二县。至此时，凉、甘、瓜、肃、沙"河西五州"全部纳入大唐王朝的版图。李世民贞观七年（633），敦煌去"西"称沙州；李隆基天宝元年（742），又改称敦煌郡；李亨乾元元年（758），又复称沙州，至终唐150年间，沙州之名再无更改。

位于敦煌的沙州的治域，虽然随着唐代政治经济形势的变化而有所伸缩变化，但在相对稳定时期通常都是比较辽阔宽广的，甚至一个时期它的管辖范围直接到了于阗（今新疆和田）。敦煌莫高窟藏经洞出土过一个五代后晋开运二年（945）的《寿昌县地境》，其中记载："石城：本汉楼兰国，又名兴谷城……隋置善鄯镇。隋乱，其城乃空……上元二年改为石城镇，属沙州。"新城：汉名弩支城，康典之居鄯善，先修此城，故名新城。屯城：又名小鄯善，汉迁吏士田于此，故名屯城。播仙镇：且末城，隋置且末郡，上元三年（676）改为播仙镇。除所载上述各城，《寿昌县地境》尚有葡城、薛毗城、鄯善城、故屯城、蒲昌海、且末河等地名，这些地名均在今新疆南疆境内。从中获知，唐代沙州的辖地一度包括丝绸之路南北道的相当多一部分地区。

敦煌更名西沙州以后，获得了一个短暂的稳定发展阶段。但后来西域少数民族贵族对敦煌河西的骚扰仍接连不断。唐王朝便积极着手解决西部边患问题。唐代前期是我国封建社会的鼎盛时期。由于唐王朝的苦心经营和各族人民的辛勤建设，出现了西汉以后一个经济开发的新高峰。唐前期，河西地区具有举足轻重的地位，所谓"欲保秦陇，必固河西；欲固河西，必斥西域"。因而，唐王朝消灭薛举、李轨割据政权后，把河西作为防御突厥、吐蕃的重要设防地区，锐意开发河西也就相应成为既定方针。但是唐初河西地区民族间的战争摩擦时断时续，干扰着经济开发。正如《资治通鉴》所记载："兵连不解，日费千金，河西、陇右由兹困敝。"

隋唐之际，来自外部的祸患一直不止，敦煌以西、以北的漠北和西域受突厥汗国的严重威胁，以南则受到吐谷浑的侵扰。所以从武德末到贞观初，唐朝一度关闭了西北交通的要道关卡，不准百姓于此出境，如贞观元年（627）玄奘西行求法之时，即是从瓜州、敦煌间偷渡出去的。

突厥再度崛起后，其势力北据漠北，西控西域直到里海以东中亚诸国。"隋末乱离。（突厥）又更强盛。""东至契丹，西尽吐谷浑、高昌诸国，皆臣之。控弦百万，戎狄之盛，近代未有也。"（《通典·边防典·突厥》）唐朝建立不久重新统一全国，突厥统治者不可能像以往一样从各个割据者手中勒索财物，便趁唐朝国力还不十分强大之际，连年侵扰唐王朝北部、西北部边地，掠夺人口和财富，给各地人民带来深重灾难。

其间，颉利可汗还曾亲率20多万大军攻并州，掠朔州，袭太原，更于贞观三年（629）逼近长安都城，使朝野为之震惊，严重威胁到唐朝的统治。迫于突厥威胁，唐太宗下诏修葺边塞障隔。后突厥内患纷起，陷入分崩离析，内外交困，一直处于守势的唐帝国开始转守为攻。627年至629年，唐北征大军精锐尽出，分道出师全线作战，兵锋所至攻无不克，一举剪灭控制东西大道的突厥势力。贞观七年（633），唐朝改西沙州为沙州，敦煌从此名为沙州。敦煌以西的伊吾归属唐朝，立为伊州，并设置都护府管理。高昌王亲自到长安，焉耆王也遣使请开丝绸之路以通往，而"西北诸蕃，咸请上尊号为天可汗"（《旧唐书·太宗本纪》），唐朝皇帝成了这些部落、民族的最高统治者，由此开创了天可汗的时代。

唐朝经敦煌至西域的通道畅通后，曾被隋炀帝打败的吐谷浑伏允可汗趁隋末战乱已恢复了部分势力，到唐初吐谷浑可汗伏允尽收河湟之故地，又开始为害一方，特别是吐谷浑贵族多次东进，对敦煌及河西的安全构成威胁。唐高祖时内地民乏耕牛，吐谷浑以牛和杂畜与唐互市。贞观九年（635），唐太宗派大将李靖节度诸军，出师青海击败吐谷浑，使其归降唐朝，消除了河西走廊的外部干扰，铲除了河西与敦煌的外部威胁，维护了敦煌及河西走廊地区的安定。贞观十三年（639），处于西域丝绸之路上的高昌国叛变唐朝，高昌王麴文泰断绝与唐朝宗藩关系，扣押往来商贾，让西域诸国与唐朝几乎隔绝，甚至一度出兵侵犯唐朝边界，使河西走廊和敦煌一度形势紧张，不得安宁。贞观十四年（640），唐太宗决意讨伐。他派吏部尚书侯君集率大军进军高昌，经过近一年之久的奋战，摧毁了麴文泰勾结吐蕃、企图反唐割据的阴谋，平定了伊吾、高昌，以其地为西州，并设置安西都护府，留兵镇守。由此建立了中原王朝在该地区的军事和政治机构西州和安西都护府。在灭麴氏高昌的战役中，有敦煌的文武官兵协同作战。敦煌再一次成为中原王朝进军西域的军事重镇。

贞观十八年（644），唐军又继续西进，讨伐焉耆，进一步向西域发展。丝绸之路的状况得到了很大改善。贞观二十年（646），西突厥勾结龟兹国反唐势力，到处攻城略地，为害西域，使刚刚安宁的西域又出现了紧张的局势。次年，唐太宗遣十余万重兵，西伐龟兹。敦煌地方也派出精骑一部协同作战。经过多次激战，唐军终于击溃西突厥和龟兹联军。在这次战役中，敦煌军队骁勇善战，乘胜出击，急迫敌军600余里，俘获龟兹王白诃黎布失毕，夺取了这场战役的完全胜利。贞观二十二年（648），唐军以绝对优势灭亡龟兹，进驻安西四镇，使西域各地大震，诸国首领纷纷摆脱西突厥控制而归附唐朝，与唐朝结交友好，贡使通商，往来不绝。唐朝在西域的势力继续向西延伸，并将安西都护府自高昌西迁龟兹，下设龟兹、于阗、焉耆、疏勒四镇，史称"安西四镇"，以控制扼守西境，保护中西商路，从而奠定了唐朝经营西域的基础。随后，西突厥也遣使来唐，"献方物，太宗厚慰其使曰：西突厥已降，商旅可行矣"（《新唐书·西域传》）。从此以后，唐与西方的交通更加通畅，当时从敦煌出发，经且末、于阗越葱岭而西的南道和出玉门关经西州、龟兹、疏勒西行的中道都陆续恢复繁荣。但是，西域毕竟遥远，唐朝在那里驻兵有限，要维持统治就必须依靠各族酋长，在这种情况下，西域的形势多次出现反复。高宗永徽二年（651），由于受到西突厥势力威胁，不得不将安西都护府迁回西州高昌。才设置不久的安西四镇也随之废弃。至显庆二年（657），唐朝派出两路人马向西突厥进发，在回纥的协助下，在伊犁河、碎叶川地区大破西突厥，终于灭掉了西域最大的劲敌西突厥。随即，唐朝在突厥旧地天山北麓一带置昆陵、濛池二都护府，分统其十姓各部，隶属于安西都护府。显庆三年（658），唐朝灭西突厥汗国后，将安西都护府从西州交河城移驻龟兹王城，下辖安西（龟兹）、于阗、疏勒、焉耆四镇，龟兹成为唐朝统治西域地区的军政中心。唐朝将安西都护府迁至龟兹，为丝绸之路的畅通和贸易繁盛，提供了重要保障。龙朔二年（662），龟兹叛乱，唐平定后将安西都护府升级为大都护府，回迁龟兹，复置四镇，至此唐朝统一西域全境。其管辖范围东起敦煌阳关、玉门关，西至咸海一带（昆陵、濛池都护府隶属于安西大都护府），疆域空前辽阔。长安二年（702年），唐于庭州置北庭都护府，统辖天山北路23个州，昆陵、濛池二都护府改隶北庭都护府，与安西都护府以天山为界，分治南北。唐朝恢复在西域的统治，解除了西突厥势力对西北边疆的威胁，对于巩固边防，维护国家统一，发展中西商业交通，特别是对于敦煌及河西走廊社会经济发展和经济文化交流，起了积极的作用。

女皇边地留业绩　抗蕃重兵固安西

唐朝在西域取得决定性胜利，对敦煌的影响很大，这无疑使敦煌变成了西北地区的政治中心和安西、濛池、昆陵等都护府的重要后勤基地。7世纪60年代以后，丝绸之路进入了它在唐代的全盛时期，控扼两关的敦煌也比以往任何时候都更加热闹繁华。

唐太宗李世民去世后，唐高宗李治继位。永徽六年（655）武则天被立为皇后，唐朝最高统治权逐渐落入武则天之手。在新兴的地主和佛教势力支持下，武则天的势力越来越大。弘道元年（683），唐高宗病逝，太子李显即位，武则天临朝称制。次年，武则天废李显改立豫王李旦。天授元年（690），武则天改唐为周，正式称帝，成为中国历史上唯一的女皇帝。武则天在政治上打击门阀，文化上发展科举、重用寒门，经济上轻徭薄赋，军事上巩固封建国家的边疆、维护边疆地区的安定繁荣等方面，作出了自己的贡献。武则天时期，为了进一步巩固发展边疆，曾对河西走廊西部的沙州、瓜州等地区实行"官贷种子，付户助营""课役具免，复得田苗"的措施，组织无业游民去开垦无主荒田，州县官给以印信执照，奖励开垦耕种，安置浮游人口，使大量荒芜农田得到垦殖，农业生产有了进一步的发展。敦煌地区一度呈现出"州城四周，水渠流畅，曲水花草果园，豪族士流家家，土不生棘，鸟则无鸮，五谷皆饶"（《沙州都督府图经》残卷）的丰足繁盛之景象。这种景象在同时期的敦煌石窟壁画中有着大量描绘，如榆林第25窟和莫高窟第12窟、第445窟的多幅《耕获图》，生动、真实地记录了当时的敦煌农民牛耕、播种、收割、打场、入仓等农业生产过程，尤其是壁画中大堆的粮食、巨型的斛斗、庄稼丰收的场面和人们因粮食丰收的喜悦之色跃然窟壁之上，为我们留下了唐代敦煌地区的农业生产方式和农民春种秋收的珍贵的形象资料。

隋唐之前，生活在中国西部地区的一个小部落吐蕃开始引人注目，史书中把它归属于西羌一部。后来吐蕃兼并唐旄、羊同、苏毗等周边部落后，影响渐大，中原史料中逐渐开始记载它的存在。而之前，中原史料只是将它简单的归类在羌族之中。在唐朝走向兴盛的同时，亦即吐蕃王朝的赞普松赞干布时期，吐蕃崛起。唐高宗时，吐蕃贵族的势力伸展到青海高原。龙朔三年（663），吐谷浑战败，牧地逐渐为吐蕃所吞并。

从唐太宗后期到唐高宗前期，唐朝在西域的统治稳定，声威极盛。贞观时代结束之后，安西不断受到突厥和吐蕃等的侵扰，战事断断续续持续了几十年，安西四镇时置时罢。永徽元年（650），唐高宗根据当时的西域形势撤销了四镇建制，把安西都护府迁回西州。此后不久，西突厥阿史那贺鲁叛乱。显庆二年（657）唐军平定了这场安西动乱。658年，高宗李治又将安西都护府回迁到龟兹城，恢复了四镇建制。咸亨元年（670）吐蕃势力日渐兴盛，开始将势力伸向西域，他们侵扰龟兹，进而攻陷西域，使西域唐军连连为吐蕃军所败。"吐蕃寇陷白州等一十八州，又于阗合众袭龟兹拨换城，陷之，罢安西四镇"（《旧唐书卷五·高宗本纪》），迫使唐朝又两度废置四镇。内地经敦煌与西域的交通再次中断。调露元年（679），唐平定匐延都督阿史那都支等人的反叛，又恢复了安西四镇的管辖建制，这时的安西四镇包括碎叶、龟兹、于阗、疏勒。可是时间很快到了垂拱二年（686），吐蕃再次攻陷安西四镇。

唐王朝在陇右和河西走廊建立有强固的防务，开元时唐与吐蕃的相持线基本在青海境内的石堡城一带。吐蕃在东线找不到突破口，便向西侵入小勃律国（今克什米尔西北部），妄图自西线夺取大唐的安西四镇。此后在西北，唐朝与吐蕃为争夺西域烽烟不息，安西四镇诸国时而附吐蕃，时而归唐，反复无常。恰在武后忙于篡位时，吐蕃又占领了安西四镇，其前锋直抵敦煌。

到了武则天时代，如何处理安西四镇的问题，是考验女皇执政能力的一件大事。武周政权一开始，安西四镇的主权问题就摆上了议事日程。武则天下决心彻底解决边陲四镇的问题。然而所派将帅不力，与吐蕃几番交战常损兵折将，加上老天不作美，唐军终是"士卒冻馁，死亡甚众"，大败于吐蕃。在武则天看来，这有损武周帝国的尊严，如此下去势必动摇自己的执政根基。她决意相机再战，但朝内反对者多认为，"沙碛荒绝，民供赍粮苦甚……请弃之"（《新唐书》），主张废弃安西四镇。就连她的亲信宰相狄仁杰也上奏女皇："如臣所见，请捐四镇以肥中国。苟无侵侮之患则可矣，何必窥其窟穴，与蝼蚁计较长短哉！"狄公认为安西四镇地处偏远、蛮荒不堪，于武周帝国的大势影响不大，派军镇守既劳师远征，又劳民伤财。他主张武则天放弃安西四镇，节约国库"以肥中国"，可是被武则天果断驳回。在武周王朝加强了国家的政治经济力量以后，武则天决定在西北大举用兵，把力量集中到西北边疆以对付吐蕃的势力。

长寿元年（692）十月，武则天任命武威军总管王孝杰率大军直逼西域。王孝杰讲究战略战术，唐军军心整齐，士气高涨，经过浴血奋战，击败吐蕃顽敌，一举"克复龟兹、于阗、疏勒、碎叶四镇而还"（《旧唐书·王孝杰传》）。安西四镇回归，一雪前耻，从此武周王朝掌握了经营西域的主动权。这次战役使唐王朝第四次将安西都护府西迁龟兹，并从中原和附近地区发兵前往驻守。其时敦煌郡为西征军事指挥基地和粮草供应基地，为安西四镇保卫战发挥了巨大作用。之后的一百多年，安西四镇建制稳定，唐朝一直有效控制西域。在唐朝经营西域和争夺西域的过程中，很多沙州将士奔赴前线，浴血奋战。敦煌吐鲁番文献中，多次出现沙州人任职西州和西州人任官敦煌的相关记载，说明敦煌和西州两地官员的互换迁转十分频繁，同时说明敦煌对于唐王朝经营西域的重要性。

由于对吐蕃军作战之需，唐王朝在鄯州、甘州、凉州、沙州一带大兴屯田，当时在敦煌及其周边地区屯田生产随处可见。永隆元年（680）前后，鄯州河源军屯田达5000多顷，岁收谷百余万石。在武则天施政的年代里，坚持边军屯田的政策。圣历元年（698）娄师德充任陇右诸军大使，主持河西屯田事务。当时边地"屯田积谷数百万，兵以饶给"（《新唐书·娄师德传》）。大足元年（701），郭元振任凉州都督，坚持屯田五年，河西各州的屯田连岁丰收，所积军粮可支数十年。武氏的这种大范围的长期屯田，对敦煌等边区的开发、减轻百姓转输之劳，以及巩固边防都有着积极的作用。武则天晚年，又有一部分青海的吐谷浑人脱离了吐蕃贵族的统治，迁徙到甘肃武威、张掖、酒泉、安西、敦煌等地。

唐太宗时全国实行府兵制。府兵制是一种亦兵亦农、"兵农合一"的军事制度。军府从农户中点兵，被抽中的人一旦成为府兵，便是终身制的义务兵。府兵从官府分得田地，平时务农，战时出征，冬闲军训，即所谓"三时农耕，一时教战"。在府兵制下,无须国家花钱就能拥有一支常备军队。府兵出战须自备军装、弓箭甚至马匹,国家不发军饷。作为回报,国家为府兵免除徭役。当时沙州有军府三个:龙勒、效谷、悬泉。军府的最高长官为折冲都尉。300人为团,团有校尉;50人为队,队有队正;10人为火,火有火长。战时服从调派随时出征作战,由朝廷派将帅统领,战争结束则"兵散于府,将归于朝"。在武则天之前,这种制度同样在西域四镇地区实行。长寿元年(692)之战后,武则天一改四镇府兵不过千数人的旧历,而是不惜"汉兵三万人以镇之"。这是唐朝军事制度的一个重要转型,这个转型的大方向就是从"行军"转向"镇军",也就是从临时出兵转向在边防长期镇守。这个时期也是唐朝从府兵制向募兵制过渡的关键一环。

天下富庶常通使　商都聚来各民族

唐王朝在安西、北庭设置都护府,并下设都督府及州县等,使唐朝在西域建立了十分完善的军政管理机构。以都护府为最高行政机关,下辖军事和行政两大管理系统,在西域有效地行使政治、军事权力。任命各级官吏,统率边防守军,推行中央政令,唐朝的政治、经济制度在这一带得以施行。这对维护国家的统一,巩固西北边防,发展中西交通,促进西域和中原以至中外的经济文化交流,都有重大的积极意义。

在唐朝经营西域的活动中,敦煌始终处于前沿阵地,并作出了应有的贡献。贞观年间唐太宗派大将侯君集率师平定高昌,其军中就有沙州刺史刘德敏率领的敦煌当地民众组成的部队。在之后同西突厥余部及吐蕃争夺西域控制权的战事中,敦煌始终是安西都护府统治西域的重要后援力量。而且,守卫安西四镇的戍卒也主要是来自敦煌河西的府兵。高宗上元二至三年间(675—676)唐朝曾将西域南道上的石城镇(今若羌)和播仙镇(今且末)划归沙州直接管辖,更凸显出了唐前期经营西域,敦煌在其中扮演着重要的角色。

敦煌在隋末唐初时,由于战乱,经济萧条,衰颓败落,人户减少,土地荒芜,官府帑藏空虚,用度匮乏。面对这种局面,唐朝推行了均田制和租庸调法，并采取一系列具体措施，促使敦煌社会经济恢复。永昌元年（689），唐师击退吐蕃，重新为开发河西提供了良好的社会环境。及至开元后期到天宝年间，河西人民获得非常宝贵的安定环境，生产活动空前繁荣起来。唐初为了强化中央集权，进行了一系列的政治、经济改革。尤其是以唐太宗为代表的权力阶层，以隋朝覆亡为戒，虚怀纳谏，尽量利用各种改革措施，从政治、经济、文化等各方面来加强其政权统治，到贞观中后期便走出了隋末遗留的衰败困境，并进而向前稳步发展。当时的中西通道畅通无阻，加上地方农牧业的发展，对敦煌商品经济的繁荣都有着很大的促进作用。来敦煌进行商贸活动的商贾、贩夫，既有从内地来的汉族，也有从中亚、西域来的胡商。在敦煌以西110里处有一个地方叫"兴胡泊"，就是因专门接待胡商而得名。位于敦煌城东的沙州十三乡之一的从化乡，也是因为不断而来的粟特商人定居在当地而形成的。除了中原与西域的民间自由贸易外，当时的唐朝与中亚很多国家都有着"通贡""通使"的官方商贸活动，而且敦煌正是进行这种贸易的中转站。当时，有固定店面的各族商贩和以转运贩卖为主业的粟特胡商云集于敦煌商埠，出售、交换他们从中原运来的丝绸和瓷器，从西域贩来的珍宝和皮货，一时间敦煌兴旺发达，俨然一座国际化的商业都市，呈现了"贞观之治"和"开元盛世"的太平治世的景象，达到了敦煌古代历史发展的顶峰。据史料记载，当时的阳关大道"信徒络绎、香火不断、兴塔造像、极力鼓吹"，中西交通呈现出一派繁荣兴旺之局面。这时的敦煌绿洲上"村坞毗连、鸡犬相闻、佛塔遍地、市场广大、家给人足、焉然富庶""男耕女桑不相失，百余年未灾变"。这种景象被当时的文人形容为"元宵灯会长安第一，敦煌第二，扬州第三"，充分反映了敦煌当时的富庶与安定的局面。

唐朝为防边患而设立的屯垦大多在青海、甘肃、新疆等地。屯垦开发是唐朝稳定西域，巩固边防的重要策略，在屯垦开发的基础上，唐王朝很好地发展了边地经济，加快了人口迁移流动，形成了具有时代特色的唐代边疆多元文化。在中国历史上，唐朝的西北边疆地区社会稳定、经济繁荣、民族文化融合，使中国的大一统局面进一步繁荣发展。

唐王朝在敦煌地区戍边屯田，"广开水田"，有一套完备的管理制度和办

榆林窟第25窟 中唐 耕获图 杜永东临摹

法，经济效益成倍地增长，促进了农业经济和商品经济的进一步发展。唐还推行均田制，并将中原平籴法推行于河西以备边防军需。设置常平仓，获利买粟存于常平仓以备荒年之用。同时倡修水利，治水修渠，形成完整的灌溉网络。敦煌文书中的《开元水部形》残卷，就是唐代敦煌地区水利管理机构和制度接近法律制度的规范性文件。可见唐朝时西北地区的水资源、水环境已发生了一定的变化，已需要政府法律制度的规范。唐朝时的河西及敦煌地区通过政治、经济等综合治理和协调发展，成为当时全国最富裕、最重要的地区之一。唐代时农业生产普遍使用了铁制犁铧和一系列的配套生产工具，敦煌榆林窟第25窟的唐代《耕获图》以及莫高窟第23窟唐代的《雨中耕作图》等，都鲜明地反映了当时敦煌地区农业生产的精耕细作和农业生产力水平的先进性。

封建时代的社会经济基础是农业，而农业生产最基本的条件就是水源，直到唐前期，河陇地区的水利建设一直延绵不断。敦煌地区干旱缺雨，农作物生长完全依赖于水利灌溉。敦煌唐人写卷中记载"本地，水是人血脉"，可见当时敦煌严重缺水。敦煌地区的水源主要来自南山，通过党河、疏勒河等流向

莫高窟第23窟 盛唐 雨中耕作图 盛襲海摄

敦煌。唐朝在兴修水利方面，比前朝历代做的多得多，不仅重视对几条河道的维修，而且在前代累建的水利工程基础上，又进行了大规模的水利建设，据敦煌藏经洞出土的《沙州图经》残卷记载，唐代敦煌地区的水利灌溉以甘泉水（今党河）为源头，分流灌溉，干渠有东河渠、神农渠、阳开渠、宜秋渠、都乡渠、阴安渠和北府渠共7条，每条干渠又分许多支渠和斗渠，使敦煌境内的大小渠道增加到117条之多。此外，敦煌地区还有20多处泉泽湖泊，再辅以作物和农田的灌溉，使每年灌溉沙州城周围6000多亩粟、麦、麻、豆、菜等农作物及闲地3—6遍，形成了庞大完备的绿洲灌溉体系。这些水利灌溉设施，是汉唐屯田和整个农牧业经济繁荣的一个基本条件。敦煌地区河渠陂塘等水利工程修建的增加，是这一时期敦煌农业发达的又一鲜明标志。为了有效地分配用水和管理用水，唐代敦煌实行了一套严格的配水法规。《沙州敦煌县地方用水灌田施行细则》是西魏时元荣婿邓彦执掌瓜州时订立的水规，历经北朝、隋代，到唐时更被严格遵照执行。在照规办事的同时，敦煌还设置了专职官员和专门的管理人员，浇水灌田要由州官、县官、各主要渠道及分水斗门的渠长、斗门长等自上而下的多级官员具体负责，并且奖惩有别，赏罚分明。如敦煌文书残卷中记载"州设渠泊使，县设平水，乡有渠头"，民间自组"渠人社"，可见水利管理组织机构之严密。水利的发达为敦煌农业经济发展创造了有利条件。唐朝前期敦煌的耕地面积不断扩大，粮食增产迅速，畜牧业也发展较大。麟德年间（664—665）河陇地区有马数十万匹，可见当时敦煌的牧马业的兴旺。司马光在《资治通鉴》中记载：盛唐时，"闾阎相望，桑麻翳野。天下称富庶者无如陇右"。这种农业大丰收的景象，实指地势平坦、一望无垠的河西地区。关于这一点，从神秘的楼兰古国、敦煌莫高窟等历史文物古迹中都能得到证实。

长时期大一统的封建王朝，使国力如日方升，在这种环境下，唐前期的敦煌也是一派欣欣向荣。唐王朝通过县、乡、里各级基层政权组织和完备的户籍制度对敦煌地区实行有效的管理和严密的控制。据敦煌遗书圣历（698—700）、天宝（742—756）年间的《敦煌户籍残卷》所载：唐代沙州辖敦煌、寿昌二县。其中敦煌在天宝以前有敦煌、莫高、龙勒、神沙、平康、洪池、玉关、效谷、洪闰、悬泉、慈惠11乡，寿昌县有1乡。约在唐中宗景龙年间（707—710），由于西突厥内乱，西域各族百姓生命财产受到影响，大量西域"昭武九姓"的胡人逃往沙、瓜以避灾乱。这批人到达敦煌后，被官府编入户籍，并取"从化内附"之意，新置"从化乡"划地安置。加上原有11乡，此时敦煌为12乡。唐玄宗开元二十六年（738），废寿昌县改寿昌乡并入敦煌县，敦煌地盘上共有13乡。但不久又恢复寿昌县。直到建中二年（781）吐蕃占领沙州止，敦煌一直辖12乡。根据唐时行政区建制"乡下设里，里理百户"的形制，当时敦煌12乡所辖里数究竟有多少已无从详知。但从目前敦煌遗书《敦煌户籍残卷》中所能获知的诸乡、里名称如下：敦煌乡的敦煌里、临池里、忧治里，莫高乡的莫高里，龙勒乡的都乡里、常安里，神沙乡的阳沙里、灵化里、弘化里，平康乡的洪文里、安昌里、修武里，洪池乡的神龙里，玉关乡的丰义里，效谷乡的无穷里，洪闰乡的长沙里，悬泉乡的宜禾里，从化乡的慕道里等。由于各种制度的有效实施，特别是灌溉系统的完善，仅城四周就有五条水系八十四渠纵横交错的水利网。官水配水制度严密，设置专职官员管理。敦煌耕地面积逐渐扩大，农业生产平稳发展，狭乡变宽乡蒸蒸日上。

敦煌壁画中的丝路商贸

唐代是我国古代最强大的统一时期，为了维护国家统一和"丝绸之路"的畅通，唐王朝在河西派驻了大量边防军，即《唐书》中所谓"河西十军"，以保障河西走廊和对外贸易市场的安全。敦煌自西汉起就是中原政权的河西走廊尽头的重要城塞，也是中西交通枢纽上的中原对外商贸往来的重要口岸城市，到了唐代，这里更是繁荣发达的商业都会，是丝绸之路上的重要中转站。无论是西行求法的大唐高僧，还是东来传道的印度大德，这里都是必经之地。敦煌城西的玉门关、阳关外的东西大道上，各国使臣、将士、商贾往来不绝，相望于道。而那些从西域东来的商胡、胡僧，他们或留在敦煌，或经河西再去往京都长安和其他城市，这一切都被敦煌莫高窟见证并留下了真实的记录。

向达《唐代长安与西域文明》一文记述，唐朝从陆路来到长安的西域胡人数以万计，这些胡商下至街头卖胡饼的小贩，上至资产以亿万计的大商，通过丝路来华的商人们长期定居于长安。而继长安之后的丝绸之路中国段最靠近西域的商业城市——敦煌，当时的胡商云集的热闹景象可想而知。隋唐时期的敦煌石窟艺术中出现了许多西域使者的商队，这些商队或是满载货物的驼队，或是驮着丝绸绢匹的马帮。有的跋涉于旷野荒漠之中；有的攀登于沙山峻岭之上；有的遇见强盗惊慌失措求菩萨保佑；有的路遇风暴，他们驮着货物的骡马骆驼从高崖跌落于深谷……这些往来于丝绸之路的商贩，有的深目高鼻、虬髯鬈发；有的头戴尖顶白毡高帽，身穿西域圆领窄袖长衫；有的肤色或棕或白，显示这些西域商人不同的人种。壁画中也有一些生动的僧侣形象，他们浓眉大眼、高鼻多髭，身披西域袈裟，显然是从印度西域而来的"洋和尚"。这些万里迢迢汇集于敦煌的胡商梵僧，不论为了贸易，还是为了传教，在丝路贸易上都起了重要的桥梁作用，是他们把珠宝运来中国，又把丝绸等物品运往欧洲。他们促进了中西文化的交流传播，也为人类的文明发展作出了很大的贡献。

唐朝时，西域胡商除了大批来中土做贸易外，还从中亚等国带来大量胡旋女和昆仑奴。所谓"胡旋女"，即从西域贩卖而来的舞伎，她们擅长跳一种左旋右转的舞蹈，节奏感强，为当时的权贵所喜爱，在宴会上往往作为压轴戏出场。所谓"昆仑奴"，是从东南亚贩运或经波斯、大食辗转贩来的棕色人种奴隶，这些"昆仑奴"都有自己的绝活，他们被卖到唐朝权贵之家，深受唐朝权贵的欢喜，成为当时

敦煌莫高窟第45窟 盛唐 胡商遇盗图 段文杰临摹

权贵们用来炫富的标志。这些当时的社会现象在敦煌壁画中也多有生动的描绘体现，同时说明当时的敦煌也盛行此风。此外中亚乐舞艺术家与天竺杂技、魔术艺人在河西及长安各阶层中亦大为活跃，颇受欢迎。

自张骞"凿空之行"后，中原与西域多元文化的交流与融合便水到渠成。特别是魏、晋、南北朝时期，丝绸之路上的少数民族文化便与中土交流更加频繁而深入。在文化不断积累和发展过程中，至唐代这种中西融合更加凸显，尤其是乐舞在这一时期登峰造极。强盛的唐朝，建立了皇帝与"天可汗"的双重崇高地位，也因此使大唐的魅力辐射广远，除了吸引各国使者、僧侣、商贾和有才艺的人士来到中土，一展他们的才华，也为唐代的文艺繁荣锦上添花。在敦煌唐代壁画中，保存了大量的乐舞形象，不仅有来自西域的胡乐、胡旋舞，也有阵容完备的"西凉乐"。这反映了敦煌以其特殊的地理位置，在当时不仅是汇集四方宾客的商业都会，也是乐舞伎人施展才艺、聚集交流的平台。创造敦煌壁画舞乐形象的绘画匠师，正是从他们身上和表演中获得创作灵感。

《西凉乐》是魏晋南北朝时与《龟兹乐》齐名的乐舞，其源远流长。初称"秦汉伎"，隋称"国伎"，唐称"西凉伎"。五凉吕光帝时盛于河西武威、敦煌等地，其由《龟兹乐》变化而成。五凉时期，河西在西晋丧乱时成为关中士

人避难的好地方。由此这一带成为当时中国西北文化的繁盛之地，也成了汉族传统乐舞、西域乐舞荟萃之地。隋朝结束南北朝分裂混战局面，曾于开皇初年（约581—585年）制礼作乐，设立了"七部乐"，其基础是魏晋三百多年以来，汉地乐舞、西域乐舞的相互融合。隋开皇初年，根据汉乐和西域诸国伎乐制定了九部乐。唐代继承了"九部乐"，且更完善了乐舞的演出体系，发展成为唐代"十部乐"，最终成为宫廷歌舞艺术的一个庞大的整合体，这种舞乐大融合的发展，在唐代走向了巅峰。唐朝胸怀博大，兼收并蓄，使中原乐舞文化与西域乐舞文化交相辉映，互为渗透，并且交融佛、儒、道三教合一的乐舞文化，使唐代乐舞呈现出多元性。敦煌唐代壁画中，有的经变画安排了三层乐舞，每组乐舞数十人，不仅是这一时期舞乐艺术高度发展的体现，也是大唐社会繁荣昌盛的反映，同时为现代乐舞创作提供了极其丰富、珍贵的形象资料，也为研究古代乐舞史保存了学术价值极高的珍贵资料。

　　唐朝的手工业和商业，在隋朝工商业发展的基础上有了进一步的发展。作为中西陆路交通总枢纽、唐代国际贸易市场的敦煌，对促进中西经济文化交流，丰富中原人的物资精神生活，传播中华文明做出了显著的贡献。唐代丝路贸易更盛于往古，当时中原纺织炼染业非常发达，由于宫廷和贵族以及中西贸易的需求，当时丝织品的品种丰富，花样繁多，图案争奇斗艳，琳琅满目。在敦煌莫高窟、敦煌地区及敦煌附近地区、吐鲁番阿斯塔那和哈拉和卓都发现了大量织造技术精湛、品种花式繁多的唐代丝织物。如敦煌莫高窟第130窟出土的大约713—741年间废弃的大批残幡，残幡大部分由绞缬绢和蜡缬绢制成，其中宝相花蜡缬绢和联珠对禽（鸡）纹绢幡当系玄宗时代的遗物，比吐鲁番发现的还要精工。此外，20世纪90年代在敦煌及附近地区出土的大量至今色彩鲜艳、手工精巧的晕缩绵幡、宝相花纹绮、显花人字纹绮等唐代丝织物，这些产自中原各地的丝织物，由内地运往敦煌，通过敦煌这一国际贸易市场，再输入西域各国及西亚、欧洲各地。这些出土的丝织品实物，在敦煌壁画中反映的就更加丰富多彩、精美绝伦，如那些出资建窟的窟主（供养人），他们每开凿一个洞窟都要把自己和自己的家眷画在壁画里，这些富贵的供养人身着当时华丽的丝绸制品，使我们今天依然能够感受到当时丝绸业的先进和发达。唐代丝绸练染业的发展，为丝绸之路重镇敦煌的商业发展提供了条件。

唐代的沙州互市每天早中晚开三次，交易活跃，生意兴隆。各地出产的金银、玉器、香料、丝绸、茶叶、药材、陶瓷、皮货、驼马等，首先在此进行带有批发性质的交易，再由粟特人转运东西方各地。开元时，唐朝的军马都是从西突厥等地贸易交换而来，当时唐朝以缣帛作为实物货币，每匹马的价格约40缣帛，每次都是成千上万价值的交易。由于西突厥兴起后积极介入丝绸贸易，控制了善于贸易的粟特人，并联合拜占庭打击波斯，与拜占庭展开直接贸易，贸易路线逐步北移到西突厥控制的中亚北部，贸易规模继续发展。西突厥本身是丝绸的巨大消费者，汗王和身边的人都穿着丝绸，其帐篷也用丝绸装饰。西突厥还将大量丝绸远销西亚、南欧和北非，将丝绸贸易推向了高峰。阿拉伯建立的大食帝国在8世纪初征服中亚，大力发展对外贸易，成为唐朝最重要的贸易对象。在西域地区，8世纪中叶，回鹘的绢马将丝路贸易再一次推向高潮。在吐鲁番阿斯塔那墓葬中发现的《高昌县上安西都户府牒》文中看到，在弓月城（今新疆北疆伊宁附近）一次领取绢275匹。唐玄奘西行取经时，从高昌王麴文泰处获得最大资助，除侍卫、马匹、银两、衣物等外，还有"绫及绢等五匹，充法师往还二十年所用之资"，"又以绫绢五百匹""献叶护可汗"（《大慈恩寺三藏法师传》）。可见当时经由敦煌输到西方的丝绸数量之巨大。

唐王朝对外贸易经以敦煌为枢纽的西北陆路，由西域通往欧洲各国，通过闻名于世的"丝绸之路"，大量的丝织物和工艺传至国外。而西域各国出产的金玉珠宝等奢侈品也在敦煌进行交易，再转运销售中原各地。说到奢侈品，从西域输入唐朝的主要是药材、珠宝、香料等。唐朝初年开始，从西域进口的香料、珠宝等深受权贵和富人的喜爱，而和唐朝长期保持贸易关系的分别是阿拉伯帝国和波斯，唐玄宗开元时期，经常为皇族购买从西域而来的珍奇商品，尤其是珠宝美玉。敦煌文书《王梵志诗》对当时敦煌的商埠有这样的描写："兴生市郭儿，从头市内坐。""行行皆有铺，铺里有杂货。"可见当时沙州市场的繁华旺盛。另据敦煌文书《沙州图经》祥瑞条记述：当时属沙州所管辖的敦煌西面的石城镇（新疆鄯善城，又称典合城），就有康国人奏事条文，说明此地曾居住着大批的康国商人。另据记载：敦煌西面百里有"兴胡泊"，是从玉门关道往还的商胡居止之地。为了便利中外商旅使者，沿丝绸之路均设有驿站，以为过往客使提供歇息和马匹换乘等接待服务。同时还有瓜州的墨离军、沙州的豆庐军以及连绵不断的烽燧亭戍，以扼守西关，维护中西交通。《敦煌廿咏》中《安城祆咏》云："版筑安城日，神祠与此兴。一州祈景祚，万类仰休征。蘋藻采无乏，精灵若有凭。更看云祭处，朝夕酒如渑。"诗中描写了唐代沙州境内有一夯土城，是波斯安息人和中亚安国侨民的居住之地，故称"安城"。城内建有祆教的神宙，来往祭祀的西域商旅和敦煌百姓众多，教事兴盛，故有"朝夕酒如渑"的形容。当时玄奘西行途经敦煌，曾有"同侣商商胡数十"（《大慈恩寺三藏法师传》）同行，印度善无畏三藏东来大唐，也是和胡商结伴同行，可见当时中外商旅往来之频繁。唐朝时期的对外开放政策，不仅促进了本国经济的发展，同时还带动了世界经济发展，可谓是双方得益之举。

盛世荣昌出大像　多元文化共辉煌

唐前期敦煌文化的大发展

敦煌自西汉建郡立县以来，七百多年的发展为这里奠定了深厚的文化基础，丝绸之路的畅通又为这里带来了域外文化的精髓。唐王朝开国到贞观初期，经过了一段艰苦卓绝的统一战争，才最终消灭分裂势力，解除了内忧外患的紧张局面。随着社会经济的复苏，再经过唐高宗时期的逐步上升，武则天的几十年过渡，在他们的孙子唐玄宗时期，很顺利地进入了一个历史上最为著名的"太平盛世"，开元、天宝年间史称"盛唐"。这一时期的敦煌，是丝绸之路上最著名的文化都会，汇聚了东西方的各种思想、各种不同的文化，各种学说在这里和谐共生，共同发展，呈现出了富丽堂皇、绚烂多彩的文化景象。莫高窟藏经洞中出土的大量唐前期抄写的儒家典籍和启蒙读物，说明儒学在当时的敦煌学术中占有主导地位。那时不论官方开办的州学、县学，还是民间举办的寺学、学塾，都以唐朝廷编制的统一的儒家经典为教材传播着汉文化。唐朝前期，敦煌和各地一样还十分盛行道教，这是因为李唐统治者奉老子李聃为先

莫高窟第103窟 盛唐 各族王子听法图

祖，受此影响，开元、天宝年间，敦煌地区广建神泉观等很多著名的道观，并于观中大讲道学，教授弟子，传写经书，一时吸引了大量道家信徒。除了汉民族的宗教文化外，随着西域诸多胡商的滞留和定居，外来宗教也在敦煌逐渐发展了起来，诸如摩尼教、景教、祆教、伊斯兰教等外来宗教亦流入敦煌，并经敦煌、河西流传到中华大地的角角落落。唐初在敦煌专为粟特人新置的"从化乡"中就建立有中亚地区信奉的祆教（拜火教）神祠；景教在敦煌城中还建有寺院，名为"大秦寺"，莫高窟藏经洞中出土的敦煌文书中就有景教经典；而同窟出土的开元年间的摩尼教写经，说明来自西亚和中亚的多种文化都曾在敦煌有所流行。

当然，在众多的外来宗教中，影响最大的当属佛教。佛教自魏晋时期落地敦煌并生根开花，到了唐朝已是帝王维护统治、教化民众最有力的法宝。到了女皇武则天时期，更是将佛教作为她坐龙床颁正朔的有力工具。她授意僧人编撰《大云经疏》并颁行天下，同时敕令天下诸州广建大云寺。在这种疯狂拜佛的全国性热潮的驱动下，敦煌地区的佛教空前兴旺，盛极一时，佛教徒遍布社会各个阶层，石窟、寺庙朝夕香烟缭绕，朝拜不绝。百姓争相剃度出家，社会大兴土木营建寺院，尤其这一时期，敦煌境内陆续建造了有史以来三座高达34米、26米、25米不等的巨型大佛，这三尊大佛至今基本完好，显示了高超的工程建造技艺和艺术水平。此外在莫高窟现存题记中还录有龙兴寺、大云寺、普光寺、金光明寺、灵图寺、开元寺等名目繁多的寺院，这些寺院中藏有从长安传带来的宫廷写经，僧众居士在寺院中研习佛学，并向信众宣教布法，讲经化俗，宗教活动极其盛行。敦煌藏经洞出土的文书中，保存了大量的唐代说唱文学体裁的讲经文和变文，说明佛教以通俗的形式在民间广为传播。除宗教活动外，佛寺还承担类似今天学校的职能，广招世俗子弟，在庙堂中设立学堂，传播文化知识。由于寺学的教学水平很高，很多世家大族也把子弟送去寺院读书学习。此外，随着佛寺与世俗民间的互动、社会活动的增加，越来越受到人们的重视和资助，寺院逐渐拥有了大量田园房产，寺院的经济实力有了相当发展。

唐代敦煌的农业生产水平达到了封建小农经济的巅峰，这是盛唐敦煌文化空前发展的物质基础。有专家推算得出，当时的社会平均农业劳动生产率达到了每人年产粮2400市斤的较好水平，当在人均占有粮食700市斤的基础上，必然会带来封建文化的空前繁荣。盛唐时代，多数人没有衣食之虑，人们精神生活丰富，能以充沛的精力和饱满的热情去创造精湛的文学、艺术和手工艺品，那些唐代留下来的豪迈自信的诗词文章，敦煌石窟富丽堂皇、千古绝唱的精美艺术，以及那些描绘极乐世界的壁画中折射出的现实人间的贵族奢华生活的排场和平民丰足祥和的生产生活场景等便是有力的证据。唐朝也是国内民族关系和中外关系大发展的时代，当时的朝廷对边疆少数民族地区采取"全其部落，顺其土俗"的开明政策。通过实行加强对边疆的管辖，设置行政机构、和亲、册封、战争、会盟多种措施，加强了中央王朝对各民族地区的管辖，汉族与边疆民族的交往空前频繁。唐朝前期的疆域空前辽阔，东到朝鲜半岛、直临日本海，西达咸海，东北至外兴安岭以北、库页岛一带，南及南海。正如鲁迅所言："汉唐虽然也有边患，但魄力究竟雄大，人民具有不至于为异族奴隶的自信心，或者竟毫未想到。凡取用外来事物的时候，就如将彼俘来一样，自由驱使，决不介怀……"（鲁迅《看镜有感》）

盛唐时期，由于国势强盛，很多周边部族或"慕道来归"或"从化内附"，唐朝都以羁縻制度统之。在边地敦煌，唐沙州十三乡中就有专为安置侨居于此的粟特商人新设的"从化乡"，以接纳自西域乔迁而来的康、安、石、曹、罗、何、史诸姓胡商。这个在沙州依城而设的粟特人乡，表明唐王朝将散居的附贯胡人的治理纳入乡村体系的行政管理之下。从唐初新推行的乡村制度的实施情况看，唐朝对归化部众的管理没有"治外法权"，而是对已经附贯的胡人，在制度管理上与土著百姓相同，这些从化内附胡人在居住身份上已完全成为唐人，享受着和汉人同等的待遇。如此大胸怀大魄力的开放政策，对唐代物质以及精神文化的发展产生了很大的促进作用。大唐盛世是中华民族悠久历史中最为辉煌的篇章，这一时期的中国，国力强盛，通过由国都长安直抵地中海沿岸的陆上丝绸之路，将辉煌灿烂的中华文明传播四海，众多国家的国君、使臣、客商、僧侣、学者、工匠、医生、胡姬纷至沓来，在长安完成了经济、文化、手工、乐舞、民族大融合，成就了中国古代文化的鼎盛时期。唐朝时的敦煌同样显现了盛世大唐的太平治世的景象。北宋司马光在《资治通鉴》中说：开元天宝年间，"是时中国盛强，自安远门西尽唐境万二千里，间阎相望，桑麻翳野，天下称富庶者无如陇右。翰每遣使入奏，常乘白橐驼，日驰五百里"。之后张籍的《凉州词》也这样描述："边城暮雨雁飞低，芦笋初生渐欲齐。无数铃声遥过碛，应驮白练到安西。"这些文章诗词中所表现的正是盛唐丝路的繁荣景象。敦煌就是依托这样的经济背景，走上了自己的黄金时代。

唐代从高宗、武后至玄宗时期，一直都在河陇地区大兴屯田，使敦煌农业得到了空前的发展。据《旧唐书·郭元振传》载："大足元年，迁凉州都督、陇右诸军州大使。先是，凉州封界南北不过四百余里，既逼突厥、吐蕃，二寇频岁奄至城下，百姓苦之。元振始于南境破口置和戎城，北界碛中置白亭军，控其要路，乃拓州境一千五百里，自是，寇虏不复更至城下。元振又令甘州刺史李汉通开置屯田，尽其水陆之利。旧凉州粟斛售至数千，及汉通收率之后，数年丰稔，乃至一匹绢籴数十斛，积军粮支数十年。"唐王朝在河西，除了发展农业还特别重视畜牧业，并辅以一整套切实可行的严密的组织管理机构。在商品经济方面，敦煌市场兴旺，同边疆各族以及外国的商业互市也很频繁。当时，中原的丝绸、瓷器，西域的玉石、珍宝，北方的驼马、毛织品，以及当地的五谷特产，汇集于此，场面壮观。敦煌的人口至天宝时已有三万数千人，是前秦以来的又一个人口高峰期。

虽然唐朝国力强盛，对外战争也几乎是战无不胜，但是作为最底层老百姓的生活，却并不安定富足。在大唐表面繁荣的背后，敦煌的平民百姓却在承受着巨大的压力。地主对农民的残酷剥削，少数剥削者生活奢华和大多数被压迫者生活贫困的两极分化十分严重。"朱门酒肉臭，路有冻死骨"就是这种社会状态的真实写照。唐帝国控制着大量的均田农民，向其征取地租，强服徭役和兵役，使国力迅速走强。当时，很多农民的富裕户都希望上升为地主，中小地主更有扩充土地和财富的强烈欲望，同时善于借战争掠夺人口和财富，建立军功以取得占有勋田的权利。唐太宗、唐高宗父子为了发展封建国家的力量，并满足这部分人要求，继续执行隋王朝的征战政策。军事征发迫使自耕农民大量破产，有利于地主进行规模较大的土地兼并。

唐朝时对西域用兵频繁，与突厥、吐谷浑、回纥、吐蕃、西夏的战争，都与敦煌地区发生着直接或间接的联系。因此，作为中原和西域交汇处的敦煌地区，在当时最为繁忙，它是集结兵员、提供粮草、组织庸役人力的重要基地，经常性的战争，使敦煌平民百姓承受的巨大压力可想而知。唐朝时河西地区军镇林立，为争夺西域，维护丝路，对外战争接连不断，而敦煌始终作为唐王朝经营西域的物资供应基地，其赋税徭役负担之沉重，兵役之频繁，令百姓难以承受。在对西域的征战中，敦煌的丁壮是唐兵的重要来源，就连世家豪族也要派子弟从军出征，普通"编氓"就更难逃避了。唐高宗以后，土地兼并发展，农民土地日益减少，无力负担赋税徭役，有些农民被迫抛弃业田，背井离乡，逃亡到甘州、瓜州、肃州等地去当雇用农，境遇艰难。特别是武则天晚年，敦煌和其他地区一样，赋税更为繁重，农户不堪徭役兵役的困扰，纷纷外逃，一时出现了"天下户口，亡逃过半"的局面，唐朝廷不得不派遣十道御史"括天下逃户"，即重新清查登记户口，进行安置抚理。敦煌藏经洞出土了不少与此有关的文献，如唐代《敦煌户籍残卷》中登记着为数不少的当时户口逃亡的事实，既有逃三丁口，也有合户逃亡的登记。又如《长安二年三月为括甘凉州肃所停逃户牒》中指出当时为制止农户外逃，"所有田业，官贷种子，付户助营，逃人若归，苗稼见在，课役具免，复得田苗"。这对于稳定人心、鼓励耕种起了一定的积极作用。此外俗赋《燕子赋》也曲折反映了当时括户的情况。《燕子赋》以雀占燕巢比喻逃户燕子被主户雀儿欺凌，雀儿有恃无恐，因为它看到官府正在括户，以为逃避赋役的燕子必遭惩处，岂料诉诸官府，主审官凤凰却将雀儿判罪，巢穴归还燕子。原来雀儿不知旧法已改，官府已对逃户作了新规定，所以燕子胜诉，可以在当地落户。这个有趣的故事说明了武皇逃户政策的成功。敦煌发现的另一份唐代文书中，有武则天长安三年（703）关于检括甘、凉、瓜、肃等州所居停的沙州逃户的牒一件。《吐鲁番考古记》中也著录了武则天时期的上括浮逃使状一件，说明这次括户确是在广大地区实行了的。安史之乱前后，唐蕃为争夺西域互相攻伐不休，河西及敦煌地区动荡不安，敦煌百姓也度日维艰。而此时寺院大置田产经济却日趋膨胀，豪强贵族也用各种手段兼并土地，令贫苦农民无家可归，无田可耕，社会经济终又走向衰落，已是盛唐不盛了。寺院经济的强盛，使佛教发展很快，敦煌的开窟造像活动，至武则天时"已有窟龛千"，形成了一座宏伟石窟寺。而其时的莫高窟艺术也达到了辉煌的顶峰。

唐朝，出长安向西，经陇右，穿河西走廊，再过敦煌，便是一望无垠的广袤西域。在这片辽阔的大地上，大漠绿洲、山林牧场，星罗棋布，自古以来便是周边各国不遗余力抢夺的宝地。在宋朝之前，每当中原王朝在自身政权稳定以后，都必然会把目光投向遥远的西域，着眼于向西方全面发展。在古代交通条件下，丝绸之路是中西贸易的最主要途径，对中原王朝极具诱惑力。然而，北方的游牧政权也经常攻击和抢夺丝绸之路，因此中原王朝需要使用武力来保卫丝绸之路。唐朝建立后，西域连同那条中西通道，便是大唐天子梦寐以求之地，他们凭借着初唐的国力日盛和一往无前的进取之心，先扫平各地割据政权,继而将盘踞在西域的强大的突厥帝国彻底打残,在西域设置了以安西四镇为治所的羁縻州管理制度。当唐朝的军队进入中亚地区并掌控了西域和中西通道之后,唐朝迈向鼎盛时期。然而就在唐朝逐渐崛起的同时,青藏高原的吐蕃政权也迅速崛起。

唐玄宗李隆基是唐朝历史上一位卓越的皇帝。他继位后励精图治,使唐朝进入了高速发展时期,国力空前强盛,史称"开元之治"。然而李隆基晚年时变得荒淫无度,甚至昏庸无道,最终导致"安史之乱"的发生。安史之乱以后,唐朝实力急速下跌,河西走廊被吐蕃斩断,西域沦为吐蕃和回鹘的争霸角逐之地。围绕着西域的几个主要的战略支撑点——龟兹、北庭、西州、沙州、凉州,展开了一场历时百年之久的西域争夺战。在这场西域争夺的竞赛中,回鹘虽然偶有胜迹,但总体上却是吐蕃占据上风。然而这场血腥的拉锯战,消耗了两个民族大量的能量,以至于一段时间内,唐朝边境太平无事。唐王朝拥有一定的时间在沿边修复城塞,兴置屯田,开展生产,加强防御,同时和回鹘恢复友好关系,削弱了吐蕃贵族的力量,使边地形势逐渐缓和稳定下来。

天宝乱离西北丧　阎朝镇守沙州降

唐兴起的时候,我国西南部的吐蕃王朝日益强盛。吐蕃是青藏高原最古老的民族,他们很早就生活在青藏高原一带。吐蕃既是王朝名称,也是当时的地域名称。吐蕃,在我国汉文的众多古文献中一直指称藏族,同时也称西蕃、乌斯藏、唐古特、图伯特、藏蕃等。大约在17世纪以后才统称为藏族。唐代的有些文献中认为,吐蕃出自汉代西羌族,也有文献认为吐蕃是南凉秃发利鹿孤的后代。然而学术界普遍认为吐蕃源自羌族。吐蕃活动地区,在今西藏自治区和四川西部地区一带,都城在唐时的逻些城(今拉萨)。吐蕃大约在北周、隋朝之际兴起。据《隋书·西域列传》记载:附国,"南北八百里,东西千五百里","号令自王出","其土高,气候凉,多风少雨","附国有水,阔百余丈","其东北连山,绵亘数千里,接于党项",所指就是吐蕃。六七世纪时,他们当中一部分人实施农耕,种植青稞、小麦、荞麦和豌豆,过着定居的农业生活；一部分人圈养牛、马、猪、羊、骆驼等家畜，过着畜牧业生活；然而更多的人过着"逐水草，无常所"的游牧生活。吐蕃人善于利用当地丰富的矿产资源冶炼并制造金器、银器和铜器，也能用铁制造精良的铠甲和锋利的兵刃，而且捻毛线、织布、织毡的传统工艺也很兴盛。吐蕃人重战死，世代战死的家族被尊为高门。

吐蕃王朝统一前青藏高原存在三个大的部落联盟，这三大部落均是在不断兼并和征服各小邦部落的基础上逐渐形成和发展起来的。它们分别是位于雅鲁藏布江以南雅隆河谷地带的悉补野部，位于藏西阿里和拉达克一带的象雄（汉史记载"羊同"），以及位于雅鲁藏布江以北唐古拉山脉南北草原地带的苏毗。7世纪初，吐蕃的囊日论赞吞并了苏毗势力，他的儿子松赞干布（617—650）又击灭西部的象雄势力，完成了统一青藏高原的事业。大约在唐贞观七年（633），松赞干布在吐蕃社会生产力发展和邻近诸部往来不断增多的形势下，迁都逻些，正式建立吐蕃王朝。吐蕃在松赞干布的带领下，建立了统一而强大的奴隶制国家。全盛时期的吐蕃总人口近1000万，包括西部地区的大量人口。这是西藏历史上第一个有明确史料记载的政权，松赞干布被认为是实际立国者。松赞干布统治时期，吐蕃人创制了文字，制定了成文法典《十善法律》。唐太宗派李道宗护送文成公主入吐蕃，唐蕃通婚后，吐蕃贵族子弟被派到长安国子学学习，许多唐人被聘请到吐蕃掌文书。随着文成公主进入吐蕃，唐人先进的生产技术也传入吐蕃，对吐蕃经济文化的发展，起了巨大的推动作用。

吐蕃民族粗犷剽悍，能征善战，吐蕃奴隶主贵族很早就觊觎唐朝长安以西的广阔土地，甚至怀有吞噬唐朝的野心。从神龙元年（705）到建中二年（781），河西的政治形势几度处于紧张状态，然而唐朝前期国力强势，为了捍卫丝路安全，唐朝调集强军充实河西武装力量，在边地陈兵数十万，精兵良将众多，军事力量十分强大，仅驻守瓜、沙一带的部队就有武德年间设置的玉门军、神龙元年设置的豆卢军（驻沙州城内）和开元末期设置的墨离军等精锐之师。两地共屯兵14500人，蓄养战马1400匹。他们一面战斗，一边生产，屯田拓荒，兴修水利，为保卫边关，建设河西作出了巨大贡献。为使西北地区的军事力量得以统一指挥，景云元年（710）唐朝于河西走廊凉州所在地设立了全国第一个节度使——"河西节度使"，统领凉、甘、肃、瓜、沙、伊、西七州防务，令边防牢固不可破，外族难以入侵。面对强盛的大唐，吐蕃贵族只能维持立国之初与唐朝确立的"甥舅和盟"。松赞干布去世后，吐蕃王朝征服了很多周边的少数民族，并曾一度占领安西四镇。由于横征暴敛，引起西域各族人民不断反抗，702年，吐蕃赞普虽遣使跟唐王朝修好，但唐朝边地却不时受到吐蕃掠扰，大大小小的边境武装冲突时有发生。

盛唐后期，敦煌时常受到吐蕃的袭扰。开元十五年（727），河西拉开了唐蕃战幕。吐蕃一度攻陷敦煌东边的瓜州，并毁城而去。729年，唐与吐蕃在河西几次恶战，吐蕃损失惨重，败绩逃遁。次年五月吐蕃遣使致书求和。十月，吐蕃赞普又派使者携重礼入唐进贡。一时唐蕃言归于好，河西一带出现短暂的"汉人耕耘，吐蕃畜牧"的和谐社会。然而好景不长，开元二十五年（737），吐蕃因入侵勃律，唐令其罢兵，吐蕃不从，同河西军交锋于青海，吐蕃败逃，遂断绝朝贡，唐蕃关系至此恶化。

天宝十二年（753），胡人安禄山诱降了被回纥攻破的突厥西叶护阿布思的残部，加强了自己的军事力量。天宝十四年（755）冬，爆发了中国历史上著名的"安史之乱"（755—763）。安史之乱不仅使"开元盛世"就此结束，唐朝也从此走向下坡路，同时对中亚历史发展也产生了巨大影响。安史之乱发生后，唐太子李亨从马嵬驿回军北上时，在灵武（今宁夏灵武西北）即位，是为肃宗。为迎击叛军，唐朝四处调兵，包括敦煌在内的陇右、河西以及西州的多支唐军劲旅都被发往中原奔赴国难，虽然在得到回纥部队的援助之下，于至德二年（757）夺回了长安。但这次大量调兵使各地所留驻军兵单势弱，西北边备顿显空虚。在这种情势下，早已觊觎唐土的吐蕃趁机东进。755年到797年，是吐蕃王朝第37任赞普墀松德赞统治时期，在他的任内，吐蕃国势达到鼎盛，其国力达到有史以来最为强大的时期。强大的吐蕃军队在墀松德赞的亲自统领下，对西北地区大肆攻伐，如风卷残云，势如破竹。在广德元年（763），吐蕃趁唐军被东调讨伐安史叛军未归而河陇边防空虚之机，大举进军，攻克大震关，尽陷兰（今甘肃皋兰）、河（今甘肃临夏）、廓（今青海贵德）、鄯（今青海西宁)、临(今甘肃临洮)、岷(今甘肃岷县)、秦(甘肃天水)、成(今甘肃成县)、渭(今甘肃陇西)等陇右十几个州郡。是年十月,吐蕃大军又占领了奉天(今陕西乾县),兵临长安城下,迫使代宗仓皇出逃,吐蕃二十万铁骑一度攻陷唐都长安,并立唐宗室广武王李承宏为皇帝,作为其统治工具。虽然不久退出长安,但吐蕃居陇右以此为根据地,开始由东向西对黄河以西唐王朝疆土大举吞并。764年,安西、北庭、河西与中原隔断,吐蕃沿祁连山北上攻陷河西重镇凉州(武威),此后凉州成为吐蕃在河西地区行使统治的最为重要的根据地。两年后的大历元年(766),吐蕃又连克甘(今张掖)、肃(今酒泉)、瓜(今瓜州)各州,迫使河西节度使西奔。从此河西、陇右等大片地区沦为吐蕃占领区。

陇右的失陷使河西与中原联系中断,尽管河西汉唐军民与吐蕃进行了不屈不挠的抗争,但终因势单力薄而无法阻挡吐蕃的强悍铁骑,河西诸州渐次落入吐蕃之手。正如《旧五代史》载:"吐蕃乘虚取河西、陇右,华人百万皆陷于吐蕃。"此时河西地区仅存最西端的敦煌一地尚在苦苦坚守,成了河西抗蕃固守的最后一个据点。敦煌是扼守丝路之咽喉,也是吐蕃必争之地。此时,吐蕃王子亲自坐镇指挥,他深谙兵贵神速,偷偷将帅帐移至祁连山北,企图速战速决拿下敦煌城。他调遣精锐部队,将敦煌城层层围困,不断发起猛烈进攻。

766年5月,新任河西节度使并兼伊西北庭节度观察使杨休明"徙镇沙州",即把凉州的河西节镇迁至敦煌,积极准备抗击吐蕃,夺回失地。杨休明布防并处理好军政大事后,便安排河西观察使周鼎与河西节度行军司马宋衡坚守敦煌,河西执掌河西军政事务,而自己带一小队前往辖区伊西北庭去筹备兵员,不料中途阵亡。其余部队也节节败逃,退至沙州已无路可退。此时河西道路瘫痪,走廊各地景象凄凉,沙州已经完全沦为瀚海孤岛。留守敦煌的副将周鼎和宋衡一边派人星夜兼程急奏朝廷,一面遣使安西四镇(一说回纥)搬兵求援。唐王朝接到奏报却无力救援,只能临危授命升任周鼎为河西节度使,拜宋衡为中丞常侍,以激励其作战意志。此时的唐都也危在旦夕,虽然还可借道回纥,与安西、北庭保持联络,而沙州虽驻劲旅却无以为援。大历二年(767),

沙州苦等一年不见救兵，吐蕃却已徙帐南山，准备派大将尚绮心儿率雄兵包围敦煌，开始强攻沙州城。

节度使周鼎带领敦煌军民连日鏖战，奋力守城。但在吐蕃大兵压境又无援兵相助的情况下，周鼎逐渐失去了守城的信心。面临如此危局，他十分惧怕，想放火烧毁敦煌城后带领精兵强行突围，并想携沙州百姓绕道漠北东逃内地。然而这个动议遭到军民的强烈反对，大家认为，焚毁一座边陲城镇容易，但焚毁一个有着近千年历史的东西方交通枢纽，却只可能是个别非敦煌籍官员的不理性不现实的妄想而已，付诸实施的可能性没有。此外，携带四五万沙州人逃回长安很不现实，两千多千米的长途跋涉将何等艰难自不必说，沿途必经吐蕃之地，即使少数人突围东奔都是十分冒险的行为，更何况数万拖儿带女的流民大队如何穿越吐蕃防线？其实在此之前中丞常侍宋衡就带二百家眷东奔回唐，途中即被吐蕃所擒，虽然吐蕃念与唐的甥舅之情，将宋衡送还长安，但说明周鼎的逃跑计划行不通，如果按此妄想行事，无疑是白白葬送敦煌数万民众的性命，十分冒险。特别是一位叫阎朝的兵马使极力反对，此人乃勇谋之将，出生于敦煌名门世家，文武双全，时任都知兵马使，协助节度使周鼎抗击吐蕃。他判断敦煌以东皆沦为吐蕃领地，当前形势敌强我弱，如冒险突围东归，必将死路一条。他鼓动军民力劝周鼎放弃突围东行的决定，以守为战，以待援兵，才可能有生路。然而周鼎无视战情，拒听劝谏，决意突围。阎朝屡谏不允，遂起杀意。

大历十二年（777）的一天，周鼎终于下令弃城，准备突围。阎朝见周鼎一意孤行，无法阻止。在情势危急之下，他率部围府，兵谏周鼎放弃突围东行之策。然周鼎大骂阎朝犯上作乱，目无朝纲，决不更改突围决定。阎朝无奈，便果断命手下亲兵缢杀周鼎。随后布告军民，言明弃城出逃之危险，又言城中粮草充足，只要众志成城，定能击溃吐蕃守住城池。在众将士和百姓的拥戴下，阎朝自任沙州刺史兼河西节度使，承担起了抗敌守城的重任。在阎朝的带领下，敦煌军民拼死坚守，顽强抗击吐蕃围攻，击退了吐蕃大军一次又一次的猛烈进攻。吐蕃王子见敦煌城久攻不下，空耗兵力，无奈拔帐回返祁连山南。从此时战时停，敦煌军民硬是艰苦卓绝地坚持了长达八年之久的沙州保卫战。然而持续不断的战争，使敦煌满目疮痍。特别是农业生产遭到严重破坏，军民口粮短缺，为解决困难，阎朝打开府库以绫绸换取粮食，百姓亦纷纷捐物捐粮，坚定了军民守城的意志，就这样，敦煌军民在极其艰苦的条件下又坚守了两年，可谓敦煌史上空前绝后的持久防御之战！然而因长年作战，丝绸之路也一度中断，边贸停滞，物资匮乏，敦煌城中的粮草、军械等储备越来越少。终因寡不敌众，粮械皆竭，不得不于贞元二年（786）开城降蕃。阎朝投降之前，为了确保敦煌军民的安全，他登上城头与吐蕃议和，他提出的条件是：投降后，吐蕃不准屠城，沙州百姓不得移民他乡，在得到吐蕃军明确承诺后，签立了屈辱的城下之盟。随后放下武器，开城受降，向吐蕃大将尚绮心儿献表称臣，从此接受了吐蕃王朝的统治。

投降后的阎朝，被吐蕃任命为部落使，但吐蕃对他并不信任，担心他有一天会谋反。吐蕃占领沙州后不久就密谋杀害阎朝，他们派遣一个使者把毒药藏在靴子里，在招待阎朝的酒席上，趁其不备，投毒于酒杯之中，暗杀了阎朝。阎朝是敦煌的英雄。他所保卫的敦煌当时人口有一万多，敦煌历史上留下了他的英名。吐蕃占领沙州后，被统治的敦煌民众，将阎朝经过谈判献城降蕃这一历史事件简称为"番和"，并用文字记录了下来。

今天我们在吐蕃时期的敦煌文书中常见到"番和"一词。这个"番和"是敦煌军民在面对强悍的吐蕃劲敌，孤立无援、弹尽粮绝的情况下，迫不得已"寻盟而降"。它使敦煌一城百姓免遭屠戮，且留居故土没有失散，从而保全了一方文化，也续写了之后的历史，此举虽败犹荣，可歌可泣！也因此，这次"番和"永留在了敦煌的史册之上。

敦煌是河西走廊抵抗吐蕃到最后的一个州县，至此，"陇郡县皆陷吐蕃"，敦煌从此进入吐蕃统治时期。

蕃化未息唐人恨　易服难消故国心

吐蕃统治敦煌初期，他们采用农奴制剥削压迫各族人民，对西北地区的汉族也同样进行了残酷的压榨，这使得汉蕃矛盾十分尖锐。他们不仅大肆劫掠被奴役者的财产，而且迫使各族人民沦为他们的奴隶，据《旧唐书·吐蕃传》记载："百姓丁壮者，驱之以归，羸老者咸杀之，或断手凿目，弃之而去。"统治者对反抗者的处置十分残忍，但这并没有使敦煌人畏惧、屈服，相反反蕃斗争此起彼伏。先进的汉族经济、文化与落后的奴隶制之间发生着激烈的冲突，被欺压凌辱的各族人民，受尽吐蕃的野蛮与残暴，愤恨之余更加增添了对吐蕃奴隶主贵族统治的抵制和不满。

残酷的民族压迫和阶级剥削，逼迫沙州人民进行了多次不屈不挠的顽强斗争和坚决反抗。据沙州被吐蕃占领时其守将向吐蕃赞普的报告《书仪》（莫高窟藏经洞出土 S.1438 残卷）反映，当时沙州各族人民反蕃斗争此起彼伏。其中最著名的一次反抗事件是，玉门关驿户起义，氾国忠等十数人夺取了战马铠甲，夜闯沙州城内，焚烧吐蕃沙州官署，杀了卫士监使判咄等人，迫使吐蕃沙州节儿等重要官员"伏剑自裁，投入火中，化为灰烬"。起义者在三夜之间就越过了从酒泉到敦煌之间的重重关卡要塞，使得"东道烽烟，烟尘莫知""蕃官慢防，不虞祸至，人力散乱，难于力争"。与此同时，沙州玉关驿户张清也同时发动起义，与之相呼应。这次起义虽然规模很小，没能推翻吐蕃人在河西、陇右的统治，但是给了吐蕃统治者以沉重打击，也为河西、陇右的人民做出了一个榜样，为后来的起义成功打下了基础。同时，面对沙州人民此起彼伏的反抗，吐蕃统治集团深为恐慌。吐蕃守将在给赞普的《书仪》中陈述："自敦煌归化，向历八年，歃血寻盟，前后三度，频遭猜忌，屡发兵戈，岂敢违天，终当致地，彷徨抵抗，陷在重围，进退无由，甘从万死。伏赖宰相守信，使无涂炭之，大国好生，庶免累囚之苦。"可见这一事件也迫使吐蕃统治者认识到了汉族百姓中蕴藏着巨大的反抗力量，必须采取更为有力的措施来缓解民族矛盾。

吐蕃统治时期，敦煌和其他被占领地区一样，汉族在各方面都受到了很大的限制。为了维护占领区的长治久安和"西裔一方，大蕃为主"（《旧唐书·后晋》）的局面，吐蕃一方面派兵镇压，尽收民间铁器，以严加防范百姓私造刀械；另一方面，他们也不得不改变统治策略，采取较为缓和的统治方式以稳定社会。起初汉族人不能为官，后来为了统治汉族的需要，吐蕃统治者也采取以汉制汉的手段，让个别下级官职选由汉人承担。他们与当地世家大族合作，启用唐朝旧官员参与政治管理，协同维持统治，封他们做守使、部落使等。然而当地人民不屈不挠的反抗仍然接连不断，迫使吐蕃统治者不得不作出更多让步，放弃残暴镇压的统治政策，与当地百姓八年间订盟三次约法三章，以求和平共处，相安无事。自此以后，吐蕃对沙州的真正有效的统治才刚刚开始。这是吐蕃占领沙州后历经多年以后，经过相互斗争，相互让步并适应之后才完成的。

吐蕃占领河、陇地区以后，面临一个较长时间的处理广大新占领区民族关系的问题。当时，吐蕃人、孙波人属于吐蕃嫡系；吐谷浑人和党项人虽被吐蕃收编，但仍然保留着原来的组织形式和权力机构，仍具有一定独立指挥系统；而被征服的河西地区所从事农业的汉人，从当时的实际情况看，是吐蕃政权的主要经济支柱。但是，自从吐蕃军队进入河西伊始，当地的汉族百姓便失去了所有的政治保障，从而造成了当时社会的混乱和动荡。吐蕃在占领河西、陇右和进攻关内道各州的战争中，俘掠了一些唐朝军民为奴。吐蕃统治者的这种政策，导致吐蕃占领河西初年民族关系空前紧张，处于尖锐的对立状态。

吐蕃最初进入河西时，在军事进攻中，对当地民众肆意劫掠，"子女玉帛，悉归帐下"。占领区的百姓得不到任何政策上的保障，因而反抗情绪高涨，社会动荡不安。当吐蕃统治者有效地控制了占领区之后，一方面镇压反抗势力，推行蕃化政策，清查户口，重新造籍，以强硬的措施消除不安定因素；另一方面，施以怀柔之策，重用当地唐朝旧官望族，严禁劫掠汉族百姓。然而一些掳掠成性的吐蕃人，仍以征服者的姿态，对收编的汉民、兵士为所欲为，制造了新的矛盾和混乱。瓜沙一带大族虽然仍具有一定社会影响力，但汉人的整体社会地位远低于吐蕃人，甚至低于同样被吐蕃征服的其他一些少数民族。吐蕃把大批的汉人迁到吐蕃部地，在客观上有助于吐蕃生产技术的改进。唐蕃经济文化交流继续向前发展。

吐蕃统治期间，除吐蕃驻军外，还有吐蕃僧侣、官吏、百姓移居敦煌地区。吐蕃统治者为了有效统治汉民族，还推行了一整套蕃化政策，企图使汉族的生活习惯和文化传统"蕃化"，借以消除汉民的反蕃情绪，进而消除隔阂，融洽民族关系，使敦煌民众的生活方式发生了很大变化。吐蕃占领敦煌之初，蕃官尚绮心儿就严令沙州汉民学说蕃语、改易蕃服、赭面文身、梳蕃发辫，在生活习俗上强迫沙州汉民吐蕃化，通过逼迫汉人辫发易服等措施以消除汉化。据莫高窟《张淮深碑》记载："河洛沸腾……并南蕃之化……抚纳降和，远通盟誓，析离财产，自定桑田。赐部落之名，占行军之额。由是行遵辫发，体美织皮，左衽束身，垂肱跪膝。祖宗衔怨含恨，百年未遇高风，屈申无路。"据敦煌文书 P.4638《大番故敦煌郡莫高窟阴处士公修功德记》记载："熊罴爱子，拆襁褓以文身；鸳鸯夫妻，解鬟钿而辫发。"除"文身""辫发"外，还要穿吐蕃服饰，如敦煌石窟吐蕃时期的壁画中，那些身着吐蕃服装的各种人物形象便是这种情况的反映。由此可见，敦煌地区的吐蕃统治者，从强迫汉人讲蕃语、左衽而服、辫发、文身，甚至从婴儿就必须履行的措施，企图在语言、风俗、传统等民族差异上消除隔阂，同化对方，以实现改造汉族并相安无事的效果。此外，吐蕃在占领敦煌不久即规定，当地居民不得继续使用唐朝的纪年历，而要改用吐蕃的五行地支历，用地支和十二生肖纪年。这种纪年法循环周期短且相当粗略，非常不便使用。敦煌文书 S.3287 中的《甲子五行歌诀》即反映了其部分内容。除废除唐历外，吐蕃奴隶主贵族还惧怕使用汉语会引起沙州人民民族感情的激发，而强制推行吐蕃的语言文字，今日敦煌文书中有关语言文字方面，还保留有大量藏文文献，其涉及军政、法律、经济、教育等各个方面。如 P.T.1297《宁宗部落夏孜孜永寿寺便麦契》，是用藏文写成的契约；藏文文书 Fr.80 汇报沙州驿户氾国忠等人袭杀蕃官的经过，与汉文文书 S.1438 中的相关记载一致，是就同一事件向上级汇报的公文。此外，敦煌遗书中保存的《千字文》《开蒙要训》《九九乘法表》等童蒙读物，《寒食诗》《孔子项橐相问书》《茶酒论》等文学作品，以及《尚书》《战国策》等传统典籍都被译为藏文，供汉人学习藏文或吐蕃人学习汉文化，反映了当时藏文学习和使用的情况。在经济生活中，吐蕃也推行他们的交易方式，禁用唐朝的货币，使商品交换又倒退回了实物交易的阶段。吐蕃在占领区推行了一系列吐蕃化政策，使这些地区在政治、经济、文化等方面都改变了固有传统，原有以中原传统文化为主导的敦煌文化进入了变异期。这种变异加重了百姓经济负担，使沙州实行了更加森严的民族统治，推行这一系列吐蕃化的管理措施，实际上是为了尽可能消弭汉唐影响。

吐蕃的蕃化政策不仅仅在敦煌一地推行，而是贯穿整个河西地区。但这一系列蕃化的政治措施，非但没有消除汉民内心对吐蕃的排斥，反而引起汉人的极度反感和默默抵制，以致对故国大唐更加地怀念。许多汉人家庭秘密教育他们的后代学习汉文化，了解自己的祖先，让后代不要忘记自己是大唐的子民。《新唐书·吐蕃传》记载：沙州汉人虽胡服臣虏，但"每岁时祀父祖，衣中国之服，号恸而藏之"。这里说沙州汉人每到年关祭祀时，便偷偷穿上唐服祀祷恸哭，以表示自己是汉族的传人和对大唐祖先的怀念。唐代诗人白居易在《缚戎人》诗中写道："一落蕃中四十载，遭着皮裘系毛带。唯许正朝服汉仪，敛衣整巾潜泪垂。"这正是当时吐蕃占领区深受压迫的汉族人的痛苦之情。又如《新唐书》记载，唐朝官员刘元鼎取道青海出使吐蕃，龙支城耋老千人跪拜而泣，问天子安否，称："顷从军没于此，今子孙未忍忘唐服，朝廷尚念之乎？兵何日来？"由于吐蕃过于残暴的统治，吐蕃铁蹄之下的西北汉族人一直没有忘记自己的根在大唐，甚至渴望大唐解救汉民于水火。然而此时，饱受战争蹂躏的唐朝已经疲弱空虚，连抵御吐蕃进攻都很勉强，更不可能有能力进行反击。

为了防止汉人逃入唐朝，吐蕃在其统治区除了实行了相互监视的政策，还布设大量的骑兵于边境巡逻，使汉民根本无法逃回唐朝。当吐蕃统治河西数十年之后，到了第二代、第三代汉人，对唐朝的归属感越来越低。到晚唐时朝，吐蕃军队中的汉族士兵很多已经把自己认定为吐蕃人，他们在吐蕃贵族的指挥下，还踊跃参与进攻唐朝的军事行动。当然也有一些汉人，他们在父亲和祖父的教育下仍然保持着对大唐王朝的向往，时刻等待着王师的到来。直到有一天，吐蕃政权内部发生了冲突，沙州兵力减弱，这时，一位在吐蕃铁蹄下长大的汉族人，趁机发动起义，出现了历史上著名的归义军政权，从此改变了敦煌，也改变了唐朝的历史。

吐蕃政权为了巩固在河陇地区的统治，设立了五个"通颊万户"部落和一个"德论"，以及一系列"军镇"用以镇守进行管制。为了有效统治河西、瓜沙地区，吐蕃一开始就设置了一套完整的军政职官系统，即节度使、乞利本、节儿、监军、都督、部落使、判官等各级官员。改原县、乡、里各级行政机构为部落、将，设置部落使、将头，将吐蕃本土制度与敦煌地区原有唐朝制度进行有机结合。吐蕃的统治手段无非是凭借武力和行政命令强制推行种种政策，但是他们的经济文化水平相对于高度文明的沙州敦煌来讲毕竟是太落后了，仅靠他们自己根本无法有效地进行统治。因此他们不得不利用降蕃唐官并拉拢当地世家豪族共同管理以稳定政治局面。敦煌地区的居民多为汉人，吐蕃在任用吐蕃官员的同时，任用汉人为辅助官员。如愿文中有"蕃汉节儿""二节儿"之称，说明节儿一职由吐蕃人和汉人共同担任、分管事务，是吐蕃为了适应新占领地区而制定的新举措。吐蕃统治后期，更是将大量汉族和其他少数民族的上层人物委以重任，甚至将沙州地方的部分政权、军权和税收管理权也交给了他们。如敦煌文书P.4638《大蕃故敦煌郡莫高窟阴处士修功德记》中所载的阴嘉义"所管大蕃瓜州节度行军先锋部落上二将告身减亷"，阴嘉政、阴嘉义、阴嘉珍一门汉族官员就是其中的代表，也是这一时期唐蕃制度结合的产物。吐蕃统治者正是用这种蕃汉搭配的职官体系，才在河西地区维持统治长达百年。总体来说，吐蕃在敦煌地区的统治是以合作施政为基础，为汉藏文化的交流提供了现实保障。在任用汉人的同时，吐蕃也调整了其他一些统治策略，保存沿用了某些唐朝旧制甚至北朝时的制度，如呈报手实的格式即续用唐制，北齐的驿户旧制也被重新启用，而源于北朝的寺户制度更是随着佛教的大发展再度盛行。

吐蕃在河西统治的军政中心是凉州和瓜州。在瓜州设有乞利本（意为万户长，相当于唐之节度使）。敦煌在吐蕃时期仍称为沙州，从军镇体制上沙州属瓜州辖区，其城主称为"节儿"，属千户长，掌管着军防、征税、判案等一州之全权。敦煌被吐蕃占领后，进行了一系列变革。这次变革大约始于788年，这也是吐蕃对沙州有效统治的开始。这一年吐蕃在沙州进行了一次大规模的户口清查活动，以后又彻底废除了唐朝的乡里制，强制推行吐蕃本土行用的部落制，将普通民众全部编入部落。现在已知吐蕃在沙州至少编制过两次部落。

第一次是在790年前后，吐蕃在敦煌改变了沙州原有的建制，取消了河西节度使、州、县、乡、里的体制，而根据本族的制度把沙州居民按职业分成吐蕃建制。据敦煌文书所提供的资料，当时敦煌十三乡的名字被取消，代之以"纥骨萨部落""悉董萨部落""擘三部落""上部落""下部落""行人部落""丝绵部落""獠笼部落""中元部落""悉宁宗部落""僧尼部落""道门亲表部落"等若干个部落。一个部落的辖区相当于原来的一个乡，和吐蕃内部的部落制组织形式相似，部落有部落使，下设将，将有将头。将头统管部落的下级组织"将"，将的规模约与唐朝的乡相仿，是沙州百姓申报户口，造作手实，缴纳赋税，承担杂役的基本单位。各部落由沙州城首席长官节儿统辖。当时沙州吐蕃部落中最基本的行政单位是千户（部落）；千户之下是小千户（即五百户组织），设置小千长一人；小千户之下为百户（将），百户长称"勒曲堪"。另设小百户的"格儿"；最后是十户组织，十户长称"勒勘"。

第二次是在吐蕃统治中期的820年左右，增置编创了军事系统的阿骨萨（纥骨萨）、悉董萨（思董萨或丝董萨）、悉宁宗三个汉人军部落。824年，又增置编制通颊军部落。吐蕃这一次编创军事部落实际是要将沙州地区的汉人和其他民族的臣民纳入自己的军事组织中，以适应对这一地区进行长期统治的需要。吐蕃改变了敦煌的军政管辖体制，虽然是为了加强统治，具有重要的军事因素，但从内部组织上看，其经济因素也很重要，即为了征收"突税差科"。因此，"部落—将"制，并非单纯的军事组织机构，乃是集政治、军事、经济三位一体的组织系统，即官府户籍制度。吐蕃统治时期，有着非常细致的户口登记制度，一户之家的每个成员，其出生、嫁娶、死亡、出家等都有着很详细的登记记录。

吐蕃改变了唐代前期实行的均田制，转而实行突田制，突田制的具体内容现已无从得知，只有在敦煌遗书中可略见一斑。突是土地的计量单位，一突相当于十亩。按照这一制度，吐蕃在河陇、西域地区实行"计口授田"，授田标准为每人一突，亦即一人授田十亩。并以此为标准，向百姓按户征收课税，即"纳突"。土地税被称为"突田"，缴纳"突田"被称为"纳突"。吐蕃在河陇、西域地区实行的赋税制度，除了部分保留旧有的奴隶制成分外，主要是借鉴采纳了唐朝及被占领地区原有的赋税制度，这里设置有专司税务的官吏来收税，如设"税务官""税吏"等来执行收缴任务。收缴税赋的账目被称为"突田历"，从突田历所反映的情况来看，吐蕃的纳突情况比较复杂，按规定每户都应该纳突，其实，在纳突户之外，还有"不合纳"的减免户。有些部落，沙州左三将下的纳突户，一般要向常乐缴纳一驮半（一驮等于二石），向瓜州缴纳一驮，其余数目则分别缴往蚕坊、寺院。当时一般的寺院都收取官府的布施，称为"官䞋"，这种官䞋有时由纳税户直接缴给寺院，然后将该数额在该户应纳税额中扣除。

税赋按户交纳，突税缴纳的物品有小麦、青麦、布、油等。虽然纳突与计口授田有关，但突税并不是按田亩数或按丁缴纳，而是按户缴纳，其税额是每户八驮上下。这一授田征税制度，与唐朝均田制大体一致。突田制下除了百姓纳突之外，还有服官府的徭役（差科），徭役包括身役、知更（巡夜）、远使（到远处当差）等。属民在纳突、服役的前提下可得到吐蕃奴隶主政权的保护。在突田制下，农民可拥有个体私有的土地、耕牛等财产，也可将土地变卖或拿自家的母牛等抵销债务。由此可见，突田制下的汉族等劳动者已不是先前的奴隶，而是变成为农民。而吐蕃占领河陇地区后，对本族民众仍实行奴隶制统治。其生产部门，仍以畜牧业为主。有别于吐蕃对汉人的统治形式。

总而言之，吐蕃在占领河陇、西域地区之后，采取了一系列措施以改善民族关系，稳定社会秩序，发展地方经济，力图占领区的长治久安。然而事与愿违，实际上吐蕃统治时期的河陇地区，社会经济发展缓慢，与唐前期相比有着显著的倒退。吐蕃在统治沙州、敦煌初期曾推行过"计口授田"制度，并改行新的赋税制，按地亩征收地子（地租），按户征收突税。这两项赋税大大超过了以前唐政府对百姓的征收数额，加重了百姓的负担。虽然计口授田，但社会经济发展缓慢，其因是部落编制有碍组织生产。此外僧尼数量的迅速增加，使劳动人口锐减。征收突税和地子，使百姓负担过重。为了防止汉民抗争，吐蕃统治者大肆收缴民间的铁器，致使农业生产受到严重影响。吐蕃废除了唐朝货币，使得贸易倒退到了以物易物的境地。另外，实行"计口授田"等措施，力图维护汉族百姓原有的经济地位，以安定民心。在吐蕃的"计口授田"制度下，敦煌农户都能按家庭的人数占有一块土地，掌握一定的生产资料，基本上保持着小生产者的地位。S.4491敦煌文书是一份记录敦煌百姓地亩的残卷，该文书中记有二十二户人家的田亩数，其中有6户恰好也是一人10亩，其余不足此数的户差额均在10亩以内。由此可见，这一时期的吐蕃统治下的农户，不再是在经济上和人身关系上都依附于吐蕃奴隶主的奴隶，而是具有一定独立经济能力的小生产者。同时，吐蕃统治者还颁发禁令，今后不准抄掠汉人。据敦煌藏文文书P.T.1083《据唐人部落禀帖批复的告牒：禁止抄掠沙州汉户女子》中载："往昔，吐蕃、孙波与尚论牙牙长官衙署等，每以配婚为借口，前来抄掠汉地沙州女子。其实，乃佣之为奴。为此，故向上峰陈报，不准如此抢劫已属赞普之臣民，并请按例准许，可如通颊之女子，可以不配予别部，而在部落内寻择配偶，勿再令无耻之辈持手令前来择配，并允其自择配偶。"此外，在另一份藏文文书（P.T.1085）中也记载了禁止抄掠汉族百姓的这一法令。上述政策的实施多少有利于维护当地汉人的一定的合法权益和经济利益，为各民族之间和平共处和敦煌经济发展打下了一定的基础。

佛事昌隆称中心　　石窟艺术幸传存

吐蕃统治敦煌期间，尽管对异族残酷压榨，但吐蕃在依靠沙州世家豪富把政治局面稳定下来以后，也注重生产发展，经济较初期有所回升，特别是改变民族策略以后，相对的社会安定带来了文化的繁荣，特别是宗教的繁荣。敦煌在吐蕃占领时期，正是吐蕃王朝的佛教前弘期，而作为数百年的佛教中心，佛教在敦煌得到了很好的保护与传承。来自青藏高原的吐蕃佛教，把神秘的藏文化也带到了敦煌，这在莫高窟中唐（吐蕃时期）洞窟里保存下来的大量吐蕃时期灿烂的艺术中，有着鲜活的反映。吐蕃时期佛教兴盛的另一个原因是，那些不愿与吐蕃统治者合作的"落蕃"官员和世家大族对佛教的心理依赖和心理需求。自786年至848年，吐蕃统治敦煌的特殊历史时期，敦煌出现了一个特殊的社会阶层，即落蕃官阶层，这个阶层的人都曾是故国大唐的官吏，他们虽不幸身陷吐蕃，着蕃服，奉蕃俗，但内心却向往大唐。他们内心苦闷，缺乏精神支柱，纷纷投入空门寻求解脱，使得这一时期的沙州佛教空前繁荣。吐蕃统治前期，随着佛教势力的膨胀，敦煌地区的寺院暴增，开窟建寺活动十分活跃。根据藏经洞出土的敦煌遗书所提供的料，我们可以窥知当时沙州一地有报恩寺、净土寺、莲台寺、三界寺、兴善寺、显德寺、永寿寺、永康寺、金光明寺等14所比丘僧寺，同时还有安国寺、普光寺、灵修寺、大乘寺、圣光寺5所比丘尼寺，其中圣光寺是攻陷沙州，并任驻守沙州第一位吐蕃长官的吐蕃大将尚绮心儿在沙州城内兴建的。与建寺同时期，吐蕃统治时期河西地区的开窟造像活动也很频繁，莫高窟和榆林窟中都新修了许多洞窟。而僧尼也从先前的三百一十人暴增到数千人；当时仅3万人的沙州就拥有上千僧尼，僧尼占总人口的比例大大超过了其他地区。鉴于这种情况，810年开始，吐蕃统治者对僧尼也采取了一些具体的管理措施，如前文所述的"僧尼部落"。这种组织形式是将僧人纳入一个统一的教团，并相对集中地安置在一个区域，同时建立一套僧官制度以区分不同僧职，如出现了三学教授、都教授、都法律、法律、尼法律、都判官、判官等僧官名称。教团内部组织则以都教授司（以下简称都司）为最高机构。都司下面再设立许多直属分支机构，分别掌管具体宗教活动或日常事务，如儭司负责由布施所得财物的保管和分配，佛账所掌管佛物，常住处掌管僧物。各机构由专门僧官具体负责，定期更换。此外，吐蕃是一个政治和宗教合一的政权，他们比较尊重汉族法师，因此在吐蕃统治时期，汉族僧侣获得了较高的地位。

吐蕃统治时期，敦煌佛教的另一个显著特点是，宗教世俗化倾向越来越严重。"僧尼部落"在政治上依附于世俗的统治政权，不仅直接参政议政，附和统治者的意志，而且协助官府统治百姓。而吐蕃统治者则反过来大力扶持僧团组织，使当时的敦煌寺院经济得到了空前的发展和繁荣。这种在经济上的世俗化倾向，使吐蕃时期的敦煌各个寺院都配备有寺户和土地，这些寺户是寺院的依附者，享有一定特权，不受官府管辖，地位相当于唐朝的部曲。他们为佛寺耕种土地并从事其他各种劳役，使寺院财富暴涨。为执掌寺院的经济活动，当时的佛寺中除"三纲"而外，普遍增置了"寺卿"一职，由俗人担任，参与寺院中寺户、僧籍、财务等寺务的具体管理和监察。各个寺院不仅拥有大量田产，役使当地广大百姓为吐蕃耕种收获，而且寺院里囤积着大量的粮食和农副产品，春困时节又被贷于民进行高利贷盘剥。此时僧侣的地位非常高，一些高僧甚至还参政议政，如悟真的师父洪辩，在吐蕃时期就曾是"知释门都法律兼摄行教授"；张议潮女婿李明振的叔父妙弁，也常在吐蕃赞普左右参与政事，兼"临坛供奉"。吐蕃时期，敦煌名僧辈出，如一直留居敦煌的长安高僧昙旷，传授禅宗的摩诃衍，做了"蕃大德"的法成、悟真等都在当时颇有影响。

此外，各大寺院还雇用有画匠、塑匠、木匠、泥匠、纸匠、毡匠、皮匠、制酒工等匠工和放驼牧羊的牧工，从事各种手工业和畜牧业生产，为石窟、寺院的建设创造了更多的财富。吐蕃时期的敦煌寺院经济的发展和繁荣，是和吐蕃统治时期经济发展、吐蕃贵族的民族习俗密切关联着的。而对被剥削压迫的普通劳工来说，膨胀发达的寺院经济加重了百姓的负担，被剥削压迫的程度也空前深重。如此局面，自然更加激起人民的反抗情绪，最终导致张议潮领导的沙州各族人民的起义，推翻了吐蕃奴隶主贵族的统治。

自6世纪末吐蕃王松赞干布时起，汉族地区的僧人就不断地进入吐蕃社会，通过各种渠道和途径，将汉地佛教思想不断输入吐蕃社会，直至摩诃衍赴藏弘法传禅宗思想，使这一影响日益扩大，从而达到鼎盛时期。然而汉地禅宗在向吐蕃本土传播的过程中，与印度教派发生了矛盾，由此引发了印度僧人与汉地僧人的一场宗教大辩论。但是，总体看来，印度佛教大乘空宗思想在当时被视为正统的佛教思想，并始终居统治地位。据王锡《顿悟大乘正理决》记载，摩诃衍在吐蕃王庭时，其弟子包括赞普的王后、数位姨母以及三十多位大臣的夫人和许多高僧，弟子数量达五千多人。当印度僧的"渐门派"与汉僧的"顿门派"发生矛盾冲突时，印度僧要求赞普诛杀汉僧以阻止其布教，而汉僧摩诃衍则建议举办一次僧诤会。赞普在采纳摩诃衍建议的同时，也特意将印度僧莲华戒大师请来，以强化印度僧的力量。此次辩论，印度僧三十人而汉僧仅有三人，辩论结果有多种说法，但有一点是可以证实的，即印度教派最终在吐蕃本土取得了统治地位。

吐蕃对敦煌的统治共60余年（786—848），其统治者皆笃信佛教，在他们的倡导和扶植下，敦煌的佛教事业获得了空前的发展。这也使得敦煌躲过了唐武宗李炎在位期间（841—846），推行的一场声势浩大的"会昌法难"灭佛运动。这一事件使佛教及其艺术在中国受到了严重打击和破坏，但在敦煌幸存下了灿烂辉煌的佛教艺术。会昌六年（846）唐武宗逝世，唐宣宗即位又重新尊佛，灭佛运动就此结束。此次灭佛，与北魏太武帝灭佛、北周武帝灭佛和后来的后周世宗灭佛并称为"三武一宗"。

吐蕃时期，佛教是包括汉、藏及其他民族在内的敦煌民众的共同信仰，这一时期的汉藏佛教文化交流最为密切。吐蕃统治者对佛教的大力扶持，既是出于自身信仰的需求，更是在新占领区施政的重要手段。吐蕃统治初期，吐蕃统治者大兴佛教，统治者经常请内地高僧来敦煌讲经说法，又在沙州地区组建了译场和经坊，延请高僧于此广译真经，并不断派人赴中原求经，以补充和丰富敦煌经籍的内容，佛教文化交流呈现出一派繁盛景象。吐蕃统治后期，西藏佛教获得了很大发展，敦煌此时也开始吸收西藏佛教的一些内容来提高本地区佛教的理论水平。833年，吐蕃高僧法成就曾来到河西，利用藏汉两种文字在河西进行翻译、著述、讲经等活动，使佛教文化交流更加直接和密切。其间法成在沙州、甘州等地居留了20多年，翻译了大量佛经，成为河西高僧之首，为西藏佛教在河西敦煌的传播作出了巨大贡献。这些措施使得敦煌地区高僧迭出，著述、译经十分活跃。例如，高僧摩诃衍就在"番和"后将大量汉、藏文佛经互译，并奉吐蕃赞普诏命赴逻娑（今拉萨）传授汉地顿悟禅法。还有一位名昙旷的著名敦煌高僧，受吐蕃赞普所请，著有《大乘入道次第开决》《大乘百法明门论开宗义记》《大乘百法明门论开宗义决》《大乘二十二问本》等著作，在中国佛教史上颇有声名。这件事的由来是，笃信佛教的吐蕃墀松德赞赞普，对拉萨佛学论争中的一些问题有所迷惑，于是他遍访西藏高僧却得不到解惑，最终特意致函请敦煌大德昙旷为其解答。昙旷为此特撰写了《大乘二十二问本》这本书，回答了有关佛教渐顿之争的疑难问题，对西藏佛教界影响很大。

吐蕃统治者还在敦煌地区掀起了一场大规模的抄经活动，他们组织包括汉、藏在内的多个民族的抄经生大量进行藏文佛经的抄写，其中一些抄本的藏文经卷还流传到了青藏地区，至今为一些寺院所收藏。这种声势浩大的抄经活动，不只是一种佛事活动，也是吐蕃语言文字的普及活动，更主要的是一项以佛教为共同信仰的民心工程，它很大程度上促进了藏传佛教与汉传佛教的融合，也促进了敦煌地区以汉藏为主体的多民族文化的交流。

石窟艺术的繁荣是佛教兴盛的标志。吐蕃统治时期的敦煌石窟艺术光辉灿烂，不亚于先前任何一个朝代。这一时期的敦煌艺术，无论彩塑还是壁画，都具有鲜明的时代特色。不仅出现了民族特色鲜明的吐蕃装束的人物形象，也出现了构图别致、画风新颖的吐蕃艺术风格。吐蕃时期的敦煌壁画中，出现了很多祥和安宁的表现世俗人物美好生活、劳动的画面，其画工的巧妙用意潜在地表达了敦煌民众渴望和平的心愿，企盼消弭忧患，解除战争，维持安定局面的美好愿望。此外吐蕃时期的敦煌艺术中还出现了相当多的藏文题记，更值得一提的是，这一时期密宗艺术进一步融合到了敦煌艺术之中，使得敦煌艺术从吐蕃开始，历经晚唐、五代、宋、西夏、元几个朝代几百年的发展演变，呈现出一种吐蕃密宗艺术的典型风格以及别致的绘制传统。吐蕃时期密宗图像的大量出现，一改敦煌壁画前期的美学风格，为敦煌石窟带来了鲜明的藏传佛教艺术风格以及民族特色。这对敦煌石窟艺术后期的绘画技法、艺术风格以及审美观念，甚至佛教绘画仪轨等方面都产生了深远的影响。这些密宗图像，造型妖冶媚态，极富舞蹈艺术的旋律之美，其显然包含有印度美学所追求的"味"与"情"之境。尤其是菩萨宝冠巍峨，璎珞华丽，神姿优美，显然与藏传佛教艺术的影响是分不开的。这些都是汉藏文化交流在石窟艺术中的体现。

吐蕃时期的文化极大地影响了文人的心态和文学创作，使这一时期的文学作品具有与之前历代不同的风貌。这一时期的汉语言文学不仅体现汉民族的文化心理，也间接反映了吐蕃统治者的理念和生活方式。古藏文作品是这一时期文学的新成分，体现了汉藏文化的交融。"番和"之初以"陷蕃诗"为代表的作品，无不充溢着"破落官""没落官"失利的迷惘、痛苦与辛酸，以及一腔故国之思。"番和"之中后期，僧俗文人为吐蕃统治者歌功颂德，并在佛事发愿文中为其祈福消灾，体现了一些文人对吐蕃的同化与认同心态的转变和文学的变异。

吐蕃统治者在推行蕃化管理的同时，也在尽量学习和接受汉文化。吐蕃地方官于敦煌修庙建寺，请汉族文人为其撰写功德记，这一类佛教应用文在莫高窟藏经洞出现较多，如敦煌文人窦骥撰写的《大蕃敕尚书令赐大瑟瑟告身尚起律心儿圣光寺功德颂》（P.1070），就是敦煌首任守官尚绮心儿修建圣光寺的功德记；《吐蕃论董勃藏修伽蓝功德记》（P.3829）是吐蕃官员董勃藏修建敦煌"州东三里平河口侧，故坏伽蓝一所"的功德记，其功德记中大书特书其家世渊源以及他的生平事迹，完全是汉族文化特色的体现；又如古藏文本《礼仪问答写卷》（P.T.1283 和 P.T.2111），以对话形式论述待人接物，应对进退，处理君臣、父子、师生和主仆乃至夫妻之间的关系，体现了对儒家思想中"忠孝"这一核心文化的吸收。敦煌本《吐蕃历史文书》是有关吐蕃早期历史的第一手资料，记录了藏族最早的部落的政治、军事生活，以及许多民情风俗，还有形形色色现代人难以想象的1300年前的生活细节。其中包括吐蕃大事纪年、吐蕃赞普传记、小邦邦伯家臣及赞普事迹三部分，是吐蕃受到敦煌汉族士人重史、修史之风直接影响的具体体现。这些吐蕃历史文献产生于7—10世纪，几乎从藏文的创制开始，直到9世纪中叶吐蕃统治者退出河西地区以后仍在继续，对后世了解吐蕃早期历史文化及汉藏文化的早期交流是十分宝贵的历史资料。

议潮起事收河西　统辖六蕃建归义

唐玄宗天宝十四年（755），身兼三镇节度使的安禄山在范阳发动叛乱，率15万大军长驱直入，下潼关，逼长安，造成八年混乱惨烈的"安史之乱"，使华夏大地从一个高度繁华的唐朝盛世急转直下。唐王朝为了平定叛乱，将陇右、河西、朔方一带重兵皆调遣内地，去收复长安和洛阳。结果造成边防空虚，使大唐失去了对周边地区少数民族的控制，于是西北边地的吐蕃人乘虚而入，依次攻陷陇右、河西各州，只有沙州到大历中期依旧防守牢固。若干年后，随着安西和北庭的消亡，大唐丧失了对西域的统治。唐王朝从此内忧外患，岌岌可危，对河陇广大富庶之地沦落吐蕃铁蹄之下，只能仰天长叹，无力收复。

唐武宗会昌二年（842），吐蕃王朝上层统治集团爆发大规模内乱。曾经令唐朝和河西军民闻之色变的一代西域枭雄，吐蕃赞普朗达摩被反对派唆使的佛教徒刺杀身亡，致使吐蕃逐渐走上衰落之路。由于朗达摩没有安排好王位继承就突然被刺，致使朝廷内部疯狂争夺王位，王子云丹和约松激烈争夺，随后扩大为两人支持者的大规模争斗。由于各方互不妥协，各自控制军队抢占地盘，最终相互攻伐，爆发了吐蕃全国性的大规模内战。在这场内战中，吐蕃驻秦州洛门川讨击使尚恐热粉墨登场，此人出身于吐蕃没落贵族，史称其"谲诡善幻，性悍忍，多诈谋"。吐蕃内战爆发后，尚恐热野心迸发，凭借其残忍狡诈和多年的战斗经验，攻占都城拉萨并且平定了大部分吐蕃地区，掌握了吐蕃王朝大权自称宰相。继而横扫河陇一带吐蕃政敌，在吐蕃贵族相互混战中，尚恐热在河西地区大肆烧杀奸淫无恶不作，抢掠财物，推倒房屋，铲毁粮田，填死水井，杀绝牲畜，甚至掘墓抢掠陪葬品。更残暴的是将儿童杀害后充作军粮，吐蕃这一灭绝人性的行为激起了河西人民大规模的反抗，人们纷纷起来斗争，要求罢免吐蕃奴隶主贵族的残暴统治，结束多年战乱给各族人民带来的痛苦不堪的生活状况。此时，尚恐热在进攻吐蕃政敌的同时，也多次大规模进犯唐朝边境，但都被唐朝大军所击败。唐朝大军陆续收复原州（今宁夏固原市）、威州（今汶川县境内）和扶州（今九寨沟附近）。吐蕃的势力受到严重打击，张议潮等待已久的时机终于到了。

张议潮（799—872），字号不详，出生于吐蕃占领敦煌时期的沙州（今甘肃敦煌），曾为吐蕃州将。张氏世代为官，是沙州豪门首富，地位显赫。即便在吐蕃统治敦煌时期，张氏家族也仍然在吐蕃沙州政权中任职，在当地汉人中享有较高的威望。不过，由于吐蕃的民族歧视政策，身为汉族的张氏家族也仍然是二等公民，同样要忍受吐蕃贵族的歧视和压榨。张议潮虽出生于吐蕃占领敦煌时期的沙州，但他的父亲张谦逸却曾是唐朝的工部尚书（追封）。吐蕃统治沙州时期，张谦逸曾任吐蕃政权的汉人最高官员。张谦逸去世后，张议潮按照吐蕃官职世袭的制度，继承了吐蕃沙州汉人都督的职位。

张议潮自幼在吐蕃统治下成长，亲身经历了异族的歧视与压榨，因而很

莫高窟第156窟 晚唐 张议潮出行图（局部） 盛夔海摄

早就具有了忧国忧民的反抗意识，特别是他自幼对祖父和父亲常念叨的那个大唐故国心驰神往。他少有大志，发愿驱逐吐蕃，带领河西民众回归故国大唐的怀抱。宪宗元和十年（815），张议潮刚满17岁，他抄录了一首《无名歌》以表达对落蕃民众的同情和对吐蕃统治的不满。为实现志向，他自幼研读文史，苦习兵法武艺，"论兵讲剑，蕴习武经，得孙武、白起之精，见韬钤之骨髓"。成人后通晓战略，虽生长在胡虏之地，心中却时刻思念着大唐。自继任都督后，他一边佯装对吐蕃顺从，一边秘密策划回归大唐，并以自己的家产为军资，秘密招募、训练义军，同时不断收纳反抗吐蕃起义被镇压后的流亡者。在蓄积力量，伺机而动的同时，张议潮默默关注着吐蕃的形势，还曾借公务之机亲自前往吐蕃国都逻些（今拉萨）观察吐蕃形势。经过多年的蛰伏，终于等到了时机。

唐武宗会昌二年（842），经过71年漫长的奴隶生活，在李唐王朝长期弃河西州郡无意收复的时候，吐蕃王朝也日渐衰颓，危机四伏。是年，吐蕃赞普朗达摩遇刺身亡，因没有子嗣，立琳妃兄氏尚延力的儿子乞离胡，吐蕃国人对立乞离胡不服，大多叛变起义，吐蕃王庭大乱。吐蕃原洛门川讨击使尚恐热也趁机作乱,自称宰相,与鄯州节度使尚婢婢交兵,连年征战不分胜负。尚恐热一向横行河西,《资治通鉴·唐纪》记载其"大掠河西鄯、廓等八州,杀其丁壮,劓刖其羸老及妇人,以槊贯婴儿为戏,焚其室庐,五千里间,赤地殆尽"。尚恐热的残暴,不仅激起了河西各族百姓的激愤,也使其部下军心涣散,分崩离析。加之吐蕃国时逢荒灾,河、陇各地粮草匮乏,兵防空虚,张议潮趁吐蕃动乱空虚之际"论兵讲剑,蕴习武经,得孙武、白起之精,见韬钤之骨髓……知吐蕃之运尽,誓心归国,决心无疑"(《敕河西节度使兵部尚书张公德政之碑》),终于举起了起义大旗。张议潮在沙州四处串联当地名门望族、释门教首和僧徒以及民间豪杰义士,广泛团结各方面力量,集结"募兵",在沙州故民的积极响应下,起义队伍迅速壮大。大中二年(848),张议潮身披铠甲,立马扬威,在州门前振臂一呼,揭竿而起,沙州各族人民的反吐蕃暴动起义至此拉开帷幕。随同张议潮起义的,还有粟特人安景旻、吐谷浑人阎英达等,他们率领其他汉、回鹘、嗢末、龙、羌等瓜、沙二州各族居民,组成强大的反抗吐蕃政权的同盟军。起义打响之后,吐蕃驻军立即赶来镇压,向义军发动了猛烈进攻。而义军将士无不奋勇争先,拼死杀敌。最终吐蕃军大败,被擒杀数千人,吐蕃守将惊惶逃遁,余部溃散。经过浴血奋战,吐蕃军尽被逐灭,义军一举夺取政权,占领沙州,使沦陷吐蕃近70年的沙州地区就此光复。史曰"汉人皆助之,虏守者惊走,遂定沙州"(《补唐书张议潮传》)。紧接着,起义大军乘胜东进,攻克瓜州,在敦煌建立了以汉人为主的地方政权。

然而好景不长,此时的唐王朝国力渐衰,无力经营河西,有效管辖,河西再度面临吐蕃、回鹘等部的挟制和威胁。保卫河西之重任落在了张议潮的肩上。经过长期的斗争,至咸通七年(866)十月,河西地区终于西尽伊吾,东接灵武,得地四千余里,户口百万之家,六郡山河,宛然而归。之后,张议潮和他的亲族世代统治河湟之地,定期向朝廷汇报情况,事实上成为一方霸主。咸通八年(867),张议潮"束身归阙",入朝定居京师长安,咸通十三年(872)病逝于长安。

归义军政权的建立

瓜、沙二州的光复，在河西地区产生了很大的影响，各地汉民纷纷举义，积极与张议潮取得联系，并陆续归附。张议潮作为起义发起人和领导者，已成为实际上的沙州最高军事首领和行政长官，他必须要考虑起义军的纲领和后续的对策。张议潮自幼心怀故国，在沙州起义之前，就明确将"誓心归国"作为目标。所以在起义军成功占领沙州之后，他就急切地希望向长安的大唐王朝派遣使者，一来向皇帝传报光复沙州的讯息，并借以表忠明志；二来他也想寻求朝廷正规军的军事支持，以抗击吐蕃势力的疯狂反扑，对河西吐蕃形成东西夹击之势。

张议潮夺取沙、瓜二州后，他就立即题笺修表，差遣属下前往长安向唐王朝报捷。这时，沙州距长安相隔数千里，而且河西其他地区仍被吐蕃势力所控，使者的沿途行程之艰险可想而知。为了确保捷报安全上达，张议潮差遣押衙高进达等十队使者携十份相同的表文驰马奔赴长安报捷。然而，此时的河西凉州道被吐蕃驻兵层层把守，十队使者不得不多方绕道寻机而往。为了迷惑笃信佛教的吐蕃人，在使者队伍中还安插了一些僧侣，佯装东行僧团，以保障旅途的安全。

当十队使者由敦煌（沙州）出发，踏上征程不久便遭遇吐蕃骑兵追击，不是迷失方向，便是不明原因地消失在茫茫大漠。只有敦煌悟真和尚率领的一队使者，历经九死一生，从东北方向绕行数千里，穿越巴丹吉林沙漠，克服艰难万险，冲破吐蕃重重阻击，终于到达唐朝针对回鹘的边防军——天德军（今内蒙古乌拉特前旗）的驻地。在天德军防御使李丕的协助护送下，悟真的使者队伍终于于大中四年（850）正月，抵达故国首都长安。至此，十队使者活下来的寥寥无几，能够在史料中留下名字的，唯有悟真一人。

在河西沦陷百年之后，唐王朝忽然得到敦煌（沙州）、瓜州光复的捷报，朝野上下不无啧啧称奇，欢欣鼓舞，整个长安城都因为此队使者的到来而轰动。自从天宝年间唐王朝失去对河西的控制之后，除了偶尔从出使吐蕃归来的使者口中获知沦陷区的一点情况外，唐王朝早已忘记了河西，更不知道大唐还有敦煌这么一个边陲州郡。今敦煌的大唐遗民张议潮仅凭民间力量就推翻吐蕃，收复失地，并且真诚献于大唐，这怎能不让皇帝宣宗大为感动，喜不自胜？唐宣宗仰天慨叹："关西出将，岂虚也哉。"随后，唐宣宗任命张议潮为沙州防御使，而悟真因其功绩被封为"京城临坛大德"，以作表彰。

自大中二年（848）取得瓜、沙二州胜利后，张议潮总管州中事务，一边修缮甲兵，且耕且战，整顿生产，藏兵于民；一边四处出击，扩大战果，于大中三年（849）"攻城野战，不逾星岁，克获两州"（《敕河西节度使兵部尚书张公德政之碑》），依次收复肃州（酒泉）、甘州（张掖），并于唐大中四年（850）再收复伊州，使吐蕃在河西的统治地位摇摇欲坠。

张议潮向唐王朝报捷，虽然没有获得实质性的军事支援，但是前往长安的信使带回的朝廷褒奖还是极大地鼓舞了起义军的斗志。在做好一切准备之后，张议潮指挥义军，对吐蕃在河湟之地的各个据点发起了全面的进攻。起义军所到之地，各地民众云集影从，积极配合。使起义军势如破竹，不到一年的时间，接连攻克肃州（今甘肃酒泉）、甘州（今甘肃张掖）、伊州（今新疆哈密）、西州（今新疆吐鲁番）、河州（今甘肃临夏）、兰州（今甘肃兰州市）、鄯州（今青海乐都）、廓州（今青海贵德）、岷州（今甘肃岷县）、鄯州（今青海乐都）等州。至此，除凉州依然被吐蕃控制外，已经沦落吐蕃统治近百年之久的大唐河西"甘、沙十一州"及新疆广大地区全部光复。饱经内乱与外部打击之苦的吐蕃统治者，再也不复一百年前的威势，瞬间土崩瓦解，一触即溃的吐蕃军队也只得龟缩最后的据点凉州负隅顽抗。

850年11月，唐王朝下令河西地区武装力量以当地义军为主，统一整编为官军。由于河西人民东归故国的壮举，加之军队主体为河西起义军，因此张议潮的河西军队被命名为"河西归义军"，负责河西十一州的防务。此时，张议潮看到东进的路线已经打通，收复凉州指日可待。但张议潮意识到，要想夺取更大的胜利，必须要得到朝廷承认和更大的支持。然而张议潮心有余悸，他担心功高震主，引起朝廷戒备。特别是前有安禄山、史思明那样的掌兵大将在外作乱的先例，如何能让朝廷对他放心，便成了他应当考虑的事情。张议潮经过与同为义军领袖的兄长张议潭商议，决定派遣张议潭入朝为人质，由张议潮主持河西军政大局，将来由张议潭之子张淮深接掌归义军大权。

851年8月，张议潮向长安派出规模宏大的信使队伍，这支信使队伍以张议潭为首，以敦煌（沙州）本地的豪族李明达、李明振、押衙吴安正等为副使，一行29人携带厚礼奔赴长安觐见大唐皇帝。他们向皇帝呈献了天宝年间河西、陇右十一州地图及军民簿籍，以向朝廷告捷表功。前次收复瓜沙，才时隔不到两年，张议潮就一举光复河西十一州，这是唐朝后期极为罕见的一次大规模收复失地，自然使唐宣宗振奋不已，举国沸腾。宣宗皇帝即刻下诏书，表彰张议潮和义军的忠勇，诏书曰：张议潮"抗忠臣之丹心，折昆夷之长角。窦融河西之故事，见于盛时，李陵教射之奇兵，无非义旅"。唐王朝于当年11月，在沙州正式受立归义军，与之前豆卢军的"归义"之意一脉相承。封张议潮为归义军节度使，兼瓜、沙、伊、西、肃、甘、兰、鄯、河、岷、廓十一州营田、处置、观察等使以及检校礼部尚书兼金吾大将军，成为整个河西地区最高军事、行政长官，全权负责河西等地的军事、行政和财政。拜李明达为河西节度衙兼监察御史，拜李明振为凉州司马检校国子祭酒、御史中丞，授吴安正为武卫有差，而作为人质留在长安的张议潭则被授为金吾卫大将军。至此，河西百姓起义推翻吐蕃统治的斗争得到唐王朝的正式承认，归义军政权正式成立，归义军节度使成为唐王朝在河西地区的一个藩镇。

持节河西理五州　南破西戎北扫胡

然而，此时的大唐国力渐衰，河西依然面临吐蕃、回鹘等部的挟制和威胁，使得保卫河西之重任全部落在了张议潮的肩上。加上朝廷已无盛世之财力，即便归义军被朝廷承认，皇帝却力不从心，根本不能给予归义军实质性的帮助和支持。张议潮所面临的依然是四郊多垒、危机四伏的严峻形势：他的南面和河西走廊东部依然由吐蕃盘踞，北面和河西走廊中部由虎视眈眈的回鹘挟持，西南边有吐谷浑残部，东北面有党项、羌等等，河西的局势异常紧张和复杂。根据敦煌莫高窟藏经洞出土的P.2962《张议潮变文》写本记载，仅在唐大中十年至十一年（856—857），归义军就经历了三场与周边少数民族的大规模战斗：

一是吐谷浑追击战。856年,吐谷浑莫贺吐浑可汗在没有判断清楚形势的情况下,就贸然带兵进犯沙州劫掠。张议潮星夜出击,亲自带兵予以讨伐。两军在西同附遭遇后,张议潮首战破敌,吐谷浑慑于张议潮的威名,竟然狼狈而逃。张议潮率军乘胜追击一千多里,深入吐谷浑境内,并大获全胜,活捉吐谷浑宰相三人,并当场斩首示众。而后归义军高歌《大阵乐》凯旋而回。从此吐谷浑再不敢贸然进扰河西。

二是纳职奔袭战。伊州是河西十一州之一,唐在今新疆境内所置三州之一,领伊吾、柔远、纳职三县,治所伊吾(今新疆哈密),位于敦煌(沙州)以北千里之外。约846年,一直对唐王朝傲慢无礼的回鹘政权,因与吐蕃对抗且内讧不断,国力衰落,最终被黠戛斯部族所剿灭。失败的回鹘部族因国破家亡,被迫四处迁徙。其中以仆固俊为首领的北庭回鹘部族追随归义军,投到了张议潮的麾下。而此时迁居纳职的一支回鹘部族,与吐蕃残兵相互勾结,为害一方,天怒人怨。大中十年(856)六月,张议潮亲率归义军,从敦煌(沙州)长途跋涉,突袭纳职回鹘,使其措手不及,被张议潮的军队杀得尸横遍野。此战,归义军缴获驼马上万头,大胜而回。

三是回鹘讨击战。856年,唐王朝派遣御史中丞王端章和押衙陈元弘,持节北入回鹘册封回鹘单于,当行至敦煌雪山南畔时,突然遭遇一千多叛逆回鹘的骑兵,他们抢劫了唐朝使者的诏书。张议潮闻知大怒,他引兵前往予以讨伐。这次战况,史料没有详细记载,但从当时交战双方的力量对比和归义军后续的发展情况来看,应当是一场胜仗。

河西大起义的爆发,引起尚恐热的极端敌视,而就在此时,不甘心失败的尚恐热纠集一部分力量,对归义军疯狂发动反扑。他数次发兵大举入侵义军在沙州的据点,面对强敌,张议潮以沙州为根据地,采取"且耕且战"的战略措施,一方面整训军队,扩充军队;另一方面"释放寺户,实行均田",发展农业生产,囤积粮草军需,为应对吐蕃战争奠定了物质基础。而河西各地各族民众因受吐蕃奴隶主贵族残暴统治多年,对义军表现出极大的响应和支持,遂纷纷报名当兵,起义军迅速成长,声势大振。在河西人民全力支持下,迅速壮大的义军,连续击退尚恐热对沙州基地的数次反扑。856年,张议潮大败受吐蕃尚恐热指使袭击河西的吐谷浑。河西归义军长途追击近千里，斩杀吐谷浑数千人，俘获俘虏、牲畜、甲杖无数。

在肃清河西外围势力，基本平定河西各族祸乱之后，张议潮开始集中兵力，全力以赴对付依然占据部分大唐河西故地的吐蕃宿敌。归义军的兵锋指向了吐蕃在河西的最后一个据点：凉州。凉州是原唐朝河西节度使的治所，自河西副元帅杨志烈败逃算起，已经落在吐蕃军手中将近一百年之久。作为吐蕃在河西的最后一个堡垒和战略要地，吐蕃军摆出一副决战到底、誓死捍卫的架势。而对于归义军而言，凉州的得与失，决定了它能否长治久安，稳定发展。858年8月，张议潮披挂上马，与侄子兼继承人张淮深亲领七千骑兵，东征吐蕃在河西走廊最后的据点凉州。然而归义军七千兵力，是汉军和归顺的吐蕃军组成，与占有地利和兵员优势的敌军相比，明显敌众我寡。双方在凉州展开了长达三年的拉锯战。据《张议潮变文》描述："汉家持刃如霜雪，虏骑天宽无处逃，头中锋矢陪垅土，血溅戎尸透战袄。"诗句描写的战场之惨烈可见一斑。

咸通二年（861），张议潮率七千归义军全歼近万名吐蕃守军，终于攻克号称坚不可摧的凉州城防，拔掉了吐蕃在河西走廊上最硬的钉子，一举收复河西最后一块沦陷失地西北重镇——凉州。张议潮收复凉州后，即刻表奏朝廷"河陇陷没百余年，至是悉复故地"。咸通四年（863），唐王朝复置凉州节度使，以凉州为治所，统领凉、洮、西、鄯、河、临六州，任命张议潮兼任凉州节度使，统辖整个河西走廊地区全部军、政、民事务。当时的唐人感叹于张议潮的不世功业，写下这样的诗句来赞扬张议潮："河西沦落百余年，路阻萧关雁信稀。赖得将军开旧路，一振雄名天下知。"当张议潮的归义军仪仗队进入凉州，凉州百姓夹道欢迎，亦有文人激情赋诗曰："昨夜蕃兵报国仇，沙州都护破凉州。黄河九曲今归汉，塞外纵横战血流。"至此，吐蕃势力被彻底逐出河西走廊，张议潮光复河西全境，终于实现了他的"驱逐胡虏，河西归于中华"的毕生夙愿。夺取凉州，河西道再度打开，丝绸之路畅通无阻，经济文化也迅速回升，东西方又开始了频繁的通商贸易。今莫高窟晚唐第156窟壁画真实地再现了张议潮收复河西统军出行的宏伟场面。

收复凉州后，张议潮即主动出击西域，不给吐蕃喘息之机。咸通七年

(866)二月，张议潮率领部下的汉军，以及麾下的北庭回鹘族将领仆固俊、吐蕃族将领尚延心等数万精锐骑兵远征吐蕃，目的在于收复西域西部的大唐故地。归义军联军连战连胜，所向披靡，先后攻克西州（今新疆吐鲁番），斩首吐蕃军万余人。继而陆续收复北庭、轮台（均在今新疆的西部和北部），甚至前锋一度深入到今新疆以西更远。这是自安史之乱百年之后，继唐中期高仙芝智取小勃律，进攻石国（今乌兹别克斯坦塔什干一带）、大食以后，唐朝军队唯一的一次如此深入西域作战。这是一次战线距离最远、战果最大的远征，吐蕃在西域的势力遭到前所未有的打击。同年十月，归义军合兵挥师东进，与吐蕃军队大战邠（今陕西彬县）、宁（今甘肃宁县）并大获全胜。

此时的吐蕃大相尚恐热已是内外交困、穷途末路。为了挽回危局，同时也为保存自己的势力，尚恐热决定首先解决"外患"，倾全力对河西归义军进行反扑。866年，尚恐热不惜一切代价，征掠大量粮草、牲畜和钱款，调集所有主力精锐3万骑兵，准备孤注一掷与河西归义军血拼到底。吐蕃大军从青海高原气势汹汹杀向河西，志在必得，大有重演其祖宗当年横扫大唐西部之威猛。面对尚恐热拼死一击的危险局势，张议潮与部将安景旻、阎英达、尚延心、仆固俊、拓跋怀光等反复商讨对策。部分将领主张避开吐蕃锋芒，采取防守战略。但张议潮认为，尽管吐蕃大相尚恐热来势凶猛，但其早已内外交困、众叛亲离，只是虚有其表而已。当然，面对以凶残著称前来拼命的尚恐热，张议潮并没有立即与其正面交锋，而是避开敌军锋芒，派出部分兵力佯攻，交战后即做败状撤退，如此反复麻痹敌军使之疲于奔命，最后诱敌深入，使尚恐热大军在湟水河谷、山地丘陵的廓州（今青海乐都）上钩，进入归义军的伏击圈。此时，张议潮与部下北庭回鹘首领仆固俊、吐蕃降军首领拓跋怀光一起率军围攻廓州，包围了当时吐蕃最高统治者、在西域作乱多年的吐蕃大相尚恐热。由于归义军对尚恐热的愤恨，作战极为凶猛，吐蕃军全线溃败。尚恐热出征时的3万吐蕃大军，被归义军斩杀1万余人，生擒1万余人，其余全部溃散。当溃散的吐蕃败军向秦州逃亡时，还遭遇归附大唐的前吐蕃大将尚延心的毁灭性打击。尚延心奏告朝廷后，将尚恐热的余众全部迁于岭南地区。吐蕃从此以后一蹶不振，大唐帝国的河西地区的作乱分子彻底被肃清。

这次战役中，拓跋怀光率领五百骑兵突入城中，生擒不可一世的吐蕃贼首尚恐热，并将之砍掉四肢，再斩首示众。当尚恐热的首级传送长安，京城朝野闻之大震，欢欣鼓舞。唐朝河西归义军以伤亡仅千余人的代价取得廓州之战的辉煌胜利。从此，吐蕃势力被迫全部退出河西陇右地区，张议潮威震西域，让吐蕃诸部闻风丧胆。《唐史》赞曰：唐军"西尽伊吾，东接灵武，得地四千余里，户口百万之家，六郡山河，宛然而归"。这是张议潮自沙州起义后的第十八年，也是他整个人生的巅峰。张议潮凭借其领导的归义军，创造了唐帝国在西域的最后荣光，使断绝近百年的中西交通和交流从此又畅行无阻，唐王朝也再次无西顾之忧。张议潮创造了前无古人后无来者的"败吐蕃，河西、陇右之地尽归大唐"的不世功勋。然而他为大唐收复四千里河山的旷世功绩、文治武功，足以与岳武穆媲美的民族英雄，却一直在中国历史上销声匿迹，不免让人扼腕。当时的河西百姓称颂："自从司徒归阙后，有我尚书独进奏。持节河西理五州，德化恩沾及飞走。天生神将足英谋，南破西戎北扫胡。万里能令烽火灭，百城黔首贺来苏。"敦煌遗书中亦载有当时的敦煌人以《菩萨蛮》讴歌这一盛举的诗词："敦煌古往出神将，感得诸蕃遥钦仰。效节望龙庭，麟台早有名。只恨隔藩部，情恳难申吐。早晚灭狼蕃，一齐拜圣颜。"

张氏统领下的归义军

张议潮在河西的成功，并不代表大唐帝国的成功。自安史之乱后，唐王朝就日渐衰微，根本无力经营西北事务。朝廷所能给予归义军支持的，就是由张议潮身兼军事、行政、财政大权，全权处理河西一切事务。张议潮出身世族，文武得兼，更具有处理经济和政务的智慧。在他的领导下，河西地区进行了一系列大规模改革，经济、军事和文化实力迅速得到恢复和增强。在军事上，北庭回鹘和吐蕃降军成为归义军重要的军事力量，士卒厉兵秣马，严阵以待，使周边外敌难以兴风作浪。特别是在强大经济实力的支持下，河西军事实力不断增强，归义军已从最早的散兵游勇，发展壮大成为一支以汉族为主多民族在内的以骑兵为绝对主力的强大的军事力量。在经济上，张议潮消除了吐蕃统治时期的各种落后、歧视汉民的政策影响，大力恢复、发展当地的农业、手工业、畜牧业，恢复灌溉水利系统，让沙州出现了多年未有的五谷丰登、百业兴旺的景象。在行政上，张议潮重建唐前期实行的州、县、乡、里制度。在沙州城内，还恢复了唐前期实行过的城坊制度和坊巷的称谓，还仿照内地的军政体制，设置了与中原藩镇一样的文武官吏，恢复了相应的一套文书、行政制度，重新登记人口、土地，编制户籍，制定赋役制度。同时将占沙州人口很大比重的僧尼统一管理，创设都僧统制。经过张议潮的经营，大唐帝国的边疆竟然再度重现盛唐的光芒，商旅和使节不绝于道。在文化上，张议潮重视宗教、教育和艺术。消除蕃化，使汉民族和各族恢复了往日的衣冠，汉族和少数民族开始和睦相处。河西的一切都已在归义军制定的秩序下走上正轨，稳定而繁荣。敦煌莫高窟晚唐第156窟的《张议潮出行图》及《宋国夫人出行图》生动、真实地展现了这种景象。

咸通八年（867），张议潮在长安留为人质长达十六年的兄长张议潭去世，为了避免唐王朝的猜忌和兑现当初和兄长的约定，已经69岁的张议潮，为向唐王朝表明忠心，"束身归阙"，主动前往长安入朝为质。张议潮这次定居长安，以"先身入质，表为国之输忠；葵心向阳，俾上帝之诚信"的气概向朝廷证明了自己的忠诚。为了表彰张议潮建立的不朽功勋，唐王朝晋封他为河西十一州节度使、金紫光禄大夫、检校吏部尚书兼御史大夫、河西万户侯、右神武统军、晋官司徒、南阳郡开国公。唐王朝赐给宅第和田地，食邑两千户。咸通十三年（872），张议潮于长安享尽天年，安然去世，结束了他光辉的一生，享年74岁，唐朝廷追封张议潮为太子太保，以国公规格隆重下葬。其兄张议潭也受封优厚，官至金紫光禄大夫兼检校吏部尚书。张议潮父亲张谦逸被追赠为工部尚书。张议潮病逝的消息传到河西地区，万众悲哀，哭声震天。敦煌莫高窟藏经洞出土的唐写本的《张议潮变文》和归义军治沙、瓜州时期所遗存的部分文书，为研究张议潮的生平事迹提供了资料。

张议潮用其一生，兑现了他的"驱逐胡虏，河西归于中华"的崇高理想。在他的身后，留给那个时代的，是一个"万户歌谣满路，千门谷麦盈仓"（敦煌文书P.4976《儿郎伟》）的富饶昌隆的河西地区和一支兵锋所指所向披靡的河西归义军。在唐朝江河日下、日暮途穷的纷乱年代，作为西北吐蕃铁蹄之下的被压迫民族的子民张议潮,在没有朝廷一点支持和援助的情况下,依靠当地百姓的响应与支持,打败并推翻当时东亚最强悍的吐蕃王朝,使得沦丧胡尘百年之久的西北广大地区重新回到大唐的怀抱,创造了晚唐史上伟大的奇迹,同时也造就了一代民族英雄。据《张氏勋德记》记载,对于他在河西重振大唐声威的业绩,后人给予了高度的评价:"坐筹帷幄之中,决胜千里之外。四方犷悍,却通好而求和;八表来宾,列阶前而拜舞。北方猃狁,款少骏之蹄;南土蕃浑,献昆岗之白璧。"堪称英雄盖世之功!直到今天,当人们环视敦煌的苍凉戈壁,遥望河西的大漠苍山,依然禁不住追忆归义军的那段峥嵘岁月和张议潮那彪炳千秋的"河西东归"的伟壮之举。

淮深东西战回鹘　族内政乱争权力

咸通八年(867)张议潮入朝留居长安,归义军的军政大权皆交由其兄张议潭之子张淮深总揽。张淮深(831—890),字禄伯,归义军第二代节度使。归义军政权建立之初,其父入质于唐王朝后,其继承父亲的职务任沙州刺史。张淮深代摄归义军军务,官授司徒。872年张议潮去世后,其继任归义军节度使,但朝廷一直不给张淮深授节度使旌节。张淮深在任期间,多次击败甘州回鹘,后世在敦煌文书中保留有《张淮深变文》,其内容记载了张淮深的英勇事迹。乾符三年,西州回鹘攻陷了张淮深所领的伊州(今新疆哈密),张淮深的势力逐渐衰落。大顺元年(890)二月二十二日,张淮深在归义军内部变乱中被杀,时年59岁。

张淮深的军事才能与其叔父张议潮不相上下,他历次征讨的赫赫战绩即可证明。但张淮深不善于处理民族关系,以致先前追随张议潮的北庭回鹘首领仆固俊率部出走,以高昌为中心自立一国,所谓"高昌回鹘""西州回鹘"都是指这一势力。回鹘汗国自840年瓦解以后,居住在漠北的回鹘部落大部分南下华北,其余部分分三支西迁,其中一支和天山一带的回鹘结合。此时,西迁的回鹘经常侵犯甘、肃二州,甚至瓜州。在"高昌回鹘"独立的前后,位于河西走廊中部的"甘州回鹘"也开始与张淮深交恶,从反抗到摆脱归义军的统治,并建立了以甘州为中心的回鹘政权。这两股回鹘势力一北一东,对归义军政治中心敦煌(沙州)形成前后挟持之势。张淮深执政二十多年,整个任期几乎都与回鹘部族做斗争,其间发生过多次战斗,虽然胜多败少,但是876年,高昌回鹘攻陷归义军辖区伊州,致使张淮深的势力开始衰落。

早在840年,回鹘汗国瓦解,大部分回鹘人向西迁徙。一支迁到葱岭以西,一支迁到河西走廊,一支迁到西州(今新疆吐鲁番)。西州回鹘又向西发展,以高昌(今新疆吐鲁番)为中心,建立了高昌回鹘政权。西州回鹘后来改称"畏兀儿",也就是今天的维吾尔族。咸通七年(866),出身北庭的回鹘首领仆固俊崛起,开创了西州回鹘政权。此时仆固俊归附河西归义军,在张议潮的统领下,攻占北庭、西州、轮台等地,开创了以吐鲁番盆地为中心的大唐领导的西州回鹘。《旧唐书》记载:"(咸通十年)沙州张议潮奏:差回鹘首领仆固俊与吐蕃大将尚恐热交战,大败蕃寇,斩尚恐热,传首京师。"后来,仆固俊初步统一了天山地区的回鹘各部,创建了西州回鹘王国。正当西州回鹘势力蒸蒸日上的时候,咸通八年(867)张议潮入朝留居长安,其侄淮深代管归义军,但唐朝因对归义军的猜忌,并不给予张淮深归义军节度使的官位。因此,张淮深虽然四处出击,以求立功建节,却一直没有得到唐朝的有力支持。此时,进入河西甘州地区的回鹘势力猛增,他们不时侵夺甘、肃二州,甚至瓜州的原归义军的领地,使归义军内外交困,张淮深处在内忧外患之中。876年西州回鹘趁机东进,攻占伊州,扩充地盘。乾符(874—879)、中和(881—885)年间,张淮深对甘州回鹘进行了反击,亦对西州回鹘进行了制衡。敦煌文书P.3451《张淮深变文》记载了张淮深讨伐回鹘的事迹。

张淮深执掌归义军统治瓜、沙时期,社会环境、人民生活和经济发展还是相对和平安定的。在这段时间里,敦煌文人学士和民众继承了此前为节度使歌功颂德的传统,创作了不少以张淮深为称颂对象的相关作品,比较全面真实、或直接或委婉地反映了张淮深执政时期敦煌社会的政治、军事斗争情形。

张淮深于大中七年(853)任沙州刺史,随后官至伊西等州节度使兼司徒。其弟张淮鼎官至归义军节度使兼御史大夫。张氏家族统治期间,不论河西及敦煌地区,还是辖区的新疆、青海一部分地区,都出现了相当长时间的繁荣昌盛局面，对当时的西北形势和中西交通交流都具有积极的意义和较大的影响。张议潮发起的沙州起义，反对吐蕃奴隶主贵族的暴虐统治，维护了唐王朝的统一，巩固了当时的西北边疆，在敦煌历史、西北边疆交通史、西北各族史乃至中国古代历史中，具有深远的意义。对于这段历史，史书记载有限，很难了解全貌，现只能从敦煌莫高窟藏经洞所出的敦煌文书中去窥探当时的历史状况。

张氏家族统治时期，虽然直接辖区是沙州和瓜州地区，但其所控制的地域范围较为广大，民族成分也较为复杂。这期间所辖地区，特别是河西走廊地区，各民族基本能够和睦相处，共同发展。

张议潮起义，推翻吐蕃奴隶主统治，虽然主要力量是汉族民众，但也得到回鹘、月氏、粟特、党项、吐蕃、吐谷浑、嗢末、龙等诸多民族的响应。起义之后，随着河西各州的渐次收复和社会的稳定，生产、贸易获得很快恢复。在归义军的领导下，各民族人民大力发展社会经济，使各个地州的通商贸易、农畜牧业生产得到长足发展。在汉民族的影响下，一些游牧民族走向农耕兼畜牧的定居生活，各民族团结互助，"社稷如一统"，"和同为一家"。据敦煌文书巴黎藏石室本P.2762《张氏勋德记》记载："河西创复，犹杂蕃浑，言音不同，羌、龙、嗢末，雷威慑伏，训以华风，咸会驯良，轨俗一变。"又记："四方犷悍，却通好而求和；八表来宾，列阶前而拜舞。北方猃狁，款少骏之蹄；南土蕃浑，献昆岗之白璧。"由此可见，以张议潮为首的张氏家族，与辖区内各民族关系和睦，友谊深厚，得到了各族百姓的拥戴。这种与各民族友好相处、和平发展的情景，在敦煌莫高窟第156窟晚唐壁画《张议潮出行图》中也有所反映，如该图中张议潮的护卫者中有持矛戈的回鹘士兵，在仪仗队伍中有翩翩起舞的吐蕃族人，还有吐谷浑装束的舞乐者。

为巩固归义军政权的统治和对吐蕃战争的需要，张议潮叔侄在敦煌及河西地区实行的一系列有利于恢复和发展农业生产的政策，为农业发展提供了良好的政治保障，使得农业得到迅速发展。同时由农业带动起来地方经济的繁荣，也造就了归义军时期丰富的文化艺术和繁荣的商业景象。特别是对吐蕃时期产生的寺院经济中的一部分寺院依附人口"给状放出"，使其成为具有人身自由的乡营农民，为农业发展增加了劳动力。今瓜州县锁阳城遗址（唐时州苦峪城）中曾出土唐时残碑一块，记述张议潮"兴屯田，疏水利"的事迹。张淮深在其叔父张议潮入朝留居长安后，继续实行鼓励农耕的措施，致使瓜、沙地区出现了"万户歌谣满路，千门谷麦盈仓"（敦煌文书P.4976《儿郎伟》）的局面。《张淮深变文》中对张氏家族称颂道："河西陷落百余年，路折萧关雁信稀。赖得将军开归路，一振雄名天下知。"

光启三年（887），张淮深派遣第三批使者入唐求授旌节，唐朝仍然不予。张淮深屡求屡被拒不能成功，显然是朝廷对归义军失去了信任，这引起了瓜、沙内部的不满。自张议潮入长安之后，河西归义军便逐渐走向衰落，地盘快速缩小，其中最大的原因是唐朝中央对归义军的态度发生了变化，从一开始的大力支持，转变为防范和压制。唐王朝在归义军初期，封张议潮为十一州观察使，允许归义军扩大势力，宣示了当时唐朝大力支持的政治态度，从而使归义军大大提高了政治地位和威望，也使得吐蕃等势力不敢轻举妄动。这是张议潮能率领归义军在861年攻克凉州，彻底摧毁吐蕃政权在河西的最后据点的背景。然而，在唐懿宗即位之后，唐朝对归义军的政策逐渐发生了改变。其实，在归义军攻取凉州以后，唐朝就拒绝将凉州划入归义军管辖，并且下令归义军退出凉州，甚至从山东天平军调兵镇守凉州，设立凉州节度使，凉州节度使的主要作用实际上是防范归义军。唐朝又下令扩大凉州节度使和天雄军节度使的辖区，把归义军的法定辖区从十一州缩小为五州，其余六州都划分给凉州节度使和天雄军节度使。为了进一步削弱归义军，唐朝还把张议潮召入朝廷，同时扣发给张议潮的继承人张淮深归义军节度使印信达十几年之久。归义军政治地位的削弱使得河西异族势力蠢蠢欲动。在吐蕃统治河西的时期，汉族人口已经不占明显优势。除吐蕃人外，主要包括从漠北迁来的回鹘人，从青藏高原来的吐谷浑人，从西域来的"龙家人"，还有原本是汉人但是被吐蕃化的"嗢末人"部族。张淮深时期，河西各族便纷纷反叛。868年，归义军被迫放弃凉州。之后，肃州、甘州、伊州先后落入龙家、回鹘之手。文德元年（888）三月，僖宗死，昭宗即位。大唐帝国已距尾声不远，正是风雨飘摇之际。同年十月，唐朝最终授张淮深归义军节度使旌节，然而此时的归义军内部也已矛盾激化。在张淮深独自主持了归义军十八年之后，大顺元年（890）二月，沙州发生骚乱，由于归义军内部争夺权力的斗争，演变到了刀兵相见。张议潮之子张淮鼎为了夺权，发动政变，张淮深对祸起萧墙的内乱并无防备，与夫人陈氏及六个儿子（延晖、延礼、延寿、延锷、延信、延武）同时惨遭杀戮。

对于张淮深的死亡，由于缺乏史料，没有足够的证据和记载，史学界至今存有几种说法。其一，谋权弑兄说，其嫌疑人是张议潮的儿子张淮鼎。其二，篡位弑父说，其嫌疑人是张淮深的两个儿子张延兴、张延嗣。其三，归义军内部夺权说，嫌疑人是归义军的重要将领张文彻一党。其四，宫斗波及说，张淮深被朝廷内部的权力争斗所祸及。886年10月，邠宁节度使朱玫叛乱攻入长安，拥立襄王李煴为帝，但随即失败。当时，张淮深曾派兵支持朱玫，于是因站错队，后被朝廷派刺客秘密地满门抄斩。当然还有第五种说法，也就是今多数人采信的说法：张议潮的女婿索勋杀张淮深及其妻儿，立张议潮之子张淮鼎为傀儡节度使，张淮鼎两年之后病亡，索勋趁机自立为节度使。

根据第五种说法，张淮深过世，归义军手中只剩下了沙州、瓜州两州，由其堂弟张议潮之子张淮鼎继任节度使，执掌归义军军政大权。现存敦煌莫高窟唐代乾宁碑中有"妻弟前瓜州伊西节度使……张淮鼎"的官衔。然而张淮鼎不论是不是傀儡，只接掌归义军两年多就病入膏肓，临终将幼子张承奉托孤于姐夫索勋，归义军的权柄就等于转到张议潮的女婿、瓜州刺史索勋之手。索勋之子索承勋为沙州长史，并引张议潮孙张承奉为归义军副节度使。然而索勋伙同张议潮女婿李明振和瓜州刺史张某等人，趁张氏丧乱发动政变，索勋自立为归义军节度使。唐景福元年（892），无暇西顾的唐王朝稀里糊涂任命索勋为归义军节度使。正当索勋春风得意之时，他的小姨子即张议潮第十四女儿早已心怀不满，密谋着一场新的政变。乾宁元年（894），张议潮第十四女，即曾前往长安面圣的沙州豪族凉州司马李明振之妻，率李氏诸子诛杀了索勋，拥立张淮鼎的儿子张承奉为归义军节度使，夺回了张氏家族的归义军政权，使张家的统治得以延续。

然而，李氏诸子名义上拥立侄儿张承奉为归义军节度使，但内心都有各自的算盘。李明振的三个儿子李宏愿、李宏定、李宏为分别任沙、瓜、甘三州刺史，实际执掌着归义军的军权。而张承奉此时不过是一个傀儡而已。895年底，李明振家族势力达到顶峰，权倾一方，独揽了归义军一切大权。李氏家族的嚣张跋扈，引起瓜、沙世家大族的强烈不满，于是一场倒李扶张的政变终于在沙州出现。乾宁三年（896）初，张承奉在瓜沙密谋发动新一轮政变，以推翻李氏诸子的统治。张承奉经过苦心经营，在自己周围默默培植势力，逐渐形成了能与李氏诸子抗争的环境。特别是深受张氏两代大恩的瓜、沙豪族鼎力相助，最终推翻李氏家族，夺回张氏统治大权，重新执政并掌握了归义军大权。然而此时，因归义军长期内讧，已造成归义军辖境的严重萎缩，所控区域仅仅是瓜、沙二州。光化三年（900）八月，唐王朝正式册封张承奉为归义军节度使、检校左散骑常侍，并授予归义军旌节。同年，与于阗国的外交也获得了成功。

DUNHUANG
THE BIOGRAPHY

敦煌 传

宋元更替　偏处西陲

第五章

西夏王李元昊雕像 杜永卫制作

白衣天子金山国　欲复疆土战回鹘

唐光化三年（900），张议潮的孙子张承奉被唐王朝授为检校左散骑常侍兼沙州刺史、御史大夫，充归义军节度瓜、沙、伊、西等州观察处置押蕃落等使，真正掌握了归义军大权。然而不幸的是他接管了一个烂摊子。经过多次权力之争，归义军已是人心涣散，千疮百孔。先前甘州回鹘、高昌回鹘拥兵自立，而此时肃州本地的龙部落也脱离归义军独立。龙部落是从焉耆迁至酒泉（肃州）的粟特人（陆庆夫《略论粟特人与龙家的关系》），晚唐归义军时期活跃在河西地区的一支举足轻重的雄蕃之一。而凉州和沙州因为隔着甘、肃两州，实际上也早失去了控制能力。到了张承奉的时代，只有瓜、沙二州还能够得到有效控制。

张承奉执掌归义军的前十年，始终以唐臣自居，以唐朝为正朔，未有丝毫异心。唐哀帝天祐初年（904），末代权臣朱全忠，挟天子以令诸侯，中原群雄逐鹿，战乱不休。唐王朝自顾不暇，河西沦为中原政权鞭长莫及的飞地。而远离中原的沙州归义军政权，却处于西部少数部族的包围之中，特别是日益崛起的回鹘政权，更加严重威胁着归义军的生死存亡。天祐四年（907），唐哀帝"禅位"，梁王朱全忠篡唐称帝，国号大梁，史称后梁（907—923）。906年（一说910），归义军首领张承奉见大唐大势已去，覆灭在即，已无可能复国，在这种情况下，他割据独霸，背唐称帝，建立了一个自由政权的小王国——西汉金山国，企望匡复汉姓江山。西汉金山国的统治长达近二百年，是归义军历史的一个间断延续，也使敦煌继李暠创建西凉之后第二次成为国都，因此，成为敦煌历史上一个特别而又重要的时期。

西汉金山国与甘州回鹘

归义军本为唐朝藩镇之一，张承奉因对朱全忠篡唐不满，索性另起炉灶，割据为王。为了证明张承奉登基的合法性，归义军统治集团内部，导演了沙州"白雀之瑞"的故事。古人以白雀为瑞来象征吉祥，让百姓服从他的统治。据莫高窟藏经洞出土的 P.2594+P.2864《白雀歌》云："白雀飞来过白亭，鼓翅翻身入帝城。深向后宫呈宝瑞，玉楼高处送嘉声。白衣白鞭白纱巾，白马银鞍佩白缨。自古不闻书不载，一剑能却百万兵……"这是张承奉的臣僚张永进根据敦煌出现白雀一事，而杜撰的一首劝进歌，请张承奉称帝。张承奉几经推辞，群僚再三劝进，最终于天祐三年（906）称帝。时有"继五凉之中兴，拥八州之胜地"之说。自此张承奉于敦煌创立了一个西部汉人之国——"西汉金山国"。

张承奉自封"白衣天子"，建号"西汉金山国"，简称"金山国"。其国名寓意为："西"，指其国所居之方位于中原之西；"汉"，是指其民族之属性为汉族；"西汉国"合意为西部汉人之国。其中的"金山"又名金鞍山，位于敦煌西南境，古为同楼兰与于阗、吐谷浑分界之岭，亦即今甘、青、新三省区交界处的阿尔金山，其寓意为锐意进取，光复失地。根据传统的五行观念所指，西方属金，金为白色，敦煌又有金地之称，故名"西汉金山国"。也有人认为张承奉"白衣天子"的名号，是受到北魏流行的弥勒教的影响。还有人认为此名称的出现应与道教的标志——白衣、白雀有关。除此之外，张承奉还给自己起了诸多名号，比如"至文神武天子"。西汉金山国沿用唐昭宗年号，其政治体制基本按照唐王朝的中央集权制模式，即一整套百官制度、三省六部等。但因国小且偏处河西一隅，故其组织规模小而不系统。金山国根据自身面临的局势，也创设了一些明显带有地方特色的新机构，使其政治制度别具特色。金山国皇帝之下为宰相，此百官之首由吏部尚书承担。金山国设有与中书省同等的机构——河御史台。朝廷礼部主持外交接待事务的部门——客司，则改为"鸿胪寺"，其主要职能是负责接洽和处理周边少数民族首领、使节等事务。西汉金山国无掌管礼乐、郊祀、医药、卜筮等事务的太常寺，但设有伎术院行使太常寺的职能。伎术院是西汉金山国特有的新机构，是掌管西汉金山国典礼祭祀、占卜阴阳、天文历法之事的职能部门，也是为政府部门培养礼仪、阴阳、历法、占卜等方面专门人才的教学部门。"金山国时学官。伎术院学郎总管，若今之学监。"[见《修文坊巷再缉（葺）上祖兰若影画两廊大圣功德赞并序》P.4040]

西汉金山国实行军镇制度。军镇最早是十六国末在北方地区建立的军事管制式的地方行政管理方式。一般设在军事要冲，实行军事化管理。敦煌的西汉金山国时期的镇与县平级，县属地方行政，隶属于州；镇则属军事系统，其职能是保障地方安全，由中央直接管辖。盛唐时期瓜、沙设有西关、龙勒、紫亭、悬泉、雍归、新乡六镇。张议潮起义之后，瓜、沙六军镇复建，至西汉金山国建立前，甘州回鹘攻占肃州，与归义军不断正面交锋。在这种形势下，张承奉对以前的军镇布局做了新的调整，即新城、邕归、寿昌、紫亭、玉门、悬泉六镇。调整军镇布局，使西汉金山国对甘州回鹘的抵御能力得到加强，对巩固边防起到了重要作用。

西汉金山国时期，佛教仍然是占有统治地位的宗教。早在张议潮起义之初，敦煌的佛教僧团就积极参加，是归义军一支重要的力量。张议潮、张淮深叔侄执掌归义军时期，就大力推崇和扶持佛教，使佛教在敦煌的政治地位得到了奠定与巩固。而张承奉也早在天复二年（902）任节度使时，就曾发护经宏愿，在西汉金山国建立后，其依然推崇佛教。只是相比归义军时期，西汉金山国对佛教的控制更严格，其宗教政策特点，一是直接过问寺院的宗教事务，二是改变僧官制度。归义军时期，佛门最高职务的都僧统由节度使推荐，然后报由唐朝廷任命，而西汉金山国时期则是由张承奉直接任命。三是世俗百姓出家，必须得到政府的批准。

西汉金山国的文学，主要以张氏归义军时期到曹氏归义军时期抗击回鹘获得胜利的胜利者心态为主旋律。金山国文学文献，迄今发现约有36件。其中，有宗教性作品，也有世俗之作。文学特色最鲜明、最具代表性的是《白雀歌》《龙泉神剑歌》和《辛未年七月沙州耆寿百姓一万人上回鹘天可汗状》三件。其次有《七言诗三首》《敦煌社人平诎子一十人创于宕泉建窟一所功德记》

《西汉金山国左神策引驾押衙兼大内支度使银青光禄大夫检校国子祭酒御史中丞上柱国清河张安左生前邈真赞并序》《宰相兼御史大夫臣张文彻上启》等，以及《修文坊巷社再缉上祖兰若影画两廊大圣功德赞并序》。

张承奉是位志向高远的君王，他的人生目标在法藏敦煌文书 P.3633 文献《龙泉神剑歌》中有所描写："东取河兰广武城，西取天山瀚海军，扫定燕然□岭镇，南尽羌戎逻莎平。"为此，他在建国之初即运筹帷幄，运兵遣将，企图消灭甘州回鹘势力，进而统一河西走廊，建立一个以汉族为主的统治区域。可是，归义军经过十年争权夺利的内乱，元气大伤，这让活动在归义军周边及辖境内的一些少数民族政权趁机发展壮大，有了拥兵自立、占地掠池的可乘之机，凉州、甘州、肃州陆续脱离归义军的控制。此时的"西汉金山国"，名义上拥有瓜州、沙州、肃州、鄯州、河州、兰州、岷州、廓州八州之地，实际上在它的东西两边，从乾宁元年（894）起，先后兴起了甘州和西州两大回鹘政权，堵截了东西交通。所以，张承奉的"西汉金山国"实际只钳制瓜州、沙州一隅之地。其中，沙州辖敦煌、寿昌二县，瓜州辖晋昌、常乐二县。而作为首都的敦煌县又下辖敦煌乡、莫高乡、神沙乡、龙勒乡、玉关乡、洪池乡、洪闰乡、效古乡、赤心乡、平康乡、慈惠乡 11 个乡。至 9 世纪末 10 世纪初，归义军控制的地盘已远远不能与张议潮时期同日而语。面对这种惨淡局面，张承奉心有不甘，他不想消极地孤守瓜、沙二州之地，而是寄希望于通过战争，恢复归义军兴盛时期的广袤疆土。

西汉金山国是汉人建立的政权，主要由汉民族和逐渐汉化的少数民族组成，如吐谷浑、吐蕃、回鹘等。金山国建立之初，处在少数民族政权的包围之中。它的东部是甘州回鹘，西北部是西州回鹘，西部则是鄯善的璨微部落。特别是回鹘于 894—899 年在甘州建立了稳固的政权，对张承奉构成严重威胁。敦煌文书 S.5139《凉州节院使押衙刘少晏状》这样记载："经年余以来，甘州回鹘兵强马壮，不放凉州使人拜奉沙州。昨此回鹘三五年来自乱，计作三朋，兼及吐蕃，二人会兵劫取沙州。"这段文字说明 890 年前后，归义军政权与甘州回鹘的敌对情绪已很严重。在 S.3905《天复元年辛酉岁闰月十八日金光明寺上梁文》中还记述："猃狁狼心犯塞，焚烧香阁摧残。合寺同心再造，来生共结良缘。"说明此时的甘州回鹘与归义军的矛盾已经势同水火。面对少数民族政权的包围，特别是甘州回鹘的侵扰，张承奉心有不甘，他的雄心壮志是恢复其祖父和父辈在位时期对整个河西的统治。

为此，西汉金山国建立以后，张承奉改变了与中原王朝结盟的旧有政策，而是西结于阗，南联吐蕃、吐谷浑诸部以抗击宿敌——回鹘。为了加强与于阗的联系，他还于908年前后征讨了阻碍交通的鄯善璨微部落。对于篡唐的后梁，西汉金山国明确表示不予承认。这样的政权一旦确立，与中原王朝结盟就再无可能。而后梁在得知张承奉称帝的消息后，亦视西汉金山国为伪政权，称其为叛乱。西汉金山国沿用唐昭宗年号，以示对唐朝的忠贞不渝，而明确表示与朱梁王朝分庭抗礼。张承奉的这一政策，无疑会激起朱全忠的愤怒，这在客观上促成了朱梁王朝与甘州回鹘的结盟，同时也为西汉金山国埋下很多不确定的隐患。

归义军与甘州回鹘的关系原本是比较和睦的，张承奉执政之初，归义军与甘州回鹘关系相对正常，二者都有"结好和同"的意愿，并且互有使者往来。双方关系的恶化，恰在唐朝灭亡、张承奉建立金山国并自称白衣天子以后。

甘州回鹘需要借助朱梁王朝的力量以便称霸河西，控制河西走廊的中西通道，而后梁朱全忠也需得到甘州回鹘的支持以挟制张承奉的西汉金山国政权。这就使得金山国成了后梁和甘州回鹘共同的敌人。由于朱梁王朝的支持，甘州回鹘便大胆地与金山国直面对垒。当时，甘州回鹘控制着河西走廊中部地区，成为丝绸之路河西段的一大障碍。金山国要想收复失地，就必须跟回鹘刀兵相见。张承奉立国当年的秋天，甘州回鹘便大军压境，趁其立足未稳发动多次进攻，企图把这个新政权扼杀在萌芽之中。张承奉也毫不示弱，即刻调兵遣将东下肃州迎敌而去。双方在金河岸边（今酒泉讨赖河以东）展开激战，甘州回鹘反复冲击金山国东界防线。最危险的一次是沙州敦煌东界防线崩溃，回鹘大军长驱直入，兵临沙州城下安营扎寨。情急之下，金山国天子张承奉御驾亲征，披挂上阵，率马步军一万人迎敌，在名将阴仁贵、宋中丞、张舍人等的全力奋战之下，士气大振，击退回鹘，迫使敌军退守甘州。敦煌文书P.3633《龙泉神剑歌》云："金风初动庬兵来，点龊干戈会将台。战马铁衣铺雁翅，金河东岸阵云开。"在这次作战中，张承奉的先锋浑鹞子冲锋陷阵，连取四城，使回鹘大败而退。时隔不久，回鹘联手吐蕃集结兵力万余卷土重来，对西汉金山国再次发起猛烈进攻，《龙泉神剑歌》云："今年回鹘数侵疆，直到便桥列战场。"在强敌面前，张承奉毫不畏惧，积极部署应战措施，由阴仁贵冲锋，张西豹陷阵，罗通达遏后，在瓜、沙军民的全力协作下，再次大败回鹘兵团。至此，西汉金山国的瓜州、沙州根据地得到巩固，然后决意收复甘州。

后梁开平二年（908）前后，张承奉令国相罗通达率精兵征讨鄯善的璨微部落，张良真、阎子悦等作为随从战将参战。在攻占屯城、石城镇后，又派张良真继续西征，获取新城，扫清障碍，使沙州与于阗之间得以通达，并恢复了石城镇（军镇）的建制。

乾化元年（911）七月，甘州回鹘不甘心多次失败，经过几年的常备不懈，厉兵秣马，变得比之前更为强大。这次，甘州回鹘可汗之子狄银大将亲率重兵，大举进攻西汉金山国，而金山国由于连年战乱，兵力损耗，国力空虚，已渐衰微，百姓也开始心生怨恨。这次战争，甘州回鹘大军以风卷残云之势疯狂扑向归义军瓜、沙之地，张承奉屡战屡败，无力抵抗。为挽回危局，张承奉曾派遣罗通达出使吐蕃，试图联合吐蕃共同抗击回鹘。然而吐蕃援兵迟迟不到，沙州敦煌城陷入回鹘大军重重围困之下。回鹘兵临城下，金山国兵败失利，张承奉不得不举白旗投降，派宰相、大德僧人出城议和，与回鹘订立"城下之盟"。沙州僧俗百姓自宰相以下上书回鹘可汗（P.3633《辛未年七月沙州耆寿百姓一万人上回鹘天可汗状》），相议结为"父子之国"。可汗曰其父，天子曰其子。西汉金山国在敌军压境的情势下，兵败如山倒，并从此一蹶不振，在屈辱受制于回鹘的情况下苟延残喘。此后的敦煌文献中渐渐没有了西汉金山国的踪迹。张承奉创建的西汉金山国国号，以及"白衣天子""圣文神武白帝"之号被全部废黜。

"西汉金山国"在其立国未稳时就急于与回鹘交战，虽然暂时取得保疆守地的胜利，但人力、财力、物力损耗严重，最终未能实现光复河西之目的，反而葬送了祖父张议潮起家以来一直固守的瓜、沙二地。此外，短时间内的频繁战争，使国力衰微不支，百姓重负累累，正如P.3633《辛未年七月沙州耆寿百姓一万人上回鹘天可汗状》所言："近三五年来，两地被人斗合，彼此各起仇心，遂令百姓不安，多被煞伤；沿路州镇，逦迤破散，死者骨埋□□，生者分离异土，号哭之声不绝，怨恨之气冲天。"大约在回鹘攻陷沙州城，张承奉与回鹘订立"城下之盟"的当年七月后不久，张承奉就被迫改弦更易张，取消了西汉金山国国号和皇帝的"圣文神武白帝"称号，并在甘州回鹘的恩准下，屈尊降格为回鹘的诸侯郡国——"燉煌国"（燉煌即敦煌，清代以前的史书上多用"燉"字），而"白衣天子"也被贬为"燉煌王"。这是回鹘可汗留给张承奉仅有的一点颜面。至此，张氏沙州归义军政权（或曰燉煌国政权）彻底沦为甘州回鹘的傀儡。而甘州回鹘真正实现了称霸河西的野心，完成了对河西走廊的统一，成为这一时期河西与丝绸之路的霸主。

张承奉对回鹘的臣服，屈尊降格，使他彻底丧失了在河西地区的威望和召唤力。名存实亡的"燉煌国"苟延残喘了仅仅三年多时间，张承奉于后梁乾化四年（914）十月薨，随着张承奉满怀悲怆的忧愤离世，"燉煌国"也寿终正寝，灰飞烟灭。"燉煌国"转瞬即逝，成为影响很小的、几乎不为人们所知的敦煌五代时期的一段历史，故学界一般将其包括在金山国史之内，而不专题论述。此后，回鹘继吐蕃之后日益强盛，逐渐控制了兰州和河州，掌握了西域的交通要道，最终成为瓜州和沙州的实际统治者。

张氏归义军政权一片忠魂，迭经三代，独守着大唐最后的荣光。张议潮家族的悲壮往事触动了历代多少文人墨客，晚清古文字大师罗振玉曾撰著《补唐书张议潮传》为其正名，打抱不平。张氏家族最后的壮举是张议潮之孙张承奉在唐王朝灭亡之际，在早已胡化严重的西北一隅，建立了明确的以汉民族为国号的汉人政权——西汉金山国。有人说张承奉称帝是叛唐自立，有违忠仁，这很不公平，也不客观。事实上张承奉执掌归义军期间，始终忠于唐朝廷，以大唐为正朔。直到朱全忠称帝并弑杀唐哀帝，唐王朝轰然倒塌一去不返，特别是晚唐五代之际，一些少数民族势力崛起，整个北方胡化趋势严重，张承奉才改旗易帜，建国立业。张承奉建立起民族属性明确的"西部汉人之国"，或许正是看到了这种胡化趋势而采取的权宜之举；抑或许张承奉内心就有一种拯救民族沉沦，重振大唐雄风的情结，只是他志高才疏或生不逢时。从另一方面讲，西汉金山国自一开始就一直沿用大唐年号，并未创建自己的年号，并且对于篡唐的后梁一直敌视，拒不承认。此外，历代西北的一些地方政权，一旦确立就马上奉事中原王朝以作靠山，采取与中原王朝结盟并双方互遣使臣的国策。而张承奉却与后梁朱全忠政权并无来往，已足见张承奉对大唐的一片忠心。

曹氏执政先维稳　姻亲缔结广联盟

张承奉去世，张氏绝嗣。沙州富豪曹议金，被州人荐举取代了节度使地位，领管瓜、沙两州。曹议金废敦煌国，去王号，仍称归义军节度使，西汉金山国从此灭亡。

曹议金，本名曹仁贵，索勋之女婿，张议潮的外孙婿，其地位极其重要，足以左右全局。当年张议潮之子张淮鼎将幼子张承奉托孤于索勋，索勋发动政变夺取归义军大权。乾宁元年（894），张议潮第十四女率其李氏诸子诛杀索勋，拥立张承奉为归义军节度使。然而李氏家族独揽大权架空张承奉，于是乾宁三年（896）初，张承奉在敦煌（沙州）豪族鼎力相助之下推翻李氏诸子的统治，重掌归义军大权。在这次倒李扶张的政变中，有一位张承奉的臣僚脱颖而出，他为张承奉重掌军权立下了汗马功劳。据敦煌文书 P.2138 和 S.5556《望江南·曹共德》记载：曹议金"尽忠孝，向主立殊勋。靖难论兵扶社稷，恒将筹略定妖氛，愿万载作人君"。从该段文字可知，896 年，在推翻李氏家族统治，铲除李家三个儿子乱党势力上，曹议金为保张承奉并扶持其重掌归义军大权立下了特殊功勋，从此走入归义军政权的权力中心。

唐光化二年（899）曹议金辅佐张承奉担任敦煌（沙州）长史，之后被张承奉授予金山国检校吏部尚书兼御史大夫，从此权倾朝野，功高盖主。后梁乾化元年（911）甘州回鹘灭西汉金山国。乾化四年（914）张承奉去世，"州人推长史曹议金为帅"（《宋史·沙州传》），使他成功地将归义军的政权从张氏手中平稳过渡到了自己的手中。曹议金在位时间为 1014—1035 年。敦煌莫高窟

榆林窟第16窟 五代 曹议金像 临摹品　　榆林窟第16窟 五代 回鹘公主像 段文杰临

第98窟，是五代时期一座规模罕见的大型窟，时称"大王窟"，其信息量巨大，根据甬道南北壁的供养人题名推测，此窟大致兴建于923—925年（后唐同光年间），是曹氏后人为归义军节度使曹议金开凿的"功德窟"。但也有专家经过充分考据认为，其开凿时间应为后梁乾化四年至后唐同光二年（914—924），当于曹议金被州人推举担任瓜、沙最高统治者的当年就已经开工，而且这座窟应是曹议金亲自主持开凿。该窟用大量壁画罕见地绘制了292个供养人，除曹议金的外祖父——归义军的创建者张议潮，以及其岳父索勋、太夫人、回鹘天公主夫人等老少眷属外，还特别绘制了瓜、沙地区政界和佛教界两大集团的大量官宦、高僧。这些政教界供养人多数在张氏归义军时代和西汉金山国时期就是敦煌和瓜州地区颇有影响力的人物。曹议金把他们作为共同开创归义军政权基业的功臣、幕僚，一个个绘在自己的功德窟里，一来证明其在瓜、沙各界早已具有很高的威望和影响力；二是为了塑造其曹氏归义军新政权的合法延续性，希望官僚权贵、社会僧俗承认与支持曹氏政权，故以千年大计的功德石窟，来坐实"州人推长史曹议金为帅"的事实。也是在这一年，曹议金废"燉煌国",恢复归义军节度使的建置,自称归义军节度兵马留后使,成为敦煌地区最高统治者。同时也结束了张氏归义军政权统治,创立了曹氏家族在瓜、沙地区的统治地位,开创了后归义军时期,亦即曹氏政权时期。

曹议金胸怀大志、颇有心计且善隐忍。他掌握归义军大权之后,充分研究了张承奉因称王建制而"尽失人心"的失败原因,并从中吸取了惨痛教训。他一方面远交中原政权,同时也尽力维护与周边民族的关系。他东与甘州回鹘修好,以畅通东路交通;远向后梁、后唐称臣并遣使朝贡,以取得中原王朝的承认和护佑;西与虎踞丝路的于阗李氏通好,以打通中西通道,消除腹背之患,其外交政策完全与张承奉东趋西步。为了使自己的政权稳定并长治久安,在他统治的一开始,就通过调整与远近各方势力的关系,努力团结一切可以团结的势力和力量,改变了张承奉时期内忧外患的局面,从而奠定了曹氏政权的统治基础,使之延续了一百多年。

张承奉统治初期,归义军经历了从李氏家族统治向张氏政权的恢复过渡,其内部不断的斗争造成归义军政权的削弱,这使得周边的少数民族政权不再惧于归义军的威慑,而一个个变得桀骜不驯。特别是甘州回鹘兵强马壮,发展迅猛,并于894年在甘州建立了稳固的政权。因此到了曹氏归义军时期,如何处理跟回鹘的关系就显得格外重要。曹议金接掌归义军大权后,鉴于归义军政权严峻的外部处境和自身力量的薄弱,他从过去"以战求生"的手段调整为韬光养晦的外交策略。他尽力隐忍柔和,讨好甘州回鹘可汗,进一步修好双方的关系,还主动接受了张承奉与甘州回鹘订立的"父子之盟",并表现得百般恭顺,因而深得回鹘可汗的赏识和支持。此外,他还特别懂得尊重甘州回鹘在中西交通上的既得利益,注意发展通贡关系。曹议金上任之初,即遣使甘州回鹘,双方建立了友好协作的正常关系,由于甘州路段不再有限制和阻挠,在曹氏归义军时期,沙州出使中原朝贡、请封的历次使团,基本都能够一路畅行,顺利通过。

曹议金共有三位夫人,按照嫁娶先后顺序:一是原配结发夫人广平宋氏,二是钜鹿夫人索氏(索勋之女),三是回鹘天公主夫人。出于政治考量,甘州回鹘天睦可汗的公主,在他的三位夫人中地位最高。而这位回鹘天公主,在他的政治生涯中举足轻重，特别是在曹氏归义军的建立和前期对外关系中起了很大的作用。关于曹议金何时与甘州回鹘可汗缔结翁婿关系，学术界基本有两种说法。一种说法是在914年曹议金被州人推举为敦煌最高首领之后；另一种说法是曹议金与回鹘公主的政治联姻，早在张承奉的西汉金山国时期就已经缔结。

甘州回鹘政权建立于894年至898年，为了对付归义军政权，甘州回鹘采取了一系列措施。首先他们与唐朝"赐币和亲"，取得中原王朝的承认，借以巩固其新建立的统治地位，同时以此来扩大自己在西北边陲的影响。然而，这一策略并没有削减张承奉东取回鹘的决心。尤其是张承奉声势浩大地称帝并建立了西汉金山国，这对刚刚稳固政权的甘州回鹘来说无疑是一种威胁。在这种形势下，甘州回鹘采取与唐朝同样的和亲手段，主动要求与金山国和亲，以作为暂缓与金山国冲突的权宜之计。而张承奉此时以天子自居，如果接受回鹘公主为妻，势必降低了辈分而有损尊严，于是他将这场两国联姻，赐予了自己的亲信曹议金。曹议金在敦煌出身显赫，史载其"祖宗受宠""门传阀阅"，可见曹氏祖上也是敦煌当地握有实权的人物，不然他也不会成为归义军政权的缔造者张议潮女婿的女婿。回鹘可汗嫁公主于曹议金，也算得上是门当户对，两全其美。敦煌文书P.3633《龙泉神剑歌》中的"结亲只为图长国，永霸龙沙截海鲸"，这里的"结亲"，当是曹议金与回鹘天公主的政治婚姻。此外，曹议金于914年（后梁乾化四年）在莫高窟开凿的第98窟中，就已经绘有这位回鹘公主的画像，这也说明曹议金与回鹘公主的政治婚姻缔结于后梁乾化四年"州人推长史曹议金为帅"之前。也有学者认为，金山国后期，张承奉于甘州回鹘连年交战，使国力疲惫，在对待甘州回鹘的问题上，归义军中存有"主战"与"主和"两种分歧。曹议金作为回鹘可汗的女婿，又是归义军权倾一方的实权人物，必然是主和派一方。也许曹议金与回鹘早已达成默契，从而导演了沙州僧俗百姓自宰相以下上书回鹘可汗订立"城下之盟"这一历史事件。敦煌文书P.3633《辛未年七月沙州耆寿百姓一万人上回鹘天可汗状》中的"大宰相"在此事件中扮演了重要的角色，是谁具有如此强大的实力？只有与甘州回鹘有姻亲且掌握归义军实权的曹议金才能办到，而曹议金正是这一时期金山国一人之下万人之上的检校吏部尚书兼御史大夫。此外甘州回鹘在重兵围困沙州城的情况下，明知金山国此时已经国力空虚，人心怨怒，却没有乘胜打击一举歼灭金山国，而是欣然接受了金山国的议和条件，这更说明作为"大宰相"的主和派曹议金在此事上起了极为关键的作用。

后梁贞明四年（918），曹议金尊奉中原的后梁政权为正朔，屡遣使前往朝贡讨封，受到后梁的封赠。随后，曹议金将自己的女儿嫁给甘州回鹘的新可汗为妻，将另一女儿嫁给于阗国王为王后。其间他还与甘州回鹘顺化可汗结盟为兄弟。敦煌莫高窟、安西榆林窟壁画以及文献中，经常见有"大朝大于阗国大政大明天册全封至孝皇帝天皇后曹氏一心供养""北方大回鹘国圣天可汗天公主""甘州圣天可汗天公主"和"甘州圣天可汗的子天公主"之类的题款，亦有来自于阗的天公主。由于这些"天公主"出现在敦煌石窟中的背景特殊与复杂，她们中多数是当时归义军与周边少数民族政权联姻中的女性。此外还有"甘州圣天可汗"之类的题名，还有身着回鹘服装的公主画像等。这种和亲式的姻亲关系，是当时瓜、沙二州统治者对外关系上有利于民族和睦的必要举措，对抚平张承奉时期的战争创伤、巩固政权、稳定局面都具有积极的作用。敦煌文书P.3500卷中有诗曰："四面蕃人来跪服，献驼纳马没停时。甘州可汗亲降使，情愿与作阿耶儿。汉路当日无停滞，这回来往也无虞。"

除了与各民族上层势力联姻，当时的敦煌曹氏在其统治地区还利用广结世家豪族、互相联姻等方法，巩固和加强自己的统治。根据敦煌遗书和敦煌莫高窟当时供养人题名等资料，曹氏家族和累世簪缨的敦煌世家豪族，如索氏家族、阴氏家族、翟氏家族、张氏家族、瓜州慕容氏家族等，都有广泛的姻亲，保持一种以姻亲缔结的政治联盟关系。虽然辈分关系有所混乱，但这种多方联姻的政治策略，对曹氏政权的稳定产生了数十年的积极影响。"南阳张淮庆，字思美，为曹议金十六妹婿；豫章罗盈达为曹议金十三女婿；瓜州慕容归盈为曹议金第十妹婿。"（见莫高窟第217、231窟供养人题名）这种从属于政治的婚姻，形成了这些地位显赫声势极隆的瓜、沙诸姓间盘根错节、荣损与共的地方强族，对曹氏政权的巩固发展起了重要作用。

923年，后唐灭后梁。后唐（923—936）是五代十国时期由沙陀族建立的封建王朝，其统治疆域是五代十国时期最广的。据《册府元龟》卷九七二中记载：同光二年（924）正月，曹议金不失时机地马上遣使至灵武向替代了后梁的后唐政权进贡玉三团、"羚羊角、波斯锦、生黄金"等，并且与后唐的灵武节度使韩洙建立了一定的人脉关系，在韩洙的牵线搭桥之下，唐庄宗于当年五月正式册封曹议金为归义军节度使、敦煌（沙州）刺史、检校司空，以及瓜、沙等州观察使等，曹氏政权正式得到中原王朝的承认。后唐长兴元年（930）九月，"沙州曹议金进马四百匹，玉一团"。

此时的曹氏政权已无内忧外患，沙州境内政治清明，经济繁荣，社会安定，农牧业生产兴旺昌盛，百姓安居乐业，敦煌文书 S.4245 写卷载："……时则有我河西节度使司空……刀兵罢散，四海通达，疠疫不侵，犹抢永灭，三农实香，民歌来暮之秋；霜疽无朝，用绝生蝗之患。"充分显示了瓜、沙地区农畜业生产恢复发展、灾疫免除、和平安定的生产生活景象。《敦煌曲子词·望江南》："曹公德，为国拓西关，六戎尽来作百姓。压坛河陇定羌浑，雄名远近闻。"体现了曹议金在这一地区卓有成效和建树的统治。曹议金审时度势，进行了一系列的政策调整和内部改革，对维护敦煌（沙州）地区的和平和安定，恢复发展生产，巩固曹氏政权，使西北一隅的敦煌在中原纷乱时偏安一时。曹议金统治敦煌时期，统辖瓜、沙二州之地，辖紫亭、悬泉、雍归、新城、石城、常乐六镇之戎。

自晚唐张议潮创建归义军，其内政主要是消除蕃化，恢复唐制。在政权建立之初，就立即取消了吐蕃时期的部落、将制，而恢复重建起了唐前期的州县乡里制。刚开始恢复了 10 个乡，随后新设立一个赤心乡，共 11 乡，即敦煌乡、莫高乡、神沙乡、效谷乡、平康乡、龙勒乡、玉关乡、洪池乡、洪闰乡、慈惠乡、赤心乡，这是归义军前期敦煌诸乡的状况。然而这一时期敦煌县乡建置实际上更为复杂，如出现了"通颊乡"和"退浑乡"（退浑，吐谷浑的急读）。在土地制度上，归义军政权一开始就进行人口、土地调查，将无主荒地分配给农民耕种，最大限度地恢复唐中叶以来的土地私有制。归义军时期的私有土地，主要是官僚地主占地、寺庙田产以及小自耕农的民田。私有土地的发展主要是通过"请射"（招标承买）和买卖土地两个途径。这一时期土地买卖自由，土地所有者之间可以任意对换土地。在赋税制度上，归义军政权在重新调整土地和登记人口的基础上，还新制定了赋税制度，即：据地出税的制度，其主要包括地子、官布和柴草三项。这些对内的统治政策，既具有归义军政权的自身特点，也体现了唐宋时期的共同特征。

同光三年（925），经过曹议金十年的苦心经营，归义军逐步恢复了元气，积蓄了力量。于是，曹议金趁甘州回鹘汗位传承、政权交替的内乱之机，亲率大军出其不意发兵东征，围攻酒泉、张掖，大败回鹘，迫使甘州回鹘称臣屈服。敦煌文书 P.3118《张明集写真赞》、P.3518V（3）《张保山邈真赞》两份文件，生动地反映了曹议金携亲外甥张明集和右马步都押衙张保山东征甘州的历史事实。这次战争的胜利，还迫使新继任的回鹘可汗娶曹议金之女，成为曹议金的女婿。曹议金执政之初，由于处理内外关系得当，归义军实力的恢复颇有成效。

同光四年（926）秋，曹议金撕毁盟约，率领数万归义军精锐奔袭甘州回鹘。傲慢轻敌的甘州回鹘一触即溃，退守甘州城池不敢应战。围城半年，至翌年正月初一，甘州回鹘可汗率文臣武将，出城向归义军缴械投降，俯首称臣，并签立盟约，改称归义军为父，回鹘可汗为子。自张承奉于乾化元年（911）与回鹘签下屈辱的父子之国的十五年之后，归义军终于一雪前耻，洗刷了多年屈辱。出于长远考虑，曹议金迫使新继任的甘州回鹘阿咄可汗，迎娶自己的女儿为可汗夫人，确立了曹氏为父、甘州可汗为子的新格局，从辈分上使甘州回鹘降格一等，向归义军称臣屈服。

这次"甘州之役"的大获全胜和"和亲"外交的成功，改善了归义军政权周边险恶的环境，起到了保境卫疆的作用，而且打通了经甘州、肃州通往中原的丝路故道，改变了以往与甘州回鹘的屈尊的地位关系，开创了曹氏归义军与甘州回鹘外交关系的新格局。归义军开始凌驾于甘州回鹘之上。至此，归义军又重新确立了在河西的霸主地位。长兴二年（931），曹议金号称"令公""拓西大王"，归义军成为名副其实的地方独立王国。为了进一步处理好与甘州回鹘的外交关系，曹氏归义军政权还设立了"甘州使头"一职，专门负责与甘州回鹘之间的政治、经济、文化等方面的交流事宜。随着日后关系的缓和,双方之间的交流也日趋加深,使归义军政权的外在压力得到了缓解和减轻。

清泰元年(934),曹议金嫁女儿给西面的于阗国王李圣天为妻,与其联姻。

刀兵罢散邻和睦　立德建功开大窟

自曹议金接替张氏统治后,沙州除汉族外尚有回鹘等好几个少数民族杂居共处。在这一时期不仅重视经济、军事、文化建设,而且注重邻邦异族的和睦相处,同西域交往十分频繁。曹议金在其统治期间,因为实行保境安民的政策,受到了各族百姓和社会各阶层人士的拥护和爱戴。敦煌曲子词 S.3128 写卷中有《望江南》二首,即是当时的人们对他功德的颂扬:"曹公德,为国托西关。六戎尽来作百姓,压弹河陇定羌浑,雄名远近闻。尽忠孝,向主立殊勋。靖难论兵扶社稷,恒将筹略定妖氛,愿万载作人君。"又云:"敦煌郡,四面六蕃围。生灵苦屈青天见,数年路隔失朝仪,目断望龙墀。新恩降,草木总光辉。若不远仗天威力,河湟必恐陷戎夷,早晚圣人知。"曹义金所处时代,正是中原军阀割据,豪强称雄的局面,瓜、沙二州东有回鹘,西有于阗,处在六蕃包围之中。他审时度势,采取和亲政策,先后同回鹘、于阗联姻,建立起与周边少数民族政权的友好关系;同时交结世家豪族,通过与敦煌名门大族间的姻亲关系,夯实了政权内部的统治基础,巩固了其统治地位;发展农牧业生产,使百姓安居乐业;提倡佛教,大造寺窟,安抚人心。他当政时期出现了刀兵罢散、四海通达的繁荣景象。

恰在归义军特殊的地方政权时期,在任瓜、沙最高首领期间,曹议金在采取一系列必要的政治军事措施以巩固内政及边防的同时,也在佛教传承深厚的敦煌地区,仿效前任节度使,继续大力扶持佛教发展,利用宗教力量的支持,维护其统治地位。他通过大兴佛事、开窟造像、抄经布施等佛教活动的有力举措,成功地获取了瓜、沙地区的民心,同时也扩大了归义军政权的社会影响力，为巩固自己的统治地位奠定了基础，使这一时期以莫高窟为中心的敦煌佛教石窟营建，继盛唐以后，又推向了一个新的高潮。其在继承前期艺术的基础上，以节度使及其家族男女为重要功德主，以大窟营建为代表，敦煌佛教石窟出现前所未有的新格局。

从敦煌石窟现存的五代时期的洞窟情况可知，在曹氏家族统治时期，借其强大的经济实力与和平安定的政治局面，开凿的洞窟规模之大都是空前绝后的。据专家统计，仅敦煌莫高窟现存曹氏统治时期新修洞窟和重修洞窟就达37座。洞窟内供养人画像数量较前代明显增多，一窟之内父子兄弟、婆媳姊妹齐聚，宛若家族祠。

莫高窟现存第98窟，时称"大王窟"，是曹议金登上瓜沙最高统治地位之初，掌握归义军大权之时，由他本人主持营建所开，历时十年（914—924）。该窟是曹议金自己的功德窟，是曹氏归义军时期首个大型石窟，也是极具代表性和典型性的一座洞窟，其影响深远。洞窟总面积达220平方米，窟内现存以曹议金为中心的曹氏家眷、政界和宗教界的官宦、僧侣供养人画像多达两百多身，且每个画像都有职务、头衔题名，为敦煌石窟之最。曹议金执政初期，政治环境"内忧外患"，曹氏面临着政权合法性与维护政权稳定等一系列问题，都需要他除了展示自己的功德外，必须凝聚各界力量以加强自己的统治地位，该窟的营建即是为了达到这一目的，其从策划设计到内容形式都表现出了非常强烈的现实意味。如供养人画像职衔详列，尺寸之大，人物之众，肖像程度之高，覆盖的层面之广，都是史无前例的。而且这些供养人画像都大于同窟中的诸佛、菩萨，使神性的地位退居其次，而人性地位被强调凸显。这些异于传统理念的现象，正是窟主曹议金政治理想和人生哲学的客观反映。原本的宗教图像，被赋予浓厚的政治色彩和民族意识，体现出敦煌佛教艺术的时代现实意义。第98窟供养人地位的喧宾夺主，突出的是"供养"的"人"。这种心态反映的是"佛人合一"，它不只是家庙，还是一个虚拟议事厅，更像是一个"政治祠堂"，这种佛性不足而人性有余的刻意策划，表面上是营造佛窟，而实际上是以人为本的人窟，是曹议金时期政治、经济、文化、社会、军事、外交的纪念馆，是其施政纲领的展示地。这里面展示的不仅仅是价值观念，还有这

莫高窟第98窟内景

些价值观念寓于其中的曹议金政权的施政纲领、政治抱负和外交战略。我们从其发愿、示愿和现愿三个层次看，不难发现曹氏归义军初期洞窟的营建，体现的一个很重要的功能或者意志是，他要向政权内外充分展示自己执政的思想理念、外交方针以及安邦治国的路径和策略。其发愿明了，示愿直白，现愿笃行，可见其政治抱负之弘远。

继第98窟之后，曹议金在其执政晚期的931—935年间，又营建了第100窟。该窟主为曹议金夫妇，窟型、图像构思上明显受到莫高窟第156窟（张议潮功德窟）的影响，特别是还绘制了类似《张议潮夫妇统军出行图》的曹议金及其回鹘夫人出行图。不仅表达了曹议金开创家族辉煌历史的纪念性意义，还反映出曹议金联姻甘州回鹘的政治意义。同时也示意了曹议金希望僚属们能齐心协力，助他振兴归义军政权的雄心大志。这也是曹议金在窟中绘制两百多名僚属的供养像的缘由和良苦用心。

曹氏五代共统治瓜沙归义军政权一百三十余年，在莫高窟、榆林窟开凿了许多大型石窟，如第98、100、61、55、108、261、454、146、152窟等。这一时期，除新开洞窟之外，曹议金的后代曹元忠和曹延禄统治时期，还对当时莫高窟崖面上的六百多个窟龛中一半以上的窟龛进行了较全面维修或重修。而且进行了大量的增修栈道、窟檐，加固洞门以及露天崖体的美化装饰工程，至今这些浩大的崖面工程历历在目，依然能够让人感受和想象当时的莫高窟外观，那种金碧辉煌，雕梁画栋，宛若佛界仙境的气象。曹氏对敦煌莫高窟佛教艺术的传承和保护作出了重要贡献。

敦煌四面六番围　奉国保塞丰功伟

后唐清泰二年（935）二月初十日，曹议金病故，死后朝廷追谥为太师。其长子曹元德继任归义军节度使（在位时间935—939年）。曹元德即位不久，归义军遣使中原的梁幸德使节，行至河西中部甘州路段，被回鹘劫杀，归义军与甘州回鹘关系一度破裂。后晋天福二年（937）十一月，曹元德巡礼归义军东境至甘州，同甘州回鹘顺化可汗面谈遣使中原请封、请节等事获得成功。此举改变了归义军政权对甘州回鹘的依附地位，由"父子之国"而为"兄弟之国"，这一关系的改善，使沙州以东通往中原的丝绸之路恢复畅通。天福三年（938）三月，曹元德遣使附甘州回鹘使进贡后晋；翌年，后晋开国皇帝石敬瑭为其加官。939年，曹元德外出巡军，不幸坠马重伤，以致后晋开国皇帝石敬瑭的特使册封阗途经沙州时，曹元德都无法郊迎，而以其弟曹元深代理。939年冬至前，曹元德因伤重不愈而亡。曹元德一生笃信佛教，莫高窟第100窟为其所开洞窟之一。

曹元德去世后，由其弟曹元深继任归义军节度使（在位时间939—944年）。然而此时，实际掌握大权并操控归义军军政事务者，是时称"国母"的曹议金的回鹘夫人。天福四年（939）二月，当西去册封于阗王的后晋使团返回敦煌时，沙州使臣也随之入朝；同年五月，与甘州回鹘修好，并与甘州回鹘一同遣使入朝贺端午节。于阗，是古代西域城郭王国，唐安西四镇之一。9世纪末，开始和敦煌的沙州归义军政权交往。938年，后晋高祖遣张匡邺、高居诲等出使于阗，册封李圣天为大宝于阗国王。此后，于阗与中原特别是敦煌地方政权关系更为密切，常有大批于阗人留居敦煌，并在莫高窟留下了于阗国王及其家眷的供养画像。后唐清泰三（936），后晋高祖沙陀突厥石敬瑭灭后唐开国，后晋取代后唐，归义军奉其为正朔，后晋朝廷追谥曹议金为太师。之后，其弟曹元深继任。942—943年，借后晋册封于阗王李圣天的使者回京，曹元深与甘州和好，并遣使与中原王朝通商。天福九年（944）中秋节，敦煌（沙州）举行曹氏归义军建立三十周年大庆，曹元深饮酒过度，长眠不起，由其弟曹元忠继任（944—974）。曹议金的长子曹元德、次子曹元深先后均以归义军节度使相继掌握瓜、沙二州政权，二人虽然短命，但为敦煌地区政治经济的发展作出了一定的贡献。

榆林窟第19窟　五代　曹元忠像

曹元忠是曹氏归义军政权的创建者曹议金第三子，亦即曹元德、曹元深的弟弟。是第四任曹氏归义军节度使。其在位三十年，是曹氏执政时间最长的一个人，也是自张议潮开创归义军以来执政寿命最长的归义军节度使。曹元忠在任期间颇有作为，经济、文化比较繁荣。他执政期间，归义军谨修内政，外结邻邦；编纂历日，敬授民时；设立军镇，还授土地；文化昌盛，政局平稳；保障丝路畅通，促进文化交往，政绩突出，是曹氏瓜沙政权统治的鼎盛时期。此外，他尊崇佛教，开窟造像，雕版印经，为敦煌文物的传承和保护作出了巨大的贡献。他同时也是敦煌文化的重要缔造者和保护者之一。除此之外，曹元忠还积极促进民族团结，与周边民族和睦相处，与中原地区的后晋、后汉、后周和北宋都保持着联系和良好的关系，从而使瓜、沙地区稳步发展，相对安定。后晋开运三年（946）二月，石敬瑭养子后晋皇帝石重贵封瓜州刺史曹元忠为沙州留后。

后汉天福十二年（947）七月，沙陀族后汉高祖刘知远授归义军节度使曹元忠为特进、检校太傅。

后汉乾祐二年（949）五月，后汉隐帝刘承祐授归义军节度使、特进、检校太傅曹元忠兼御史大夫、谯郡开国侯。

后周显德二年（955），后周世宗柴荣以沙州节度观察留后曹元忠为归义军节度使。五月，以沙州留后曹元忠为沙州节度使、检校太尉、同平章事。

后晋之后有后汉，后汉之后再后周，曹氏归义军时期，不管中原政权如何变换更替，始终奉中原政权为正朔，一直与其保持臣属关系。在曹氏三兄弟与其后代任归义军节度使的数十年间，基本上都能遵奉曹议金时确定的外交和内务政策。每一任节度使去世，都要及时向中原王朝告哀。继任者照例要争取得到中原王朝的承认与任命，并经常向中原王朝派遣使团，进贡物品，以加强联络。曹元德时，还与辽建立了贡使关系。在对外方面，他们继续努力改善和发展与周边少数民族政权的关系，与甘州回鹘可汗以兄弟相称，在平等的基础上建立了友好往来。

后周显德七年（960），宋朝统一中原，曹元忠继续奉行归义军与中原王朝紧密联系的政策，在第一时间就向大宋俯首称臣。在曹元忠统治后期，他多次以其臣属关系遣使朝贡，以表忠心。北宋建隆三年（962）正月，曹元忠向宋太祖敬献西域宝马，更加巩固了他与北宋王朝的依附地位，奠定了坚强的政权后盾。

北宋开宝六年（973），曹元忠被北宋封为"推诚奉国保塞功臣、归义军节度使、特进检校太师兼中书令、西平王"。第二年曹元忠去世，宋王朝诏谥其为"敦煌郡王"，其礼遇声望之隆超越父兄。曹元忠在任期间奉行其父曹议金的政策，和周围邻邦一直保持和平共处、友好往来。在与于阗王的书函、通使往来中，一直都以甥舅相称，恭敬有加，显示了其出色的治国智慧和外交才华。

自曹议金以后，在与高昌回鹘和于阗的关系处理上，一直相安无事，关系发展比较平稳,而且互派使者,往来不断。归义军的这些政策措施,使敦煌(沙州)在五代、宋初民族关系复杂多变的形势下,获得了相对安定的生存发展空间,特别是为河西地区以及西域诸国之间的友好往来创造了一个轻松稳定的良好环境。在归义军的带动下,甘州、高昌、于阗诸国也开始向中原王朝臣服朝贡,而中原王朝也派遣使团西赴河西、西域,融洽了中央政权和地方政权的巩固和发展。

综观百余年归义军政权与甘州回鹘的关系,可以看出双方的交往时好时坏。在张氏归义军及金山国时期,双方关系较为紧张,彼此都力图使对方成为自己的藩属,故而发生了多次战争,虽互有胜负,但双方损失都很大。曹议金上任以后,汲取前代教训,注意改善与甘州回鹘的关系。虽然归义军与甘州回鹘也不时发生摩擦,但双方基本能够相互妥协,友好往来始终是主流。这一政策在曹议金三个儿子身上长期得到继承,并确保了地域性安定与和谐。由于甘州地处河西走廊中部,是敦煌(沙州)通往中原的必经交通要道,故甘州回鹘在与归义军的关系中常处于优势地位,如果甘州一旦阻断敦煌(沙州)通往中原的道路,就会严重影响敦煌与中原的贡使往来与经济贸易。然而曹元忠以后的归义军政权却开始逐步衰落。特别是东西方两支回鹘势力不断侵扰敦煌,归义军政权内部也出现了矛盾。早在974年之后就已出现了"回鹘化",沙州回鹘作为当地一支强大的势力崛起于敦煌,形成了对曹氏归义军极大的威胁,并且随曹元忠的去世,归义军政权逐渐落入回鹘人手中,以至于到了归义军晚期的曹宗寿、曹贤顺完全成了回鹘人的傀儡,沙州回鹘成了敦煌的主导力量。此时敦煌又面临着甘州回鹘的不断侵袭,二地交恶不断;同时西夏人西进的消息不断传来。

归义军的没落

曹元忠去世后,因其儿子曹延禄年幼,所以由其侄儿(曹元德之子)曹延恭嗣位(在位时间974—976年),他以归义军节度副使衔,权知瓜州事。曹延恭的袭位引起曹元忠后嗣的不满,宋开宝九年(976)七月曹延恭亡于任上,曹元忠子孙拥戴曹延禄执掌归义军大权,曹元忠之子曹延禄即位(在位时间976—1002年）。曹延禄是曹氏归义军政权第六代节度使，先自为归义军节度留后。宋太宗太平兴国三年（978）遣使向宋朝进贡玉盆宝毡。第二年曹延禄遣使赴开封，报父兄之丧。太平兴国五年（980），宋王朝授曹延禄官检校太保、沙州刺史，充归义军节度使，瓜、沙等州观察处置营田押蕃落等使。曹延禄则在瓜沙境内自称太师令公、敦煌王。宋真宗咸平四年（1001）朝廷加授其谯郡王。

曹延禄统治时期，笃信佛教，其在敦煌和瓜州的石窟里新修和重修了很多洞窟。瓜州榆林窟第35窟主室甬道南壁第一身为曹延禄的供养人画像。然而佛祖并没有保佑其统治政权的太平，相反归义军政权江河日下，开始步入下坡之路。曹延禄执政晚期，回鹘不服归义军节制，东西两边的甘州回鹘和西州回鹘势力同时开始兴妖作怪，轮番侵扰敦煌，而此时归义军辖内也矛盾重重。回鹘为了分化归义军，收买、拉拢敦煌（沙州）在"金山父子之国"时期为回鹘效过力的官吏后裔作内应，这引起了曹延禄对归义军内部"亲回鹘派"的极度憎恨，因此采取了大清洗政策，制造出了很多冤案。同时曹延禄还发动了对回鹘的征讨之战，战争给瓜、沙地区的军民带来了深重的灾难。特别是在处理归义军内部事务时，无论是兵力调配、物资供应还是战胜后的论功行赏，曹延禄都表现出了对自己的亲信与曹延恭原部下的另眼看待，这种不公正的作风，不仅引起曹延恭子女的怨恨，也引发了归义军中一部分将士的极大不满。归义军内部已是矛盾丛生，新一轮内乱难以避免。

宋真宗咸平五年（1002），归义军内部矛盾深重，在曹延恭之子曹宗寿的指使下，不满曹延禄统治的瓜、沙军民发生叛乱，围攻军府，当时归义军节度使曹延禄及其弟瓜州防御曹延瑞均被族子曹宗寿所逼自杀。族子曹宗寿在众人推举下掌握了归义军政权。曹宗寿夺取统治权后（在位时间1002—1014年），即差牙校（低级武官）阴会遭赴宋入贡表文，假称"且为叔，归义军节度使（曹）延禄及瓜州防御使（曹）延瑞将见害，臣先知觉，即投瓜州，盖以当道二州八镇军民，自前数有冤屈，备受艰辛，众意请臣统领兵马，不期内外合势，便围军府。（曹）延禄等知其力屈，寻自尽。臣为三军所逼，权知留后，兼差弟宗文以权知瓜州讫，文表以求旌节……"（《宋会要辑稿》）。宋王朝远离瓜、沙二州，难以了解情况，故只能根据曹宗寿所述，以羁縻对待，任命曹宗寿为归义军节度兵马留后使、金紫光禄大夫、检校太保、使持节沙州刺史兼御史大夫，封谯郡开国侯，食邑一千户。任命其弟曹宗文为检校刑部尚书、知瓜州，任命曹宗寿之子曹贤顺为衙内都指挥使，曹宗寿妻汜氏亦被封济北郡夫人，即"一门荣宠，各有所授"。

曹宗寿统治敦煌时期，宋王朝日趋衰落，根本顾不上西陲一隅的瓜、沙地区，权且视作"羁縻"之州。907年以后，东北契丹族日益强盛并建立辽国，契丹政权，后称其势力由东向西逐渐扩张并侵入西北一带，瓜、沙二州在其范围之内。此时，曹宗寿为巩固归义军政权的统治地位，一方面与宋王朝保持正常关系，另一方面也和辽国暗通款曲，互相往来，以免受其攻击。宋景德三年（1006），曹宗寿遣使向辽进贡大食马及美玉等。辽亦回赐衣、银器等物品，双方加强了友好关系。曹宗寿的和好邻邦、兼事辽宋的外交策略，对中西交通和交流发展具有一定意义，特别是瓜、沙地区一度出现了短暂的繁荣。大中祥符三年（1010），于阗贡使入宋朝时曾赞叹道："昔时道路尝有剽掠。今自瓜、沙抵于阗，道路清谧、行旅如流，愿遣使安抚远俗。"（《宋史》）11世纪初，黑汗王朝攻占于阗，尉迟家族统治的佛教王国覆灭，部分民众东迁沙州。大中祥符七年（1014），曹宗寿去世，其子曹贤顺即位，直到1036年，西夏攻占沙州，归义军政权基本瓦解。

有学者认为，曹宗寿当政时期（1002—1014）把瓜、沙两州各佛寺收藏的经卷文书共四五万件秘密运送到了敦煌（沙州），封存在了莫高窟中。俄罗斯圣彼得堡图书馆藏有石室本《曹宗寿夫妇施经记》。

1014年曹宗寿去世，其子曹贤顺即位（在位时间1014—1035年），继掌归义军军政大权，接任沙州节度使，掌管瓜、沙二州。曹贤顺在位期间，仍然向宋称臣，还于天禧三年（1019）被宋封为敦煌郡王。在归附宋朝的同时，曹贤顺也加强了与辽朝的联系，在加强与宋、辽通使称臣的基础上，曹贤顺更加注重同辽的关系。与辽的密切往来是为了防止辽的进一步西进，因其地缘上的必然联系，自然比宋王朝所持的一般贡使关系要重要一些。曹贤顺除了多次遣使向辽进贡，还于辽开泰八年（1019）亲自前往上京临潢府（今内蒙古赤峰）觐见辽国皇帝，受到了辽的宠遇，先后被封为"于越"（辽代的官名，位于百官之上，是统治者对功劳最大臣子的最高奖励）、"敦煌郡王"等显爵，辽还派专使护送回其敦煌。曹贤顺统治的后期，沙州地区的回鹘势力得到了迅速发展。据《辽史》记载：开泰七年（1018）、开泰九年（1020），归义军两次遣使入朝贡，遣使人为"沙州回鹘敦煌郡王曹贤顺"。曹贤顺本非回鹘，但《辽史》却称为"沙州回鹘"，这个问题令人疑惑。天禧四年（1020）和天圣元年（1023），曹贤顺曾两次向宋廷进贡，而天圣元年以后归义军一词便在中原王朝的传世史书中销声匿迹。归义军末期究竟发生了什么？归义军末代首领曹贤顺的政权究竟被谁灭亡？又灭亡在什么地点、什么时间？这一切都成了历史之谜。不过稍后本书会交代清楚这段历史。

归义军的丰功伟绩

自曹议金接替张氏统治后，沙州除汉族外尚有回鹘等好几个少数民族杂居共处。其执政期间，不仅重视经济、军事、文化建设，而且注重邻邦异族的和睦相处，同西域交往十分频繁。曹氏政权在家族世袭相继的情况下，共历经五代八传，从曹议金开始，经曹元德、曹元深、曹元忠、曹延恭、曹延禄、曹宗寿，至曹贤顺结束，共维持了一百三十多年，其间历经了五代以至宋王朝的景祐时代。在归义军政权史上，竟执政了三分之二以上时间。

归义军的历史，从中原王朝的历史来看，经历了晚唐、五代、宋初三个历史时期。在一开始的晚唐时期，归义军本是唐朝设立在西北一隅的一个军镇，但由于其远离中原王朝，"王命所不及"，故有其很强的独立性。到了五代，大唐覆灭，中原易主，归义军实际上已经是一个地方的独立王国。

归义军是张议潮领导下的河西地区各个族群集结起来为反抗吐蕃统治而兴起的武装组织。吐蕃当时实行一种半奴隶半封建社会统治，特别是吐蕃后期统治者的极端残暴，引起敦煌（沙州）等地区的广泛不满。大唐宣宗时期，衰落的唐王朝国力稍有振兴，对吐蕃采取了一定的军事反击。张议潮也暗地里联络各路豪杰乘势举义，很快夺取敦煌（沙州），继而光复河西十一州，唐王朝授其全权印信，封其为归义军节度使等职总管统兵。然而，当后人回顾这段历史时,看到的多是归义军在大唐史上的护国忠诚和赫赫战绩,看到的多是张议潮为大唐收复四千里河山的旷世伟业和文治武功,却忽视了归义军所处环境的艰难与险恶。

归义军平定吐蕃以后,其军政所在地敦煌(沙州)的政治环境是:境内各族杂居,周围群雄自立,基本上处在异族包围之中。敦煌地处中西交通要冲,又在青藏、蒙古两大高原之间,归义军的四周皆为强悍的少数民族政权,因此归义军虽以汉人为主体的政权,但其民族的多样性和政权的独立性,使它与五代时期其他以汉族为主体的地方政权多有不同。张议潮面临的是四面遇敌的严峻形势,他的外围有回鹘、吐蕃、吐谷浑、党项羌、龙、嗢末等势力,正如P.3128《敦煌曲子词·望江南》记载的那样,"敦煌郡,四面六蕃围",这让河西的局势复杂无比,与中原的交通随时都有被切断的威胁。归义军占领瓜、沙、肃、甘等州后,河西及其周边流落有不少异族,他们对各州骚扰不断,甚至出动兵马劫掠沙州。据敦煌文书P.2962《张议潮变文》记载:大中十年至十一年,吐谷浑、吐蕃、回鹘等民族就曾几次与归义军发生军事冲突。为防御周边少数民族武装势力的侵扰,张议潮"朝朝袜马,日日练兵,以备匈奴,不曾暂暇"(《资治通鉴》)。张议潮一统河西十一州四千里之地,户口近百万,军中既有骁勇善战、威名远扬的陇西健儿、河西汉子,也有强壮彪悍的回鹘和吐蕃族的精兵,实力超过唐朝任何一个藩镇。在这种实力下,他即使称王自立,割据一方,也无人能奈何得了他,然而他却心系国家,依然把历经百战、出生入死得来的土地拱手交回唐王手中。他以无比的勇气和智慧为大唐收复了大片国土,是当之无愧的英雄。

自唐大中二年(848)张议潮起义,至宋景祐三年(1036)西夏占领瓜、沙二州灭归义军为止,除张承奉一度建立的西汉金山国和敦煌国之外,张、曹两大世家统治下的敦煌历史,共经历了188年之久。这一时期,统称为归义军时期;张、曹两个敦煌世家豪族一直镇守边疆,保境安民。虽然中途时有变故,但对于巩固边防、维护国家统一、加强民族团结、维持中西交通交流,他们都建立了不朽的功绩,作出了不可磨灭的贡献。《瓜沙曹氏年表补正》一文对此有十分中肯的评价:"边围有金汤之固,中土无烽燧之惊。"特别是在近二百年的时间里，中原纷乱多变，而西北敦煌对于保证中西交通交流畅通、促进中西民族文化融合和政治交往、扩大贸易、繁荣经济等方面都有卓越的贡献，致使瓜州地区曾几度"风调雨顺，岁熟时康，道塞清平，歌谣满路"（敦煌遗书 P.2838）。

西结于阗河西稳　东来粟特渊源深

曹氏归义军时期与于阗的关系

9世纪中叶，立国103年的漠北回鹘汗国被黠戛斯大败而覆灭，部众大批西迁。西北地区的吐蕃王朝也因内乱而迅速破灭。这两大曾经横跨西域与河西广大地区的政治势力，在其统治区域迅速土崩瓦解并退出历史舞台。而原据有此地的唐王朝军政建制也走向衰落退出西域。这样，西域与河西地区的政治真空地带就被西迁的回鹘填充。至9世纪末10世纪初，该地域的于阗、西州回鹘、沙州归义军、甘州回鹘几大政治势力逐渐崛起，形成了这一时期的几个重要政权并立相互纠葛的政治局面。西州（吐鲁番）与沙州（敦煌）辖境毗连，双方为伊州（哈密）的归属曾有攻战。甘州回鹘则完全是从归义军领地叛逆出来而建立的王国，因而归义军一直视其为伪政权，双方更是经常性地发生摩擦，并多次兵戎相见。这几个政治势力中，唯有于阗与敦煌（沙州）之间长期保持着一种和睦友好的外交关系。于阗与敦煌（沙州）的睦邻友好关系主要体现在于阗与沙州归义军的婚姻关系、于阗与敦煌的友好往来、于阗与敦煌之间物质与精神文化交流三个方面。特别是从于阗与沙州归义军之间多年的婚姻往来关系上，足见两个地区关系的亲密、默契和互惠互利。敦煌莫高窟中对这些事件有一定数量的壁画描绘，在藏经洞文书中也多有反映。如清泰元年（934），曹议金将次女嫁给于阗国王李圣天为后，在莫高窟第98窟东壁有此二人的供养人像；982年，沙州汉女嫁于阗尉迟达摩王，《壬午年于阗使张金山供养文》有记载；而10世纪末，于阗国王也把自己的第三个公主嫁给曹议金的孙子归义军太傅曹延禄，莫高窟第61窟东壁门北侧南向第七身供养人像就是于阗公主。这种两国首脑的联姻之举，对当时河西和西域地区民族政权的建立和社会生活的稳定起到了重要作用。此外，五代、宋时期的归义军，已经失去了河西东部的几个州，特别是甘州回鹘日益强大，对归义军政权威胁较大，有了于阗这个亲戚做坚强后盾，甘州回鹘也不敢轻举妄动，归义军也就能够站稳脚跟。此外，沙州归义军的敦煌，也成为于阗人战时的避难所。于阗是个佛教政权，经常与伊斯兰化的东、西喀喇汗国征战，每当战时，于阗的王子、公主便经常滞留于敦煌。也许正是如此，在于阗遭受毁灭之灾的时候，敦煌成了于阗文明的留存地。

此外，莫高窟第4窟东壁门南于阗皇室供养人画像的身份分别是于阗国王尉迟苏罗及其皇后阴氏、两位于阗公主及两位婢女。榆林窟第31窟甬道北壁所绘的男女供养人像也是尉迟苏罗与阴氏夫妇。莫高窟第4窟内其他汉装男女供养人像可能均为敦煌阴氏家族的成员，此窟可能是于阗皇室与阴氏家族共同开凿的一个洞窟。莫高窟第4窟与榆林窟第31窟建成的时间，都在北宋初期尉迟苏罗继位为于阗国王之后。

莫高窟第98窟 五代 于阗国王像 临摹品

除了敦煌与于阗之间的婚姻关系和政治相关外，在物质与精神文化方面两个地区也有很多的交流。在物质领域，于阗地区自古盛产和田美玉，是历代帝王权贵御用配饰的首选。如敦煌写本《于阗国皇帝尉迟苏罗致舅曹元忠书信》《尉迟达摩王致归义军节度使曹延禄书信》都有关于玉材赠送的记载，在此时期的敦煌壁画供养人画像上也多见美玉和西域款式的金银配饰。在佛教领域，于阗是印度灭法之后继承佛法的地方，所以，于阗在佛教中有着很高的地位，也出现过许多重要的法师。由于战争原因，于阗王李圣天与曹氏所生的从德太子早年在敦煌生活,加之于阗与敦煌频繁的往来,造就了佛教文化对莫高窟壁画和雕塑艺术上的影响,于阗瑞像频繁地在莫高窟中显现。于阗,在佛教自西向东传播到我国中原地区起到了重要的中转作用。北宋乾德二年(964),于阗太子三人应邀来到敦煌举行礼佛法会,这是曹氏归义军政权与西域友好关系达到巅峰的一个标志。至今,敦煌莫高窟第444窟,还保存有"南无释迦牟尼佛说妙法华经,大宝于阗国皇太子从连供养"和"南无多保佛为听法故来此法会,大宝于阗国皇太子琮原供养"的榜题。开宝三年(970)左右,信奉伊斯兰教的疏勒黑汗王朝,开始进攻信奉佛教的于阗,战争持续了三十多年,其间,于阗王曾写信向归义军求援,归义军是否前往援助,未见史书记载,故成了一个谜。

9—10世纪之间,从河西到西域的丝绸之路上,虽然没有再现盛唐时期那样壮观的中西文化交往的盛况,但沿中西交通上的一些小国和地方政权之间的物质和精神文化的交往,仍然熙来攘往,川流不息。其中,敦煌的沙州归义军政权与西域的于阗王国之间相互的佛教文化交流,就是一个很好的例证。它客观地说明了,即使东西通道上政权分立,丝绸之路受到干扰和阻隔,但各国相互之间的贸易、物产、技术、宗教、文化等方面还是没有停止。因为交流是人类天性的需求,国与国之间需要交流、发展、互通有无,这本身就是人类正常的生存方式。

五代、北宋初期(10世纪初至11世纪初),曹氏归义军时期通过政治联姻同周边少数民族政权建立了良好的关系。

曹议金与敦煌历史上的粟特人

归义军的历史,是晚唐至五代、宋的一段悲壮的历史。根据历史可分为前张氏归义军时期和后曹氏归义军时期。张氏归义军历经三代英勇卓绝的努力,最终以归义军政权落入异族曹议金之手而告终。关于归义军节度使曹氏家族的郡望及族属问题,一些学者依据世传古文献、出土文献、民间古文献、敦煌石窟壁画等素材,通过探究敦煌五代曹氏家族来源及当时民族融合状况和敦煌社会政治形势等，对曹氏的民族归属与家族来源进行研究，得出的结论是：敦煌归义军曹氏统治者为粟特后裔。

对于敦煌（沙州）本地曹氏，史家考证，其渊源大概来自中原内地和中亚粟特。而在归义军中崛起的以曹议金为领袖的曹姓家族，越来越多的资料显示其为中亚粟特曹氏后裔。只是后来曹议金为了政治的需要，掩饰了自己粟特后裔的身份，而冒充谯郡曹氏，才使得一些壁画题记上显示了其为中原"亳州谯郡"曹氏的信息。其主要意图是将其族属转移成汉人身份，借以抬高门第，以便在汉人政权的金山国合法谋取一定职位，继而觊觎归义军大权。这种诳时惑众窃取大权的行为在人类历史上司空见惯。

自北朝隋唐一直到五代宋初，敦煌的大族保持了他们在敦煌社会的政治、经济、文化上的优越地位，改朝换代也没有从根本上改变其社会地位。因此，一些强有力的家族在敦煌的存在往往持续几个世纪。现存敦煌《名族志》、《家传》、地方志、邈真赞、墓志铭和莫高窟的碑记、供养人题记等资料，都集中展现了从唐朝经吐蕃到归义军时代敦煌几个大族的重要地位，如P.2625《敦煌名族志》所记的张氏、阴氏、索氏等。如果曹议金出自谯郡曹氏，那么这一高门大姓至少应当是在吐蕃统治以前迁到敦煌的。那么，到五代时至少也有几代了，他们的消息应当留存在敦煌的文书和莫高窟的题记当中。但是，在已知的材料中，除了有关曹议金家族的资料外，很难看到有关谯郡曹氏的记载，这就使得我们不得不怀疑，曹议金其人到底是从哪里来的（荣新江《敦煌归义军曹氏统治者为粟特后裔说》）。

敦煌地区自古民族成分比较复杂，因地处边陲，作为丝绸之路上的重镇，又是商贾总辏，很早以来就是一个多民族聚集的胡汉交流之地。敦煌文书《沙州图经》中有不少关于"赛祆"民俗的记录，这表明古代敦煌是中亚人的一个主要活动区和定居点。其实，在归义军时期甚至更早的年代，粟特人的"赛祆"活动就相当普遍，并且已经成为沙州人日常生活的一部分。

赛祆即祆教，又称"拜火教"，曾作为萨珊波斯的国教兴盛一时，并很快传遍中亚地区。处于中亚河中地区的粟特人皆笃信祆教。唐玄宗开元中期（723—727），赴天竺巡礼的新罗僧慧超在《往五天竺国传》中记载："又从大

277

食国以东,并是胡国,即是安国、曹国、史国、石骡国、米国、康国等……总事火祆。"其实,自西汉张骞出使西域之后,中国与波斯、粟特等国往来日益频繁,除了经贸间的繁荣昌盛,西域文化及其宗教亦被带入中土。关于祆教入华,学者多有研究,《从考古发现看火祆教在中国的初传》一文将祆教入华时段提前到了3世纪初。但不论祆教何时传入中土,作为中西交通枢纽、胡汉交界之地的敦煌,都无疑是祆教入华最先进入的地区之一。特别是唐至五代时期,随着中亚粟特等民族的不断迁入敦煌,祆教在这一带变得特别兴盛,甚至有逐渐渗透于汉民族的倾向。粟特人信仰祆教,并通过丝绸之路不断来到中国,从而促进了祆教在中国的传播。

其实,张议潮建立归义军时,信奉祆教的粟特人就是他的主要支持者。很多粟特人参与了归义军政权的组建,并且在此后的归义军政权中也有大批粟特人担任了各级官吏。曹氏归义军时期,粟特人担任各级官员者更多。曹议金在金山国时期,就已经掌握了归义军的实权,其内部有很多粟特人的支持,外部有甘州回鹘的支持,其通过金山国与甘州回鹘议和结为"父子之国"的策略,成功地将张氏归义军政权过渡到曹氏归义军政权。

张议潮对少数民族,一方面采取"节度押衙"的直属体系,来统领境内的各个族群精英。节度押衙是归义军政权的中坚支柱和核心力量,押衙由于兼知他官而广泛充斥于归义军文武职官的各个阶层。节度使通过押衙将各个族群和阶层的官员都纳入归义军府衙直属的职官系统中,从而扩大了归义军政权的统治基础。正是由于押衙的这种特殊地位,沟通了与各族群的联系与交往,在归义军武职军将中,有不少具有粟特姓和汉式名字的"押衙""都押衙",特别是几位粟特后裔的曹姓人物,他们与曹议金很可能是同一族群,另一方面,归义军通过顶层联姻方式,与当地汉人土豪、胡人领袖结成统治联盟。敦煌文书中也反映了在当时沙州地区,粟特人的拜火教习俗,与汉族的佛、道习俗和平并存的情况。

唐末五代时期,中亚胡人(主要是粟特人)更多地参与到当时的政治活动中,他们为官出将,声势浩大,在五代政权的政治舞台上扮演了重要的角色。张氏归义军政权被曹氏归义军政权取代也正是在这一时期。据史料显示,敦煌（沙州）曹氏大部分属于中亚曹国的粟特人。曹国是隋唐时期位于今中亚地区阿姆、锡尔两河流域的粟特人昭武诸国之一，而"曹"为昭武九姓之一，曹氏粟特人从中亚曹国进入中国后，多改用汉姓常用的姓氏。粟特，在中国古籍中很早就有记载，其既为西域古国，亦为民族名称。曹国粟特人很早以前就已经进入了敦煌。根据西魏大统十三年（547）瓜州（敦煌）计账样文书中，就有曹匹智拔、曹乌地拔，其姓名即是曹国粟特人；又根据唐天宝十年（751）敦煌县差科簿，其中敦煌从化乡粟特聚落中，就包括不少曹姓粟特人；在吐蕃统治时期，很多粟特人皈依佛教，有的还成为敦煌佛教僧团的都统，也有从事粟特人老本行——商业贸易者，甚至一些上层的粟特人还担任了吐蕃的部落使。从大量的敦煌文书记载来看，粟特人在归义军时期就比较活跃。张议潮在大中二年（848）起义时，与之一同起兵的安景旻，当是敦煌粟特后裔的领袖（池田温《八世纪中叶敦煌的粟特人聚落》）。粟特人几度迁入敦煌，逐渐形成很大势力，攫取吐蕃及归义军张氏时期的高官职位，并成为瓜、沙地区的豪族大宗，如蕃占时的安都督、张氏归义军时期的节度副使安景旻，"族氏豪宗"的瓜州刺史康使君、都知兵马使康通信等，皆其显例。曹氏的崛起稍晚于安、康二姓，在张承奉执政时，曹氏力量迅速上升，归义军起用了大批曹氏人，不能排除这批曹氏人物是粟特人（冯培红《敦煌曹氏族属与曹氏归义军政权》）。

粟特人在历史上素以经商著称，长期操纵丝绸之路上的转贩贸易。他们的经商活动促进了东西方的经济交往和文化交流，在农耕文明和游牧文明之间、东方文明与西方文明之间搭起了一座桥梁，在欧亚内陆扮演着传播多元文化和多种宗教的角色，对中西文化的沟通、交流起过至关重要的作用。粟特地处亚洲腹地，与波斯、印度、中国几大文明古国毗邻，是丝绸之路上的枢纽，向东深入中国内地，向西则远涉西亚、欧洲。

早在东汉时期，洛阳就有"粟弋贾胡"（即粟特商人）。敦煌玉门关附近的长城烽燧（T.XII号）下，曾发现写在纸上的"粟特文信札"（斯坦因发掘，现藏英国图书馆）数件，其内容反映了西晋末年粟特人的经商组织和活动。这说明4世纪那些信奉拜火教的粟特人就已经在敦煌安家落户，从事商业活动。敦煌信奉拜火教的中亚人、西域人一直很多，出土文书有许多确凿证据。敦煌遗书中到处可见汉文、吐蕃文、于阗文、龟兹文、突厥文、回鹘文、梵文、粟特文残卷，其中的这份著名的粟特文信札，明确显示沙州与中亚的关系极为密切。

南北朝以来，昭武九姓经商范围更为广泛。他们还经常为一些国家承担外交使命，比如545年北周曾派遣酒泉胡安诺盘陀出使突厥。到了唐代，经商的昭武九姓胡人常被称为"兴生胡"或简作"兴胡"。"兴"为"兴贩"，即举身到四处去贩卖货物的意思；"生"为生活的意思；"兴生"指四处买卖为生的"行商"，与住于店肆买卖的"坐商"不同。吐鲁番出土的隋唐时期文书中，多见"兴生胡"这一名词。据敦煌遗书《寿昌县地境》，敦煌以西，今甘肃和新疆交界处，有一个"兴生胡泊"，为粟特商人往来歇脚取水的湖泊。另从敦煌、吐鲁番出土文书看，兴胡与县管百姓、行客并列，表明他们可能有一定的特殊身份或社会地位。

魏晋南北朝隋唐时期，粟特人组成商团，成群结队地东来中国"市肆贩易"，有许多人就逐渐在经商之地留居了下来。新疆、河西、中原等地区渐次出现为数众多的粟特人聚落。如魏晋时期河西走廊中部的姑臧等地就有昭武九姓胡建立的移民聚落。至唐代，沿丝绸之路及周边的碎叶、于阗、楼兰、蒲昌海（罗布泊）、西州、伊州、沙州（敦煌）、肃州（酒泉）、凉州（武威）、长安、蓝田、洛阳、关内道北部河曲六胡州等地都有昭武九姓胡的聚落。据敦煌写卷《光启元年沙州、伊州残地志》，唐代在今罗布泊地区有康国大首领康艳典建立的五六座移民大城镇；沙州敦煌县从化乡住着昭武九姓胡三百余户，人口当有一千三四百人。

此外，我们还发现，从长安到敦煌，无论在石窟中还是在墓葬里，甚至寺庙建筑上，都曾出现过很多以"胡人"为题材的艺术形象。例如，在壁画中发现的胡人行旅、遇盗图等，在墓葬中出土的"胡人牵驼俑""胡人牵马俑""胡人骑马狩猎俑""胡人舞蹈俑"等，建筑上的如敦煌出土的"胡人牵驼砖""胡人牵马砖"等。这些生动的造型都源于丝绸之路上的粟特人。这些艺术品形象有一个共同特征，即多是头戴尖帽，着圆领窄袖胡服，深目高鼻、须髯浓密的胡人形象，而且这种尖帽的形制与西亚一带的古代壁画中的形象非常接近，甚或完全相同。它们是古代中西文化交流最直接的实物形象。粟特人迁居各地，遍迹丝绸之路，与其他民族相互融合，从而成为许多民族的来源之一。今天，粟特语几乎已成了死语言，粟特人也成了一个历史名词，但是他们对中西文化的沟通和交流的功绩是不可磨灭的。

西北崛起党项族　大夏建国征河西

西夏是由党项人建立的。党项人，也称"党项羌"，为西羌后裔，是古代北方少数民族之一，是一个来源较为复杂的小族群。党项最早记录出自《隋书》，上载"党项羌者，三苗之后也"，其与舜帝驱赶四国时被流放到敦煌三危山一带的三苗有一定渊源；商周时被月氏、乌孙逐往青海祁连山中。党项人既有相当一些血统来自横跨河西走廊两端的藏人和羌人，也有贵族和上层人物来自建立吐谷浑的鲜卑后裔。另据载，羌族发源于"赐支"或者"析支"，即今青海省东南部黄河一带。汉朝时，羌族大量内迁至河陇及关中一带。此时的党项族过着不知稼穑、草木记岁的原始游牧部落生活。他们以部落为划分单位，以姓氏作为部落名称，逐渐形成了著名的党项八部，其中以拓跋氏最为强盛。

唐朝时，由于受到吐蕃的侵逼，经过两次内迁，党项逐渐向今甘肃省东部、宁夏回族自治区及陕西北部一带迁徙，并开始进入奴隶制社会，但仍以分散的部落为主。此时党项羌日渐壮大，并与唐室亲密共处。唐王朝多在党项民族聚集地设立羁縻州进行管理，有功的党项部落酋长被任命为州刺史或其他官职。唐末黄巢起义时，唐王传檄文全国擒王。党项族宥州刺史拓跋思恭出兵，唐僖宗赐拓跋思恭为"定难军节度使"，后被李唐封为夏国公，赐姓为"李"，以子自居。至此，党项拓跋氏集团有了领地，辖境包括夏、银（今陕西榆林东南）、绥（今绥德）、宥（今靖边东）、静（今米脂东）等五州之地，握有兵权，成为名副其实的藩镇。

10世纪初叶，党项族已广泛分布于甘、宁、青、陕等地，由于受当地封建制影响以及自身生产力的提高，至11世纪中叶开始由奴隶制向先进的封建制过渡，并很快进入封建社会。宋太宗即位之初，党项依然和宋室往来密切，也曾被赵宋赐姓为"赵"。但后来，由于社会发展的不平衡，双方边事日渐增多。宋太宗令河套以南五州之地的党项部落首领携家眷入朝，企图诱杀这一割据势力，此事激起党项首领李继迁与宋为敌，转而结辽国成掎角之势共困北宋。北宋太平兴国七年（982）党项首领李继迁叛宋，率领族人亲信与宋王朝对抗。11世纪初，辽封李继迁为夏国王。1002年，李继迁攻占北宋控制西北的战略要地灵州（今宁夏灵武），称西平府，并建都于此。1004年李继迁去世，其子李德明即位，与宋议和，并把目标转向河西走廊。宋天圣年间（1023—1032），党项时常侵扰宋边，并于1028年取胜甘州回鹘，继而于1030年攻陷瓜州，"（天圣）八年，瓜州王以千骑降夏"（《宋史·夏国传》）。天圣十年（1032），党项首领李德明去世，由其子李元昊袭位。年轻气盛的李元昊早已对宋朝虎视眈眈、在他取甘州拔西凉之后，便称霸河西。景祐三年（1036），西夏攻占敦煌，设瓜州西平监军司管辖此地。

李元昊即位夏国王之后，下秃发令，并吸收汉文化，创制党项文字，推动了党项族文明的发展。天授礼法延祚元年（1038）李元昊正式称帝建立西夏，开启了党项少数民族政权和其历史发展的顶峰时代。

西夏王朝，是11世纪至13世纪，在我国西北大地上崛起的一个由党项族建立的"大夏"政权。这个创造了辉煌而独特文明的神秘王朝，被湮没在历史长河中一直鲜为人知。也是在近一百多年里，随着考古发现和历史研究，才逐渐显露出了它的历史真面目。西夏王朝历经10帝，自1038年李元昊在兴庆府（今银川市）称帝建国，于1227年被蒙古所灭，在中国历史上存在了189年。其疆域"东尽黄河，西界玉门（关），南接萧关，北控大漠，地方二万余里，倚贺兰山以为固"（吴广成《西夏书事》卷十二），鼎盛时期面积约83万平方千米，包括今宁夏、甘肃大部、内蒙古自治区西部、陕西北部、青海东部、新疆东部及蒙古南部的广大地区。前期与北宋、辽分庭抗礼，中后期与南宋、金三足鼎立，被后人誉为"三分天下居其一，雄踞西北两百年"。

西夏征服河西

早在后唐长兴三年(932)前后,河西走廊中部的甘州回鹘就在向中原朝廷抱怨,他们在朝贡中原后唐的路上,党项人"经常掠夺经由灵州入贡、贸易的回鹘使节和商队,而且使者被捉后居然拿去跟其他族的人交易以换来牛马"。当时,甘州回鹘控制着丝绸之路河西路段的贸易大权,而正在悄然兴起的党项人,已开始着眼向河西走廊发展。985年,党项人就已认识到了西宁、兰州、凉州三角地带的商业和战略价值,他们当时曾发兵攻打会州(位于兰州东北方,黄河东岸)。党项人对凉州的扰犯开始于996年或更早,宋真宗咸平四年(1001),西夏图谋攻取甘州,扬言要"西掠吐蕃健马,北收回鹘锐兵",待夺取河西全境后,便"长驱南牧",伺机夺取宋朝关中地区——这是党项首领李继迁、李德明和李元昊祖孙三代的战略规划。甘州回鹘得知这一消息后,遣使曹万通入宋朝贡,并与宋朝建立了反西夏联盟。此后,甘州回鹘屡屡向西夏发难,给西夏以沉重打击。

1002年,李继迁通过持续不断的进攻,终于夺取了宋朝的西北重镇灵州(今宁夏灵武),并改为西平府(1003年建都西平府)。之后制定了"绥、宥为首,灵州为腹,西凉为尾,得西凉则灵州之根固"(吴广成《西夏书事·卷七》)攻取凉州的远大目标。从此西夏在战略上取得优势,并且直面对垒甘州回鹘,不再有地域上的阻隔。然而此时的甘州回鹘兵强将勇,也毫不示弱,他们一面迎战,一面派者龙族骑兵赶赴西凉府协助共同抗击西夏,双方开始围绕河西走廊的前沿阵地凉州,展开一次又一次激烈的殊死搏斗。宋咸平六年(1003),李继迁袭杀知府丁惟清,攻占西凉府,岂料乐极生悲,被者龙族伏击射杀。这次战役,党项军队被击溃,使甘州回鹘从西夏手中夺回了河西重镇凉州,并且基本上将西夏势力逐出了河西。几年后,李继迁之子李德明为了复仇,伺机劫留回鹘的贡使与贡品,并两次进犯甘州,均被击退。但后来西夏与辽国围攻肃州,尽俘其牲口,使甘州回鹘的国力削弱。

宋景德元年(1004),李继迁之子李德明继任夏国王。此时宋夏鏖战已历时20年,但李德明改变策略集中全力攻取河西诸州。他恳请与北宋修好,要求宋王朝承认其在西北的统治地位,并按年给予一定数量的物资,取消白盐禁令，开设互市市场。宋答应了夏王的要求，并于景德三年（1006）册封李德明为西平王，每年给予银万两、绢万匹、钱两万贯。此时官市与民间贸易也很频繁，出现了"商贩如织"的繁华景象。有了财力的支持，李德明集中力量向西开拓。这时，凉州（武威）为吐蕃族六谷部占据，甘州（张掖）为回鹘占据，早在宋王朝失掉灵州时，就想与此两族联合攻夏，然而早已时过境迁。此时，西夏势力不断壮大，开始以势不可当之势，渐次攻取河西诸州郡。

1008年10月，李德明派夏州万子等四部军主帅领党项兵攻打西凉府，见六谷部兵势强盛，转而引兵攻打甘州回鹘。回鹘伏兵袭击，万子等败走。1009年4月，李德明又派张浦率领精兵两万向回鹘复仇，攻打甘州。甘州回鹘夜落纥可汗领兵拒守，趁机出兵袭击，张浦大败而回。大中祥符四年（1011）九月，西夏派苏守信领兵进攻凉州，又被六谷部厮铎督会集诸部兵将迎击败退，但时隔不久凉州失陷。大中祥符九年（1016）甘州回鹘攻占凉州，苏守信之子啰麻弃城逃走（苏守信已死）。回鹘的勇猛成为李德明的一个严重威胁。天圣四年（1026）甘州回鹘叛辽，辽朝名将萧惠率兵攻甘州，李德明出兵助战，不能战胜，随辽朝退兵。从北宋真宗大中祥符元年（1008）到天圣四年（1026），李德明（李继迁的儿子）同回鹘进行了六次争夺甘州的战争，都失败了。李德明因此同回鹘结下世仇。此后回鹘内部，割据势力增长，纷争不断。国力日渐衰退。宋天圣六年（1028），李元昊已长大成人，李德明经过了充分的准备，派其子李元昊带兵突袭回鹘，结果一战告捷，攻破甘州。甘州回鹘可汗夜落隔通顺仓促出逃，留在城中的后妃子女家属都被李元昊掳获，甘州回鹘灭亡。李元昊攻取甘州之后，使固守西凉的回鹘军失去了大本营，也受到很大的震慑。同年，李元昊又采取声东击西的战术，吸引宋兵到环庆一带，使回鹘失去戒备，然后出奇兵突袭西凉，回鹘人弃城投奔吐蕃唃厮啰。西凉府被拿下，是西夏取得对回鹘作战的重大胜利。李元昊首战成功，深得李德明欢心，他仿宋朝制度立李元昊为皇太子。李元昊占领甘、凉二州之后，使河西走廊西部的肃州和瓜、沙二州失去了屏蔽。宋天圣八年（1030）"瓜州王以千骑降夏"（《宋史·夏国传》），"瓜州王"即沙陀部李氏，其族在瓜州地区居住已有二百多年历史（李正宇《"以千骑降夏"的"瓜州王"是谁？》）。同年，李德明死，李元昊继夏王位，他继续向河西地区增兵。宋景祐三年（1036），李元昊亲自领兵西征，与唃厮啰部将安子罗会战于肃州（酒泉），经过200多天的激战，回鹘败走。元昊继续西进，一举攻陷瓜州、沙州。至此，整个河西走廊纳入西夏版图。

沙州多年回鹘期　难解几宗旷世谜

西夏党项族在其发展过程中不断开疆拓土，最终将其势力拓展到了瓜、沙地区。尽管沙州归义军政权统治该地区已经长达一个半世纪之久，但很遗憾的是，当西夏人杀过来的时候，他们却不是主角了，而真正与西夏大军对抗的是一支顽强的回鹘军队。这支回鹘军队何时取代了归义军，学术界看法不一，但一致认为归义军到了末代节度使曹贤顺执政时期，内部存在危机，外部失和邻邦，权威已大大下降。而回鹘就逐渐成为这一带新的霸主，甚至，后期的归义军政权实际上已沦为回鹘的附庸。对于敦煌沙州回鹘的来源、形成和沙州回鹘政权建立与灭亡，专家各持其说，但都不否认一个事实，那就是：在曹氏归义军灭亡或沦为回鹘附庸，西夏攻破瓜、沙二州之前后，敦煌地区确实存在过一个长达几十年的沙州回鹘时期。

归义军消失之谜

历史叙述到这里，有一处悬疑一直困扰着人们。在西夏占领沙州之前，河西走廊从东到西战火不断，而那个曾经称雄河西、威震四方的归义军政权去了哪里？为什么自宋咸平六年（1003）李继迁开始进攻河西，到李元昊夺取肃、瓜、沙三州，三十多年的西夏夺取河西的战争史上，却丝毫找不见归义军的名字，它就像空气一样毫无存在感。关于它的情况，史料中有几条碎片化的信息，如《辽史》记载：开泰七年（1018）、开泰九年（1020），"沙州回鹘敦煌郡王曹贤顺"两次遣使入朝贡，曹贤顺本为归义军末代节度使，是沙州最高统治者，而这条史料中竟称其为沙州回鹘敦煌郡王，显然说明归义军在此时已经成为沙州回鹘的属下，甚至可能被回鹘撤销了番号；另据《宋史》和《辽史》之西夏传记载：景祐三年（1036）夏王元昊"再举兵攻回鹘，陷瓜、沙、肃三州，尽有河西之地"，这段文字说明敦煌在被西夏王李元昊占领之前，已经是回鹘的领地，因为记载中没有提及归义军三个字，而提到的只是与之对抗的回鹘。这也很好地解释了西夏夺取河西的战争史上一直没有归义军出现的原因，当然归义军将士一定融入回鹘的部队中参加了反抗西夏的战争。

上面所录《辽史》记载中出现的"沙州回鹘"一词，并非指在沙州的回鹘民族。回鹘民族早在唐初就到达过沙州，如回鹘别部——契苾部。9世纪中叶，随着漠北回鹘汗国的崩溃和部众的大举西迁，一部分回鹘人流落到瓜、沙一带，他们先为吐蕃所属，后属归义军政权，但同时保有自己旧有的部落组织——族帐。大约一个世纪之后，在甘州回鹘的支持下，这支沙州回鹘有了很大发展，并在沙州形成了一定的势力。到了11世纪西夏攻打河西，随着凉、甘、肃、瓜等州相继失陷，这些地区的回鹘人大量西逃，涌入沙州，使沙州回鹘迅速壮大。而上述《辽史》中所指的"沙州回鹘"，是指这一时期在敦煌形成的一个回鹘政权。而这个政权至迟在11世纪早期，就在沙州地区形成了一定的势力，他们最先操纵着归义军节度使曹贤顺，大约在11世纪20年代他们取代了曹氏归义军政权，直接控制了瓜沙地区，形成了一个地方割据政权。

西夏于1036年攻取瓜、沙后，沙州回鹘势力并没有消亡，他们只是暂时退出了瓜、沙地区，而不久又卷土重来，赶走了西夏。此后的三十年间，西夏一直忙于与宋、辽争战，难于西顾。因而在这段时期，沙州回鹘是敦煌的真正主宰。据史料《宋会要》记载："景祐四年（1037）六月，沙州大使杨骨盖、副使翟延顺入贡。康定元年（1040）四月入贡方物。二年二月，沙州遣大使安谭之、副使李吉入贡。庆历二年（1042）二月沙州北亭可汗王遣大使密、副使张进零、和延进，大使曹都都、大使翟入贡。皇祐二年（1050）四月，沙州符骨钨末似婆温来贡入玉。十月沙州遣人来贡方物。"从这段记载结合专家研究得出，自1037年以后的15年中，沙州回鹘向西夏的对手宋朝进贡次数竟多达11次之多。这说明自1337年开始，沙州根本就不在西夏手里，而这里的实际统治者是沙州回鹘。宋康定元年（1040），大理寺丞石延年建言要联络瓜、沙回鹘共同抗夏，他在给宋仁宗赵祯的奏折中提到"使揹角兴师以分贼势"，这里"贼"是指西夏,而"掎角"即是指西夏西边的割据政权"沙州回鹘",这也说明此时的沙州不再是西夏控制范围。宋康定二年（1041）,沙州回鹘的"镇国王子"上表宋朝曰:"我本唐甥,天子实吾舅也。自党项破甘凉,遂与汉隔,今愿率首领为朝廷击贼。"沙州镇国王子称宋朝天子为舅,实因唐朝曾将三位公主嫁与回鹘,他此时强调与中原王朝的甥舅关系,意在与宋朝套近乎,反映了沙州回鹘与中原王朝建立政治关系,共同抗击西夏的迫切愿望。同时也反映了沙州回鹘在此时是一个实实在在的回鹘汗国,因为既有王子,就必然有可汗。而且在《宋会要》中就有"沙州北亭可汗奉表入宋"的描述。不少材料反映,是亲宋的沙州回鹘政权在这一时期控制着敦煌,而不是西夏。

从以上史料记载,我们可以看出这么一个脉络:沙州归义军政权被沙州回鹘吞并后,敦煌就进入了回鹘时期。至1036年趁西夏攻取沙州尚未站稳脚跟,回鹘第二次控制了沙州。关于沙州回鹘政权对敦煌的实际统治时间,很多学者认可"1019—1072年"说（森安孝夫《回鹘与敦煌》）。沙州回鹘政权在长达半个世纪的统治中,一心向往大宋,极力与宋朝建立密切的联盟。然而宋朝一直很自大,终究没有重视沙州回鹘来使的请求和石延年的与沙州形成"掎角"之势夹击西夏的建议。如果宋朝重视与沙州回鹘联手,正如石延年的战略,一举灭亡西夏,那么宋朝就会与辽国形成南北分治之势。即使后来金国崛起,对于宋朝而言,疆域东西就有了战略纵深,也不至于快速灭亡。宋朝因战略短视对沙州回鹘的冷落,致使回鹘最终倒向后来崛起的金国。据《金史·太宗本纪》记载:"金天会五年,沙州回鹘活剌散可汗遣使入贡。"这说明直到1127年,他们已退出沙州,迁居到了敦煌以南的祁连山一带。这个时间也正是北宋灭亡的时间。

关于沙州回鹘汗国,敦煌石窟中留下了很多资料。在敦煌莫高窟、西千佛洞和瓜州榆林窟发现的回鹘石窟绘画中,可见到回鹘贵族乃至可汗的供养像。莫高窟第409窟建于五代时期,但经过沙州回鹘时期重修。该窟东壁门洞甬道两侧分别绘有两幅供养人画像,早先人们一直以为这是西夏王和王妃礼佛图,但后来研究发现这是个错误,于是改正为《回鹘可汗礼佛图》和《回鹘王妃礼佛图》。东壁门南侧《回鹘可汗礼佛图》中,回鹘可汗雍容华贵,装束完全是回鹘风格。其头戴莲瓣形尖顶云镂高冠，身着圆领窄袖团龙纹长袍，腰配短刀，手持长柄香炉礼佛，颇具威仪。可汗像前下方绘有一位少年，手捧供盘作供养状，其衣冠服饰与可汗像相同，应该是可汗之子，只是袍服上没有团龙纹饰。回鹘可汗身后有侍从 8 名，他们均头戴回鹘军士无檐扇形冠，衣着严整，分别手持伞盖、羽扇、宝剑、弓箭、盾牌、金瓜杖、铁笊篱等仪卫器物。这幅《回鹘可汗礼佛图》是敦煌石窟中保存最完好的回鹘可汗礼佛图，与吐鲁番柏孜克里克石窟壁画及吉木萨尔北庭西大寺

莫高窟第 409 窟 回鹘时代 回鹘王及侍从 段文杰临

中的回鹘可汗、贵族画像中的那种装束几无二致。

在瓜州榆林窟中，可看到与此身份差不多的男回鹘窟主画像。如榆林窟第 39 窟前室甬道南壁的第一、第二身画像就很引人注目。第一身头戴三尖冠，着圆领窄袖褐色大团花长袍，腰带上佩有解结锥、短刀等，其头部左侧有条幅形榜题框，内书回鹘文题记，惜难以辨识；第二身则头戴毡冠，身着绿色小团花长袍，其服饰、面态、体型均与第一身基本相同。二人中间有持杖侍者。在与其相对的北壁上，有与柏孜克里克石窟王后像基本相同的女供养人像。结合其他石窟中窟主画像的分布排列情况，可以认为，南壁中的第一身男窟主画像当为回鹘可汗像，第二身则为回鹘王子像，与其相对的北壁上的女供养人像，则是他们的夫人与侍从。这些画像的存在，从考古实物上佐证了沙州回鹘政权的存在（杨富学《西夏研究》第 3 辑）。

敦煌地区共有 23 个沙州回鹘政权所修建的洞窟。其中莫高窟 16 个，西千佛洞 5 个，榆林窟 2 个。这 23 个洞窟有 13 个洞窟绘有回鹘供养人画像，其中绘有回鹘王、王妃、王子供养像的洞窟就有 6 个。回鹘王和王妃的供养画像

都画在洞窟甬道的两壁，面向佛龛，这是唐、五代以来专门绘制窟主和窟主成员供养画像的位置。回鹘王和王妃的供养画像绘在这个位置，说明他们是这些洞窟的窟主，亦说明他们是此时瓜、沙二州的统治者，即敦煌沙州回鹘时期的回鹘天可汗家族。

当然，还有一说至今还在沿用，其观点是：西夏王李元昊于1028—1036年先后击败甘州回鹘和沙州回鹘占有河西之后，除一部分回鹘人向西逃奔到了高昌回鹘汗国，绝大部分回鹘人留居在河西走廊，成为西夏王朝的国民。回鹘人是一个具有高度文化素养的民族，对西夏王朝的文化产生了很大影响，尤其回鹘人华丽多彩的衣冠服饰备受西夏人青睐，使得西夏贵族男女以及侍从也纷纷效仿。因此敦煌地区的石窟中，才出现了一些西夏贵族穿戴回鹘王室贵族服饰的供养人画像。本书附述这一观点仅供读者参考。

沙州回鹘时期，由于河西有西夏的阻隔，敦煌孤悬西陲，与中原王朝隔绝。因此，中原人很少知道发生在敦煌的历史事件，故正史很少记录这边的情况，使得研究这一时期政治、经济、文化的文字材料非常稀缺。虽然人们勉强找出一些信息，但要么滞后，要么不准确，要么只是一些简单的碎片化信息，因此这一时期的敦煌历史研究很不具体。

藏经洞之谜

1028年，李元昊消灭了甘州回鹘势力。八年之后（1036），李元昊大军渐次征服原本属于归义军政权领地的肃州、瓜州和沙州，从此统治了整个河西走廊。关于征服这三个州的具体过程，没有详细的文字记录，现有史料匮乏、简略。如《宋史·夏国传》寥寥一句记载，（李元昊）"遂取瓜、沙、肃三州"，而其他细节概无所知。莫高窟藏经洞封闭了近千年，是何时何人、由于何种原因将5万余件各种经卷、遗书等文物封存在里面的呢？已成千古之谜。敦煌学专家、学者钻进浩如烟海的敦煌遗书资料中仔细查阅，亦未找到解谜的文字记载，于是纷纷根据其他历史资料进行推测，提出了多种假设。如"避难说""废弃说""书库改造说"等。其中"避难说"较为世人所熟知，其观点认为：藏经洞封闭是在宋初西夏占领敦煌之前，莫高窟的僧人或曹氏族人为躲避战乱，欲逃亡他乡，临逃离前便将经卷、佛像、杂书等藏入洞内封闭，待战乱过后再回来启用。可谁知这些逃亡者一去不返，于是这个被后人称为"藏经洞"（今编号为第17窟）的洞窟，便成为无人知晓的秘密，直到1900年被莫高窟一个道士发现。

莫高窟藏经洞迄今发现的最晚纪年的文书为"宋咸平五年"，即1002年，而且藏经洞内没有发现一件西夏文资料，因此可以推定藏经洞的封闭跟西夏攻打河西有关。1008年10月，李德明派夏州党项四部军声势浩大地攻打西凉府，转而又攻打甘州回鹘，这个恐怖的消息不可能不传到沙州敦煌。也许莫高窟的和尚或曹氏归义军首领，害怕残暴的外族党项大军一旦打到沙州，便会对敦煌进行一场毁灭性的破坏。因此他们除了其他准备外，还把大量的佛教文书和历史文书封存在了藏经洞。而这个封存时间应该在1008年后到1035年之间。有研究认为，藏经洞应该是第七任曹氏归义军节度使曹延禄封闭的，因为藏经洞中藏有一份《宋咸平五年曹宗寿夫妇施经记》（俄罗斯圣彼得堡图书馆），该施经记是藏经洞中纪年最晚的一份敦煌文书，而第八任归义军节度使曹贤顺的相关内容，在藏经洞中不再有任何痕迹，这说明藏经洞封闭在曹贤顺父亲曹宗寿时期。

关于"避难说"，学界还有另一个版本。在宋景德三年（1006），信奉伊斯兰教的疏勒黑汗王朝灭掉了阗佛教王国，这个消息非常有可能由东逃而来的于阗人传到敦煌。当时穆斯林东渐，以摧枯拉朽之势毁灭佛教，他们拆毁寺庙、捣毁佛像、焚烧宗教典籍，这使得沙州佛教势力感到极度恐慌。一些寺院将重要的经卷和佛像、幡画等集中起来，收藏在原来存放各寺剔除的经卷、外典、过时文书、旧幡画、佛像的洞窟中，并将该窟洞口封闭起来，做了必要的掩饰。以后，由于当事人和知情者逐渐离世，藏经洞的情况也就不再为世人所知。

不论是受东边的党项人进攻的威胁，还是对西边的疏勒黑汗王朝灭佛的恐惧，总之藏经洞都封闭在这一时期。但党项人是信奉佛教的民族，为了躲避东边的西夏而封存佛经这个理由似很牵强。而相较之下，喀喇汗朝灭亡于阗王国后强行推广伊斯兰教毁灭佛教文明的行为，很有可能使敦煌僧侣急于封存

290

佛经。

根据推测，藏经洞关于瓜、沙二州的其他方面的消息已无半点记录，这很有可能就是在西夏军征服沙州敦煌之前，敦煌人为了躲避战火把珍贵的历史资料藏到了藏经洞。至于是和尚隐藏还是后期的归义军节度使曹宗寿隐藏莫衷一是。

李元昊称帝

李元昊"性雄毅，多大略"，"晓浮图学，通蕃汉文"（《宋史·夏国传上》）。在他24岁被立为太子时，就表现出勃勃野心。他劝其父李德明背宋自立。李德明告诫道："吾久用兵，疲矣。吾族三十年衣锦绮，此宋恩也，不可负。"李元昊不以为然，争辩道："衣皮毛，事畜牧，蕃性所便。英雄之生，当霸王耳，何锦绮为？"（《宋史·夏国传上》）元昊父子的这番争论意义重大，因为它牵涉到夏州地方政权向何处去的问题。当时，摆在夏王父子面前的只有两条路，一条是继续向宋称臣纳贡，仍旧割据一隅，维持夏州地方政权的半独立状态；另一条是叛宋自立，同宋、辽争霸，继续扩张，走自己独立发展的道路。尽管风险很大，前途未卜，但是李元昊还是大胆地选择了后者。尤其在李元昊夺取整个河西后，军事方面和经济方面的实力都较之前雄厚得多，且河西之地是他极佳的后方基地，能够从各个方面保证他同宋、辽对抗。因此他首先撕毁了已经维持了将近30年的宋夏和约，积极谋划对北宋进行军事侵犯。而养虎为患的宋朝也在此时停止了给予西夏银绢和钱币，停止了沿边榷场的互市，双方的民间商贩及其他往来也从此中断。李元昊称帝后，连续同宋、辽打了四场规模巨大的战役。每次交战双方都投入兵力十几万，这对本来就地域不广、人口欠缺的西夏王朝来说无疑是沉重的负担。

西夏统治敦煌约160年，是少数民族政权统治该地区最长的一个时期。李元昊夺得瓜、沙、肃三州后，很快就折返西夏都城西平府，雄才大略的他心中有一系列的远大计划要去实现。他要仿效北宋王朝建立一整套官制、兵制，制定官民服式，立十二监军司，制定西夏文字，建立年号，更定礼乐，同时还要消除反对他对宋开战的顽固势力，最重要的是，他要登基称帝。宋宝元元年

（1038）十月，李元昊即皇帝位，为了显示其与北宋处于完全对等的地位，他正式定国号为大夏，改元天授礼法延祚，定都兴州，升兴州为兴庆府、凉州为西凉府，随之又将西凉府定为陪都。同年十一月，李元昊亲往西凉府祀神，并采取了一系列治国方略：改革官制兵制；升州郡，益边防；更定礼乐、服饰、姓氏、文字等，从此揭开了党项历史发展的新篇章。

西夏疆域共辖22州，其主要居民有汉人、党项人、吐蕃人、回鹘人、塔塔人等。这些民族除汉族外，大多数是游牧民族。河西走廊地区及敦煌地区，依托祁连山冰雪融水所形成的数条内陆河流的滋润，极富灌溉之利，使得走廊上的每块绿洲都"水草丰美，畜牧孳息"（龚世俊等《西夏书事校证》），极有利于游牧和畜牧经济发展，并且对汉族人的农耕生产也十分有利，为西夏王朝源源不断地提供着赖以生存的粮食、马匹、牛、羊、骆驼等军需和民用物资。

农牧昌隆民富庶　百业不殊中原地

在西夏统治的一百多年中，由于统治者不排斥汉文化，重视经济建设，采纳汉族地区的先进技术和生产知识，在政治、经济、文化、艺术等方面均有很大发展，使河西地区保持着自汉代以来"民物富庶，与中州不殊"的水平，对西夏政权的巩固和发展起到了重要的作用。今天莫高窟和榆林窟保存着大量的丰富而独特的西夏佛教艺术。

宋宝元元年（1038）李元昊称帝，改元天授礼法延祚，国号大夏，全称"白上大夏国"，史称西夏。至此，我国分裂为以宋、辽、西夏三国鼎立的局面。

西夏的地方行政组织也分州（府、军）、县（城、堡）二级制，敦煌仍称沙州。西夏李元昊在兴庆府建国称帝之初，主要是向东与宋、辽争战，无暇西顾。此期，沙州地方还保持有一定的独立性，西夏尚未有效控制沙州，沙州甚至在西夏眼皮子底下，仍向宋朝多次进贡。这说明西夏统治沙州的很长一段时间内，沙州的地方势力仍然很大。大约在西夏天祐垂圣三年（1052）以后，西夏对瓜、沙二州加强了直接控制。西夏建国后，曾在其领地内设置了十二监军司，是分管地方军区的指挥机构。其中西平监军司的驻所就设在瓜州西平（今瓜州东南双塔堡），瓜、沙二州在军事上皆属西平监军司统辖。西夏的地方行政组织建置基本上和宋代相同，分为州、县两级制。西夏统治敦煌地区之后，行政上沿袭唐、宋建置，设置瓜、沙二州，敦煌依旧称沙州。州有"州主""通判""都案"等职，州之下有县、乡等，乡下还有"社"的组织。沙州当时的属县及户口情况，以及西夏王朝统治瓜、沙州时期其他方面的情况，由于史料记载简略缺乏，目前还难以窥见全貌。然而从敦煌莫高窟、瓜州榆林窟等佛教壁画、西夏文题记中，不难看到西夏时期瓜、沙人民生产生活的很多方面和繁荣昌盛的社会面貌。

敦煌地处东西交通枢纽，西夏统治敦煌后，并未对这里的经济文化活动进行过多的限制，因此敦煌地区的商业贸易比较繁荣发达。随着贸易的发展，西夏设立专门铸钱的机构——通济监，铸造自己的钱币，以供市场流通。近年在敦煌莫高窟发现西夏天盛元宝（铁钱）、乾祐元宝等铜铁钱币多枚，同时还发现宋代绍圣元宝、治平元宝、嘉祐通宝、皇祐通宝、祥符通宝、宣和通宝多枚。西夏时期流通货币中有大量宋钱，说明西夏与宋、金商业活动、贸易往来频繁。

西夏王朝统治敦煌以后，与宋、辽、金等通商，贸易往来频繁。西夏本是游牧民族，其境内不缺畜牧产品，但缺少其他生活物资，本地物产难以满足人民生活的需求，故而需要外来物品作为补充。因此榷场贸易的停止对西夏经济十分不利，也对其生存发展影响很大。为维护自身利益，西夏不得不乞和求助。这就使宋朝掌握了西夏的软肋，一旦因战事失和，宋朝就以关闭榷场、断绝岁赐等手段对西夏实行经济封锁。而西夏为了缓解经济压力和社会矛盾，就不得不休战。榷场贸易是西夏对外贸易的主要途径，从零星的史料记载看，西夏榷场贸易之物品，既有畜牧业产品，也有手工业产品，其中不乏土特产。尽管其贸易量不大，但因为是稀缺之物，而备受青睐。此外，西夏时期还有一种和市贸易，即经过两边政府准许的民间自发的市场，这种市场数量众多，有固定的交易地点，分布于边境之地，比榷场的规模小，管理也比较自由松散。再就是贡使贸易，这是西夏政权与中原王朝之间经贸的传统形式。西夏与宋、辽、金等周边政权的经济交往颇为频繁，既促进了西夏本国经济的发展，使其多元化，同时也对周边民族经济的发展起到了一定的影响。西夏时期在敦煌地区实行"一国多制"的充满智慧的羁縻政策，使这个地区的人民不仅可以与各个地区进行贸易，而且可以与境外地区进行自由贸易。值得注意的是，在西夏时对外贸易的物品中，有许多是舶来品，这说明他们的生意随着丝绸之路已做得很远。

通常认为丝绸之路的衰落是从宋代开始，主要因素是航海技术的发达，南方海上丝绸之路成为主要的交通运输通道，使西北陆路交通逐渐没落；另一个原因是西夏的崛起，河西走廊成为西夏的势力范围，由于西夏与宋朝、金朝长期对峙，使东西通道上的国际商业贸易被阻断。此外，为了扼制宋、金，西夏基本上掐断了西域、中亚诸国向中原王朝朝贡的官方贸易。然而西夏中西通道阻断的，主要是官方的朝贡贸易，因而中原正史上对这一时期丝绸之路的情况很少记载。而这一时期的民间贸易从多种迹象反映是比较发达的。敦煌莫高窟在西夏时代的开窟造像之风非常兴盛，说明了丝绸之路贸易仍然可以给敦煌提供大量的资金和物质条件。另外，西夏时期的敦煌石窟艺术，是融合了中原、西藏、西域、印度各个流派之后，形成的具有西夏民族特色的艺术，这正好说明这一时期丝绸之路上的经济文化交流比较频繁。此外敦煌石窟西夏艺术大量使用青金石等贵重颜料，据专家研究，这一类颜料的特征与阿富汗青金石标准样品十分相似，由此可以推测，古代敦煌使用的青金石由阿富汗进口而来，这个情况也说明西夏时期，丝绸之路上的民间贸易依然活跃，事实上陆上丝绸之路在宋代并没有真正衰落。

西夏时期敦煌地区的农业和手工业

瓜、沙二州地区因宜耕宜牧的良好自然条件，地处丝绸之路的便捷交通，农牧业发达，工商业兴盛，为西夏源源不断地提供着军需、民用物资。此时的手工业也较发达，特别是冶金铸造业、皮毛加工业和酿酒业远近闻名。

西夏建国以后，在原有的皮毛加工业的基础上，逐步建立和发展了纺织手工业，纺织业生产除传统的毛织品外，也出现了罗、绢、锦等丝绸织物，这些产品除满足境内需要外，还进行对外贸易。13世纪，意大利人马可·波罗途经西夏故地时，赞叹当地出产的驼毛布为"世界最丽之毡"。如在西夏王陵中发现的茂花闪色锦，织制工艺十分精致。

西夏统治的敦煌地区以农业为主、畜牧业为辅。从敦煌文书以及西夏石窟的壁画中可知，敦煌地区种植的粮食品种主要有麦、大麦、荞麦、糜粟、稻、豌豆、黑豆、荜豆等，也种植麻和棉花，并且开始棉布纺织，甚至还有养蚕业。耕作普遍使用牛耕，耕作的农具有犁铧、镰、锄、锹、磟碡、子耧、耙等。经过西夏的经营，凉州农业迅速得到恢复和发展，成为西夏粮食和物资供应的大后方。

畜牧业是西夏重要的经济来源。西夏立国前，党项族就长期从事畜牧业，有丰富的生产经验。西夏建国以后，由于地域扩大，草原地区增多，畜牧业有了更进一步的发展，在朝廷里设有群牧司统管全国的畜牧业。敦煌地区，"善水草、益畜牧"，在畜牧业方面，主要畜养牛、羊、马、骆驼等，源源不断地为西夏提供着牲畜等军需和民用物资。牲畜品种除军事需要外，还是进行对外贸易的大宗商品。

西夏冶炼技术在当时已很先进，李元昊称帝后，设置了一个"铁冶务"，专门制造兵器甲胄。从敦煌石窟的榆林窟第3窟西夏壁画《锻铁图》可窥知，当时锻铁技术已采用了较为先进的双扇竖式风箱的鼓风设备，这种设备能使火炉温度提得很高，制造出的武器质地精良。使宋人感叹："今贼甲皆冷锻而成，坚滑光莹，非劲弩不可入。自京赍去衣甲，皆软脆不足当矢石。以朝廷之事力中国之使巧，乃不如一小羌乎？"（《西夏传》）此外，西夏锻造的"神臂弓"和"夏国剑"，异常锋利，当时被誉为天下第一，连宋钦宗本人也随身佩带。朝廷还设立"铁工院"，专门管理铁矿的开采冶炼和铁器制造；文思院专门管理金、银、犀、玉等高级用品的制造，以满足统治阶级奢侈豪华的生活。河西一带出土的西夏铜火炮、铜锭、银锭、金碗等，证明西夏工匠已掌握了制模、浇铸、焊接、抛光和鎏金银等高超的金属冶炼铸造技术和工艺。

随着经济的繁荣、文化的进步，西夏酿酒工艺得到改进，酿酒生产逐渐成为一个行业，酒成为西夏社会活动中必不可少的消费品。西凉府境内酒楼、

榆林窟第2窟 西夏 舂米杂技图

酒店分布较广，美酒飘香、酒具精良，成为当地一大特色。为保证西夏特殊酿造技艺不致外传，宫廷、宗室能够千年独享甘洌清醇、芳香沁人的皇宫贡酒，官府仿照中原制度，在国内设置"酒务"机构，指派专人负责日常事务，并通过法律的形式，相应制定了酒政与酒法，管理酿酒作坊，发展酿造业。敦煌石窟的榆林窟第3窟的西夏壁画《酿酒图》，是西夏酿酒的生动写照。根据此图可知，西夏已经掌握了先进的蒸馏酿酒技术，它的发明是酿酒技术的重要进步。在河西走廊，还出土有大量西夏酒具和酿酒用的瓷缸。

另外，敦煌莫高窟、榆林窟壁画中，也有许多反映瓜、沙地区工农业生产的形象资料，可见当时西夏统治时期手工业、农业和商业的繁荣。除了上述《锻铁图》《酿酒图》外，还有《耕田图》《舂米图》《犁耕图》《踏碓图》等，都形象生动地反映了当时的生产生活状况。从中我们也可以了解到，西夏农业生产中，普遍使用了北宋中原地区的先进的耕作方法。

西夏时期敦煌的文化事业

在西夏统治近200年的历史中，敦煌地区的政治、经济、文化等都有较快发展，"与中原无殊"。西夏对瓜、沙地区高度发达的汉文化十分重视，还对吐蕃、回鹘等其他民族文化兼收并蓄，礼遇优待具有较高文化素养的回鹘僧人，很快创立了别具一格的西夏文化。西夏在敦煌地区建立起了行之有效的管理制度，为该地区经济社会发展作出了重要贡献。

佛教在西夏有举足轻重的作用，是巩固西夏政权的主要支柱之一。西夏设立帝师，大量翻译佛经，政府还给寺庙赏赐大量的钱财及生活用品，使得佛教在西夏境内得到前所未有的发展。1087年至1193年，是乾顺、仁孝统治时期，采取了休养生息的政策，社会经济持续发展，文化事业空前繁荣，开创了西夏历史上仁孝中兴的盛世局面。天佑民安年间，皇帝、皇太后发愿，动用大量人力、物力大规模修建佛窟寺庙，使西夏统治时期各地广建佛寺、修造浮图，从敦煌地区的石窟艺术之盛况，足以反映当时西夏佛教的兴盛和发展。在敦煌石窟体系的酒泉文殊山，瓜州榆林窟、小千佛洞、东千佛洞，敦煌的莫高窟、西千佛洞，以及肃北地区的五个庙等地，都有西夏兴建或者重建的洞窟。仅敦煌莫高窟和瓜州榆林窟，现存西夏时期抹壁重绘的石窟就达88个，可见当时佛事活动规模之盛大。西夏中、晚期时，由于大力发展藏传佛教，聘请吐蕃高僧，因此大大提高了吐蕃族的地位。也使这一时期的敦煌石窟中，藏传佛教非常流行。

敦煌一直是一个多民族聚居之地，文化习俗和语言文字比较繁杂，主要有汉、藏、回鹘的文字和文化。西夏统治以后，又给这里带来了西夏文化和文字。这就造成了敦煌地区多种文字、多种文化并存的现象。但在各种文化中，儒学逐渐成为西夏政治制度和思想文化的主要支柱。西夏党项人深受中原儒家思想的影响，统治者效仿和借鉴中原王朝的一整套政治法律制度，并作为立国强国之策。儒家思想在西夏统治地区广泛传播并深入民间社会生活，敦煌地区也不例外。在敦煌的西夏石窟题记中，有不少是对中原皇帝的祝词，反映了儒家有关尊王、以民为本的思想。此外，西夏统治敦煌期间，实行较为宽松的羁縻政策，因其俗以为治，使得瓜、沙二州百姓能够较为自由地发展自身的经济、文化，这为敦煌地区的经济、文化的繁荣提供了良好的发展环境。

然而，党项贵族生性好战，终夏之世，对外战争接连不断，致使敦煌等地的兵役、徭役非常繁重，加上西辽、蒙古铁骑经常性地侵扰敦煌，尤其12世纪以后，旱灾、蝗灾不断，在天灾人祸的双重摧残下，瓜、沙二州经济迅速衰落，社会出现动荡，百姓多流亡他乡，西夏统治下的敦煌社会，因而处于时好时坏的不稳定状态。西夏鞴都六年（1062），西夏毅宗为了发动和北宋的战争，曾向东大肆迁徙沙州居民，敦煌经济社会发展一度被削弱。西夏贞观九年（1109），肃、瓜、沙三州爆发饥荒，百姓流亡他乡严重。

1206—1227年间，由于西夏皇室内部发生宫廷政变，国策变化，夏、金关系破裂，相互连年征战，社会经济凋敝，西夏统治阶级内部矛盾激化，国力严重削弱。光定七年（1217），蒙古军队进攻夏首都，西夏神宗李遵顼命太子据守，自己逃亡西凉府，并遣使请降，蒙古兵退后返回首都。西夏乾定四年（1226）七月，蒙古军围攻西凉府，守将斡扎箦率领军民拼死抵抗，后力尽而降。至此，凉州及河西诸州郡为蒙元政府统治。

西夏统治时期，敦煌整体由盛转衰。时值北宋中晚期和南宋时期，由于西夏始终与北宋为敌，阻止西域各国和西亚商贾使团经敦煌向北宋朝贡，与中原经商，致使中原王朝与西域的交往无法进行，陆上丝绸之路几近断绝。到了西夏末，随着两宋时期海上交通的兴起与迅速发展，中西陆上交通主干线的丝绸之路走向衰落，已居于次要地位，敦煌作为中西交通枢纽、中西经济文化交流之都会的地位也逐渐被边缘化。这期间，敦煌的经济、文化、教育已远远落后于中原，而失去往日的繁荣，失去了丝路贸易中转站的地位。1227年，西夏遭到成吉思汗的毁灭性打击，西夏灿烂的文明基本被抹去，而敦煌石窟中的西夏壁画艺术，却为已消失的党项民族保留下了一部分辉煌的历史文化遗产。

蒙元崛起灭西夏　弹尽粮绝失瓜沙

蒙古族在历史上是东胡的分支，唐朝时称为"蒙兀室韦"，别称"达怛""鞑靼"。原居住于额尔古纳河上游（今内蒙古自治区东北），大约在11世纪时开始西迁，游迁于斡难河和怯绿连河之间。11—12世纪时，在今蒙古草原及周围地区，有许多大大小小的氏族部落。当时的"蒙古"还只是一个部落的名称，后来蒙古部落统一以后，"蒙古"一名就成了草原各部族的总称。

蒙古族是游牧民族，"以黑车白帐为家"，部落的经济发展很不平衡，到12世纪时，大部分从事狩猎游牧，只有少数部落经营农业。《蒙鞑备录》中记载："鞑人生长鞍马间，人自习战，自春徂冬，旦旦逐猎。"12世纪，蒙古族的社会政治经济有了显著发展，他们通过同中原的贸易获得了大量铁器，开始使用铁制的生产工具和兵器，从而推动了生产力，使畜群大量繁殖，阶级的分化更加明显。例如，辽金以来，与汉地比邻的塔塔儿、克烈、翁吉刺、汪古等蒙古部落，受中原文化的影响很大。他们经常以马匹、皮毛换取汉族人的绢帛和铁器，甚至有些部落族人学会了农业生产。西州回鹘的畏吾儿文化也传入蒙古西部的一些部落，乃蛮部已使用回鹘文字。蒙古各部贫富分化日益加剧，出现了部落贵族、牧民和奴隶等阶级与阶层。为了掠夺更多的财富，各个部落的奴隶主互相展开战争。

蒙古高原的众多蒙古部落原为金朝的臣属，随着金的衰落，蒙古部落也开始壮大起来，逐渐脱离金政权的统治。13世纪初，蒙古人逐渐强盛，1204年（金泰和四年），蒙古尼伦的乞颜部首领铁木真（1162—1227）通过发动长期战争，逐步壮大了自己的势力，先后击败了塔塔儿、泰赤乌、篾儿乞、札木合、王罕、克烈、乃蛮等部落，一统蒙古高原，成为漠北诸部的领袖，从此建立了强大的部落联盟，并拥有一支勇武善射的足以东征西讨的马背劲旅。宋开禧二年（1206），铁木真被各部落推举为"成吉思汗"，结束了蒙古长期分裂的局面，建立政权于漠北，蒙古帝国成立，国号"大蒙古国"，作为蒙古族历史的正式开始。成吉思汗在统一蒙古诸部和建国创业的过程中，顺应当时蒙古社会加速变革和发展的要求，采取了各种政治、经济、军事措施，建立起了强大的部落联盟和一支矫健威猛、英勇善战的蒙古骑兵队伍。大蒙古国很快占领了蒙古地区，并四处出征，多次发动侵略战争。1211—1219年，蒙古骑兵连续不断进攻金国，给金朝带来了致命的打击，迫使金宣宗遣使求和；1218—1223年，在成吉思汗亲自率领下，蒙古贵族发动了第一次西征。蒙古大军先后攻灭了西辽、花剌子模帝国、高加索诸国和基辅罗斯诸国，把蒙古国的领土扩展到中亚细亚地区。

成吉思汗在西征花剌子模之际，曾希望西夏给予策应，但因西夏拒绝配合蒙古作战，致使双方交恶。但考虑到西征大计，成吉思汗暂时不动声色，克制住了对西夏的愤怒。但当蒙古征灭花剌子模之后，成吉思汗便立即开始讨伐西夏。在蒙古把西夏作为新的打击目标的军事行动中，尚属西夏统治的河西凉、甘、肃、瓜、沙五州首当其冲，而敦煌成为其最近距离攻取目标。蒙古成吉思汗十六年（1221），铁木真兵伐西域，攻占玉龙杰赤等十余城。

1224年，成吉思汗结束西征，由西东返回军漠北，当进入玉门关时，他对西夏西部的边境重镇沙州，发起了一次试探性的进攻。沙州军民英勇战斗，全力抵抗，致使蒙古军队一个多月攻城不下。蒙军无奈采取"乘夜穴城以入"之策，企图挖地洞进入城内，而西夏沙州守将籍辣思义则以"纳火穴中"的对策，往地洞内投火添柴，使"蒙兵多死"，最终迫使蒙古远征军队败走。这次战斗蒙古骑兵围攻沙州半年，虽然西夏守住了沙州，但人力、物力消耗很大，造成重创，"军民困乏，牛羊驼马殆尽"（《元史·世祖本纪》）。1225年成吉思汗西征归来，再次攻打西夏，取沙州失利，遂东下攻占肃州。1226年春，蒙古大将速不台再次率军越过大漠，收降沙州西南边界的撒里畏吾部。随后东返河西，趁沙州还没有因上次战争恢复元气便再次重兵相向。沙州西夏守将籍辣思义见蒙古军来势汹汹，无以迎战，于是采用诈降之策。他派人以牛羊美酒犒劳蒙古军，而暗中却设下伏兵，企图将蒙古军消灭。蒙古副将忽都铁木儿没有防备，结果中伏。就连阿答赤也险些被俘，兴好亦都护增援军及时赶到解围，才又重新集结蒙古军，继续合围沙州城。西夏军因首战击溃蒙古军而士气大振，连续挫败蒙古军的数次攻城。但终因弹尽粮绝，武器耗尽，使蒙古大军于次年春天攻入城中，全歼城内的西夏守军，从此沙州属蒙元王朝直接管辖。是年六月，西夏李睍降于蒙古，西夏亡国。肃、瓜、沙三州从此属蒙古控制。不久，甘、凉二州府也相继沦陷。

自1224年蒙古军进攻敦煌开始，经过数年艰苦的战斗，直至1227年3月，成吉思汗的蒙古铁骑终于攻破沙州城。从此开始了蒙元对敦煌长达145年的统治。按照蒙古军队的惯例，在破城之后往往施行屠城政策，而敦煌被破城之后是否被屠城，因史料缺乏现今无从知晓。

蒙古灭西夏以后，河西地区成为元宗室的战利品，各地被大汗与诸王分割，大体情况是：术赤之子，成吉思汗的长孙拔都（即八都大王）分得了沙州；察合台曾孙阿只吉分得了删丹（山丹）；肃州为大汗派出的达鲁花赤辖区；1229年窝阔台即蒙古汗位后，又将以西凉为中心的西夏故地分封给次子阔端。此时蒙古已占有了广大西域地区，察合台部将安竺尔并在敦煌设置驿站直抵玉门关，拔都遂据敦煌积极开辟玉门关通道，沿途设置驿站，终于使丝绸之路复通，确保了西域、中亚、欧洲交通的畅通。时敦煌是蒙元王朝东西、中西交通的重镇。

1235—1242年，蒙古第二代可汗窝阔台开始第二次西征，此时金朝大部分土地已被蒙古征服。窝阔台派遣拔都、贵由、蒙哥等率军西进，先在迦勒迦河打败了斡罗思诸部，继而军锋直逼东欧的孛烈儿（今波兰）和马扎儿（今匈牙利）等地。1253—1258年，蒙古大汗蒙哥又派遣其弟旭列兀第三次西征。这次西征占领了阿拉伯帝国的阿拔斯王朝、木剌夷国及叙利亚的阿尤布王朝，蒙古发展成为横跨欧亚的帝国。

蒙古大军一路向西的军事远征，客观上打通了中西交通，对促进中西文化交流具有一定的积极作用。但这个横跨欧亚的大汗国，是一个不稳固的政治军事联合体，没有共同的经济基础，不久就分裂成独立的四大汗国了。因此，其对被征服地的影响也是十分短暂而不稳固的。

元军开垦屯边疆　丝路文化现回光

至元八年（1271）蒙古帝国黄金家族的拖雷四子忽必烈，在中国地区建立了大元帝国，定国号为元；当时蒙古人称为大元大蒙古国。元朝建立，忽必烈随即将沙州纳入自己的直接统辖区。在此前后蒙古帝国分裂成若干互不隶属的四大汗国，其中大元帝国（拖雷汗国）具有全蒙宗主国意义上的地位。蒙古高原地区隶属大元帝国统治。元朝建立后的第二年，改中都为大都（即汗八里），并把大都作为元朝都城。元至元十三年（1276）攻占临安（杭州）。1277年，为了加强中央集权，忽必烈在全国推行行中书省制度，地方行政组织有省、路、府、州、县各级。敦煌随之复置为沙州，隶属于甘肃等处行中书省下设的肃州路，统归元朝中央政府管辖。敦煌不再作为拔都的封地。1279年元世祖忽必烈灭南宋，元帝国统一了全中国。元朝的疆域"北逾阴山，西极流沙，东尽辽左，南越海表""汉唐极盛之际不及焉"（《元史·地理志》），为了便于对西北边疆地区的统治，元朝政府在甘肃设置"行中书省"，简称"行省"或"省"。1280年因"沙州去肃州千五百里，内附贫民，欲乞粮沙，必须自之肃州，然后给与，朝廷以其不便，故升沙州为路"（《元史·地理志》）。并在沙州城内置总管府，直接隶属于甘肃行中书省，统管瓜、沙二州，这样二州的政治中心又西移至敦煌。同时设置了河渠司，统一管理瓜沙地区的农田水利事业。沙州升格为路后的当年，元朝廷对沙州地区农户户口和丁数进行了彻底清查，确定了沙州居民的赋税数目。元朝廷规定了常年田赋，把一些富户多余的耕地，由官府划拨给驻戍沙州的汉族军队屯耕。

元朝廷为了巩固统治，采取了一系列措施加强交通建设。在全国设置驿站，据伊朗志费尼著《世界征服者史》上册描述："元朝领土日广，重要事件时有发生，因此了解敌人的活动变得重要起来，而且把货物从西方运到东方，或从远东运到西方，也是必需的。为此，他们在国土上遍设驿站，给每所驿站的费用和供应做好安排，配给驿站一定数量的人和兽，以及食物、饮料等必需品。"（何高济、翁独健译）驿站分陆站、水站，陆站用马、牛、车，水站用船。"汉地"由兵部统领，"北地"由通政院统领，并于各郡县冲要处所设脱脱禾孙之官，以监察驿政。据《元史·兵志》统计，全国共有1383个驿站。与驿站相辅而行的还有在全国设置急递铺。元制：每十里、十五里或二十里设一急递铺，铺设铺兵五人，步行传递紧急的文书。驿站和急递铺的设置，不仅便于"通达边情，布宣号令"，有利于全国的交通，也有利于边疆各地与内地的交通交流，有十分积极的作用。元朝时期贸易发达，随着贸易路线的转移和海运的发达，河西走廊的地理位置已变得不再那么重要，敦煌的枢纽地位逐渐没落。加上东西大道因改道从瓜州经过，元朝西向的交通大道已不再路过敦煌，敦煌在地理位置上失去了以往的优势，变成中原通西域交通线岔路上的一个不重要的补给站。

但元朝远征西方，版图空前广大，元朝与四大汗国以及西方联系，都必须途经河西。因此蒙元王朝十分重视对河西的建设，对西域的经营和关注不亚于任何一个朝代。早在元世祖忽必烈统治初期，元王朝即令沙州开垦出一些已经荒废的水田来招抚移民。元至元十三年（1276），鉴于敦煌地区重要的战略地位，在中书省的建议下，忽必烈同意贬谪一批罪犯赴瓜、沙二州屯田，其中有戴罪立功的王孝忠等人。1281年，忽必烈更派汉军前来，为敦煌增加了大量劳动力。同时将屯田的范围扩大到了肃、沙、瓜等州。为了大力开发河西，实行屯田，元朝廷不仅给驻戍敦煌的汉军分配耕地，还发放田种、农具，以鼓励农业生产。经过一段时间的屯垦之后，在元成宗时期（1295—1307），敦煌的农业经济已有了较大发展，一时间河西西部一带屯兵济济，营塞栉比，屯垦大军遍布党河流域和疏勒河流域。所产粮食除供给军需外还有剩余，且可以救济饥民。据史料反映，当时仅瓜、沙二州的屯兵，每年除自己食用及储粮，上交政府的屯粮就达22000余石。当时屯垦事业的兴盛，边疆及敦煌地区的繁荣可见一斑。

在大力开展屯田的同时，元朝还曾两次调集士兵和百姓修缮城府。

元大德三年（1299）为了镇压汉族反抗，元朝廷遣蒙古军重兵驻防瓜、沙二州，政治局势稍事稳定，军政势力也趋雄厚。元大德七年（1303）御史台陈言："瓜、沙二州，自昔为边镇重地，今大军屯驻甘州，使官民反居边外，非宜。乞以蒙古军万人分镇险隘，立屯田以供军实为便。"此时，敦煌成为元朝与西北藩王斗争的重要基地。可见元朝对敦煌地区防卫建设的重视。通过元朝对敦煌的经营，13世纪中后期，敦煌一度呈现出了稳定繁荣的景象，意大利旅行家马可·波罗在他的游记中就曾称赞沙州社会安定。

然而在13世纪末的1291年，元朝的一项政策使敦煌一蹶不振，从此走向衰落。据《明史·西域传》《敦煌县志》记载，敦煌一带由于受西南少数民族骚乱的影响，元朝廷对敦煌采取了移民东迁的措施。元至元二十九年（1292）九月，元朝廷强行将大量沙、瓜地区的居民迁离故土，尽悉东迁肃州、甘州一带。并在甘、肃二州交界处划出一片耕种地区，让其安居生产。无耕种生产者，由政府发放农具、籽种和畜力帮其耕种。由于居民的大量迁出，敦煌当地的社会经济受到了毁灭性的打击，以致元成宗（1295—1307）在位前期的瓜、沙二州，仅有部分军队驻扎，所到之处荒无人烟，只见军队在耕地种田。经过这次居民大迁徙，瓜、沙地区曾一度荒芜，沙州路也名存实亡，元朝边疆防务退缩千里之余。

元大德七年（1303），御史台向元成宗提出，放弃瓜、沙实非良策，为了加强边防以防备万一，建议朝廷"瓜、沙二州，自昔为边塞重地，不可忽视放任，今大军内屯甘州，使官民反居外敌非宜，以蒙古军万人分镇险隘，立屯田，以供军实方"（《元史·世祖本纪》）。为了充实和巩固元王朝的西北边防，加强中西交通交流，元王朝采纳了御史台的建议，于是在大德七年派万余蒙古军队屯戍瓜沙，恢复生产后，形势才略有好转。直到元亡，瓜、沙地区一直为军屯区域。

蒙元帝国，自始至终都特别重视西北边陲，尤其对西北战略重镇敦煌，常以宗室诸王坐镇管理。元延祐元年（1314），蒙元王朝在瓜、沙地区设立屯储总管府，后特派诸王阿剌特纳失里出镇沙州。元至正八年（1348），驻镇沙州的西宁王速来蛮因崇尚佛教，在莫高窟刻立《六字真言碑》，碑上有汉文、八思巴文、藏文、梵文、西夏文和回鹘文六种文字。元至正十三年（1353），另一个西宁王牙罕沙也由四川调来驻镇沙州。敦煌因其特殊的地理位置和重要性，是历代统治者为建立稳固政权都必须重视并经营的地区，尤其是蒙元帝国，其兴起于北方，发展扩充势力于西北，在西北大后方的基础上建立了统治地位，自然对中西交通枢纽、西北边陲的战略重镇敦煌格外重视。

速来蛮在莫高窟刻立《六字真言碑》，说明当时的敦煌各族人民和佛教徒共襄佛事盛举的情况。此碑的功德主为西宁王速来蛮及其妃子曲术，太子养阿沙、速丹沙，公主必列怯，驸马桑哥达思。元末至正十年（1350）西宁王速来蛮出资于莫高窟重修皇庆寺，并开凿了洞窟。据《重修皇庆寺记》所载：在重修皇庆寺时，出资的施主不仅有桑奇同知、智宝法师等，还有一位景教徒号称"费教士"。此费教士出资修皇庆寺或许是为了功德，也或许是为了弘扬景教，但都显示了当时宗教政策的宽松。景教早在唐朝就传入中国，起源于今叙利亚，被视为最早进入中国的基督教派。另据马可·波罗记载，当时的敦煌还有穆斯林活动。敦煌莫高窟北区出土回鹘文佛教诗歌中竟有称颂穆斯林和阿拉伯帝国的内容。瓜州锁阳城、玉门西域城、赤金城西北角都为圆形角台，具有明显伊斯兰建筑特点，意在表示对麦加克尔白天房的敬奉。这些足证元代晚期伊斯兰文化在敦煌一带是真实存在的（杨富学《元代敦煌伊斯兰文化觅踪》）。由此可见，在当时元朝的宗教开放政策

六字真言碑 元 莫高窟出土

影响下，敦煌当地存在着多种宗教信仰。蒙古帝国征服世界的历程是先征服中亚、西亚以及欧洲大半个世界以后，回过头来才征服中国。因此他们最先接触了伊斯兰教、基督教、犹太教，而后才接触到儒、释、道。从这个角度看，蒙古帝国倒是见多识广，因此它并不像以往的少数民族政权那样，一旦于汉地或中原建立政权，就马上尊崇佛教并大兴儒学，进行思想控制，以巩固统治，加强皇权的地位。元朝统治时期，不仅儒、释、道并存，对伊斯兰教、基督教、犹太教也兼收并蓄。从这种大环境我们可以想见，当时敦煌也一定是这种情况，这在一定程度上对敦煌佛教的发展产生了的积极影响。

　　元代，是敦煌石窟佛教艺术绝唱。在蒙元统治敦煌140多年的时间里，敦煌石窟相对于前代西夏的开窟数量远远不及，可见当时敦煌佛教发展的没落，其原因有二：一是敦煌地处偏僻，蒙元的统治经济中心在和林与大都，与沙州路（敦煌）相距数千千米之遥；二是元朝统治期间，各民族混杂居住，国内存在很多不同的宗教。元朝统治的前期，宗教方面的态度比较包容，给予了各种宗教广阔的发展空间，对于汉地的儒、释、道也采取同行并重的政策，并不刻意推崇哪一方。成吉思汗对后代就有训令"切勿偏重任何宗教，对各教之

人要待遇平等"（《元史》）。蒙古族虽信奉萨满，但对其他宗教一视同仁，提出宗教自由的口号，所以在长期征战中没有引起宗教纠纷，又达到了不战而屈人之兵的目的。在河西走廊，元朝统治者除了宣扬儒家思想外，还重视道教。成吉思汗西征时，全真教道士丘处机曾随军出征，深得成吉思汗的敬重。元世祖忽必烈在位时，开始推崇佛教，在朝廷的引导和支持下，佛教终于占了上风。虽然敦煌历来是佛教圣地，但在对待佛教徒的政策上，元朝廷则偏重藏传佛教，即所谓"西僧"。元世祖忽必烈就曾召藏传佛教萨迦派第五祖八思巴入京，赐玉印，封帝师，掌全国佛教，其后帝师制度在元朝沿袭下来。此后的元朝历代君主，都对佛教十分推崇。加上元朝和西域往来贸易依然进行，敦煌的本土文化仍然在持续。莫高窟和榆林窟佛教石窟艺术，也在这个时候出现了继宋衰落以后又一个短暂的兴盛阶段，获得了一定的发展机会。这一时期，敦煌修建的洞窟不多，现存只有9座。在建筑风格上，元朝兴建的洞窟基本承袭前朝，唯一的创新就是增加了圆形阶梯式佛坛，并置于洞窟的中央。元朝新建石窟虽然比较少，但艺术造诣却普遍较高，其中莫高窟第3窟千手千眼观世音像最为精彩，是元代敦煌壁画的代表作，也是我国现存元代佛教艺术难得的珍品。此外，由于密教萨迦派的特殊地位，敦煌的元代洞窟中出现了引人注目的西藏式密教艺术，但相对来说这样的洞窟数量是极少的。

　　元代后期，因藏传佛教地位崇高，一些喇嘛恃宠而骄，仗势欺人，在河西地区胡作非为，严重损害了当地人民的利益，使人们对佛教的信仰产生了动摇，也给地处河西的敦煌佛教的发展造成了不利影响。更由于政府兼容的宗教政策，敦煌石窟在佛教史上的地位与前代相比，已不可同日而语，因此这一时期的佛教发展走向了衰落。元朝晚期的敦煌，因丝绸之路改道从瓜州经过，其地理位置已经变得不再那么重要，自西汉以来从中原去往西方的交通大道已不再途经敦煌，敦煌沦为丝绸之路岔道上的一个补给站。元朝灭亡以后，丝绸之路日益萧条，河西走廊渐渐成了人烟罕见的荒芜之地，敦煌莫高窟也逐渐没落。兴建工作基本停止，无论是统治者还是百姓，都很少再念及当初繁盛无比的敦煌莫高窟。

蒙元时期，河西走廊又迎来了一个民族大融合的新时代，曾经在此非常活跃的几个民族，从此消失在历史的长河中，不再见于史册记载。13世纪初叶，蒙古军队西征期间，一些中亚和西亚的民族连同他们的文化和宗教信仰传入我国；也有一些波斯人、阿拉伯人，不断地被迁发或自动迁徙到我国，对河西走廊地区产生了重要影响。特别是那些信仰伊斯兰教的中亚人，他们主要以驻军屯牧的形式，以工匠、商人、学者、官吏、掌教等不同身份，散布在我国各地。他们是当时"色目人"的主要部分，被称作"回回人"，这就是起源于元代，最终形成于明朝的我国的一个新民族——回族。"回回"是"回鹘"的音转，今天的回族中包含他们的后裔。在元朝统治敦煌期间，瓜、沙地区及邻近地区，除汉族和蒙古人外，还有回鹘人、吐蕃人生息繁衍。而一些由西而来的波斯、印度、大食等国的使节、僧侣、商团等，也取道瓜、沙前往中原内地，进行政治、经济、文化交流活动。

元至元十一年（1274），著名意大利旅行家马可·波罗，沿"丝绸之路"到达敦煌，并游历了敦煌全城，在他的《马可·波罗游记》中记载了敦煌的情况："人们信奉佛教，有少部分基督教徒和回教徒，不经营商业，盛产小麦。"说明敦煌在当时不过是一个偏僻的农业小县。

DUNHUANG
THE BIOGRAPHY

敦煌 传

明清沉寂　宝藏再现　第六章

斯坦因在敦煌发掘文物 斯坦因摄于 1907 年

明初无力控关西　卫所羁縻行招抚

元末天下大乱，朱元璋乘势崛起，元至正二十四年（1364）建立西吴政权，元至正二十八年（1368）在应天（南京）称帝，大明开国，改元洪武，是为明太祖。同年，朱元璋的北伐军攻克元大都，蒙元中心势力退至漠北，结束了元朝的统治。这一年标志着在中国统治近百年的元朝宣告结束，从此大明王朝开始了长达276年的统治时期。

明朝建立后，朱元璋的军队所向披靡，大举北征，迫使元朝退出中原，避居漠北，史称"北元"。北元君臣一心"欲图恢复"中原统治，拒不认输，负隅顽抗，给新生的明王朝带来了极大的政治与军事压力。洪武君臣受到洪武初年一系列军事成果的鼓舞，已从最初的"驱逐胡虏，恢复中华"的认识，发展为"一扫胡尘，永清沙漠"，彻底消灭北元，实现"惟我大明，主宰华夷"的全面一统思想（卷下《诏阿札失里》）。明洪武二年（1369），明军越过冰封的黄河，先后收复山东、河北、河南、山西、陕西东部等中原王朝的传统统治地区，基本恢复了中唐以后中原王朝之疆域格局。此时，亡元名将扩廓帖木儿（汉名王保保）依然雄踞河西，屡次侵扰明边以示对抗。为彻底消除扩廓帖木儿对边疆地区的威胁，明军兵分两路，一路由徐达统领，向西进攻，尽收陕、甘失地；另一路越长城北上，直捣北元汗廷，连占数地。经此一役，扩廓帖木儿军与北元汗廷皆受重创，明军基本光复了汉唐除河西走廊之外的传统统治地区，一改中唐以来汉族为北方民族所压制的军事态势。然而，明军的这一系列军事行动，并未达到彻底消除扩廓帖木儿威胁的战略目的。明洪武二年（1369）十二月，扩廓帖木儿得知徐达率军自陕西南还，遂率军进攻兰州，企图切断明王朝与西域的通路。明兰州守将张温出战失利，致元军兵临城下。但元军屡攻失利，围城数月不得，又闻明援军将至，不得不撤军。兰州之围遂解。

明洪武五年（1372），朱元璋兵发河西，全面扫荡亡元残部，希望能一举消除北元对明朝北方的威胁，巩固明王朝政权，同时打通中西通道，发展与西域的经贸关系。他以徐达为征虏大元帅，统兵15万，兵分三路向西开发。其中，征西大将军宋国公冯胜、傅友德进兵河西。六月初，傅友德以骁骑前驱攻克安定、兰州等，消灭元军数万。继而西上攻占西凉（武威），击败北元失剌罕。再至永昌忽剌罕口大败北元主力军太尉朵儿只巴部。随即直捣甘州，大败元将失剌罕兵，俘虏敌兵十万，缴获牲畜十余万头。随后攻取肃州（酒泉），于扫林山（酒泉北）大败北元军，斩首400余级，俘虏北元太尉锁纳儿加、平章管着等人，大部分元兵缴械降明。

同年六月三日，北元将领上都驴以830余户投降西路军。继而冯胜大军自肃州沿弱水北上突袭亦集乃城（今内蒙古额济纳旗黑水城），迫使北元守将卜颜帖木儿献城以归附。冯胜以化外之地不可守，便焚城而去。接下来，明军开始向甘肃行省的最西境，即察合台后王的一支出伯后代所占的瓜州、沙州与哈密三地方向进发。史书记载："至亦集乃，乃败俞宝兵，分兵守扼关塞。冯胜乃遣友德又率兵追击俞宝于瓜、沙州。"于瓜、沙二州击溃元军，战绩显著，俘获北元岐王的金、银大印和牲畜2万余头，驻守敦煌附近的元屯垦兵士全部缴械投降，沙州遂为明朝所统辖。至此，明军便占领了除哈密外的甘肃行省的所有地区。然而，北伐的另外两路相继战败，冯胜因局势之需从而全线退出甘肃。在北元势力的反扑下，元朝的残余势力很快重占敦煌一带。明朝未能在敦煌建立起牢固的统治。

为了防止蒙古的侵扰，阻止北元东进，冯胜在班师途中，选址在河西走廊中部，东连酒泉、西接玉门、北靠黑山、南依祁连的峡谷地带修筑了嘉峪关，以其咽喉要地屯兵固守。关城始建于明洪武五年（1372），历时168年，于1540年建成完工。据《秦边纪略》所记："初有水而后置关，有关而后建楼，有楼而后筑长城，长城筑而后可守也。"嘉峪关，被誉为"天下第一雄关"，"终明之世，边防甚重，东起鸭绿，西抵嘉峪，绵亘万里，分地守御"。雄踞万里长城西端终点的嘉峪关，峭立嘉峪山之麓，巍峨宏伟，险峻天成，气

嘉峪关 莫理循摄于1910年

势磅礴，"连陲锁钥"，是明代万里长城防线上的重要军事要塞、河西第一隘口。经过20年的征战，朱元璋统一全国。其疆域最广时，北达乌第河，东至日本海，西到哈密，南境包括西藏在内的西南及东海南海诸岛尽在大明版图。

"关西七卫"，明朝初期西北边疆的前沿阵地

元明之际，嘉峪关以西包括敦煌一带，主要是蒙古族、藏族、畏兀儿、回族、哈剌灰等各族杂居之地，诸多势力错综复杂。由于元代后期，丝路改道，且迁瓜、沙汉族居民于肃州、甘州境内，致使关外民力衰微，耕种无人，水利废置，沙侵良田，地理环境变得非常恶劣，已不利于大军驻守并难以进行大规模的屯垦及防务。此外西域各地面归属不一，相互攻伐不断，形势严峻。所以明朝放弃了对嘉峪关以西的实际控制。在夺取陕西、甘肃诸镇之后，即修筑嘉峪关，"太祖定陕西、甘肃诸镇，嘉峪关以西置不问"（清·查继佐《罪惟录·外藩列传·哈密》）。但为了巩固西北边疆，经营西域，加强和维护明朝同西域及中亚等地陆上往来交通的畅通，明王朝尽占河西走廊及敦煌地区后，在肃州（酒泉）嘉峪关以西至哈密，分别建立了相互紧密联系的7个羁縻卫所。每个卫兵员5600人，每个所兵员1120人，实行军、民、政合一统治。它们分别是安定卫、阿端卫、曲先卫、罕东卫、沙州卫、赤斤蒙古所（后改卫）、哈密卫，史称"关西七卫"。又因七卫首领皆为蒙古贵族，故其又名"蒙古七卫"。其中哈密卫是明王朝西北地区的最前哨；设在敦煌地区的罕东卫和沙州卫则直接担负西域防线军马粮秣的供应，与明王朝的关系更为密切，因为如若敦煌不保，明王朝的西域防线也就不可能存在，也就无所谓经营西域了。

关西七卫，也称"西北七卫"，其设置的先后顺序是安定卫、阿端卫、曲先卫、罕东卫、沙州卫、赤斤蒙古卫、哈密卫，后沙州卫内迁，在其故地又设罕东左卫。其中安定卫、阿端卫、曲先卫、罕东卫、罕东左卫归西宁卫管辖，沙州卫、赤斤蒙古卫和哈密卫归肃州卫管辖。诸卫中除了原来游牧于青海湖北部的罕东卫与罕东左卫外，分布于撒里畏兀儿之地、河西西部、哈密等地的安定、阿端、沙州、哈密诸卫均由察合台后王集团转化而来。关西七卫设立后，与明王朝在政治、经济、文化等方面产生了一系列的联系，对明代的西北边疆形势有重要的影响和作用。

在政治上，关西七卫的设置屏蔽了西陲，保证了西域往来和入藏的使臣商队等安全通过，使明政府可以将国防防御力量专门用以对付蒙古的瓦剌和鞑靼。正如当时明兵部所言：关西七卫"犬牙相制，不惟断匈奴右臂，亦以壮西土藩篱"，使"西戎、北虏两不相通，则边疆可永无虞，而国家之固如磐石矣"（《明史·西域二·曲先卫》）。明朝设立关外卫的目的是巩固西北边防，加强对西域地区的控制，维护明朝与阿拉伯和中亚各国的贡路畅通，并为朝贡提供某些服务。从实际效果看，明朝统治者的政治目的基本达到。关西七卫虽然偶发一些问题，但总体上能够执行朝廷国策，协同明军守土卫疆。当七卫力量强盛时，明朝只需北防蒙古贵族的侵扰而无西顾之忧。

明代虽然闭锁了嘉峪关，西北疆域似乎仅限于关内，但实际上洪武、永乐时期，明廷对西域的政策还是比较积极的，其效果不亚于汉唐盛世。这主要体现在明初积极经营西域，对关西七卫的控制和安抚比较得当，使各卫不仅利于沟通内地与西域的联系，而且起到了明王朝西陲屏障的作用。关西七卫中的哈密卫，地位最为独特。哈密卫，横亘东西交通，是中原内地与中亚、西域乃至欧洲诸地进行政治、经济、文化联系的枢纽，是"西北诸胡往来之衡要路"，是明王朝对西域诸国的接待站、中间站、诸番朝贡驿宿之所，同时也是防御外敌入侵的西部前哨。明初对哈密卫的严密控制与妥善经营，使行将衰落的古丝绸之路获得了一段最后的荣耀。到宣德年间，哈密几乎形同中原内地州县，如宣德元年（1426），明宣宗朱瞻基即位，大赦天下。哈密和内地一样，"自诏谕至日，以前所犯，罪无大小悉数不问"。

在经济上，关西七卫对明朝的经济依赖，也有利于明廷对诸卫的控制。关西七卫的设立，对促进西北与内地经济发展发挥了积极作用。在贡赐贸易中，贡使的往来促进了两地间的经济繁荣和生产发展，满足了西北与内地经济的互补性与物资流通的需要。关西七卫向朝廷的贡物多为良马、骆驼、各种宝石、禽兽毛皮、金银器具等物，为内地所急需或少见之物。而明王朝回赐多为彩缎、纻丝、绢、纱等，均为七卫所缺之物。贡使到京，除回赐外，明廷有时还额外给赏赐。对七卫求讨之物，明政府大都应允。在经济来往中，七卫获利更多。明初，朝廷与少数民族经济往来的指导思想是"抚纳远人""厚往薄来""宁厚毋薄"，并且于"边关立互市"，创造条件鼓励各民族自由贸易，允许贡使利用进贡的机会互市，以携带的各种土特产换取各种生活必需品和药材，满足买卖双方的需求。此外，七卫与朝廷间的朝贡贸易以及青藏、西北少数民族地区的"茶马交易"，几乎成了明王朝的军国大政和基本国策，朝廷从中获取了所需的大批战马，"以供边军征战之用"。总之，关西七卫的蒙古民族通过贡赐贸易、互市贸易、茶马贸易等与中原地区发生广泛的联系，学习汉族先进的生产技术，推动了本民族的经济发展，平衡了两地的需求。在汉族人的影响下，更多的蒙古人开始了农业定居的生活。明初之时，七卫与明朝的经济往来成为明朝与关西七卫关系的主流，蒙汉商业往来更加频繁，形成了独特的贸易景象。七卫的设立，对于西北少数民族和汉族人民的经济发展，具有不可替代的作用。

在这种柔远镇迩、包容开放的政策措施下，明初有五六十年，西域各国朝贡之使岁岁不绝。然而明廷内部，在对待少数民族和经营西域的问题上，却有两种不同的观点。明成祖朱棣时，对少数民族厚加纳抚，体现朝廷怀柔之意。但也有不少官员认为通西域是莫大的浪费。朱棣之子朱高炽即位，就成了这种消极保守派的代表,对少数民族的一些优惠政策"悉皆停止"。从此明王朝积极的周边路线明显改变,虽然西域与中原的关系并未因此完全中断,哈密与中原的关系仍在继续,但明廷的政策已日益退却,从对边疆的厚待发展到经济封锁,无休止地互相掠夺,频繁内乱,也使诸卫人民生活日益艰难。此后边备松弛,朝廷对关西七卫的控制也逐渐减弱。哈密失去明王朝的有力支持,自身又因"其王率庸儒,又其地种落杂居,一曰回回,一曰畏兀儿,一曰哈喇灰。其头目不相统属。王莫能制。众心离散,国势渐衰"。到明宪宗成化年间(1465—1487),哈密卫为吐鲁番割据政权侵占。哈密部分部众只好退居苦峪(今瓜州),最后其残余部众再退到嘉峪关内的肃州。吐鲁番以哈密为跳板,又步步侵寇甘、肃二州。到正德末嘉靖初,即16世纪上半叶时,哈密以东的安定、曲先、赤斤、罕东诸卫,一方面因为吐鲁番、瓦剌之侵袭,一方面由于蒙古亦不剌等部的侵略,各卫人民"相率求内徙",七卫终于凋零殆尽。

当然,关西七卫的设立,在政治上也表现了明朝初年战略消极的一面。因为七卫与明王朝之间的政治隶属关系带有明显的羁縻性,明政府对其管辖不像对内地卫所那样严格,故而关西诸卫有时会做出违背明朝意愿,甚至有损明朝国体和利益的事。例如劫杀明朝使臣,抢劫西域贡使,使朝廷震怒,派大军讨伐。此外,关西七卫有时抗旨,不服从明朝指挥,如明正统四年(1439),沙州卫都督同知困即来得到皇帝同意,去哈密索要从沙州逃去的130余人口,哈密不还。明朝给哈密忠顺王直接下命令,依然不还。后来再次索讨,也只还了一部分。明正统九年(1444),罕东卫奄章部占据沙州,赤斤都指挥革古者接纳沙州卫叛亡之徒,沙州卫都督困即来屡诉于朝廷,朝廷"数遣敕诘责","诸部多不奉命"。

沙州、哈密是元朝甘肃行省最西端的两个地区,也是较为特殊的两个地区。元世祖忽必烈时期,察合台汗国因内部争夺汗位而发生分裂。失利的出伯系察合台后王,在元朝中央的扶持下被安置于沙州、哈密二地,形成了另一个察合台兀鲁思,并借助其威望,以牵制察合台汗国,维持元朝西部边疆的安宁。直至明朝初年,这一察合台后王集团仍是嘉峪关外的实际统治者,明初的关西诸卫,主要是由该集团转化而来。诸卫之上还设有两个王号,目的是利用该集团察合台正统的政治资源，使西陲平稳过渡到明朝统治之下。明朝继承元朝传统，以较小的代价实现对嘉峪关以西的统治，虽然暂时行之有效，但由于这是以放弃对西域的积极经营为代价的，故而并不能从根本上解决西域问题。洪武、永乐年间，东察合台汗国、帖木儿帝国便已开始经略东方。明中后期，虽然西域地区再次回归到政权林立的形态，没有哪个势力发动对明朝的大举进攻，但却逐渐攻陷关西七卫，使明朝无法控制西域事务，整个西部防御也变得十分薄弱。

退守闭锁嘉峪关　旷无建置两百年

敦煌地区的沙州卫

明初，冯胜攻克甘肃，最终于瓜、沙大败元军。明太祖朱元璋效法汉武帝于甘肃设重镇，隔绝蒙古族与藏族。在嘉峪关外以西建立蒙古人统领的七个卫所。沙州蒙古王子阿鲁哥失里，为速丹沙之子，即《贵显世系》所记：阿鲁哥失里与元代西宁王一脉相承。豳王家族在哈密覆灭后，西宁王一支困即来部为蒙古酋长，后归顺明代，转化成明代沙州卫。

沙州卫，明羁縻卫名。以内附蒙古部落置。据《明史·西域传》记载："沙州卫。自赤斤蒙古西行二百里曰苦峪，自苦峪南折而西百九十里曰瓜州，自瓜州而西四百四十里始达沙州。汉敦煌郡西域之境，玉门、阳关并相距不远。后魏始置沙州，唐因之，后没于吐蕃。宣宗时，张议潮以州内附，置归义军，授节度使。宋入于西夏，元为沙州路。"

《明史·西域二·沙州卫》载：洪武二十四年（1391），蒙古戍卒长期屯田于瓜、沙二州党河、疏勒河流域。明朝出兵哈密时，收降了驻守沙州的蒙古后裔诸王阿速歹的长子"蒙古王子阿鲁哥失里遣国公抹台阿巴赤、司徒苦儿兰等来朝，贡马及璞玉"，缴获战利品无数。永乐二年（1404），明王朝在嘉峪关以西八百里的敦煌置沙州卫，卫治在唐沙州故城旧址，其东接赤金蒙古卫，南至安定卫，西北为哈密卫。同年，沙州蒙古"酋长困即来、买住率众来归。明朝廷在敦煌置沙州卫，授二人指挥使，赐印诰、冠带、袭衣。已而其部下赤纳来附，授都指挥佥事"。沙州酋长归降后，明成祖遂下令在敦煌设置沙州卫，任命这两位蒙古族酋长为指挥使，沙州敦煌成了明朝的羁縻边卫。买住死后，困即来独掌沙州，当时占据罕东卫（位于新疆和田地区）的其他少数民族及瓦剌等多次寇逼敦煌，沙州常年不得安宁。永乐八年（1410），明廷提拔困即来都指挥佥事，"困即来掌卫事，朝贡不绝"。困即来执掌沙州卫期间，尚能忠于职守，为丝绸之路上的贡使保驾护航，曾受到大明皇帝嘉奖。明宣德二年（1427）二月，沙州卫掌卫事都督困即来向皇帝奏报说：因年荒人饥，又缺乏谷种，想向朝廷借一百石种子播种，待秋收后一定奉还。皇上回复：番人也是朕的子民，何言相借？于是命令总兵官拨付百石粮种赐于沙州，并赐予钱财、丝帛。（《明宣宗实录·卷二十五》）宣德七年（1432），沙州卫又奏旱灾，宣德皇帝又命肃州官府拨付粮种五百石。在沙州设卫管理敦煌的30多年间，由于明政府安抚得力，沙州地区一度出现了"户口孳息，畜牧富饶"的景象。

然而，由于明王朝对沙州等卫实行任其所为的自决自治的羁縻政策，导致敦煌长期受到哈密和吐鲁番的侵扰。而其他一些卫所也时常相互侵夺人畜。永乐年间，驻牧于青海北部的罕东卫贵族内部爆发争战，其中庵章一部"与种族不相能，数仇杀，乃率其众逃居沙州境"，明朝廷准许其于罕东卫与沙州卫交界地区耕牧生息，并年年向肃州缴纳马匹。后庵章部落日渐繁荣，故不再受罕东统属而自成体系。到了明宣德七年（1432），庵章之子班麻思结，因洪熙年间配合明军讨伐咽曲有功，被明王朝授予罕东卫指挥使，并准许其居住沙州，不再返回罕东卫。宣德十年（1435）被提升为都指挥使佥事（《明史·西域二·西番诸卫》）。此时班麻思结的部落更加人丁兴旺，愈加强势，因此在他统治时期，其部族对沙州卫困即来的领地时常掠扰。由于困即来不堪班麻思结、哈密及瓦剌势力的多重威胁，最终于明宣德十年（1435）率部下200余人撤离沙州卫，而被明王朝安置在瓜州的苦峪城一带。

明正统四年（1439），困即来留守沙州卫的部属130余户，在都指挥阿不花等人的率领下逃往哈密。困即来在明王朝的支持下，向哈密索回以都指挥桑哥失力为首的84家部族。明正统九年（1444），困即来去世，其长子唢南偕

318

弟朝见明朝皇帝，皇上授喃南为都督佥事，授其弟都指挥使，并给予赏赐并告诫训谕后返回沙州。然而不久，哥俩争位激烈，各自为营，引起部众不满，欲各自逃散。明甘肃镇将任礼先派人到沙州予以安抚，劝其勿持异端，安守沙州。而喃南表面上服从，暗中却伺机率众西投瓦剌。正统十一年（1446），沙州卫蒙古都督纳格尔兄弟相互争斗，明将甘肃总兵任礼趁其军心涣散，领重兵趁机收复沙州，迫使喃南率其部众逃奔瓦剌。其时任礼把沙州卫喃哥部众仅剩的200余户汉民共1230余人迁入嘉峪关内的甘州地区，使沙州一度成了真空地带。这样沙州卫仅存在了40多年便被废弃了。喃哥部族在甘州暂居六个月后又被内迁到山东平山、东昌一带。沙州卫喃哥部族从此在山东分几处务农为生，在一个陌生地方开始新生活，并最终融入当地社会当中。

喃哥蒙古部族东迁后，沙州地区更加空虚衰败，几乎成了无人之境。明宣德七年（1432），罕东部奄章之子班麻思结于明洪熙元年（1425）曾随李英征安定、曲先有功，授罕东卫指挥使，但所部仍属罕东卫一部分。自沙州卫迁徙到嘉峪关内，先前驻牧于罕东卫与沙州卫交界地区的班麻思结，率其部族趁机占据沙州全境，居沙州而不还。"朝廷屡勒还本卫，不奉命。正统中沙州全部内徙（甘州）后，结遂尽有其地。"自此，沙州即为罕东蒙古部驻牧。

明成化十五年（1479）至明嘉靖七年（1528）共49年间，敦煌设罕东左卫。据《敦煌县志》卷七记载："罕东左卫，在沙州卫故城，宪宗时始建。初，罕东部人奄章与种族不相能，数仇杀，乃率其众逃居沙州境。朝廷即许其耕牧，岁纳马于肃州。后部落日蕃，益不受罕东统属。至其子班麻思结，洪熙时从讨曲先有功，赏未之及。宣德七年自陈于朝，即命为罕东卫指挥使，赐敕奖赉。然犹居沙州，不还本卫。十年进都指挥使佥事。"

明成化十五年（1479）九月，班麻思结卒，其孙只克嗣职，部众日益强盛。此时，沙州西部的吐鲁番日渐强大，已侵占哈密，对沙州带来了极大的安全威胁。只克部与吐鲁番接壤，为了与吐鲁番抗衡，故想向明廷请求自立一卫。于是，成化十五年九月，只克向明朝"奏请如罕东、赤斤例，立卫赐印，捍御西陲"（《明史·西域传》）。明朝为了制衡吐鲁番，保障沙州的安全，遂准其所请，于明成化十九年（1483）在沙州故城置罕东左卫，习惯上仍称为沙州卫，令只克仍以都指挥使以统领敦煌地区。当时兵部嘱咐曰："近吐鲁番吞噬哈密，罕东诸卫各不自保，西鄙为之不宁。而赤斤、罕东、苦峪又各怀嫌隙，不相救援。倘沙州更无人统理，势必为强敌所并，边方愈多事。宜如所请，即于沙州故城置罕东左卫，令只克仍以都指挥使统治。"只克从之。成化二十一年（1485），甘肃守臣言："北寇屡犯沙州，杀掠人畜。又值岁饥，人思流窜。已发粟五百石，令布种，仍乞人给月粮赈之。其酋只克有斩级功，亦乞并叙。"所以提拔只克卫都督佥事。明弘治十七年（1504），瓦剌及安定部大肆掠夺沙州人畜，沙州指挥使只克势弱屡挫不能自保，被迫至嘉峪关请求援助，而明王朝只是拨粮赈济，并宣谕：安定、瓦剌"二部解仇息争，不得构兵招衅"。可见明王朝已对经营沙州、西域以及中西交通不再重视，自此以后，沙州事态日趋恶化。

罕东左卫期间，吐鲁番势力强大，他们四处侵占掠夺，曾多次东下骚扰河西州郡。正德十年（1515），吐鲁番攻沙州蒙古，1516年，只克去世，由其子乞台执掌沙州卫。此时吐鲁番满速儿汗重新占领哈密，也使沙州屡遭侵扰抢掠。由于沙州常年受瓦剌、安定以及吐鲁番的轮番扰掠，甚至乞台还被胁迫入侵肃州。使得沙州罕东左卫的势力衰弱不振，已难在敦煌地区驻牧生存，无奈请得明王朝批准，乞台趁机率部分部众迁入嘉峪关肃州（酒泉）境内定居耕牧，以保部族人等平安。乞台内迁后，其部下帖木哥、土巴二人仍居住在沙州，因不愿离开水草丰美、利于农牧的沙州，故降附于吐鲁番统治之下，以求得生存和发展。但吐鲁番贵族横征暴敛，每年都要强迫交纳妇女及大量牛马牲畜。由于实在忍受不了吐鲁番的征苛，帖木哥、土巴二人于明嘉靖七年（1528）率其部众4500人入关归附，沙州遂为吐鲁番占领并被长期掌控，完全脱离了明王朝的羁縻。与此同时，明王朝对西北边地区和西域的控制日益松弛。明嘉靖三年（1524），明朝彻底退守嘉峪关，沙州事实上已经被废弃。嘉靖八年（1529），明朝又放弃了通向"西域之襟喉"哈密。明王朝设置关西七卫的目的本为"屏蔽西陲"，自沙州卫被废开始，其余诸卫也多渐渐不能自立，相继崩溃，要求内徙。故《明史·西域传》记载，自此"先时，太宗置哈密、沙州、赤斤、罕东四卫于嘉峪关外，屏蔽西垂。至是，沙州先废，而诸卫亦渐不能自立，肃州遂多事"，关外之地与明朝彻底断绝了联系。明嘉靖十八年（1539），明王朝在少数人"闭关绝贡"主张甚嚣之下，封闭嘉峪关，从此瓜、沙二州的敦煌地区，旷无中原王朝建置近二百年，沦为新疆吐鲁番游牧民族的游牧之地，自西汉武帝建立敦煌郡，实行屯田耕种，以农耕为主的农业文明在敦煌至此消失。而此时的莫高窟，也已是香火中断，人迹罕至，沦为草狐野兔出没之地。吐鲁番汗国统治敦煌时期，是敦煌历史上最灰暗的时期。这一时期，敦煌地区"百里断烟，地不生禾"，良田抛荒，水利废置，社会萧条，经济凋敝，成为荒野牧地。

吐鲁番汗国占河西

明朝正统年间（1436—1449），东察合台汗国后裔吐鲁番逐渐强盛，酋长也密力火者称王。他开始大力推行伊斯兰教，向瓦剌部用兵，甚至夺取了中亚一些帖木儿后裔的领土，并开始武力征讨哈密国。成化八年（1472），吐鲁番苏丹阿力（即羽奴思，1428—1486年在位）率兵攻破哈密，掠王母及金印，哈密卫迁到苦峪（今敦煌市东北）。成化二十二年（1486），苏丹阿力去世，其子苏丹阿黑麻（1486—1504年在位）继任。阿黑麻曾多次击败瓦剌人，为了吞并哈密国，阿黑麻迁都吐鲁番，这时明朝又改他们的名字叫吐鲁番，后世也常将该国称为吐鲁番汗国。明成化十八年（1482），甘肃抚臣王浚遣畏兀儿人罕慎率领哈密卫、罕东卫、赤斤蒙古卫万人，夺回哈密城，再连克八城，恢复故土，明朝廷封其为哈密国忠顺王。明正德十年（1515）正月，阿黑麻之子苏丹满速儿（1504—1545年在位）遣火者他只丁进犯赤斤卫、苦峪卫（瓜州）等地，烧杀掠夺。同年四月，满速儿更加骄横，四处掠夺嘉峪关外卫所，并与瓦剌结盟进犯河西走廊。正德十一年（1516）十一月，满速儿再次进占哈密，并分兵攻占沙州，继而亲自率万余骑兵进攻嘉峪关，入寇肃州。明军嘉峪关游击将军芮宁率领七百部队在沙子坝抵御敌军，但兵败阵亡，全军陷没，嘉峪关失守，满速儿遂屠城杀掠。嘉靖四年（1525）二月，吐鲁番将领牙木兰再次占领哈密，并被苏丹满速儿遣往沙州，主通贡事。后来满速儿疑其与明朝暗通，欲和罕东等卫头领共杀之，迫使牙木兰于嘉靖七年（1528）夏，率部2000人与罕东卫帖木哥等投奔肃州。被明廷迁置于湖广，居鄂城，后广买田地，盛置宅业，家道殷富，成为东南一大贾胡。

明朝发展到这一时期，河西走廊已经彻底被边缘化，沦为明王朝历史舞台的配角了。明正德年间，关西七卫逐渐被吐鲁番蚕食。到了明嘉靖三年（1524），人众散徙关内，闭嘉峪关自守，关西地区遂沦为关外蒙古等各民族游牧的场所，"虽皆敦煌旧境，然自明代以来，鞠为茂草，无复田畴、井里之遗"（《清代康雍乾时期入迁河西走廊移民研究》）。吐鲁番控制了河西走廊后，苏丹满速儿勾结瓦剌与明朝作对，最终吞并了哈密国，其势力范围直达嘉峪关。由于信奉伊斯兰教的领者吐鲁番族的进入，信仰佛教的敦煌原住居民全部内徙嘉峪关内，使千年莫高窟香火中断。这也是莫高窟现存492个有壁画塑像的洞窟中，有前代的元时期洞窟，也有后代的清时期洞窟（如第11、228窟），而唯独没有明代洞窟的原因。

吐鲁番在哈密国强行推行伊斯兰教，致使最后一批抵制伊斯兰教的畏兀儿人东迁嘉峪关内，在明朝甘州、肃州境内融入黄头回鹘（撒里维吾尔）。黄头回鹘原是宋、西夏时期西州回鹘、沙州回鹘、甘州回鹘等族的后裔，定居河西中部，最终形成了今天的裕固族。东迁入关是裕固族历史上的重大事件，因此直到今天，裕固族民间传说中还保留着他们东迁的悲壮的故事：据说很久以前，裕固族的故乡遭受了一场特大风灾，狂风卷走了牲畜，沙山吞没了帐房，连黄金筑成的佛堂也被沙山淹没。又说他们遇到了异教徒的压迫，在故乡不能立足，于是他们开始了东迁。"走过了千佛洞（莫高窟），穿过了万佛峡，酒泉城下扎营帐。沿着山梁走上那高高的祁连山，望见了八字墩辽阔的牧场。草绿花香的八字墩草原，变成了裕固族可爱的家乡。"这首历史民歌大致反映了裕固族的先祖畏兀儿迁徙的路线和经过。畏兀儿，亦作"畏吾尔"，其族源与维吾尔的族源相同，最早都是从蒙古草原迁徙来的游牧民族回鹘。由于地理位置、宗教信仰以及年代更替的原因，同一个民族的族称有了不同的称谓。

明朝自14世纪至17世纪共统治276年，在这期间，敦煌是历史上全面衰落的时期。自西汉王朝开发、经营河西，将中原汉族及其文化带到这里以来，一向居住于敦煌，世代相传的汉唐子孙全部返迁嘉峪关以内。而这块广袤的被以汉民族为主经营、耕耘的地区，此时重新沦为以游牧为主的地区，几个少数民族占据此地从事游牧生产，西汉以来既已形成的农耕为主，畜牧为辅的生产方式被彻底摧垮，绵延一千多年的汉唐文化，因失去传承而声销迹灭。丝绸之路上久负盛名的文化古都，也因没有了汉族人民的维系而沦为废墟，传承千年的佛教圣地莫高窟也因没有了信徒荒凉破败，成为荒草丛生、野狐出没之地。

明朝末年边防松驰，河西走廊处于混乱状态。关西七卫逐渐东迁，分置了甘肃巡抚（驻甘州）。明亡之际，李自成派遣大将贺锦西征，占领了河西走廊，旋即被清军击败。清顺治二年（1645），清军进入河西走廊，"王师西讨，郡、县、卫、所、望风归附"（清·黄文炜《重修肃州新志》）。从此开始，大清国取得对河西走廊的控制权。到了清初，因平定准噶尔叛乱，河西走廊又一次站在历史舞台的前列。

平叛征伐准噶尔　关外故土失复得

清朝定鼎北京后，由于全力对付农民军和南明抗清势力及随后爆发的三藩之乱，无暇亦无力西顾，和新疆地方民族政权之间只是保持着传统的贡使关系。但当清王朝统治者压服了南方的抗清力量之后，便开始向边疆各地发展。此时的敦煌地区仍处在吐鲁番汗国的控制之下。

康熙前期，漠西蒙古准噶尔部在噶尔丹的统治下迅速崛起，并且一统漠西蒙古诸部，南疆广大地区沦为其控制之下，并且其将势力范围扩张到了哈密至沙州（敦煌）一带。准噶尔部落长期以来生活在现在的新疆、青海一带，是一支古老的蒙古族部落。历代以来，对他们有诸如"厄鲁特""卫拉特""瓦剌"等称呼。从清军入关到乾隆年间，准噶尔汗国一直是大清王朝的心腹大患。

康熙帝征讨准噶尔

康熙二十七年（1688），噶尔丹大举进攻漠北喀尔喀蒙古，瓦解其三部落数十万部众，继而威胁到漠南蒙古，大有与清朝分庭抗礼之态势。康熙二十九年（1690），噶尔丹汗亲率漠西蒙古铁骑长途东进，逼近距离北京350千米的漠南蒙古乌兰布通，对清廷形成威逼之势。康熙帝御驾亲征奔赴博洛和屯坐镇指挥，经过激战，击退噶尔丹大军。此后几年间，清军主动出击多次讨伐准噶尔，但一直不能降服噶尔丹。康熙三十五年（1696），噶尔丹又举兵东犯，康熙帝再次亲征布军于昭莫多，与噶尔丹主力激战竟日，歼敌数千，大败噶尔丹。次年，噶尔丹又发兵来犯，康熙帝赴宁夏亲自策划围剿之战，噶尔丹败逃，随后康熙帝命甘州兵西征安西（瓜州）布隆吉尔追击噶尔丹，噶尔丹大败，同年噶尔丹病死。康熙帝通过三次御驾亲征，打击了准噶尔的嚣张气焰，收复了喀尔喀蒙古，解除了困扰康熙朝多年的西北边患，一统漠北广大地区。在康熙年间出兵打击噶尔丹，消除准噶尔威胁的过程中，甘肃逐渐成为清朝的军事基地和前沿阵地。

敦煌地区自康熙年间纳入清朝至民国之前，就一直为清朝所控制。该地区河流充盈，草木丰茂，自然条件良好。每当周边地区遭遇饥荒或战乱，敦煌往往成为周边地区的人们避祸和求生的去往之地。康熙四十二年（1703），土尔扈特部阿喇布珠尔等人，从中亚绕道漠西蒙古赴西藏熬茶，在计划返回中亚牧地时，因被准噶尔蒙古部所阻挠，"乃款塞乞内属，赐牧敦煌之色尔腾"（《清朝通典》）。当时，清朝在敦煌还没有设治，但朝廷已将敦煌部分土地，赐予土尔扈特部游牧为生。

继噶尔丹之后，成为准噶尔汗王的漠西蒙古首领策妄阿拉布坦"渐渐狂悖，居心险诈"，于康熙五十四年（1715），再度发动对清战争，进犯哈密。清廷从甘肃调派绿营三千骑兵驰援哈密，哈密一带成为清朝重兵驻扎之地，此时的敦煌地区已在哈密清军管控之下。

康熙五十五年（1716），策妄阿拉布坦入侵西藏，占领了黄教圣地拉萨，拉藏汗政权倒台，造成西藏政局动乱。漠西蒙古控制西藏后，直接威胁到清朝的西北边疆，也影响到清朝对漠北蒙古和漠南蒙古的掌控。为了应对漠西蒙古的威胁，驱逐准噶尔在西藏的势力，清廷于康熙五十七年至五十九年（1718—1720），进行了打击准噶尔保卫西藏的军事远征，一举挽回局势，击败了准噶尔的军队，恢复了西藏地区秩序，深受西藏各部僧俗的拥戴，1720年策妄阿拉布坦残部逃回伊犁。

在这次讨伐准噶尔的战争中,嘉峪关外的广大地域渐次收复,清王朝的军事势力也不断向西推进,直接到达新疆东部的哈密地区,位于哈密回部和青海蒙古之间的敦煌一带,也从吐鲁番的控制下归入清王朝统治之下。关外的收复,为清朝进剿准噶尔创造了有利条件。为了管理嘉峪关以外新收复的疆土,清王朝于康熙五十七年(1718),"置靖逆卫及赤金卫,兼设同知",屯驻大军。虽然此时的敦煌尚未设立沙州卫,但清朝已开始对敦煌地区驻军屯田做出规划。康熙六十一年(1722)靖逆将军富宁安上疏说:"嘉峪关外布隆吉尔之西,古所谓瓜州、沙州、敦煌郡之处……昔曾建筑城池,屯兵耕种,至今旧址尚存,田土广阔,宜于牧放马畜。兼有河水,若于此处屯田,驻扎绿旗兵三四千名,设总兵官一员管辖……"富宁安建议在沙州等地屯田驻兵,很快得到了清廷的重视。康熙末年,西路清军已控制了吐鲁番盆地。敦煌地区也在清朝应对漠西蒙古的过程中兴复,对于北部边疆哈密、西藏、青海的局势意义重大。于是,在敦煌设置军政机构已迫在眉睫。

面对漠西蒙古准噶尔势力长期的侵扰和连年征战造成的国力损耗,清廷内部有部分朝臣主张以长城、嘉峪关为边界,只守边内,放弃边外敦煌、哈密等地。此议受到康熙帝的驳斥。康熙帝否定放弃关外的提议,源于他对关外历史的通晓。在康熙帝看来,关外广大地区自古为中原王朝所控,疆土归属中原政权有史可依,理应纳入清朝统治。另外,关外的敦煌、哈密等地区的战略位置非常重要,不能轻言放弃。康熙五十六年(1717),康熙帝颁发谕旨:"哈密以西即古瓜州、沙州,所通之地甚广,前有以守边界之说进者,势必将边墙之外弃去,断断不可。"(《清圣祖实录》)此后,西域边疆是中国历朝固有领土的历史事实,便是清朝君臣光复关西、开发治边的重要依据。而敦煌不仅不能放弃还要大力开发,建设治理。

雍正帝讨伐准噶尔

雍正帝即位后,力行收复新疆的远大抱负,制定了彻底平定准噶尔、全面夺取新疆的规划。雍正元年(1723),以岳钟琪挂帅,平定了策妄阿拉布坦煽动下的以封建主罗卜藏丹津为首的各游牧部落发动的青海叛乱。雍正二年（1724）三月，年羹尧认为，沙州距离几方藩部都较近，战略位置十分重要，应分一营官兵驻扎沙州，增设卫千总一员，设治沙州。雍正帝同意了年羹尧奏请，在敦煌设立了沙州所。设治敦煌，是清朝破除漠西蒙古和青海蒙古威胁、拓展西北边疆的重要举措。1724年在清朝同漠西蒙古对峙时，沙州地区是清军大部队集结驻扎之地，沙州绿营担负巡视墩台、预防漠西蒙古之责，在应对漠西蒙古方面起了重要作用。后来的形势也证明了，清朝在加强甘肃边外的防御中，沙州地区是重点防御的战略要区，对巩固边疆有着至关重要的作用。雍正对敦煌的重视和布局，反映了这位皇帝一统西域的远见卓识和雄才大略，而敦煌作为朝廷经略西域前沿阵地越来越显得举足轻重。

"沙州有故城，即汉敦煌郡，经党水北冲，圮其东面。"（乾隆《甘肃通志》）雍正三年（1725），清朝在今敦煌市党河东岸新筑卫城，以代替受党河水侵蚀、东墙已经坍坏的原沙州卫城。这座新城高一丈九尺，周长三里三分，初为驻扎绿营军的沙州卫城，随后不久扩建加筑了外城（此城一直沿用到民国时期，新中国成立后以此城为中心逐渐扩展到今天的规模）。同年，清朝在沙州地区设总兵官副将一人，左右二营将领七人，兵员一千五百人，相比安西其他地区，敦煌的"沙州所"在设立之初，军事建制就比较高。雍正四年（1726），清廷将沙州所升格为沙州卫。清朝于雍正初年，在全国范围内包括甘肃地区普遍裁撤卫所而推行府州县置，却在敦煌地区增设沙州等卫，体现了嘉峪关外战略地位重要、边民不足的特点，于是先设卫所以驻扎绿营兵边垦边守，这种建置在当时更有利于守卫和巩固边疆。为了收复新疆，维护西北边防的长治久安，清廷于此时在关外瓜、沙一带采取了屯垦戍边、修筑仓城、官营牧马、徙民实边等一系列措施。例如，雍正三年（1725），清王朝移民甘肃八州56县（包括未设省的青海、宁夏的几个县）2405户农人于敦煌开垦。这次大规模移民，是敦煌有史以来前所未有的一次不亚于汉武帝时期移民的历史大手笔。

雍正五年（1727），策妄阿拉布坦死，其子噶尔丹策零继任准噶尔首领，其"狡黠好兵如其父"，他仗着自己这些年养精蓄锐、发展贸易扩充起来的势力，特别是在沙俄的支持下，对清廷愈加蛮横，不断制造事端，进行挑衅。雍正九年（1731）初夏，清军兴兵讨伐，但噶尔丹策零诡计多端，引诱清军靖边大将军傅尔丹中计，清军精兵万人在博克托岭、和通泊等处中伏，损失惨重。在清军屡次受挫、战局不利的情况下，雍正帝启用归顺大清的喀尔喀蒙古首领，组成清、蒙三万联军，取道阿尔泰山麓与准军激战于今蒙古国鄂尔浑河上游的光显寺，史称光显寺大捷，斩杀敌军万余人，重创噶尔丹策零，此一战使准噶尔势力一蹶不振。这一著名的战役发生在雍正十年（1732）七月。雍正十二年（1734），噶尔丹策零向清廷求和罢兵，乾隆初年议和告成。至此，清军走出困局，平定准噶尔叛乱之战暂时告一段落，并维持了以后20年的和平局面。在这20年里清朝大力开发建设关西，开垦良田，促进贸易，发展经济，为乾隆帝日后彻底解决准噶尔蒙古的问题，奠定了物质基础。

乾隆帝平定准噶尔

乾隆十年（1745），噶尔丹策零去世，其三个儿子争位内讧，导致准噶尔汗国贵族阶层内乱，势力大衰。紧接着汗国内部的几个部落首领图谋汗位，相互攻伐，造成准噶尔军队四分五裂，军心涣散，一些部落被迫投靠清廷。这使得乾隆帝掌握了准噶尔汗国的虚实，于是他在准噶尔处境最虚弱的时期，于乾隆二十年（1755年）二月，兵分两路，发兵五万，重用准噶尔叛将阿睦尔撒纳为前锋，直捣伊犁准噶尔领地。由于连年内战，人心思安，清军所到之处各族首领纷纷倒戈归降。个别抵抗者，被清军追剿擒获，押送京师。之后，清军一度政策失误，激起各地蒙古民愤，造成已归附的喀尔喀蒙古叛乱，已归降的准噶尔将领暴动叛走。清军损兵折将，乾隆帝恼羞成怒，下令清军除杜尔伯特部外对准噶尔各部蒙古人"以严行剿杀为要"进行屠杀，使乾隆帝一朝为世诟病。

乾隆二十二年（1757）三月，清军第三次出兵，重兵西征，一举击溃准噶尔汗国，其汗王阿睦尔撒纳逃往沙俄境内，客死他国。至乾隆二十五年（1760）清朝政府完全平服天山南北。至此，与大清为敌并煽动西北各地民族反清的准噶尔汗国，在康雍乾三朝皇帝的先后打击下，最终弭叛息乱，这场捍卫中华领土完整，反对民族分裂的战争，迭经康雍乾三朝，历时近七十年之久。

不可否认，清朝平定准噶尔分裂叛乱战争的胜利，不仅巩固了西北边陲，维护了祖国统一，也粉碎了沙俄企图借准噶尔反清之乱蚕食中国的野心，对于建立强盛的大一统中原王朝，奠定祖国空前广阔的版图，做出了历朝历代前所未有的卓越的贡献。但是，乾隆帝在统一战争中所采取的血腥暴虐的手段，也是被后世所唾弃的。

清朝统一新疆之后，沙州驻军仍然保持兵力1200名的规模。乾隆三十二年（1767）之后，随着新疆局势日益稳定，地处嘉峪关外的敦煌地区已失去边疆的意义，军事作用已不显著，体制开始逐渐内地化和民事化，并由之前归属新疆管辖，而成为甘肃管辖的一部分。至乾隆后期，沙州营参将兵员裁减过半。但因同治年间敦煌地区几经兵燹，时有战事，至光绪朝沙州绿营兵数仍在关外各地驻兵之首。

乾隆年间，沙州添设同知，为沙州由卫所改州县创造了条件。清朝统一漠西蒙古和平定"大小和卓之乱"之后，开始改革甘肃嘉峪关外的行政体制。乾隆二十五年（1760），"以西域平定，裁卫所……以沙州卫置敦煌县"。立县不久，一度将敦煌设为府治。乾隆二十七年（1762），陕甘总督杨应琚奏请朝廷将敦煌县设为安西府府治时说："稽之志乘，汉晋以沙州为敦煌郡，唐设沙州刺史，元为沙州路，自历代以来，无不以沙州为郡。"杨应琚认为敦煌自古为郡治、州治所在地，将安西府治移至敦煌有史可循。乾隆帝同意杨应琚所奏。同年，安西府府治移至敦煌县。乾隆三十八年（1773），安西府降为安西直隶州，敦煌县不再附设安西府城。此后，敦煌一直保持了县的级别，至1987年9月28日改为敦煌市。

敦煌地区土地广袤肥沃，自雍正年间移民迁户以来，由于地广人稀，土地充足，加上朝廷最初几年不征田赋，农户生产热情很高，粮饷供应充裕。清朝大臣就曾言"沙州则土田广沃，物产饶裕，远胜安西"（杨应琚《居安录》），可支撑更多的绿营兵。"沙州处处水草丰裕，又自沙州历可可砂石等处而至哈密，沿途有水草之处亦多"，有助于军马牧养。可见雍乾时期，敦煌曾是新疆清军的军马来源地之一，如"乾隆四十三年（1778），伊犁缺少军马，清廷命从巴里坤、沙州等地拨解"(《清高宗实录》)。

雍乾两朝,甘肃作为清代直省的边缘地带和地处最西北的直省,在清朝西北边疆经略上发挥着重要作用。而敦煌作为地处甘肃通往新疆的过渡地带,是清朝应对漠西蒙古的战略前沿,因此成为清朝经略西北边疆的重要依托,为控制关西地区以及统一新疆,作为物质和后勤基地发挥了重要作用,同时在西北边疆的稳定和开发中发挥了独特作用。

雍乾立县大移民　重建边城兴农耕

明朝中后期,嘉峪关闭关自守,使河西走廊的交通地位下降到了自西汉以来的历史最低点,从而使这一带的经济和文化受到严重影响。清初沿袭明代旧制,西北边疆止于嘉峪关。随着国力的增强,嘉峪关以西地区渐次纳入清政府统治范围。清康熙三十六年(1697),清朝大军击退准噶尔,即屯驻巴里坤。为了传递军事情报,转运军需物资,清廷在嘉峪关外西进沿途设置军台、驿站,并将驿站延伸至巴里坤军营。由于这种交通设施的完善和东西大道的通顺,确保了平定准噶尔战争的最终胜利。雍正、乾隆时期,河西走廊是清王朝经略新疆的战略要地,发展该地区的生产经济,对清军作战所需粮草、马匹、器械等军用物资,以及劳务转输等都至关重要。因此,大清王朝不惜一切代价充实河西走廊,并集中大批劳动力兴修水利,开垦土地,大力发展各地农业。

康熙、雍正年间,十分重视开发西北边关,使西北地区经历了一个空前的大移民高峰时期,大量的移民前往西北,在陌生的地区定居下来,移民定居地东起凉州镇番(今民勤县),西至敦煌以及新疆,横跨一千多千米。这次大规模移民是河西移民发展史上继汉唐以后中原政权的又一大手笔。康熙二十九年(1690)初,准噶尔的内侵,引发了清朝与准噶尔的一场迭经三代,近七十年的西部战争,这是清王朝开始向河西走廊大量移民的起因。康熙三十五年(1696),清廷对准噶尔部用兵,河西走廊成为清朝政府与准噶尔部之间战争的大后方和"军需总汇"的主要基地。在朝廷的积极引导和精心组织下,从康熙后期开始，大批甘肃省内及省外的人口陆续入迁河西走廊。随着大量的劳动力投入建设水利、开荒种地，特别是对嘉峪关以外的久已荒废的土地重新开垦并恢复生产，很快地适应了"平准战争"的军事需要。这次河西走廊移民，与"清准战争"态势相始终。清王朝所采取的官府募集移民与民间自发移民在促进河西走廊经济发展的同时，亦巩固了西北边疆，加速了民族融合，有力地支持了清王朝对准噶尔部的战争，是清王朝对准噶尔战争最终胜利的坚强后盾，也对河西走廊的城镇建设作出了重要贡献。清乾隆二十四年（1759），清王朝取得了对准噶尔的最终胜利，天山南北自元、明以来长达数百年的分裂割据局面就此结束。入迁移民在当地进行屯田，逐渐改变了当地的文化结构，而自身的文化结构也在社会转变过程中发生了重大变化。且在与当地其他民族的交往互动中，移民相互之间的了解及认同感得到了加强，由此，共同创造了自明代以后河西走廊的多元文化。

清朝对敦煌的经营

1715年，康熙帝大举西征，积极开拓西域，并收复河西走廊西部，嘉峪关外渐次修复。在这一过程中，敦煌的重要性重新受到重视，这成为清朝再度经营敦煌的主要原因。当清政府平定河西，疆域扩展到汉唐旧基时，即调集和迁徙大批军民于瓜沙一带戍边屯田。清王朝在经营包括敦煌在内的关西地区之初，采取了先驻军试种，而后大规模移民并设立行政建置的两步措施。屯驻军队、试种开垦是清廷经营敦煌的第一步举措。清康熙五十五年（1716），清军进驻敦煌开始屯垦，当年朝廷命靖逆将军富宁安在嘉峪关以西的西吉木、达里图、布隆吉尔一带屯田试种，这一举措是自明嘉靖七年（1528）封闭嘉峪关后，敦煌、玉门、瓜州三地区沦为边塞游牧民族之地以来，首次在关西地区开垦耕种，这标志着清朝经营河西走廊西部迈出了实质性的一步。在这期间，由于布隆吉尔一带土地沙化严重，不宜耕种良田，故富宁安想把屯垦开发的战线，扩展延伸到河西西陲的耕种条件更好的敦煌。

之后大量移民至敦煌屯田，社会经济开始恢复，农耕为主的生产方式得以重现。康熙五十七年（1718），清王朝在安西（瓜州）设立靖逆卫，在玉门设立赤斤卫，敦煌也随之重建。清康熙六十年（1721），清政府收纳吐鲁番降众，于雍正年间迁入甘肃沙州、瓜州等地。清雍正元年（1723），清朝在敦煌设立沙州所，隶属于安西同知。雍正三年（1725），又升沙州所为卫，与安西卫、柳沟卫并隶属安西统治。从此，中原王朝恢复对敦煌的统治。清政府广移民，修县城，兴文教，敦煌政治经济文化从此得到重建与发展，佛教也开始复兴。但汉唐时代的文化辉煌一去不返，敦煌无可挽回地走向衰落。但敦煌注定不会寂寞，就在清朝走向穷途末路之时，这座古老的塞外边城，再次放射出了最为耀眼的光芒。

清雍正元年，青海蒙古和硕特部首领罗卜藏丹津，对于清朝不许他干预西藏的控制权和族内混乱方面的规定深感不满，遂掀起叛乱，清廷以关西屯垦区充足的粮草为后盾，迅速平息了此次叛乱。平乱后的次年，清廷议设所千总至敦煌管理民事，并于次年上任。至此，敦煌地区的屯田事宜开始提上日程。清雍正四年（1726）初，川陕总督岳钟琪西巡至敦煌，亲自对河西走廊最西端的这片绿洲进行了巡视查勘，确认该地区"土既肥沃，气候亦暖"，水源充足，具有优越的耕种条件，是发展农业生产之风水宝地。与此同时岳钟琪还发现，敦煌"地方辽阔，招民开垦，防护宜周"，且离哈密较近，"有领兵应援哈密之任"，应大量移民至此，开荒种地，以备军需。岳钟琪的这次实地勘察，为日后大规模移民敦煌，使敦煌迅速成为清王朝的农业县区提供了重要的可行性依据。在岳钟琪的奏请下，朝廷将沙州所升为沙州卫，并派汉兴副道尤汶来沙州督理屯田垦殖事务，以便大力开发敦煌，发展生产。

清王朝在向敦煌大规模移民之前，这里最先施行的是驻兵垦荒的屯垦制，初为卫所时，这里并没有民户进行开垦，仅凭既有兵丁，劳力匮乏且"素不习农"，以致大量土地得不到有效开垦而闲置荒芜。其实在敦煌设立卫所之初，朝廷便认识到利用军中编外人员的余丁屯垦只是权宜之计，只有大量移民永驻此地，才能"填实地方、渐增赋税"（年羹尧《条陈西海善后事宜折》）。移民是清朝经营敦煌的最重要举措，也是敦煌社会、经济、文化恢复发展的先决条件。岳钟琪在敦煌查勘时，所得可垦地有30余万亩，且"沙州城西南党河之东西两岸各有旧渠之道，中间多有地高渠低之处"，这广袤肥沃的土地，且有便利的水源，如无人耕种，甚为可惜。于是岳钟琪经过缜密思考，于当年六月初五日再次奏请，提出了移民屯田之策："内留兵屯地五万余亩，其余二十四万亩，请招民二千四百户，每户给地一百亩。"（岳钟琪《会勘安西沙州城渠屯垦事务管见折》）并建议接续旧渠，另开新渠，引党河水广泛灌溉耕地。奏请获准后，朝廷当年起即由甘肃五十六州县开始大规模移民至敦煌开垦。自雍正四年（1726）开始，历时三年基本完成移民任务，各州县庶民定居敦煌，遍布敦煌大地。雍正年间对敦煌地区的大移民以及兴建水利、广开良田、鼓励农户等一系列举措，对边防战事的后备军需起到了至关重要的作用，同时也巩固了清王朝对失而复得的敦煌地区的有力统治。雍正末年，沙州土地已扩耕为十余万亩，并引党河水分十渠灌溉，形成河西走廊西部的沙漠绿洲。

自西汉开发河西以来，历次中原政权向西北边陲地区移民，多是从遥远的中原等地移民而来。而清廷在岳钟琪的建议下，为了尽快实现移民的效率和效果，采取了"就近移民"的措施，从而避免了因路途遥远而出现"携老挈幼，惮于跋涉，观望不前"，以及耗时费事大量消耗人财物力的损失。此外岳钟琪还对移民的素质提出了要求，即选择熟悉耕种的可靠民户，以免移民中出现游手好闲之徒。根据岳钟琪的详细规划，自1726年3月至1728年2月间，从当时的甘肃省各府州县，向敦煌移民共计2405户，若平均每户以5人计，则全部移民当在12000人以上。户民来自甘肃（包括宁夏、青海）所属"平、庆、临、巩、甘、凉、西等七府及肃州厅"的56州县。当移民到达敦煌后，朝廷即进行了妥善安置（《清世宗实录》《敦煌县志》卷首《凡例》）。雍正皇帝要求对移民妥善安置，亲自批道："此等无业穷民，岂乐于离乡背井，远赴沙塞。盖亦因贫起见，故尔就招。自应预为开成渠道，指定田亩，令伊等到彼无业而有业，方为妥协。"（雍正帝《批谕旨》）因此，负责安置移民的安西镇总兵潘之善以及监督办理屯田的肃州道齐式、汉兴道尤汶等确定安置方案，将安置事宜布置妥当。不仅给移民"特发帑金，给沿途口粮、皮衣、盘费"，还给移民借给耕牛、农具、籽种以及七个月的口粮；"户民初至之日，未有房屋，不便露处，先借给空闲营房令其住"，随即按户"发给房价银三两，并令行地方官于城外每户给隙地二分四厘，各盖房二间，发给房价银三两，促其先自盖房屋两间",暂时解决移民基本的生活生产所需。当时解决住房、修盖房屋的具体办法是,每十户编为一甲,推举甲长一人负责调派总理事项,五户砍伐运送木料,五户打制土坯。经过统一调派,"同力合作,共相建筑,通计二千四百零五户,盖房四千八百一十间。其力量有余者或行多盖,听民自便"(《重修敦煌县志稿·编年志》)。这样,就在较短的时间里,基本上解决了新近迁徙至敦煌的大量移民的生活问题。

当移民的基本生活安定以后,朝廷便开始按户划地,给移民分田。根据当时的实际情况规定,移民每人开荒地50亩,为"一份地",以"一份地"为一户。截至雍正七年(1729),大规模移民结束,敦煌共开田120250亩,折合2405户,这就是后来人们所称敦煌移民2405户的由来,实际上它不是户口的"户",而是纳粮的田亩户。是年,据陕西署督查朗阿奏称:"屯垦民户……屯种既广,树艺益繁,所种小麦、青稞、粟、糜子等项,计下种一斗,收至一石三四斗不等,共收获粮一十二万余石。余各色种植,也皆丰厚,家给人足,莫不欢欣乐业。"(《敦煌县志》)

由于移民来自甘肃的各个州县,生活习俗、语言文化存在较大差异,为了照顾不同州县移民的生活习惯,将各州县迁到敦煌的移民,基本按照同乡的原则分配聚居,保持了原乡原土的方言以及地名,从而在移民迁入地的敦煌形成了一个集56州县所有地名的特别行政区——"小甘肃"。这从侧面说明了从甘肃各府州县迁入敦煌的移民,保留了各州县集中居住、生活、生产的原籍特点。雍正年间向敦煌进行移民,是清朝边陲移民的成功范例。因为计划周密,组织有序,安置得当,移民非常成功,没有出现逃离返乡的情况,不仅奠定了清代乃至近现代敦煌人口的基础,也为清代敦煌社会经济的发展复兴创造了条件。

雍正年间的敦煌大移民,因为是朝廷同时向甘肃各府厅下达招募命令,也就是说各地的移民是在同一个时间段,分别向敦煌进发。最先到达敦煌的,应当是距离最近的肃州厅移民,他们被安置在党河西岸的唐沙州故城周围一带,接下来各地移民由近及远陆续到来,以先来后到的次序从故城向北的党河下游散射安置,当党河西岸安置满后,便向党河东岸安置。由东岸再向南和北两个方向排序安置,直到占满敦煌绿洲。最后从甘肃最东部来的已经安置不下的,便又回过头来安置于党河西岸的上游一带。当然,也有一些后来慕名自发而来的移民,因党河东岸及下游已无耕地可安置,便"见缝插针",哪里还有空地便安置在哪里,这是个别现象。总体来说,清朝甘肃56州县移民到敦煌的安排,就如同当时甘肃行政区划在敦煌的"缩小版"的再现,如果我们从高空俯瞰,敦煌绿洲上的各个行政村恰似56州县的顺序和方位排列,而且是以56州县的原籍州县名称来命名这56个移民新村的。

不知道是官府有意的规划,还是移民工作中无意中形成,敦煌的党河恰可以比照甘肃的黄河。以党河为界,黄河以西来的各府州县移民基本安置在党河以西,而黄河以东各府州县的移民基本安置在党河以东。这样,就形成了截然不同的两个方言区,即:党河以西的各地人逐渐演变统一成了近似酒泉(肃州)方言的"河西话",而党河以东的各地人则逐渐演变统一成了一种类似陇南、平凉一带语言的"河东话"。这两种方言以党河为界,泾渭分明,至今各执一"言",互不统属。而党河两岸的敦煌人,也习惯互称对方或自我介绍为"河西人""河东人",至今乡俗未改。

清代以来的敦煌是个移民之地。据《敦煌县志》记载:"明嘉靖初,为吐鲁番所扰,民皆内徙,土地没于吐鲁番。清雍正年初,设沙州卫,复迁内地户名以实之。"与今天敦煌的县、镇(乡)、村的三级行政管理机构相似,清代敦煌的行政管理机构为卫(乾隆年间改为县)、隅、坊三级。根据《敦煌县志》记载,敦煌移民屯耕之初,实行的是坊隅建制,即从内地"五十六个州县"迁来的移民分散并"聚族而居"于垦区六隅,即:东南隅13坊,中南隅6坊,西南隅6坊,东北隅6坊,中北隅13坊,西北隅12坊,共计56坊。每隅设"老农"1人,管理全隅的农田、水利、差役、赋税等各项事宜;另设"乡约"1人,负责调解诉讼和民事纠纷等。每坊再设"坊长"1人,负责催收赋税、徭役、杂草及纠察贼盗各事。每10户又设"小甲"1人,专事稽查户口、催收赋税等具体事务。56坊按当时甘肃56州县划分。坊即一种居民行政组织,也是生产管理组织,约相当于今天的行政村。清雍正十二年(1734),根据国防需要,将原肃州镇分置为肃州、安西二镇,并设肃、安两个兵备道,此时敦隶属安西道镇。乾隆二十五年（1760），敦煌迁户以来已有三十余年，此时社会祥和安定，一个已经初步恢复农林生态的农业小县基本形成。这时距汉武帝在敦煌建郡立县已整整过了1871年，清政府在这个时候，把沙州卫升格为敦煌县。初改县后隶属安西府，后又裁府设州，遂隶属安西直隶州，直至辛亥革命。

从甘肃各县迁到敦煌的移民，最早都以原籍本县的名称作为他们居耕的地名，比如从"××县"迁来的，他那个居耕地就叫"××县"。乾隆二十五年（1760），敦煌从"沙州卫"升格为"敦煌县"时，56个移民居耕地就不能再用"县"称，而冠以"坊"称，以示区别。每个坊仍以原籍州、县命名，如移民原由高台县、靖远县、秦安县、灵台县迁来的，则他们的居耕地就叫高台坊、靖远坊、秦安坊、灵台坊……但一个字县称的，为了念起来顺口就保留了全称，如礼县坊、环县坊、文县坊、漳县坊……。中华人民共和国成立以后又改为"村"称，至今敦煌农村的地名有少一半仍沿用甘肃旧县名，如肃州村、高台村、武威村、河州村、秦安村、靖远村、阶州村、定西村、彰县村、盐茶村、合水村、兰州村、清水村等皆源于此。

乾隆以后，敦煌有很多新坊分化出来，党河东、西两岸出现了"上古浪坊""中河州坊""下陇西坊""东会宁坊""西清水坊""新肃州坊""旧桃州坊"等新生的坊，这些在原老坊名前冠以上、中、下、东、西、新、旧等限定词，使敦煌的耕居点从最初的56州县坊扩展到了近百个坊。这是因为雍正年间移民结束后，又陆续迁来新移民，因为在原州县坊已无耕地安置，故另辟空地安置。另一方面，随着经济的迅速发展，人口也繁衍很快，敦煌各坊人口日益递增，加上水利设施的新建，使敦煌的耕居区得到了很大的扩展。

随着生产的发展和农民生活水平的逐步提高，各坊又先后修建了带有社团性质的坊社庙，作为春秋二季酬神和平常集会议事的地方，每庙都推选本坊有声望的乡绅担任会首。所以旧时人称"敦煌庙多"，"三步两道桥，一里五座庙"的农谚，即源于此。据敦煌民俗博物馆统计，仅从清雍正四年（1726）移民迁户以来，截至1949年的二百多年间，当时新建和补修的庵、观、寺、院、塔、庙、会所众多，各类庙宇就有120多座，其中不乏规模宏大、特色显著的建筑艺术珍品,如大佛寺、山西会馆和月牙泉古建筑群等。岁月蹉跎,历史变迁,随着城市建筑的需要,这些寺庙有的被拆除,有的改作他用。特别是1979年7月,由于山洪暴发,党河水库垮坝,县城被淹,多数庙宇毁于水灾。但也有一部分毁于人祸,如历史久远、文化底蕴深厚的名胜古迹大佛寺、月牙泉古建筑群等。现存的庙宇尚不及原来的百分之二,令人深感惋惜。

在建庙的同时,有的坊还建有防御性的小城堡,当地人称"堡子",一旦出现匪患,移民们便于城堡内避祸。如至今仍保留"堡子"地名的有秦州堡、肃州堡、高台堡、河州堡等。其中河州堡的"堡子",至今基本保存完整,其遗址位于今敦煌市肃州镇河州堡村,是一处始建于清代的堡寨遗址。河州堡遗址所在的河州堡村当年为西河州坊,为中南隅六坊之一。它静静地矗立在那里,讲述着敦煌过去二百年的移民史。这些坊、庙、堡的建筑,构成了一整套统治体系,它对强化封建统治起了重要作用。

清初敦煌灌溉渠修建

敦煌位于西北干旱地区,是沙漠边缘的一片绿洲,降雨稀少,其农业生产对境内唯一一条河流——党河依赖较大。有清一代是敦煌地区主要发展时期,从边防重镇发展成农业聚居区,灌溉渠道的修建与管理是促进敦煌地区农业发展的重要因素。渠道的修建之初是为满足巩固边防与移民屯垦的需要,随着人口的增长,渠道的分布向城外拓展并形成今日敦煌地区渠道分布的大致格局。探讨清代敦煌农业渠道的修建与管理,对今天敦煌地区农业水利科学开发具有历史借鉴意义。

清初,敦煌在划定区域开荒屯垦发展生产的同时,还组织人力疏浚党河,开渠引水,在党河两岸兴修水利,以扩大灌溉面积。渠道主要是在明代以前旧有渠道基础上修建而成,渠道的名称也多沿用以前——按照渠道在党河的位置而命名,所以在清初文献中敦煌的五渠多是称为东大渠、西大渠、西小渠、中渠、西中渠。乾隆以后,随着敦煌渠道对人民生活影响的加大,以往的渠道改名为永丰、普利、通裕、庆余、大有五条水渠,这些寓意美好的名称,体现了敦煌百姓对农业生产的展望和对渠道的深厚感情。

清代敦煌移民安置主要是以隅、坊为单位划分，雍正年间初至敦煌的纳粮田亩户数是2405户，先前的五大水渠也基本能够供应农业生产所需。但随着人口的繁衍增加，尤其是近水之地屯垦的发展带来户数的增加，五渠周边的近水之地也开垦得所剩无几，雍正初年开建的五渠供水量，已远不能满足开垦的需求。正由于清代中后期敦煌坊里扩展与人口增加的原因，乾隆八年（1743）安西提督永常奉旨查勘安西等处后上奏："安西所有之水止足浇灌现在开成之田，今若再行加增，诚恐徒糜籽种。虽有可开之地，实无有余之水……查安西地方雨泽甚少，俱藉党河、疏勒河及各山泉之水灌溉，凡水所能及之处，率皆村墟相望，阡陌相连，可耕之地已无荒芜，丰盈气象无殊内地。此外，虽可开之地尚多，询之户民，咸称均系水不能到之处，且言昔亦曾经试种，终未得水，是以旋开旋弃。"（《乾隆朝甘肃屯垦史料》）清乾隆八年（1743），敦煌还为安西直隶州下属的卫所，尚未改县。因此安西地方官向朝廷奏报的屯垦因"无有余之水"的需求和困难，其所言情况当包括敦煌地区。随着敦煌人口的急剧增长和耕地面积的扩大，对水资源的需求越来越强烈。然而原五大渠只能保证灌溉区域的"可耕之地已无荒芜"，敦煌其他地区有很多荒地可以开垦，却没有水源进行灌溉，如敦煌东北隅的"卫城东北席笆厂一带平原之地，旷土颇多，若得远水添，自可开垦"（常钧《敦煌随笔》卷上《党河源流考》）。在这种情势下，朝廷鼓励百姓多多开垦，于是在敦煌官府和军民的齐心协力之下，新五渠顺利修建。从此敦煌共有10渠，计长389华里，又分置数十条支渠相通相连，支渠与农毛渠纵横交织，从而使新开的12万余亩良田，均沾水利，使百年荒芜的旷野变为平畴畦错、村树茂密的耕作区。乾隆时期的敦煌水利建设，不仅是新渠的开凿，还有在旧有渠道基础上疏通、加长、拓宽。此外，清初敦煌地区宅田分离的格局终将会被农户"岁无宁息"的困苦打破，并且伴随着人口的增加和各坊数量的增多，渠道的分布格局也发生了改变。清嘉庆年间任敦煌县令的苏履吉在其诗《党水北流》中描写道："党河分水到十渠，灌溉端资立夏初。不使北流常注海，相期东作各成潴。一泓新涨波浪浅，两岸平排树影疏。最爱春来饶景色，塞水解后网鲜鱼。"

清朝敦煌的城市建设

在敦煌的屯垦移民大力开展的同时，因自汉以来的敦煌郡城，亦即唐以来的沙州古城年久失修，加上党河水旷日持久的冲刷，致城垣大都坍坏，无法修复启用，故于故城之东的党河东岸重建敦煌新城（今敦煌市盘旋路以西）。清雍正三年（1725）开工建城；雍正五年（1727），朝廷加派光禄少卿汪隆来敦煌，继续监理修建新城和新建官署、兵房等各项基建工程。雍正六年（1728）沙州新城城郭建筑竣工。新城初名为"沙州卫城"，周围三里三分，计长六百丈，高一丈九尺六寸，根宽二丈三尺，顶宽一丈。开东、西、南三门，分别为迎恩门、宁塞门、靖远门，北城楼建庙，并由清政府特调原临洮知府白讷具体督理。雍正七年（1729），新城内衙署等建筑也基本竣工。随着敦煌新城的建立，生产经济持续发展，人口迅速增长，商业贸易也日益兴盛，中西交通交流也得到了进一步发展，使原筑卫城已不能适应发展的需求，因此又于雍正九年（1731），沙州卫守备赵在熊奉命扩建沙州郭城（俗名关厢城），一年竣工。关厢城包围沙州卫城的东、南、北三面，开设东门"迩安门"、西门"望瑶门"、南门"瑞映门"、北门"归极门"。关厢城周围五里五分，全系土筑。长一千丈，根宽二丈五尺，顶宽一丈二尺，高二丈。建炮台一十二处。卫城、郭城两城即为旧敦煌县城（今敦煌市沙州镇）的规模。对于清代敦煌县城的建设，当年朝廷派来的监修官汪隆还留诗四首以作纪念，其中有诗句云："云峦翠列层楼外，城郭烟环四望中。疆宇新开增气象，边民辐辏往来通。"

雍正三年（1725）设立沙州所，次年升为沙州卫。沙州协副将石之瑛《开设沙州记》记载："雍正三年，皇上命设沙州所。四年，川陕总督岳公巡边，至沙州相度地利，题请改卫，并招甘省无业穷民二千四百户，开垦屯种。"至乾隆时期，敦煌原有的卫所建置和职官设置已难以应付日益增加的事务。更为重要的是，随着清军对西域准噶尔部的平定，新疆广大故土收复，敦煌已由边地变为内地，卫所建置已不合时宜。乾隆二十五年（1760），清王朝根据当时敦煌实际发展情况和地理位置的重要性，正式升沙州卫为敦煌县，隶安西同知。敦煌城即由"沙州卫城"改为"敦煌县城"，乾隆二十七年至三十七年（1762—1772），清政府曾一度将安西府的府治由安西县移到敦煌县。乾隆三十七年，安西府治由敦煌县移置酒泉县。次年，安西降为直隶州，敦煌为其属县。同时，置沙州巡防营，隶肃州镇，设参将统领。这标志着敦煌已同内地县级城市一样，这种情况一直延续到1987年撤县立市。清廷为了巩固政权，强化统治，还在敦煌县下设礼房、吏房、兵房、刑房、户房、工房和快班、皂班、轿班，即"三班六房"。另设"儒学署"管地方教育文化，"典吏署"专管地方刑狱。

敦煌县城镇分东关、南关和北关，共24巷，设"商正""保正"各1人。商正负责商民的商业贸易活动和调解债务纠纷等事宜，保正负责催收税赋和差役等事务。这样，就形成了较完整有序的农村和城镇分别不同的管理系统，为维护封建统治起了重要作用。

清朝一反明朝的政策，当它再度经营敦煌以后，效法汉唐经略西域，积极开拓边疆，使敦煌又成为中西通道和清军西进的中转站以及经略西域的前哨阵地。自两汉魏晋南北朝，隋唐五代宋夏元，敦煌作为丝绸之路上的枢纽，跌宕起伏，历经沧桑，至明朝进入它历史上最衰败的谷底，敦煌的汉唐子孙悉数内迁，消失无踪，其昔日繁华的商贸都会和发达的文化交汇之地的荣光也一去不返。

而清朝向敦煌的大规模移民屯田以及设卫立县，虽不能与敦煌历史上极盛时期的宏大相比，但使敦煌的社会经济和人口在短时期内迅速恢复，也使这个古老的边关重镇的两千余年历史得以延续至今，其历史意义重大，不仅反映了清朝积极的西域进取政策，同时也实实在在地为西域的经略和安定作出了贡献。另一方面，清朝对敦煌的再度经营，也为敦煌自身的建设和发展提供了历史契机。至道光十年（1830），敦煌已有4630户、20840人。从康熙五十四年（1715）收复敦煌到宣统三年（1911），清王朝对敦煌进行了196年的经营，使抛荒200多年的古老敦煌逐渐复苏，并重新回到了农耕文明的成熟和繁荣的时代。

坚城强堡复新疆　乱世古窟遭火殃

19世纪中叶，陆续爆发了太平军和捻军起义，清廷用兵南方，西北防务空虚。同治元年（1862），陕西回民首领白彦虎等于陕西大荔、西安、凤翔三府起事，声势浩大，继而引发甘、宁、青、新地区大范围的回民事变，致使西北广大地区发生了一场旷日持久的大规模民族战争。这场战争的起因主要是回汉矛盾，表现为失去理智地攻杀。同治三年（1864）开始，白彦虎集结20万回民武装，转战甘肃、青海各地。同治九年（1870）秋，新疆回民也相继起事，攻陷多地城邑，幸存哈密、巴里坤二城尚在清朝之手。同治十年（1871），白彦虎与肃州回军马文录会师，并计划以肃州为据点，将回军的势力逐步与新疆接通。此时，战火遍及陕、甘、宁、青四省区，回军"所过村堡，尽成灰烬"，百姓深受其害。

自同治四年（1865）起，敦煌汉回冲突偶有发生，但相对于关内还算安定。当时钦差大臣文麟奉旨出关，往新疆调运军粮，"飞粟挽刍，急如星火"。据《敦煌县志》记载：敦煌、安西、玉门三县，为清军运粮"驼马皆空，继之人负二斗"。这一路虽为清军所控，但却不时遭遇肃州回部"纠众出关，抢杀行旅，扰害地方"。而各处防军因有上级明文规定，不敢对回军采取过度军事行动，"以致该回军肆行无忌"。这个规定是什么内容呢？同治七年（1868），左宗棠奉谕前赴陕甘平定回民起义。他首先否定了此前多隆阿"一旦诛夷，不留遗种"的做法，提出了"不论汉回，只分良匪"的原则，并且希望能够化解民族矛盾，最终达到回汉之间"释纷解怨，共乐升平"的目标。清廷同意左宗棠的意见，并下旨强调："回民亦系朝廷赤子，断无尽行诛戮之理，惟其中积悍匪徒，必先尽诛，始可将良回分别招抚。尤须另择旷土，妥为安插，勿令与汉民构衅，方可久安。"这个规定体现了朝廷的仁政。然而"已抚回员李进三复在敦、玉以搜索粮石为名，抢杀横行，关外民不聊生"。朝廷为了保护敦煌地区这个战略要地，特调派胡、马、李、朱四个统领率重兵驻扎敦煌。

白彦虎围困敦煌城

同治年间动乱时,清朝在西北的统治陷入危机,大部分城镇均被回军攻破过,即便是清朝重兵驻扎、重点防守的肃州和哈密,也曾被回军一度破城。而敦煌城却固若金汤,一直没有被回民起义军攻破城池。

同治十年(1871)盛夏,白彦虎破肃州城后,遭渭南马长顺率军出嘉峪关,于七月二日"扑入安西(瓜州)州城,经驻防提督张玉春等击退",随即马长顺进入敦煌。他们在敦煌县东北隅秦安坊一带,遭遇敦煌驻军副将李天和部的堵截,双方激战数日,清军不敌,退至敦煌城东张家堡再战,结果清军连败,逃进敦煌县城,倚城固守。敦煌县军民披坚执锐,严阵以待,马长顺两次围城急攻不下,只好入关求助援兵。关内回军总部遂派西宁邹阿訇带兵增援,及至敦煌,邹、马两部合股3000兵马,将敦煌城团团围困。而敦煌县城兵民强悍,坚如磐石,回军反复强攻,相持半年一直难以破城。在这期间,回军一方面不时围攻县城,一方面分股出击敦煌城外四乡六隅,而敦煌各隅坊农民,同仇敌忾,齐心御敌。他们以自己建造的"堡子"为据点,与邹、马回部,进行长期的斗争和周旋。

马长顺部队打到敦煌时,城周四郊的百姓都躲避到了城里。远郊的乡民便躲进了当地的"堡子"里。堡子,西汉移民实边时敦煌就已有的一种乡民自保的黄土夯筑的"坞堡"。雍正四年(1726)移民迁户到敦煌后,常有匪患,于是敦煌四乡都修筑堡子以作防御。这些堡子,或由各州的同乡会,组织本州各县迁来的村民共同修筑,如河州堡、肃州堡、秦州堡、平凉堡等;或由各坊乡绅、富户出资牵头,乡民协力修筑,如张家堡、习家堡、郭家堡、梁家堡等。堡子外围建高墙、垛口、角墩等防御设施,一如大型碉堡,犹如一座小城;内建房屋、畜圈、水井等生活设施,平时还常备有一些武器、粮草等,以备匪患之时乡民迅速躲避其内进行防御。一旦发现匪情,居于堡子附近的农户便将畜、粮迅速转入堡内,锁闭大门,丁壮者迅速登上堡墙持械护卫。敦煌清代的堡子多墙高壁厚,易守难攻,在兵荒马乱的年代,为敦煌人防御匪寇,避免掠夺,保护乡民的人身安全起了很大的作用。但也不免有部分堡子被强匪攻破,而遭掠夺,使百姓受害甚烈。

同治十一年（1872）正月初一，回军马长顺、邹阿訇率三千余兵攻陷敦煌庄浪坊的程家堡，屠掠甚惨。消息即出，敦煌四乡百姓无不惊恐。二月初九，敦煌绿营军参将赵德魁，联手当地举人雷起瀛、武生黄子元带领的民团武装，军民合作，突袭回军驻地，双方从清晨激战到中午，斩杀回军官兵数百人，取得大捷。但当夜回军报复"焚毁平番庙及近城民房多处"。

同治十二年（1873）三月，白彦虎联合西宁回部约万余人至敦煌，他们在距离敦煌县城东二十多公里的巴尔湖（今新店台村东）安营扎寨。三月二十六日，白彦虎兵分几路围攻敦煌四乡各坊。敦煌驻军调集李天和、李宗经、朱四、胡鹏飞四个统领率三千人，与举人雷起瀛、武举习登瀛率领的各自的地方团练乡勇，组成官民联合大军，出战迎击。双方于秦安坊、秦州坊、庄浪坊、新店坊等地多次交战，重创回军。但在战斗中也一度失利，致使李宗经统领毙命，胡鹏飞统领被俘，官兵伤亡近百人，辎重马匹被回军缴获不少。回军此战告捷，一时气势逼人，他们一边四处游击，攻打各堡；一边屯驻城郊，围城不止。四月二十日，白彦虎集结回军"约万余人，旌旗蔽日，势甚猖獗"，临城示威，围城一日，撤兵离去。其时，敦煌驻军与回军交战已旷日持久，城中储备也日渐耗尽，清军"见势不敌，互约停战，公议北郊外漳县庙立市场互市，以通有无"，准许敦煌百姓与回军进行以物换粮等交易，敦煌紧张的局面暂时得到缓解。秋后，战乱稍有平息，绿营军筹粮二百石送往回军大营，赎回了胡鹏飞统领。

同治动乱时期，敦煌对于新疆哈密十分重要。哈密为新疆沟通甘肃省的要枢，也是整个新疆的战略要地，守住哈密便可保卫新疆。当新疆陷入混乱，哈密驻军粮草匮乏，军心动摇，而关内粮食又无法及时运抵新疆的情况下，敦煌的粮食成了清朝稳定新疆局势的重要依托。早在同治初，新疆南北尚未被阿古柏和回军攻陷时，敦煌即是新疆北疆驻防八旗粮饷的重要来源地之一。之后数年，清廷时不时令敦煌地方筹办粮石，解赴新疆接济军营。同治五年（1866），北疆接连失陷，哈密清军多次受到攻击，敦煌为援助新疆军需拨运仓储粮食数十万石。之后哈密各驻防营不时缺粮，军心不稳，敦煌等地经常发运粮食给予援助。但累年的征粮，使敦煌不堪重负。

另一方面，新疆地区因战乱频仍，造成百姓流离失所。而一直未被回军控制的敦煌地区，则成为彼时新疆流民躲避战祸之地。一时间很多新疆难民涌向敦煌。这段历史在同治十年（1871）十一月清廷的谕旨中有所记载："乌鲁木齐、奇台、古城等处，自变乱后，户民流寓敦煌者甚多。"因连年征粮，难民涌入，公私粮库大半亏空，造成敦煌粮食严重紧缺。至当年末十二月，一场大饥荒席卷敦煌城乡。据《重修敦煌县志》记载："前因罹兵祸十余年，公私积储告罄。上年夏禾又被白彦虎收获，十室九空，因是大饥。每斗麦价值十八两，人食树皮、草根、牲皮屑至狗猫皆尽，人相食人，死亡枕藉。"同治十二年（1873），清军大举剿灭回军，左宗棠亲往肃州督战。这年夏收之际，迫于左宗棠大军压境，白彦虎的部队掠获敦煌四郊夏粮，仓皇窜赴新疆。

左宗棠体恤回民百姓，但对白彦虎的一举一动深感痛恶，他曾给总理衙门致信说："甘、凉、肃及敦煌、玉门向本产粮畜，白军兴以来，捐派频而人民耗，战远而牲畜空。现在仅存人民，亦皮骨俱尽，屯垦之地大半荒芜，年复一年，何堪设想……回民暴动以来，屡遭蹂躏，加以冗军坐食，经年捐派苛繁，民不堪命。"此时，左宗棠欲把敦煌作为收复新疆的重要后勤基地之一。同治十二年（1873）十二月，左宗棠上奏朝廷：敦煌等地连年祸乱，地多荒芜，然"安西、玉门颇多沙瘠，而敦煌为上腴"，吁请拨银、拨衣赈济敦煌等地贫苦遗民，"冀留此灾黎，尽力屯垦，庶异时余粮出粜关外，各军可就近采买，稍节劳费也"。左宗棠见敦煌土地肥沃，可耕地广袤，遂将敦煌作为收复新疆的军粮基地。随着肃州克复，陕甘回变告终，敦煌得到朝廷救济，恢复正常生产，方才渐复元气。

白彦虎虽以反抗压迫、杀富济贫为号召，但其部下统领多为乌合之众，无严明的组织纪律，又无鲜明的政治纲领。因而所到之处，抢掠横行，屠杀惨烈。白彦虎酿成的这场事变，给西北地区带来的损失之惨重，在人类历史上都是罕见的。在围攻敦煌近两年的时间里，给当地老百姓造成了深重的灾难。

习家堡保卫战

同治十二年（1873）五月，马长顺率部队围攻敦煌东南隅庄浪坊的习家堡。习家堡于1865年由雍正四年（1826）从甘肃平凉府庄浪县移民而来的习氏第八代孙、武举习登瀛主持建造，占地面积20多亩，历时三年修建完成。习家堡是当时敦煌最著名的堡子。堡内常年备有火枪、弓箭、刀、矛、弹药、礌石等防匪武器设施，并训练有200多名团练壮士。在足智多谋、德高望重的习家堡堡主习登瀛的领导下，一千多名村民临危不惧，于堡内堡外协同作战，以守为攻，坚壁清野，力挫敌锐，与马长顺回军对峙交战26天，最终击退马部强军，战果辉煌，在敦煌近代史册上留下了浓重的一笔。

此历史事件的经过是这样的：

是年五月的一天，乡亲们正在地里干活。探马突然来报：东地上的两座堡子已被回军攻破，不远处的梁家堡也危在旦夕，可能回军不久就会打过来。听到这个消息后，习登瀛鸣钟报警，让习家堡周边的乡民、丁勇，赶忙把粮食、牲畜转移进堡子，然后紧闭堡子大门，于城头观察动向。

回军马长顺自起事以来，攻城夺堡无数，具有丰富的攻城作战经验。当马长顺率军来到习家堡前，见此堡较常见的堡子更加高大，城墙上也早有丁勇严阵以待。然而，在久经沙场的马长顺看来，区区一堡，轻而易举拿下不在话下。于是他首先布兵包围习家堡，切断堡子内外的联系，然后指挥部下架设高梯登墙上冲。马长顺没想到习登瀛的团练作战有素，火枪、弓箭、石块齐发，首次强攻就出师不利，败下阵来。如此连续几天，轮番进攻，终不能克。登墙进攻不行，马长顺又采取地雷攻堡，他令士兵挖地道至城垣下埋设地雷，企图炸塌堡墙，攻入堡中，但他万没想到习家堡墙坚壁厚，"雷发，地落丈余，墙不能倒"。这让马长顺很是气恼。

习家堡粮足堡坚，固若金汤。乡民众志成城，生死与共。平时训练有素的团练壮士在宽厚的堡墙上灵活应敌，顽强坚守，阻击敌军，击退了回军一次又一次的进攻。不觉双方攻守已僵持半月有余，马部始终无法破堡，便悻然率兵扬尘而去。习登瀛虽松了一口气，但也并未掉以轻心，日夜提防马长顺卷土重来。

有一天半夜，天黑似漆，风息树静。放哨的丁勇发现城堡角墩上的战鼓和大锣不击自鸣，发出轻微的嗡嗡之声，他感到奇怪，便急忙报告给了堡主，习登瀛上城墩查看,果然一丝风没有而锣鼓却隐隐作声。他略加思忖,突然说:不好,回兵在挖地道攻堡。习家堡内除有水井还有涝池,常年蓄满渠水,家畜饮水不缺。习登瀛马上安排丁勇在堡内纵横挖了几条水沟。一旦发现敌军从地下偷袭,便可突然向掘开的洞口灌水。另外,为防回兵"深掘隧道,习(登瀛)以木石重物筑地,地陷压贼"。果然隔天半夜,堡内丁勇见一处地面震动,便严阵以待。回兵突然破土而出,霎时大水连泥带石块冲进洞内,爬上来的人还没反应过来就做了刀下之鬼,没有上来的二十余人均被淹死在隧道之内。

马长顺此计失败,更加恼羞成怒,他调来大炮,欲采取筑堆炮攻之策。所谓筑堆(土堆),即在堡子数十米之外堆筑土丘,"筑堆,高逾堡墙",然后"用大炮向堡内轰击"。习堡主见此情形,见招拆招,他命敢死壮丁百余人,冲出堡外,扑上堆堆,用火枪射击,"敌居高不能俯射,强半致死,并隳(毁)其堆"。马长顺黔驴技穷,损兵折将,近一月攻堡不下,便悻悻"解围而去"。事后多年,据曾参战的长者童作栋回忆:"白彦虎之弟名小虎,衣红褐裯,戴黑眼镜。登堆瞭望,指挥众贼围攻,忽飞弹中目,毙贼堆下。贼众大骇,哭声震天,围遂解。"

这次习家堡守卫战,在堡主习登瀛的指挥下,乡民大小人丁齐心协力,成功抵御了回军的多次进攻。最振奋人心的是,在抵御回军攻堡时,击毙了白彦虎堂弟白小虎,此战绩鼓舞和激励了敦煌全县官民反击白彦虎的斗志,消除了人们的恐惧心理,力挽敦煌四乡被动挨打的局面。而"习家堡子"在抗击回军的斗争中发挥了巨大作用,不仅保全了千余村民的生命和财产,也从此在敦煌留下一段佳话。敦煌有童谣曰:"敦煌城不咋的,习家堡是铁打的,安西城是跑马的。"意思是说,敦煌县城有官军重兵守卫,没有被回军攻破并没有什么了不起,故而说"不咋的";而安西城矮且疏于城防,城墙外积沙几与墙齐,连马都曾登上过城头,此为讥讽。

这场敦煌保卫战历时一年半之久,白彦虎的回军最终没能攻破敦煌县城而撤离。在战斗中,敦煌的绿营官兵和团练乡勇抗敌共消耗口粮三万余斤,多由习家堡团首、举人习登瀛捐助。为表彰习举人的大德和功勋,敦煌百姓敬献了不少楹联匾额，至今习家后人仍保存有一幅当时百姓感念其功而赠送的木质楹联："锦堂映日祥集千秋，华构凌云庆衍五福。"

1873年，左宗棠率重兵进驻肃州，白彦虎见势不妙窜往新疆。同年11月，肃州回首马文禄孤军无援，被清军俘虏后处死。盘踞敦煌的马长顺也成孤军，追随白彦虎去往新疆。随着肃州克复，左宗棠剿抚并举，迅速平息陕甘回变。同治乱局，自1862年起至1873年终结，前后持续11年之久。

回军火焚莫高窟

在中国近代史上，敦煌莫高窟有过几次大的劫难，其中1873年，西北回变起事者白彦虎率军前往莫高窟进行破坏，这次劫难可谓危险至极，莫高窟险遭灭顶之灾。

明代嘉靖年间，敦煌被放弃，莫高窟沦为"问禅无僧侣，稽首冷香烟，字落残碑在，丛深蔓草缠"的无人区。雍正大移民，使关内居民又陆续回迁到敦煌，他们意外发现山沟深处的断崖流沙下，隐藏着一座被世人遗忘两百多年的佛窟古刹，于是伐开灌木杂草，清除流沙，重修寺院，使这座古老佛窟再度兴复。自这时起，莫高窟便成了敦煌人的信仰寄托和精神慰藉。然而白彦虎的回军在敦煌围城打堡之际，得知三危山于鸣沙山之间的深沟之中，有一座巨大的佛窟寺，便起了歹念。某日，白彦虎率一小队策马窜往莫高窟，寺院僧人闻讯躲往山中。由于宗教信仰的排斥，加之白彦虎对敦煌县城久攻不下并多次受挫，便把恼恨一股脑宣泄在了莫高窟。他们对莫高窟的几座洞窟的佛教彩塑和壁画肆意破坏，如第205窟，这是一座唐代最精美的洞窟之一，窟内塑像均被故意挖眼毁容，手段极其残暴。类似这种挖眼毁容的破坏在莫高窟壁画上也发现多处，这显然与白彦虎不无关系。此外他还纵火焚烧了千年累建的多半木构窟檐以及栈道回廊，所毁之处一片狼藉。今莫高窟第146窟甬道南侧壁上嵌有一块民国五年《重修千佛洞宝贝佛殿功德碑记》的木碑，敦煌民间称"同治回民暴动碑"，碑文记载了莫高窟入清以后的繁盛与同治年间遭焚之经过：

"敦煌之有千佛洞（莫高窟），由来久矣。稽诸邑乘，证诸父老，亦莫详其所自始、述其所以来也。历观古碣，惟唐为盛。自前清定鼎以来，洞宇如旧，佛像犹新，级有三层，像约万数。洞各千佛，实不止千，不过总其成数而已。每年四月八日，相传为浴佛会，邑之士女邀福酬愿者，络绎不绝。诚为一邑之胜境焉。迨同治年间花门变起，遂将佛龛半付灰烬，令人有不忍目睹之状。"（此段记载中的"佛龛"当指洞窟外的木构窟檐）所幸这一时期，一些栈道因明嘉靖以来腐朽脱落难以攀登到每个洞窟，加上积沙又掩埋了很多洞窟，因而使大部分洞窟不能进入，才得以幸存。另外，当时白彦虎因在敦煌鏖战日久，早已力倦神疲，加上敦煌军民的四处剿击和左宗棠大军即将到来，回军已是惶惶不可终日，因此他们在莫高窟匆匆火焚窟外木构建筑，未能一一捣毁窟内佛像壁画。这才使人类文化瑰宝——莫高窟躲过了一场浩劫，从而得以侥幸存世。

这段历史在莫高窟的考古发掘中也得到了证实，据《敦煌莫高窟殿堂遗址》一书记载：莫高窟的许多洞窟在考古发掘时均发现火焚破坏痕迹，如第130窟之南大像窟，甬道两侧佛龛内均有被焚毁的西夏佛造像遗迹。2004年维修窟顶上部窟檐，又在被焚毁的殿堂中央发现有焚烧后孑遗的木佛床，可知当时白彦虎部对莫高窟的纵火焚烧的严重，自底部至顶部，火势之烈，恼恨之深，想来惊心。

左宗棠收复新疆

同治四年（1865），中亚浩罕汗国（在今吉尔吉斯斯坦）军事头目阿古柏在英国支持下侵入新疆，占领了喀什、莎车、阿克苏、库车等南疆地区。1867年，阿古柏自立为"汗"，建立"哲德沙尔"（七个城市之意）政权。同时期沙俄也趁机出兵占领了伊犁地区，并觊觎北疆领土，整个新疆面临着被吞并的危险。同治十年（1871），阿古柏攻占了乌鲁木齐等地，旋即据有新疆天山南北路部分地区。在英、俄的支持下，阿古柏妄图把新疆从大清朝分裂出去。清朝在新疆的统治风雨飘摇，几近崩溃。而甘肃也处于动乱之中，只有嘉峪关外的敦煌和哈密地区尚在清朝的控制下。作为直省通往新疆必经之地的敦煌，就成了清朝力保的地区，只有守住了敦煌等战略要地，才能为后续收复新疆奠定基础。敦煌是清朝反击阿古柏的一个战略支点，是重要的后方基地。但在经历了多次战斗之后,"敦煌兵勇无多,势难堵御",于是清朝派兵"迅速设法绕道,前赴敦城"(《清实录》)火速增援,体现了清王朝对敦煌地区战略地位的重视。敦煌城是同治动乱期间少数几个未被攻陷的城池,也就是说清朝没有完全丧失对西北局势的掌控,正是因为敦煌在历经多次进攻之后依然岿然不动,为清军鼓舞了士气,也为清朝光复新疆创造了有利条件。

清光绪元年(1875),清廷采纳左宗棠等收复新疆以固塞防的意见,决定进军新疆,收复失地。陕甘总督左宗棠受命于危难之时,以钦差大臣、督办新疆军务衔,率军进疆平叛。他采取"先北后南,缓进速战"的战略方针,亲驻肃州备置武器,筹措军粮,做进疆前的准备。所谓"先北后南",即左宗棠受命后,认为"官军出塞,自宜先剿北路乌鲁木齐各处之贼,而后加兵南路"。此决策,是他通过对敌情判断得出的正确结论。"大抵新疆贼势,北路轻而南路重"。南路是阿古柏主力屯驻之所,且经营已久;北路为白彦虎、马人得等回部踞守,其能战之兵仅有七千,不耐大战,仅长于绕奔突袭的游击战术。因此,先攻破北路薄弱防线,便可扼其总要,然后加兵南路,势如破竹,夺取全胜。先攻北路对制止伊犁俄军东窥也大有裨益。所谓"缓进急战",即新疆幅员辽阔,战线漫长,陕甘连年战乱,民力凋敝,田地荒芜,一时筹齐军粮十分困难。左宗棠认为"粮运两事,为西北用兵要著,事之利钝迟速,机括全系乎此","缓进"是养精蓄锐,保障战时供给;"急战"是速战速决,避免旷日持久,师老兵疲,耗粮损威。在军粮筹备上,左宗棠于肃州设立了庞大的粮局,专门负责采购囤运;于肃州、安西(瓜州)、敦煌和哈密各建储粮两万石的仓库以节节转运,既节约畜力又稽核迅速。当时安西(瓜州)靠近前线,处在屯运粮草、集结兵力的重要位置。此时的敦煌即驻军屯粮、转运粮草的重要站点。作为后方基地的敦煌,老百姓修筑仓廪,积极贮粮,认购、摊派车辆,承担军运,作出了应有的贡献。清同治十三年(1874),左宗棠遣员来敦煌加筑仓廒,为进军新疆贮备粮秣做准备。今敦煌城区内仍然完整保存有八座乾隆四十三年(1778)兴建的颇具规模的军需仓廒,在当时为援助新疆作出过重大贡献。

关于敦煌百姓支援新疆前线,承担军粮运输,还有一段可感可叹的故事：光绪三年（1877），左宗棠部将刘锦棠已率部进军新疆，把敦煌、安西作为后方供应基地。由于军粮运输劳务浩繁，而民间又缺车少马，故左宗棠特置备官车二百辆，每辆车作价二十四两白银，让敦煌、安西两县百姓自愿认购。认购后即承担运粮进疆任务，搬运费另计可抵车价，待运粮任务完成后，车辆归运粮的农民所有。农民觉得跑几趟长途，落一套阔气的"官车"挺合算，便纷纷争先恐后认购车辆。然而谁知，往新疆运粮的任务历年不息，官车也因常年使用多已破损，而官府又限期运到，且逐日加急、加量。为完成军命，敦煌官府不得已按"九户半给车一辆"强行摊派承担军运。道光十一年（1831）敦煌人口统计有2448户，也就是说当时敦煌农民至少承担了250多辆大车的军粮运输任务。敦煌百姓经年累月往返于甘新大道长途运输，早已苦不堪言，而官府不仅摊派，还赖掉了搬运费，而且还要额外收取每车草料费银六两。官府的失信，寒了农民的心，车户们非但没有得到车辆，还深受官车之累，最终一些车户弃车逃散四方。虽然这段历史令人遗憾，但当时的敦煌百姓为新疆的收复作出了艰苦的贡献，也付出了沉重的代价。

光绪二年（1876），左宗棠部署六万清兵，出星星峡，兵分三路进军新疆，直捣天山腹地。先收复乌鲁木齐、吐鲁番一带，打通南疆门户，而后与当地各族协同作战，速战速决，势如破竹，一举收复南疆的喀什噶尔等地。1877年收复和田，继而阿古柏兵败库尔勒服毒自杀，浩罕汗国随之瓦解。至此左宗棠收复了除被俄国占领的伊犁之外的新疆全部领土。随后，左宗棠部署进军伊犁，沙俄慑于清军威力，不得不归还伊犁地区。新疆失地至此全部光复，粉碎了英、俄吞并新疆的阴谋，恢复了大清国对新疆的领土主权。

在左宗棠率清军进疆，反击外敌入侵，收复国土的同时，白彦虎也是重点打击对象。白彦虎自清同治十二年（1873）七月，率部窜入新疆，投靠了占据新疆的外来侵略者阿古柏。1876年春，清军于天山北路全力追剿白彦虎，于乌鲁木齐北全歼其部6000人。白彦虎逃往南疆负隅顽抗，至喀什噶尔已"人不满百，饥疲殊甚"，溃不成军。1877年冬季，白彦虎与阿古柏残部逃入俄境，投靠沙皇俄国。左宗棠平定叛乱、抗击外寇，维护了国家领土完整，光绪十年（1884）新疆改建为行省。

光绪二十二年（1896），西宁叛回刘四福余部逃入敦煌地区的石包城，不料天降大雪，深六七尺，刘四福部大半冻死。残余回部万余人，至截山子被清军击败，余众逃向安南坝一带。这时，敦煌练军樊、宋、何、陶四统领率军追至安南坝，激战竟日，回部连败，残部数千全部被收抚，后发遣至新疆罗布淖尔安置。

道士发现藏经洞　国宝散失被瓜分

敦煌莫高窟，是丝绸之路开通之后东西文化交流和佛教东传的产物。它自东晋十六国时期开创至元朝终结，持续了约一千年的开窟造像活动，也影响了敦煌一千多年的社会生活。明嘉靖三年（1524），朝廷闭锁嘉峪关，嘉峪关以西瓜、沙二州的居民内迁河西中部，此后的200年，敦煌旷无建置。由于没有了信仰佛教的居民，莫高窟也随之香火渐熄，寺窟荒芜，最终成为狐兔穴居之荒沟野谷，辉煌千年的莫高窟艺术戛然而止。直到清康熙五十四年（1715），敦煌终于受到朝廷关注。雍正三年（1725），清廷迁内地56州县汉民至敦煌开垦，莫高窟才渐渐地香火复燃。这座自开创之始就卓尔不凡的佛教圣地，在明朝中期淡出人们视野两个世纪后，于清朝康雍时期再次回到了世人眼前。

道士王圆篆其人

莫高窟自明朝断了香火后，再度出现汉人身影，应在清雍正三年至雍正六年（1725—1728）之间。当时朝廷派五品官员光禄寺少卿汪隆来敦煌监理新城建设。汪隆在此期间曾到过莫高窟，并发现了《李氏再修功德碑》，还作长诗一首盛赞敦煌艺术。道光元年（1821），地理学家徐松游历莫高窟，在其《西域水道记》中记录了莫高窟碑刻文字，并探究了莫高窟创建年代和历史。道光十一年（1831），敦煌知县苏履吉修撰《敦煌县志》，附载了描述莫高窟的版画与诗文。清光绪五年（1879），匈牙利地质学家洛济考察西北，经过敦煌时对莫高窟进行了考古调查，并做了大量测绘、拍摄和记录工作。洛济在1905年德国汉堡举行的"国际东方学会"上，讲述了他考察莫高窟的经历和见闻,盛赞莫高窟壁画、雕塑之美"冠绝东方"。据说他的门生斯坦因就是从这时起,对敦煌石窟产生兴趣的。而莫高窟在晚清时期名闻世界,则源于一位道士的一次意外发现。

洛济离开莫高窟的第18年,一位名叫王圆箓的云游道士来到莫高窟。当这座恢宏的佛国圣地映入他眼帘时,虽然破败荒芜,但让他震惊不已,不由地发出慨叹:"西方极乐世界,乃在斯乎!"那一刻,不知一种什么力量,启发了这位道士,让他决心担负起守护佛窟的职责。他于是发下宏愿,在这里落地生根,清除堆满的积沙,修复残损的楼阁,让破旧的塑像重焕光彩。也正是在他身体力行实施宏愿的过程中,无意间打开了一扇轰动世界的门洞——藏经洞,由此引发了敦煌石窟屡遭劫掠的惨痛事件,演绎出了一段"吾国学术之伤心史",并由此开启了一门国际性显学——敦煌学。

藏经洞发现者王圆箓道长 斯坦因摄于1907年

王圆箓(1849—1931),又名元录、圆禄,湖北麻城人(一说陕西省汉中人)。因家贫,为衣食计,逃生四方。清光绪初年,辗转流落至甘肃肃州(今酒泉),先入肃州巡防营当兵,服役期间皈依道教,退役后便入观奉教,道号圆箓。光绪二十三年(1897),近天命之年的王道士来到了莫高窟。当时,莫高窟前有三座古寺,被分别称为上、中、下寺。上、中两寺为藏传佛教的喇嘛常住,只有下寺荒废无人。于是,王圆箓就以下寺栖息寄居,并将这座不知何年所建的佛寺改建成了道观。经过他的修复,原来的下寺变成了"太清宫",而王圆箓也以"太清宫大方丈"的身份,从此成了莫高窟下寺的住持,并在此度过了自己的后半生。

或许有人会疑惑：身为道士的王圆箓，为什么选择佛教石窟寺来修行呢？这其实与西北地区佛道相融的传统有关，也就是自古即有的佛、道二教长期共存、互相影响又互相渗透，并形成了一些佛、道共尊的系列神灵。藏经洞就出土过大量的道教经典，说明早在唐代时莫高窟就已是两教共存。王圆箓墓志中有"佛像于焉庄严，洞宇于焉灿烂。神灵有感，人民受福"之表述，亦说明王道士及其弟子对佛道相融的认同。

王道士以一个普通农民的宗教感情和勤劳负责的态度，自觉地管理起莫高窟后，履行了以下几项保护、修缮义务：一是莫高窟崖体顶上与鸣沙山相接，常年落下的流沙将很多洞窟埋没，清理积沙便是一项繁重而浩大的工程；二是修缮莫高窟需要大量的经费，于是他率领弟子多方奔走，四处化缘，寻求资助；三是将募捐而来的善款，全部用于抢救修复坍塌的洞窟和残损的塑像。河西走廊西部地广人稀，绿洲散落，县与县相距动辄一二百公里，在没有机械交通工具的年代，王道士全靠骡马车或骑驴往来于旷野戈壁之间，到各县镇募捐化缘，为偌大的莫高窟筹集资财以实施修缮。他的宗教精神是可贵的，他也为他的宗教信仰作出了绝对无私的贡献。据斯坦因对王道士的描述："他把辛苦地向各处募化来的钱全用在整修寺窟上，他和他的两个徒弟自奉节俭，几乎不妄费一文。"民间对他的评价也是如此："王道士辛苦地向四处募得的钱和用途，虽然没有人去检查，但他还是写了账目。"斯坦因曾亲眼看过他的账册，记录之翔实精确让人叹服。据王道士墓志记载，他在敦煌辛劳三十多年，总共为修建莫高窟募款二十多万元，他就是用这些募集来的善款，将他管辖区的那些残破的佛教石窟寺陆续修缮改造为道观。就在王圆禄修缮改造石窟的过程中，偶然发现了藏经洞，即莫高窟今编第17窟。这是1900年6月22日发生的事。

藏经洞的意外发现

王道士翻建一新的太清宫，紧邻莫高窟南区北端的"三层楼"。该楼最下层是一座唐代开凿的大型洞窟（今第16窟），藏经洞就发现于该窟甬道北侧。关于藏经洞的发现经过众说纷纭，但根据《重修千佛洞三层楼功德碑记》，结

藏经洞出土经卷文书 努埃特摄于1908年

合斯坦因在《西域考古图记》中的描述以及当地的传言，基本可以还原出大致的经过：光绪二十三年（1897），王圆箓初到莫高窟，把荒弃的下寺改建成了太清宫，为了扩大道场规模，他决定利用相邻的"三层楼"下层的一个大窟作为他的布道大殿。但由于之前四五百年没人打理石窟，窟前窟内已被流沙掩埋大半。清理这些积沙绝非他一人之力能够完成，于是他化缘筹资雇人清理。因沙量巨大，清理工作进展缓慢，前后花了两年多时间才把积沙清理干净。积沙清除之后，王道士一边雇人修缮洞窟、修复塑像，一边开光授业，募集香资，同时雇书生杨河清抄经用于化缘。杨河清在该窟甬道北侧置一香案抄经，时常会以芨芨棍（干枯的芨芨草）在烛台上引火抽烟，用过后随手插在墙缝里以便再用。光绪二十六年（1900）五月二十六日夜半，杨河清偶然发现插芨芨棍的泥缝很深很长，且缝隙连成了一个长方形，很像是一个门洞。这壁面上全是古老的壁画，怎么可能在画层下面有个门洞？他用手敲击洞壁，砰砰作响发出空洞之声。于是他赶忙告知王道士。两人借着火把的光亮，铲去疑似门洞处的壁画泥皮，便露出了砌封的土坯。取掉土坯，果然现出一个小门洞。洞口高不足一人，洞内密密匝匝地整齐码放着无数的白布包裹。王道士试探地打开了一包，见一包内裹经十卷，裹布内层还有一片衬布，是一幅佛帧绣像。仔细端详，无论经卷墨书，还是佛帧绢画，均精美无比。这让王道士十分惊奇，恍如做梦一般。《王道士圆箓墓志》上对此情景描述道："壁裂一孔，仿佛有光。破壁则有小洞豁然开朗，内藏唐经万卷，古物多名，见者惊为奇观，闻者传为奇物。"至此，秘室开启，宝藏出世。

王圆箓发现的藏经洞（今编第17窟），其窟内从地面垒到窟顶，塞满了自4世纪到14世纪的各种历史文书、佛经、绢画、刺绣等文物，总数量约5万件。这些神奇的古物封存于北宋至道年间（995—997），九百多年后才重见天日。其中的文献类文物涵括了汉文、藏文、梵文、于阗文、龟兹文、粟特文、突厥文、回鹘文、康居文、婆罗谜文、希伯来文等多种文字，记载了很多不为人知的珍贵历史。除了文献之外，还有若干铜佛、法器、幡、幢、绢纸画、壁画粉本等多种文物。藏经洞密室被打开，消息不胫而走，以至传到了海外。从这个时候开始，敦煌便陆陆续续发生了一系列令人痛彻心扉的文物流散事件。而流失到海外多个国家的藏经洞文物，更是轰动一时，震惊了学术界。同时，也使敦煌莫高窟被全世界所关注。

藏经洞发现之后，所藏文物经历了国内流散和国外流散两个阶段。国内流散，指的是外国探险家还没有来到莫高窟之前的1900—1907年这一阶段。在这7年间，王圆箓抱着保护藏经洞和筹措洞窟修缮经费的双重目的，将藏经洞中的一部分文物呈送官府、馈赠士绅、变相出售，造成藏经洞文物的部分流失。这些文物后来大部分下落不明。

王道士虽然不懂得藏经洞文物的真正价值和意义，但直觉告诉他这些东西非同寻常。因此，在他发现藏经洞的第一时间，就挑选了一些他认为书法精良的敦煌卷子，徒步40多里赶往县城，首先向当时的敦煌县令严泽报告，希望县太爷对他的重大发现给予重视。然而这位县令有眼无珠，并不认为这些文物有什么价值。王道士碰壁而归却心有不甘，他又不辞800里之遥的艰辛长途，奔赴肃州（酒泉），拜见时任安肃兵备使的道台廷栋，并呈上了一箱经卷。可是这个廷栋更加无知，阅览后认为，卷子上的书法还不如自己的好，也不当一回事。一年之后，湖南人邬绪棣接任敦煌县令，对王道士的报告仍然不在意。又过了大半年，也就是光绪二十八年（1902）三月，新任县令汪宗翰到任。此时的王道士已身心疲惫，不指望官府对密室所藏有所反应。但他听说这个新县令学识渊博，故而抱着最后一线希望，带上一包经卷佛画跑到敦煌城拜见县令，期望新任县令慧眼识珠，对他的发现给予重视。

敦煌县令汪宗翰，湖北通山县人，进士出身，学养厚实，对于古代文献有较深的认知。他上任后大力帮助百姓改善生活，深为百姓拥戴。在其前后五任敦煌县令中，他的建树最多，名声最好。而他对当地的历史文化及风土人情亦颇有兴趣，曾搜集整理了一些敦煌汉简作欣赏研究。当他浏览了王道士送来的经卷佛画后，爱不释手，连连称赞，旋即致函报告甘肃学政叶昌炽。叶昌炽对金石学和古文书颇具造诣，获知莫高窟惊现藏经洞，一方面建议甘肃藩台衙门（布政使司，一省最高军政长官衙门），将藏经洞所藏如数运至兰州保存；一方面复函汪宗翰，敦请实地查检，就地封存，由王道士看守，等候处理。

汪宗翰又邀请了几位地方士绅一同前往莫高窟，对藏经洞文物略作检视翻阅后，吩咐王道士妥为保管，以待上级处理。如此安排后，却没有对这些文物采取清点登记和入库保管的措施。甘肃藩台衙门则以运费难筹为由，迟迟没有将藏经洞文物解运到省城兰州保存。汪宗翰本人虽然能够意识到藏经洞文物有一定价值，并且对保护藏经洞文物也做了一些工作，但他毕竟受时代和认知所限，并未意识到这举世罕见的瑰宝，更不可能预料到，这些密室所藏日后会成为全人类的珍贵文化遗产，是研究丝绸之路沿线国家中古史难得的一手资料，被学界称为打开世界中世纪历史的钥匙。他不仅不会有这样的觉悟和先见之明，甚至也向王道士索取了一些绢画和写经据为己有，作为私人藏品玩赏，或用于官场逢迎的桃李之馈。光绪三十二年（1906）二月，汪宗翰被调离敦煌县。继任县令名叫黄万春，光绪十七年（1891）举人，此人书、画、铁笔俱精妙，在当时画界小有名气。照理，他应该对敦煌藏经洞文物有所鉴赏并做出保护，但他在敦煌任上竟对此毫无作为。下一个继任县令名叫王家彦，其上任之初正好遇上斯坦因到敦煌搜集文物。当斯坦因被新疆阿克苏道台潘震介绍到敦煌时，这个王县令给予了盛情款待和协助，并给斯坦因赠送了一部《敦煌县志》，丝毫没有意识到藏经洞文物的重要性。官府的不作为，几任县令的昏聩无知，给藏经洞文物未来的命运埋下了祸根。

藏经洞文物流失

光绪三十年（1904）三月，敦煌县衙命王道士将藏经洞文书等物在原窟重新封闭。王道士遵命照办，但他趁封存之机私藏了相当一部分。在之后的几年里，王道士不断地将私藏的藏经洞文物馈赠于官员和士绅，换取一些回报，用来修缮莫高窟洞窟。自此，藏经洞宝藏逐渐流散到新疆、关陇甚至北京，敦煌发现藏经洞的奇闻在官场上一时间沸沸扬扬。由此看来，藏经洞发现以后，最早的"掠夺"者首先是本国的官僚与士绅。流散于国内的藏经洞文物，包括那些由王圆箓报送给官府的，或经王圆箓之手送给官绅的，或当地官员从王圆箓手中索取的，竟没有一件被各级官府和朝廷图书档案部门收藏，均作为私人藏品散落到民间。这批文物大部分至今下落不明，只有少部分后来被外国收藏家买走，现藏于一些外国的博物馆。

王圆箓在发现藏经洞之后的几年时间里，四处奔走，逐级上报，竭尽全力地想引起官府对藏经洞文物给予重视，他做出了一个出家人最大的努力。他努力的目的，不外乎得到官府认可，让官老爷对他手上数万件"宝贝"的价值给予肯定，以求获得一笔赏资，用来实现他改变莫高窟面貌的誓愿。然而几任县官都未能满足他的心愿，使他心灰意懒。尤其是，当发现的藏经洞消息都已上达了甘肃最高军政机构藩台衙门，而清王朝的地方政府非但未予重视，还以路途遥远运费难筹予以搪塞，仅是下达了一纸文书责令王道士就地保管了事，这不能不使王道士寒透了心。其间，这些石窟秘藏也曾落入官员和商人之手而被识货的洋人看到。

据沙俄科学院院士弗拉基米尔·阿法纳西耶维奇·奥勃鲁切夫（1863—1956）的自述式探险游记《荒漠寻宝》（直译为《中央亚细亚的荒漠》）中描述：1905年初，奥勃鲁切夫在黑城（今额济纳旗东）考古发掘时，从塔尔巴哈台商人手里看到一件精美的文书，并获悉敦煌藏经洞发现了大量古写本。于是他于当年10月赶到敦煌，用50根叫作"硬脂精"的白蜡烛，跟一个和尚换得了写经两包。这个"和尚"可能就是王道士。奥勃鲁切夫把这批写本带走后，一直没有整理发表，最终收藏在何处已不详。直到近年，人们才从他的《荒漠寻宝》的著作中，发现了他在敦煌莫高窟劫掠文物的蛛丝马迹。

如果说，奥勃鲁切夫劫掠藏经洞文物尚没有实锤的证据，那么第一个进入藏经洞进行掠夺活动的外国人，就是英国探险家兼考古学家马尔克·奥莱尔·斯坦因（1862—1943）。斯坦因毕业于伦敦大学，是世界著名考古学家、艺术史家、语言学家、地理学家和探险家。鸦片战争之后，大清朝的土地上到处活动着西方的传教士、探险家和考古学家，藏经洞的发现以及所藏文物的流散，自然会引起这些敏感的外国专家注意。

1906年4月，斯坦因在英国和印度政府资助下，第二次到新疆探险考察，这次的考察计划中就包括对莫高窟的考察。早先他从老师洛济那里已经了解到莫高窟有丰富的壁画和造像，却并不知道藏经洞的发现情况。他在发掘楼兰遗址期间，偶尔从一个土耳其商人口中获悉，莫高窟密室中发现了大量的古代写卷，于是他产生了去敦煌一探究竟的强烈愿望。在新疆阿克苏道台潘震的牵线搭桥下，他来到敦煌结识了县令王家彦，并得以用官府客人的身份在敦煌进行考察活动。他到莫高窟时，藏经洞早已被封闭，看管洞窟的道士也正在外面化缘。斯坦因只好耐心等候，在敦煌周边做一些发掘。斯坦因有一个随行助理名叫蒋孝琬，主要为他做翻译并协助处理庶务和疏通关系。此人精通古物鉴赏，练达事体，对斯坦因颇有帮助。两个月后，王道士回到了莫高窟，斯坦因也及时赶到莫高窟。如何获得这位道士的信任，顺利看到那些传说中的奇异珍宝，是他首先要解决的难题。在斯坦因《西域考古图记》一书中，详细记述了他与王道士交涉的细节，其中不乏他绞尽脑汁博取王道士信任的描述：当斯坦因初遇王道士时，道士始终不予搭理，他想方设法接近道士，但王道士就是避而不见，弄得斯坦因束手无策。后来经蒋孝琬了解到，王道士有一个"宏愿"，即重修三层楼，并清除莫高窟前所有的积沙，为石窟架设回廊、木桥，而这巨大的工程需要银两才能实现。另外，他发现王道士对唐玄奘格外崇拜，太清宫门洞里就画着唐僧西天取经图。于是，斯坦因便利用王道士的求功心切和对唐僧的诚挚虔心，开始实施攻心之策。斯坦因首先主动"布施功德"，愿为王道士

斯坦因运送藏经洞文物途经瓜州桥湾乡道德楼前 斯坦因摄于1907年

实现宏愿尽一份心意。然后表达了他因景仰唐玄奘而沿着唐僧西天取经之路来到这里朝拜圣地。王道士获得了一笔香资，自然对斯坦因有所好感。特别是有共同的偶像可相互沟通交流，也拉近了他们的心理距离。接下来斯坦因表示，愿意出一笔重金从敦煌求得一些佛经，带回到西天印度，以宏佛法，资信仰。王圆篆因被斯坦因表现出的虔诚态度和玄奘般志存高远的精神所打动，竟欣然同意了斯坦因的请求。之后，斯坦因以4锭马蹄银（约200两银子）从王道士手中换取了约150捆装满12箱的5000多件写本、绢画等珍贵文物。斯坦因从莫高窟运走12箱文物的这一天是1907年6月12日。

斯坦因与王道士的交易如此顺利，还有一个原因是斯坦因持有清廷颁发的护照，护照上的头衔是"大英国总理教育大臣司代诺"，马车上插有朝廷标志的"小黄旗"，而且有县令的准允和官府职员的陪同，以及驻军长官派遣的士兵护卫。这说明王道士的所作所为是经过官府默许的，甚至可以说是串通一气的。

斯坦因带着这批无比珍贵的文物离开敦煌后,并没有走远,而是去了安西州城,他将在莫高窟获取的12箱文物秘密封存于知州衙门后,又东去河西走廊考察。时逢敦煌县抗粮起义,数千农民攻入县城,焚毁衙门,打死兵勇,知县逃跑。三个月后动乱结束,斯坦因又于同年9月24日再返安西。逗留安西期间,斯坦因再起贪心,他以书信与王道士取得了联系,欲求购更多藏经洞文物。这次他怕亲自出马风声太大,如果引起百姓的注意和反感,势必功亏一篑。于是他派师爷蒋孝琬出面实施这次"采购"计划。10月1日,蒋孝琬来到莫高窟与王道士交易。这次采购十分顺利,仅用了一天时间,就以600两白银从王道士手中获得230捆近3000件典籍卷子。其价值要比斯坦因第一次在莫高窟获得的藏经洞文献更高。一周之后,斯坦因从安西出发,经柳园、哈密、吐鲁番、库车、阿克苏等地,计划从于阗将文物运往印度。他沿途走走停停,四处寻宝,又获取了新疆的不少文物。一年后的1908年10月3日,斯坦因的运输队,满载文物,浩浩荡荡去了印度。1909年1月21日,斯坦因回到英国伦敦。斯坦因在敦煌获得的藏经洞文物分别入藏于印度新德里博物馆、大英博物馆、大英图书馆、印度事务部图书馆等。他在印度时还向印度外交大臣建议,由印度政府出面向协助他考察的若干中国官员致谢,这些官员有新疆总督、甘肃总督、阿克苏道台、肃州道台和敦煌县令。

此次敦煌之行,斯坦因对当地的多处古遗址做了考古发掘,收获颇丰,但价值最大的莫过于在莫高窟藏经洞的收获。斯坦因在敦煌共弄走藏经洞文物9000余件。当时西方学界将斯坦因的敦煌之行称作"前所未有的考古学史上的大发现""任何一个考古学家都没有做出比这更多的惊人发现"。从斯坦因开始,"敦煌学"这门崭新的研究敦煌的学科逐渐兴起,并发展成为一门具有国际影响力的热门学科。而斯坦因是国际敦煌学界公认的开山鼻祖。藏经洞的发现轰动世界,也强烈地刺激了更多西方考古探险者的欲望,他们向往着遥远东方的敦煌,掀起了到敦煌去寻宝的热潮。

此时的王道士,因从斯坦因手里换取了一大笔银两,顿时成了有钱的住持。于是他对荒凉破败的莫高窟进行了大规模"改造"。除了清理流沙、修建古汉桥、复原三层楼等有益的功德外,为了香客在窟与窟之间巡礼穿行方便,

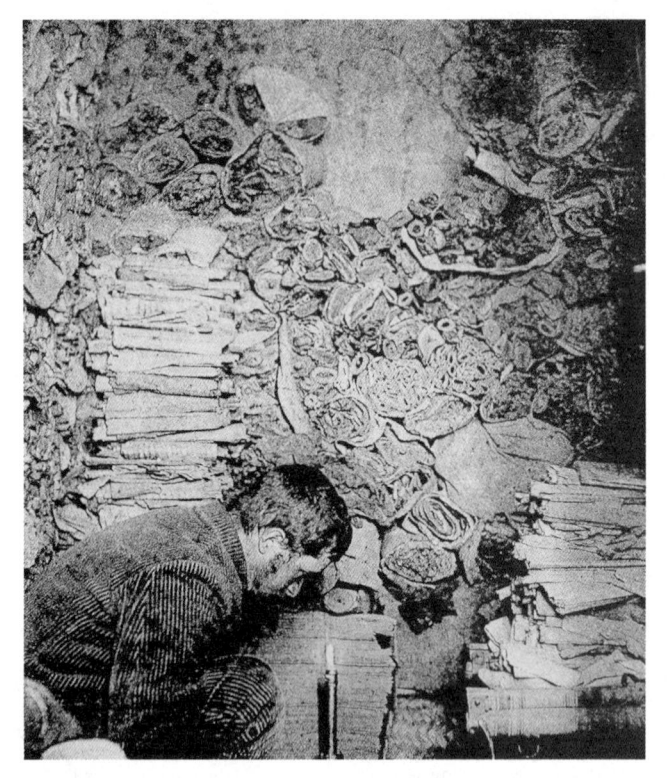

伯希和在藏经洞挑选经卷 努埃特摄于1908年

　　他自作聪明地打通了许多洞窟隔墙，由此损毁了相当面积的精美壁画。与此同时，他还用粗陋的技艺改造或重塑了不少塑像，其造型丑陋不堪。这些有损壁画、彩塑的做法，虽然出于善意，但实际上是对敦煌石窟的一种人为破坏。

　　按理说，斯坦因在莫高窟的行为和其在国际上产生的轰动影响，就应足以引起地方官府的重视，特别是朝廷的注意。但是，麻木的清廷和各级官府竟然毫不在意，无动于衷。官方的态度使王道士更放心地私自变卖藏经洞文物。斯坦因的骗购成功，引来了更多的外国探险家到敦煌寻宝。紧随其后的是法国探险家保罗·伯希和。此人学识渊博，具有丰富的中国历史文化知识和精深的汉学素养，能说一口流利的汉语。他的敦煌之行，又将给莫高窟的命运造成怎样的改变？

1906年，一支由法国政府组织的中亚考察探险队进入中国。他们这次考察的方向主要是新疆一带的喀什地区和库车图木舒克的脱库孜萨来。伯希和利用自己精通几门亚洲语言的技能，以及对古丝绸之路的透彻研究，率领他的探险队对新疆等地进行了广泛而深入的考察，同时进行考古发掘。1907年10月，伯希和意外地从新疆最高军政长官、伊犁将军长庚手里获得了一卷唐代佛经。这卷精美的写经惊呆了伯希和，当他得知经卷出自敦煌莫高窟的藏经洞时，便放弃了对吐鲁番的考察计划，迫不及待地赶往敦煌，打算对那个神秘的洞窟一探究竟。

1908年2月25日，伯希和终于抵达莫高窟。在征得王圆箓同意后，他进入藏经洞，凭借渊博的学识和深厚的汉学功底以及丰富的考古知识，以每天1000卷的速度把该窟中所有文献通检了一遍。他在日记中说："洞中卷本未经余目而弃置者，余敢说绝其无有。"伯希和在藏经洞浏览遗书时，曾拍过一张著名的照片，照片中的伯希和置身于堆满文物的藏经洞，在蜡烛的光照下，翻检着那些珍贵的遗书。以他自己的描述，"不单接触了每一份文稿，而且还翻阅了每一张纸片"。就这样，伯希和在藏经洞里待了整整三个星期。在三个星期的挑选中，他的随行摄影师查尔·努埃特，将伯希和认为有价值的藏经洞文书、洞窟以及洞窟中的壁画和塑像，包括莫高窟外景，全部进行了系统的拍照。这些珍贵的照片有幸保存了下来，对今天的敦煌学研究具有极为重要的参考价值。伯希和最终在他浏览过的近两万卷文书中，挑选了约六千卷精华的文书画卷，以500两白银与王圆箓道士交易，载满了整整十辆骡马大车。这些文物包含了汉文、藏文、梵文、龟兹文、于阗文、粟特文、回鹘文等版本的文献。他纯熟的汉语和深厚的中国历史文化学养，使他所选的文物，可以说全部是藏经洞剩余文物中的精华。伯希和从敦煌带走的文物数量虽没有斯坦因多，但其价值远在斯坦因带走的文物之上。比如有关道教经典的文书，几乎被伯希和攫取殆尽（有六七十件此类文书现在仍藏于巴黎）。敦煌文书最大的价值之一，是体现和保存了许多早已失传的古代学说和古注。这类文书极为罕见，十分珍贵，几乎全都被伯希和带走，至今藏于法国。伯希和曾不无得意地说：他所获得的藏经洞文书，几乎都是不懂中文的斯坦因借助翻译而忽略的，其在敦煌文书里都是最珍贵、最有价值的，在语言学、考古学上的价值无可比拟。

1908年3月26日，伯希和的考察队满载文物离开敦煌，经河西走廊，历经半年多的长途旅行，于1908年10月抵达北京。他经过一段时间的分拣整理，把大部分文物运回巴黎，留下了一小部分文书在北京装裱后，于次年春在北京六国饭店举办了一个敦煌文物展，将藏经洞珍贵文物的重大发现公之于世，一时间引起舆论哗噪和大清学界的关注。当京师的一些学究，看到失传久远、早已无从寻觅的宋版书籍，更有弥足珍贵的六朝至隋唐的写本、绢画……无不感到震惊。伯希和的这个小小展览如同一个暴雷，震撼了大清朝野，也刺激了一些高官学士。于是他们纷纷向学部上书，责成甘肃省立即清点藏经洞文献并运送到北京保管。在他们的呼吁下，清廷终于下令对藏经洞文物进行保护。不久，敦煌县府接到省府文件，勒令即刻封闭藏经洞，等待上级前来查检缴运。至此，敦煌藏经洞发现的情况和文物流散到英法等国的黑幕，才在中国学界揭开，并传扬开来。

清宣统二年（1910），清廷学部下令甘肃布政使何彦升，把藏经洞所余文物尽数收缴并解运进京，入藏京师图书馆。当时相关文件所记录的藏经洞文物数量共18箱，计8757件，但根据后来的研究统计得知，当时藏经洞的剩余文物远远不止这个数目。那么，缺少的文物又去了哪里？

问题出在了朝廷下令之后。在藏经洞文物起运北京之前，地方官绅获知朝廷收缴的消息，如梦初醒，方知那些文书、经卷价值连城，于是纷纷前往莫高窟，贿赂道士，争相拣取，使一部分文物流落到了敦煌和附近地区。据笔者了解，过去敦煌不少人家里都有上辈人传下的经书，文化大革命"破四旧"时多被烧毁。也有个别保存到二十世纪八十年代的，有些捐献给了博物馆等机构。这批当初散失于敦煌等地的文物究竟有多少，早已无法获知。

另外，藏经洞文物从敦煌运至北京的沿途，又遭到各地官绅争相拦截。他们为了获得文书，纷纷贿赂负责押运的何彦升，而这位布政使也是胆大包天，监守自盗，送出去不少。后来担心运抵京师的文书数量太少不好交差，他竟将文书截成片段送给行贿者。此一路送出去多少，亦无法获知！

据粗略统计，藏经洞发现伊始，其中有五万余件文物。至运抵北京，仅存六分之一不到。这些国宝珍品被用简陋的席子卷捆运达京城，最后移交给了"京师图书馆"，即后来的北京图书馆，现在的中国国家图书馆。后经学者陈寅恪作序，陈垣编成《敦煌劫余录》，于1930年出版。这本书是我国学者编辑的第一部敦煌文书目录，它和刘复于1925年出版的《敦煌掇琐》（从巴黎抄回的敦煌文书105种）同为敦煌遗书整理、研究、刊布的里程碑式的著作。1909年，罗振玉刊布《敦煌石窟遗书》《流沙访古记》，王仁俊著《敦煌石室真迹录》（9篇），蒋斧著《沙州文录》《敦煌石室遗书》（18篇），是我国学者研究敦煌学的最早成果。

藏经洞五万余件文物，除被斯坦因和伯希和购买走的两万件以及运抵京师的8757件，仍有两万余件不知去向。这两万余卷中，除了上述缴运北京前被敦煌官绅掠夺和运往北京途中再次被沿途官绅掠夺外，那么还有相当一部分到底去往了何处？此事与王圆箓脱不了关系——藏经洞文物被朝廷查封之前，藏经洞的发现者王圆箓私藏了相当一部分，后来多次出卖给了闻风而来的几拨国外探险家，包括日本人吉川小一郎和橘瑞超、第二次来敦煌的斯坦因。

1911年，作为日本大谷光瑞探险队成员的吉川小一郎和橘瑞超先后来到敦煌，这是继英国人斯坦因、法国人伯希和之后来到敦煌的第三支外国探险队。大谷光瑞是日本明治时代至昭和时代的僧侣、宗教家、探险家、历史学家、考古学家。1902年8月至1914年5月，他先后三次亲率或派遣橘瑞超、吉川小一郎等人带领大谷光瑞探险队深入中国西北地区进行探险考察。大谷光瑞探险队由于资金充裕，出手阔绰，每到一地都会受到清廷地方官吏的相助。不同于欧洲人，日本探险队员的相貌很接近中国人，这使他们在中国考察时更加方便、顺利。1910年，大谷探险队开始第三次对中亚及新疆地区探险考察，由橘瑞超领队前往新疆，对吐鲁番、楼兰、和田等地进行考古发掘工作。发掘期间辛亥革命爆发，新旧政权交替，社会秩序混乱，橘瑞超带领的考察队与日本国内失去了联系。大谷光瑞长时间得不到橘瑞超的消息，便派吉川小一郎前往中国打探橘瑞超的下落。

1911年10月5日，吉川小一郎先到达敦煌。他决定在这里一边向新疆各地打电报寻找橘瑞超，一边对莫高窟进行考察。不几天他联系上了橘瑞超，并相约在敦煌会合。在等待橘瑞超的这段时间里，吉川萌生了一个想法，他认为：虽然藏经洞文物都运到了北京，但当地人手里不可能没有私藏。于是他于10月10日出敦煌城，向东南行走约40里，来到了莫高窟。初次接触了王道士，就提出想求购道士所藏唐经的愿望。经长时间磋商，王道士终于答应择日亲自送到城里。12月23日，王道士来到敦煌城里吉川的住处，首先表达了募集资金是为了修缮洞窟，时逢乱世从衙门也没有得到经费，无奈之下才肯出让所藏唐经，随后拿出一些经卷给吉川过目。吉川见这些经卷鱼龙混杂质量不好，要他把良品拿来。王道士以为吉川不识货，便拼凑了一些真真假假的东西来蒙混过关，结果吉川没有上当。1月26日，橘瑞超赶来敦煌与吉川会合，三天后他们来到莫高窟。这次王道士拿出来的是80多件真实的唐经。橘瑞超二人不满足，要求去道士住所亲自挑选。没想到王道士的大柜子里藏着很多的经卷，悉属精品。经与道士交涉，他们用300两白银选了169卷，驮在马背上带走了。王道士觉得日本人出手阔绰，他还想再卖一些经卷给他们。2月4日，王道士赶到敦煌城又卖给日本人200件经卷。在此之前的10月23日，吉川小一郎还意外收获了两件彩塑，他的《支那旅行记》记述："早上到洞窟详细考察，从诸像中选了两身最精美又无什么损伤的像，与道士交涉后，购买收入行李。"日本人于1911年10月5日到达敦煌至次年2月7日离开，三个月时间里除了在王道士手里共购得写经、文书369卷，在敦煌民间和其他地方也陆陆续续采购了一部分藏经洞出土的写经、文书。由吉川小一郎的日记可知，"橘、吉川两氏得到的敦煌写经数目全部460件"。除此之外，他们还在莫高窟获得了部分碑文拓片。从吉川小一郎的日记中还可以发现，他们在敦煌并没有做详细的考察，只是在参观时匆匆拍摄了一些照片，并无太大价值。

吉川小一郎和橘瑞超在敦煌获得的藏经洞文物数量，相比斯坦因、伯希和虽远远不及，但这些文物都是从王圆箓多年私藏的珍品中挑选出来的，其价值不可估量。橘瑞超回日本后不久，对从敦煌带回来的藏经洞写经进行了整理、研究，并迅速出版了几本书，在敦煌学界颇有影响。

1914年斯坦因第二次来到敦煌，王道士热情地接待了这位老朋友，他向斯坦因展示了一份账目，上面详细记录了他用斯坦因的钱翻修洞窟的业绩。王道士还表示，官府把他珍视的藏经洞文书白白拿走，令他非常后悔当初没有足够的勇气和智慧采纳斯坦因的建议，"把经卷全部卖出"。斯坦因也觉得自己付给王道士的钱比其他人都多，他当时应该买下全部经卷运出中国。这一次，斯坦因又以500两白银，从王道士手中买走五箱文物，计570件（段）敦煌写本、绘画等。

1914年至1915年，沙俄科学院院士、东方学家谢尔盖·奥多诺维奇·奥登堡组织第二次中国南疆考察队，在吐鲁番等地进行考古发掘。这年5月，奥登堡一行来到敦煌。此时大宗的藏经洞文物已被斯坦因和伯希和等人瓜分殆尽，奥登堡和他的考察队只能搜集石窟内残留的文物。他们把那些脱落的壁画、塑像残块，被践踏成泥块的佛幡、绢画断片，以及被人遗弃的佛经碎片一一清理出来，带着洞内的泥土和尘埃，全部装箱运回了俄国。由于他是站在一个科学工作者而不仅是文物收藏者的角度，因此他把那些被其他国家搜集者抛弃的文物尽可能地全部搜集了起来。他们还对洞窟进行了地毯式的搜索研究和考察，详细记录了石窟中的壁画和彩塑，并进行了大量拍摄、绘制和测定。奥登堡考察队在考察敦煌期间，也收集了大批写本等，特别是一些大乘教早期汉藏文写本，属于敦煌文书中极为珍贵的文物。

奥登堡在莫高窟一直待到1915年1月才离开，一共测绘了143个洞窟平面图，绘制地图两千张。因为俄国考察队在莫高窟停留时间比较长，考察资料比较翔实，后来的敦煌研究中，要了解莫高窟最早的原始记录，多是从俄国人那儿取得的资料。奥登堡在这次考察中共获得艺术品357件，大都是碎片，编号很多，完整文物并不多，包括佛幡、麻幡66件，佛教绢画断片137件，写本上的佛教绘画断片43件，写本残片8件，塑像24件，织物38件，现存实际数量316件（实际的357件变成了现存316件，是因为在修复过程中有些残片被拼成了一件）。此外，奥登堡还获得敦煌写本约1.8万件（这里的"1件"不是指一件完整的写经，而是指一个文书碎片，甚至只有一个字的纸片都会作为1件单独记录）。

王圆箓从入驻莫高窟到发现藏经洞，一直到圆寂之时，他本人一直有一颗愚蠢的"善心"，也就是致力于对荒凉破败的莫高窟进行所谓的"翻新"。为了这个宏愿，他毁掉了不少虽已陈旧但本质纯美的隋唐彩塑，而换上他那崭新而恶俗不堪的"作品"，其毕生都在执行着他那虔诚的破坏工作。为了这份虔诚，使得藏经洞六万多卷古代文书的大部分从他手中流散到国外，分藏至世界各地。而留在中国国家图书馆的那8757卷文书和敦煌研究院等国内博物馆收藏的少量文书，得以珍藏于国内。这对国人的情感，多少有些慰藉。

敦煌文献极价值　百科全书载历史

今天人们去莫高窟观光，第一个参观的洞窟大都是编号为第17窟的藏经洞。这个曾经被密封了900多年的洞窟，自1900年被道士王圆箓打开后，就连续上演了数次文物被盗劫的历史悲剧。藏经洞（第17窟）实际上是一个"洞中洞"，是第16窟窟内的一个附属耳窟。第16窟位于莫高窟南区北端"三层楼"的最下一层，是开凿于唐宣宗大中五年（851）的一个大窟。藏经洞则是这个大窟内甬道北侧的一个小洞窟，面积并不大，洞口也比较小。从洞口看进去，窟内正面的佛台上供奉着一位禅修坐姿的高僧塑像，庄严慈祥，器宇轩昂。塑像身后的墙壁上，高僧两侧各画一棵苍劲阔叶菩提树，两棵树上明显地各悬僧包、净瓶一对，应有寓意。两棵树外侧一边画着一个身着男装、手持禅杖和拭身巾的"近侍女"，一边画着一位袈裟正装、手持纨扇的"比丘尼"。塑像和壁画人物构成了一种高僧和两个侍者的主仆关系。塑像和壁画浑然一体，体现了高僧的尊贵身份。窟内西侧壁嵌有一块《唐敕河西都僧统洪辩告身碑》，从碑文上得知，该窟为晚唐释门河西都僧统洪辩和尚的影堂（奉祀祖师的纪念堂）。唐大中二年（848），洪辩力助张议潮收复河西，功高望重，受朝廷嘉奖敕封，兵民景仰，故在他圆寂之后建窟纪念，这种纪念高僧的石窟在莫高窟中仅此一列。然而，藏经洞在1900年被发现时，窟内除了数万件经文书画等文物外，并无这件洪辩塑像。那么，这件塑像是何时离开此窟，又何时重返了原位呢？

敦煌艺术研究所成立以后，常书鸿经常带领研究人员上洞窟临摹、调研。他们偶然发现藏经洞上层的第二、三层洞窟的夹层之间，有一个没有壁画的小窟（第362窟），里面摆放着一尊和尚塑像，洞窟的简陋与塑像的精美毫不匹配，很像是有人把塑像从别处搬来寄放到这里的。经过常先生等专家的研究分析，基本断定这尊和尚像应该是洪辩的真容像，他本来的位置应该在藏经洞里。移位的原因，可能是11世纪初藏经洞封闭之际，当时的藏经人为了腾出更多空间存放大量写经、文书、字画等文物，把洪辩塑像搬移了出来。也许是这件塑像比较精美，也许是出于对塑像人物身份的尊重，宋人慎重地安置了这尊当时已有两百多年历史的晚唐塑像。他们就近在"三层楼"的二三层之间北侧选择了一处岩壁空位，临时挖了一个小龛，也未及绘饰壁画，就匆匆把该塑像供在了里面。星移斗转，时过境迁，一千年后的1965年，洪辩像又重回了藏经洞。这年初夏，莫高窟藏经洞北侧区域进行加固，搭设了工程脚手架。常书鸿所长决定趁现成的工程架板，把这身泥塑像搬回到藏经洞。他指派本所保护专家孙儒僩与老工人窦占彪，又找了几个壮劳力，小心翼翼费了很多功夫才将塑像移入了藏经洞。塑像回归原位，尺寸大小非常和谐，与近侍女、比丘尼壁画浑然一体，藏经洞立时显得灵气充盈。在搬迁的过程中，还发现了塑像背后封存着一个纸包，纸包里包裹了几块骨粒，毫无疑问是洪辩的舍利子。结合影窟中洪辩的告身碑内容，确凿无疑：藏经洞本是洪辩的影堂窟。就这样，洪辩像回归到了他的主位——如果洪辩在净土有知，应该感到欣慰。转眼又快到一个甲子了，今天的人们在参观藏经洞时，讲解员会给你讲述藏经洞发现的经过，并历数发现后的劫难，但可能无暇给你讲述这个洞窟的另一个故事，一个高僧塑像跨越千年的"回归"经历。

言归正传，我们来说藏经洞发现的文物。藏经洞被王道士打开时，洞窟中层层叠叠、密密麻麻地堆满了经卷、文书、佛画、刺绣、法器、丝织品等文物，数量之巨真是匪夷所思。这些秘藏的文物以古遗书（历史文献）居多，被称作敦煌遗书，包括大量的多种文字古写本和少量古印本。古遗书中最早纪年是苻秦甘露元年（359），最晚为北宋景德三年（1006），另一说最晚是南宋庆元二年（1196）。也就是说，藏经洞文物的时限，上自4世纪中叶，下至11世纪初或12世纪末，长达八九个世纪，跨越了中国古代的两晋、南北朝、隋唐、五代、宋辽等数个朝代的很长一段历史时期。而藏经洞文物内容之丰富，范围之广泛，更是无可比拟。不仅汇聚了宗教典籍、官私文书、中国四部书以及非汉文文书等多种类型的古遗书，而且涵括了古代哲学、文学、工学、农学、医学、数学以及历史、政治、经济、军事、宗教、民族、语言、民俗、外交、地志、交通、历书、星图、水经等内容，乃至民间买卖契约、借贷典当、账簿、户籍、信札、状牒等古代社会生活的方方面面。其涉及的地域范围，包括中世纪的中国、中亚、东亚、南亚甚至欧洲部分地区。这些珍贵历史文献，为当今许多学科、许多专业、许多行业的研究工作提供了其他史籍记载很少或未曾记载的珍贵资料。同时，作为人类文化遗产，这些历史文献对研究中亚、西亚、欧洲等地区的社会文化发展史，以及研究中古时期民族间在血缘上和地域上的关系，都极具参考价值，甚至是不可或缺的一手资料。

敦煌遗书，又称敦煌卷子、敦煌写本、敦煌文书等，是敦煌当地出土的古文献统称，主要指莫高窟藏经洞所出土的4世纪至11世纪的多种文字的古写本和少量印本，也包括1907年斯坦因在敦煌西北汉长城烽火台遗址发现的遗书，以及1944年8月30日在敦煌莫高窟中寺后园土地庙残塑体内发现的一批写卷，还有1965年在敦煌莫高窟偶然发现的遗书。据近年的统计，分布在世界各地的敦煌遗书总数有五万余卷（号），包括写卷、册子本、刻本和拓本等。遗书的内容非常复杂，涉及的范围极为广泛，几乎无所不含，是极为珍贵的历史资料。下面对敦煌遗书的主要内容及其价值分类作一简单介绍。

宗教文献

敦煌是中国中古时期西北地区的佛教圣地，而藏经洞保存了这一时期最经典的各种佛教文献。这是敦煌遗书的主体，其数量约占全部遗书的90%以上。敦煌的佛教文献中，以佛经为最多，尤其是一些已被历代大藏经（佛典集成）所收录的佛经，如《大般若波罗蜜多经》《金刚般若波罗多经》《妙法莲华经》《金光明最胜王经》《维摩诘所说经》《大乘无量寿经》等，涵括了经、律、论、疏释、伪经、赞文、陀罗尼、发愿文、启请文、忏悔文、经藏目录等。这些经卷由于抄写年代比较早，可用来对传世本的佛教文献典籍进行校勘、研究。

特别是，藏经洞宗教文献中有一些梵文原经的佛典，因其梵文在原写经地印度早已散失，今人可根据它们来校勘、修正古译本的缺陷和不足，更正确地认识原经文的旨意，所以十分有价值。而藏经洞宗教文献中更为珍贵的另一部分经典，是一些未被历代大藏所收录的佛经（卷）。这一部分经典，不仅可以补充宋以来各版大藏经的不足，还为佛教文献典籍与佛教发展传播史的研究打开了新的通道。藏经洞出土的这类遗书有二十余种，其中有的署名为古印度佛教大师马鸣、龙树、世亲。这种稀有的佛学资料支持了许多项目的研究，例如，印度佛教及其对我国影响的研究，汉藏佛教交流传播的研究，印度佛学大师生平、著作及影响的研究等。早在20世纪20年代，我国著名佛学专家李翊灼就关注到这一类经卷。他在对北京图书馆所藏的敦煌经卷进行通检后，从中抄出了159种敦煌未入大藏的佛经，并编写了《敦煌石室经卷未入藏经论著述目录》。后来，日本的佛学团体与佛学专家也利用巴黎、伦敦和日本的写经，考证了203种未入藏经典，并将其编入了《大正新修大藏经》。此外，敦煌佛经中还有不少经卷都附有内容丰富的写经题记以及中国僧人撰写的许多疏释，包括记载经文流传过程中一些直接与佛教发展史有关的著述与寺院文书等。这些题记，对研究中国历史、敦煌历史特别是中国佛教史和文化艺术发展史都具有重要的意义。

佛教传播到中土后，用汉文翻译了大量佛经，而汉僧在译本中也作了许多疏释类撰著。此类著作所表达的都是中国僧人对佛经的理解，因此客观地反映了中国佛教的特点，是研究中国佛教各宗派的主要材料。然而很长一段时间内，这一类著作却没有得到后人重视，相反却在经藏传承中被排斥，造成此类著作多已失传。而敦煌遗书中却保存了不少这一类著作，实属不易。另外，敦煌遗书中还有不少是直接与佛教史有关的典籍，其中最突出的是有关禅宗的许多著作。禅宗从唐代起分成了南宗和北宗，由于南宗慧能成为正统，早期禅宗历史关于北宗的情况遂逐渐被淹没，但在藏经洞中却发现了不少这一方面的资料。其中有明确记载从神秀到玄赜、慧安、普寂等禅宗北宗的世系，对于研究早期禅宗特别是北宗的历史，都是非常珍贵的资料。

敦煌遗书中包括一部分道教经典，约有经卷500卷（件），多为初唐至盛唐的写本。另有一小部分道教经典及各种解题（书籍说明）文献，虽被收入道藏（道典集成），但在内容和行文上又与道藏不尽相同。这类文献既可用于道藏校勘，也可探究道教思想的演变和发展。而重要的是，一些未入道藏的文献，可直接补充道藏，对研究和了解道教历史具有重要的价值。敦煌遗书中的道教经卷还具有两个带有时代特征的特点：一个特点是纸质较好，多用染黄（一种染色纸），其墨色和字迹也不错——这反映了唐朝经济发达，造纸技术比较先进，同时反映了大唐强盛之时不仅提倡佛教，道教的地位也比较高；另一个特点是一些道经卷子的背面又常用来抄写佛经，这种现象基本上都在中唐吐蕃和晚唐归义军统治敦煌时期——这可能是由于当时敦煌与中原的道路不太通畅，纸张的来源比较困难，同时也显示了中晚唐时期道教在敦煌的衰落。如 S.3071 号卷子，正面是道家为皇帝祈福文，背面则是僧人所写的佛典流通录，中间并有僧人写的一行文字："道士文书，并无用处。"足见当时道教地位的尴尬。

敦煌遗书中还有一小部分摩尼教、景教与祆教的资料，这些是中古时期曾在我国流行过的宗教。摩尼教是波斯人摩尼于 3 世纪创立的一种宗教，唐代以前就已传入中国，也称明教、明尊教。摩尼教在我国文献中屡有记载，但多叙述简略，难知其全貌。而随着敦煌遗书摩尼教典籍的出现，这一欠缺才得以弥补。特别是分藏在伦敦和巴黎的一份题为《摩尼光佛教法仪略》的卷子（S.3969 和 P.3884），详细记述了摩尼教的起源、教主摩尼的形象、教派典籍以及教团的结构、等级、寺院制度等，为研究摩尼教提供了重要资料，包括对其宗教教义、宗教仪规的研究，及其在中国传播、演变、发展的研究。敦煌摩尼教文献的出世，与吐鲁番中世纪伊朗语摩尼教文献资料的发现，在宗教学术研究领域具有重大意义。而敦煌遗书中发现的七卷景教文献资料，为研究和了解东西文化交流史、景教教义及其在中国的流传演变提供了重要的历史资料。景教是古代基督教的一个支派，5 世纪时由叙利亚人聂斯脱里创立。因其学说与当时流行的基督教义不相一致，而被视为异端。聂斯脱里本人被放逐，其教徒逃亡波斯。后该教由波斯传播至中亚，再于唐贞观九年（635）传入中国，此后便流行于中土。武宗灭佛时，景教与摩尼教、祆教都受佛教牵连而一道被禁。关于景教的教义及其在中土的流行情况,史料记载颇缺,敦煌遗书中的这七卷景教相关资料,就显得十分重要。

儒家经典

中国漫长的帝王专制历史中,儒家思想被长时期作为官方的意识形态和社会生活的道德准则,而成为中华民族传统文化的重要组成部分。自汉武帝"罢黜百家""独尊儒术"以来,儒家经典便作为历代帝王取士选能的基本内容,是读书人的必修功课。无论熙攘繁华的中土汉地,还是胡汉杂糅的蛮荒边塞,儒家著作都广为传播。所以,远在西北边陲的敦煌,自西汉开发河西走廊之始,儒家经典便随之而来。然而汉室衰落之后的魏晋时期,中原长期动荡,各地战火连绵,许多学术价值较高的儒学文献都散佚失传。而相对安定的河西一带,尤其是地理位置与文化传统比较特殊的敦煌,在大分裂的魏晋南北朝时期多由汉人政权控制,绝大部分时间都奉儒家为纲常正朔,故而许多在中原焚于战火而失传的儒家典籍却在敦煌较完好地保存了下来,又因某种特殊的历史机遇,被封存在了莫高窟的藏经洞之中。比如儒家重视的《易经》《诗经》《尚书》《礼记》《春秋》《论语》等经典和文献,都出现在了敦煌遗书中。其中以价值较高的《尚书》《论语》《诗经》数量最多,且多是比较古老的版本。尤其是《尚书》,作为商周时期的历史文告和部分追述古代事迹的著作汇编,相传由孔子亲自编选而成,在我国两千多年的历代王朝中一直被奉为治国安邦的重要经典,位居儒家五经之首。但最早的《尚书》原本,在秦始皇焚书坑儒之后便已失传,而在两千一百多年后,在敦煌遗书中奇迹般地再现。这对研究解密久远的商周社会,无疑是填补史料空白的重要文献,对匡正现存《尚书》及各种注疏中的漏误有着毋庸置疑的作用。再者,由于隋统一后加强了河西与中原联系,使南朝及中原新修的儒家典籍也传到了敦煌。藏经洞所藏六朝和唐代写本总数达百卷以上,其数量之多,学术价值之高,备受学界重视。此外,敦煌遗书中的中国四部书(经史子集),对包括儒家经典在内的许多古代典籍都具有"正本清源"的作用,在校勘、训诂、辑佚等方面具有很高学术价值。

官私文书

敦煌遗书中除了上述大量的经典、古籍外，还保存了千余件中古时期的官府档案文书以及各种私人契约文书等，这一类资料统称为公私文书。这些公私文书资料零散繁杂，面面俱到，是直接反映中古时期政治经济与社会生活以及中西交流等各方面情况的第一手珍贵资料。从研究古代社会历史真相这个角度来讲，这一部分内容是敦煌遗书中极有价值和特色的部分。

官府文书。主要包括中古时期历代的官府档案以及唐代的法制文书。唐代的法制由律、令、格、式四个部分组成。据《大唐六典》所载："凡律以正刑定罪，令以设范立制，格以禁违止邪，式以轨物程式。"这四者互相联系又互有区别，构成了唐代完整的法律体制。但是目前除了律有传世本外，令、格、式三者的绝大部分都已亡佚，其真实面貌究竟如何，人们并不十分清楚。而敦煌遗书中有幸保存了一部分唐代律、令、格、式的抄件残卷，这类敦煌遗书是当时官府的文献资料，为我们研究唐代法律制度提供了第一手珍贵材料。同时，也为了解当时中国法制和官制的演变、沿革，了解唐代敦煌归义军史，了解边疆地区营召、驻军、括户、和籴等重大历史事件提供了极具价值的资料，弥补了亡佚史籍之缺遗。对研究古代户籍、土地、差役、赋税等各种制度，剖析古代社会的政治、经济、文化状况等具有十分重要的意义。

私人文书。主要是指各种内容的契约和民间"社"的文书等。就"私人契约"而言，敦煌遗书中有一百余件（卷），主要是9世纪至10世纪（即唐末、五代和宋初）的私人契券、转帖、书牍等。契券中又有租地契、佃地契、借贷契、雇作人契以及析产契约等。这些契约真实地反映了唐、五代至宋初社会中各种人际关系，是研究当时社会状况的最真实的材料。另有民间社邑文书，主要是社司转帖、社司牒状、社条、纳赠历、社斋文等。"社"是古代的一种基层社会组织，唐、五代时演变成为民间自发的社会团体。通过敦煌遗书中所保留的社邑文书，可以比较全面地了解当时"社"的组织形式和活动状况。"社"属于民间自发的较为松散的组织形式。从其活动内容来看，主要是一种互助互信、和衷共济的社会关系组织，诸如巷社、亲情社、兄弟社、女人社等；也有从事佛事活动的组织，诸如修佛堂社、行像社、燃灯社、造窟社等；还有执行官府任务的组织，即为了落实官府摊派的某种差役而结成的带有行业性的社，诸如渠社、马社等；甚至还有社会上层官僚们组织的官品社等。无论哪一种社，都设有社官，并立有社规，大多数社还有自己的公共积累。还有一些私人文书，如遗书、私家账历、碑志、分产书、什物抄、放良书、放妻书、悼文、邈真赞等，这些私文书真实具体地反映了唐、五代至宋初的各种社会关系，为我们真实而清晰地展现了当时的典身契约、租佃契约、借贷契约、雇佣契约、买卖契约和互济互助组织、佛事活动组织、行业组织的情况及关系。这些资料是当时人的原始记录，是我们今天了解和认识当时社会生活的重要档案资料，是研究古代生产力、生产关系、社会结构的重要依据。

史籍与地志

敦煌遗书中所保存的古代史籍文献，既可补充历史记载之不足，又可订正传世记录之讹误。这类遗书虽然不多，但内容丰富，学术价值非常之高，包括史书、政书、氏族志等。其中有一部分为现存史书的古本残卷，是史籍校勘的重要材料。另有不少为历代书目所未载的已佚古史书，这一类材料可对现存史籍起到补正作用。如题名为《天地开辟以来帝王纪》的残卷，叙述的帝王事迹自远古开天辟地到九皇和三皇五帝，一直延续到夏、禹、殷、周、秦、汉、魏、晋，可能是东晋十六国时期的作品。另外，敦煌遗书中还保存有几件唐代的《姓望氏族谱》，这几份史籍写本为研究唐代地主阶级的状况，尤其是士族地主衰落的情况，提供了特别重要的史料。敦煌遗书中还有不少地方史资料，特别是晚唐至五代归义军的资料，在敦煌历史的研究中至关重要。关于归义军时期的敦煌历史，新旧《唐书》和《资治通鉴》及新旧《五代史》《宋史》《辽史》等史籍中的记载都很简略，且错误颇多。因而在敦煌藏经洞发现之前，人们对这一时期敦煌历史的真实情况多是支离破碎的了解。而敦煌遗书中光是与归义军及张曹两氏直接相关的资料就在一百种以上，而且其中又有不少是史传性质的写本。

除史籍资料外，敦煌石室中还收藏有不少唐代的古地志资料。中国古代中央集权政府为加强对地方的控制，比较重视图经版籍的汇编。唐代曾大量编集图经和地志，但是这些著作除《元和郡县图志》还保留了大部分外，其余多已散佚。敦煌遗书所收藏的十余种古地志，如《沙州图经》《西州图经》等，多是现存古地志资料中很罕见的唐代图经，受到了学术界高度重视。这些地志资料的记载以敦煌为中心，东起五台山，西到印度，有区域性地志、全国性地志、地理杂文和西域纪行等。特别是一些相关我国西北地区及周边诸国的史地材料，由于历代史籍记载极少，更显得珍贵难得。敦煌遗书中的古代地志资料，对我们了解和研究唐代地理概况、中西交通、天文气象、风俗产物等，尤其是方志学研究，都是十分可贵的资料。

语言与文学

敦煌遗书中的语言与文学资料保存得非常丰富。除文人作品和一些专集、选集的残卷外，大都是来自民间的文学作品。其中语言文字资料最为突出，包括汉语言文字和民族语言文字。汉语言文字资料主要有音义和韵书，音义解决语言读音所涉及的语义问题，韵书主要是标明汉字的音韵。这些汉语言文字方面的发现意义重大，在汉语言学、语音学、音韵学等领域有很高的学术研究价值。除了汉语言文字外，敦煌遗书中还存有大量多种民族的语言文字资料，如藏、梵文、突厥文、回鹘文、粟特文、于阗文、希伯来文、焉耆文、龟兹文等，其中藏文文献资料尤其丰富。这些民族语言文字资料中，除了大量的佛经和与佛教相关的资料外，还有不少特别珍贵的有关民族历史、民族经济、民族法学、民族文学、民族医学等方面的文献著作。

敦煌遗书中的古典文学资料对中国文学影响巨大。我国近现代的许多国学大家如罗振玉、王国维、胡适、陈寅恪、郑振铎、郭沫若、饶宗颐等，在其文学研究中都非常注重敦煌遗书。近几十年来，"敦煌文学""敦煌诗歌""敦煌通俗文学"等概念逐渐形成，并被越来越多的学者重视和认同。特别是古诗词研究方面，敦煌遗书中保存了大量唐、五代、宋的诗歌及文、赋、词等作品，尤以唐诗为最。所存唐诗中，除敦煌本地诗人和佛教徒作品外，也有名人专集和选集，如《高适诗集》《白香山诗集》《李峤杂咏注》《王梵志诗集》等。还有一些唐人抄写的名篇佳作，如李白的《惜罇空》（将进酒），韦庄的《秦妇吟》等。这些敦煌遗书中的唐诗，有许多都是《全唐诗》不载的佚诗，还有许多是现存最早、最接近原作的钞本，不仅弥补了中国古代文学史上的很多空白，也是勘正后世漏误的可靠资料。

敦煌遗书中保存的古代民间文学与佛教文学资料更为庞杂，可谓"浩如沧海、郁如邓林"，其文体就有数十种之多，包括变文、讲经文、押座文、偈颂、佛赞、话本、曲子词、俗赋、邈真赞、书、启、状、牒、碑、铭等。其中，敦煌变文、敦煌歌辞、敦煌话本、敦煌俗赋的研究价值相对较高，资料较为丰富，也最受学者重视。敦煌变文是依佛经改编的故事，旨在宣扬佛教经义，也有部分讲述历史传说或民间故事；敦煌歌辞又称敦煌曲子词，大都源自民间，是唐、五代时期的"胡夷里巷之曲"，甚至可称其为宋词的萌芽；敦煌话本，区别于宋代话本，专指敦煌遗书中的隋唐小说话本，即民间"说话"艺人讲说故事的底本，多以历史故事为题材；敦煌俗赋，区别于汉魏六朝以来的文人赋，为唐代民间的一种白话韵文赋体作品，其语言通俗，故事性强，接近于小说，也称故事赋。

敦煌学早期的研究主要集中在两方面，一方面是历史研究，另一方面是语言与文学研究。而在改革开放以后，特别是互联网的普及，中、英、法、美、日、俄等世界各国所藏敦煌文献陆续影印出版，或在网络上公布，国内学者能够更多地运用国内外相关资料，敦煌语言文学的研究得以极大地拓展。在承继前人成就的基础上，当代学者使敦煌语言文学研究进一步深化、细化、精准化。尤其在音义、韵书、诗歌、歌辞、变文、话本以及古代民族语言文字等方面的研究，建树颇多，成果丰硕。综合而论，敦煌语言文学资料卷帙浩繁，是我国以及相关许多地区和国家极为重要的文化遗产。对这些资料的研究，足以填补中国文学史乃至世界文学史的某些空白，并帮助人们了解古汉语及民族语言的诸多真实情况。

文化教育与科学技术

敦煌遗书中的文化教育资料主要有各种课本教程、童蒙读物、书仪、字书、书法等内容，以及音乐、舞蹈教育等方面的内容。这些遗书资料不仅有文化知识方面的教育，还有一些是对学生进行修身处世等道德伦理教育的材料。它可以帮助我们研究和了解唐代的启蒙教育，以及唐人的伦理道德观念等情况，还为考订唐音、研究西北地区方言及社会生活等提供了非常有价值的资料。

敦煌遗书中的科学技术资料主要包括医药、天文历法、算学、雕版印刷、建筑等方面的内容。数量虽然不是很多，但这一类古代科学技术资料颇为罕见，对于我国古代科学技术史的研究具有很高价值。其中医学类的写本最为丰富，据目前所知，至少在60卷以上。如果再加上佛经等卷中的医药内容，则有近百卷。大致可分为医经、针灸、本草、医方四类。其中有一些长期失传的医药古籍，还有一些流传古籍的最早传写本。这些资料的发现，为传世本医书的校勘提供了较为古老的版本。同时，由于这些医经中还保存了一些久已失传的诊法和方药，提供了一些鲜为人知的内容，这些著作对医史的研究起了填补空白的作用，具有很重要的意义。

敦煌遗书中的天文历法写卷共有40余件，主要是历日和星图。其中历日30余件，包括来自中原的历日和敦煌编的历日两种。敦煌所发现的这些历日繁简不一，书写格式也不尽相同。在敦煌历日发现以前，我国传世的这方面资料非常少。这批历日的发现，使人们眼界大开，使学者得以从中探索到古代历书演进发展的过程。在敦煌文献中还有两幅精美的古代星图，即《全天星图》和《紫微垣星图》，其中尤为重要的是《全天星图》。据专家考证，该图绘于705—710年间，图上绘有1350多颗星，是世界上现存星数最多，也最古老的一幅星图。该星图的画法是从12月开始，按照每月太阳位置的所在，分12段把赤道附近的星利用类似麦卡托圆筒投影的办法画出来，但却比麦卡托发明此法早900多年。此图的发现不仅表明了我国天文学在当时处于世界领先水平，并为我国天文学和天文学史的研究，提供了珍贵资料。

敦煌遗书自1900年被发现，已经有120余年的历史了，人们对它的了解和研究，推进了中古中国、中亚、东亚、南亚相关的历史学、考古学、宗教学、人类学、语言学、文学史、艺术史、科技史、历史地理学、历史生态学等学科的进步与发展。并且，随着研究的深入、学科的细化与综合、新科学技术的运用，这批浩如烟海、丰富多彩、得天独厚的稀世文献资料，愈发显得弥足珍贵。

藏经洞文物的破壁而出，震惊了世界学术界，吸引了很多中外学者的关注。自20世纪二三十年代开始，中外学者在敦煌文物资料的基础上著书立说，产生了很多学术成果，掀起了一股研究敦煌文化的热潮，从而在世界范围内形成了一个新的综合学问，即"敦煌学"。敦煌学的兴起，不仅把藏经洞丰富的历史内涵揭示到了世人面前，也把敦煌莫高窟这座巨大的艺术宝库引入人们的视线之中，使人们对中西方历史文化交流互动的各个方面有了更深入广泛的了解和认识。20世纪后半叶，经过中国敦煌学者和专家的努力，敦煌学研究更上了一个台阶，使国际敦煌研究的格局发生了重大变化。进入21世纪，中外学者将进一步携手合作，充分利用敦煌文物资料，在敦煌学各领域的研究中取得更大的成就。

七朝陋制积民愤　十五义侠享祭祠

1904年至1907年，敦煌爆发了震惊陕甘的抗粮斗争，这是一次农民自发反抗官员征购"采买粮"的斗争，为敦煌近代史上的一个重大事件。

自雍正四年（1726），清政府移民迁户至敦煌，每户分给荒地50亩，任其开垦耕种。朝廷规定：移民自领荒地之年算起，三年不征田赋。那些在原籍世代以租种土地为生的佃户，一下子拥有了大片属于自己的土地，自然劳动热情高涨。他们烧荒辟田，改良土地，辛勤耕耘，"小麦等项下种一斗，收至一石三四斗不等"，使五谷收成连年提高。据当时统计，在最初的几年里，2405户移民每年生产的粮食总产量高达20多万石，平均每户生产粮食近100石。由于地广人稀，粮多户少，粮食价格非常便宜，这引来了新疆和关内酒泉、高台等地的粮贩趁机贱价收购，从中谋取厚利。

雍正七年（1729），陕甘总督查朗阿见此情形，觉得前线军粮不足而敦煌丰产粮多，却任由奸商倒卖牟利，非常不满。于是他一方面命令总兵、道员严加制止商贩倒卖粮食的行为，一方面奏请朝廷拨款采买粮谷，以补关外军粮不足。清廷随即批复：敦煌农户若有盈余之粮，并情愿出售给官府，可用官银按照市价收购。所购粮食存储于官仓，用于军需和官府之需。但不可强行收购，以免生事滋扰。朝廷的规定实乃仁政，乡民无不乐意。但总督查朗阿却故意曲解朝廷旨意，对敦煌农民采取硬性摊派，他规定：农民每份地（50亩）除缴纳"屯粮"（屯田上缴的税粮）二石三斗零四合外，还必须额外再缴纳"采买粮"四石。这就造成了原本是由农民"自愿卖"，变成了官府"强迫纳"。原本是丰收年有余粮则卖，变成了不管庄稼丰歉、粮价浮动，都必须"屯、采并纳"的硬性指标。而且此规定一经形成，便永为定例。更有甚者，原本是按照当年的市价购买，却变成了不管市价涨落，永远都按照四石粮只付3600文铜钱的官府定价强行采买。当时"民情质朴，屯采并纳"，大家并无异议。然而此规定实行后不久，官府竟连"三千六百文"铜钱的采买粮官价竟然也扣付了。也就是说，农民必须白纳这四石粮。这一不合理的规定就这样强加给了敦煌农民，给他们带来了苦不堪言的沉重负担。自乾隆五十三年（1788）以后，敦煌农民对"采买粮"陋规怨气日增，无数次请求官府给予减免，甚至联名上告到朝廷，要求取消这一不公平的陈规陋制。但清廷上下官员始终置之不理，甚至地方衙门还以暴力压服。清廷对敦煌民意的漠视与蛮横，致使官民离心离德，为后来的抗粮暴动埋下了火种。光绪三十年（1904），清王朝已行将就木，敦煌百姓也已日渐觉醒，对腐朽的清政府多有不满，尤其对延续了170余年历经雍、乾、嘉、道、咸、同、光七朝的"采买粮"制度深恶痛绝。农民因此陋规长期忍受盘剥，早已不甚重负，终于忍无可忍。这一年，敦煌上靖远坊（今窦家墩村二组）的张壶铭、张鉴铭弟兄俩勇敢地站了出来，他们"质直好义见称于乡"，领导了一场轰轰烈烈的抵抗"采买粮"的农民运动。

张壶铭，光绪甲午科武举，耿直好义，敢作敢为。其兄张鉴铭，是光绪年间的庠生（秀才），为人正直，品行不苟。弟兄二人在乡民中颇有威望，在他俩的倡议下，当地贡生（国子监学生）王翰、庠生刘嗣徽、武生（武学学生）朱永和、把总（低级武官）谢文、武生张鹏万、附贡生（通过纳捐取得的贡生）李光祚、农长田禄及户民谢全、谢天伦、吴宝善、李正基、李正贵等十余人，代表敦煌农民联名上书禀呈县府，以"采买粮"为陋规，恳请免除。当时的敦煌知县汪宗翰,是进士出身,素有涵养,较前两任知县业绩斐然,口碑尚好,但在"采买粮"一案上却没有体恤民情,他以此规为久已形成的惯制,不便免除相应付,所谓"以事关数百年成案,亦刚亦柔,委曲告诫"。

在这期间发生了一件事,加剧了官民之间的矛盾。与张壶铭弟兄一起联名上书的王翰、朱永和、刘嗣徽等人在与汪知县交涉理论时,言语冲撞,使汪知县怒而拍桌,态度决然地表示不容免除。而且汪宗翰怀疑王翰、朱永和等人是闹事主谋,声言必严厉处罚。随即构陷王翰、朱永和、刘嗣徽等人"敛钱包讼,把持会款,隐种官田"的罪名,将这三位呈诉人重加责斥,并投入监狱禁锢数月。汪知县原本想借此吓阻各位义士,以儆效尤,不料却点燃了更多乡民的怒火。越来越多的抗粮群众聚集在张壶铭和张鉴铭旗下,誓将不合理的"采买粮"陋规废除。

于是张壶铭委派刚刚释放的朱永和及谢文、何三德等人,火速赶往安肃道衙门继续呈诉。安肃道则批令安西州州牧复核查办。当时的敦煌县设知县署,隶属于安西直隶州,州的上一级为治在肃州的安肃道。当时张壶铭他们向安肃道衙门呈诉,相当于越了两级申诉,目的就是将敦煌百姓的诉求传达给上面的高官。然而执政者官官相护,联手压制百姓。敦煌绅民请愿者多次聚众上诉安西州、安肃道等衙门,但一直没有结果,采买粮"事经一年,迄无成议",始终得不到获免。光绪三十一年(1905)夏,张壶铭、朱永和、吴宝善、吴奉美、任发仓、李正贵等人赶赴兰州向省署上诉采买粮案,张鉴铭等则在敦煌酝酿组织抗粮团体。他们奔走于敦煌四乡六隅,动员农民齐心协力抗交采买粮。从这一年开始,敦煌全县大多数农民拒不缴纳采买粮,这让官府不知所措,十分慌张。次年十月,省署候补直隶州侯葆文前来敦煌调查情况,并迅速呈复上级。当时担任陕甘总督的满族大吏升允,意识到事态的严重性,为避免激起敦煌百姓暴动,他果断调走知县汪宗翰,另派黄万春接替敦煌知县。

光绪三十三年(1907),黄万春到任敦煌,此时敦煌百姓自去年到今秋已两年拒交"采买粮"。这位知县比较狡猾,改变了前任强硬的策略,他首先于敦煌城东门外文昌宫设宴,邀请案内诸人和几位有名望的乡绅老者共二十余人,企图通过酒桌上把杯问盏的融洽气氛来化解矛盾,息事宁人。张壶铭识破了知县的鸿门宴，通知各位联名上书的绅民拒不赴宴。而案外的一些乡绅老者因不敢开罪于官，便前去赴宴，并顺从了官府之意，同意开导乡民继续上缴采买粮。此举违背了百姓意愿，几位绅老被沿途乡民"辱骂百端，或捣毁污衣，拆毁诸入门楼，以泄其愤"。知县黄万春诡计落空，便呈文上报，通缉朱永和、刘嗣徽，以挟众抗粮之罪，拟缉拿定罪监禁五年。所幸朱永和、刘嗣徽事先得知出逃，侥幸脱险。黄万春软硬兼施，却丝毫没有动摇乡民的意志，反而使敦煌百姓的抗粮斗争愈加激烈。甘肃督署见黄万春无力应对敦煌农民的抗粮斗争，即免去了黄万春的知县，再派王子庄州同王家彦来敦煌查办此案。不久之后，王家彦继任敦煌知县。

1907年3月，清廷迫于敦煌乡民汹涌如潮的抗粮运动。责令新任知县王家彦告示敦煌百姓，从本年起采买粮由每户四石减为二石，先前几年的未纳之粮，也从本年起分期补征。官府企图通过减半之举扑灭百姓的愤怒情绪。此时，朱永和、刘嗣徽已拒捕外逃，王翰、张鹏万等人因受惩罚，怀安丧志，起了顺从之心。而张壶铭、张鉴铭弟兄依然不从，拒不纳粮。1908年5月1日，张壶铭、张鉴铭弟兄鸣钟聚众，以祈神祷雨之名，召集乡民集会，呼吁乡民同心协力，誓不纳粮，坚持彻底废除采买粮陋规。

王家彦得知情况后，自以为体恤乡民重负而陈请上级才得以减半纳粮，没想到乡民非但不领恩，反而得寸进尺继续闹事，于是恼羞成怒。他四处查访，得知张壶铭、张鉴铭弟兄才是聚众闹事的真正元凶。于是诬陷张壶铭弟兄"大忤王旨"，决定逮捕张壶铭弟兄。这年6月14日五更之夜，王知县派手下何林，带巡勇20名突袭城东张家堡，欲擒获张壶铭兄弟。张壶铭兄弟听到夜半狗吠，不知情形，以为劫匪，便提刀登上房顶以备万一。何林搜遍各屋不见踪影，便也带兵登上屋顶。月光朦胧中发现张壶铭身影，即命巡勇齐开火炮（火铳）轰击，张壶铭不幸中炮，但他依然奋起举刀拼搏，终因体力不支，被何林踹下房顶，当即昏厥，不省人事，被巡勇一拥而上绑缚捕获。这晚，张家老少皆被巡勇殴辱，财物也被劫掠一空。而张鉴铭和堂兄张盘铭侥幸脱险出逃。

张壶铭被巡勇抬回县衙时，天已破晓，而张壶铭因伤势过重已在途中断气。何林便命巡勇把张壶铭停尸于城内马王庙监狱。知县王家彦得知张壶铭气绝身亡，愤悔顿足，深知此事必激怒乡民，赶紧下令参将林太清，紧闭城门，并派兵登上城楼，持炮警戒，严防乡民进城围攻县署。

知县王家彦以残忍手段杀害张壶铭的消息既出，激起敦煌四乡农民的无比愤怒。各乡百姓"气填胸臆，于西云观、文昌宫两处鸣钟集会"，很快聚集起了三千多人。众人义愤填膺，怒不可遏，手持木棒、锄头、铁锹、长矛、刀斧等，从四面八方愤声呐喊，扑向县城。众巡勇于城头开炮轰击，而百姓不顾枪林弹雨攻临城下，"斩关扭键，蜂拥入城，齐赴县署"，声言活捉赃官王家彦，"必欲生啖王肉而甘心"。但王知县全家老少已被林参将藏匿于参将署。张壶铭被害身亡，罪魁县官逃之夭夭，群众愤不能泄，于是捣毁县衙器物，"殴伤官幕、丁役，并毙差役巡勇一十四名"，才悻悻散去。这是1907年6月15日因抗缴"采买粮"而引发的敦煌百姓大规模"暴动"。这年是农历丁未年，因而称其为"丁未抗粮"。

张壶铭之死引起乡民暴乱，王家彦害怕事态继续扩张下去，后果将不堪设想，于是急驰安西州署报案，安西州牧又急电省署。甘督电令州牧，安西副将张某、玉门游击康某，急速率兵日夜兼程前往敦煌弹压。三人先后赶到敦煌县城，见乡民早已四散。于是验明张壶铭已死，复命各回其地。

是年7月，省府委派安西州吏目（佐理刑狱的官员）张乃诚接理此案。8月，安肃道署差提王家彦、何林及张鉴铭和堂兄张盘铭解赴肃州。及至肃州，省府委派张掖县令潘龄皋至肃州审讯此案。审案中确定涉案者16人，但这16个人皆闻讯躲逃，抗拒不到。省府令新任敦煌知县张乃诚缉拿案犯，但张乃诚害怕百姓势众，恐激起事端，不敢过于操切。于是总督府下令肃州总兵柴洪山提兵百余名，来敦煌催解案犯谢文等16人。柴总兵到达敦煌后，先不抓人，而是暗下查访前因后果，当得知敦煌百姓"民情淳朴，并非刁民，亦无反意"，抗粮一事最终酿成重大惨案，全系"官逼民反"，于是他将实情电告省府。然而甘肃总督升允认为柴洪山立场不定，办事不力，便另派参将林太清前往敦煌，大肆搜捕抗粮从犯。然而涉案的15人已闻讯躲逃，唯参与暴动的领导成员秀才谢文挺身而出，为使无辜百姓免受牵连而慷慨投案。谢文的投案让

381

众人羞愧："大家做事，如何令少数人赴难也？"于是，谢全、谢天伦、李正贵、李正基、任发仓、韩禄等人，亦不愿连累乡亲皆随谢文之后豪爽投案。至此，带头抗粮人员全部被押解到肃州听候审判。这些案犯到了肃州后，陕甘总督升允指定张掖县令潘龄皋负责审讯。经过14次拷问审讯，而后判决：谢全、任发仓、李正基3人斩刑，韩禄为绞刑，张鉴铭、谢天伦、李正贵、吴宝善4人终身监禁，张盘铭等涉案不深的轻犯给予释放。1909年2月，谢全、任发仓、李正基被斩杀于肃州，韩禄被绞死。

至此，轰轰烈烈的敦煌人民抗粮斗争，经过两年的斗争最终平息落幕。而清王朝在自己的末日到来之际，也无奈地对敦煌农民做出了让步，全部免除了每户四石的"采买粮"，打破了170多年的"常规"。这是敦煌农民不畏权贵、不懈抗争，用生命和鲜血换来的结果。自此之后，清政府统治下的敦煌再无重现兴旺的可能。宣统元年（1909），敦煌有户2940，人口14403，比1830年道光时期的近2万人还少。后来，孙中山领导的反清革命迅速席卷全国。"丁未抗粮"五年之后，清廷即被推翻。敦煌百姓的这次抗争，似乎就已经预示了清朝的覆灭，敲向了清王朝在敦煌统治的丧钟。

民国元年（1912），民国政府大赦天下，张鉴铭、谢天伦、李正贵、吴宝善大难不死，被特赦出狱，只谢文一人不幸死于狱中。张鉴铭自出狱后，"有鉴于世俗吏治之坏，深自韬晦，终年不出户庭，以养志、读书、教子为务，民国二十年寿终"。1934年，敦煌因兵匪之乱，百姓负担粮秣十倍于从前。敦煌的有识之士，追怀往事，想起张壶铭、张鉴铭二先生为民抗粮，功不可没。于是联名公请县署，为丁未抗粮之义举树碑立传，以志不忘。然而时任敦煌县长杨灿认为，张壶铭、张鉴铭"二先生功在生民，泽流后世，非立碑所能表达"，"此事惨烈义重、光照后人，非建祠而不能表达"，于是特准建成"抗采买粮士祠堂"（位于今敦煌市医院位置），永久奉祀以张壶铭、张鉴铭兄弟为首的丁未抗粮十五义士。内奉各位抗粮烈士的牌位。祠堂山门上，有绅士朱永镇撰写的楹联：

大书特书，功德当书，豁免采粮八千石；

先死后死，精神不死，殉难烈士十五人。

行文至此，不能不对被判绞刑的韩禄重提一笔。韩禄，敦煌兰卫坊（今月牙泉镇杨家桥村三组）普通农家子弟，家无恒产，常以编制草席为业，然好义有侠风。他并非涉案人员，而是"自愿领其罪，替鉴铭先生死"。光绪三十三年（1907），张壶铭被王家彦谋害致死，导致数千百姓愤激攻城，击毙巡勇14人。韩禄当时因外出售席，并未参加这次事件。但当听说张鉴铭为民获罪，将处重刑，乡民聚众喊冤也无法营救，韩禄便挺身而出，他说："张举老爷救民，为贪官致死，冤不能白，而又罪其兄，何也？我愿自承其罪，替新吾（张鉴铭字新吾）先生死，虽蹈汤赴火不辞也！"于是韩禄奋勇投案，自认打死巡勇都是自己主使，无干张鉴铭等事。韩禄在法庭上"百鞫（审问）不挠，侃侃抗辩，略无惧色"。最后，根据韩禄口供，法官以张鉴铭并非首恶，判终身监禁，而韩禄以首犯处以绞刑。民国成立，张鉴铭得以特赦，而韩禄早已命归黄泉。1937年，国民政府昭雪义烈，建专祠祭祀。张鉴铭一行抗粮昆弟以韩禄侠士为义兄，配享尊位。张鉴铭之子张作孝遵父遗命，奉养韩禄义伯父孤女至终，以报其德。

383

DUNHUANG
THE BIOGRAPHY

敦煌 传

人类遗产　文化圣地　第七章

鸣沙山景观大道 杜雨林摄

古窟横遭白俄祸　乡绅筹建九层阁

1912年1月1日，中华民国建立，延续了两千多年的皇权专制政体结束，中国首次走向"民主共和"。之后，进入了中华民国政府的北洋政府时代。这一时期的敦煌地区，因远离政治权力争斗的中心，其历史进程有自己特殊的一面。民国建立后，敦煌县仍属安西直隶州管辖。至1913年，当局将安西直隶州改为安西县，敦煌改由甘肃省直接统领。而民国以来，政局动荡，战事频繁，政府无暇关顾边远地区，致使这一时期的敦煌仍然劫难频仍，在藏经洞文物继续流散的同时，莫高窟也随之几经暴虐，如白俄对莫高窟的破坏、华尔纳对敦煌的劫掠。值得欣慰的是，当地人无论出于宗教信仰，还是出于对家乡名胜的爱护，仍不遗余力地为莫高窟投资出力。于是，在这多事之秋，莫高窟竟然诞生了一座雄伟建筑，给已经没落的敦煌艺术最后添写了一笔绚丽壮观的色彩。

白俄在莫高窟居住的前因后果

白俄，是指俄国布尔什维克革命及苏俄内战爆发后，被迫离开俄罗斯的俄裔移民和难民。1918年，布尔什维克建立的苏维埃政权与国内反革命势力开战，大批反对苏维埃政府的原沙俄帝国贵族、官员、军人、哥萨克以及知识分子、商人和地主等，害怕被苏维埃镇压，纷纷逃离俄国流散到了世界各地。一时间，大量俄国人越过边境逃到中国的新疆、东北以及上海和天津的租界等地，使当时的中国成为俄国境外最大的白俄聚居地。而这些溃散到境外的白俄仍有一定的军事实力，继续与布尔什维克领导的苏维埃红军开展武装对抗，战火很快燃及与中国新疆接壤的中亚地区。中亚的白俄旧政权在苏维埃红军的打击下迅速覆灭，四处溃散，其中有难民及军人四万余众蜂拥逃亡到我国新疆。这批流亡到中国的白俄，又是怎样来到莫高窟的呢？

当数目庞大的白俄涌入新疆后，不仅扰乱了新疆各族人民的生产生活秩序，而且这个庞大的武装群体成为极其危险的不稳定因素，如处理不慎，便可能引发暴乱。此时北洋政府对俄国局势采取的是中立态度，对境内白俄比较宽容。时任新疆省长兼督军的杨增新为防不测，一方面对白俄加以戒备，一方面想方设法稳住他们。当时新疆伊犁、塔城一带流窜着一支白俄军队，是原沙俄的一个中将司令阿连科夫及其部众，其官兵有1400余名，军马700余匹。杨增新在约束他们武装力量的同时，妥善安置了他们，并尽量避免苏俄红军为追剿白俄入疆作战。然而阿连科夫并不想坐以待毙，而是企图串联各地残部控制北疆以作为反攻苏俄的后方基地。1921年1月，阿连科夫准备夺取奇台县时，行动计划暴露，被早有防范的杨增新调兵包围，勒令缴械，阿连科夫部被迫缴出全部武器。杨增新为防止阿连科夫部再生祸端，请示北洋政府"以分其势，而免意外"，将一部分白俄安置于新疆，另一部分想恳请甘肃督军陆洪涛安置在敦煌。可是甘肃督军陆洪涛也担心这帮俄军扰乱甘肃秩序而拒绝接收。杨增新与甘肃省长公署经电报磋商数月未果，索性将白俄直接押解往敦煌。陆洪涛得知杨增新派军队"已将俄党解至哈密，势难返回"，只好"因念甘、新唇齿，谊同一家"，同意将阿连科夫残部暂时安置于敦煌。

1921年6月，白俄阿连科夫部469名官兵、马488匹以及装载辎重的四轮马车18辆，由新疆营长徐谟率所部骑兵180骑，执行解送俄兵任务。他们从奇台出发，经哈密穿越戈壁，于6月11日从安西（瓜州）经北湖到达敦煌郊外，听候上峰的最后处置。为防止这支残兵发生变故，也为了敦煌县城的安全，甘肃督军陆洪涛叮嘱敦煌县长陆恩泰将白俄官兵安置在远离县城的区域驻扎，于是白俄官兵被临时安置在了敦煌县城北门外的大校场（今转渠口镇漳县村）驻扎，临时接待站设在漳县庙。甘肃省长公署委派接待专员吕季贤、翻译陆春林和敦煌县知事陆恩泰及肃州（今酒泉）巡防三营营长、防军管带周炳南负责安置工作，由乡绅郭璘和其子郭福基负责接待，会同接收了这批白俄官兵。为了避免阿连科夫部滋事扰序，敦煌地方对他们施以善待，多有照顾。为了酬谢,阿连科夫还特意给乡民放了一次无声电影,这对于当时的敦煌人是件很新鲜的事。这支白俄军队虽被缴械,但他们是参加过"一战",具有丰富战斗经验的队伍,把这样骁勇善战的几百人安置在城边郊外,总会让人提心吊胆。那么,把他们安置到哪里才能既便于监管又避免生乱扰民,这确实成了棘手的问题。陆恩泰和周炳南费尽心思依然束手无策,只好邀集农商各界及士绅共同商议。经过多次计议后,无奈采纳了多数人的建议,即:为考虑县城的太平和城乡居民的安危,白俄残部不便驻留于城内和四乡各地,即日将白俄残部遣送于离城25公里的莫高窟暂时安置,听候上峰的最后处置。随后,由地方巡防营"护送",将白俄残部遣往莫高窟驻扎,每人每天供应麦面一斤半。

至此,莫高窟的佛窟便成了白俄残部的"收容所",而且一住就是半年之久。然而谁都未曾意识到,四五百号东正教徒住进佛窟,在石窟里生活起居,将会给莫高窟带来多大的危害。说到这里,大家一定会对当时敦煌的决策者们感到愤慨。然而事实上,莫高窟在那个时期住人是司空见惯的事。张大千就在一次演讲中谈道:"本地人每逢每年四月初八千佛洞的庙会,群往烧香,支炉生火,吃手抓羊肉和煮面片,人马住宿。"香客们留宿洞中实属常见。此外,一些过客、牧人流落至此长期以洞为"家"也不鲜见。这样来看,在当时敦煌上层人士作此决策并不奇怪。相比城乡百姓之生命财产安全,把这些"残匪"安置在偏僻孤处的莫高窟,或许是最为稳妥的办法。

当然,对白俄残部进驻莫高窟,官府也进行了约束。首先对他们进行了逐个搜身搜车检查,查出没收了少量的枪支弹药及铁器。并制定了6条规则,布告白俄官兵及敦煌全县军民共同遵守。内容主要是禁止沙俄官兵损坏古迹及动植物,限制俄兵进城人数,买卖双方各守规则等条。白俄首领也提出了9条要求,内容主要是允许放牧、资助生活费、提供条砖安锅搭灶、给予灯油、发还没收的沙枪、准其出售一些物品等。押解军官转呈省长公署,除资助金钱等二事外,其他均允准。省长公署还考虑到"白俄官兵皆百战枭雄,人马一处,一经上马,日驰百里,侵扰百姓,极为危险"。于是电令,必须设法让白俄人马分离。接到指令后,与白俄首领几经交涉,除留下少数军官用马和日常用马外,将406匹马安置在了东距莫高窟40里的新店台大泉草湖牧

白俄残部被羁押在莫高窟　1921年摄

养。这些马匹后来作价7460两银出售给了哈密，以抵扣白俄每人每月"盐菜银"150两。

  白俄残部被安置在莫高窟后，驻军统领周炳南率一个营的步兵，同押解白俄残部到敦煌的新疆军徐漠的骑兵营一起驻扎在莫高窟，日夜监视阿连科夫残部。白俄残部在莫高窟的安置情况，按照官方档案，当时被限制在九层楼以南活动。然而阿连科夫驻留莫高窟洞窟期间，对佛像艺术很不尊重，他们在洞内支锅做饭，把寺院中的门窗、匾对当柴烧，熏黑了石窟中不少精美的壁画。他们甚至在塑像和壁面上恣意刻画，对一些洞窟造成了破坏。至今，这些斑斑罪证犹存，补救和清理这些划痕和烟垢，成为敦煌研究保护中的一项艰巨工作内容。莫高窟第65窟有当时的人留下的一首打油诗："中华民国第十年，俄人来住千佛山，商民各界都心寒，军队保护得安然。"便是实情。周炳南发现白俄残兵对莫高窟的破坏后十分焦急，他出于保护祖国文物的爱国之情，及时制止了白俄残部的破坏行为，并会同县政府报请省署，建议速将俄人迁出，另作安置。在敦煌志书上所列"民国时期有功于地方的人物"，周炳南位列第一，迁走俄人即一大功绩。1921年11月，甘肃省长公署决定，给白俄残部每人发放路银六两，分三批解送沙俄官兵离开敦煌。

1922年3月，在莫高窟驻留过的沙俄官兵悉数被押解到兰州。适逢苏维埃社会主义共和国联盟建立，苏联政府不承认白俄官兵的苏联国籍，认为他们都是反动分子，是苏维埃政权的敌人，所以白俄官兵成了没有祖国的"孤儿"。阿连科夫的部众在兰州驻留了5年时间，1927年国民军刘郁芬主甘时，奉冯玉祥电令将阿连科夫押解西安，后引渡苏联被判处死刑。其部下一部分转押往上海、天津，一部众分散在皋兰阿干镇和永登等地，也有小部分匿踪于兰州，多专事粉刷裱糊职业，直到20世纪六七十年代，偶尔还能看到他们在兰州活动的踪影。自十月革命后流落到中国的俄罗斯难民及后代，先被称为"归化族"。因"二战"苏联男性死亡率高，劳动力奇缺，急需补充人口，于是苏联政府恢复白俄人的苏联国籍，中国境内的白俄人很多回到了苏联。新中国成立后，根据苏联要求，中国政府多次遣返白俄官兵回国。少数自愿归化者留在了中国，他们就是我国的"俄罗斯族"，至今有16000多人。

莫高窟九层楼的修建

莫高窟位于三危山与鸣沙山之间的一条古河道旁，石窟群坐落于河床西岸的一段垂直而立的断崖上。断崖高15—45米，南北全长1680米。为了保护研究的方便，今人将石窟群分为南、北两区。绝大部分石窟集中在南区，是莫高窟自开创以来主要的礼佛活动场所。在南区的中部，有一座宏伟壮观的木构建筑——九层阁，今人多称九层楼。这座阁楼现在已然成为莫高窟的标志性建筑，成为古老敦煌文化艺术的一个鲜明形象符号。

九层楼依莫高窟崖壁最高地段的山崖拔地而建，因该建筑形制为九层飞檐式阁楼，故名，今编号为第96窟。窟内坐落着一座巨大的弥勒佛像，被认为是世界上最大的室内佛教造像。因该像位于莫高窟另一座大佛像（高26米的第130窟弥勒佛）之北，故俗称"北大像"。北大像高35.5米，气势宏伟，法相庄严，撼人心魄。大佛的制作方法为石胎泥塑，即先在崖壁上开凿一个通顶的石窟，在凿建过程中预留出窟中佛像的石胎大形，修凿出基本的造型，然

莫高窟九层楼 斯文·赫定摄于1934年

后在表层打眼楔入很多的木钉，再将混合了麦草、麻刀的胶泥依次外敷，接着用细泥精塑细抹，最后着色上彩。如此大像，在没有退距的窟中塑造难度极高，体现了古代工匠卓越的智慧和高超的技艺。此窟始建于武则天证圣元年（695），今壁画荡然无存，窟内大像也经后世多次重修，已非唐代造像原貌。但基本的唐风尚在，气势犹存。

北大像自唐代开凿落成，其外部就有木构建筑，后经历代多次重修，一直到了民国时期才改建成了九层。根据敦煌研究院专家的考证：北大像在最初修凿时，其窟前木构建筑为四重飞檐殿堂；唐乾符元年到中和五年（874—885）间，河西归义军节度使张淮深重修北大像，窟前殿堂由四层增建为五层；宋乾德四年（966），归义军节度使、托西大王曹元忠夫妇组织重修北大像窟前殿堂楼阁，拆换了下两层撑木，窟檐仍为五层；到了光绪二十四年（1898），先前的木构建筑可能早已毁灭，于是敦煌商人戴奉钰出资复建成为五层楼。从1908年3月伯希和带领的中亚考察队来莫高窟拍摄的照片看，当时的北大像窟前建筑是一座五层木构建筑。《伯希和敦煌石窟笔记》一书中有"大雄殿五层楼"的调查记录，其中配有伯希和的摄影师夏尔·努埃特拍摄的该五层楼图片为证。到了1924年11月，美国哈佛大学福格艺术博物馆中国考察队的华尔纳来莫高窟时，亦拍摄有北大像窟前建筑照片，但与先前夏尔·努埃特所拍摄的照片相比较，五层楼就仅残存两层，上面的三层已不复存在。这时的北大像"法相暴露"，基本上成了一座露天大佛。到了1934年11月6日，被国民政府任命为铁道部西北公路查勘队队长的斯文·赫定来敦煌勘察，他于这一天拍摄的北大像窟前建筑，就已经是即将竣工的九层楼了。这次修建的九层楼阁，建于民国十七年至二十四年（1928—1935），由敦煌人刘骥德、张盘铭、易昌恕等，集合本地各界人士之力，将毁坏的五层楼修建为九层。在这次大规模修复窟檐建筑时，还重新彩绘了大佛，并重修了不知何年月就已损毁的大佛双手，而这两只佛手显然是不专业的普通泥瓦匠轻率之作，造型十分丑陋。1986年至1987年，敦煌研究院发现九层楼窟檐第八层横梁断裂，有倾倒危险，便拆除第八层和第九层部分构造，进行了重修。在这次修复九层楼的同时，时任敦煌研究院院长的段文杰，决定利用修建九层楼而从窟内搭设的由地通顶的脚手架，重修这两只丑陋的大佛双手。于是委派本院美术研究所雕塑家杜永卫，带领几位农民工拆除了民国制作的两只佛手，重新按照唐代风格修造了佛像的双手。这个工程也不小，其单只佛手就有7米之长。九层楼经过这次"修旧如旧"的重修粉饰，木构窟檐更加坚固挺拔壮观。2011年，敦煌暴雨连连，导致九层楼在雨水的侵害下出现不同程度的漏雨现象，致使其部分土坯建筑坍塌、墙皮脱落。敦煌研究院随即立项，对九层楼进行保护性修复加固，于2013年4月1日至11月25日修复完工。根据目前所知材料，北大像窟前木构建筑自695年至2013年，共续建、重修、维修了8次，经历了漫长的岁月。

九层楼自民国建成，为敦煌莫高窟这座艺术殿堂的外观增添了不小的魅力，也竖立了一个鲜明的标志。关于九层楼的修建史，在莫高窟第96窟前室北侧，存有敦煌人吕钟于民国二十五年（1936）撰写的《重修千佛洞九层楼碑记》，碑文对莫高窟自开创以来的营建史做了概述，对九层楼的兴建做了较为翔实的记载。从碑文结合现有的资料得知：早在光绪十四年（1888），敦煌商人戴奉钰就想整修大佛楼阁，但未能实现。十年之后的光绪二十四年（1898），戴奉钰终于在原建筑残存的基础上建成了五层楼，却因当时的条件所限，所用梁柱木料细小，仅过了十几年就梁柱折断而崩坏。面对"年久山圮，法像暴露"的景象，道士王圆箓发愿重修大佛楼阁，但历经十数年化缘，仍筹资不足而未建成。直到民国十六年（1927），敦煌德兴恒商号慷慨出资一千大洋（银圆），由股东刘骥德和农民王风智、王章首承建修造九层楼。由于工程巨大而艰难，且经费不足，此次修建被迫中途搁浅。至民国十七年（1928），刘骥德又相邀敦煌乡绅张盘铭、农人朱璿以及佛教界首领易昌恕，号召官绅农商各界捐资，发愿复修。因工程用资巨大，几经动员募集，修修停停，历时八年，耗资1200元，终于在民国二十四年（1935）建成，一座雄伟壮观的九层楼拔地而起。至此，大佛窟"殿宇改观，废者以新"。九层楼浩大工程的建设中，刘骥德、张盘铭、朱璿负责统筹集募，商号德兴恒负责会计出纳，易昌恕为工程监理，他们出资出力，"实心好善，勉勤于其事"，使得九层楼"一劳永固""巍峨壮观，亦回出寻常之外也"。竣工后，敦煌人吕钟特撰碑记，以资纪念。

九层楼建成后，成了敦煌人的骄傲，也成了几代敦煌人情感和信仰的寄托。每逢节假日，尤其是每年农历四月初八"浴佛节"，敦煌人都要来到九层楼烧香礼佛，祈福求安。还有一种叫"钻关"（也称钻观）的民俗信仰，敦煌人特别好尚——九层楼大佛脚两边靠后的崖壁上，自唐代初建时就留有甬道，专门供人围绕大佛绕行巡礼。人们手持燃香或香炉，抑或双手合十，从甬道右口入左口出，绕佛三圈，表达对佛祖的敬礼。在绕佛的通道中，还设置各种象征性的"关"，如"求子关""除病关""鬼门关"等，绕过后即可吉祥如意，免灾消难。这种风俗，在敦煌至今仍在流行。只是莫高窟作为世界文化遗产、国家重点保护文物，九层楼大佛的这个甬道已经不容许人们"钻"了。

华氏剥画搬彩塑　民众觉醒阻阴谋

20世纪初期，中国和中亚大部分地区，成了欧洲和日本等列强国家开展艺术探险的角逐场。他们组建探险队，携带先进的探测设备和照相机，开始在中国西部进行全方位探索，特别是沿着古老的中西商贸通道——丝绸之路逐步推进。当时，中国大地上各路军阀拥兵自重，割据一方，政局混乱，战火连绵，唯偏处西北一隅的敦煌地区相对安宁。然而，由于清王朝及民国政府对偏远的敦煌无暇顾及，这一时期的敦煌莫高窟历经劫难，特别是藏经洞文物的陆续流散和敦煌彩塑、壁画不同程度地被盗和破坏，给晚清及民国时期的敦煌史蒙上了深深的阴影。

华尔纳盗取莫高窟

对敦煌藏经洞文书的劫掠，继英国人斯坦因、法国人伯希和、日本大谷光瑞探险队、俄国人奥登堡等"探险家"们之后，20世纪20年代又有一个美国"探险家"把目光聚焦到了敦煌，他就是兰登·华尔纳。华尔纳是美国著名艺术史学家和考古学家，对佛教美术史很有研究，尤其对中国西北的佛教石窟有着浓厚的兴趣。为了给哈佛大学福格艺术博物馆征集藏品，他曾两次率队前往中国，为福格艺术博物馆猎取文物。他一直有一个愿望，就是到中国西北进行实地考察。1923年7月，华尔纳一行抵达北京，再前往河南。由于政治上的原因，获得了直系军阀吴佩孚的支持，并为他的考察行动给沿途省府写了书信，还提供了武装护送和资助。华尔纳雇请了一个叫王近仁的翻译，率领探险队抵达西安，正式开始了他的"探险"之旅——对西北的考察活动。他的第一个目标是额济纳的黑城遗址，这是一处古丝绸之路北线上保存最完整、规模最宏大的一座古城遗址，曾是历史上著名的佛教艺术中心，其中埋藏着不计其数的珍贵文物，有着极高的考古价值。之后，他们经甘州到肃州，再一路向西，

华尔纳 华尔纳摄于1924年

直奔他这次探险的主要目的地——敦煌!

1924年1月21日,华尔纳终于来到他觊觎已久的敦煌莫高窟,他是最后一个来到敦煌的"探险家"。当他面对浩如烟海的莫高窟壁画、彩塑时,这位艺术史学家发出了"比我所见过的任何绘画更加令人印象深刻"的感慨。此时的莫高窟已与先前大不相同,他曾在《敦煌图录》中看到的伯希和拍摄的标志性建筑"五层楼"已不复存在,莫高窟最大的佛窟(今编96窟)已"年久山圮,法相暴露"。而他神往已久的藏经洞已空空如也,仅存一面壁画和这个窟缘起的一块碑碣,那些珍贵的文物早已被他的"前辈"瓜分得一干二净。这是不是说,藏经洞文物的失盗就与华尔纳不存在关联呢?并非如此。华尔纳这次来的最初目的,除了瞻仰内心崇拜的敦煌艺术外,还是想尽量发现攫取一些藏经洞的文物,为福格艺术博物馆征集一些藏品。他心想,藏经洞虽已空,但当地人手里未必没有私藏。于是,在他的多方寻觅下,终于获得了藏经洞写本《妙法莲华经》《大般若波罗蜜多经》等三件文书。这些文书现在仍藏于哈佛大学福格艺术博物馆中。至于他从何而得，用什么手段，今已不得而知。但毕竟是他亲自从敦煌弄到手，然后带回美国去的。因此，华尔纳也是藏经洞文物劫掠者之一毫无疑问。

华尔纳在藏经洞里没有得到太大的收获，便将目光更多地投向了敦煌艺术。他在莫高窟期间，对洞窟进行了细致的考察，那些代表着东方艺术最高成就的精美绝伦的彩塑和壁画，深深地震撼了这位美国学者。他在当时的日记中写道："（敦煌莫高窟）是古代中国经历了许多世纪的劫难之后，留给我们的独一无二的遗产，是无可替代的珍宝。"这应该说是他对敦煌艺术真诚的赞美。然而这些艺术瑰宝，也勾起了他的贪婪之心，随将这次为福格艺术博物馆征集文物的目标转向了莫高窟的彩塑与壁画。他采用了一个拙劣而又野蛮的办法，就是用浸透化学黏合剂的胶布来剥取壁画。为了顺利达成目的，华尔纳"慷慨"地送给王圆箓几十两银子和一些礼物，成功地贿赂了这位石窟的"主人"王道士——这里把王圆箓称为石窟的"主人"，是因为莫高窟在元末明初之后，随着丝绸之路的衰败和敦煌居民大量迁入嘉峪关内而渐渐凋敝，以至中断香火，沦为"废墟"，至清代雍正年间重新移民至敦煌才香火复燃。先前代代相继承担打理管护自家洞窟责任的"窟主"们和僧侣们早已被历史遗忘，莫高窟一直处于没有归属和无人管理的境况。后来，王道士和几个僧人来到这里修行，他们在莫高窟各占一段，分成三段各自管理了起来，于是他们自然就成了石窟的"主人"。可以说，在国家还没有接管这里之前，王道士就是莫高窟古汉桥以北所有洞窟的实际拥有者。藏经洞就是在他拥有的窟段发现的，因此他才能把窟内出土的大量文物据为己有，而自作主张地向外出卖。这次，又是在王道士的允诺下，华尔纳开始实施他揭取壁画的疯狂计划。

华尔纳在离开哈佛大学来中国之前，曾专门去了一趟实验室，获得了一种特殊的黏着剂，这种黏着剂可以粘取文物古迹上的遗迹。也许是他灵机一动想出的办法，也许是他事先早有预谋，他竟用这种黏着剂敷于布片上，对敦煌壁画施行剥取。华尔纳采用这种恶劣的手段，将莫高窟第335、321、329、323、320窟等的唐代壁画共26块——剥离了下来。这几个洞窟全在王圆箓的管辖区。如果说王圆箓先前出卖藏经洞文物归咎于清政府的地方官员有眼无珠、腐败无能，那么这次配合华尔纳盗取敦煌壁画是否是他不可推卸的罪责？特别是，由于华尔纳揭取壁画所采取的方式极其简单粗糙，从而导致揭取下来的壁画部分破损，给文物造成了不可修复的损失。这一恶行不能不令人发指，让人唾弃。华尔纳的盗掘，使洞窟中精美的壁画上开了一块块的"天窗"，今天人们走进这些洞窟，无不触目惊心，痛惜万分。

华尔纳劫掠的不仅仅是26方壁画。当壁画顺利得手后，他又以70两银子的价钱，从王道士处"购得"莫高窟第328窟的一件盛唐彩塑。这是一件异常精美的供养菩萨像，是莫高窟唐代彩塑中最优秀的作品之一。华尔纳在当地雇了几个农民，小心翼翼把这件彩塑从洞窟佛龛中拆卸下来，然后包扎装车，运往美国。从此这件精美的彩塑与莫高窟天各一方，到现在也没回来。虽然这尊彩塑至今完好地陈列在哈佛大学福格艺术博物馆，但它脱离了自己的"家园"，失落了据守千年的"神位"，也使这座洞窟失去了原有的完整性。华尔纳除攫取大量壁画和一身彩塑外，还顺手牵羊盗走了一件小型影塑。特别是他在剥取壁画的尝试中，用利刃损坏了多处壁画，其行为十分恶劣，造成了壁画不可弥补的损失。因此，在20世纪前半叶来中国西北考察的外国人当中，华尔纳成为最臭名昭著的一个。

华尔纳从敦煌运到美国的壁画，是当时收藏在国外博物馆的仅有的中国唐代壁画标本，因而被福格艺术博物馆视为至宝，以此为荣耀。这也使华尔纳将哈佛大学其后的研究与考察重点放在了敦煌。1924年，返回美国不久的华尔纳，再次组织福格艺术博物馆中国考察队，计划对敦煌壁画进行全面拍摄，并有一项宏大的预谋——他第一次来莫高窟时见到过一个极其精美的洞窟，令他无比震撼，这次打算将这个洞窟的壁画全部剥取，带回美国。这个洞窟就是著名的西魏时期的第285窟。然而这次，华尔纳的企图没能得逞。是什么原因使华尔纳的精心谋划破败了呢？据第二次福格艺术博物馆中国考察队的同行者、北京大学医学院陈万里先生的《西行日记》记载："1925年初，华尔纳抵达北京，他这次率领的第二次福格艺术博物馆中国考察队比第一次庞大了许多。考察队中有第一次就随华尔纳来过莫高窟的霍拉斯·翟荫，这次他以副队长的身份先期率队抵达敦煌。随行还有曾为华尔纳提供剥离敦煌壁画技术的哈佛大学美术助教汤姆生、哈佛大学美术助教溥爱伦、康奈尔大学摄影师理查德·时达和随队医生、哈佛大学医学院进修生霍拉斯·石天生，陈万里陪同调查。这一次，华尔纳的考古队做好了在莫高窟进行长期'考察'的准备。然而他们仅仅在敦煌逗留了三日便空手而返，具体情形是这样的：华尔纳的考察队于当年 5 月 20 日到达敦煌县城后，霍拉斯·翟荫便向当地政府提出'拟剥离一部分壁画，运赴北京陈列，以便中外人士得就近研究'的请求，但他们的请求遭到地方官员的果断回绝。"

其实，在华尔纳 1924 年于敦煌剥取壁画得手之后，中国的政治形势发生了巨变，中国老百姓的反帝排外情绪日益高涨，中国的学者和政界也开始对外国人来华考古的真正目的产生了质疑，并加以警惕。这就使得人们对那些外国的所谓探险家的态度发生了很大转变。当时的敦煌虽地处偏僻，但随着现代教育的兴起和一些在外读书的学子归来，时代的潮流必然影响到这里。这是华尔纳这次考察活动遇到阻力的主要原因。当时，敦煌县的杨知事、牛科长、周炳南统领及教育会会长等人，面对霍拉斯·翟荫的请求，不失风度地说："前年华尔纳运去千佛洞壁画二十余方及佛像数尊后，地方人民群众向知事诘问。今年庙会，复有人向千佛洞道士诘责。因此，此番游历，为期势难太长，且在千佛洞居住，有种种为难情形，即军警保护，亦恐有不周之处。"霍拉斯·翟荫一再要求，"仅允游历日期不得逾两星期。千佛洞碍难居住，只能当日往返"。于是，华尔纳的考察队，这次在莫高窟每天只得逗留 5 个小时，一共三天共 15 个小时。且在考察中一直有地方驻军统领周炳南随视，这让华尔纳的盗宝企图全部落空。1925 年 5 月 15 日，霍拉斯·翟荫从安西（瓜州）给华尔纳发了一份电报，电文说："甚至连照相或访问石窟都难以获准，除非做出不移走任何东西的保证。"这使华尔纳十分沮丧，他已经感到这次考察计划会彻底破产。

然而华尔纳心有不甘，把考察目标定在了距离莫高窟 150 千米的另一处石窟。同年 6 月 4 日，华尔纳、翟荫、陈万里、溥爱伦、王近仁等考察队成员，在安西县长陈芷皋的"陪同"下来到了万佛峡（榆林窟）。这是莫高窟的"姊妹窟"，开凿于北魏，同属敦煌石窟体系。洞窟密布在榆林河峡谷两岸直立的东西峭壁上，保存了唐、五代、宋、西夏、元、清各时代的艺术珍品。华尔纳一行住进了石窟以东的一个小绿洲（蘑菇台子）的一处道院里，准备把这里作为基地，对万佛峡展开考察。然而，这里的乡民同样有了觉醒，他们对考察队非常反感，不允许他们在这里长期驻留，禁止他们对石窟有任何不恭行为。于是，华尔纳只拍了一些洞窟照片，作了短暂考察，就不得不中止这次考察活动，随即就道进关，兼程回京，解散了考察团。1938年，华尔纳发表专著《万佛峡·一所九世纪石窟佛教壁画研究》，这是他此次考察活动的最大收获。

华尔纳这次来敦煌，未能把莫高窟第285窟的壁画全部剥离搬到美国，这是敦煌历史上的一大幸事，这完全是日益觉醒的敦煌百姓的功劳。自那以后，敦煌的百姓再也不容许任何列强对敦煌石窟进行肆意掠夺，对敦煌石窟施行破坏。而那位敦煌驻军统领周炳南，在这一关键历史时刻，发挥了重要作用，功不可没。

保护敦煌文物的周炳南

周炳南（1865—1937），字静山，甘肃临洮人，清末秀才。自幼好学尚武，成年即投笔从戎，入保定陆军军官学校，学成任甘肃军第三标管带。后来响应共和，加入同盟会，参加辛亥革命。1919年任肃州巡防第三营营长，率部驻扎敦煌。1921年近五百白俄残兵被看押在莫高窟，监视残兵的步兵营首领正是周炳南。他发现白俄残兵对莫高窟有破坏行为，进行了严加约束和管制，并呈报甘肃省政府将白俄兵迁出，使莫高窟免于一场劫难。特别是华尔纳第二次来到敦煌，准备把莫高窟西魏最精彩的第285窟壁画全部剥离运回美国。在石窟文物面临重大破坏的危急时刻，他极力反对，并与日益觉醒的敦煌人民一道坚决抵制了华尔纳的掠夺破坏行径，使华尔纳不得不中止考察活动而仓皇离去，石窟珍贵的文化遗产因而免遭劫难。后世有学者评价："周炳南是阻止华尔纳考古队剥取敦煌壁画的主要人物之一。"

周炳南俭朴诚笃，能诗善文，虽戎马一生，却重视文化教育，守护国家文物。他驻军敦煌期间，军纪严明，造福一方，深得地方官民拥戴。而他对敦煌所做的贡献也非常巨大，尤其是倡导现代教育方面。民国时期敦煌的教育，相比农村经济和其他社会各项事业，都有较大进步，这首先要归功于周炳南。

1920年，周炳南出资创办了敦煌的第一所现代小学，推行国民小学教育新课程、新教材，给敦煌带来了新学风、新气象。此后不久，敦煌城乡迅速普及了初等教育，国民小学教育体系遍及城乡。1922年，周炳南和敦煌县长陆恩泰又倡议并出资开办了一所陇右私立初级小学，使敦煌很快拥有了好几所私立小学。民国时期的敦煌，在早已废除科举制度、逐渐告别义学私塾的历史进程中，有周炳南这样一些热爱文化、注重教育的贤达之士积极努力，开创了敦煌学校教育的先河，推动敦煌走上了现代国民教育的轨道。1943年，敦煌创办了第一所中学——敦煌中学。至1949年，敦煌中学已培养出四届初中毕业生。这些学生正是从小受惠于现代小学教育的那代敦煌人，之后成为新中国敦煌各行各业的生力军。周炳南等一些造福桑梓、资助教育的前辈，将被敦煌人民永久地感念和缅怀。

　　周炳南在敦煌期间，还主持维修了敦煌月牙泉等名胜古迹，撰有诗文《鸣沙诗钞》二卷，并为多处名胜古迹题撰匾联，其手书墨迹在酒泉、敦煌等地流传甚多。他尤其珍爱敦煌文物，抢救收集了不少散佚在民间的写经、文书等残页碎片。新中国成立后他将辛苦收集的大量文物都捐献给了敦煌研究院等单位。

　　1922年，周炳南会同敦煌县署，对莫高窟、榆林窟、东千佛洞等古遗址进行了全面的普查，并首次作为地方官府对石窟进行编号，史称"官厅编号"，成文《官厅调查表》。这次官府对石窟的编号，属于继伯希和编号后的第二次莫高窟编号。周炳南驻军敦煌期间，还将各洞窟逐个检查，派兵巡察，进行保护。他可称为民国官员中最早保护敦煌文物者，在敦煌县志"民国时期有功于地方的人物"列表中，周炳南位列第一。

临壁探史学人愁　呼吁古窟归国有

　　20世纪初以来，藏经洞文物向各国的流散，引起了国际学术界对敦煌的广泛研究。随后，中国学界也开始对敦煌产生兴趣，特别是对敦煌藏经洞文书的关注与研究。1937年日军侵华，国民政府退居重庆，沦陷区的大学和科研究机构纷纷西迁。作为大后方的西北，成了知识分子跃马扬鞭、驰骋理想的广阔天地。20世纪40年代前后，许多文化艺术界的仁人志士就不断把视野投向大西北，尤其聚焦于遥远的敦煌。这一时期到敦煌考察、视察、朝圣的人，不论官方还是民间，大都是以艺术见长的有识之士，如于右任、张大千、王子云、李丁陇等，更有奉命筹备敦煌艺术研究所的常书鸿及其追随者。他们渴望去敦煌临摹壁画，更希望敦煌得到保护。他们把社会各界强烈的呼声传达给民国政府，督促政府在敦煌建立学术机构，把满目疮痍的莫高窟收归国有。可以说，敦煌石窟的保护、研究事业，是由一批艺术家启迪倡导的。

对历代名品佳作进行临摹是绘画界的一种古老传统，是画家们鉴古、师古以及提高自身修养和绘画技艺的一个重要途径，也是画家们对先贤巨匠膜拜尊崇的一种行为表现，同时还是为了让前人的优秀美术遗产得以传承、传播和保存的一种方式和手段。出于这种追求，敦煌自然就成了许多画家最为神往的地方。所以20世纪40年代亲往敦煌开展考察研究的，基本都是一批画家。正是这些画家前赴后继、历经艰难来到莫高窟进行临摹、探索，并把临摹的敦煌壁画带到内地去办展，把古老的敦煌石窟艺术从戈壁荒谷介绍到外面的世界，向世人宣传了敦煌，使世人认知了敦煌艺术的博大精深，进而启发了一代又一代的知识精英，令他们放弃条件优越的城市，来到闭塞荒凉的穷山沟献身于敦煌事业。今天，我们赞扬莫高精神，享有敦煌事业带给我们的荣誉，更不应该忘记那些开创敦煌事业的先驱，他们的贡献我们应该永远铭记于心。

第一个到莫高窟临摹的画家李丁陇

自20世纪30年代起，就不断有画家从内地来到莫高窟进行临摹和研究。例如，30年代中后期陆续而来的画家李丁陇、吴作人、关山月、黎雄才、张大千等，都临摹过莫高窟乃至榆林窟的壁画，并撰文著述，向内地介绍敦煌艺术。李丁陇是目前所知最早到敦煌莫高窟临摹的画家。

1937年，画家李丁陇在刘海粟主办的上海美术专科学校毕业后，来到西安创立了"中华艺术专科学校"。他在上海时即久闻敦煌，心神向往。到西安办学时，他的学生中恰好有个叫刘方的敦煌人，于是李丁陇计划了他的敦煌之行。1938年冬，他自任队长，组织了一个十男三女的"敦煌探险队"。他们从西安出发，刻意沿着玄奘西行求法之路线，以表示百折不挠的决心。当时，西北交通极其落后，只是西安到宝鸡有一段火车，再往西行就只能借助畜力交通工具了。十三个年轻人凭着一腔热血就匆忙上路，所带路费不堪几日耗用，只能一边沿途卖画筹资一边前行。西北的冬天寒风刺骨，旅途之艰难可想而知。刚进入甘肃平凉，便有四人因体力不支而掉队返回。当其余人走过陇源，穿过河西走廊，历尽1360公里的长途之旅，好不容易抵达嘉峪关后，面对还有近四百公里的茫茫戈壁之路，其间还要穿越几个无人区，大家望而生畏不敢前行，提出回返西安。而李丁陇誓愿不改，他说："死，我也要死在去敦煌的路上！"就这样，李丁陇和返乡的敦煌学生刘方，相依为伴，冒着严寒，继续西行。

之前李丁陇一行从西安坐火车到宝鸡后，下面的大部分路程都是借助骡马、骆驼等畜力行进，有几段路程因雇不到畜力不得不徒步行进。而在河西走廊的路段上，有一种三匹骡马拉的大轱辘车，非常适合在戈壁荒原上行走，是那时河西的主要交通工具。这种木制的"三套车"，车轮奇大，比人还高，容易翻过石块，跨越沟坎，地面松软的盐碱滩也不陷车。车内挺宽敞，可坐七八个人，还能捎带一些行李。由于轮子大底盘高，泥土也不容易溅到车里。到了冬天，再用毛毡包裹一个车厢，多少还能避些风寒，在那时可以说是"豪车"了。当年那些西去敦煌"朝圣"的画家们，都曾在他们的回忆录中提到过这种车。然而从安西（瓜州）到敦煌120公里的这段行程，因路况太差，三套车也派不上用场，李丁陇和刘方只能骑骆驼继续前行。在一个天色阴沉的下午，他们蓦然望见了进入敦煌的标志——三危山主峰。就这样，在历时一个多月顶风冒雪、风餐露宿的长途跋涉后，饱尝艰辛的师生终于走进了敦煌绿洲。在通往莫高窟和敦煌的岔道口，刘方告辞回家，李丁陇只好独自徒步最后的15公里前往莫高窟。当他走近莫高窟北端的断崖，面前是很多人工开凿的崖洞。这里是今天的莫高窟北区，洞子多窄小，也没有壁画，原本是供僧侣、工匠们修行居住的"客房"，一千多年来，曾"下榻"过无数的无名僧匠。李丁陇选择了一个高处的小洞作为住所，既为了避寒，也考虑防狼。洞内没有床铺，只有先前住过的人铺的一些麦草。好在身上有大棉袄，在日暮风寒中他总算是"安居"了下来。这一夜，是李丁陇最难熬的一夜。

初见莫高窟壁画的那一刻，那千年古壁上纷呈浩繁的精美艺术，把李丁陇震撼得目瞪口呆。在上海读书时，他所见过的敦煌仅仅是几张黑白图片。可眼前的敦煌，让李丁陇仿佛置身于西天极乐世界的幻境之中，目眩神摇。他急切地打开一路背来的纸张画具，便一头扎进了他醉心的敦煌壁画的世界里。就这样，李丁陇开始了他在莫高窟长达八个月的临摹生涯，既艰辛困苦，又激情澎湃。

那时的莫高窟人迹罕至，最近的村子也在十五六公里以外，寥寥三两个出家人住在南区的破庙里，一天到晚很难看到一个人影。而横贯一公里多长的莫高窟，除了新建不久的九层楼巍峨庄严，周边的洞窟大都荒凉破败，景象惨淡。在这种环境下，李丁陇的生活十分清苦，缺少麦面，只能以青稞充饥。幸得家住25公里外的学生刘方，隔段时间便来探望，送点粮食和必需品，方才勉强度日。李丁陇刚住进洞窟的时候，有一位先前流落到此的藏族小喇嘛也栖身于这里，他们相互信任，抱团取暖，但言语不通，相互只能用手势交流。地处荒漠山沟的莫高窟，赖以生存的水源是窟前的一条小溪。冬季里溪水便结成坚硬的冰滩，要想取水饮用，就只能用铁镐一点一点砍些冰，放到锅里烧融化，水之紧缺可想而知。那段时间，李丁陇很少洗脸、洗衣，更不可能洗澡。当时的他衣衫褴褛，满面尘垢，须发蓬乱，容槁形枯，以至于当地人传言千佛洞有个"疯子"，甚至有说是个"野人"。后来，浪漫的李丁陇回到西安，索性在自己的画作上署名"敦煌野人"，这个笔名是他对独自在莫高窟临摹壁画那段经历的一个念想。

孤身一人在静谧的洞窟里临摹，与古人对话，不失为一种享受。但工作条件的恶劣却使他经常犯难。由于很多洞窟的栈道脱落毁坏，无法登临，李丁陇只能借助一种相当危险的"蜈蚣梯"爬上爬下。这是一种独木梯，是用一根碗口粗的高高的立木，每30厘米横穿一根木柄制作而成，因形似蜈蚣而得名。这种简单原始的梯子，常书鸿及后来的两代画家都使用过，莫高窟人与它有着很深的情结。莫高窟坐东向西，早上阳光充足，有一小段时间光线会投射进洞内，这时能比较清楚地观察到壁画的细节，是最好的临摹时间。但在一天的大部分时间，窟内都昏暗得无法临摹。那时不可能有电力照明，去县城买些点灯用的煤油来回路程都要 40 多公里。为了抓紧时间多临摹些壁画，他竟想出了用自己随身带来的一面镜子置于窟外，把阳光反射进来采光作画。这种方法，直到 20 世纪 70 年代，莫高窟的画家还经常使用。就这样，李丁陇在常人难以想象的恶劣条件下，从冬到夏，孜孜不倦，在莫高窟潜心临摹 240 多天，临摹壁画百余幅，搜集绘制的各种手稿草图不计其数。他是第一个到达莫高窟从事敦煌壁画临摹的画家，而且孤身一人在莫高窟滞留了八个月时间。

李丁陇在莫高窟八个月的临摹生活，究竟有多艰难，我们今天的人无法想象。但他留下了一首自叙诗《在敦煌八月》，诗中记录了他当时的真实境况。读过之后，令人扼腕！

> 纷纷大雪路茫茫，零下二十到敦煌。
> 水土失常病侵体，火种须续夜焚香。
> 莫高不畏君子顾，洞矮最怕野豺狼。
> 树干暂当攀天梯，干草施作铺地床。
> 青稞苦涩肠不适，红柳烧饭泪千行。
> 半载不见果瓜菜，长年充饥饼牛羊。
> 衣服多洞雪来补，棉袄作被草作床。
> 骨瘦如柴人颜老，发乱如麻可尺量。

1938 年秋，李丁陇返回西安。他离开西安时不过 33 岁，风流倜傥，英姿焕发。但经过八个月炼狱般荒谷石窟生活后，出现在西安的他，仿佛一下子老了十多岁。当他抱着自己呕心沥血临摹的数百幅敦煌壁画，到处办展，呼吁保护敦煌文物时，昔日的同事和学生无不为他的精神所感动。1939 年，他以个人名义举办了"敦煌石窟艺术"展览，在西安揭开了敦煌艺术神秘的面纱，也使时人知道了他勇闯大漠临摹敦煌的壮怀之举，一时轰动古都。1941 年，他吸取敦煌壁画精华，创作了一幅高 2 米、长 15 米的长卷巨制——《极乐世界图》，这幅大作清新而又古朴，在当时的西安美术界引起不小的轰动。时隔5年的1945年，李丁陇再赴莫高窟临摹壁画。之后他在西安、宝鸡、兰州等地多次举办"敦煌壁画艺术展"，尤其在兰州展览影响很大。西北最高军事长官朱绍良亲自为他题写了展览会标题，爱国将领冯玉祥为画展题字"人民心声"，于右任题字"极乐世界"，国民党高级将领李烈钧题字"笔底春秋"，郭沫若题字"祖国赞歌"，时任甘肃省主席的谷正伦也为他题字"如入敦煌石窟"。国民党元老与国民党中央邵力子、陈立夫、张道藩等59位政要联名在《民国日报》刊文并广为宣传。抗战胜利后，1948年李丁陇又应邀在南京、上海等地举办了展览，使敦煌艺术远播大江南北，影响深远。

　　李丁陇在莫高窟期间，目睹了敦煌石窟不断受到自然和人为破坏的现状，也对西方探险家掠走敦煌大量文物的行径痛彻心扉。他回到西安后，曾向重庆国民政府行政院、教育部、文化委员会分别上书，并进言冯玉祥疏通周伯敏游说于右任，还致信陈立夫、张道藩等国民党政要，倡议成立保护敦煌的官方机构，呼吁派人考察莫高窟，制定对敦煌文物的保护措施。此外，曾在西安看过李丁陇壁画展，后去过敦煌考察的中央通讯社摄影记者袁丛美，也为李丁陇的呼吁推波助澜，他和李丁陇共同起草的快邮代电《保护敦煌呼吁书》在重庆《大公报》发表，引起一定反响。然而当时正是国难当头，抗战开始不久，加上国民政府的不作为，李丁陇为保护敦煌奔走疾呼的声音，虽引起了一定的社会反响，却终被时局掩盖。李丁陇在他的诗作中有这么一句："敦煌危殆人不见，上书再三成海洋。"道出了他的心声和无奈。

饱受争议的张大千

　　1941年初，李丁陇准备在成都举办他的敦煌壁画展，当他带着一批临本去成都一家画店装裱时，不意间被几位画家看到，他们连声赞叹："妙不可言！"其中一位就是当时在画界颇有名气的张大千。李丁陇对这位青城山隐居的"大千居士"自然早有耳闻，两人相见恨晚，促膝长谈。张大千对李丁陇临摹的敦煌壁画及艺术造诣大加赞赏，尤其对他只身在莫高窟临摹壁画的壮举和勇气很是钦佩。张大千在深受触动的同时，亦萌生了探访敦煌的心念。李丁陇自然毫无保留将自己的经验和掌握的情况倾囊相授。

张大千是中国画坛的艺术巨匠,他的作品体现了深厚的传统艺术底蕴和对民族艺术的强烈自信,被西方艺坛称赞为"东方之笔",又被誉为"临摹天下名画最多的画家"。张大千最早认识敦煌,是从他的两位老师曾农髯、李瑞清口中听到的,两位老师学识渊博,对敦煌的"佛经、唐像"盛赞不已。又听监察院院长于右任的秘书马文彦说他曾到过敦煌,并为莫高窟艺术的浩瀚与宏伟所震惊。这些听闻让张大千对敦煌越发神往,他在回忆录里说:"我一生好游览,知道这古迹,自然动信念,决束装往游。"张大千在他富有传奇色彩的艺术生涯中,能够最终取得中西方画界一致公认的巨大成就,与他在敦煌的两年七个月的临摹生涯不无关系。也正是他的这一次"往游",造就了他艺术人生的巅峰。

莫高窟到了20世纪40年代初,已不再是无人问津、任人劫掠的情景。随着人们的觉悟日益提高和对官府的不断问责,1940年在民国政府的责令下,敦煌县政府派出了一支10多人组成的警察保安队进驻莫高窟,开始对莫高窟进行守卫。从此,千年古窟受到政府的护佑,结束了莫高窟自兴建以来断断续续由僧侣看护的历史。这也为当时的画家、学者前来莫高窟考察学习提供了安全保障。

1940年10月,张大千携三太太杨宛君、儿子张心智等启程前往敦煌。还没有走出四川的地界,突然接到二哥病逝的消息,不得已返回成都奔丧。后来一些文章中说"张大千两赴敦煌"显然是误传。1941年3月,张大千打点行装,再赴敦煌。这一次,他汲取了李丁陇的经验,组建了一支十余人的团队,对绘画用具及生活用品都做了充分的准备。在一个霞光灿烂的清晨,七八辆骡车载着张大千准备西行的队伍,声势浩大地离开了成都,向他心驰神往的敦煌而去。

1941年5月下旬,张大千与他带来的研究助手杨宛君、张心智、张彼得、肖建初、刘力上、孙宗慰以及服务人员到达了敦煌。他们住进了莫高窟上寺北厢房及后院的几间屋子,虽是小屋土炕,倒也能够妥善安居。抵达敦煌的当晚,张大千就迫不及待地手持电筒,进入了上寺对面的一座大窟,窟内四壁及窟顶竟全是壁画，精美的佛像、菩萨、飞天及各种装饰图案，层叠密布，琳琅满目。张大千游历四方阅画无数，还从来没有见过如此美妙的宏伟巨制，而且这才只是一个窟。张大千原定计划是在莫高窟临摹三个月，但仅这一座洞窟"恐怕留下来半年都还不够"。他对助手们这样说，示意大家要做好更久待在这里的心理准备。实际上，他们此行敦煌远不止半年，而是一待就是近一千个日夜。张大千在此期间，为购置画材还顺道考察了榆林窟、兰州、西宁等地，更加开阔了他对佛教石窟艺术的视野。

初到敦煌的时候，张大千临摹壁画的工作一度遇到很多困难。他曾回忆说："以工具来说，纸绢没有数丈大的，全靠番僧拼缝。拼缝完毕，钉在木框上，涂抹胶粉三次，再用大石磨七次，画布光滑才能下笔。"张大千口中的"番僧"，是他高价从青海塔尔寺聘请的藏画画家索南丹巴及其四个弟子。这五位喇嘛画师，擅长宗教壁画，不但会缝制大型画布，而且能够调制传统壁画的颜料。张大千从成都带到敦煌的颜料，基本都是现代工业产品，很不适宜表现敦煌壁画的色泽。而喇嘛画师用的颜料，都是民间采集自制或从阿富汗、巴基斯坦进口来的矿物颜料。通过他们，张大千购来了大量这种颜料，解决了他的一大难题。此外，他还雇请了当地的民间画师李生枝、李复父子，主要协助裱画、添色。李复后来成了敦煌研究所的专职裱画师。

就这样，张大千率领由他的弟子、喇嘛画师、民间艺人组成的专业团队，凭借着烛光油灯，含辛茹苦、没日没夜地在洞窟里临摹作画。在历经了数个严寒酷暑后，将莫高窟和榆林窟中精美的壁画进行了系统的临摹、整理。临本数量达276幅之多，包含了十六国、北魏、西魏、北周、隋、唐、五代、宋、西夏、元等历代的敦煌壁画作品。这些临摹品，虽属张大千为搜集古画、借鉴和研究古人技法的模本，带有一定的个人目的和主观色彩，但在当时客观上起到了介绍和宣传敦煌的作用，对于唤起人们对敦煌石窟的保护研究意识，具有很大的价值和意义。尤其这些临品先后在兰州、成都、重庆、上海各地展出后，并出版《大风堂临摹敦煌壁画》等书，在内地学术界、教育界都产生了轰动效应和巨大影响，也使敦煌艺术更加广为世人瞩目。特别是激发了一些有志之士前往敦煌从事敦煌石窟保护研究工作，很多人为此奋斗不息，奉献了一生。

此外，他作为一个艺术家，却主动承担起了一个十分枯燥但却非常重要的科研工作，即为莫高窟和榆林窟编号。今天，人们在大多数洞窟里，可以看到三个不同的编号，其中C字母打头的是张大千编号，P字母打头的是伯希和编号，居中的是敦煌文物研究所的编号。伯希和编号是为了他考察拍摄所需，顺序凌乱，意义有限。而张大千的编号则是根据莫高窟下、中、上的层次构造关系，"自南而北，复北而南，再南而北，由下向上分层编号。共编309号"。这种自下而上作"之"字形往复的编号，方法得当，科学明了。1964年敦煌文物研究所沿用了张大千的编号模式，补足了张大千遗漏的大窟中的小窟、耳洞等，并将顺序调转了一个方向，从而更科学系统地完成了对所有洞窟的统一编号，共计492窟，一直沿用至今。张大千完成了他的编号后，撰写了《莫高窟记》，其对敦煌壁画的宣传、传承和研究起到了较大的促进作用。

张大千在莫高窟逗留期间，著名画家王子云、国民党元老于右任也来到过敦煌，同时而来的还有后来的"国立敦煌艺术研究所"筹备处成员高一涵和学者卫聚贤等人。特别是于右任与张大千在莫高窟的这次会面，在敦煌石窟的保护研究历史上有着重要的意义。

1941年秋，兰新公路通车，时任监察院院长的于右任亲往西北视察。当他亲自到访莫高窟时，张大千热情接待并亲自陪同参观。这位被誉为"旷代草圣"的民国政要，与张大千相识多年，意趣相投。两位大师长髯飘逸，月下对饮，侃侃而谈。就莫高窟灿烂的艺术价值讨论正酣之时，张大千动情地说："我张大千是个小小百姓，只是为了追求艺术事业而到处奔波。你是党国要员，有责任出来为我们祖先创建的灿烂文化说几句话！莫高窟是国宝，给斯坦因、伯希和一偷就是几十骆驼，运到英国等国家博物馆收藏，我作为一个中国老百姓感到羞耻。"张大千同时建议，将莫高窟收归国有，尽快设立一个机构，把敦煌莫高窟保管起来，好好保护研究。于右任对张大千的一席肺腑之言深表赞同，他当场表示，若成立了敦煌艺术学院，聘请张大千为院长。张大千以"闲散惯了"不堪此任予以推脱，但两人对成立敦煌艺术学院倒是达成了共识。于右任和张大千这天晚上构想的敦煌艺术学院，后来以国立敦煌艺术研究所的形式终于得以实现。于右任这次访问莫高窟,对敦煌艺术的价值和面临的危机有了深刻的认识。在他返回重庆后,就立即游说政界、学界,呼吁民国政府高度重视和保护敦煌石窟,珍视民族艺术宝藏。与此同时,于右任先生还撰写并公开发表了他的《建议设立敦煌艺术学院》一文,该文上达国民政府,并在国内产生了非常大的影响。

1942年,对于张大千来说是蜚短流长的多事之秋,社会上传言张大千破坏了敦煌壁画,并且还被举报到了中央研究院。这使张大千的敦煌临摹之举毁誉参半,功过是非难辩清白。80年过去了,张大千究竟有没有破坏敦煌壁画,一直流传着截然不同的两个版本,时至今日仍然说法不一,争论不休,真假莫辨。众多当年的亲历者、当事人、研究者都各执一词,分别按照对自己立场和观点有利的方式进行表述和证明。更有夸大其词、言过其实者,甚至有人不惜编织谎言,使得事实真相更加扑朔迷离,难以水落石出。公允地判断,张大千作为一个对敦煌艺术痴迷到极致的"信徒",说他"故意破坏"以及"任意剥离壁画"难免失真。至于张大千用透明纸在壁画上拷贝的临摹方式,也是他备受非议的"罪行"之一。其实这种用透明纸直接覆在壁画上勾画的做法,当时大家都在采用。站在今天的文物保护意识和规定上,这种方式的确原始、粗陋,对壁画容易造成伤害,绝不可行。但在当时,人们不可能具有今人的文物保护意识。当时的人们一方面对敦煌壁画崇拜之至,纷纷呼吁国家保护,但另一方面他们又"把透明纸蒙在壁画上起稿"。今天的我们在评价前辈的这种矛盾现象时,不能脱离当时具体的时代环境,只以今人的立场和观念来看待,须明了他们那个时代对文物保护普遍缺乏科学的方法和严格的意识。这种"过去已成了习惯的不合理做法",也是在国立敦煌艺术研究所成立几年以后才被"绝对禁止"。张大千临摹敦煌壁画的是非功过,任凭世人评说。但不可否认的一点是,正是这位传奇画家的敦煌之旅,让敦煌石窟艺术在中国乃至在国际上得到了更为广泛的传播与认知。而敦煌石窟研究最终成为一门显赫的著名学科——敦煌学,张大千先生在其中所起到的重要作用也是早已公认的。

1943年5月张大千离开敦煌后,先在兰州举办了"张大千临抚敦煌壁画展"。《西北日报》发表评论:"近年以来,名画家张大千先生,不避艰辛,不

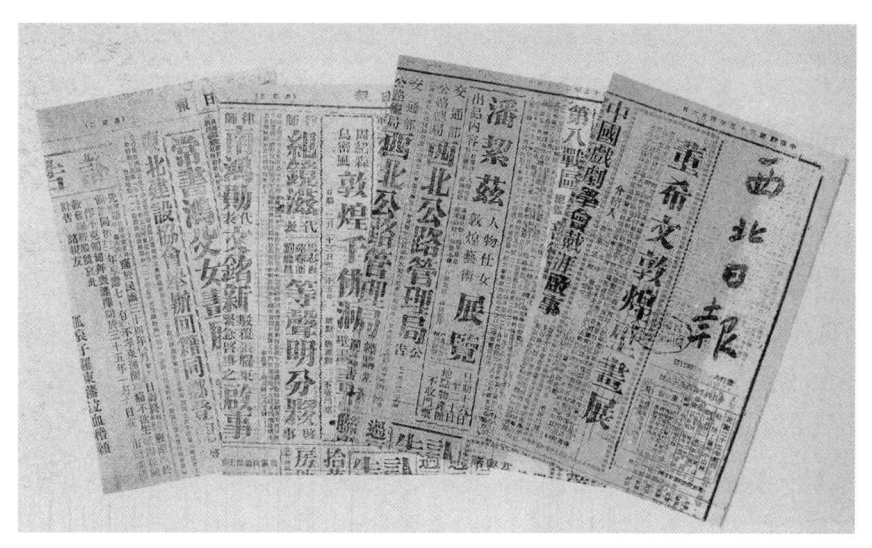

《西北日报》1946年报道常书鸿等四个敦煌画展

辞劳苦，远去敦煌千佛洞，潜心临摹壁画，朝夕与画像相对，并将壁画重新编号，苦心整理，其对中国古代艺术之保护与传播，实有伟大贡献！看了这次张先生的画展，西北的人士将更看重千佛洞的艺术价值，将更加深于敦煌的认识。这对于国内史学界、艺术界，也无异注射了一针'兴奋剂'！这二十一幅壁画的宣传力量，比二十万言的宣传文字还有效。从今而后，中国的这一国宝，再也不会让人轻轻易易地摧毁了！"一年后，张大千又在成都、重庆举办了"临摹敦煌壁画展"。虽然此时，学界还在持续发酵着对张大千的争议，但这并没有影响到人们对著名画家和敦煌艺术的追捧，"敦煌"二字，在当时成了社会热点，聚焦了无数学者、学生的目光，就连普通观众也趋之若鹜，争相观看。据后来的敦煌研究院院长段文杰回忆说，当时他还在国立艺专求学，第一天去看画展就没买到票，第二天专门起了个大早跑去买票才得以看成。段文杰先生还直言："有人说我是看了那次画展后才被吸引到敦煌来的，事情的确是这样。"敦煌学巨擘、国学大师陈寅恪说："大千先生临摹北朝唐五代之壁画，介绍于世人，使得窥国宝之一斑，其成绩已超出以前研究之范围，何况其人才特具，虽为临摹之本，兼有创造之功，实能于民族艺术上别开一新界境。"

张大千本人对在敦煌这段难忘的经历也做了自我评价："学术界对我在敦煌的工作，为文评赞，实愧不敢当，但是能因我的工作而引起当道的注意，设立国立敦煌艺术研究所，使国人普遍注意敦煌壁画的文化价值，也算略尽书生报国的本分了。"（张大千《我与敦煌壁画》）段文杰后来对张大千的敦煌之行，进行了一个总结性的评价："张大千一行十数人到敦煌临摹壁画，在敦煌学发展史上具有重要的意义。一是通过一批临摹的壁画作品在兰州成都重庆展览，使人们对敦煌壁画有了初步了解；二是吸引促成一批学者和艺术家往敦煌实地考察敦煌艺术；三是和于右任等人共同促进了敦煌艺术研究所的成立，使敦煌有了保护和研究机构；四是做了一些洞窟编号、清理、发掘等方面的工作，开始了初步的石窟本体的勘测工作；五是在借鉴敦煌艺术传统进行创新方面进行了一些实验。"（段文杰《敦煌在心中》）这是对张大千中肯的评价。

王子云考察莫高窟

王子云，早年毕业于江苏省立第七师范学校，后进入上海美术学校和北京美术专科学校学习，1930年赴法国留学并游历欧洲。1937年回国后任国立杭州艺专教授，抗战爆发后随杭州艺专撤离到重庆。1940年5月，王子云向国民政府教育部建议，组建艺术文物考察团奔赴西北，以摄影、临摹、拓印、复制、测绘、记录等方式，抢救收集尚未被日军占领地区的古代艺术文物。同年12月，以王子云为团长的西北艺术文物考察团，开始对陕、甘、青三省历史文化遗迹进行考察。他们历时近五年，辗转西北大部分地区，在非常艰苦的环境下，进行了一系列科学考察和研究，并做了一些力所能及的保护工作，取得了丰硕的成果。

1941年10月，西北艺术文物考察团从西安出发前往敦煌。王子云在其《从长安到雅典》一文中描述：从兰州去敦煌，先坐汽车经河西走廊到酒泉，再由酒泉到安西（瓜州），约280公里的路程需专雇骡车走三天，"坐在盖有毡席的骡车里，耳边响起呜呜的风声，顿时飞沙走石扑面而来"。可是，安西到敦煌的120公里没有公路，"走的是沙窝路，软沙没径，竟连骡车也难以通行，又因无骆驼可雇，不得已只好改坐农家的木轮牛车"。中途只有三个休息站，都是在沙窝里用土坯垒造的草顶棚，牛粪熏天，令人难以忍受。也就是在"这样的鬼地方，我却在1941年到1943年，经常来往于兰州敦煌之间，每次都要在这里住宿，牛车沙窝路也来回走过多次。这种为探求千佛洞（莫高窟）奥秘而受的艰苦是说不完的"。王子云心知，他那时所走的路，正是法显、鸠摩罗什、玄奘所走过的道路。高僧们是为了求法弘法而来去，"但我们是为了景慕已久的敦煌千佛洞"。高僧们有佛教的信仰，而王子云们何尝没有艺术的信仰呢？无数的事例证明，在信仰面前，再大的困难都显得那么微不足道。为了信仰，人们可以无怨无悔做最大的付出。

1941年冬，王子云率国民政府教育部"西北艺术文物考察团"到达莫高窟。考察团包括历史、考古、美术方面的专家。他们在莫高窟断断续续工作了一年半，有时是四人，有时则只有两人。虽然考察团在敦煌的时间不长，人数又少，但仍然取得了巨大的成绩。

王子云到达时，张大千已在莫高窟有半年了，俨然成为这里的"主人"，他热情地迎接了王子云一行。王子云的团队住进了莫高窟的下寺，与张大千居住的上寺有一里开外。在以后的时间里，他们各自进行着各自的研究，相互之间多有来往，彼此尊重。王子云在法国时，已经接触过斯坦因的著作，稀世古画的大量流失海外，令他黯然神伤。到达敦煌不久，他即迫不及待地用了几乎一个月的时间绘制了一幅长5.5米的莫高窟全景写生图，这是一幅具有很高观赏价值和学术史价值的莫高窟实位勘测图。王子云先生去世后，其夫人何正璜遵其遗嘱将此图捐献给了敦煌研究院。

王子云的考察团在莫高窟考察期间，除了临摹了一部分壁画外，还对莫高窟进行了一些测绘，并拍摄了120多张照片，成了莫高窟历史形象的珍贵记录。另外还拍了当地的一些史迹名胜，例如，鸣沙山下的月牙泉全景，是月牙泉自然变迁的直观资料。此外，考察团成员、王子云的夫人何正璜还做了一份《敦煌莫高窟现存佛窟概况之调查》的报告，这份报告比较系统地对莫高窟的历史沿革及洞窟形式等问题进行了梳理与整合，并根据文献和实物资料，粗分了洞窟的类型，探讨了石窟形制的特点和艺术风格。这应当是莫高窟第一份石窟内容总录，时至今日，虽然不甚完备，也存在不准确之处，但对于石窟研究仍有重要的参考价值。

关于张大千和王子云对敦煌研究事业的贡献，段文杰院长曾说："谈到临摹壁画，不能不想起四十年代首先到敦煌考察和临摹的画家张大千和王子云。两位先驱者的临摹风格不同，但无论是客观写生还是恢复原貌，都给我们后来者以启迪。"

王子云的考察团到敦煌的目的，是综合性的艺术考察，他们积累的成果涉猎全面，与以往单纯的临摹成果有诸多不同。考察团离开敦煌后，成果很快就以展览的形式向社会公布。1942年，他先在兰州举办了一次考察莫高窟的成果展览，内容丰富而厚重。1943年1月，他又在重庆举办第一次"敦煌艺术展"，由于参观者太多，拥挤得无法继续进行，教育部又决定在中央图书馆展览一周，场面火爆，观众达3万人次之多。据《大公报》报道："观众自早至晚，拥挤异常，尤以六朝绘画陈列室内，观者对我国古代艺术作风气魄之伟大无不惊奇。"1943年夏，考察团在西安民众教育馆举办的"敦煌艺术展"，更是创下了那一时期敦煌展览史上的奇迹，观众多达5万人次。

于右任促成敦煌艺术研究所成立

藏经洞文物的流散，令国人痛彻心扉。中国学者一方面密切关注外国考古学界动向，积极参与了对敦煌文物的研究工作，一方面疾呼政府对敦煌文物进行保护。但敦煌石窟的保护工作进展迟缓，直到1943年1月18日，在于右任的积极努力下，才正式成立了敦煌艺术研究所筹备委员会，使敦煌的保护研究事业看到了曙光。成立敦煌艺术研究所，是敦煌学史上的重大事件。有了这个研究机构，一批中国现代美术家才先后聚集莫高窟，有了一个好的开端。

1941年秋，甘新公路竣工通车，国民党元老、国民政府监察院院长于右任，在陕、甘、宁、青、新监察使署监察使高一涵等人陪同下视察西北。他们由重庆出发，途经西安、兰州、武威、张掖、酒泉，于同年10月2日抵达敦煌。于右任的这次敦煌视察，为敦煌促成了两件大事：第一件事是，当时正值抗战吃紧，后方差徭繁重，灾害频仍，于右任建议为敦煌豁免田赋一年，以体恤民生，纾解民困；第二件事是，为保存文物古迹，提升学术界研究兴趣，发展敦煌艺术研究事业，于右任向国民政府建议筹设敦煌艺术研究机构。

这件事的经过是这样的：1941年10月5日，于右任一行视察莫高窟，张大千陪同参观。他们目睹石窟的破败景象，无不感慨万端，扼腕长叹。面对莫高窟满目疮痍、流沙堆掩的现状和前景，于右任忧心如焚。这一天正好是中秋节，于右任应张大千的邀请留宿莫高窟，张大千用他拿手的"大千菜"为于右任接风洗尘。席间，他们把杯畅聊，畅谈了各自对敦煌艺术的见地，构想了敦煌石窟如何保护，也谈到灿烂的敦煌石窟艺术埋没于深山而不被世人所知，更兼无人管理，任西人掠夺破坏……这晚不是一个寻常的中秋之夜，他激发了于右任保护敦煌的决心。于右任在当时留下了一首诗，表达了他彼时的心情："斯氏伯氏去多时，东窟西窟亦可悲。敦煌学已名天下，中国学人知不知？"（于右任《敦煌纪事诗》中的一首）

敦煌之行结束后，于右任继续考察了河西走廊各地，沿途就敦煌的保护问题做了多次演讲。在兰州的讲话中，于右任强调："敦煌壁画笔力、笔势真是优美异常，无与伦比，它是东方民族遗留下来的瑰宝，实在有大力研究，妥善保存的必要。"他的不断呼吁，引起了新闻界的很大反响。1941年10月25日，中央通讯社播发了于右任讲话的通稿。随后，重庆《中央日报》《新华日报》、兰州《西北日报》等许多报纸都在头版显著位置做了转发。媒体的造势，舆论的宣传，引发了民众的关注，一时间"敦煌"成了社会上的热门话题。

于右任离开敦煌后，即令窦景椿草拟《设立敦煌艺术学院以保护研究敦煌莫高窟艺术》的提案稿。同年12月，于右任考察西北结束返回重庆，马上向国民政府呈交正式提案，提议将莫高窟收归国有，建立保护机构，以便管理、保护、研究和宣传敦煌文物艺术。提案中是这样写的："为建议建立敦煌艺术学院，以期保存东方各民族文化而资发扬事，似此东方民族之艺术渊海，若再不设法保存，则世称敦煌文物，恐遂湮销。非特为考古家暨博物家所叹息，实是民族最大之损失。因此提议设立敦煌艺术学院，招容大学艺术系学生，就地学习，寓保管于研究之中，费用不多，成功特大。拟请教育部负责办理。是否可行，理合具文，提请公决。"此提案当即在《新华日报》发表，引

敦煌艺术研究所成立

起各界关注。1942年2月12日，于右任的提案在《文史杂志》发表。

身为国民党元老和国民政府监察院院长，于右任的提案很有分量，加上社会各界的声援，1942年9月18日，于右任的提案获得国民政府批准通过，并责成教育部执行办理。但教育部认为，学院体制不适合偏远地区等原因，未设立学院，而改设为国立敦煌艺术研究所。随后教育部长陈立夫发出聘令，聘请了七位由官员、学者组成的敦煌艺术研究所筹备委员会。同样因为于右任的影响力和提议，他的下属、陕甘宁监察使高一涵被任命为筹备委员会主任，实际主持工作的副主任则必须由专家担任。在众多文化名人的推荐下，当时的教育部文化委员会委员常书鸿接过了这个使命。根据酒泉市档案馆现存档案，国立敦煌艺术研究所筹备委员会委员及分工如下：主任委员高一涵，副主任委员常书鸿，秘书王子云，委员张庚由、张大千、窦景椿、张维。窦景椿是唯一的敦煌本地文人，是1941年全程陪同于右任考察西北的下属官员。他接聘时已调任晋、陕监察使秘书，在西安工作。1944年初窦景椿回敦煌，协助常书鸿筹建敦煌艺术研究所数月后返回西安。

1943年3月，敦煌艺术研究所筹备委员会在兰州举行了第一次会议，商讨成立敦煌艺术研究所的具体事项和实施步骤。在促成和筹建国立敦煌艺术研究所一事上，身为国民党元老、位高言重的于右任具有重大影响力，并起了直接作用。当时正值抗战吃紧，国家艰难困苦之境可想而知。而行政院竟正式批准提案，在常书鸿等人的努力下，敦煌艺术研究所于1944年1月1日得以挂牌成立，这是战时难能可贵的一件大事。学者、专家、艺术家汇聚于敦煌，筹划保护研究工作，展望莫高窟美好的未来，实乃古老的石窟之大幸，中华民族文化艺术遗产之大幸，人类历史文化遗产之大幸！

国立敦煌艺术研究所成立后，由常书鸿首任所长，延聘了一些画家和学者，在异常艰难的条件下，他们走上了敦煌石窟保护与研究漫长而艰巨的道路。敦煌艺术研究所的成立，为敦煌学自立于世界民族之林、为莫高窟千年之后重铸辉煌奠定了基础。那些开拓敦煌学以及促成和筹建敦煌学术机构的先行者和奠基者，令人钦佩崇敬。但由于种种原因，独闯敦煌第一人的李丁陇和率团考察敦煌的王子云两位艺术大师，其事迹被逐渐淡忘，知者甚少。尤其李丁陇先生，作为西安画界的老前辈，今天西安的画家又有几人知晓？言及此，不免唏嘘。

书鸿建所守石窟　　文杰担纲立学术

1944年，满目疮痍的千年古窟，迎来了一个崭新的时代。在于右任先生的呼吁和社会各界的声援之下，国民政府批准，在敦煌莫高窟九层楼对面的一个古寺庙里，挂牌成立了国立敦煌艺术研究所。敦煌石窟从此在国家财力的支持和政府的庇护下，开始进行科学的管理、保护、研究和宣传。国立敦煌艺术研究所的首任所长是由法国留学归来的油画家常书鸿先生担任，下设考古、总务两个组。研究人员都是从内地陆续聘用的一些画家和学者。在当时非常艰难的条件下，他们承担了敦煌石窟文物保护与研究的艰巨任务，走上了异地他乡不问归期的漫长敦煌事业之路，结束了敦煌石窟荒置于民间缺乏有效管理的状态。这一天是1944年1月1日。到了2月，研究所的保护、研究机构在仅有十余个员工的情况下即投入了运行，开始了敦煌石窟的清理、调查、保护、临摹等工作。

敦煌守护神常书鸿

1904年，常书鸿出生于杭州一个满族驻防旗兵的"世袭云骑尉"之家。生逢晚清乱世，童年时清王朝覆灭，世受"皇恩"的常家家道没落，靠变卖家产维持生计。聪颖好学的常书鸿受"能画出绝妙之笔"的叔父影响，自幼便表现出了绘画的天分。但为了生存，常书鸿没有选择美术院校，而是遵从父亲的心愿，于1918年考入"浙江省立甲种工业学校"（浙江大学前身），学习染织专业。1923年毕业，因成绩优异留校任教。可优厚的职业并不能拴住他梦寐以求的艺术之路。1927年，他毅然选择留学绘画，登上了去往法国的轮船。

在法国的九年油画学习，常书鸿刻苦奋发，孜孜不倦地投入艺术创作。画作一再斩获金奖，多幅画作被法国蓬皮杜艺术文化中心、里昂美术博物馆、吉美博物馆收藏，这期间还被代表世界最高水平的巴黎美术家协会吸纳为会员。如果常书鸿留在法国继续发展，其前程不可限量。

然而一次偶然的变故，常书鸿的人生轨迹发生了改变。那是1935年的一天，他在塞纳河畔的一处旧书摊上，不经意间看到了保罗·伯希和编著的《敦煌石窟图录》。那部厚厚的书上无数宏伟的雕塑和精美的壁画，其艺术水准之高，令他惊叹不已。他根据书中所示，直奔吉美博物馆，在那里看到了大量敦煌藏经洞出土的艺术珍宝。那一刻，常书鸿便为敦煌艺术的高超技艺与伟大成就所深深折服。他在回忆文章《铁马叮咚》中写道，他当时感到"十分惊异，令人不敢相信"，并说自己"倾倒于西洋文化，而且曾非常有自豪感地以蒙巴那斯的画家自居……现在面对祖国如此悠久的文化历史，真是惭愧至极，不知如何忏悔才是"。这次经历，促使常书鸿"放弃在法国含辛茹苦挣得的一切"。1936年，他毅然决然地选择回到战火纷飞的祖国，准备去朝圣令他心荡神移的敦煌。

可是回国后，战乱中的一切让他身不由己，无法马上前往敦煌，不得不暂时就职，在北平国立艺专任西画系主任兼教授，随后还担任了全国美展评审委员。1937年七七事变爆发，在随学校南迁大后方途中，他所有的画作和书籍在一次日军轰炸中化为灰烬，使他倍受打击。1938年，他任国立艺专校务委员会副主任兼教授。1940年秋，他在云南昆明举办个人油画展，展示了深厚的艺术造诣和绘画功底。到了重庆后，他离开学校任国民政府教育部美术教育委员会委员，兼主任秘书。这期间，他因为工作关系与国民政府教育部战区文物保存委员会的梁思成有了深度交往。

战乱的那几年，他对敦煌一直念念不忘，愈加心驰神往。为筹措敦煌之行的经费，他于1942年举办了个人画展。画展吸引了徐悲鸿、梁思成两位大师。徐悲鸿看了他的画作，称他为"艺坛之雄"，并主动为他挥毫作序。当得知常书鸿办展的意图后，两位大师对他的壮举深表敬意，予以盛赞。徐悲鸿深情地对他说："要学习玄奘苦行的精神，抱着'不入虎穴，焉得虎子'的决心。"梁思成则送给他四个字"破釜沉舟"，以鼓励他义无反顾的勇气和担当。当张大千得知他要去敦煌，则不无感慨地说："你这是给自己判了无期徒刑啊！"的确，当时战乱极其严重，到处动荡不安，遥远的敦煌荒凉而艰苦，到那里去开辟一项事业，将是多么疯狂的举动！

1942年秋的一天，梁思成问常书鸿，愿不愿意担任拟议中的敦煌艺术研究所的工作，常书鸿不加思索慨然承诺去敦煌工作，因为这正是他多年梦寐以求的。此时正是于右任建议成立敦煌保护机构获得国民政府通过的时候，梁思成早知常书鸿的心愿，于是向于右任力荐常书鸿担任所长。这年，在监察院参事陈凌云的帮助下，在梁思成、徐悲鸿、于右任等民国有影响力人物的努力下，国民政府接受并批准了国立"敦煌艺术研究所"的筹备组建工作。常书鸿担任筹委会副主任，从此步入了他终生无悔的敦煌事业。

常书鸿接到教育部的聘书后，积极准备，立即启程。于1942年底由重庆珊瑚坝机场，飞往严冬笼罩的兰州，与时任五省检察使和敦煌艺术研究所筹委会主任高一涵商讨了建所事宜，拜会了甘肃省的军政长官，会见了招聘人员。这期间召开了建所筹备会，初步决定了研究所的工作和方向，并提议将研究所所址设在兰州。但常书鸿坚决反对："兰州距敦煌1200公里，这么远怎么搞保护怎么搞研究呢？"最后在于右任的支持下，决定"研究所不能离开千佛洞"。1943年2月20日，早春的兰州寒风刺骨，常书鸿率领李廷赞（原天水中学校长)、龚祥礼（国立北平艺专学生)、陈延儒（小学美术老师)、辛普德（会计训练班学员)、刘荣曾（甘肃公路局职员）一行6人，从封冰未消的黄河边乘着一辆破旧的敞篷卡车，开始了他们一生难忘的敦煌之行。他们晓行夜宿，顶风冒雪，历尽艰辛，整整一个月才抵达安西。当时兰新公路只经过安西，从安西到敦煌120公里没有公路，只能换乘骆驼。又经过四天的茫茫戈壁的跋涉，1943年3月24日，常书鸿终于带领大家到达了他向往已久的敦煌莫高窟。

初见莫高窟，那蜂窝般密集的石窟群，巍峨高耸的九层楼，灿烂的阳光照耀在色彩绚丽的壁画和彩塑上，令他心潮澎湃。"一股涌自肺腑的对伟大民族艺术敬仰爱戴之情油然而生。"他在回忆录里描述了当时的心情："在这个伟大的民族艺术宝库面前，我感到深深内疚的是，自己在漂洋过海、旅居欧洲时期，只认为希腊、罗马和欧洲文艺复兴时期的艺术是世界文艺发展的高峰，而对祖国伟大灿烂的古代艺术却一无所知。今天，面对祖先遗留下来的稀世珍宝，才如梦初醒，追悔莫及。"此时他的妻子女儿远在重庆。他在给妻子的书信里写道："从看到莫高窟的第一眼我就在想，哪怕以后死在这里也值……我的理想是，将来要让全世界的人像知道巴黎一样知道敦煌，让全世界的人像喜欢巴黎一样喜欢敦煌。"

莫高窟石窟群的格局是坐西向东，南北横亘，崖壁之下有三个独立的寺院。常书鸿一行住进了九层楼斜对面的"中寺"院内。寺院年久失修，残旧不堪。当时的莫高窟除了几个喇嘛道士几无人烟，荒凉破败，流沙堆积。虽然条件极其艰苦，但常书鸿一行的到来，昭示着敦煌莫高窟从此收归国家所有，标志着敦煌研究保护事业正式开启，决定了莫高窟命运的转折，在敦煌学研究发展史上具有划时代的意义。从这时起，常书鸿就在莫高窟安家立业，筑巢引凤，打造起他的精神家园。

初到莫高窟，常书鸿的当务之急是创造基本的研究条件。但由于战争期间经费紧张，仅有的人力十分有限。没钱雇人，就亲力亲为；没有研究用的桌椅书架，就用土坯砌造；上不去的洞窟就造蜈蚣梯攀爬；很多洞窟被多年的流沙掩埋无法进入，他就自己清理爬进去观看。面对满目的黄沙，望不到边的洞窟，他也不免犯愁：把它们都搞清楚，画下来，打理干净，修整维护起来，这将需要多少年啊！后来的事实果真如此，常书鸿之后几十年的全部精力，都耗在了这些工作之中。

1944年元旦，国立敦煌艺术研究所挂牌成立，常书鸿被正式任命为所长。不久，在常书鸿的努力和感召下，从国立艺专等内地的美术学校，引进来一批青年画家，这里有董希文、张琳英、邵其芳、李浴、苏莹辉、周绍淼、乌密风、龚祥礼、潘洁兹，他们先后来到莫高窟，充实了研究所力量。常书鸿的妻子陈芝秀和女儿常沙娜也在这期间追随他而来。那时的工作环境、生活条件、资金来源都极度困难，但他们还是意气风发地迅速展开了对敦煌艺术的初级保护，以及壁画、彩塑的考察、临摹、研究等工作。

当常书鸿从研究所终于成立的激动和欣慰中平静下来后，面对满目黄沙、千疮百孔的石窟群，不免惆怅与辛酸。莫高窟宛若大海中的孤岛，沉寂于荒山野谷，与世隔绝。一座座洞窟也是创伤累累，状况惨淡。一些洞窟曾被人用来居住，在里面烧火做饭，把壁画彩塑熏得一片漆黑。许多壁画上残留着胡乱涂写刻画的墨迹划痕，更有被用胶布粘走的块块壁画。由于元代以后莫高窟开窟中断，数百年风雨侵蚀无人管理，前室多有坍塌，栈道回廊逐渐脱落。虽然清代移民使香火复燃，但依然没能根本上有好转。且因大多数栈道损毁，难以从崖壁外进洞窟，人们就将许多洞窟的侧壁打穿，以便于在洞窟间横向穿行，从而造成许多珍贵壁画损毁消失。这些损害，让常书鸿痛心疾首。好在莫高窟气候干燥，使大部分壁画得以保存，但冬天崖顶的积雪在春天融化后沿着裂隙渗下，使有些壁画底层受潮，发生起鼓酥碱现象。另外，因缺乏管护，当地农民养成了在窟前绿洲上随意放牧的习惯，一些地段的树木被牛羊啃食，如果一旦失去石窟前绿色的屏障，漠风势必吹进洞窟，对壁画彩塑造成伤害。莫高窟崖顶上是茫茫无际的鸣沙山，每当起风，黄沙从崖顶倾泻而下，堆积如山。常书鸿到莫高窟之初，有一百多个洞窟掩埋在流沙之中，其惨状不忍目睹。莫高窟在大自然和人为的双重破坏之下，已岌岌可危，令常书鸿心急如焚。他曾发誓：再也不允许任何人为的因素和肆虐的风沙蹂躏莫高窟。

那一时期，他几乎放弃了自己热爱的绘画事业，义无反顾地干起了既非艺术又非研究的石窟保护管理员工作。首先要做的是治沙，治沙的第一步是清沙。当时仅莫高窟南区中段下层就有上百个被流沙掩埋的洞窟需要人工清理，据工程人员测算：仅堆积于洞内和甬道口的沙量就有10万多立方米，光雇用民工就需要300万元。如此浩大的工程，对于当时只有5万元筹建资金的研究所来说无疑是天价。但在常书鸿带领大家没日没夜的清理下，后幸得当地驻军的义务劳动和突击清运，才把巨量的沙子用驴车、牛车拉到了远处，使莫高窟数百年积攒的沙子得以彻底清除。

敦煌的风沙大，而莫高窟前存活的树木不足以阻挡风沙。于是常书鸿带领大家于窟前和宕泉河沿岸广为种树，并且雇请当地农民在河西岸由北向南夯筑了一堵6尺高1公里长的沙土围墙，把窟前的绿洲围护了起来，以防牲畜进入啃食树木，也限制闲人随意进入窟区，避免继续造成对石窟的人为破坏。自常书鸿开始，莫高窟的人们每年都要种树，树木一直向北面延伸越来越多，如今莫高窟大片的绿色对石窟形成了一个保护林带，绝大部分都是敦煌艺术研究所成立以后栽种的。此外，他在崖顶有裂隙的地方抹上了泥皮和石灰，防止雨雪继续渗入。他还尽可能地修补那些已颓圮不堪的残余栈道，以便研究人员能够顺利登临安全通过，对洞窟进行编号、普查、临摹工作。但由于多数洞窟的栈道早已荡然无存，只能借助垂直上下的"蜈蚣梯"进入。那个阶段，常书鸿整日忙碌于清沙、打墙、植树、修渠等杂务，一个浪漫的海归艺术家，却如一个老农般亲自操劳着莫高窟当务之急的苦活、重活。

1945年春，常书鸿带着一批画作前往重庆举办了一次"敦煌壁画临摹作品展"，这是国立敦煌艺术研究所成立后的第一批研究成果，以期扩大敦煌的影响，引起国人的关注，得到社会各界对莫高窟研究工作的帮助和支持。这次敦煌临品展在重庆获得了意想不到的成功，常书鸿还收到了各界人士表示赞扬和支持的许多信件。据说当时正在重庆的周恩来、董必武、林伯渠、郭沫若也参观了展览。当常书鸿正梦想着如何继续并扩大敦煌事业时，他的人生连续受到了两次重创。

早在常书鸿接到任命赴敦煌之前，准备带着全家一同前往。但妻子陈芝秀对他的疯狂之举颇有怨言不愿跟随。于是常书鸿只能把妻儿暂时留在重庆。在他到了敦煌的第二年，妻子陈芝秀终于拗不过常书鸿的固执，拖儿带女来到了敦煌。陈芝秀出身于大户人家，在他赴法之前两人就已相恋，婚后无论是在法国、重庆，都一直相随相伴，情深意笃。陈芝秀在巴黎时学习西洋雕塑，她来到敦煌后也曾被敦煌彩塑的东方之美所深深感染，那段时光里，她与丈夫常书鸿相濡以沫，经常交流探讨对石窟艺术的新认识，也曾激情地在洞窟里临摹过彩塑。然而敦煌的日子与她先前的生活反差巨大，那段时间她与丈夫孩子，睡破庙，吃咸菜，喝苦水，挺严寒，生活之艰苦可想而知。吃糠咽菜还能勉强度日，但不能奢谈什么医疗条件。据说他们有一个女儿，就因急病得不到医治而夭折。终于，莫高窟的艰难与寂寞，使这位时尚的过惯了优雅舒适生活的江南女子渐渐承受不住了。加上常书鸿夜以继日地工作，几乎没有精力照顾家庭，使她感到前途无望。她曾深情地劝说丈夫："敦煌的事业固然重要，可你常书鸿也不能老婆孩子全不管啊！莫高窟的工作不是三年五载能忙完的，难道你常书鸿真的要窝在这里一辈子吗？"常书鸿也并非无情男儿，他对妻儿也很愧疚。但他权衡了家庭与事业，权衡了个人与国家的文化遗产莫高窟的重要，他不能采纳妻子的劝告，而是一如既往地忙着他挚爱的事业。常书鸿初到敦煌时，县府为了沟通方便给他送了一匹宝马，常书鸿做梦也不会想到，有一天他会骑着它追赶从莫高窟逃离的妻子。随着夫妻志趣的渐行渐远，最终他俩的感情产生了嫌隙，以致发展成了"出逃"。1945年4月19日那天，常书鸿正在洞窟里工作，他的学生董希文告诉他"师娘走了"。当常书鸿得知妻子出走，星夜兼程骑马追赶，追至玉门老君庙时，因体力不支倒下马晕倒在路边。幸好被玉门油矿工作的地质学家孙建初发现并急救，才捡回了性命。常书鸿没有追赶回自己的妻子，在选择事业还是选择家庭的这一关键时刻，他最终还是决定以事业为重，继续投身到敦煌的守护工作之中。这一守，便是一生，并成为中国敦煌石窟艺术保护与研究的先驱。

妻子出走的重大打击，让他痛彻心扉也多有自责。但雪上加霜的另一件事又发生在了此时。这年7月，常书鸿收到教育部的通知：撤销敦煌艺术研究所，将石窟交给县政府管辖，停止拨给经费。这个通知意味着常书鸿的理想破灭，他情系心念的莫高窟保护研究事业将无法再继续下去。而更使他备受打击的是，常书鸿好不容易召唤来的几位画家和工作人员，因研究所已无经费来

常书鸿在莫高窟103窟临摹壁画 李贞伯摄于1978年6月

源、生活没有着落，且忍耐不住这里的寂寞与艰苦而陆陆续续离他而去。当然，这都是迫不得已，今天的人们能够理解他们当时的苦衷。这些老前辈后来在回忆录里讲述这段经历时，也表达了一种无奈的遗憾和对常先生的愧疚。常书鸿历经艰难才建立起来的队伍可以说已经全军覆没，最后只剩下了当地的两名青年工人勉强陪伴左右。处此绝境，换作谁恐怕都难以承接受这种落差和打击，但常书鸿却承受了下来。即便研究所被撤销，即便经费无着落，但他靠自己的"手艺"挣钱，那个阶段，他卖过画，给地主画过像，以求绝处逢生，把守护敦煌的事业继续下去。在那一段艰苦卓绝的时期，作为"光杆司令"的常书鸿，依然能够不离不弃地坚守于莫高窟，始终如一地以敦煌石窟保护研究为己任，并作为自己毕生的追求。时至今日，他那种精神和情怀，仍然令我们感佩之至，可歌可泣！

对于敦煌艺术研究所的撤销，常书鸿坚信绝不会永久这样。为此，他踏上了东去求援的旅程。他一路艰辛去往重庆，几经周折找到了中央研究院院长傅斯年。傅斯年给了常书鸿极大的鼓励与支持，决定将敦煌艺术研究所作为中央研究院的一个分所。这样，经费、编制得到了解决，甚至傅斯年还给了他一部十轮大卡车，这让常书鸿欢欣鼓舞，倍感振奋。1946年秋天，常书鸿开创的国立敦煌艺术研究所几经风雨飘摇，终于再度恢复，开始了他的第二次组队创业。这年，常书鸿从内地招兵买马，带来一批全新的研究力量，如郭世清（中央大学艺术系）、刘缦云（南京师大艺术系）、凌春德（国立艺专雕塑系）、范文藻（四川省立艺专图案系）、霍熙亮（国立艺专）。途经兰州，又有重庆国立艺专的高才生段文杰加入。次年夏季，在他的感召下，一批四川省立艺专毕业的年轻学子追随他而来，他们是孙儒简、欧阳琳、薛德嘉、黄文馥、萧克俭、李承仙等人。1948年，赴缅甸参加远征军后继续在四川省立艺专完成学业的史苇湘也奔赴敦煌而来。

他们其中的李承仙，毕业于重庆国立艺专西画系，任教于四川省立艺术专科学校。其父李宏惠，辛亥革命前是孙中山创建的同盟会的成员，是一位反清革命家。他曾对李承仙讲："作为一名中国画家，首先应该去敦煌，研究中国的民族遗产，研究敦煌，然后创立自己的风格。"而李承仙对敦煌也早已神往，她放弃了自己优越的工作环境和富裕生活，为了心中的理想和精神追求，毅然来到敦煌，走进了艰苦的大漠荒山中的莫高窟。她追随常书鸿先生，在工作中时常被常书鸿的敬业精神所深深感动，于是因爱生情，1947年9月她与常书鸿结为伉俪，从此成了一对"敦煌痴人"，把毕生的才华与热情都奉献给了敦煌石窟研究和保护事业。她是跟随常书鸿先生第二次创业的奠基敦煌研究事业的老前辈之一。

有了这些美术专业人员的加入，敦煌艺术研究所的工作逐渐恢复并走上了正轨，除了继续保护工作以外，壁画的临摹随即大规模地开展了起来。在常书鸿先生和段文杰等研究人员的共同努力下，在这一时期总结并制定了敦煌壁画艺术的研究临摹方针，为构建一个专业研究机构奠定了基础——这个机构就是以后的敦煌研究院及美术研究所，其在古代壁画保护、研究、临摹专业上技艺超群、成果显赫，在中国乃至世界上都具有领先地位。

1948年，研究所圆满完成了洞窟调查，制定了洞窟内容表，将莫高窟的洞窟系统重新编号,并临摹壁画800多幅。同年夏秋,常书鸿带着500多幅敦煌壁画临本在南京和上海又成功举办了一次敦煌艺术展。展览结束后,这批临本以彩色画册出版。此时,敦煌艺术研究所又重归入教育部所属。

1949年新中国成立后,常书鸿和他领导的原"国立敦煌艺术研究所"过渡为"敦煌文物研究所",作为所长的他,对敦煌文物研究所的工作做了一系列卓有成绩的开创。参加了对印度和缅甸的访问,完成了对炳灵寺、麦积山、天梯山及新疆各石窟等地的考察工作。特别是1963—1965年,在周恩来总理的直接关怀下,组织了对莫高窟南段窟区崖壁、栈道的加固工程。

"文化大革命"期间,常书鸿成了"牛鬼蛇神",遭到非人的迫害与摧残。即便如此,晚年的常书鸿在他的回忆录里依旧说:"虽九死犹未悔。"十年动乱结束后,常书鸿被平反昭雪,恢复了工作。1978年,复任敦煌文物研究所所长的常书鸿,又重新焕发了事业的青春。他带领全所员工,积极推动各项工作的正常运转,使研究事业很快恢复并步上正规。

1985年,81岁的常书鸿任敦煌研究院名誉院长,离开敦煌到了北京。有一次,对敦煌事业给予关心与资助的联合国和平奖获得者池田大作问常书鸿:"如果来生再到人世,你将选择什么职业?"常书鸿坦言:"我不是佛教徒,不相信轮回转世。如果真的还有来世,我将还是常书鸿。我要去完成我想为敦煌所做而尚未做完的工作。"

1994年,常书鸿于北京逝世,享年90岁。去世后,遵照老人的遗愿,他的部分骨灰安葬于莫高窟对面的三危山下,与他挚爱的敦煌生死相伴。在他的墓碑上,赵朴初为他题下"敦煌守护神"五个字。或许是他做到了凡人所不能做到的事,所以被人们尊称为"神"。

圣土人杰段文杰

段文杰,汉族,1917年8月生于四川绵阳。1945年9月毕业于成都国立艺专国画专业。1944年,段文杰在重庆观看了张大千、王子云、常书鸿等人的"敦煌壁画临摹展"和"西北风情写生展"后,两位大师画展上展示出的宏伟壮观的敦煌壁画,与他在美术学校接触到的中国绘画完全不同,使他深受

段文杰在莫高窟 130 窟临摹壁画　李贞伯摄于 1959 年 7 月

感染,遂决定前往敦煌临摹壁画。1945 年 8 月,段文杰毅然决然地离开家乡,与三位同学一起奔赴大西北。经过半个月的长途跋涉,终于抵达兰州。然而此时有两件事阻止了他们前往敦煌的脚步:一是 1945 年的"8·15"抗战胜利,整个兰州城都在搞纪念游行活动,段文杰也参与到了这个重大活动中;二是这年国民政府撤销了敦煌艺术研究所,常书鸿最初招集的那批研究人员也都不得已离开了敦煌。但是,固执的段文杰并未就此掉头回川。他不到敦煌心不死,不见壁画人不归,认定敦煌的保护研究事业不会长期搁浅,坚定地留在兰州等待时机。其间他暂时就职于甘肃省兰州社会服务处。1946 年 7 月,在兰州滞留了近一年的段文杰终于等来了敦煌艺术研究所恢复设置。不久之后常书鸿即带领新招聘的研究人员从重庆赴敦煌。途经兰州时,段文杰便加入其中,一起前往敦煌。经过六七天的颠簸,终于到达了敦煌。在魂牵梦绕的莫高窟前临风驻足，段文杰激动得眼眶里泪水充盈。当时的段文杰自己也未必能想到，这一落脚，便是一生的归宿。

恢复后的国立敦煌艺术研究所成员，除了个别工人，基本都是美术专业的。研究所设立了四个部门：保护组、总务组、考古组和美术组。段文杰是美术组组长，还兼任考古组组长。他除了负责组织临摹壁画，还要勘测石窟状况、调查洞窟内容、为洞窟编号等。尽管研究所创业之初需要做的事千头万绪，但其中的重点工作还是壁画临摹研究。敦煌壁画是我国的一种古老艺术，对于20世纪40年代的美术学院来说是比较陌生的。其技法与当时美术院校所教授的中国画技法也有很大不同。因此，敦煌壁画的工艺、技法以及材料使用等问题，对于当时的临摹工作者来说完全是一门新课题。如何准确地把历经一千多年的很多残破而模糊的敦煌壁画客观真实地描绘下来，这就需要对敦煌壁画有一个全面的理解认识和深入探索研究的过程。当年李丁陇、张大千、王子云等对敦煌壁画的临摹是根据自己的学习需要和习惯方法来进行的，对敦煌壁画的理解和临摹的效果各不相同，没有一个规范的标准，也带有画家个人的主观色彩，不能够完全真实客观地反映古人壁画的原貌和精神。另一方面，有些画家好不容易到了莫高窟，总想多搜集临摹一些壁画，为了赶急图快，也采取直接在壁画上拷贝的方法，对壁画难免有所损坏。而敦煌艺术研究所成立以后，特别是第二次创业以来，以常书鸿、段文杰为代表的侧重于敦煌艺术研究的画家们，则越来越重视探索一种科学的临摹方法，特别是在临摹工作中如何很好地保护文物。段文杰认为："面壁临摹是一种学习传统艺术的方式，临本展出也是向国内外观众介绍优秀民族文化的可行办法。窟内壁画彩塑还在继续风化脱落，临本也是一种存传的手段。"本着这种观念，段文杰和他的同事们在临摹工作中，除了对壁画的倍加爱惜和保护，完全废止了过去直接将透明纸蒙在壁画上用铅笔描摹的做法，改用写生起稿或幻灯放稿的方式。对搭架、用色、用水等洞窟中工作的每个环节，也都做了细致的要求。大家都小心翼翼，避免碰到墙壁。这一规矩确立后，影响了敦煌临摹研究几十年。敦煌石窟的临摹研究不只是为了学习传统，更是一项对壁画、彩塑进行科研、保存以及弘扬、传承的重要工作。自常书鸿、段文杰等老一辈开始，临摹就具备了三个意义：一是存档——敦煌艺术是有寿命的，而且还在不断地自然消损，一旦有一天消亡了，人们手中毕竟还存有一份摹品，不至于使文化遗产的信息彻底消失；二是展览——石窟里的壁画、彩塑无法拆下来拿出去巡展，只有用临摹的复制品替代，让那些到不了敦煌的世人，通过摹本了解敦煌、学习敦煌；三是研究——通过客观临摹、整理临摹、复原临摹等方法，研究敦煌艺术历代绘画的技法、风格、审美以及演变与发展的原理，以服务于科研，服务于艺术，服务于社会。从这三个意义上确立的临摹宗旨，是要求客观地对待原作，认真地忠实原作，不能有丝毫个人主观意念。具体来说，这是一种复制，一种再现，一种如何真实地把原作转换到临本上的研究，一种如何尽量准确无误地向世人传递古人作品真实信息的工作。它如同一面镜子，折射的是古人的创造，而不是临摹者自己的艺术倾向和兴趣体现。

自1946年下半年始，段文杰先生便怀着极大的热情投入敦煌壁画的临摹工作中。他不仅有认真勤奋的态度，更有乐此不疲的热情。他的临摹不是简单的复制，而是在深入研究的基础上对原作的内容、技法、精神予以忠实解析。1948年敦煌艺术研究所在南京举办壁画展，他的作品就有100多幅。至1951年的北京历史博物馆敦煌壁画展上，他的作品多达221幅。这些作品后来又多次参加国内外展览，令观众耳目一新，引起广泛关注，是促使敦煌石窟声名远播的重要因素。从20世纪40年代到60年代，段文杰共临摹各洞窟不同时期壁画大大小小400多幅，面积达140多平方米，这一成绩在敦煌莫高窟个人临摹壁画的记录中无人可及。他凭手中的画笔，为莫高窟在世界上挣得了一份荣光。此外，1947年和1948年，段文杰带领同事们对莫高窟洞窟进行了一次全面的编号、测量和内容调查，他们做的洞窟编号被认为是最完整最科学的，至今仍在沿用。

1950年，敦煌艺术研究所改组为敦煌文物研究所。段文杰以出众的临摹技艺和研究业绩继任美术组组长，并担任敦煌文物研究所代理所长。1954年被聘为副研究员。通过长期的临摹和研究，段文杰对敦煌艺术自然有了更为深刻的认识，也为他的理论研究奠定了深厚的基础。从那以后，他撰写了50多篇研究文章发表于国内外多种出版物上。

"文化大革命"期间，段文杰遭到迫害，1969年准备将他遣返原籍劳动改造。但段文杰实在舍不得离开敦煌石窟，便主动争取下放到了敦煌农村的东湾大队劳动。"劳改"中段文杰也没有放弃他的事业，白天从事繁重的农活，晚上在煤油灯下依然坚持写作、画画。1972年局势好转，他又被召回研究所工作。恢复工作期间，由于他的艺术造诣和影响力，还被上级部门选派赴扬州指导鉴真纪念堂"鉴真东渡"壁画的设计和创作。1976年，他主持编撰了大型画册《敦煌彩塑》并撰写其中的《敦煌彩塑艺术》一文。之后，他又在《文物》杂志发表了《敦煌早期壁画的民族传统和外来影响》，在《兰州大学学报》发表了《形象的历史——谈敦煌壁画的历史价值》等文章，在当时的学术界引起很大反响。

20世纪80年代初，段文杰开始主持敦煌文物研究所的全面工作。他抓住改革开放的大好时机，大力推动敦煌石窟艺术的保护、研究与弘扬，使敦煌文物研究所呈现出了一个前所未有的新局面。一方面，他积极借助各种力量，把石窟的保护工作落到了实处；另一方面，把敦煌学各领域的研究、出版工作及专业队伍建设全面迅速地开展了起来。他有一个萦绕胸中多年的心结，那就是我国的敦煌学研究相比国外的落后——自敦煌学兴起以来，英国、德国、俄罗斯、美国、日本、印度以及我国港台的学者，已有诸多敦煌研究著述问世，而且举办了多次国际敦煌学术会议，因此有"敦煌在中国，研究在外国"的说法。这让段文杰内心深处既悲凉又不平，他立志要扭转这种被动落后的局面。就任所长后，他制定了研究所的十年规划和阶段性具体目标，并身体力行地去实施实现。

他主持编撰了《中国石窟·敦煌莫高窟》五卷本（由中国文物出版社和日本平凡社合作出版），此书是目前国内石窟研究领域最为权威的版本。与此同时，他亲自撰写了《早期的莫高窟艺术》《唐代前期的莫高窟艺术》《唐代后期的莫高窟艺术》《晚期的莫高窟艺术》等文章。

他策划出版了敦煌文物研究所编的《敦煌研究文集》，将研究所老专家历年的研究成果编辑成书，这本书对敦煌学涉猎全面，在当时意义重大，对激发后来的学者研究敦煌具有启迪思路与开辟途经的作用。段文杰为该书撰写了

《十六国、北魏时期的敦煌石窟》《敦煌壁画中的衣冠服饰》两篇文章。

他与研究所同人们勤力创办了《敦煌研究》学术季刊，首任主编，并在创刊号上撰写《敦煌研究的回顾与展望——代发刊词》《试论敦煌壁画的传神艺术》。此杂志日后成为国内外专家学者展示敦煌学专业研究成果的重要学术期刊，除敦煌学领域外，内容还涉及中国佛教考古、美术史研究、历史研究、古代汉语、古代民俗学、古代科技、音乐舞蹈研究、文物保护研究等，在国际学术领域影响很大。

他还与国内多家出版社合作，先后编辑出版了《中国美术全集·敦煌壁画·彩塑》《中国壁画全集·敦煌》《敦煌石窟艺术》《敦煌》《敦煌壁画摹本珍藏集》《敦煌石窟全集》等大型画册。这些画册图文并茂，成为国内外研究者和热心读者的重要参考资料。

除了学术论著的编撰与出版，他还发起召开了1983年"全国敦煌学研讨会"、1987年"敦煌学国际研讨会"、1990年"敦煌石窟研究国际讨论会"、1994年"敦煌学国际讨论会"以及"丝绸之路古遗址保护国际学术会议"等一系列在我国举行的国际学术交流活动，这些都是中国在敦煌学研究史上前未所有的创举。这些高端、严谨、新颖、扎实、有深度、有广度的研究成果，得到了国际学术界的一致好评，不仅扭转了过去"敦煌在中国，研究在外国"的尴尬局面，使中国跻身于国际敦煌学研究的先进行列，而且引领了国际敦煌学研究的新潮流。

改革开放后世界范围内兴起的"敦煌热"，亦有段文杰的功劳。他非常重视向外推出敦煌艺术展，除了在北、上、广等大城市举办展览，还在日本、法国、印度等国和我国台湾、香港地区办展，大力宣传敦煌文化艺术，弘扬中华文明。同时，他还特别注重开展中外文化交流活动，除了把中外学者请到敦煌，还组织院内学者走出敦煌、走向世界进行文化交流。他曾多次率团赴海外参加国际性学术活动，他本人也应邀到国内外很多高等院校和科研院所举行讲座。这些展览、宣传及文化交流活动，是促成莫高窟第一批被列入世界文化遗产名录的重要因素。

在专业队伍建设上，段文杰不仅以身作则，发挥资深老专家的传帮带作用，而且尽其所能引进人才、培养人才。他通过调入、聘任、招工等方式，为敦煌研究院延揽了一批学术精英和青年才俊，并想方设法为青年学者出国深造创造条件，先后有数十人从日本、意大利、加拿大和美国等地学成回国，成为敦煌事业的骨干和中坚力量。这些精英才俊中，不仅有保护、研究、美术专业，还有旅游讲解专业。在敦煌旅游初有起色之时，段文杰就意识到了石窟旅游讲解队伍建设的重要性，通过请专家讲课、外出进修等多种办法，培养出了一批熟悉石窟艺术且通晓英、日、法、俄、德、韩等语言的优秀讲解员，为游客提供了良好的引导和解说服务。莫高窟在面向世界、面向大众的开放过程中，在旅游业逐渐兴起的经济形势下，能够始终保持高质量的接待水平，成为中外游客了解人类优秀文化遗产的明净窗口，这支由段文杰精心培育的优秀讲解队伍功不可没。

石窟保护是段文杰最劳心竭力的工作。在他任所长之初，就把莫高窟的崖体加固工程作为最紧迫的任务，想方设法予以落实，尤其是对未曾加固过的南区崖体的加固。在石窟加固工程的同时，采取了科学的防沙固沙措施。他敢为人先，破格引入科技人才，大胆启用新型技术，率先开展石窟文物科学化、现代化的保护研究与实践，走在了全中国石窟文物保护的前端，具有开路先锋的作用。那个时期，文保工作面临的最现实问题就是资金不足，这是制约保护工程及相关科研工作顺利开展的瓶颈。对此，段文杰领导全所职工以多种形式宣传敦煌，在通过宣传扩大敦煌声誉的同时，不失时机地向到访敦煌的境内外人士呼吁，争取他们对敦煌文保事业的支持。在他的积极努力下，香港邵逸夫先生捐赠千万港币，给大部分暴露的洞窟安装了窟门，并为窟内安装了玻璃屏风，对洞窟和壁画保护颇为有效。段文杰还两访日本首相中曾根康弘和竹下登，促成了日本无偿援建"敦煌石窟保护研究陈列中心"，也促成日本创价学会池田大作为石窟保护研究捐赠了几台车辆和一批器械。此外，在他的奔走呼吁下，平山郁夫捐款设立了"敦煌石窟保护研究基金会"，同时建立了与日本东京文化财团和美国盖蒂文物保护所的文保合作关系。

1984年，敦煌文物研究所扩建为敦煌研究院，段文杰被任命为首任院长。在他的主导下，敦煌研究院除了健全党务行政机构外，还成立了学术委员会主管科研工作,设立的专业部门有:石窟保护研究所、美术研究所、考古研究所、文献研究所、石窟文物保护陈列中心、信息资料中心、编辑部、摄录部、接待部等,并在兰州设立了分院。与此同时,为了有效地保卫石窟文物的安全,还专门成立了保卫处,将先前的护窟队升格为更为专业的警卫队,配备设施器材,为守护石窟及馆藏文物的安全日夜值守巡逻。确保了文物安全和治安的稳定,也为敦煌研究院各项事业的顺利开展保驾护航。研究院成立之初,段文杰首先提出了保护、研究、弘扬六字方针。这是改革开放之后,重任在肩的段文杰对敦煌研究院工作要点的精确总结,更是他对敦煌事业发展方向的深刻领悟。他早年那种敬业、实干、开拓、创新的精神,在改革开放的新时期,焕发出了如春雷唤醒大地的能量。他的事业亦如枯木逢春、新芽破土,散发出蓬勃生机。

段文杰先生曾说:"敦煌是我生命的全部。"这是他此生此世的大彻大悟,也是他身处逆境屡遭磨难而痴心不改坚守敦煌的真实缘由。他是敦煌研究院发展史上的一面旗帜,是奠基人也是开拓者。段文杰去世后,敦煌研究院的同事们撰联刻碑,表达了人们对他的崇敬:

"出蜀入陇根脉植莫高,风雪胡杨雄大漠。承前启后群贤仰宗师,敦煌艺术擎巨椽。"

解放河西开新世 和平起义留青史

1949年,中国人民解放军以摧枯拉朽之势,一路凯歌,先后解放华北、东北,然后直逼陕甘。1949年5月,解放军第一野战军,在司令员兼政治委员的彭德怀指挥下,开始进军西北,对盘踞在西北的国民党军队实施战略打击。这时,在西北的"马家军"倚仗多年经营的地盘和军队,与解放大军做垂死较量。同年7月,第一野战军在彭德怀、习仲勋、张宗逊、甘泗淇、王震等率领下进军甘肃。8月,发起兰州战役,一举击溃宁夏、青海及甘肃东部一带的马步芳主力陇东兵团,随即于8月26日解放兰州。夺取兰州后,解放军乘胜追击,挥师西进,解放战争的利剑直指河西走廊。

兰州解放在即，统管甘、宁、青、新四省的国民党大战区指挥机关——西北军政长官公署，率91军、120军及第8补给区并公署各独立团、营，沿河西走廊一路向西，节节溃败。甘肃省代省长丁宜中也率省府各部官员撤往河西中部的酒泉驻扎。此时，原长官公署参谋长刘任刚刚晋升为副长官。刘任是国军桂系伸到西北的爪牙，是一个死硬顽固的主战分子。此时，他作为国民党中央势力在西北的代表，气焰十分嚣张。刘任和91军军长黄祖埙（原系蒋介石侍卫）等抱有一种侥幸心理，他们认为解放军拿下兰州后，必会南下汉中进击胡宗南，然后先取四川，而决不会长途跋涉向荒僻的河西走廊深入，更不会急于进军遥远的新疆。因此他们利用战争间隙，强化工事，集结兵力，准备借助"天险"乌鞘岭为屏障，扼守河西门户，图谋长期盘踞河西走廊，伺机举兵反攻。

然而刘任误判了战争形势。兰州战役后，为防止溃敌退入新疆，增加解放军进疆难度，同时也为了解放河西走廊，打开进军新疆这条唯一通道，解放军第一野战军根据中央军委指示，于8月31日发布了进军河西的作战命令，并沿兰新公路步步紧逼，追击逃敌。此时，第一野战军遵照我党的统一战线方针，军事攻势与政治争取双管齐下，采取解放战争中取得巨大政治军事效益的"北平办法"或"绥远办法"，尽量瓦解敌军，争取其投诚，以最小的代价换取西北地区的和平解放，确保人民生命财产及经济基础和设施安全。

在共产党的政策感召下，也迫于历史潮流和解放军大兵压境的攻势，国民党西北军政长官公署副长官新疆警备总司令兼河西警备总司令的陶峙岳、新疆省主席兼保安司令的包尔汉，以及长官公署第一副参谋长兼120军副军长彭铭鼎、国民党第8补给区司令曾震五等军政要员，深知国民党政权大势已去，垮台在即，为了西北地区的光明出路，结束与共产党军队的对抗。于是他们秘密与解放军取得联系，积极争取和平起义。

在这一明智的决策中，身居高位的陶峙岳深明大义，顾全大局，起了主导性的作用。陶峙岳，湖南宁乡人，陆军中将。其一贯主张和平，对国民党的种种倒行逆施和腐败现象深恶痛绝。自辽沈、淮海、平津三大战役以来，面对节节胜利的解放大军，他更加清醒地认识到，国民党政权距离土崩瓦解已为期不远。历史把陶峙岳推到了是和是战,必须做出选择的时间点上。为了使西北不再遭受战火纷飞的摧残,使百姓不再饱受兵戈扰攘的苦难,使西北的官兵不再做无谓的牺牲,只有和平起义才是最好的出路和唯一的选择。

陶峙岳在1946年应国民党西北行营主任张治中之请赴新疆上任之时,就特意将彭铭鼎和曾震五两个老部下安排到重要岗位,作为他布下的两颗重要棋子,其目的就是为将来做长久打算。陶峙岳任第8师师长时,彭铭鼎是他的军械处处长。抗战期间,彭铭鼎因掩护中共党员被以"通共"嫌疑撤职,后被陶峙岳重新启用,委任河西警备总司令部参谋长。1948年由长官公署副参谋长升任为少将第一副参谋长,成了掌握实权的国军将领。而曾震五的第8补给区直属于国民党联勤总部,是当时国民政府仅有的四大补给区之一,负责西北各省驻军的后勤补给任务,拥有大批军需库存物资、军需工厂和3个汽车团,这些军备尤其是汽车,在地广人稀交通不便的西北地区,是极为珍贵的战略资源。有了这两位股肱之臣的辅佐,为陶峙岳主张的和平起义增加了成功的筹码。

然而陶峙岳、彭铭鼎、曾震五等准备起义之时,被时任长官公署代长官的主战派代表刘任获悉。刘任伙同91军军长黄祖埙,一边派人暗中监视,想方设法破坏起义,一边上报国防部,希望从高层施压予以阻止。同时,刘任委任黄祖埙为河西警备总司令,提升原排在彭铭鼎之后的长官公署第二副参谋长彭月翔为参谋长,以遏制彭铭鼎的权力,企图掌控河西地区的军政大权,以阻挠主和派的起义行动。

就在和平起义遇到阻力之时,9月11日解放军攻陷永登大靖堡(今属古浪),驻大靖的国军91军骑兵独立团是两个月前刚从敦煌调来的精锐部队,这支部队在开战之初,其少校团长屈绎兴就率部起义。同日,溃散于永登以西的马步芳骑8师25团也向解放军投诚。随即武威以东国军地方各部队也相继投诚,此一战共起义、投诚官兵7500多人。解放军神兵天降,对武威构成大兵压境之势,使刘任和黄祖埙惊慌失措,倍感形势严峻。他们命令部下夜以继日赶筑工事,并运来大量武器弹药布防备战,同时急电蒋介石请调新疆马步芳整编骑兵一师增援河西防御。这时,负责调运军需的第8补给区分监部官兵,已知国民党气数将尽，他们消极拖延，甚至与解放军暗中联络，这使得刘任和黄祖埙的战略部署半数落空。

就在这当口，起初对和平起义还有意愿的120军军长周嘉彬（张治中之婿），在刘任、黄祖埙的威胁之下产生了动摇，他丢下部队潜赴酒泉航站飞往重庆。这件事的发生，造成一部分本想起义的军政官员倒向了主战派刘任。当时，河西走廊的国民党驻甘守军仍有4万余兵力，大部分集结于高台至酒泉沿线，一旦被主战派控制，和平起义将化为泡影。在形势严峻的关键时刻，彭铭鼎当机立断，以副军长身份亲自掌握120军，准备万不得已就率该军单独东进，迎接解放军，率先发动起义。与此同时，他任命旧部亲信贺义夫为酒泉警备司令，并配备四个警备营以控制酒泉这个重要据点。

9月16日，解放军突破防御，占领武威。迫于解放军的强大攻势，西北军政长官公署及所属部队退向张掖。在张掖立足未稳，王震率领的解放军一兵团二军翻越祁连雪山，突然出现在扁都口，于17日歼灭国军15旅32团，迫使敌防线从张掖退向高台。18日解放军2兵团5师骑兵团以及装甲营和乘车步兵营组成的快速先头部队包围了张掖，于19日击溃长官公署警卫团，全歼守敌周嘉彬部两个团及保安部队。并于当晚又拦击西逃的一个骑兵团和黄祖埙部的一个步兵团，迫使其向解放军投诚。截至此时，解放军已对河西走廊中西部的国军形成围歼之势。9月21日解放军一、二兵团会师张掖，先头部队兵临高台，国军五个师也已七零八落，兵员和物资得不到补充，使军心动摇，投诚呼声日高，形势迫使国军将领尽快作出抉择。

此时，陶峙岳也加紧了起义进展。他派胞弟、新疆警备总部参谋长陶晋初具体联络组织，并指示彭铭鼎和曾震五控制部队，准备起义。彭铭鼎、曾震五接到陶峙岳的指示后，对国民党陇南兵团的将官逐个进行了分析，认为有些可以争取，有些死硬分子可能会成为起义的障碍，尤其新疆青马系的将官多反对起义，而他们又掌握新疆驻军大半，起义阻力依然很大。

9月22日，曾震五奉陶峙岳之命赶赴兰州与彭德怀面商起义计划，他从迪化乘飞机先到酒泉，向彭铭鼎等传达了陶将军的指示，让他们做好随时起义的准备，彭铭鼎也请曾震五向彭德怀将军转达他们的起义决心。随后曾震五乘车继续西行，途经高台时，他又做了91军246师师长沈芝生的思想工作，向其出示了张治中、陶峙岳关于起义的电报和亲笔信件，并劝沈芝生认清形势，弃暗投明。沈芝生在曾震五的感召下，承诺率部响应起义。246师如能参加起义是对91军有力的分化瓦解，使起义减少了很大的阻力。曾震五途经张掖时，又拜会了王震将军，并递交了陶峙岳的亲笔信，信中表明了和平解决河西问题的愿望。王震阅信后欣慰地表示：进军新疆，河西通道必须尽快打通，并且强调确保玉门油矿安全的重要性。送别曾震五，王震立即发布停止军事进攻的命令，并派代表赴酒泉共商起义计划。与此同时，毛泽东也致信张治中、陶峙岳，表达了共产党希望和平解放河西的心愿。

当晚，王震派2军5师副参谋长刘振世，持他的亲笔信前往高台商议停战和谈事宜。刘振世是原国军29军少将参谋长，1948年在宜瓦战役中弃暗投明，此战役是改变西北战局的首捷。他到高台后，向沈芝生阐明了共产党的政策，介绍了解放区的见闻，并晓以大义，言明利害，使沈芝生茅塞顿开，当即表态随时率部响应起义。随后刘振世致电彭铭鼎，把他和沈芝生达成的共识做了通报。彭铭鼎当即从酒泉赶往高台，故友相见喜不自胜。寒暄过后，彭铭鼎摘下配枪首先解除个人武装以示诚意，并郑重表示："我坚决执行陶峙岳将军旨意，放下武器，和平起义！"刘振世紧握彭铭鼎的手说："我代表解放军欢迎你们参加革命！"随后，他们商定双方部队停止对峙。沈芝生的246师也星夜兼程，赶往玉门保护油矿。至此，与西北公署要员谈判成功。

9月23日，曾震五抵达兰州，当天即与彭德怀会见，并递交了陶峙岳的亲笔信，转达了陶对彭的问候，彭德怀表示感谢。这次会见，双方共同商定了新疆、河西起义大计。彭德怀说："一野准备今冬结束西北解放战争，有人想拖延时间，那是不可能的。新疆与河西的起义部队，一定要按照人民解放军的编制进行整编。"曾震五离开后，彭总给甘泗淇、王震通了电话，他们认为：和平解放河西，会给解放新疆树立一个样板，对我党的解放战争具有重要的意义。

然而此时的高台至酒泉，除了彭铭鼎及其部队外，还驻扎有不少国民党高级军政人员率领的部队，共计官兵三四万人。为了动员这些军政要员及其官兵响应和平起义，刘振世与彭铭鼎从高台抵达酒泉，与汤祖坛共商策略。汤祖坛与刘振世是军校同窗，他说："陶将军早向我打过招呼，本人对起义绝无二心！"经过他们与各路将官斡旋商议，除个别人沉吟不决或面从腹诽外，大多数将官认为起义时机已成熟，希望尽快发布起义通令。在彭铭鼎的指示下，警备司令贺义夫控制了酒泉城防和嘉峪关城楼，并在城外集结了一批机动部队和车辆，以防不测。

此时，刘任等主战派见军心思变，大势所趋，解放军又兵临城下，已感日暮途穷，便与其死党从酒泉航站逃向重庆。而没有来得及逃跑的黄祖埙，既无力集结部队阻击，又不愿留守城池坐以待毙。于是他孤注一掷破坏起义，派特务刺杀彭铭鼎未成，又纵火焚烧军火仓库。剧烈的爆炸使酒泉城内浓烟弥漫，引起一片骚乱。幸得贺义夫及时处置才控制住局面，确保了酒泉起义据点的安全。黄祖埙见势不妙，率亲信出逃酒泉，绕过三道沟，翻越祁连山，经青海逃往云南。新中国成立后黄祖埙在丽江被俘，1951年于重庆被枪毙。

9月22日，驻酒泉的甘肃省府要员及地方官员逃向哈密。酒泉城内商户四散，店铺紧闭，大户人家携带家当纷纷逃离。在这种混乱的局势下，起义部队如不果断通电起义，随时可能发生变故。当晚，彭铭鼎、曾震五召集会议，各部将官达成一致，响应起义。此时，刘振世奉王震之命，与彭铭鼎备齐汽车200辆，派贺义夫立即护送第8补给区汽车部队赶往高台，接运解放军先头部队。9月23日，解放军接管玉门油矿。9月24日晚12时，彭铭鼎、彭月翔、沈芝生等将领根据陶峙岳的指示起草了电文，电文以陶峙岳及曾震五领衔，彭铭鼎、汤祖坛、彭月翔以及各军师旅团长签名生效。随后当众宣读，正式通电起义。

电文内容如下：

"兰州人民解放军并致彭副总司令钧鉴：抗战八年，继以内战，人苦兵劫，渴望和平。峙岳等为革命大义，我西北诸袍泽亟表明态度，正式宣布与广州政府断绝关系，归向人民民主阵营。在中央人民政府未成立前接受人民革命军事委员会之领导。谨此电达。"

起义通电发出后，彭德怀副总司令当即从兰州发来复电：

"迪化（乌鲁木齐）陶峙岳将军勋鉴：敬，有两电均悉。将军等率部起义，脱离反动阵营，甚为欣慰。甚望坚持进步，彻底改造部队，为共同建设各族人民的新新疆而奋斗。彭德怀申寝。"

毛泽东主席、朱德总司令代表中央和军委发来贺电。

至此，以陶峙岳为代表的一大批国军将领响应中国共产党领导的解放军的号召，联名通电所属各部队共3.8万国军和平起义。宣告西北国民党军队"为革命大义"，归向人民民主阵营。

9月25日早晨9时，人民解放军先头部队到达酒泉，起义将领彭铭鼎、汤祖坛、曹叔希等出城迎接，随后开始入城仪式。全副武装的解放军战士，军容整齐，威武雄壮，浩浩荡荡地从酒泉南门驶入城内，城内民众夹道相迎。9月27日，解放军第一兵团司令员王震、第二兵团司令员许光达等到达酒泉。随后，第一野战军司令员彭德怀由兰州乘飞机来到酒泉，陶峙岳将军也从新疆飞到酒泉，两位将军双手紧握，坦诚相见，化敌为友，军民欢呼雀跃，昭示着河西走廊这片神奇的土地从此开启了新的篇章。酒泉和平解放后，解放军对起义部队进行了接收改编，一部分起义官兵随解放军西进新疆，其他人均得到了妥善安置，他们在共产党的领导下，走上了光明大道。

26日至28日，金塔、玉门、瓜州、敦煌，相继和平解放。

守将临危明大义　　边城破晓换新天

兰州战役胜利后，西北的国民党军陷于分散、孤立的境地，解放军逼近之处，地方军政乱作一团。解放军第一野战军在完全掌握战场主动权的情况下，贯彻党中央兼取政治方式解决西北问题的战略部署，对国民党西北军展开了有效的统战工作，最终促成酒泉和平起义。在这个紧要的历史关头，400公里以外的敦煌，又是一番什么情形呢？

新中国成立前，敦煌全县居住着汉、回、哈萨克、蒙古、维吾尔等民族群众近四万人。由于敦煌地处甘、青、新、藏四省交通要冲，战略地位十分重要，因此国民党政府曾把敦煌划为边疆要塞地区，并作为西北军政长官公署的后方留守处。这期间敦煌有重兵把守，并驻有特务组织，政府官员也由国民党特派的心腹重臣担任。

1949年8月底，刚刚卸任的敦煌县长鲁玲，正在向新任县长潘伯南办理交接手续。

鲁玲是甘肃临泽人，南京金陵大学农学院毕业，原任张掖农校校长兼河西水利工作站站长、农业部河西经济示范农场场长。此人有知识，懂农业，思想开明，有强烈的农业救国、农业安民思想。1948年6月，郭寄峤、张治中让他以关外三县观察使兼任敦煌县长，主要是为了"以兴办关外水利，开拓戈壁荒漠，为振兴关外农业、林果业创造条件"。上任以后，鲁玲踌躇满志，廉洁奉公，一心想干出政绩。但毕竟书生本色，不谙敦煌政情险恶，得罪了地方权势，最后被以"人地不宜，请求撤换"为由，联名上告到了酒泉专署和省政府。上任才刚一年，鲁玲就悻然辞职卸任，欲返家乡重操教书旧业。在安西停留期间，突然和平解放了，鲁玲便以旧公务员身份向解放军登记报到，不久之后被分配到甘肃省农牧厅工作。

接替鲁玲新任敦煌县长的潘伯南，是一个不一般的人物，这个少将县长的身世非常奇特：其原名潘同，又名潘伯南、潘望同。他早年是红军高级干部，1936年红四方面军在高台、临泽失利后，军长董振堂以身殉职，潘伯南作为幸存的指战员返回延安。1938年前后我党与新疆军阀盛世才开展统战合作时，他作为党中央援助盛世才的干部，担任过南疆警备司令。1942年盛世才投靠国民党，潘伯南被盛世才拘禁而叛变。1949年7月，马步芳任西北军政长官时，由于解放军连连告捷，马家军在陇东和西海固节节失利，长官公署指定偏远的敦煌为后防留守处，以谋长远之策。同年8月，第八战区长官公署的少将参议潘伯南就任敦煌县长，政治处专员屈明智为副县长。国民党在此危难之际特派一个少将"屈就"县长统管边疆要塞敦煌，其意味深长。潘伯南面对势如破竹的西北解放战争心怀恐惧，他心知共产党不会给他这个叛徒以任何出路，于是死心塌地地忠于国民党，不遗余力负隅顽抗。

当时敦煌县的国民党驻军有两部分。一部分是国民革命军第91军骑兵独立团，1945—1949年7月驻防敦煌，全团13个连，兵强马壮。团长屈绎兴是辽宁人，曾是东北军张学良的部下。留学法国圣西尔陆军军官学校骑科，回国后教授骑兵。西安事变后东北军整编，屈绎兴编入91军王晋属下，任骑兵独立团团长。"屈为人正直、不苟言笑，自奉俭朴。熟悉英、法文字，治学严谨，治军有方，纪律严明。"在敦煌老百姓的眼里，这是一支和马仲英、马步康的军队不一样的"国军"。1949年夏季，屈绎兴的骑兵团从敦煌调往武威作战，迫于解放军攻势的压力，于9月11日在永登大靖堡（今属古浪县）率领全团官兵800多人马，向人民解放军投诚，并遵照解放军的命令开抵松山，改编为第一野战军六军骑兵团，屈绎兴仍留原职。屈绎兴的投诚对和平解放河西走廊产生了积极影响，是"9·25"酒泉起义的有功之臣。

敦煌的另一部分军力，是从鄯善移防来的新疆警备司令部陶峙岳部下的警备团一营，满编650人，自1947年8月起驻防敦煌。该营少校营长刘家骥是陕西高陵人，黄埔成都总校十六期官佐班毕业。刘家骥是陶峙岳的忠诚干将，一切行动听从警备区陶峙岳司令的指挥。面临此局势，他态度明确，服从命令，积极响应"9·25"酒泉起义。并在敦煌的和平解放中深明大义，主动承担起了维护地方秩序的职责，使敦煌没有发生骚乱，对敦煌的和平解放发挥了重要作用。该营后来全部编入解放军，开进了新疆。

1949年5月，国民党在关外三县组织"安、敦、玉防共自卫团"，团部设在敦煌，下辖安西、玉门、敦煌共三个营，负责征集备战物资，训练壮丁，控制后方的稳定。

此外，当时的敦煌，除县级国民党党政机关外，还有不少级别很高的其他国民党军政机关的"办事处""留守处""仓库"等，如西北军政长官公署敦煌后防留守处，就设在东城门外的张家堡子。特别是一个小小的县城内，竟驻扎着一个中央单位——"甘青新边区专员公署"，其原名为"中央军事委员会青康边区专员公署"。该机构建于1944年，由西北长官公署、甘青新边区专员少将高参金在冶任组长，其权威相当于陕甘宁边区的"钦差大臣"。金在冶是浙江人，毕业于浙江陆军武备学堂及初级将校团，曾任黄埔军校第五期教官，1946年任国民政府军事委员会中将参议。在抗日战争时期，他为阻止"藏独"、稳定西藏局势立下了汗马功劳。后来在和平解放西藏中起到了重要作用，作出了不朽贡献。新中国成立后金在冶任中央民族学院研究员，致力于民族学的研究。1950年5月3日得到了毛主席和周总理的接见，1959年因病逝世，葬于北京八宝山革命公墓。

1949年9月，不常见汽车的敦煌城，突然车辆出入频繁，外来的人也越来越多，平时萧条的边城似乎一夜间变得很繁荣。一些身着国军服装荷枪实弹的人开着汽车在城外到处流窜，使此刻的敦煌就像一个天天都在膨胀的"火药库"，随时都有引爆的危险。9月15日，驻安西的新疆警备司令部警备团团长毛煦玛（敦煌、安西、玉门驻军的直接上级）乘巡逻汽车来敦煌，向一营长刘家骥面授机宜：后一步计划是准备由安西撤入新疆境内，坚守星星峡，命令在敦煌的人员、家属、小孩到安西集中。到时由敦煌一营掩护全团撤退，命令刘家骥待命行动。

9月21日，敦煌县长潘伯南通知营长刘家骥到县府开会，到会的还有中将专员金在冶。作为少将的潘伯南对只是少校的刘家骥说："共产党打到敦煌时，你怎么办？"刘家骥以军队惯用的语言不假思索地答道："军人以服从命令为天职，我听从上级指示。"潘伯南接着说："共产党打到敦煌来，你一个营是无法抵抗的，我们已经研究决定，全县各机关和物资转移到南山，你带全营掩护。"这一突然的决定，使刘家骥很吃惊，他以"只要总部或团部有命令，我遵照命令执行"为借口不予承诺。潘伯南生气地说："我们给陶总司令发电报，一切由我们负责。"此时敦煌的关键决策人就这三个人，少将县长潘伯南力主退守南山顽强抵抗；少校营长刘家骥坚持等候命令，留守敦煌；中将参议金在冶的态度并不明朗，始终没有表态。

敦煌的环境变得越来越复杂，刘家骥分析："如果全县各机关撤往南山，敦煌城必然大乱，特务、散兵、游勇、内部的坏人趁火打劫，自己的部队难以控制，人民生命财产难以保全……"作为守卫敦煌、保境安民为职责的驻军首长刘家骥，如果处理不当，将会酿成大祸，给陶总司令无法交代，自己也会成为罪犯！

9月22日，潘伯南在县长办公室再次召集会议，向刘家骥询问退守南山掩护任务的准备情况。刘家骥借运输工具、粮食、弹药、被服等无法供给予以推托。潘伯南似乎觉察到刘家骥怀有二心，便宣扬共产党如何残酷来制造恐怖气氛，并激动地说："我潘伯南死也不做共产党的俘虏！"然而刘家骥无动于衷。三人会议不欢而散。其实，此时的金在冶早已秘密地襄相助起义大事。

潘伯南煽动刘家骥掩护他们逃跑未能得逞，会不会煽动刘家骥部下的连长、排长？这让刘家骥十分担心。这天下午，他秘密召集了营部连长会议，将潘伯南的图谋如实相告。得知各连长思想稳定，都持反对态度，于是减轻了他对部队的顾虑。

9月23日上午，潘伯南再次通知开会，此时刘家骥的态度已十分坚定，他表示陶总司令不会同意逃往南山的计划。而潘伯南说："在紧急情况下或在特定条件下，可以自行选择最有利的行动方案，不一定等待上级命令，贻误战机。"但刘家骥坚持听从上级指挥，等待命令。这使潘伯南对刘家骥彻底失望，也使刘家骥身处危险境地。刘家骥敏感地觉察到潘伯南和其他系统的特务对他和一营的监视，如何提防和自卫，就要掌握好自己的部队。

于是他立即召开一营连长会议，并做出了三条强硬规定：第一，不论在任何情况下，全营坚决听从陶峙岳司令的命令，不得轻举妄动；第二，加强对所属各部的控制，不准单独行动，无特殊任务，任何人不准擅离职守；第三，加强营房及县城内外的警戒，提高警惕，观察所有人的行动，组织昼夜巡逻，重机枪全部布置在城墙射击位，以防不测。刘家骥部署了各属警卫城防，稳住了军心。

9月24日半夜，刘家骥突然接到团部电台发来的电报，传达了陶峙岳总司令联名起义的通电，并嘱各所属部队"各安职守，自负其责"，静待次日（9月25日）正式起义，准备迎接解放军的入城和整编。这一刻，刘家骥长出了一口气，忐忑不安的心也平静了下来。这一次他也看透了国民党一些高级军官的腐败与黑暗，他对官场险恶的恐惧，远胜于对共产党解放军的恐惧。此时，心中的石头落地，噩梦已被黎明唤醒。

9月25日天刚蒙蒙亮，一连长急报县长潘伯南已串通副县长屈明智、国民党县党部书记王彦炳等，率领县府部分人员，携带枪支物资，于凌晨骑马出城往东而去。县府集体出逃，城内必然大乱，他当即下达命令，封闭城门，任何人不得出入，并在城内各街巷部兵巡逻，严密监视国民党各机关部门的动向。潘伯南这个顽固的少将县长，拒不接受起义。他化装绕道逃匿于酒泉，隐姓埋名，以务农掩护，1951年因私藏枪支，图谋不轨，身份暴露被镇压。

稍事安顿，刘家骥巡查县府，见整个县府大院寂然无声，内无官员外无警察。他即刻召集敦煌县参议会议长祁镒和部分参议员、商会会长等速来县府，商议应对局面的措施。待各位到齐后，他向大家传达了河西警备总司令陶峙岳向解放军投诚并和平起义的通电全文，并言明利害，晓以大义。与会各位也都能审时度势，顺势而为，纷纷表示响应起义号召，接受解放军领导。但此时的敦煌县府群龙无首，起义之后如何安定民心、维护治安？议长祁镒等建议：县长外逃，人心惶惶，必须立刻推举一人主持全县重大事务。经过酝酿，众人一致赞同由营长刘家骥暂时接管全县工作。刘家骥在紧要关头义不容辞奉行使命，他与众人商议后，马上制定了维护敦煌县安全稳定的四项措施：第一，即刻向敦煌县各机关团体传达起义电文，必须坚决服从命令；第二，商店一律开门营业，为防止混乱，城里人不准搬家出城，以稳定秩序；第三，军队加强戒备，关闭城门，不得出入，维护治安，保护百姓生命财产安全；第四，行政事宜军队不能代替，请县参议共商决策酌情办理。

刘家骥刚刚宣布完四项措施命令，守城部下就急忙前来禀报：驻敦单位的一些人，已装满两辆道奇卡车的物资和武器，正准备出城。此时的刘家骥，已丝毫不考虑任何人的官位和身份，果断下令："强行出城者，一律开枪射击，打死我负责！"这些驻敦单位的人均被迫滞留城内，出走未成。

在敦煌混乱时期，刘家骥并没有忘记千佛洞。他在任期间，曾去过几次莫高窟，与敦煌艺术研究所所长常书鸿相交融洽。起义之前，他曾联系过常书鸿，并再三嘱咐说：时下危急关头，恕不能派部队前往警卫千佛洞，怕使你们引人注目，反而招惹祸灾，只能支援一点柴粮。请你们坚守岗位，组织全体人员自保，以防止溃逃的散兵游勇前往莫高窟骚扰破坏。当时的莫高窟虽然地处戈壁深处，但也感到了灼热的战争空气。这年下半年，研究所虽然还能按月收到"国库拨款通知书"，但敦煌县的银行却取不出钱来。因为社会动荡，人心惶惶，薪水又拿不到手，本来就只有二三十人的研究所，走的走散的散，剩下的几个从内地来的研究人员，兵荒马乱的想走也走不了，人员的减少使莫高窟更感凄凉。9月中旬，常书鸿获知国民党甘肃中央银行退到了张掖，于是当机立断，委派段文杰带着好几个月的拨款通知书赶赴张掖提取研究所的经费。段文杰临危受命，想法搭乘了一辆便车赶到了张掖。不料，中央银行办事处又退到了酒泉。段文杰又急忙赶回酒泉，几经打听才找到了银行办事处。1949年通货膨胀达到了难以想象的程度，一麻袋钱仅能买到一袋大米，金圆券形同废纸。经过段文杰与银行的艰难交涉，总算把近半年的国库拨款通知书折换成一个重12两的小金条。那时候从酒泉回到敦煌需要好几天的路程，段文杰怀揣着这根金条，住车马店都不敢脱衣服睡觉，好在历经艰难终于安全地回到了莫高窟。这时已经临近敦煌解放，常书鸿除了给每人分配了几克黄金，把另一半全部换成了小麦，以保证大家在兵荒马乱的岁月里能够维持生存。后来形势的发展证明，这是一个高明的决策。

解放军到敦煌之前，一些在兰州战役中败退下来的散兵游勇，驻扎在敦煌城附近，如19师师部就有50余人和四辆载有枪支弹药的卡车，在敦煌城外四处游荡，刘家骥怕他们进城滋事，骚扰百姓，所以把他们拒之城外。但是散兵进不了城，可能会在城外滋事，常书鸿担心他们流窜到莫高窟捣乱破坏，于是安排职工轮流警戒。好在刘家骥事先有所提醒，还给所里支援了几支步枪，一方面让他们用来巡逻、放哨守护莫高窟文物，一方面为了工作人员的安全防身自保。陶峙岳宣布起义后，敦煌县常出头露面的"首脑"都逃匿异乡，相反常书鸿和研究所的这些旧职员却兴高采烈地从莫高窟步行进城支持起义。"多亏他们在十分困难的情况下，坚守岗位，保护了国家珍贵文物，那时如果遭受损失，我有不可推卸的责任，将会成为千古罪人遗恨终生"。刘家骥在日后的回忆中对他们多有感念。

陶峙岳的通电起义，使解放军顺利而迅速地推进到了嘉峪关内外的酒泉、玉门、瓜州、敦煌各县。9月25日，解放军第二兵团六师进驻酒泉，并组成酒泉城防司令部，师长朱声达任城防司令。当日中午，二兵团快速部队进占老君庙油矿（今玉门油田），由三军四师政治部副主任康世恩任军代表，接管了油矿。9月27日中午，解放军第一兵团二军四师十二团团长张献奎、作战参谋李光培，在国民党河西警备司令部警备团团长毛熙舆的陪同下，乘卡车由瓜州抵达敦煌。警备团一营于东城门外列队相迎，刘家骥与地方议员、士绅代表也出城迎接。随后，两军代表共同商议制定了解放军入城仪式及接管事宜。

当日午夜，第一兵团第二军一部的解放军指战员，坐满了十几辆卡车，披星戴月，沿三危山北麓的茫茫戈壁，如一条长龙从瓜州浩浩荡荡驶向敦煌。9月28日清晨，解放军大部队军威浩荡地进入敦煌城内。城内秩序井然，群众夹道相迎。解放军三军四师12团团长张献奎、政委漆承德率军正式接收敦煌。至此，河西战役胜利结束。此役，国民党军4万余人大部分起义投诚，少数顽固抵抗者被歼灭或溃散。不仅解放了河西走廊全境，更为解放军顺利进军新疆创造了有利条件。而敦煌，也从此进入了一个崭新的历史时代。

截至此时，解放军已荡平西北地区国民党各路大军，西北地区的陕西、甘肃、宁夏、青海四省均获得解放。接下来彭德怀与王震率领的西北野战兵团二军、六军十万雄狮誓师酒泉，西出阳关，千里挺进，以摧枯拉朽、不可阻挡之势直击新疆。

国民党西北军政长官公署，是解放战争中除华北"剿"总司令部外唯一起义的大区级单位。西北军政长官公署在酒泉起义，不仅促进了新疆各地的和平解放，更保全了玉门油矿这个当时全国最大的油矿，为新中国石油工业保存了基础技术和设备。随同长官公署起义的第8补给区的大批物资和汽车，为解放军进军新疆提供了军需后勤和交通运输保障。在解放战争西北战役史上，这是重要的一章。河西走廊这个千年的古战场，从此狼烟散尽，战事停息，迎来了长久的和平。

酒泉和平解放，是中国共产党统一战线政策的典型范例。这次起义，解放军着眼全国，晓以大义，促动和谈；国民党守军辨明大局，放弃无谓抵抗，守护袍泽情义，归附国家大义。和平解放使两军化干戈为玉帛，确保酒泉、玉门、瓜州、敦煌四县的百姓免受战火侵害，确保两军将士不再流血牺牲。如果没有西北军政长官公署及所部的起义，黄祖埙等人很可能率部窜入新疆，不但阻碍新疆的和平解放，还可能使新疆和河西国民党军队合流退往边境地区，出现西南边境那样国民党残兵长期盘踞境外窜扰边境的局面。而边境地区的长期混乱又很可能为新疆的民族分裂分子提供可乘之机，其后果是不可想象的。酒泉起义为人民解放军顺利进军新疆奠定了基础，也为嘉峪关内外广大地区的繁荣发展打下良好基础，并留下一个和平解决武力对峙的历史典范。

1949年9月28日下午，解放军在敦煌县党部召开旧政权公务人员大会，号召大家坚守岗位，听候接管。同时成立敦煌支前委员会，公推吕钟为主任委员，祁镒为副主任委员。9月30日，在火神庙召开群众大会，团长张献奎、政委漆承德向群众宣布敦煌和平解放。10月5日，酒泉军管会派杜秉德、石志刚、卢怀仁、李克让、郑绍云、尹善荣等21名军队和地方干部，到敦煌执行接管任务，中共敦煌县工作委员会成立，杜秉德任书记，卢怀仁任副书记。

10月6日，敦煌原驻军警备团一营，在刘家骥带领下，奉命到安西（瓜州）集中，改编成解放军6军独立4团。10月7日，在秦州户召开全县群众大会，宣告敦煌县人民政府成立，石志刚为县长，全县相继组建办事机构，建立基层政权。全县成立5个区公署，24个乡（街）政府，废除旧的保甲制度。11月25日至29日，敦煌县第一届各界人民代表会议召开，与会代表40余人，会议选举产生了敦煌县第一届各界人民代表会议常委委员，主席杜秉德，副主席石志刚，秘书长关景玉。1950年2月1日，敦煌县剿匪指挥部成立，解放军三军二十七团副团长赵旭任指挥员，县长石志刚任副指挥员，县工委书记杜秉德任政委。2月12日，敦煌县召开第一届农民代表大会，成立敦煌县农会，杜秉德任县农会主席，各乡相继成立农会委员会。3月15日，各乡成立生产委员会，组织变工队，开展生产自救。9月，县工委举办土地改革训练班，对参加学习的140人进行培训，准备开始土地改革运动。县工委和政府的工作非常繁忙，尽管千头万绪，仍然紧锣密鼓地落实各项任务，发展生产自救、开展镇压反革命、组织清剿土匪、保护人民生命财产、准备土地改革运动、支援抗美援朝等。新中国成立初期，这些干部不怕苦不怕累，没日没夜地工作，没有私心杂念，一切都是为了党和人民的利益。

莫高孤悬匪患紧　　军地关怀守窟人

自 1949 年 8 月 26 日解放军攻克兰州后，所向披靡，势如破竹，迫使敌军纷纷投诚。在共产党革命统一战线的感召下，国民党新疆警备区总司令陶峙岳通电起义。随着 9 月 25 日酒泉和平解放，关外三县的玉门、安西、敦煌也迅速和平解放。但由于个别国军将领顽固不化，不愿响应起义，给一些下级军官灌输反共思想，导致一些国军残余潜入各处开展游击，并与特务和地方反动势力相勾结，组建武装，企图负隅顽抗。在这种情况下，进驻敦煌的解放军迅即建立了临时过渡政权——军事管制委员会，接管国民党的所有机关，维护社会秩序，帮助地方召集各界人民代表会议选举地方人民政府。此外还有两个重要的任务：一是展开剿匪肃特斗争，镇压反革命的破坏活动；二是保护莫高窟文物及研究人员的安全。

吴子杰保护莫高窟

1949 年，彭德怀召集将领开了一个文物保护会议。在会上，彭德怀郑重宣示：目前我们已踏上了古丝绸之路，再往西走历史古迹很多，那都是我们民族的瑰宝。所以，在打击胡马残匪的同时，不能忘了中国几千年的历史文化遗产，比如敦煌莫高窟，一定要派人保护好。

这年 9 月下旬，河西战役节节胜利，时任第一野战军第二军四师师长的吴子杰率先遣部队挺进河西走廊，直指嘉峪关外的敦煌。一路上，他始终牢记彭总在战前所作的保护好莫高窟的指示。在进军敦煌前，吴子杰专门召开了军事会议，对保护千佛洞文物做了周全部署。

吴子杰，1913 年出生，湖北天门人。1930 年参加中国工农红军，1932 年加入中国共产党。吴子杰出生于贫困家庭，父亲等七位亲人在对敌斗争中先后牺牲。红军时期，吴子杰曾任红二军团司令部侦察科科长，经常接受贺龙的教诲。他先后参加了湘鄂西、湘鄂川黔苏区反"围剿"和长征，转战南北，出生入死，多次负伤。抗日战争时期，任八路军第一二〇师独立第一旅教导大队大队长、第三五八旅第四团参谋长。解放战争时期，任西北野战军第二纵队独立第四旅副旅长、第一野战军第二军第四师副师长。这次进军河西如摧枯拉朽，吴子杰率领第四师先遣部队直奔敦煌而来。

当解放大军即将到达敦煌时，守城的个别军官见大势已去，又不愿响应河西警备总司令陶峙岳的和平起义，便驱动一部分残兵出城潜逃，企图进入南山（祁连山西端的大山）打游击。从敦煌城进入南山，有一条古老的近路，是通往肃北地区的一条山道。就是从敦煌城外东南方向出绿洲，过佛爷庙，沿鸣沙山北麓进入宕泉沟，然后溯宕泉河逆流而上，即可进入南山深处。而莫高窟恰好位于宕泉河沟的山口。当吴子杰获知这股残匪的去向，十分担心他们对莫高窟进行抢劫和破坏。作为解放军先头部队的吴子杰将军，果断指派部下一个排的兵力火速赶往鸣沙山下进行拦击。当两军相见，敌方已无退路之时，恰巧沿途一些看热闹的不明真相的老百姓也在事发路段。于是敌军以老百姓为掩护，准备突围出去继续向宕泉沟逃离。面对这种情况，解放军无法射击。这时，吴子杰手下的一位副科长单枪匹马冲到阵前，向敌军宣示我军对停止抵抗者的宽大政策，试图说服敌军响应和平起义，缴械投降。然而这些迷途不知返的残兵，竟疯狂向这位解放军干部射击，英雄当场血溅荒漠。枪声一响，那些老百姓也惊慌四散，解放军便立即开枪还击敌军。经过半个时辰激战，敌军被全部歼灭。这场莫高窟保卫战，给解放军造成了一定伤亡。激战中，为避免莫高窟受损，吴子杰没有让部队使用重武器，使莫高窟躲过了一次灾难。

新中国成立后，吴子杰升任第二军第四师师长，在兵团司令员王震率领下，继续挥师西进，为和平解放新疆作出了贡献。他先是兼任新疆喀什军分区司令员，后又回到老部队第一军，先后担任第一师师长、第三师师长。1953年吴子杰出任第一军七师师长，赴朝作战，战功卓著，获朝鲜二级自由独立勋章。战后，升任第一军副军长。之后进军事学院炮兵系进修，1957年毕业。历任沈阳军区炮兵副司令员、司令员、旅大警备区副司令员、辽宁省第六届人大常委会副主任。1955年，吴子杰被授予少将军衔。获二级八一勋章、二级独立自由勋章、二级解放勋章、一级红星功勋荣誉章。

吴子杰晚年还念念不忘敦煌莫高窟。他因在和平前夕保卫了莫高窟，其功绩被载入敦煌地方志，成为敦煌人民所纪念的历史人物。

黎明前夜的莫高窟

1949年初，国民党政府已日暮途穷，面临全面崩溃。莫高窟人心惶惶，大家不知所措。这年7月，从酒泉退居敦煌的人传来消息说，甘肃省各地的官僚们正在收拾金银细软，准备从新疆经印度逃往台湾。此时，溃败的国民党军队到处抢劫财物、害人性命的消息不时传来。为了防止溃军及匪特流窜到莫高窟，使文物和人民的生命财产受到损害，敦煌艺术研究所在常书鸿的安排布置下，日夜值守，加强戒备。这群对莫高窟痴迷的艺术家，一边在山口设置岗哨轮流值班，一边还不忘在洞窟里继续他们的保护、研究和临摹工作。

他们当中大都是国立、省立大学的高才生，但也并非全然是文弱书生。其中就有扛过枪打过日本鬼子的远征军战士史苇湘，还有警察出身枪法很好的工人窦占彪。他们那时正当身强力壮，更是勇于担当的热血青年。于是由他们挑头组成了几个人的保卫小组，在莫高窟南区最高的南大像（130窟）狭长甬道上用石块、沙袋等设置了几道掩体，还在上一层的几个洞窟内储藏了干粮、咸菜和水缸，准备借助几支老步枪和掩体坚守石窟，保护研究人员。特别是还有几位为了理想和艺术追求而来莫高窟的女生，也加入了其中。莫高窟洞窟无数，层叠密集，便于隐藏，一旦出现紧急情况，全所职工立即撤离躲藏到洞窟区以防不测，倒也不是太害怕。但这时各种传言不断从敦煌城中捎来，对于孤悬在大漠深处的这批旧政府的职员来说，解放军的到来对于他们而言，是福是祸难以预料，这不免让一些莫高窟的职工恐慌和忧心。在担心国民党溃军骚扰的同时，谁也不知道共产党的解放军会怎样对待他们。大家整天都在紧张、焦虑中度过。

这年8月，莫高窟风清气爽，阳光灿烂。这个隐藏于大漠山谷的小小绿洲，瓜甜梨熟，景色宜人，虽然与世隔绝，生活清苦，倒也有一种世外桃源之感。当时，莫高窟里的人基本上都属于一个单位，即国民党政府教育部直属的国立敦煌艺术研究所。小小的研究单位不到三十人，职员平日里的工作主要是临摹壁画和研究、守护石窟。解放战争打到敦煌之前，他们倒也能按部就班，沉浸于自己的艺术天地中。但这段时间，莫高窟就像一座断了航的孤岛，研究所也好像已被遗弃，无人过问，数月都领不到经费。在这个小天地里，以常书鸿为首的这批工作人员，不仅人心惶惶，更是生活窘迫，艰难度日。这时社会上不断传来战事的消息：8月26日解放军已解放兰州，国民党的残兵败将还想凭据河西走廊作最后挣扎。据说从敦煌调出去的一个团国军，在武威一带被击溃，而敦煌仅由新疆陶峙岳部队的一个警备营驻守。在这样兵荒马乱的时刻，敦煌艺术研究所在风雨飘摇中苦苦挣扎，那些从内地来的工作人员困守石窟，度日如年，不免思乡心切，有的甚至萌生逃离回家之心。但此时从敦煌到内地，沿途全是战场，可谓困难重重。

9月27日晚，研究所的警戒值班人员在莫高窟的崖顶上，突然看见远处15公里外的戈壁公路上，有无数汽车灯光在移动，如一条无止境的长龙驶向敦煌城方向。大家心知，那是解放军来了。这天晚上，每个人都心绪不宁，难以入眠。

解放后的敦煌艺术研究所

1949年9月28日早上，塞外的敦煌晨光灿烂，一面鲜艳的八一红旗飘扬在古城的城头上。这标志着敦煌宣布和平解放，这座古老的城市从此开启了一个崭新的历史时期。

与此同时，远在25公里外的莫高窟雷音寺前，也升起了一面红旗，表达了这里的人们对新时代的迎接。从敦煌县城回来的老工人窦占彪告诉常书鸿说：城里的大街小巷，都张贴着由毛主席、朱总司令共同签署的安民布告。于是，大家也开始动手准备欢迎标语，以迎接解放军的到来。这天上午10点左右，三辆大卡车突然开来莫高窟，一大群身穿国军服装但没有领章帽徽的士兵从车厢里下来，让大家十分诧异。经了解，他们是国军起义部队的运输兵，这次承担运送解放军到敦煌的任务，今天任务完成奉命返回酒泉，于是顺道上山来参观一下著名的莫高窟，这一插曲让大家着实虚惊了一场。

第二天上午一大早，又有几辆军车来到莫高窟，一支解放军部队在下寺入口外下车列队。他们精神抖擞，军纪严整，士兵和军官都穿着一样的服装。研究所的人平生第一次见到解放军，不知道哪一位是首长。经一位年轻的战士介绍说："那是我们独立团的张献奎团长和漆承德政委。"两位首长快步走向常书鸿所长，握着他的双手表达了慰问，也说明了他们这次突访莫高窟，是专程前来了解这里的安全情况的。两位首长还与研究所工作人员一一握手，互道辛苦。常书鸿把他们引进了中寺临时布置好的接待室，这是一间不足30平方米的研究所的会议室，墙上已经挂上了庆祝敦煌解放和欢迎解放军的标语。研究所的十几位工作人员和解放军的军官们挤满了一屋。常书鸿向张团长一行介绍了自己的同事，面对陌生的解放军，大家多少有些拘谨。张团长风趣地说："看我们像不像国民党宣传的那种青面獠牙的怪物？"大家在笑声中也就放松了下来。在参观洞窟的时候，解放军听得很认真，并对祖国的文化遗产感到惊叹，还特别嘱咐要好好保护。在途经研究所人员修筑的防御工事和看了他们的避难储备时，张团长对这些没有战斗经验的书生们刮目相看，赞扬他们在紧要关头还真有智谋！

张团长这次还宣布了彭德怀关于"保护敦煌千佛洞"的命令，并安慰和鼓励大家说："现在解放了，你们专心做好保护和研究工作，为新中国贡献自己的智慧和力量。有我们在，你们再也不用担心和害怕。"为了防范溃逃的国民党散兵、土匪等来莫高窟骚扰，张团长又做了一定的措施和部署。祁政委还向敦煌艺术研究所的工作人员通报了当前的形势，他说："全国快解放了，10月1日北京要召开大会宣告中华人民共和国成立；我们长期作战行军，要在敦煌休整一段时间，我看你们在这里也很艰苦，希望大家坚守岗位，继续工作，保护好莫高窟；此外我们还要召开一个庆功大会，也欢迎你们参加。"这位首长的一番话语，让研究所的职员们十分兴奋，先前的不宁心绪也完全释然。

当天，独立团的解放军文工队，还给研究所工作人员表演了解放区的新歌和秧歌。这些崭新的文艺形式欢快活泼、清新质朴且鼓舞人心，使长期困守在莫高窟山沟里的人们耳目一新，倍感一种特别的振奋和欣慰。演出结束后，解放军首长说："听说你们这里都是画家，我们的庆功大会，需要请你们帮助设计功臣的奖状。"随后，研究所的段文杰、史苇湘、孙儒僩、欧阳琳等几位年轻画家乘坐解放军的军车前往敦煌县城，并按照部队要求，为庆功大会设计并制作了战斗英雄的奖状。这是莫高窟第一次感受到新中国的关怀与温暖，也是研究所第一次为新中国的事业所做的工作。

敦煌是和平解放的，没有受到战争的创伤。当时的敦煌县城，在几天前还是店铺紧闭、冷冷清清，一片死寂。而现在百业兴旺、红旗招展，大街小巷人头攒动，一片安定繁荣的局面。解放军军纪严明，到处回荡着"三大纪律八项注意""团结就是力量""解放区的天，是晴朗的天，解放区的人民好喜欢……"等新鲜而动听的歌声。莫高窟的工作人员也应邀参加了部队的文化活动，而部队对这些研究人员的态度，与对待敦煌县旧人员有所不同，表现得十分客气和优待。其间，部队还给莫高窟的工作人员送来二三十套军用棉衣，每人一套，令莫高窟工作人员倍感温暖。酒泉地区的刘长亮书记和副书记也陆续来到莫高窟表示慰问和关怀，并鼓励大家安心工作，为新中国的事业做出贡献。

1949年10月5日，敦煌县举办庆祝胜利解放的军民联欢大会，常书鸿第一次受到敦煌县人民政府的邀请。为了出席这次盛会，驻敦煌的骑兵师还专门给常书鸿送来一匹骏马，送马的警卫员在扶常书鸿上马时说："这是贺老总骑过的好马。"常书鸿骑上马不到一个小时就赶到了县城。大会在独立团营房大门前的操场上举行，常书鸿所长被邀请在主席台上就座，研究所的段文杰、史苇湘、欧阳琳、黄文馥等也应邀就座于主席台下。操场上一边坐着解放军独立团的战士，一边是起义的敦煌警备营的士兵。开会之前，解放军战士高唱战斗歌曲，还互相进行拉歌比赛，高喊"××连来一个"。这边情绪激昂，欢声雷动，而另一边的警备营原国民党士兵却无歌以对，寂寞无声。两边战士的精神面貌形成了鲜明的对比，表现出国共两军在治军方略上的巨大差异。联欢会上，军民互动，载歌载舞，喜气洋洋。高跷队、秧歌队披红挂绿，锣鼓喧天，人们的精神面貌与新中国成立前迥然不同，呈现出一派欣欣向荣、祥和欢快的景象。

在第一个国庆节之后，莫高窟陆陆续续接待了好几拨解放军部队，大家争相当讲解员，热情地给解放军战士分享莫高窟精美的壁画和彩塑，讲解壁画中那些生动的故事。这是他们挚爱的事业，也表达了他们对解放军的感恩与厚爱。此时，常书鸿还收到了时任政务院副总理、文化教育委员会主任的郭沫若从首都北京发来的电报，郭老勉励大家安心研究，不要放弃工作。中国文学艺术界联合会常务委员郑振铎也写了热情洋溢的书信，希望大家坚守工作岗位。1949年底，酒泉专署还邀请了莫高窟的段文杰、霍熙亮、史苇湘、孙儒僩、欧阳琳、黄文馥几位年轻专家到酒泉过年，给予这些山沟里的科研人员较高的关怀和礼遇。在此期间，专员刘文山还曾和他们郑重地谈了一次话："你们在千佛洞很辛苦，请你们到酒泉来休息一段时间。听说你们想参军，这个不行，你们这几个人哪里也不能去，就是走了也得叫回来。不是参军才是革命，你们那里的工作也是革命工作。"刘专员的谈话，表达了政府对莫高窟文物保护研究事业的高度重视。地委书记刘长亮、地委宣传部长梅一芹也与他们亲切交谈，勉励他们扎根敦煌，做好敦煌石窟的研究和保护工作。

1950年莫高窟防匪应变

1950年，尽管敦煌和平解放了，可是社会治安环境并不稳定，特别是一些偏远的地方，形势依然复杂严峻。一小撮少数民族叛乱分子和国民党军队的残部、反动地主武装相互勾结，扰民害民，制造混乱，甚至武装骚扰党政机关。这股土匪势力，时常出没于南山一带，这使得莫高窟的气氛再度紧张起来，因为莫高窟是敦煌通往党河南山捷径的必经之地。

有一天，研究所一位放羊的雇工，在距离莫高窟不远的宕泉河上游，看见几个荷枪骑马人经过，那无疑是从南山上下来的土匪，这件事引起大家的高度紧张。当天，常书鸿所长召集大家商量，决定让所里的妇女带上被褥、食物、水等生活用品住进莫高窟最高层的第158窟。在通往130窟狭长的通道拐弯处用沙袋和石块加固了先前做的掩体，由史苇湘和孙儒僩各执步枪一支守卫。其他人也分散进入高层洞窟躲避。段文杰自告奋勇，要求备一匹马隐藏在大泉河对岸的河沟里，为大家巡逻放哨。如遇匪徒下山走近莫高窟，即快马下山抄近路到敦煌城向解放军报信。就这样，大家惶恐焦灼地熬到了天明。

第二天上午，县里派人通知说，南山里有残匪作乱，大家待在莫高窟不安全，县领导让研究所人员临时撤到县城暂避。留下几个人轮流上到九层楼山顶放哨警戒，并在莫高窟前彻夜巡查。地方领导为了莫高窟文物以及研究所人员的安全，从骑兵团调来了一个班的解放军驻防莫高窟，他们连人带马被安排在下寺。

这段时间，溃逃的国军散兵游勇和土匪以及当地的反动势力相互勾结，以敦煌南山为基地，经常出没于距县城70公里的南湖乡进行抢劫。南湖是敦煌最远的一个乡，一块独立的绿洲，四周全是荒山丘陵和茫茫戈壁，形势非常危急。县政府为了保护南湖乡人民的生命财产安全，特派县保安队两个排六十多人，驻扎在南湖乡执行保卫任务。

保安队去南湖后，一边执行安保任务，一边开荒种地。南湖乡反动地主孙耀武窥探到这一情报后，偷偷将消息送给了距离南湖5公里的上泉子的土匪。土匪头子毕善录，自封仁义救国军师长，当他得到这一消息后，便迅速带领93个骑兵，连夜赶往南湖，埋伏在保安队劳动场地不远的沙梁后面。6月13日清早，在保安队毫无察觉的情况下，土匪利用有利地形，突然包围保安队，并居高临下猛烈射击，当即打死打伤战士数人。保安队撤退到一条水沟里隐蔽，土匪不敢贸然进攻，但他们掘开黄水坝放水进攻，保安队战士全部被浸在水里。熬到中午，沙尘暴突起，保安队乘着天日昏暗开始反击。双方持续了6个小时的激战，保安队多名战士伤亡，终因寡不敌众，50多位保安队战士被土匪全部俘虏，保安队的枪支弹药和物资，也尽被土匪劫掠而去。这就是震惊敦煌的"6·13事件"。

这个事件震动了全县，顿时人心惶惶。而孤悬在25公里外的莫高窟，也恰处在南山土匪出没的地段，且莫高窟河谷上游荒无人烟，土匪随时都有可能顺沟而下进行劫掠。为了莫高窟和研究所人员的安全，敦煌县政府又将保安大队一个排40多人的兵力调到莫高窟驻防，以加强警戒。保安大队到达莫高窟后，即刻修筑工事，整训布防，并在九层楼南侧的崖壁边沿，修建了一座土坯垒造的碉堡，这个位置较高，可监视到沟谷和崖顶四周的情况。70多年过去了，这座碉堡依然残存在莫高窟顶上，向世人述说着当年危难艰辛的境况。除了修碉堡之外，保安大队还在第428窟一带的最高层的大型洞窟里储存了一些粮食，把凡能盛水的器具都装满水并分别存放，以备万一。保安队的解放军战士在守卫莫高窟期间，和研究所人员朝夕相处，同甘苦，共患难。战士们帮助研究所种地、锄草、打土坯，干一些杂活。研究所的工作人员则给战士们开了文化课，教他们识字、念书，给他们读书、念报，军民建立了深厚的感情。同年 5 月，文化部通过地方给研究所寄来维持费，专署和县上还给他们支援了粮食和牲口吃的草料。那个时候，牲口是研究所重要的生产工具和交通工具。

敦煌艺术研究所被接管和更名

自 1949 年 9 月 28 日解放军独立团的祁承德政委和张献奎团长专程造访莫高窟，敦煌艺术研究所的旧职员便都解除了心理压力，放下了思想包袱。解放军的首长在敦煌解放的第一时间就亲临莫高窟，关心这里的员工和他们的工作，这使得大家欢欣鼓舞，倍感欣慰。虽然当时的莫高窟依旧清苦贫困，但地方党政领导对大家的关怀和照顾，使这条荒山沟里工作的研究人员感受到了新政府的善待和温暖。大家从内心迫切地希望新中国政府能够正式接管这所旧社会遗留下来的研究机构。但令大家感到不安和疑惑的是，为什么新政府的领导只对他们关心照顾，却一直不谈何时接管呢？直到 1950 年 8 月，西北军政委员会文化部代表和中央文化部的领导来到莫高窟办理接管，并将旧有的"敦煌艺术研究所"，更名为"敦煌文物研究所"，这才解除大家的困惑。敦煌石窟的研究事业，从此翻开了新的篇章。

1950 年 8 月 22 日下午，莫高窟晴空丽日。这一天，研究所的工作人员，因为一件盼望已久的大喜事，都兴高采烈地早早集中到窟区的大门口，准备迎接即将到来的一行特殊的贵宾。随着一阵汽车的轰鸣声由远及近，西北军政委员会文化部文物处的赵望云、张明坦两位正副处长，代表中央文化部抵达莫高窟，准备正式接管敦煌艺术研究所。随同而来的，还有省文教厅文管会主任何洛夫教授，酒泉专员公署三科王鸿鼎科长，以及文物处干部范文藻同志。当赵望云一行的车辆进入莫高窟大门的那一刻，研究所的工作人员欢呼雀跃，敲锣打鼓，热情地欢迎工作组的到来。工作组刚一下车，不顾车马劳顿的张明坦副处长、何洛夫教授等人，便踏着鼓点扭起了秧歌，使寂静的莫高窟立刻充满了欢声笑语。一时间，沉寂荒凉的莫高窟生气勃勃，很多年了，未曾出现过如此欢乐祥和的情景。

工作组这次前来，还给研究所带来了不少慰问品，包括工作中急需的收音机、笔墨纸张、绘画颜料以及其他一些文化用品。当他们得知常书鸿喜得贵子，还特意捎来一件小花袄作为贺礼。常先生的夫人李承仙再三推辞不肯接受，张明坦副处长说："这是党组织对你们的关怀，非接受不可哟！这也是延安解放区的老规矩，是军民一家干革命的老传统，这点心意务必收下！"工作组的人情味让久居深山生活艰苦的常书鸿夫妇倍感温暖，不禁流下了热泪。

次日上午，工作组正式召开全体工作人员大会。赵望云、张明坦两位处长，首先对莫高窟全体工作人员表示热情地慰问，然后代表中央文化部正式宣读接管敦煌艺术研究所的文件，即从1950年8月1日起，"国立敦煌艺术研究所"正式更名为"敦煌文物研究所"，归属于中央人民政府政务院文教委员会社会文化事业管理局，常书鸿继任所长。大会上，赵望云、张明坦两位处长分别谈了这次到敦煌的任务，并布置了一系列接管工作。当时在座的研究所工作人员个个心潮澎湃，激动和喜悦的心情难以言表。因为解放都快一年了，研究所就像一个没有归属的"孤儿"，一直不被新政府接管。其间大家都认为，这个旧社会成立的单位很可能会被裁撤解散，有些人已经做好了打铺盖走人的心理准备。但今天会议上的通报让他们喜出望外，研究所非但不解散，而且还是国家文化部文物事业管理局的直属单位，这使全所职工无不心情振奋，欢欣鼓舞。据研究所的老人们回忆，工作组的领导都十分谦逊有礼、和蔼可亲，没有一点居高临下的官威。张明坦处长还亲切地说："我们这次到敦煌来，主要目的是看望和慰问大家，接管不过是补办一个手续，实际上从敦煌解放那天起地方党政领导就一直在领导你们，关心你们，这一年来你们也坚守岗位，十分辛苦！"张处长一席话，让大家感到国共两党迥然不同的工作作风。

在这次大会上，常书鸿所长作了报告，介绍了自1943年筹建敦煌艺术研究所到新中国成立一年以来的基本情况。他没有谈及他自己的辛酸苦楚，包括他为了敦煌事业坚守石窟，落得家人离散的悲剧。但他谈到了1945年研究所被撤销，几经呼吁奔波才得以保全，以及近几年这里的艰辛。说到这次研究所被新政府接管的欣慰，这位对敦煌事业一片赤诚之心的知识分子，竟情绪激动地热泪盈眶。随后，其他工作人员也开始发言，倾诉了这些年被困守在大漠深山缺食少穿的艰难困苦，还有经常领不到工资的无奈与委屈。有的说到伤心之处，禁不住潸然泪下。这使在座的领导也不免为之动容。张明坦处长缓缓地站起身来，劝慰大家说："过去的事情就让它过去吧，有些事情应当由当时的政府负责，今后大家在常所长的领导下，要团结起来把莫高窟的事业搞好，文化部对你们抱着很大的希望啊！"当他听说个别新中国成立前从内地来的研究人员，有离开敦煌返回家乡发展的倾向时，张处长很是关切，他劝导说："你们现在都已是国家干部，一个国家干部要为人民服务。你们目前在莫高窟的工作就是革命工作。"张处长的话虽然简短，但很中肯，疏导了大家的情绪，起到了安抚人心的作用。

8月25日，接管工作的程序基本完成，工作组召集全所员工举行了"庆祝敦煌文物研究所成立大会"。在庆祝大会上，从西安、兰州来的工作组和莫高窟的工作人员以及敦煌县政府派驻莫高窟的保安队战士们共同联欢。那天，风清气爽，月光明朗，赵望云和张明坦提议，就举行一个象征团结的"月光晚会"吧。月光晚会在研究所办公区中寺前院的两棵沧桑老榆树下露天举行。这个院子是自1943年以来研究所的工作中心，如今是敦煌研究院院史陈列馆。那天晚上，这个院子里热闹非凡，小桌上摆满了刚摘下来的各种新鲜果蔬，虽然大都是莫高窟小绿洲的"土产"，却也显得颇为丰盛。常书鸿到莫高窟后带领大家种植了很多树木，其中就有不少果树。中华人民共和国成立后提倡大生产，在"不劳动者不得食"的口号下，研究所的工作人员也进行了一些蔬菜和粮食的自给自足。工作组来的时候，正值秋获季节，拿出自己的劳动果实款待贵客，也表达了研究所工作人员的一片心意。那晚的活动持续到半夜，大家欢天喜地，边歌边舞，喜不自胜。作为画家又是书法家的赵望云处长多才多艺，他用二胡拉了一曲"山丹丹开花红艳艳"的陕北歌曲，让久居大漠荒沟的人们难得感受了一下陕北革命老区的风情。晚会开得很成功，这种令人激情澎湃、意气风发的感觉，对于莫高窟工作人员来说是自到敦煌以来从未有过的。

8月26日，敦煌文物研究所的工作人员都领到了优厚的工资，结束了举债度日的艰苦日子。从这时起，文物局会按月给研究所下拨经费，解决了这些年来研究经费紧张、生活拮据的状况。赵望云处长和张明坦副处长在离开莫高窟之前，对研究所过去进行的一系列研究、保护和临摹工作，给予了肯定和赞许，并热情帮助研究所分析经验教训，总结过去七八年以来的工作成就和存在的问题，制订今后的工作计划，落实经费预算和人员工资、待遇、保障等措施。从此，敦煌艺术研究所在西北军政委员会文化部领导下，迈上了一个崭新的发展台阶。

这年8月底，常书鸿所长随接管工作组赴西安参加第一次西北文代会，常书鸿在后来的回忆录里说："这次能来西安参加西北文代会是我一生文艺工作中一个非常重要的转变时期。"在这次会议上，彭德怀强调"国家建设时期，需要文化艺术的发展"。彭德怀的讲话，使常书鸿"明白了我们所存在的放弃敦煌研究和保护工作的思潮是'左'倾的错误观点"。常书鸿回所后，敦煌文物研究所即成立了下属的美术组、石窟保管组、总务组。这标志着新研究所翻开了敦煌保护和研究事业的新篇章。

1951年4月，敦煌文物展在北京开幕，受到中央人民政府的高度重视和人民群众的欢迎。1951年6月，中华人民共和国中央人民政府政务院给敦煌文物研究所颁发了奖状，由时任政务院副总理的郭沫若亲笔书写。全文是："敦煌文物研究所全体工作人员在所长常书鸿领导下，长期埋头工作，八年来在极其艰苦困难的条件下，从事敦煌莫高窟壁画的摹绘和研究工作，成绩很大，对我国自北魏、隋唐以来千余年间劳动人民辉煌的文化遗产，尽宣传和保护之功。特呈请政务院批准，发给该所全体工作人员奖状及奖金，以示鼓励。"这是对敦煌文物研究所常书鸿所长及全体工作人员保护研究工作的充分肯定和历史性总结，在敦煌莫高窟保护、研究工作的历史上具有里程碑的意义。

敦煌文物研究所成立后的前期，敦煌研究及保护工作突飞猛进，除临摹莫高窟、榆林窟大量历代壁画、彩塑并修复了一批文物外，还于1957年出版了第一本专著《敦煌莫高窟》。在石窟保护方面成就卓越——敦煌石窟的大规模保护研究工作是从1949年敦煌解放后展开的，特别是1963年到1966年对莫高窟的大范围加固工程，加固崖面全长576.12米，工程范围内包括358个洞窟，使莫高窟有壁画彩塑内容的492个洞窟的73%得到了永久的保护，也对防止石窟坍塌起到了重要的保护作用。至今人们看到的莫高窟坚固的崖体面貌，正是敦煌文物研究所成立前期改观的。这项保护工程为莫高窟的长期保护、研究及日后的旅游开放都创造了有利条件。

敦煌研究所成立后，新中国成立前自内地前来莫高窟的那批青年专家，如段文杰、霍熙亮、孙儒僩、欧阳琳、李承仙、史苇湘等，和敦煌当地的窦占彪、范华等，也各司其职，继续留下来为文物研究所的工作奋斗。1952年，李其琼（四川西南美专毕业）从部队转业来到莫高窟；1953年，孙纪元、关友惠等四位西安美院的学生来到莫高窟，他们是新中国成立后由国家分配给文研所的第一批大学生；1954年，在北平国立艺专任教的万庚育和李贞伯夫妇也来到莫高窟。这些后来人沿着常书鸿的足迹加入敦煌文物研究所，坚定不移地继承了常书鸿开创的敦煌事业，在当时极端困难的条件下，开创了敦煌文物保护和研究事业的新局面。他们献了青春献子孙，把自己的全部才华和精力都奉献给了石窟保护和研究事业。他们日复一日，年复一年，在各自的研究领域做出了重大的贡献和成就。他们是敦煌石窟研究和保护工作的一批开创者、奠基人。他们功勋卓著，是敦煌事业的楷模。

国家建设虽艰辛　石窟保护未放松

20世纪50年代末到70年代末的二十余年，是中国社会政治风波频频掀起、经济建设屡屡受挫、文化事业岌岌可危的年代。一系列政治运动，严重扰乱了国家的运行机制和人民的正常生活。而严重的自然灾害和严峻的国际形势更是雪上加霜，造成整个国家陷入困境，物资极度匮乏。在这二十余年里，敦煌与全国各地一样，免不了政治运动的左右，地方经济也处于十分贫弱的状态。但因敦煌保存着文化宝库莫高窟，这种国宝级重要文物遗址在世界上都有很大影响。所以尽管是在那段特殊的历史时期，地处偏远的敦煌还是受到了党和国家领导人的重视和关照，亦受到世界上许多友好国家和人士的关注，敦煌由此发生了一些不同寻常的事情。

1956年，日本画家福田丰四郎到敦煌，他是战后首次访问莫高窟的画家。1957年，日本考古学会和每日新闻社派出一支由考古学教授组成的5人访华团，来到莫高窟考察。次年1月，敦煌文物研究所赴日本东京、京都举办"中国敦煌艺术展览"。这是新中国成立以来中日两国最早的民间文化交流,对以后中日邦交正常化的实现都有良好的铺垫作用。

那时候的敦煌,作为一个偏居西北且城乡人口不足10万的小县城,不仅偶有外宾到访,更有不少国家领导人来考察参观。1957年,时任共青团中央第一书记的胡耀邦和书记处书记项南从新疆返京途经敦煌,特意到敦煌考察并参观了莫高窟。1958年,时任国务院秘书长的习仲勋在甘肃省省长邓宝珊陪同下到敦煌考察,参观了莫高窟,并召开全县干部大会,习仲勋作了《关于公社化和生产中若干问题》的讲话。同年,时任中共中央政治局委员、国务院副总理、国防部长的彭德怀到敦煌,做了为期三天的考察工作。其后一直到改革开放前夕,陆续到敦煌考察参观的中央领导有杨成武、李雪峰、李维汉、赛福鼎、徐平羽、王甫、林默涵等。其中,给敦煌人留下印象最深的是彭德怀元帅。

彭德怀考察敦煌县,参观莫高窟

那是1958年10月22日的一个下午,深秋的敦煌已是落叶飘零,寒意渐浓。一辆绿色帆布篷军用吉普车驶入冷冷清清的敦煌县城,径直开到县委大院的门口停了下来。车上下来三个汉子,一人身着便装,另两人身着军装。早已等候在市委大院门口的几位敦煌干部立即迎了上去,相互介绍握手后,一群人便走上了街道马路。那时的敦煌县城本来人口就不多,天气变冷后更少有人上街。街上稀稀散散的行人忽见这么一群领导干部模样的人,而且还有一辆吉普车,便纷纷驻足观看,有些胆大的还往跟前凑,一会儿工夫就聚集了不少人。三人中身着便装者便热情地与街上群众打招呼,并与凑到跟前的群众寒暄了起来。人们看这位来客,年纪约60岁开外,外穿一件旧得已经脱了绒的黄呢子大衣,里面的黑毛呢中山服也很旧,脚上是一双很普通的布鞋,头上戴的布帽子也都旧得不成样子了。此人一身穿戴虽极为朴素,但其身材魁伟、气宇轩昂,一看就是一位经历过漫长戎马生涯的老军人。一开始围观的群众还没反应过来这位态度谦和的外地人是什么来头,但听到他说话跟毛主席一样带着浓重的湖南口音,再端详那棱角分明的五官和稳健刚毅的气质,终于有人惊呼:这是彭德怀元帅啊！

是的，来人正是彭德怀元帅，时任中共中央政治局委员、国务院副总理、国防部长。跟随他来的，是兰州军区司令员张达志及秘书、司机。其实彭德怀的敦煌之行在三天前就已经通知了敦煌县委，但彭德怀一向作风朴实，反对走过场、摆排场，而且注重深入到基层群众中了解真实情况。这次来敦煌的主要目的也是考察"大跃进"形势下的地方经济和人民生活状况。来之前他就提了要求，不要惊动群众，不要搞欢迎仪式，一切从简。因此，敦煌县领导没有告知群众，也没组织欢迎仪式，于是才发生了群众围观一幕。彭德怀到敦煌的这天，县委书记正在省城兰州开会，由县委副书记刘孟晋负责接待彭德怀一行。刘孟晋是位年轻干部，当时才28岁。彭德怀到达县委的时候，刘孟晋正在县招待所安排接待工作，没有赶上迎接。当他从招待所出来，远远看到一群人和吉普车时，一下子紧张了，三步并作两步跑到彭德怀跟前，面红耳赤地做自我介绍并为自己没有亲自等候迎接道歉。彭德怀和蔼地笑着说："没等又有啥关系嘛，都是自己同志，我也没有通知你们准确的时间。初来敦煌，我们想看看，见见群众。"彭德怀的平易近人让刘孟晋的不安和紧张平息了下来，他接着向司令员张达志致敬并询问其他随行车辆怎么还没到。彭德怀又笑着替张达志回答："就我们4个人，再没有车了。"听此话后，在场的敦煌干部都有点发蒙——这么大的领导，党和国家的重要领导人，来敦煌只开一辆车，只有一个军方领导陪同，真是出乎意料。多年后，曾经接待过彭德怀的敦煌干部提起此事，仍然由衷地赞叹：彭老总真是太朴实了！

天色将晚，彭德怀一行入住了敦煌县招待所。入住后也没休息，就跟县里的干部们聊天了解敦煌的情况。从敦煌的历史文化到敦煌的水源、农业和工业生产等，彭德怀都非常详细地询问县里干部，并认真听取了他们的工作汇报。这期间彭德怀还从口袋里掏出一团棉花，郑重地对干部们说："我在离敦煌县城不远的路上看到一些散落的棉花，就顺手捡了些。农民种棉花从种到收要投入很多劳动，流不少汗水，丢掉了真可惜，县委和政府要做这个工作，教育群众爱惜自己的劳动果实，哪怕只有一点也要收回来，一点都不能浪费。"晚饭时，军区司令张达志特意吩咐接待人员："彭总生活很简朴，要求很严，你们越简单越好，你们吃啥就给他啥，吃饭只许一个人陪，绝对不能摆宴席。"所以那天食堂只上了两荤两素四个简单的菜，主食是敦煌人待客常用的臊子面。吃饭时，彭德怀问刘孟晋："你们平时就这样吃吗？"刘孟晋被问得哑口无言。彭德怀严肃地说："这样不行，机关干部的食堂吃的啥？大家吃什么，我就吃什么。"

23日下午，彭德怀到敦煌杨家桥大队（今月牙泉镇）视察。每到一个居民点，他都要停下车来，下去和农民们攀谈，问他们生产、生活及家庭情况，并掏出笔记本记录。到了队部后，他询问了这里的人口、土地、农业生产、产品、养猪养鸡等情况，公社和大队干部一一做了介绍。当干部们打算正式汇报工作时，彭德怀摆摆手说："我要看看。"于是，干部们陪同他看了一队的缝衣厂、敬老院、幼儿园和食堂。在食堂里，炊事员正在做饭，彭德怀看了看锅，拿过勺子搅了一下，锅里的面汤清可见底，问："大家能吃饱吗？"炊事员面有难色，不知如何回答。出了食堂，彭德怀情绪低落地说了句："共产主义绝不是吃大锅饭、睡大炕。"在场的人都面面相觑，不敢作声。当一行人来到了炼铁工地后，在一座座垒得像佛塔一样的土炉子边，看到一些群众正在汗流浃背地忙碌着，炼出的一些似铁非铁的黑东西堆在地上。彭德怀皱着眉头，弯腰拾起一块端详着，直率地说："这炼出的是铁吗？这样的炉子怎么能炼出铁呢？能办到的事就办，办不到的事，不要硬办嘛。"下午吃饭时，彭德怀坚持不回县食堂吃，要在杨家桥一队食堂里用餐。吃饭的时候，食堂里几百号人，老老小小排队打饭，不时传来小孩忍不住肚子饿的哭叫声。看着眼前的情形，彭德怀说："这样的饭大家能吃好吗？你们可是闻名全国的'千斤县'人民公社呀！"在座的人都低头不语，整个饭桌上气氛很沉闷。1958年秋彭德怀来敦煌时情况还不是最糟，到了1959年春粮食就已出现紧张，1960年便发生了严重的饥荒。直到党中央明确反对"五风"（即"共产风"、瞎指挥风、命令风、浮夸风、干部特殊化风）之后，形势才有了转机。1961年敦煌县开展抢救人命工作，从新疆调来了部分粮食，下发各大队，停办生产队食堂，将每月口粮分到户，才缓解了饥荒。

24日上午，听说彭德怀下午要去千佛洞（莫高窟），晚上不再回县城，机关干部们就推刘孟晋出面请彭德怀和大家合影留念,彭德怀爽快地答应了。那时县委还没有照相机,只好请照相馆的同志来。合影时,张达志站在彭德怀后面,彭德怀则拉刘孟晋和他站在一起,刘孟晋觉得自己只不过一个县委副书记,又年轻轻的,站在军区司令员前面不合适。正不知所措,彭德怀看出了他的顾虑,笑着说:"没啥子,没啥子,不过照个相嘛。"就这样,刘孟晋和县里的其他干部十分荣幸地与彭德怀合了一张影。

这天下午彭德怀到莫高窟参观,由敦煌文物研究所的段文杰、李承仙等人陪同和讲解。彭德怀在长达三小时的参观过程中始终精神抖擞、兴致盎然,上下栈道、进出洞窟稳健从容,其身体状态根本不像是这个年龄的人。说来也巧,10月24日这天,正是彭德怀60岁的生日。当时他自己没说,别人也不知道。直到多年以后,敦煌研究院的老先生提起此事时,仍颇有感触:彭老刚满花甲之年的这一天来莫高窟参观,可能是他人生的一个节点啊!彭德怀对历史文化非常重视,参观时十分认真,也特别谦虚,一边看一边请教、倾听。在九层楼观看唐代武周圣历元年的《李怀让重修莫高窟佛龛碑》时,段文杰介绍说,这块碑虽然残了,但它是考证莫高窟开窟年代的一个重要依据。彭德怀便接讲解员的手电筒,俯身仔细辨认碑上的文字。在十七号洞窟,听了藏经洞发现经过及其宝藏流失的过程后,无不感慨地说:"真可惜了,这么多的稀世珍宝,先人存宝,后人遗失,这件事反映了清政府的腐败无能,外国人能拿走,自己却保存不下来。"参观结束后,彭德怀又与段文杰等文物研究所的专家们交谈了许久,并询问所里职工们的工作环境与生活条件。他说:"这些是国宝,一千多年了,能保存下来很不容易,破坏也不少,还要好好地维修,把它好好地保存下来。这里的工作很艰辛,生活条件也艰苦,你们已经做了不少工作,在这里我谢谢大家了。"研究所的同志请求彭德怀题词,彭德怀自谦地说:"题什么词呀,我的字又写得不好。"在大家的一再请求下,彭德怀乘兴题了一首诗:

　　玩视千佛洞,历史枉自长;
　　闹市成废迹,敦煌行人稀;

一九四九年，兰州灭继援；

红旗向西指，春风笑昆夫。

在敦煌的三天考察，彭德怀去了很多地方，见了很多人，特别是走访农村的基层单位和普通群众，几乎没有一刻的闲暇。当时见过彭德怀的敦煌人，对他直言不讳、坦诚待人的鲜明性格以及雷厉风行、朴实无华的工作作风都印象很深。而当时敦煌的干部群众，也能感觉到他对当前时势的焦虑和迷惘，对百姓生活的悲悯和担忧。之后的形势发展，更证实了彭德怀的忧虑。彭德怀通过深入敦煌等地实地考察，以辩证唯物主义的观点和实事求是的态度，调查了解社情民情，看清了"大跃进"中浮夸风给人民带来的损失和灾难。离开敦煌后一个多月，在12月10日武昌召开的中共八届六中全会上，彭德怀针锋相对地批评了1958年以来中央施行的一些政策方针。1959年七八月间，在中共中央庐山会议上，彭德怀对"大跃进"以来的"左"倾错误再次提出尖锐批评，并因此遭受了排挤和打击。

六十多年后的今天，回想那段历史，斯人已去，是非亦断，过往如云烟。然而敦煌人民对彭大元帅的追忆还在，他伟岸的身影和高尚的品格永远为敦煌人民所传颂。

周恩来对敦煌文物工作的支持

1964年10月16日，我国自行制造的第一颗原子弹试验成功，试验地点就在距敦煌几百公里的罗布泊。在举国欢庆的时候，身在中南海的国务院总理周恩来却在心情急迫地安排着另一件事情。他让国家文物局负责人王冶秋马上与敦煌联系，询问敦煌人民是否受到影响，莫高窟有无遭受损坏。中共敦煌县委领导和敦煌文物研究所所长常书鸿先后接到来自北京的电报，得知了周总理的指示，并很快回电如实汇报：敦煌人民目前未受影响，莫高窟安然无恙。了解到这一情况，周恩来这才舒展双眉。随后，他先后派出10批由北京医疗单位专家及医护人员组成的医疗队赶赴敦煌，深入敦煌城乡和莫高窟，给人们检查身体，并设立了专门的防疫机构，随时监测可能由核辐射引发的疫情。周恩来还指示铁道部，对正在进行的莫高窟大规模加固工程要加快进度，确保这座艺术宝窟能完整保存下去。虽然周恩来日理万机，生前没能亲自去敦煌视察参观，但他却一直关心着敦煌艺术的保护研究工作。

两次看展，周恩来都强调了敦煌文物保护

早在1945年5月，抗战即将胜利之时，周恩来正在重庆以中共中央驻重庆代表身份工作。恰在这时节，国立敦煌艺术研究所在重庆七星岗中苏友好协会举办了一次小型敦煌壁画临摹艺术展，向社会各界介绍莫高窟自北魏以来历代创造的艺术成果。展出获得了意想不到的成功，参观的人络绎不绝，瑰丽多彩的敦煌艺术轰动了山城。此次展览也吸引了周恩来，他与董必武、林伯渠等其他中共代表及文化界名人郭沫若等一同前来看展。正逢常书鸿在展厅里，热情接待了周恩来一行，亲自为他们讲解。周恩来一边听着讲解，一边仔细欣赏着敦煌壁画临本，赞叹不绝。对常书鸿浓浓的浙杭口音，周恩来不由发问："常先生也是浙江人？"当听到常书鸿是浙江杭州人时，高兴地说："常先生和我算是老乡了，我的老家在浙江绍兴，和杭州相距才百余公里，我们今天是老乡遇老乡，两眼泪汪汪啊！"随后，周恩来与常书鸿交流了有关敦煌艺术的一些观点和看法。他对画展给予了高度评价，对常书鸿他们在艰苦环境中保护敦煌艺术的作为表示由衷的敬意。这次与周恩来的一面之交，是常书鸿来重庆办展的意外收获。他没有想到能在这里遇到了知音加老乡，而且是共产党的重要人物，并由此也了解了共产党人对文物保护的重视态度。

1949年9月28日敦煌解放。在周恩来总理的关心下，敦煌艺术研究所直接归属到了中央人民政府政务院文教委员会社会文化事业管理局，改名为"敦煌文物研究所"，常书鸿任所长。1951年，为了配合抗美援朝运动中的爱国主义教育，周恩来指示在北京举办一次大型敦煌艺术画展，由敦煌文物研究所和中央历史博物馆联合举办。这一年元月，常书鸿接到政务院文教委员会社会文化事业管理局局长郑振铎的电报，要他将敦煌文物研究所历年完成的全部壁画临摹本带往北京展出。这对于新中国的研究所来说是一个极大的鼓舞与促进。常书鸿和全部工作人员马上收集整理好所有的壁画临摹本一千多件，连夜赶往北京。遵照周恩来的指示，郑振铎亲自任"敦煌艺术画展"筹备委员会组长，常书鸿任副组长。大家经过4个多月的辛勤工作，展览于1951年4月下旬筹备就绪，准备在故宫午门城楼上展出。就在展览会开幕前的一个星期天上午，常书鸿和女儿常沙娜与历史博物馆的张秘书正在对展品做最后的检查校对时，忽然接到中南海打来的电话，说有一位中央首长要来画展会场参观。听到这个突来的消息，电话这头的常书鸿有些慌，因为今天是星期日，大部分人都不在会场。而通知人知道他是常书鸿时便说："只要你来接待就可以了，请你在下午3点准备接待。"下午2点常书鸿就和女儿常沙娜及张秘书早早来到午门楼上等候。2点半时，看到一辆小轿车从端门朝着午门开过来，停在午门城楼下。当时天下着蒙蒙细雨，警卫员把一件淡蓝色雨衣披在下车的首长身上。常书鸿和张秘书马上走到前楼台阶上迎接，见首长迈着矫健的步伐登上了台阶，来人正是周恩来总理。常书鸿快步向前与总理握手——这是他们的第二次握手。周恩来见常书鸿没有拿伞站在细雨中，马上把披在肩上的雨衣脱下来交给了警卫员。他热情地说："七星岗看过你们的敦煌壁画摹本展览，已经五六年了，那次只有20多件展品，这次规模可就大得多了。"常书鸿激动地说："当年您对我们的鼓励和支持坚定了我们信念，使我们更有信心继续坚持工作。"在布展会场，周恩来兴致勃勃地观赏丰富的展品，热情洋溢地和常书鸿交谈。他询问了新中国成立后研究所的工作和生活情况，以及敦煌艺术的历史渊源等许多问题，又与常书鸿讨论了这次展出的摹本、实物、图表及摄影资料等具体内容。面对丰富的展品，周恩来非常满意地说："看了这么多展品，使我大开眼界，相信敦煌艺术的发展，一定会有一个全盛时期。"当看到常书鸿的女儿常沙娜临摹的敦煌壁画展品时，周恩来高兴地对常书鸿说："你的女儿继承了你的事业，敦煌艺术可有传人了！"当听说常沙娜刚从美国波士顿留学回到北京就参加了这次展览时，周恩来鼓励常沙娜说："国家正需要你们这样有学问有才能的年轻人，回来建设新中国很光荣啊！"参观期间，周恩来还不忘询问敦煌文物研究所在工作中遇到的困难。常书鸿如实地汇报了莫高窟年久失修、千疮百孔、亟待抢修以及专业人员需要补充等问题。周恩来仔细听取汇报后，表示会尽快想办法予以解决。告别之时，他高度赞扬了常书鸿他们舍身艺术、保护国宝的可贵精神和已经取得的可喜成绩，鼓励他们做一辈子敦煌文物的保护和研究工作，对敦煌艺术的关切之情溢于言表。

在故宫午门城楼上举办的这次"敦煌艺术画展"产生了轰动效应，每天都有成千上万群众竞相参观。在周恩来的关照下，外交部还专门抽出一天时间用来接待外国驻华使节和国际友人，将我国敦煌学的研究成果第一次推向世界。这次展出也起到了推动爱国主义教育的巨大作用，全国多家报纸、杂志都纷纷撰文介绍敦煌艺术。展览结束后，中央人民政府举行表彰大会，周恩来亲自签文批准，给敦煌文物研究所全体工作人员颁发了奖状和奖金。郭沫若亲笔书写了奖状："敦煌文物研究所全体工作人员在所长常书鸿领导下，长期埋头工作，保护并摹绘了一千五百多年来前代劳动人民辉煌艺术伟利，使广大人民得到欣赏研究的机会。这种爱国主义的精神是值得表扬的。特颁奖状，以资鼓励。"

困难时期，周恩来拨巨款加固维护莫高窟

北京举办"敦煌艺术画展"后，周恩来心里一直惦记着常书鸿汇报的莫高窟亟待抢修的事。1951年6月，在周恩来的安排下，政务院派出北大、清华的教授赵正元、莫宗江及古建筑学家余明谦、陈明达等，对莫高窟文物保护工作进行了实地考察，制定出治本与治标相结合、临时与永久相结合、由洞外到洞内分步骤保护的总体方案，并获得了中央的批准。那时是新中国成立初期，百废待兴，在经济基础薄弱、财政极端困难的情况下，周总理指示首先拨款2亿元（当时的旧币约合现在人民币2万元），修复了5座岌岌可危的唐宋时期木结构窟檐。还拨款改善了敦煌文物研究所的工作和生活条件，配备了吉普车，购置了发电机，莫高窟破天荒地第一次安装了电灯照明。这是新中国成立以来，对莫高窟进行的第一次抢救性维修工程。

1961年3月4日，国务院公布敦煌莫高窟为第一批全国重点文物保护单位。1962年，敦煌文物研究所为了进一步推进文物保护工作，向中央文化部呈交了《关于加强保护莫高窟群的报告》，提出加固莫高窟的具体意见，以防止鸣沙山山体向前移动而造成石窟岩壁倒塌，避免敦煌壁画彩塑毁于一旦。报告呈送国务院后,受到周恩来的高度重视,国务院迅速派出十余名专家学者组成的工作组,由文化部副部长徐平羽率领,到莫高窟进行考察考证。当时国家刚刚度过3年天灾人祸的困难时期,内忧外患,财力十分拮据。维修这座历经1600多年、规模宏大、屡遭人为破坏和风雨侵蚀的石窟,其耗资之巨难以想象。为此,专家们制定了一个先抢救最危险地段,再分期分段实施全面保护的长远规划。这年,在周恩来亲自主持召开的国务院会议上,赴敦煌考察论证的专家学者们和常书鸿全面汇报了敦煌莫高窟的情况和抢修方案。会上,周恩来语重心长地说:"敦煌莫高窟是我国古代劳动人民宝贵的文化艺术遗产,已有一千几百年的历史了,新中国成立前已遭受过帝国主义者残酷的劫掠和破坏,现在我们一定要保护好它,否则,我们这些人不能向后世交代。"当时,因财力困难全国各地已停止修建楼堂馆所,全力以赴发展工农业生产,但周恩来仍然果断做出决定,批准拨巨额专款100万元,一步到位,用于大规模抢修敦煌莫高窟,实施保护工程。这项工程于1962年当年进行勘测,1963年开始施工,1966年秋完成了第一、二、三期石窟加固工程。整个工程在石窟群的南北区总计4040米的长廊中,加固了195个石窟,制作了7000多平方米的挡墙砌体和梁柱,对363米的岩壁做了彻底的加固,并安全地解决了400多个洞窟上下4层之间的往来交通。层层叠叠、巍峨壮观的坚固栈道代替了唐代文献记载的"虚栏",为人们上下石窟提供了安全便捷通道。莫高窟因此成为我国著名四大石窟中迄今保护最好的石窟,这是周恩来关心和保护敦煌艺术的历史见证。

十年动乱,周恩来签署文件保护莫高窟

1964年,第三届全国人民代表大会召开期间,周恩来利用作政府工作报告的休息间隙,邀请常书鸿到休息室,向他询问敦煌莫高窟正在进行的抢修工程和有待解决的问题。常书鸿向周恩来汇报说,莫高窟的大抢修工程进展顺利,同志们加班加点夜以继日抢工,力争在1966年莫高窟建窟1600周年纪念活动时竣工。周恩来听了很满意,他认真叮嘱常书鸿:"在抢修时一定要注意保护好文物,不能让敦煌壁画和塑像受到损坏,一千几百年了,保留下来不容易，一定要小心谨慎。"他还说："敦煌工作不是一辈子所能做完的，必须子子孙孙都在那里继续努力工作，才能完成。"总理对敦煌文物工作的关心和嘱托令常书鸿非常感动，他坚定地向总理保证："请总理放心，我一定把您的指示带给敦煌全体工作同志，一定要把敦煌文物工作当作祖祖辈辈的事业一代接一代地干下去！"1966年2月，历时3年的敦煌莫高窟大抢修工作基本完工。面对修缮一新的莫高窟，敦煌文物研究所的全体工作人员精神振奋，喜上眉梢。大家在常书鸿的领导下加紧了壁画临摹和文物研究工作，为拟定举行的纪念莫高窟建窟1600周年活动做积极准备。同年3月，为筹备举行敦煌莫高窟建窟1600周年纪念活动，常书鸿来到北京向文化部汇报筹备情况。其间，时任国务院副总理的郭沫若接见了他。常书鸿向郭沫若汇报完工作后，恳请郭沫若亲临敦煌主持纪念大会。当时已年过70的郭沫若高兴地答应了常书鸿的邀请，并很热情地说："周总理对敦煌文物工作很重视，希望你们不要辜负总理的厚望，再接再厉更上一层楼，把敦煌文物保护和研究工作搞得更好！"并现场欣然挥毫，为莫高窟写下了"石窟宝藏""三危览胜"的题字。在北京汇报工作期间，常书鸿还把拍摄的一整套敦煌石窟维修加固后的照片和一本自己编辑的《敦煌壁画艺术》画册通过文化部的同志转交周恩来，并表示希望周恩来有机会来敦煌指导工作。让常书鸿没想到的是，就在他离开北京的前一天，文化部文物局局长王冶秋就打来电话说：总理收到照片和书很高兴，并鼓励常所长进一步干好敦煌的文物工作。总理还说，敦煌是西出阳关的名城，是他向往已久的地方，有机会他一定去敦煌参观莫高窟，看望大家。常书鸿为此激动不已，这么大一个国家的总理，每天要处理多少事，却如此关心敦煌的文物工作，如此之快地回复一个偏远研究所所长的请示和邀请。常书鸿当时的心里，对总理来敦煌的那一天，肯定有着殷切的盼望。

然而，世事难料，就在常书鸿和文物研究所的同志们热情百倍地投入工作，筹备即将举行的敦煌莫高窟建窟1600周年纪念活动时，一场史无前例的"文化大革命"开始了。在这种形势下，本已筹备好的敦煌莫高窟建窟1600周年纪念活动也就此夭折。1966年10月，江青在接见首都红卫兵时公开说："敦煌艺术没什么可以继承的东西。敦煌艺术是精神鸦片！"这无疑将敦煌艺术推向了政治运动的火坑。于是，被煽动起来的红卫兵纷纷从北京、兰州、酒泉及敦煌县城出动，气势汹汹地杀向莫高窟。敦煌文物研究所的专家学者一个个被揪出来批斗，研究所的工作陷入了瘫痪。然而，更严重的是，一场灭顶之灾直接危及了莫高窟。1967年夏天，敦煌县武装部、公安局和敦煌文物研究所同时接到兰州大学敦煌籍学生拍来的电报：兰州大学的部分红卫兵已准备起身前往敦煌，和在敦煌的红卫兵会合，计划捣毁莫高窟的壁画和彩塑，请设法阻止。莫高窟这个世界上保存最完整、规模最大的佛教艺术宝库，保存着数万平方米历代壁画，数千身历代彩塑，是中华民族的宝贵文化艺术遗产，一旦被红卫兵捣毁，将是人类文化史的一场浩劫。敦煌县委县政府和敦煌文物研究所深感事态严重，情况危急，立刻向甘肃省委省政府和国家文物局汇报。敦煌的紧急汇报很快上呈到国务院，汇报给了周恩来总理。中南海的总理办公室里一片沉闷，在这敦煌莫高窟生死存亡的危急关头，周恩来浓眉紧缩，神情严峻。他沉思片刻后，果断地对身边工作人员说："立即让国家文物局和甘肃省采取措施，保护敦煌莫高窟，不能让这座人类文化宝宝受到损坏。"

然后他亲自签发了国务院文件："关于敦煌莫高窟第一批国家级文物保护单位在'文革'期间一律停止对外开放，任何人不得冲击破坏，确有问题的待后期清理。"这份文件很快就电传到了敦煌。就在国务院电传紧急文件到达敦煌的第二天清晨，从兰州赶来的红卫兵大军已坐火车来到了敦煌，他们和在敦煌的红卫兵头头儿一接触，马上开始肆无忌惮地大规模破坏敦煌文物。他们首先来到敦煌县城附近著名的鸣沙山月牙泉风景区，抡起锄头、榔头把那里的一大片明清古建筑彻底捣毁，然后喊着口号，浩浩荡荡向莫高窟进发。

听到消息后，敦煌县武装部部长张双虎带领解放军和公安人员立即赶到通往莫高窟的必经之地——文化路口阻截。当红卫兵大军气势汹汹地到达路口时，文物所的工作人员和地方干部以周恩来总理亲自签发的文件为"尚方宝剑"，向红卫兵宣传国务院的指示，并向红卫兵讲述敦煌莫高窟的文物艺术价值和保护到今天的艰难历程，特别向红卫兵们讲述了周恩来是如何关心重视敦煌艺术的事。"周总理不让我们打毁？周总理在保护莫高窟！走吧！撤吧！"红卫兵们纷纷小声议论着。相持了一阵子之后，红卫兵终于撤走了。

当然，在此期间也有几拨红卫兵小股队伍窜到了莫高窟，让文研所的专家学者们感到非常紧张。他们一边向红卫兵宣示周总理的指示，一边带领他们参观洞窟，在参观的过程中刻意指着藏经洞发现以后，西方所谓的"探险家"以考古的名义对莫高窟壁画施行破坏留下的斑斑罪迹，并历数帝国主义对莫高窟的掠夺与破坏的罪行，然后让大家翻开"红宝书"学习毛主席语录："凡是敌人反对的，我们就要拥护……"帝国主义破坏，我们就要保护。这一句在当时家喻户晓的伟人名言，在此刻发挥了巨大的威慑力。红卫兵非但不敢实施任何破坏行为，反而模仿着讲解人员的警告语言，相互提醒"不要靠墙，小心蹭伤壁画"。

莫高窟在总理的指示下和文研所及军地干部的努力保护下，终于有惊无险，免遭了一场劫难。

凭借周恩来亲自签发的这份国务院文件，敦煌莫高窟不仅躲掉了这一次危险，而且奇迹般地平安度过了十年动乱岁月。随着改革开放时代的到来，敦煌被列为第一批对外开放城市，莫高窟以其光辉灿烂的中国古代文化艺术，吸引了来自五湖四海的人们，敦煌艺术终于迎来了周恩来所预言的全盛时期。从那年红卫兵气势汹汹而来、杀气腾腾，到如今洞窟前游人徜徉、一片祥和，已逾半个世纪多了。面对绿树掩映、巍峨壮观的石窟群，说到驰名中外、绚丽多彩的敦煌艺术，敦煌人民更加感念周恩来总理为保护敦煌文化遗产所付出的满腔心血，更加缅怀他对敦煌事业的鼎力支持和巨大贡献。

祁连雪山育人文　党河水库流泽恩

党河与宕泉河哺育了敦煌的历史人文

党河，中国内陆河疏勒河的支流。据史料记载，汉时称氐置水（支至水），因西汉在敦煌建郡立县之前，党河流域居住着大量氐人，又在河边设置骑置而得名；亦称龙勒水，因党河拐弯处为古阳关城堡龙勒城而得名；约在西凉时党河改称甘泉水，唐宋两朝沿用此称，五代时一度也称都乡河；元明清至今名为"党金郭勒"，又名哈尔金水。"党金郭勒"中的"党金"是元初驻领沙州的蒙古贵族党金浑太吉的名字（浑太吉：蒙古族贵族头衔），"郭勒"为蒙古语的"河流"之意。清雍正以来，大批甘肃河西和河东的汉民迁居敦煌，成为这里的新主人。为了用汉语对此河流记读方便，取"党金"之党，替"郭勒"为河，蒙、汉文合成后即称党河，并沿用至今。

党河发源于祁连山南麓冰川群，是冰川雪水汇聚而形成的河流。338个大小冰川，孕育了15万公顷湿地，形成上游潜流后，在青海西部溢出地表，自南向北盘旋而下，经大别盖、桥头子、水峡口、党城湾、大浪湾穿越肃北，再向西北流过沙枣园，之后在敦煌西千佛洞附近折向东北流入敦煌绿洲。在敦煌绿洲内，经七里镇、沙州镇分散进入了敦煌的三个灌渠，流经肃州镇、莫高镇、转渠口镇，最后汇入疏勒河。党河绵延390公里，流域面积1.68万平方公里，多年平均径流量2.999亿立方米，是中国唯一一条由南向北流向的地渗河流。党河造就了敦煌盆地，滋养了敦煌绿洲，灌溉了48.5万亩农田，是今天20多万人生活生产的主要水源。可以说，党河就是敦煌的命脉，没有党河，敦煌也许就不会存在。正是党河的长流不绝，哺育了敦煌的万千生灵，延续了敦煌的历史文化，它是世代敦煌人民的母亲河。

与莫高窟同体系的西千佛洞石窟、五个庙石窟，以及敦煌著名景区鸣沙山、月牙泉，都与党河和有不可分割的联系。

在党河流域的峡谷段，古人开凿的五个庙石窟、西千佛洞石窟，赫然屹立在古老的崖壁上，诉说着古老文明的故事。想象当年的工匠和僧侣们，在赖以生存的党河之畔激情创作，一锤锤，一笔笔，凿绘理想中的佛国净土，滔滔不息的党河水曾激发了他们多少创作灵感。

"一湾如月弦初上，半壁澄波镜比明"的大漠仙池月牙泉，也是党河水的意外造化。据水文专家说，党河一路奔流，分明暗两支，明流的是我们所看到的地表上的党河，潜行在地底下的暗流则形成了千年不枯的月牙泉。"沙不进泉、泉不枯竭"的自然奇观，原来是河流与地形巧妙配合的天然杰作。

敦煌的另一条河流，就是守护莫高窟的千年圣河——宕泉河。宕泉河俗称大泉河，也属于疏勒河支流。据藏学家多识考证，祁连山一带的古羌人游牧部落名为"党"，甚至敦煌地区也曾为"党部"游牧之地。因而有学者推测，敦煌周边的山水地名中包含的文化信息，最早或与名为"党"的古羌人部落有关。而这里发"党"音的地理名称就更与古羌人"党部"有着千丝万缕的联系，如党城、党河、当金山等。此说如成立，宕泉河之"宕"很可能也是"党"的音译词。因为，宕泉河上游就是古老的牧区，自先秦迄今一直都是游牧民族活动之地。另外，宕泉沟是连接敦煌与党城湾（今肃北蒙古族自治县城所在地）的一个古老通道，20世纪七八十年代还时见骆驼商队从此路通过，而肃北的雪山蒙古族也曾沿着宕泉河来到莫高窟朝圣拜佛。其实宕泉河与党河的发源地非常近，同属一个山系，那么"宕""党"这两个相同的发音就更可能与古羌人"党部"的语言有关。

宕泉河发源于祁连山西端海拔3880米的野马南山。其源地的冰川融水形成数条小河，流经野马山区潜入地下，在潜行穿过约40公里的扇形戈壁后，到大泉、大拉牌附近露出地面，然后在三危山中辗转15公里流到了莫高窟所在的山谷。不要小看这条小河，有了这涓涓细流，人们才能在这荒野深沟中生存，才能有莫高窟的创建。宕泉河两岸红柳丛生、草木青绿，每到秋季山洪带来的泥土沉淀于此，成为创作莫高窟泥土艺术的基本材料。根据莫高窟的碑文、题记记载，莫高窟开山鼻祖乐尊和尚，就是站在宕泉河畔看到三危圣光，才立志于此处的山谷崖壁上开凿佛窟，是为莫高窟的肇始。到唐代时莫高窟已形成"窟龛千余""前流长河，波映重阁"的壮丽景象。

深藏于山涧的宕泉河，与莫高窟人还有着数不尽的故事。敦煌文物研究所早期，人们工作、生活用的都是煤油灯。1959年，所里职工为了解决用电，全体出动在宕泉河上筑坝蓄水，用一个月时间建造了一座小型水电站，以望在生活中不再摸黑度日，在洞窟里工作不再用镜面反射照明。然而，宕泉河一年大多数时间是涸水期，水流量太小，发电动力不足，点亮的灯光微弱得不如用惯的油灯。大家争取光明的愿望一时成了泡影。但莫高窟人的生活仍然依赖于这条河，夏天把水引入水窖，冬天则掘冰化水，生活用水得以保障。此外还用宕泉河水灌溉洞窟的守护屏障——自晚清以来人们陆陆续续种植的树木。宕泉河谷至今还存有莫高窟人在艰苦岁月中留下的遗迹。在那个困难的年代，人们食不果腹，生活十分艰辛。但为了莫高窟的保护和研究工作不中断，莫高窟人没有选择离开这里回到城市,而是采取了原始的生产自救方式。他们在人迹罕至的大泉沟深处打柴放牧、开荒种地,没有向国家伸手要救济。他们一边在洞窟里工作,一边轮流在地里干活,或在深山沟里放羊。为了保护宕泉河两岸的生态,他们还在上游种下几片树林。

今天的人们若进入大泉沟游览,依然可以看到困难时期留下的模糊的地埂及石垒窝棚,还有那些已经长大了的茂密林木。宕泉河水从莫高窟前潺潺流过,从莫高窟人的心上流过,它是莫高窟的守护河。它的奔流,混合着崖壁上那种回响千年的凿窟声;它的静影,映照出石窟前那些来来去去的众生相;它的枯荣,见证了山谷里这片佛国净土的兴与衰。自古及今,为莫高窟魂牵梦绕、无怨无悔、执着坚守的人们,无论是古代的高僧大德、能工巧匠,还是今天研究保护文化遗产的人们,无不与宕泉河有着一种神圣的情结。

党河水库的建设

党河资源丰富,流量充沛。清代至民国,党河敦煌灌区虽分十渠灌溉,但也有部分耕地得不到利用。由于缺乏水利设施,盛夏时节上游冰山融雪加速,大量的水向下游荒漠倾泻而下,水资源得不到有效利用。如遇暴雨,山洪咆哮而下,冲毁村舍、吞噬粮田的情况也时有发生。新中国成立后,政府对渠系分布重新规划,改建和增修了多条渠道,但仍不能满足日新月异的农业发展。因此,党河之上急需建造一座水库,以调配水资源。初次拟建党河水库是1960年1月27日《敦煌县党河水利重点工程60年工作计划(初稿)》中提出来的,并上报专区水电局、张掖专员公署和甘肃省水利厅。后因水库设计等问题,加上正值国民经济困难时期而被迫终止。正式进行党河水库的勘测设计于1968年冬季开始。当时的动因是为了贯彻毛主席"农业学大寨"的号召,农业要大发展,必须修建党河水库,掌握用水的主动权,彻底解决敦煌农业灌溉问题。1970年深秋,敦煌县委决定成立党河水库工程委员会,开始组织兴修敦煌有史以来最大的水利枢纽工程。在上报《初设报告》的同时,敦煌县领导就已组织本县技术力量和党河灌溉区10个公社的农民工,于当年11月12日正式破土动工。"未批先干,以干促批",这句当时的口号,充分体现了敦煌县领导和广大人民群众对党河水库建设的紧迫感和坚决把水库建成的决心。

政府一声令下，十几万敦煌儿女全民动员，人山人海的建设者们汇聚到了大漠戈壁的荒山谷岭，开始了艰苦卓绝的施工。他们不畏艰辛，砥砺奋战，寒来暑往，坚持不懈。由于那个年代条件所限，设备简单，机械匮乏，人们只能用铁锤、钢钎开挖山岩，用铁锹、推车运送砂石。架子车不够，就肩扛手搬，筐装担挑，没有搅拌机就人工操作。据统计，水库工程共投入劳动工日234.45万个，数万人参加劳动，历时3年零8个月奋力鏖战，硬是让一座高46米、顶宽11米、长230米的水库大坝拔地而起。在修建过程中，除了主力军农民外，还有工人、解放军战士、学生、教师、机关干部、普通市民等参与其中，他们无偿劳动、无私奉献，表现了敦煌人热爱家乡、建设家乡的赤子情怀。水库建设以来，共有十八位敦煌青年牺牲在了大坝工地，将青春华年永远定格在了党河水库，他们是舍己为公的典范，是敦煌人民心中的英雄。至今，敦煌人还铭记着建设党河水库的这段光辉历史，铭记着那些为修建党河水库付出艰辛劳动的老一辈敦煌人。

党河水库与内地的大型水库相比，不过是沙漠戈壁的一座规模中等的蓄水工程，然而它却是敦煌人心中的骄傲。它不仅是敦煌人的供水宝库，更是一种自力更生、艰苦创业、团结协作、无私奉献的精神遗产，体现了那个时代敦煌人不认命、不服输、敢于战天斗地的英雄气概。党河水库已作为酒泉市级"爱国主义教育基地"，成为激发爱国热情、凝聚人民力量、培育民族精神的重要场所。

党河水库位于敦煌市境内的党河口处，北距敦煌市36公里，于1974年7月建成并投入使用，工程总耗资958.45万元。坝址处流域面积1.66万平方公里，年平均径流量2.93亿立方米。控制集雨面积16600平方公里，可拦蓄千年一遇洪水，总库容4640万立方米。经过二次扩建和多次除险加固，水库现大坝高56.8米，主副坝总长818米，主坝顶宽7米，坝后电站装机容量6800千瓦，可发电1000万度。

党河水库的建成，使得西北荒原、大漠戈壁的敦煌地区因党河水的滋养而维持了相对平衡的气候，给流域内的生命提供了赖以生存的自然环境，使宜于耕作的肥沃土壤有了灌溉之利。水库自建成并投入运行后，集蓄水、灌溉、发电、防汛等功能于一体，当时的总库容量达1560万立方米，灌区的40余万亩良田从此旱涝无忧，敦煌绿洲的面积也随之逐年扩大。党河水库极大地改善了农业水利条件和人民群众的生活条件，为全市农业增产增收提供了可靠的保障。这一敦煌有史以来最大的水利工程，使水电充沛，让百姓受益，可谓泽被乡间，造福万民。

党水北流

"党水北流"是敦煌老八景之一，原指党河对敦煌绿洲的滋润。这是敦煌人民赖以生存的生命线，格外受人们青睐。如今所言的"党水北流"，主要以党河水库为象征，库区已成为敦煌一处较为著名的旅游景点。

瞰望绵绵祁连山冰峰嵯峨、银雕玉镂；苍茫戈壁滩黄沙莽莽，倏忽万变；滚滚湍流的党河水，从冰川雪岭中冲破峡谷，磨山凿石，如同一条银色的巨蟒蛇形而来。当流到党河山口，被气势宏伟的党河大坝拦腰截断，萦回于两山广壑之间。荒山野岭中一潭宽阔澄湛的碧水，平静地半悬在山腰，宛如一块晶绿的宝石，把两岸山色晕染得分外妖娆。当人们站在高大雄伟、气势恢宏的水库大坝上阔目环视，只见群山拥簇，形势巉崴，峰回路转，河道湾环。左岸卧佛山升腾跌宕，惟妙惟肖；右岸鸣沙山绵延无尽，黄沙漫漫；不远处危岩峭立的崖壁上分布着蜂窝状的洞窟，那是敦煌的另一处名胜西千佛洞；回览库内，水天一色，碧波粼粼，晶莹如洗；坝堤之下，党水北流，浪花翻涌，绿洲近览，荒漠远眺，山光水色，自成一景，尽显党河水的诗情画意。

党河水库虽不及西湖景美，党河大坝也不如苏堤秀丽，但它却于自然无华和奇伟壮硕的景物之中，蕴含着古拙而雄壮的情调，粗犷且豁达的气度。每每徘徊瞻眺，不禁流连忘返。回首俯瞰，烟波万顷的水库，倒映着四周淡色的山峦，倒映着大坝轩昂的脊梁，也倒映着游客惊羡的明眸，令人不胜陶醉。

改革开放四十秋　成就非凡喜回眸

走进新时代的敦煌

1978年12月，中国共产党第十一届三中全会召开，拉开了中国改革开放的序幕。次年1月，敦煌即被国务院列入第一批对外开放的旅游城市，成为当时甘肃省对外开放的窗口。这座西北偏僻的农业县城由此华丽转身，迈出了走向世界的第一步。据政府部门统计，这一年敦煌县接待外国游客462人次，实现旅游收入4.9万元。这个在今天看来微不足道的数据，却见证了一个国际重要旅游目的地的雏形现世。就在这一年，著名科学家、诺贝尔物理学奖得主、美籍华人李政道，著名画家、日本东京艺术大学校长平山郁夫等不少国际上的重量级人物纷纷赴敦煌参访。那时的当地人还是第一次见到这么多外国人走在土苍苍的敦煌街道上，免不了好奇观望。而那些第一次进入这片古老绿洲直面千年石窟的外国人，其心境就不仅仅是好奇二字可形容了。四十多年后的今天，从这些"大咖"的回忆录里，我们仍能体会到当初敦煌石窟艺术给慕名已久的外国"粉丝"带来的强烈震撼。

1979年，堪称敦煌新时代元年，这一年敦煌不仅打开了面向世界的窗口，也是敦煌文化艺术与敦煌学研究百废待兴、百花争艳的一年。在很短的时间内，发生了许多具有划时代意义的重大事件——国内外文化艺术界不约而同地聚焦于敦煌，一批高质量的传世精品相继问世，创造的一些奇迹至今未能被超越。事例之一，中央电视台和日本广播公司NHK合拍大型电视系列纪录片《丝绸之路》在日本首播，在海外掀起了经久不衰的"敦煌热"，影响了几代人；事例之二，上海科学教育电影制片厂拍摄的科普电影《敦煌艺术》在全国播出，大部分观众还是初次欣赏到光华夺目的莫高窟艺术，启迪了国人对敦煌文化艺术的认知，为后来国内敦煌旅游的兴起埋下了种子；事例之三，甘肃省歌舞团创作的舞剧《丝路花雨》在国庆三十周年之际进京首演，一鸣惊人，轰动京城，之后在国内外久演不衰，演出达1800多场次，被誉为20世纪中国舞蹈经典之作、东方艺术奇葩；事例之四，中国美术家协会组织画家赴敦煌参观学习，提出要继承和发扬传统，努力创作具有民族风格的艺术作品，可以说这是多年后"敦煌画派"成名的一个"引子";事例之五,国内的敦煌学研究破冰前行,并形成了一个思想活跃、百家争鸣的学术高潮,敦煌文物研究所专家们多年来撰写的论文集成《敦煌研究文集》开始编撰(于1982年出版),后来颇具影响力的敦煌学专业学术刊物《敦煌研究》亦付诸筹划(于1982年试刊)。

邓小平的敦煌之行

1981年8月5日晚,一趟专列从北戴河一路向西疾驶而去,两天后抵达甘肃安西县境的柳园车站——当时距敦煌最近的火车站。8月7日上午9时左右,敦煌晴空万里,时任中央军委主席的邓小平和夫人卓琳走下了列车。提前到达车站的兰州军区第一政委肖华、中共甘肃省委书记冯纪新和酒泉地委、敦煌县委负责人等,迎上前去热情问好并互相握手。邓小平同志对前来迎接的人员说:"我早就想来敦煌,这次趁着去新疆的机会,特地来看看,也算了了我的心愿。"随同前来的还有中央政治局委员王震和中央宣传部部长王任重及其他有关领导、随行等三十多人。

之后由省、地、县的领导陪同乘坐面包车,行驶120公里来到敦煌县城。当天下午,邓小平同志顾不得旅途劳累,就兴致勃勃地参观考察了敦煌城周围的几个地方。

8月8日,邓小平和王震、王任重等中央领导同志在肖华、冯纪新的陪同下,乘坐一辆中型面包车来到了莫高窟,将车停在莫高窟入口的大牌坊处。神采奕奕走下车来的邓小平,看到被隔离在几十米远的敦煌文物研究所职工及游客,便对安保人员说,让大家都过来嘛。于是人们激动地涌向前去,兴高采烈地围绕在邓小平周围欢迎问好,邓小平也热情洋溢地回应周边群众。在敦煌文物研究所前任所长常书鸿和时任所长段文杰等人陪同下,邓小平一行前往洞窟参观,群众也近距离地一直伴随其后。邓小平上上下下,登上了多层栈道,兴趣浓厚地参观了各时代的洞窟。精美绝伦的壁画以及背后的故事,不时引得邓小平驻足端详,向专家虚心提问。他赞叹敦煌艺术的精湛和文物价值的宝贵,特别嘱托:"敦煌文物天下闻名,是祖国文化的遗产,一定要想方设法保护好。"并对陪同的地方官员指示说:"敦煌的保护是件事,还是件大事!"

参观完毕，邓小平详细听取了敦煌文物研究所的工作汇报，并主动提出："你们有困难没有？"段文杰随之汇报了莫高窟的研究和保护面临的问题，也说出了一个思考已久的想法："敦煌过去几十年的工作主要是保护，常书鸿先生带领大家付出了巨大的心血，取得了一定的成就，今后的工作重点应该转到敦煌学的研究上来，但我们的基础太薄弱了。"

段文杰针对敦煌研究提出的想法，是有历史根源的。自20世纪初，敦煌向世界揭开了神秘的面纱后，众多外国学者来到敦煌开展探险和研究工作。尽管他们的手段和目的各不相同，但却无意中开启了一扇全新的大门——敦煌学。20世纪30年代，英国、法国以及日本等国相继成立了相关研究机构，而中国在这一领域却是一片空白。渐渐地，便有了"敦煌在中国，敦煌学却在国外"的说法。这句话深深地刺痛了中国学术界。

听了段文杰的汇报，邓小平表示十分赞同。他对在场的人说："外国人搞了几十年敦煌学，我们落后了，敦煌是中国的敦煌，应该使敦煌学回到中国。"当即，邓小平就向随行的中宣部长王任重做了交代，指示要从人力、物力、财力上对敦煌文物研究所的工作给予高度重视和支持。对急需解决的困难给予全力帮助，迅速解决。

在这次考察中，王任重为贯彻邓小平改革开放的精神，还抽空听取了县委书记林致中关于推行农村联产承包责任制的有关情况汇报，并对需要在推行联产承包责任制中注意的问题作了指示。新时期的改革开放事业是从农村的改革起步的，是在改革开放的总设计师邓小平的大力推动下开拓前进的。这次邓小平同志的到来，对促进敦煌农村发展也产生了深远的影响。

邓小平同志等中央领导在敦煌考察了三天。为了安全起见，整个行程都处于保密状态。但敦煌人民爱戴这位党的领袖，难免相互转告，一时间一传十，十传百，被越来越多的敦煌人民所知。8月9日，邓小平乘车离开敦煌城时，被细心的群众认出。顿时，大街小巷挤满了群众，掌声四起，欢呼不断，表达了人民群众对邓小平的敬爱之情。邓小平同志也特意叫车放缓速度，在县城的十字大街稍作停留，向聚集的敦煌人民群众，笑容和蔼地频频挥手致意。

邓小平同志和王震、王任重等老一辈无产阶级革命家亲临敦煌视察，对敦煌的改革开放和经济、旅游事业的发展起了巨大的推动作用。

邓小平推动了敦煌保护研究事业的大发展

邓小平这次视察莫高窟，虽然没有做专门讲话，但提出了"把敦煌保护当作大事抓好"的重要指示。而他对祖国文化的深深热爱，也感染了在场的许多人，尤使莫高窟的文物工作者深受教育和鼓舞。为落实邓小平关于保护好莫高窟的指示精神，国家财政当年拨出300万元专款，用以解决莫高窟面临的实际困难。国家文物局和甘肃省政府也组成了联合工作组，到敦煌督促抓好落实工作。这一系列措施有效改善了敦煌文物研究所职工的生活和工作条件，基本上改变了以往的艰苦和闭塞状态。

邓小平回京后，依然惦记敦煌。他向中央其他领导人提出建议，希望他们也能抽空去看看敦煌。后来，一些中央领导人相继到莫高窟视察，并在政策、经费等多方面给予了大力支持。党和国家领导人的关怀，极大地推动了敦煌石窟保护研究工作的深入与发展。

自邓小平视察敦煌后，伴随着改革开放政策的全面推行，国内的学术氛围亦枯木逢春。中国的敦煌学研究更是乘风破浪，打开了新局面。北京大学、武汉大学、杭州大学、兰州大学等高等院校都开设了敦煌学研究方向或专业，并着力培养了一批新生的科研力量。1983年成立的中国敦煌吐鲁番学会，成为敦煌学研究的重要组织。1984年甘肃省政府将敦煌文物研究所改制扩大为敦煌研究院，增加职能，扩大编制，增添员工，增设部门，迅速壮大了这个专门从事敦煌研究的科研单位。还有《敦煌研究》《敦煌学辑刊》《敦煌吐鲁番文献研究论集》《敦煌吐鲁番文书初探》等专刊或专集，亦是敦煌学研究的学术高地。这些组织机构的建立健全，是推动敦煌学研究重新起步的重要力量。特别是从事敦煌学研究的中国学者，其渊博的学识终有充分发挥之地，积蓄多年的研究成果亦能展现于世。他们耐得清贫，无畏艰难，以夺回敦煌研究的中心地位为己任，抓紧时机奋起直追，夜以继日投入工作，迸发出了极大的能量。

敦煌研究院作为敦煌文物保护的主力，不负邓小平等党和国家领导人的重托，在较短时间内即将石窟保护工作提升到了较高水平，并有效地加速了敦煌学研究与世界接轨。该院利用改革开放的大好形势，积极与国内外相关机构和院校合作，开阔视野和思路，引进先进理念及技术于敦煌文物保护研究工作中。几任院长在不断完善基础设施的同时，尤为重视专业人才的培养和引入。为迅速提高专业人员的能力和水平，采取送出去进修、引进来任用等多种方法聚集人才，逐步组建了一支文理艺术兼有的多学科专业人才团队，形成了人才辈出、成果不断的良好局面，从根本上改变了过去那种"敦煌在中国，敦煌研究在国外"的尴尬状态，也为日后敦煌成功申报世界文化遗产项目打下了基础。敦煌研究院第四任院长王旭东说："没有改革开放，就不会有敦煌研究院的国际合作，不会在山沟中建成一支人才队伍，不会在这里诞生中国第一个文化遗产保护领域的国家工程技术研究中心。"

莫高精神代代相传

20世纪40年代，旧中国的敦煌石窟可谓破败不堪，人迹罕至，却有一批怀揣敦煌梦的青年才俊不远千里来到了莫高窟，如常书鸿、段文杰、霍熙亮、孙儒僴、欧阳琳、李承仙、史苇湘等。这些当时社会的精英分子，如果继续在国外或内地发展，必是前途无量。然而，当他们来到敦煌，置身于中华民族的文化宝库，面对着千年沧桑的文物古迹，看到这美不胜收的古代艺术，年轻的心很快便沉迷于其中，毅然决然地留了下来。这一留，就是一生的不离不弃。他们如苦修的僧人，伴着大漠荒沟、危崖古寺、土屋油灯，开创了中国敦煌石窟保护、临摹和研究的煌煌基业。20世纪50年代后，又有一批才俊，响应新中国号召从四面八方来到莫高窟，如李其琼、李贞伯、万庚育、孙纪元、关友惠、蒋毅明、李云鹤、刘玉权、潘玉闪、贺世哲、施萍婷、李永宁、孙修身、樊锦诗等，他们与常书鸿、段文杰等先生一样，来到莫高窟后就一直坚守在石窟，将自己的一生奉献给了敦煌石窟的保护研究。1978年以后，敦煌石窟的保护研究借着改革开放的大好形势阔步前行，但莫高窟的工作与生活环境仍处于设施简陋、物资匮乏、交通不便的状态。即使这样，仍有不少专家学者及青年学子心甘情愿地来到这里，继承前辈事业，奉献青春才华，成为又一代莫高窟人。

莫高窟距敦煌县约 25 公里，距最近的村庄（今莫高镇）也有十多公里，而且十多公里尽是戈壁荒滩。在那个交通工具缺乏的年代，特别是 20 世纪 40 年代到 80 年代中期，40 多年的时间里，莫高窟人基本上是孤悬于城镇之外，封闭在山涧之中。没有学校，学生娃要么在外地老家读书，要么在敦煌县城寄宿；没有商店，一年难得进几次城，主要为采购生活必需品；没有饭馆，单身的人一旦错过职工食堂饭点，肯定得挨饿；住的是土坯垒建的房子，清代建造的寺庙土房仍然住着人；就连取自大泉河的饮用水，也是又咸又涩，含碱量极高，当地人称为苦水，一般人无法体会天天喝这种水的滋味。除了这些困难，很多前辈的父母妻儿还远在内地，他们不得不承受着与家人分居两地、对子女教育爱莫能助的心理煎熬，克服常人难以想象的艰难困苦。很多前辈在十年动乱中也曾受到冲击，吃尽苦头。但他们热爱祖国的赤子之心从未改变，热衷敦煌文化艺术的满腔激情从未消退。他们长年默默无闻地担当着"守窟人"，义无反顾地坚守在僻壤他乡，无怨无悔地倾心于终身为之奋斗的敦煌事业。他们被称为"打不走的莫高窟人"。

自 1943 年成立国立敦煌艺术研究所（1950 年改名敦煌文物研究所，1984 年扩建为敦煌研究院），至今历经八十多个春秋，敦煌研究院已发展成为我国拥有世界文化遗产数量最多、跨区域范围最广的综合性研究型事业单位，被世界遗产委员会誉为"有效保护与可持续旅游管理方法的典范"。前辈莫高窟人筚路蓝缕，艰苦创业，扎根敦煌，精心守护珍贵的文化遗产，为后辈开拓了道路，打下了基础。进入 21 世纪后，随着社会发展与经济繁荣，有更多的专家学者和青年学子投身于敦煌，其志向高远，弦歌不辍，必将前辈开创的事业发扬光大。对于后来者而言，前辈留下的不仅仅是丰硕的保护研究成果和广阔的敦煌事业前景，更有一种精神财富的传递，这就是"莫高精神"。莫高精神是体现在以常书鸿、段文杰、樊锦诗为代表的几代莫高窟人身上的一种精神，它凝结着中国知识分子的可贵品格，沉淀了几代莫高窟人的优良传统。

2014 年，樊锦诗院长在敦煌研究院成立 70 周年座谈会上，将这种精神概括为四个方面的内涵："坚守大漠、甘于奉献、勇于担当、开拓进取"。坚守大漠，就是艰苦奋斗、坚韧不拔、锲而不舍的执着品质；甘于奉献，就是潜心治学、淡泊名利、克己奉公的无私精神；勇于担当，就是不忘初心、为国尽责、勇挑重担的使命意识；开拓进取，就是解放思想、敢为人先、与时俱进的创新精神。敦煌研究院七十多年的历程中，一代代莫高窟人以满腔赤诚、终身心血担负起自己的历史使命，守护着人类的文化遗产，在大漠深处谱写敦煌事业的华章，将莫高精神薪火相传。

习近平视察莫高窟

2019年8月19日上午，中共中央总书记、国家主席、中央军委主席习近平到敦煌莫高窟考察。习总书记兴致勃勃地参观了莫高窟历史悠久的壁画和彩塑后，又观看了敦煌研究院总部陈列的珍藏文物和学术成果展，并认真听取工作人员对文物保护、研究、弘扬情况的介绍。参观后又热情洋溢地同专家、学者和文化单位的代表进行了座谈。当了解了莫高窟历史沿革和文物保护研究情况后，习近平指示：要十分珍惜祖先留给我们的这份珍贵文化遗产，坚持保护优先的理念，加强石窟建筑、彩绘、壁画的保护，运用先进科学技术提高保护水平，将这一世界文化遗产代代相传。他对敦煌文化保护研究工作表示了肯定，并强调：敦煌文化是中华文明同各种文明长期交流融汇的结果，我们要铸就中华文化新辉煌，就要以更加博大的胸怀，更加广泛地开展同各国的文化交流，更加积极主动地学习借鉴世界一切优秀文明成果。研究和弘扬敦煌文化，既要深入挖掘敦煌文化和历史遗存蕴含的哲学思想、人文精神、价值理念、道德规范等，更要揭示蕴含其中的中华民族的文化精神、文化胸怀，不断坚定文化自信。要加强对国粹传承和非物质文化遗产保护的支持和扶持，加强对少数民族历史文化的研究，筑牢中华民族共同体意识。要推动敦煌文化研究服务共建"一带一路"，加强同沿线国家的文化交流，增进民心相通。要加强敦煌学研究，广泛开展国际交流合作，充分展示我国敦煌文物保护和敦煌学研究的成果。要关心爱护科研工作者，完善人才激励机制，为科研工作者开展研究、学习深造、研修交流搭建更好平台，提高科研队伍专业化水平。习近平总书记的殷切嘱托，是对敦煌研究院和敦煌市干部职工的巨大激励。扛起时代使命，不负殷切重托。他们表示：不负总书记期望，不忘初心、牢记使命，继续传承"莫高精神"，并不断赋予其新的时代内涵，以新气象新担当新作为，奋力开创新时代文物事业的新局面，为发展我国文化遗产保护、研究和弘扬事业，坚定文化自信、全面实施文化强国发展战略，助力"一带一路"建设、增进世界各国民心相通作出更大的贡献。

孕育国际化旅游地

在两千多年的历史长河中，敦煌曾处于中西交通枢纽的中间地带，是古丝绸之路上的重要节点，是佛教东传的重要交汇点，是连接中原王朝与游牧民族政权的战略重镇。其特殊的地理位置和历史地位，使它拥有并保存了丰富又多样的历史文化遗迹。分布于敦煌境内的莫高窟、西千佛洞、悬泉置、阳关、玉门关、河仓城、汉长城、魏晋墓群、鸣沙山、月牙泉、三危山、雅丹地貌、渥洼池、胡杨林等，以及分布于敦煌周边的榆林窟、东千佛洞、锁阳城、石包城、当金山、苏干湖等，涵括了世界文化遗产、国家级文保遗址、国家地质公园、国家5A级景区等多种规格、多种类型的人文景观和自然景观。厚重的历史积淀，独特的自然风光，是敦煌得天独厚的旅游资源，具有位势极高的历史文化价值和文化战略意义，被人们称为"世界独一无二的敦煌"。早在1979年，敦煌就站在了改革开放的最前沿，发掘和利用当地历史文化资源，开始了以旅游业为焦点的产业变革，把孕育国际重要旅游目的地作为改革发展的核心思路。40多年来，敦煌持续推动以文化旅游为中心的产业转型升级——这一从传统农业县到现代文化旅游城市的转型之路，是西部地区在改革开放大潮中抓住契机不断发展的重要样本，敦煌的成功经验为文化资源型地区的发展问题提供了鲜活的案例。

1979年是敦煌旅游业起步阶段，起初多是外交接待，游客也主要来自境外，当年游客只有区区四百多人次。而到了第二年，游客数量骤增。据统计，1980年接待游客为22609人次，是前一年的数十倍。此后，游客数量与旅游收入基本上保持逐年增长态势。1986年，敦煌被列入国务院第二批"国家历

敦煌市公共文化综合服务中心　杜雨林摄

史文化名城"。敦煌政府和社会各界清醒认识到，敦煌作为一个地处内陆、工商业单薄、生态环境脆弱、农业受水资源等自然条件限制的地区，大力开发文化旅游，是盘活经济、可持续发展的必由之路。随着以文化旅游为中心的产业转型政策落实，并借助中国开放之门的进一步打开，敦煌旅游业进入快速发展轨道。统计资料显示：1996年敦煌年接待游客数量突破50万人次；1998年第三产业增加值首次超过第一产业，成为对国民经济贡献最大的产业；1999年后敦煌历年来第三产业增加值均超过第一、二产业增加值总和，敦煌以旅游业为支柱的经济发展模式由此形成。2000年以来，国内旅游消费高涨，出行次数增多，出行时日延长，且旅游消费能力大幅度提升。尤其2012年以来，每年游客量以百万人次的规模激增。到2017年，全年接待国内外游客量逾900.45万人次，实现旅游总收入91.33亿元。至2019年，敦煌旅游已突破千万人次大关。如果从1979改革开放之初的游客量2000人次算起，40年后的今天，敦煌年接待游客量达到了5000倍的增长。

近年来，敦煌借助"一带一路"倡议机遇，完成了敦煌国际会展中心和敦煌大剧院的建设，成功举办了五届丝绸之路（敦煌）国际文化博览会。通过创新旅游文化融合机制，健全旅游文化服务体系，促进现代农业和新型工业的转型，敦煌将旅游作为整合生产力和生产要素的核心要件，形成了以文化旅游发展为引擎带动全产业发展的模式。2017年，以文化旅游产业为核心的第三产业占敦煌全市GDP的60%以上。

随着"旅游立市"格局的确立和文化旅游产业的飞速发展，敦煌依托文化旅游资源优势，推动以文化旅游为支点的产业结构转型，大大加快了敦煌城乡一体化的进程。近年来，扩大旅游接待规模，兴建宾馆、饭店和旅社，一批农家客栈、农家园也在景区周边大量出现。与此同时，开始探索旅游产业转型升级之道，从传统的以门票经济和接待服务为主的发展方式，借助"互联网＋数字科技"向全面提升"吃住行游购娱"各要素品质方向发展。为了提升城市文化的魅力，营造田园乡村的美好景象，打造敦煌绿洲城乡风貌，构建了"绿带"环城、"绿道"满城的绿色格局。2013年12月，敦煌市荣获"国家园林城市"称号，全市绿化覆盖率达到41.86%，绿地率37.87%。作为甘肃旅游龙头的敦煌，不仅在文化资源的保护、开发、利用方面走在了前列，在落实生态文明建设方面亦探索出了敦煌模式的可持续发展之路。

"敦煌女儿"樊锦诗

她是江南闺秀，祖籍浙江杭州，出生于北京，成长于上海，是北大历史学系考古学专业的才女。1963年大学毕业，她没有选择留在北京、上海，而是为了自己心中的理想和精神追求，义无反顾来到敦煌，走进戈壁荒山中的莫高窟，一待就是一辈子。樊锦诗先后担任过敦煌文物研究所副所长、敦煌研究院副院长、敦煌研究院院长等职务。她是我国文物有效保护的科学探索者和实践者，是改革开放以来敦煌巨变的见证者、亲历者，是敦煌研究和保护事业的引领者。她带头参与科研，积极与国际优秀文物保护机构合作，不断将先进的保护理念和技术引入敦煌遗产保护，并在全国率先开展文物保护专项法规和保护规划建设，探索形成石窟科学保护的理论与方法，为世界文化遗产敦煌莫高窟永久保存与永续利用作出了重大贡献。

樊锦诗潜心于石窟考古研究工作近60年，不仅运用考古类型学方法完成

樊锦诗在莫高窟工作 20世纪90年代 孙洪才摄

了敦煌莫高窟北朝、隋及唐代前期的分期断代，成为学术界公认的敦煌石窟分期排年成果，还撰写了《敦煌石窟研究百年回顾与瞻望》，对20世纪敦煌石窟的研究进行全面深入的总结和思考。由她主编、香港商务印书馆出版的26卷大型丛书《敦煌石窟全集》，是百年敦煌石窟研究的集中展示。在具体的专业工作中，从20世纪80年代中期开始，她就积极参与敦煌石窟保护研究的国际合作，在联合国教科文组织帮助下，敦煌研究院先后与日本、美国等国机构开展合作项目，使敦煌石窟的保护研究逐步与国际接轨。1998年她担任敦煌研究院院长，最重视的工作就是对石窟的保护管理，所取得的成果也最为丰硕。在她的带领下，敦煌研究院与相关科研单位共同努力，从壁画病害防治到崖体加固，从环境监测到风沙治理，在敦煌遗产保护的各个领域不懈地探索创新，在石窟遗址的科学保护、科学管理上走出了一条切实可行的路，初步形成了一些石窟科学保护管理的理论与方法。

敦煌莫高窟是中国首批列入《世界文化遗产名录》的文化遗产，樊锦诗十分清楚世界文化遗产所承担的社会责任，也非常支持甘肃省和敦煌市的文化旅游开发。对于文物保护与合理利用的紧密结合，她提出一个要求：永久保存，永续利用。她还最早提出利用计算机技术实现敦煌壁画、彩塑艺术永久保存的构想，组织敦煌研究院与浙江大学共同申请国家自然科学基金"多媒体与智能技术集成与艺术复原"课题，这一课题以敦煌莫高窟为重点，首次利用数字化多媒体智能技术将"数字莫高窟"展现于世人面前。为了最大限度缓解石窟文物保护与利用的矛盾，在她的积极倡导和推动下，敦煌研究院通过充分调查研究，提出了"莫高窟治沙工程""数字敦煌馆工程"等13项文物保护与利用工程，为新世纪敦煌文物的保护与利用构筑了宏伟蓝图。2008年底，敦煌莫高窟保护利用工程正式开工。在这项浩大的保护利用系列工程中，除崖体加固、风沙治理、安全保卫等基础性工程外，还要利用现代数字技术完成敦煌莫高窟149个A级洞窟的文物影像拍摄、加工处理和数据库建设，并建造敦煌莫高窟游客中心。新建的游客中心通过数字电影等现代展示手段，给观众提供了解敦煌文化艺术的全新视角。在她的领导下，敦煌研究院运用最新科技手段打造的"数字敦煌"已初见成效。

半个多世纪的执着和坚守，谱写了一个文物工作者平凡中的伟大。樊锦诗在敦煌文化遗产保护、研究和管理等领域的开拓创新，让世界同行为之骄傲。她严谨治学、恪尽职守、甘于奉献、勇于担当的精神品格，更受到莫高窟后辈和敦煌人民的尊敬与爱戴，人们亲切地称她为"敦煌的女儿"。

结　语

　　自西汉元鼎六年（前111）汉武帝"列四郡，据两关"始，敦煌有建制的历史长达2100多年，曾是汉代敦煌郡、唐代沙州的郡州治所。清乾隆二十五年（1760）改名敦煌县。1987年设县级市，隶属酒泉市。作为国家历史文化名城的敦煌市，境内现存世界文化遗产3处（莫高窟、玉门关遗址、悬泉置遗址），全国重点文物保护单位4处，省级文物保护单位12处，各类文物点266处。另有国家地质公园1处（敦煌雅丹），国家5A级景区1处（鸣沙山月牙泉）。

　　敦煌位于河西走廊西端，地处甘肃、青海、新疆交界处。从大范围讲，其地理位置北临蒙古高原，南望青藏高原，西达新疆绿洲，东接河西走廊，是古代中国的边陲要地。就局部而言，北有北山（今马鬃山），南有南山（今祁连山），是一个由南山流来的古氐置水（今党河）冲击而成的绿洲，绿洲周围多为戈壁和沙丘。自古以来，敦煌就是中原通往西域交通要道上的咽喉之地，汉唐时期曾经非常繁盛。它总扼两关（阳关、玉门关），控制着丝绸之路南道和北道上汉地与西域的交通往来，是东西方贸易的中心和中转站，也是东西方不同文化汇聚、碰撞、交融之地。特殊的地理位置和必然的历史机遇，以及历代王朝的经营开发，使古代敦煌成为史书所称的"华戎所交一大都会"——也就是季羡林表述的"古代丝绸之路的重要节点和古代世界文化体系的重要汇流点"。中原文化在这里生根发展，印度的佛教文化早在东汉时期就在这里萌芽并在魏晋时期逐渐传入中原。

2019年8月19日，习近平总书记在敦煌研究院座谈时指出，"敦煌文化是各种文明长期交流融汇的结晶"，"敦煌文化展示了中华民族的文化自信"，习总书记赋予敦煌"加强同沿线国家的文化交流、增进民心相通"和"推动敦煌文化研究服务、共建'一带一路'"的光荣使命。丝绸之路（敦煌）国际文化博览会永久落户敦煌市，并成功举办五届，作为目前唯一以"一带一路"国际文化交流为主题的综合性博览会，已成为促进各国文明对话和文化交流的重要平台。

1979年，敦煌被国家确定为第一批对外开放旅游城市。1998年，入选首批中国优秀旅游城市。2019年，入列全国首批全域旅游示范区。2020年，入选中国县域旅游综合竞争力百强县市。2021年，入选"东亚文化之都"。随着沙漠露营、户外徒步、会展研学等旅游新兴业态的蓬勃兴起，敦煌成为地质科学考察、历史文化溯源、沙漠戈壁探险和休闲度假旅游的胜地。自2013年以来，敦煌旅游接待人数每年以百万人次增长，2018年突破千万人次，2019年达到1337万人次，旅游收入149.69亿元，以旅游业为主的第三产业在国民经济中的占比达64.96%。

敦煌的风电和光电资源得天独厚。太阳能资源属于最丰富的A类区域，可开发量达8600万千瓦；风能资源等级为I级，可开发量达2800万千瓦。先后被确定为国家首个百万千瓦太阳能光伏发电示范基地、国家首批新能源示范城市、国家高比例新能源示范城市。随着国家"双碳"目标提出，敦煌正在积极打造千万千瓦级多能互补新能源综合示范基地，基地规划面积为1300平方公里，总规模可达1700万千瓦。

敦煌的矿产资源十分丰富。境内已探明金属矿产有钒、金、钨、锰、铁等，以及花岗岩、白云岩、石灰岩、碳酸钙、芒硝等非金属矿产，其中已探明的钒资源储量为253.47万吨，远景储量可达340万吨，位居全省第一、全国第四，正在高标准规划建设钒产业园，打造钒产业千亿级产业链。

敦煌的通道枢纽区位优越。境内高速公路、铁路、机场已基本完成升级

491

改造,"空铁公多式联运"交通枢纽体系初步构建。柳敦高速、敦当高速、敦格铁路已建成通车,并开通"中老泰公铁联运"专列。莫高国际机场成为国内第三个县级市国际机场,年旅客吞吐量接近百万人次,货邮吞吐量超过一千吨,甘肃(敦煌)国际空港是甘肃省"十三五"规划重点推进的三大空港之一,享受省级开发区管理和支持。以此为依托,敦煌正在积极申建中国(甘肃)自由贸易试验区敦煌片区,争创第三批国家文化出口基地。

敦煌的农业产业特色鲜明。境内耕地面积28.79万亩,宜农宜牧。尤其得益于地处北纬40度这一国际公认的葡萄栽培黄金带,成为全国最适宜种植葡萄的四个地区之一。当地日照时间长,昼夜温差大,使11.35万亩以葡萄、桃、梨、杏等为主要品种的特色林果天然带有绿色标签,"敦煌李广杏""阳关葡萄"获得农产品地理标志认证。2015年,敦煌入选第三批国家现代农业示范区。

敦煌最令世人瞩目的,当属敦煌石窟艺术。敦煌石窟是世界现存规模最大、延续时间最长、内容最丰富、保存最完整的艺术宝库,是中国本土艺术的源头之一,堪称中国历史文化之宝典,亦是世界文明长河中的一颗璀璨明珠,在世界文化艺术史上具有重要地位。特别是敦煌莫高窟这一世界文化遗产,自中古的南北朝时期一直延续到近古的元朝,连续修建了一千年,现存洞窟735个、彩塑2400余身、壁画4.5万多平方米,在人类文化艺术史上是绝无仅有的。1900年藏经洞被发现,震惊世界,敦煌学成为世界公认的国际显学。然而,元朝以后约五百年的时间里,莫高窟很少有人保护,到民国时,已变得破败不堪。直到20世纪中叶,终于有一群像常书鸿、段文杰这样的爱国知识分子,怀着对敦煌艺术的向往,本着强烈的历史责任感,甘愿放弃名利,来到这座灿烂而又凋敝的石窟,日复一日、年复一年地执着坚守、精心养护,使莫高窟有幸得到正规的保护,也使敦煌艺术有机会得到全世界的重视。在前辈们开创的基业上,后来的以樊锦诗为代表的一代又一代文物工作者将敦煌事业继续向前推进。特别是在改革开放以后,敦煌石窟的保护、研究、弘扬逐步走向了与世界接轨的现代之路,敦煌事业翻开了历史的新篇章。八十年来,几代敦煌文化的守护者,孕育出坚守大漠、甘于奉献、勇于担当、开拓进取的"莫高精神"。

敦煌研究院大事记

1944年2月1日，国立敦煌艺术研究所成立，常书鸿任所长。

1945年，敦煌艺术研究所在重庆中苏文化协会举办敦煌壁画展。

1947年至1948年，敦煌艺术研究所对莫高窟进行编号，编出465个洞窟号。

1948年，常书鸿携壁画临本600余幅在南京、上海展览。

1950年8月，敦煌艺术研究所改名为敦煌文物研究所，常书鸿继续任所长。

1951年，敦煌文物研究所与中央历史博物馆联合，在北京故宫午门举办大型"敦煌文物展览"，展出壁画临品1000多件。同年，国家拨款修复莫高窟唐宋木构窟檐5座。敦煌文物研究所对莫高窟洞窟重新编号，编出486个洞窟号。

1955年，敦煌文物研究所与故宫博物院联合在故宫奉先殿举办"敦煌艺术展览"。

1956年，为纪念释迦牟尼佛诞辰2500周年，敦煌文物研究所应邀赴印度举办"敦煌壁画展"。

1957年，敦煌文物研究所在波兰、捷克斯洛伐克等国举办"敦煌艺术展览"。同年，敦煌文物研究所完成莫高窟塑像编号，计2415尊。

1958年，敦煌文物研究所在日本东京、京都举办"中国敦煌艺术展览"。

1961年，国务院公布莫高窟（包括西千佛洞）、榆林窟为全国第一批重点文物保护单位。同年，敦煌文物研究所在北京故宫举办"敦煌飞天、供养人专题展览"。

1962年，敦煌文物研究所、中国美协上海分会、上海博物馆联合在上海举办"敦煌艺术展览"和"敦煌飞天""敦煌服饰""敦煌图案"三个专题展览。

1963年，周恩来总理批准拨款100万元对莫高窟危崖进行加固，同时进行考古发掘。

1964年，在莫高窟维修加固后，敦煌文物研究所重新编定窟号，共计492号。

1980年起，敦煌文物研究所与日本学界共同编撰《中国石窟·敦煌莫高窟》《中国石窟·安西榆林窟》，继而编撰出版《敦煌莫高窟供养人题记》《敦煌石窟内容总录》，为敦煌石窟研究提供了厚重的基础。20世纪90年代又编撰多卷本《敦煌石窟艺术》，将莫高窟、榆林窟的重要石窟，以一个窟为单位做了全面解说，辅以清晰图版出版刊行。

1982年，常书鸿调北京任国家文物局顾问和敦煌文物研究所名誉所长，段文杰继任所长。同年，敦煌文物研究所主办的《敦煌研究》试刊发行，1983年正式创刊。

1983年，敦煌文物研究所在法国巴黎自然史博物馆举办"中国敦煌壁画展"。同年，召开了"中国敦煌吐鲁番学会成立大会"和"1983年敦煌学术讨论会"。

1984年，敦煌文物研究所扩建成立敦煌研究院，段文杰任院长。

1985年，敦煌研究院在日本东京、奈良、福冈、长野、静冈等地举办"中国敦煌"展。同年，香港邵逸夫先生捐赠1000万元港币，用于敦煌石窟保护。

1986年，敦煌县被国务院列为国家历史文化名城。

1987年，敦煌莫高窟被联合国教科文组织列入《世界遗产名录》。联合国教科文组织在总部巴黎举行的世界遗产委员会第11届会议上，将中国的莫高窟、长城、北京故宫、秦始皇陵及兵马俑、周口店北京人遗址、泰山共6处遗产列入《世界遗产名录》。世界遗产委员会评价："莫高窟地处丝绸之路的一个战略要点，它不仅是东西方贸易的中转站，同时也是宗教、文化和知识的交汇处。莫高窟的492个小石窟和洞穴庙宇，以其雕像和壁画闻名于世，展示了延续千年的佛教艺术。"这次会议的结果对中国乃至全世界都具有非凡的意义，拥有五千年文明史的中华文明优秀遗产开始登上世界舞台，这个舞台也对中国文化遗产的保护利用产生了重要影响。

1988年，应中国政府邀请，日本国政府总理大臣竹下登和夫人到敦煌参观访问，决定日本政府无偿援助投资11亿日元，由敦煌研究院建设"敦煌石窟文物保护研究陈列中心"。同年，日本著名画家、联合国教科文组织亲善大使平山郁夫先生捐款2亿日元，用于促进敦煌学研究。

1988年至1995年，敦煌研究院用考古学方法，彻底清理了北区石窟，出版三卷本《敦煌莫高窟北区石窟》，为学界提供了新的文物和文献资料。

进入21世纪，又集体编撰《敦煌石窟全集》26卷，对敦煌石窟做了分类整理，包括尊像图、经变图、故事画，以及建筑、民俗、交通、音乐、舞蹈、动物、科技、图案等，首次发表大量敦煌壁画、雕塑的细部图像。

1989年，中国文物保护技术学会和敦煌研究院在敦煌联合举办"全国石窟保护座谈会"及"敦煌文物保护科研规划论证会"。

1990年，敦煌国际学术研讨会在敦煌开幕，会议代表200多人。

1991年，"第一届中印石窟艺术讨论会"在印度新德里举行，敦煌研究院应邀与会并举办"敦煌艺术展"。

1992年，中国科技技术协会与敦煌研究院在台湾高雄、台北举办"中国敦煌古代艺术及科技展"。

1993年，敦煌研究院、美国盖蒂保护研究所、中国文物研究所在敦煌举办"丝绸之路古遗址保护国际学术会"，以纪念敦煌研究院成立50周年。

1994年6月23日，敦煌研究院创始人常书鸿先生在北京逝世，享年90岁。

1994年，敦煌研究院在莫高窟举办"1994年敦煌国际学术研讨会"，有16个国家和地区的180名专家学者参会。同年，"第二届中印石窟艺术讨论会"在莫高窟举行。

1994年，经中国人民银行批准，中国敦煌石窟保护研究基金会正式成立，宗旨是保护、研究、弘扬敦煌文化，促进敦煌文物保护和敦煌研究的不断发展。早在20世纪80年代，敦煌研究院在发展中面临巨大的资金缺口。为推进敦煌石窟保护研究事业全面发展，争取更多的资金支持，时任敦煌研究院院长的段文杰通过与国内外友人的文化交流，大力宣传敦煌石窟艺术保护、研究的重要性与紧迫性，积极争取国内外友好人士、社会团体的支持与资助。这个旨在募集资金、资助敦煌石窟保护、研究及弘扬的公募基金会，全称"中国敦煌石窟保护研究基金会"。在创办过程中，日本友人平山郁夫通过民间捐款募集的资金，为基金会成立奠定了基础。

1994年，敦煌石窟文物保护研究陈列中心落成，占地面积两万多平方米，建筑面积五千多平方米，与莫高窟隔河相望。目前是敦煌石窟可移动文物收藏品类最全、典藏功能最为完备、展览展示力度最大的博物馆机构，承担着典藏研究、展览展示、公共教育、导赏服务等职能，对敦煌石窟文物的保护研究工作起到了重要作用。

1995年，敦煌研究院在香港举办"敦煌艺术展"。

1996年，敦煌研究院和日本东京国立文化研究所在奈良合作主办"敦煌莫高窟保护国际研讨会"。

1997年，日本友人青山庆示先生将其珍藏的莫高窟藏经洞敦煌文书8件捐赠给了敦煌研究院。

1998年，段文杰任敦煌研究院名誉院长，樊锦诗继任院长。

1999年，敦煌研究院与台湾自然科学博物馆文教基金会合作在台中举办"敦煌石窟特展"。

2000年，"敦煌国际学术研讨会暨藏经洞发现100周年纪念会"在莫高窟召开，同时，藏经洞纪念馆揭幕开展。

2004年，敦煌研究院与美国盖蒂保护研究所共同举办的"丝绸之路古遗址保护第二届石窟遗址保护国际学术研讨会"在莫高窟举行。

2009年，敦煌研究院院长樊锦诗当选"100位新中国成立以来感动中国人物"。同年，"国际文化和自然遗产地旅游可持续发展研讨会"在敦煌研究院召开。同年，新加坡作家袁婕女士将所藏敦煌写卷《佛顶尊胜陀罗尼经》一卷及于右任先生作品《右任诗存》等捐献给敦煌研究院。

2011年1月21日，敦煌研究院第二任院长段文杰先生逝世，享年94岁。

2011年，经与时任敦煌研究院院长樊锦诗商议，美国著名艺术史学专家、原耶鲁大学美术馆和西雅图美术馆馆长倪密在美国注册成立了"敦煌基金会"，旨在保护敦煌石窟，促进公众了解敦煌艺术。

2013年，中国政府首次承办的"第四届文物返还国际专家会议"在敦煌研究院举行，会议通过了《关于保护和归还非法出境的被盗文化财产的敦煌宣言》。

2014年，樊锦诗任敦煌研究院名誉院长，王旭东继任院长。

2015年，敦煌研究院与法国国家图书馆在莫高窟签署合作协议，法方向中方赠送其馆藏敦煌写经的数字化副本，并授权中国敦煌学者在非商业用途上无偿使用数字化法藏敦煌文献，包括汉文文献4000多件，藏文文献4000多件，以及其他粟特、龟兹、回鹘、西夏文文献等。

敦煌研究院自1951年首次在北京故宫举办敦煌艺术外展以来，已经在美、英、法、意、德、俄、日、韩、印度、蒙古等十多个国家和我国港澳台地区，举办过133次公益展。特别是自改革开放以来，随着时代发展、品质提升、管理升级，展览辐射的范围也从国内走向国际，从大中小学到边远地区，涵盖的广度和深度与日俱增。近些年比较有影响的敦煌艺术展是：

2016年5月，在位于美国洛杉矶的盖蒂艺术中心举办"敦煌莫高窟：中国丝绸之路上的佛教艺术"展，这是敦煌艺术首次在美国集中展出；2018年2月在意大利威尼斯大学举办的"丝路明珠——敦煌石窟在威尼斯"；2021年9月在北京故宫举办的"敦行故远：故宫敦煌特展"。

2017年1月，敦煌研究院管理的石窟资源由莫高窟、榆林窟、西千佛洞三处，再增加三处：麦积山石窟、炳灵寺石窟和北石窟寺。整合后的敦煌研究院成为甘肃石窟保护利用的"航母"，带动重要石窟文物保护管理利用工作提质、上档、升级。

2019年5月，赵声良任敦煌研究院院长。

2021年8月，赵声良任敦煌研究院党委书记，苏伯民任院长。

敦煌大事记

秦 西汉

秦汉之际，大月氏和乌孙游牧于敦煌与祁连山之间。汉初，大月氏攻灭乌孙，匈奴又击败大月氏，乌孙和大月氏先后被迫西迁。

汉武帝元狩二年（前121），骠骑将军霍去病深入河西走廊击败匈奴，设置武威郡、酒泉郡，敦煌属酒泉郡。

汉武帝元鼎六年（前111），汉廷从武威地分置张掖郡，从酒泉地分置敦煌郡，筑建郡城，移民实边，并在这段时期设立阳关、玉门关，史称"列四郡，据两关"。敦煌郡辖六县两关：敦煌县、冥安县、效谷县、渊泉县、广至县、龙勒县和阳关、玉门关。

汉平帝元始二年（2），敦煌郡有11200户，38335人。

东汉

汉章帝建初元年（76）正月，朝廷发张掖、酒泉、敦煌、鄯善的驻军攻打车师国，营救被匈奴围困近一年的戊己校尉耿恭。三月，耿恭一部仅十三人进入玉门关返回汉地。

汉和帝永元十二年（100），驻守西域三十一年的西域都护班超，年老思土，上奏朝廷："臣不敢望到酒泉郡，但愿生入玉门关。"两年后班超入玉门关还至洛阳。

汉安帝元初六年（119），朝廷采纳班勇（班超之子）意见，在敦煌设西域副校尉，班勇驻扎敦煌，以遏制西域。

东汉时期，汉朝对西域的控制断断续续，战事连绵，丝绸之路上敦煌与西域的交通往来亦时有时无，史称"西域三通三绝"。

三国 曹魏

三国至曹魏时期，曹氏控制了河西走廊，重新连通西域与汉地的交通往来，恢复了西域诸国与中原政权的朝贡体系。

曹魏文帝黄初元年（220），朝廷任命的首位敦煌太守尹奉到任。

魏明帝太和年间（227—232），仓慈任敦煌太守，抑制豪强，保护西域商旅。

魏齐王嘉平年间（249—253），皇甫隆任敦煌太守，改进当地耕种技术。

两晋 十六国

西晋武帝太康年间（280—289），敦煌人索靖与同乡汜衷、张甝、索紾、索永一同在太学学习，声名远扬，号称"敦煌五龙"。索靖文武兼备，官至酒泉太守，又是书法大家，曾于鸣沙山东麓（今莫高窟所在）题壁号"仙岩寺"。

西晋怀帝永嘉二年（308），高僧竺法护圆寂于敦煌。竺法护是世居敦煌的月氏人，有"敦煌菩萨""月氏菩萨"之称。

东晋元帝大兴三年（320），竺法护弟子竺法乘返回敦煌，建造佛寺，宣扬佛教。

东晋废帝（海西公）太和元年（366），僧人乐尊在鸣沙山东麓开凿了第一个洞窟，之后僧人法良又在乐尊窟侧开窟，此为莫高窟开窟之始。

东晋安帝隆安四年、西凉庚子元年（400），李暠称"凉公"，以敦煌为都城建国，史称"西凉"。

东晋安帝义熙元年、西凉建初元年（405），李暠迁都酒泉，敦煌由其子镇守。

东晋安帝义熙十三年、西凉建初十三年（417），西凉公李暠卒，世子李歆继位。

东晋恭帝元熙二年、西凉嘉兴四年（420），李歆与北凉争战时阵亡。李歆弟李恂据守敦煌，称冠军将军、凉州刺史。次年，北凉沮渠蒙逊率兵两万来攻，敦煌失陷，西凉灭亡。

北朝

北魏太武帝太平真君三年（442），李暠孙李宝从伊吾回到敦煌，修缮府城，归附北魏，魏朝授李宝沙州牧、敦煌公，李宝弟怀达为敦煌太守。三年后，朝廷出兵鄯善，西域复通。之后，敦煌多次击败柔然侵扰，保持了地方的安宁和丝路的通畅。

西魏文帝大统元年（535），敦煌归于西魏。

北周武帝保定二年（562），敦煌归于北周。

隋

隋炀帝大业十三年（617），武威人李轨起兵，占据张掖、敦煌、西平、枹罕等河西五郡，自称"河西大凉王"。这时的敦煌郡统敦煌、常乐、玉门三县，有7779户。同年六月，李渊从太原起兵，命其子李世民率兵攻占河西，授李世民敦煌公。

唐

唐太宗贞观元年（627），朝廷依据山川地形，将大唐疆域划分为十道，凉（武威）、甘（张掖）、肃（酒泉）、瓜（安西）、沙（敦煌）等十六州属陇右道。

唐贞观二年（628），玄奘西行求法，出玉门关，途经沙州西。唐贞观十八年（644），玄奘携带佛经、舍利佛像等归国，唐太宗令沙州地方官远赴沙漠迎接。玄奘经阳关抵沙州，次年正月至都城长安。

武周延载元年（694），吐蕃兵数万进犯沙州，被守军击退。刺史李无亏身先士卒，斩将夺旗，重伤而亡，武则天对其颁旨褒奖。

唐代宗大历十二年（777），吐蕃围攻沙州，军民苦守逾年等不到救兵，沙州刺史打算焚烧州城率众东逃，兵马使阎朝杀了刺史自己替代长官，继续坚守。

唐德宗贞元四年（788），已是阎朝掌管沙州、抗蕃守城的第十年，终因外无援兵，内无粮草，阎朝以城中军民"毋迁它境"为条件投降吐蕃，沙州沦陷。

唐宣宗大中二年（848），张议潮率众起兵，收复沙州、瓜州，派人赴长安上报朝廷。次年，乘胜东进，收复甘、肃二州。第三年，收复伊州。

大中五年（851）春，朝廷任张议潮为沙州防御使。十月，张议潮派使团向朝廷呈献已收复的十一州图籍。至此，除凉州外，陷于吐蕃近百年之久的河西地区复归唐朝。十一月，朝廷在沙州设置归义军，任张议潮为归义军节度使兼河西十一州观察使。

唐懿宗咸通二年（861），张议潮攻克凉州。这时，归义军辖境东抵灵州（今宁夏吴忠），西达伊州（今新疆哈密），控制瓜、沙、甘、肃、伊、凉六州。

唐昭宗天祐三年（906），即唐王朝灭亡的前一年，张议潮之孙张奉承在沙州自立为白衣天子，号西汉金山国，占据瓜、沙、肃、伊等八州之地。

五代 十国

后梁太祖乾化四年（914），曹议金替代张奉承统领归义军政权，废金山国称号，称归义军节度兵马留后使。此后，归义军基本上属于地方割据政权，只在名义上先后归属中原政权的后梁、后唐、后晋、后周。

宋 辽 西夏

北宋初期到中期，归义军名义上归属宋朝，实际上是由曹议金一族承袭统治的地方自治。曹氏同时亦给辽朝纳贡。北宋真宗天禧三年（1019），沙州节度使曹议金的玄孙曹贤顺被辽封为敦煌郡王。

北宋仁宗天圣八年（1030），敦煌莫高窟藏经洞大约在这一年之前封闭。

北宋仁宗景祐三年（1036），西夏李元昊攻陷瓜、沙、肃三州，曹氏归义军政权终结。

南宋理宗绍定元年（1228），蒙古军攻破沙州，废瓜、沙二州。

元

元世祖至元十四年（1277），复立沙州、瓜州。三年后，升沙州为沙州路总管府，下辖瓜州。

明

明太祖洪武五年（1372），征西将军冯胜平定甘肃，追元兵于瓜、沙州后返回肃州，在肃州西筹建嘉峪关。

明成祖永乐二年（1404），驻守沙州的蒙古酋长困即来率众归降明军，明朝设沙州卫，授予困即来指挥使之职，后擢升为都指挥使。

明武宗正德十一年至明世宗嘉靖八年（1516—1529），因沙州不堪瓦剌、吐鲁番的侵掠，沙州卫率众退入肃州。这期间，明朝两次封闭嘉峪关，关外沙州、瓜州等千里之地旷无建置，任由少数民族部落各自统领其地。

清

清康熙五十五年（1716），清廷派兵驻防沙州。

清雍正元年（1723），在敦煌置沙州所。雍正三年（1725），升沙州所为沙州卫。雍正七年（1729），往沙州移民2405户，每户分地50亩。

雍正十年（1732），沙州新城修建完成，城郭周围五里五分，开东西南北四门。

清乾隆二十五年（1760），改沙州卫为敦煌县，属安西直隶州。

清光绪二十六年（1900），道士王圆箓在莫高窟清除积沙时，发现藏经洞，洞中藏数万件古代写本及其他文物。四年后，甘肃省府令敦煌知县"就地封存"藏经洞文物。

清光绪三十三年（1907），英国人斯坦因在敦煌贿赂王圆箓，将藏经洞写本8000余卷、绢画500余幅及其他文物共装27箱，运出中国，并在敦煌北长城沿线掘得大量汉简带走。次年，法国人伯希和在敦煌贿赂王圆箓，运走藏经洞写本精品数千卷及其他文物。

清宣统元年（1909），清政府学部致电陕甘总督，检查清点莫高窟的古籍、造像和古碑，不准外人购买。次年，清政府学部委托新疆巡抚何彦升速将藏经洞所余写本运往北京。当时起运8000余卷至京，交京师图书馆收藏，未全部运走。

中华民国

民国元年（1912），日本大谷探险队的小川吉一郎、橘瑞超等人，到敦煌买走藏经洞写本400余件。过了两年，斯坦因再至敦煌，获木简250余枚，再次从王圆箓手中买走藏经洞写本570余件。同年，俄国奥登堡考察队到敦煌，掠走多幅壁画断片和藏经洞绢画、纸画、丝织品以及大量写本。

民国十年（1921），甘肃省教育厅、敦煌县政府联合整理遗留在莫高窟的写卷，共105捆移送县劝学所和省图书馆保存。次年，驻防敦煌的肃州巡防第四营统领周炳南，命下属与敦煌县警署对莫高窟进行初步清查编号，称为"官厅编号"。

民国十三年（1924），美国人华尔纳到敦煌，盗走莫高窟彩塑二尊，破坏性粘走壁画12方。

民国二十六年至三十三年（1937—1944），著名画家李丁陇、吴作人、关山月、黎雄才、张大千等先后来到敦煌莫高窟参观临摹，向外界介绍敦煌艺术。张大千在此居住两年多，对莫高窟进行了重新编号。此期间，教育部组织了艺术文物考察团，中央研究院组织了西北史地考察团，对敦煌莫高窟、榆林窟、阳关、玉门关等遗迹进行考察。1943年，蒋经国、蒋纬国到敦煌参观莫高窟、月牙泉等名胜古迹。1944年，教育部接受于右任等人建议，在敦煌成立国立敦煌艺术研究所，常书鸿任所长。

1949年9月25日，国民党新疆警备总司令兼河西警备总司令陶峙岳通电起义，驻敦煌的陶部警备团一营营长奉命迎接解放军进入敦煌县城。

中华人民共和国

1949年9月28日，敦煌和平解放。10月7日，成立敦煌县人民政府，隶属酒泉专署。

1979年，敦煌被国务院列入全国第一批对外开放的城市。

1986年，敦煌被国家命名为"中国历史文化名城"。

1987年9月28日，敦煌撤县设市。

1998年，敦煌被评为"中国优秀旅游城市"。

2020年，敦煌被评为"东亚文化之都"。

后 记

我从小喜欢历史。1977年因美术特长考入敦煌文物研究所（后来的敦煌研究院），从事石窟壁画和彩塑临摹工作。那个时期百废待兴，研究所的学术氛围非常浓厚，大家除了紧张的研究工作外，还经常举办讲座，分享各自领域的研究成果。每当有学者专家到访莫高窟，院领导都会不失时机地请他们为全所的专业人员做一场讲座。记得著名考古学家宿白先生到敦煌讲学，那时我已对敦煌的历史发生了浓厚的兴趣。宿白先生的这次讲学进行了好几天，系统地讲述了自上古以来的敦煌历史，我当时听得非常认真，并做了厚厚的一大本笔记，这些笔记对我日后深入学习、思考、研究敦煌历史文化产生了很大的影响。1984年刚刚从中央美术学院学成归来的我，接到段文杰院长安排的一个写作任务，即所里计划出一套《莫高窟壁画艺术》丛书（全16册），其中的《敦煌彩塑艺术》分册让我撰写。当时我还不到24岁，按资历应该轮不上我这样的小青年来独立承担如此重要的著作。但段先生说："你放心写，谁也不是天生会写文章，只要你用心，我相信你能写好。"有时候人与人之间的信任就是一种无穷的能量，能催人奋进，给人力量，激发人的潜能，甚至改变人的一生。经过在美院系统的专业学习，我对敦煌彩塑临摹的本职工作感到更加得心应手，也对莫高窟艺术有了更深刻的认识和更广阔的视角。这本小册子我写得很认真，在参考前人文章的基础上，还写了一些个人的见解和观点，可以说这是我的第一本书。1984年敦煌文物研究所扩建为敦煌研究院，段文杰任院长。到1986年这套丛书出版后，段院长对我给予肯定和表扬，接着又让我承担了《中国美术全集·敦煌彩塑分册》的全部图版撰文，共200多篇（上海人民美术出版社出版）。在此书写作中，我对莫高窟492个洞窟的彩塑进行了全面的考察，以自己的视角选择了可以书载的敦煌彩塑，并系统地撰写了介绍文章。到了1987年时，敦煌的旅游已经很热，我见日本游客手里都有一本他们编写的日文版《敦煌旅行手册》，而我们敦煌却没有人去编写这么一本书。于是由我主笔并召集家弟杜永思和本院专家罗华庆、宁强、包菁萍（英文编译），共同完成了《敦煌：导游·旅行手册》。这本图文并茂的书籍，是当时第一本系统介绍敦煌历史文化、莫高窟艺术、敦煌风物的通俗读物，成为日后此类型书的一个模板。1996年至1998年，我被公派到日本东京艺术大学学习、研究东亚美术史，在敦煌学理论方面汲取了不少知识。之后三十多年，我除了做好本职的敦煌艺术临摹工作外，也勤于研究、写作，在《阳关》《艺术界》《丝绸之路》《雕塑杂志》《佛教文化》《当代敦煌》等一些刊物和网络平台上，陆陆续续发表了不少文章。

2017年10月，"丝路百城传"丛书编委会副主任刘传铭教授来敦煌寻找承担《敦煌传》一书的作者，在当时挂职敦煌研究院科研处处长的史长虹博士推荐下，刘传铭先生约见了我，并希望我推荐几位撰写《敦煌传》的作者。我作为敦煌文化学会主办的《当代敦煌》年刊的主编，对当地在历史文化方面有所研究的作者还都比较了解，故向刘传铭教授推荐了几位作者。在交谈中刘教授得知我比较熟悉敦煌莫高窟和敦煌当地的一些史地情况，也写过一些文章，就让我提供几篇看看。后来"丝路百城传"丛书编委会决定让我承担该书的写作。酷爱敦煌历史文化并在敦煌奋斗了四十年的我，得知这个消息自然倍感欣喜，但也深感责任重大。

当图书出版合同签订之后，我便利用一年时间搜集并认真阅读了与敦煌相关的一些历史书籍和文章，把各方面的知识和道理融化汇合，在自己觉得已经理解得比较全面和透彻以后，才开始动手写作。之后，由于本职工作的彩塑临摹、雕塑创作以及一些事务性的工作繁重，只能抽空写作，故而断断续续写作了好几年。今年入冬，在出版社的催促下，才狠下心来日夜奋笔，终于完成了这本书的写作任务。

我在这本书的写作当中，将敦煌的每一段历史分成章回，基本上按照时代、历史事件、人物出场的时间先后进行叙述，尽量翔实、通俗，有根有据。对一些学术界较有争议的和最新的观点也进行了客观介绍，力求比以往介绍敦煌历史文化的书籍承载的信息量更多、更广、更深入一些。当然，由于本人水平有限，书中的个人观点存在谬误和错漏与不足之处在所难免，诚望研究和爱好敦煌历史文化的专家学者以及广大读者批评指正！

本书得到了家弟杜永思的补正校检，友人水中天、张自智、杜淼、芝兰、苏龑的校对，以及盛龑海、张慧绮精心整理编制图片、图表。他们为该书的完善作了很大的贡献，笔者在此一并表示衷心的感谢！

杜永卫

2022年10月于敦煌